国家社科基金
GUOJIA SHEKE JIJIN HOUQI ZIZHU XIANGMU
后期资助项目

宋代民众文化水平研究

A Study of the Public's Literacy Status
in Song China

程民生　著

社会科学文献出版社
SOCIAL SCIENCES ACADEMIC PRESS (CHINA)

国家社科基金后期资助项目
出版说明

　　后期资助项目是国家社科基金设立的一类重要项目，旨在鼓励广大社科研究者潜心治学，支持基础研究多出优秀成果。它是经过严格评审，从接近完成的科研成果中遴选立项的。为扩大后期资助项目的影响，更好地推动学术发展，促进成果转化，全国哲学社会科学工作办公室按照"统一设计、统一标识、统一版式、形成系列"的总体要求，组织出版国家社科基金后期资助项目成果。

全国哲学社会科学工作办公室

目　录

绪　论

一　问题的提出及研究状况

1. 有关概念问题

首先要解决的是基本概念问题：何谓文化水平？

粗看起来，文化水平是个很大的概念，其实很简单，仅指运用文字、数字的能力及掌握文化知识的程度。这里的文化正是《辞海》的定义："泛指一般知识，包括语文知识。如'学文化'即指学习文字和求取一般知识。又如对个人而言的'文化水平'，指一个人的语文和知识程度。"[①]应该说这是个比较通俗确切的权威解释。就本书而言，需要补充说明两点：一是"一般知识"里除了语文知识外，还应加上数学知识；二是文化水平是个动态的、相对的概念，是人与人之间、地区与地区之间以及过去和现在之间高低比较的概念。

如同文字是人类从蒙昧时代进入文明时代的主要标志一样，认字识数也是一个人进入文化阶层的一个主要标志，否则就是文盲。按照 1988 年国务院发布的《扫除文盲工作条例》，文盲是指不会读、写字的年满十五周岁以上的公民。就中西方的识字率比较而言，由于存在文字差异，不能一概而论。因为英语、法语等拼音文字，特别是全音素文字，是便于运用和记忆的抽象编码，只要了解基本的发音规则，就可读出并通过语音来理解文字的意思，所以文盲相对较少。而对于象形文字演变而来的表意文字

---

① 夏征农等：《辞海》，上海辞书出版社，2009，第 4365 页。

汉字，难度较大，无法准确地表音，必须依凭解释，容易出现理解意思却不知道发音，或知道发音却不识字、识字却不会写字的情况。故而学习任务比较重，必须经过专门的语文学习，一个字一个字地念和记，文盲因而众多。这就使二者的比较不能绝对数字化。

民众泛指人民大众（用现代词语说即国民），民众的文化水平是一个时代、一个国家、一个地方人口素质的重要指标，代表其文化教育普及程度和发展水平。

另一个关键性的问题是，何谓知识阶层？

囿于传统观念，学术界通常将中国古代知识阶层等同于士人。典型如余英时先生著《中国知识阶层史论》（古代篇），他也将中国古代知识阶层限定于士人阶层。① 近年来，学者的视野扩展到下层，有提出"仕途以外的文人也本应是一个规模大大超过文官阶层的群体"。② 黄云鹤先生《唐宋下层士人研究》一书，关注的实际上正是民间士人的生活和作用。③ 2015年以来兰州大学出版社陆续出版的"中国古代的知识阶层"丛书，在厘清中国历史上各个时期知识阶层的具体构成的基础上，较为系统地梳理了他们的生存状态、生活方式、社会交往、家族、家庭、特有的工作、生活作风等内容；分析了在社会进步的过程中，社会分工的发展为知识阶层创造的新天地与新出路，以及他们在不同历史时期、不同社会阶层中的地位与作用，特别是中下层知识者在各社会文化领域所做的贡献。其中张军、聂大江先生的《宋元时期的知识阶层》，将文书之人、方术之士、伎巧之人、宗教之士、才识女子列入"文儒之士"。④ 既打破了士人界限，也打破了知识界限、男女界限，将知识阶层延伸到民间。惜主旨不同，也未加论证。

但是，这些研究范围的扩展，仍未包括所有的民间知识阶层和群体。实际上，先秦时的诸子百家为中国文化发展奠定了宽广的基础，儒家仅仅是诸子百家之一，只是因为汉代以来的统治者"罢黜百家，独尊儒术"，儒学才一枝独秀，成为统治思想，其余百家并未消失，而是沉淀在民间自

① 余英时：《中国知识阶层史论》（古代篇），台北联经出版事业公司，1980。
② 叶烨：《北宋文人的经济生活》，百花洲文艺出版社，2008，第4页。
③ 黄云鹤：《唐宋下层士人研究》，河北人民出版社，2006。
④ 张军、聂大江：《宋元时期的知识阶层》，兰州大学出版社，2017。

行发展。由此我们有必要进一步开阔思路，眼光从上层知识界下移，面向广大民众尤其是底层民众再做考察，来一次大起底，以期做出较为全面、更具体而又接近史实的整体评价，并尝试具体的评估。

应该强调的是，民众文化水平与士人（包括士大夫）文化水平不是同一概念，二者除了高低差别以外，还有性质的不同和知识结构的不同。士人只是知识分子代表的那一部分，并非多数。本书所谓的民众，还指士大夫以外的各阶层、各群体。跳出士大夫或儒学范畴，研究重心的下移，可以使我们看到更多的知识阶层。

2. 有关研究问题

既然民众文化水平问题如此重要，史学研究当然会将其纳入视野。20 世纪五六十年代，随着民众文化史在西方的兴起，以读写史研究为核心的民众文化水平研究逐渐发展起来。1965 年，英国剑桥大学"人口史和社会结构史研究所"（Cambridge Group for the History of Population and Social Structure）的彼得·拉斯勒特（Peter Laslett）教授提出："了解历史上各个时期具有读写能力人口的比例，是社会史家亟待解决的问题之一。"民众文化水平状况的研究作为社会史研究的分支，是一个涵盖广泛的学术领域。自 1867 年英国皇家统计学会成员 W. L. 萨根特（W. L. Sargant）的权威性研究开始至今，西方学者在这一领域的研究已经走上了成熟和规范的道路。[1] 并且将研究的范围扩展到我国，对清朝民众的识字率关注较多。[2]

宋代文化昌盛，超越前代，影响后世，已成共识。这一认识可以反映国民文化水平，却并不能代表国民文化水平。宋史学界以往的研究多关注精英群体，如从科举制角度对贡举登科人数的考证[3]，还有很多研究基础

---

[1] 陈宇：《国外关于近代英国民众文化水平研究述评》，《重庆文理学院学报》（社会科学版）2010 年第 4 期。

[2] 〔美〕劳静诗：《清代教育与大众识字能力》，密西根大学出版社，1979。该著在我国学术界引起很大反响。

[3] 比较详细的论著，有何忠礼《两宋登科人数考索》，杭州大学历史系宋史研究室编《宋史研究集刊》第 2 集（《探索》1988 年 12 月增刊）；张希清《南宋贡举登科人数考》，《古籍整理与研究》1990 年第 5 期；张希清《北宋贡举登科人数考》，载张希清、毛佩琦、李世愉主编，张希清著《中国科举制度通史 宋代卷》附录，上海人民出版社，2015。

教育的论著，表明宋代教育的普及，是宋代民众文化水平提高的基础。①这些成果，揭示了宋代科举制大发展后的一个突出的文化现象，奠定了上层文化水平研究的基础，在与前后代相关数据的比较中，可以作为重要的依据。

宋代文化水平发展到历史新高峰的这种定性论证，落到实处还有很大的研究空间。精确的进士、考生人数和官学的入学率，笼统的启蒙教育普及率以及识字率的提高，尚不能充分反映宋代民众的文化水平，更无法据此做出量化估计。因为，广大民众的文化水平才能真实反映宋代社会的文化水平。

具体到民众识字率等问题，我国学界也有一些关注。早在 1923 年，巨鹿宋城出土的瓷枕有 24 个字的题词，其中 4 个字书写不正确，有学者据此认为题字者是一个靠陶瓷书画谋生的市井平民，因此进一步指出："由此来看，宋代的识字率可能太低。"② 是为笔者所见最早提及宋代识字率的论文，结论是"太低"。六十多年后，张邦炜先生《宋代文化的相对普及》一文再次关注宋代文化普及状况，作有比较具体的结论，指出北宋后期全国总人口约 1 亿，在校学生总人数才 21 万多，仅占总人口的约0.2%，入学率依旧低得可怜；宋代的识字率虽然无法统计，但大多数农民肯定不识字。③ 同年，孙建民先生发表《论宋南渡武将的文化修养》④，对南宋初年南渡的武将从文化方面予以考察，是以往不曾关注的角度。紧接着，包伟民先生于次年发表《中国九到十三世纪社会识字率提高的几个问题》，初步探讨了从唐代后期至宋代的识字率提高问题，指出"社会各阶层识字率的普遍提高"，并分析了原因，只是"不可能就当时识字率

① 邹重华：《"乡先生"——一个被忽略的宋代私学教育角色》，《中国文化研究所学报》1999 年第 8 期；许怀林：《南宋的民办书院与先生的职业化》，载杭州师范大学国学院等编《徽音永著——徐规教授纪念文集》，华东师范大学出版社，2012；郭娅：《宋代童蒙教育的主要特点》，《史学月刊》2001 年第 5 期；张建东：《民间的力量——宋代民间士人的教育活动研究》，华中科技大学出版社，2015。

② 李祥耆、张厚璜：《巨鹿宋器丛录》，天津博物院 1923 年刊，第 40 页。

③ 张邦炜：《宋代文化的相对普及》，北京大学古文献研究所、四川大学古籍整理研究所编《国际宋代文化研讨会论文集》，四川大学出版社，1991。

④ 孙建民：《论宋南渡武将的文化修养》，《解放军外语学院学报》1991 年第 3 期。

的具体数据得出结论，而只能描述一种变化的趋势"。① 其功在于首次专文研究宋代识字率问题。做出具体数据估计的是谷更有先生，他虽然没有研究该问题，但按照当代清史学者的估计，清代中国识字率为 5%~30%，据此认为"宋代的识字率也约在 30%~5%"。② 从 5% 到 30%，浮动幅度之大，使人无所适从，难以有基本的判断，以至于几乎没有实际价值了。李裕民先生 2016 年发表的《南宋国民素质高于唐朝与北宋》一文，从若干地区的科举考生、进士数据以及书院设置、启蒙教育等方面入手，得出就整体国民素质而论，宋代远远超越了唐代，南宋又胜于北宋的论断。③对有关问题的研究，在宏观判断上又前进了一步。

美国学者韩森教授在研究南宋民间信仰的过程中，曾对宋代民众的文化水平做过一个简单评估。

中世纪的中国虽然有了印刷，仍只有很少的人有机会读书识字。想要掌握书面语言即古文——它与人们日常生活用语有不同的语法和词汇-——需要多年的学习。很少有证据表明普通百姓根据日常用语来读写。政府官员贴出布告宣布法令，只要村子里有一个人会大声朗读，其他人就都能听懂了。为地方官编写指导性小册子的人，还专门就胥吏、百姓不会签名的情况作出了规定。（《作邑自箴》卷一、卷五）受教育纯属男人的事，绝大多数女子目不识丁，只有极个别例外。农夫可能会略识几个字，但他们读不懂古文，而所有书籍用的都是古文。

究竟有多少人识字——或多少人不识字——一直是一个有待于解决的问题。这在很大程度上是因为现存文献中未留下明确的数据，即便趣闻轶事亦属凤毛麟角。有几个迹象表明，识字率尽管很低，但在 12、13 世纪可能有所提高，尤其在某些人群中是如此：城市居民、

---

① 包伟民：《中国九到十三世纪社会识字率提高的几个问题》，《杭州大学学报》（哲学社会科学版）1992 年第 4 期。
② 谷更有：《唐宋国家与乡村社会》，中国社会科学出版社，2006，第 191 页。
③ 李裕民：《南宋国民素质高于唐朝与北宋》，《国际社会科学杂志》（中文版）2016 年第 3 期。

商人，以及有志向的绅士等。由于在福建、长江下游、四川的主要都市地区，以及首先是行都杭州，书籍流通量最大，这些地区的居住者接触文字的机会也最多。商品经济的发展促进了商人群体识字率的提高，尤其从事长途贩运的商贾，即便是为了记账，也需要能读会写。假如13世纪有40万人参加科举考试（这一估计偏高），那么就一定会有更多的人起码受过一定程度的教育。当然，尽管一部分人有机会接触文字，必定仍存在很大一部分不识字的人，尤其在从事耕作的农夫中更是如此。①

韩森教授认为，宋代识字率可能提高，具体指出的是城市居民、商人，还在以后的论述中提到高级吏人、僧道，但绝大多数人尤其是农民不识字。对有关问题的认识又近了一步，但该问题毕竟不是其研究对象，所以想当然的论断中可商榷之处也不少。第一，"受教育纯属男人的事"，实际上宋代各阶层女子多有接受教育者；第二，农夫"读不懂古文，而所有书籍用的都是古文"，宋代广为刊行的话本小说、农书等，或为白话文，或为适合农民阅读的简写本，绝非全是难懂的古文；第三，有多少人识字的史料"即便趣闻逸事亦属凤毛麟角"，真实情况是宋代有关史料以及趣闻逸事相当多，只是因韩森教授不研究该问题而没注意罢了。所有这些史实以及相关论证，在本书正文中皆可以见到。

3. 文化水平标准及方法问题

本书的研究将民众文化水平按最低标准衡量，就是会简单的阅读、书写、计算，三者居其二就视为有文化。至于有文化的识字量的多少，是五千、二千、五百，还是只会读写账目、配方、菜单，甚至像西方那样仅仅会画押就算识字②，这些指标，在中国古代毫无系统资料的情况下并无意义。除了契约，宋代民众没有画押登记的制度，况且西方的标准又嫌过低，其他所有硬性指标固然准确，但对历史社会来说都属研究者的一厢情愿而已，并无实际运用的可能。

---

① 〔美〕韩森：《变迁之神：南宋时期的民间信仰》，包伟民译，浙江人民出版社，1999，第8~9页。

② 刘永华：《清代民众识字问题的再认识》，《中国社会科学评价》2017年第2期。

历史课题尤其是识字率这样的现代概念课题，没有统计资料可以使用，只有以海量的具体事例为基础，结合一些面上的概括记载为辅助。即以众多的点排成面，具体数据则多为估测。非不为矣，实不能也，且很容易被斥为"以点代面"。

事实上，所有相关研究基本上都是估计，正如美国学者理查德·所罗门指出："对识字人口总数的估计，必定只能是近似值。"① 即便是最系统深入研究清代识字率的专著、匹兹堡大学劳静诗的《清代教育与大众识字能力》一书，"著者的识字率估计并非经由统计的方法得到，她是参考他人的说法而作如是之假设"。② 该结论是依据别人的估计再做自己的估计，似乎更模糊了些。至少就本书而言，对于宋代识字率的估计是建立在个人研究基础上的，更能考量历史事实，更接近真实的数据。

二　宋代穷书生现象及读书高潮的兴起

首先，我们有必要审视一下宋代文化普及的概况，以了解研究的背景和基础。

1. 穷书生现象

穷书生现象是宋代呈现的普遍现象，就是说宋代民间的读书人大多生活贫苦，甚至达到了"极贫"状态。有关事例，班班可考。

北宋中后期官至参知政事的张方平，及第前"贫甚，衣食殆不给"。③ 北宋末期曾任户部尚书的梅执礼，两浙婺州人，"未冠时，家极贫，而亲老无以为养"。④ 穷到无法供养老人。宋孝宗时，朱熹在南康军赈济饥民，将对象分上中下三等，下等包括："贫乏小经纪人，及虽有些小店业，买卖不多，并极贫秀才。"⑤ "极贫秀才"是最下等即最迫切的救济对象之一。在东南重镇建康府，"士子贫窭者多，或遇吉凶，多阙支用，

---

① 转引自刘永华《清代民众识字问题的再认识》，《中国社会科学评价》2017 年第 2 期。

② 张朋园：《知识分子与近代中国的现代化》，百花洲文艺出版社，2002，第 206 页。

③ （宋）叶梦得：《石林诗话校注》卷中，逯铭昕校注，人民文学出版社，2011，第 145 页。

④ （宋）陈鹄：《西塘集耆旧续闻》卷五《梅和胜除翰林学士谢表》，孔凡礼点校，中华书局，2002，第 337 页。

⑤ （宋）朱熹：《朱熹集·别集》卷一〇《审实桌济约束》，郭齐、尹波点校，四川教育出版社，1996，第 5600 页。

尤可悯念"。① 家中如有红白喜事，立即困竭。饶州德兴县士人董颖，"其穷至骨"。② 宋人所谓"书生穷死胜侯封"③ "书生穷瘁，受万目怜"④等，都是真实的哀鸣。因而坊间流传道："俗传书生入官库，见钱不识。或怪而问之，生曰：'固知其为钱，但怪其不在纸裹中耳。'"⑤ 嘲弄其只见过零星小钱。唐宋八大家中的三家苏洵、苏轼、苏辙，即诞生于"极贫"家庭，司马光载，苏洵妻子程氏，是"大理寺丞文应之女。生十八年归苏氏。程氏富，而苏氏极贫"。⑥ 但这个"极贫"恐怕有点夸张，应是相对眉山大户程氏家庭而言的。宋人言刘过"虽为书生，而资财赡足"⑦，反证了书生贫穷是常态，富裕却是不正常的。

具体而言，穷书生的贫穷潦倒体现在以下几个方面。

其一，食不果腹。范仲淹任饶州长官时，"有书生献诗甚工，文正延礼之。书生自言平生未尝饱，天下之至寒饿，无在其右"。⑧ 一个成年人连一顿饱饭都没有吃过，甚是可怜。黄庭坚曾说道："老夫往在江南贫甚，有于日中而空甑无米炊时。尝念贫士不能相活。"⑨ 早年常常断炊，简直难以生活。后来高中状元的姚勉回忆道："始某未第时，家徒四壁立，读书声与腹雷并作，过之者弗睨也"⑩，饥肠辘辘，声大如雷。叶梦

① （宋）周应合：《景定建康志》卷二八《儒学志·立义庄》，南京出版社，2009，第757页。
② （宋）洪迈：《夷坚志·乙志》卷一六《董颖霜杰集》，何卓点校，中华书局，2006，第319页。
③ （宋）陆游：《陆游全集校注·剑南诗稿校注》卷一《二月二十四日作》，钱仲联校注，浙江教育出版社，2011，第14页。
④ （宋）郑刚中撰，郑良嗣编《北山集》卷一四《祭外姑文》，《景印文渊阁四库全书》第1138册，台湾商务印书馆，1986，第153页。
⑤ （宋）苏轼：《东坡志林》卷三《论贫士》，王松龄点校，中华书局，1981，第66页。
⑥ （宋）司马光：《司马光集》卷七六《苏主簿夫人墓志铭》，李文泽、霞绍晖校点，四川大学出版社，2010，第1554页。
⑦ （宋）洪迈：《夷坚志·支丁》卷六《刘改之教授》，何卓点校，中华书局，1981，第1015页。
⑧ （宋）胡仔纂集《苕溪渔隐丛话·前集》卷二八《范文正》，廖德明校点，人民文学出版社，1962，第192页。
⑨ （宋）黄庭坚：《黄庭坚全集·正集》卷二九《药说遗族弟友谅》，刘琳、李勇先、王蓉贵校点，四川大学出版社，2001，第784页。
⑩ （宋）姚勉：《姚勉集》卷五〇《丰城邹君墓志铭》，曹诣珍、陈伟文校点，上海古籍出版社，2012，第580页。

得曾记载一个"穷书生不识馒头，计无从得"①，连包子也没见过。吴莹家中"囊无一钱，瓶无粒粟，无立壁可家"。其兄"往依外家，甫壮而没"，其弟"躬耕墓侧荒墟，种禾黍以自给"，他自己"颇知书，而不免于饥寒。其女兄既嫁而贫，复挈家来依之，或竟日啼饥，相视无策"。②他们一穷二白，家徒四壁，经常断粮挨饿。

其二，衣不御寒。宰相王曾，早年"在太学时，至贫，冬月止单衣，无绵背心，寒甚，则二兄弟乃以背相抵，昼夜读书"③，没有过冬的棉衣，兄弟俩互相靠对方的体温挨过寒夜。福建人黄璞，"好读书，客游京师，数十年不归"，其间"衣不蔽体，得钱辄买书"。④北宋末年李若水载："风摇庭树云拍天，雪花乱抛如翦绵……儒生屈膝冻欲死，犹呵秃笔书长笺。诗成吟哦不知了，儿饥索饭厨无烟。"⑤更有甚者，因冬无御寒衣服而冻死："旧闻京师隆冬，尝有官检冻死秀才，腰间系片纸，启视之，乃喜雪诗四十韵。"⑥此最具讽刺意义，典型地反映了穷秀才的生活困窘与文化尴尬境况。元祐年间，新科榜眼福建人陈轩在登殿唱名时，衣衫褴褛，补绽百结："衣如悬鹑，上解黄衣赐之。"⑦显然这是他唯一的衣服，即便在如此庄重荣耀的时刻也无可替换。李春之母"见其子春幼而颖异，令从师问学。方居贫寒，不可忍闻其无钱市书，以衣易之。或笑其迂"。⑧鄂州有书生住在"屋漏不可居"的"道旁草舍"，"窭甚，方冬犹绨葛，

① （宋）叶梦得：《避暑录话》卷下，徐时仪整理，载《全宋笔记》第2编第10册，大象出版社，2006，第335页。
② （宋）刘宰：《漫塘集》卷一九《送吴兄入京序》，《景印文渊阁四库全书》第1170册，台湾商务印书馆，1986，第538页。
③ （宋）施德操：《北窗炙輠录》卷下，虞云国、孙旭整理，载《全宋笔记》第3编第8册，大象出版社，2008，第212页。
④ （宋）司马光：《涑水记闻》卷一〇，邓广铭、张希清点校，中华书局，1989，第183页。
⑤ （宋）李若水：《李忠愍集》卷四《御笔免房钱一句》，张彬点校，河北大学出版社，2017，第255页。
⑥ （宋）岳珂：《桯史》卷一一《王荆公》，吴企明点校，中华书局，1981，第127页。
⑦ （宋）祝穆撰，祝洙增订《方舆胜览》卷一一《建宁府·人物》，施和金点校，中华书局，2003，第197页。
⑧ （宋）杨万里：《杨万里集笺校》卷一二七《李母曾氏墓志铭》，辛更儒笺校，中华书局，2007，第4922页。

卧牛衣中"。① 不但没有冬衣可保暖，茅屋也不能遮雨。即便是家庭经济
境况好些的书生，也穿不起稍微体面的衣服。如朱熹所揭示："若一个紫
衫凉衫，便可怀袖间去见人，又费轻。如帽带皂衫，是多少费？穷秀才如
何得许多钱？"② 作为秀才"标准"服饰的帽带皂衫，却与穷秀才无缘，
满腹诗书，却没有匹配的包装。

其三，缺书少笔。书籍和文房四宝是书生的必需品，但在穷书生那里，
连书也成了奢侈品，只能从别人家借阅。曾任高官的张方平，"少颖悟绝
伦，家贫无书，从人假三史，旬日即归之，曰：'吾已得其详矣。'"③ 其
家连《史记》《汉书》等基本史书也买不起。名宦张守在求学的青年时
代，"家贫无书，从人假借，过目辄不忘"。④ 他们过目不忘的强记本领，
与借阅不无关系。又如福清人陈长方，"十有四岁而孤……家贫，不能置
书，假借手抄，几数千卷"。⑤ 著名学者郑樵年轻时，"家贫，无文籍，闻
人家有书，直造其门求读，不问其容否，读已则还去"。⑥ 真德秀少年时，
"颖悟绝人。家贫，无从得书，往往假之他人及剽里学儒，为举子业"。⑦
为了得到书阅读，不顾脸面，不择手段。出身于齐州农家的王孝先，就是
因为家贫无书不能业进士举，其父云："吾儿气质何适而不可？奈何吾家
贫，无资以得群书而决科，独以舍子习刑名学，可就取而习也。"学过经
术的父亲抄录书籍使之研读，考中明法科。⑧ 可见确实有不少人被经济条
件限制了求学路径。有人连基本的文具也没有。如少年欧阳修家庭贫寒，

---

① （宋）沈某：《鬼董》卷二，唐玲整理，载《全宋笔记》第 9 编第 2 册，大象出版社，
2018，第 136 页。
② （宋）黎靖德编《朱子语类》卷八四《论修礼书》，王星贤点校，中华书局，1986，第
2188~2189 页。
③ （元）脱脱等：《宋史》卷三一八《张方平传》，中华书局，1977，第 10353 页。
④ （元）脱脱等：《宋史》卷三七五《张守传》，第 11612 页。
⑤ （宋）陈长方：《唯室集》卷五，附录，（宋）胡百能：《陈唯室先生行状》，《景印文渊
阁四库全书》第 1139 册，第 657、658 页。
⑥ （宋）林希逸：《竹溪鬳斋十一稿续集》卷二九《学记》，《景印文渊阁四库全书》第
1185 册，台湾商务印书馆，第 852 页。
⑦ （宋）周密：《齐东野语》卷一《真西山》，张茂鹏点校，中华书局，1983，第 12 页。
⑧ （宋）赵挺之：《王孝先墓志》，载何新所编著《新出宋代墓志碑刻辑录（北宋卷）
六》，文物出版社，2019，第 149 页。

缺笔缺纸缺墨，乃至"以荻画地学书"。① 只得以大地当纸，苇秆作笔，不需花费一文钱。

与一般的穷人相比，宋代不少穷书生的贫困程度与之并无多大的差别。除了读书的成年男子主要精力不用于生产以外，还有鲜明的特点：一是多了对文具书籍的渴望，二是痴迷于读书学习，三是穷酸。例如郑琒"治《周官》，旁通他经传，叩之亹亹不竭，如穷书生也"。② 贺铸少时侠气，有时却"俯首北窗下，作牛毛小楷，雌黄不去手，反如寒苦书生"。③ 两位士大夫都是像穷书生一样痴迷于治学，这种描述实际上反映了真正穷书生的特点。"书生穷无食肉相，老不能官犹崛强"④；"儒生辛苦望一饱，趑趄光范祈哀怜；齿摇发脱竟莫顾，《诗》《书》满腹身萧然"⑤；"但愿诸贤集廊庙，书生穷死胜侯封"；等等。⑥ 概括而言，就是俗话所谓的"穷酸"。检《中国基本古籍库》，"穷酸"一词正始见于宋代，信非偶然。

反映类似情况的史料很多，故而宋人将其当作正常现象。如朱熹说"贫者士之常"⑦，黄震言"为士者多贫"⑧ 等，表明在宋代十分普遍，已成为常态，衣食不足也知礼仪。这种穷，除了个别特殊情况外，大多不是士人之间的比较，也不是"哭穷"，基本都是真穷。还要揭示的是，即便是读书上学的官宦子弟，也不宽裕。典型如赵明诚，其父身为高官乃至宰相，但他在太学读书期间，常常需要典质衣服来购买拓片："每朔望谒告

① （元）脱脱等：《宋史》卷三一九《欧阳修传》，第 10375 页。
② （宋）刘克庄：《后村先生大全集》卷一五六《郑琒宣教》，王蓉贵、向以鲜校点，刁忠民审定，四川大学出版社，2008，第 3996 页。
③ （宋）程俱：《北山小集》卷一五《贺方回诗集序》，徐裕敏点校，人民文学出版社，2018，第 285 页。
④ （宋）刘过：《龙洲集》卷三《郭帅遗蕨蕘》，《文渊阁四库全书》第 1172 册，台湾商务印书馆，1986，第 10 页。
⑤ （宋）陆游：《陆游全集校注·剑南诗稿校注》卷一九《估客乐》，钱仲联校注，第 266 页。
⑥ （宋）陆游：《陆游全集校注·剑南诗稿校注》卷一《二月二十四日作》，钱仲联校注，第 14 页。
⑦ （宋）朱熹：《朱熹集》卷三九《答吕佋》，郭齐、尹波点校，第 1756 页。
⑧ （宋）黄震：《黄震全集·黄氏日钞》卷七八《又晓谕假手代笔榜》，张伟、何忠礼主编，浙江大学出版社，2013，第 2197 页。

出，质衣取半千钱，步入相国寺，市碑文、果实归。"① 赵家显然不是供不起他钻研学问，何况仅仅每月 500 文的花费？这就深刻说明，当时的社会习俗是读书人尤其是学生应当甘受清贫，反映出"穷养儿子"的理念，既有利于专心致志，也是有利于磨炼意志。

除了穷书生外，宋代还有"穷措大"一词，主要指的是穷酸的士人和低级官员。

穷书生们缺乏基本的物质生存条件和基本的读书条件，挣扎在饥寒交迫中，仍坚持追求知识，渴望通过读书改变命运。穷书生在读书人中所占的比例，可参考欧阳守道的记载："士十七八无常产，居家养亲，不给旦夕。"② 即民间书生中，70%～80%都是"不给旦夕"的穷人。

现在，让我们变换一下角度提问：这一现象说明了什么呢？

首先，说明了宋代饥寒交迫的穷苦人也有受教育的愿望，享有受教育权，而且确实接受了教育。他们认识到，知识可以改变命运，尽管是千军万马过独木桥，但毕竟有了希望，值得用一生去争取，所谓"贫而勇于学"③"安于贫而勇于道"④。他们既缺乏生存的基本条件，又缺乏读书的基本条件，但自觉地、千方百计地读书，没有因为经济条件、文化条件不允许就甘为文盲，远离文化。如张方平尽管衣食不济，"然意气豪举，未尝稍贬"。⑤ 经济条件并不决定个人的文化状况，贫穷并不必然制造文盲。毕竟，文化知识是精神领域的财富，不依赖物质。常言道："衣食足而知荣辱"，实际上宋代的穷书生衣食不足也知荣辱，正如孟子所言："无恒产而有恒心者，惟士为能。"⑥ 贫困固然对学文化造成很大的限制，但数千万的穷人，基数大，百分之一二的学习者就是巨大数字。

其次，他们所学的知识主要是用于科举的经史文学，而不是直接服务

---

① （宋）赵明诚：《金石录校证》，李清照：《〈金石录〉后序》，金文明校证，广西师范大学出版社，2005，第531页。

② （宋）欧阳守道：《巽斋文集》卷一二《送刘季清赴补序》，《景印文渊阁四库全书》第1183册，台湾商务印书馆，1986，第604页。

③ （宋）陈耆卿：《陈耆卿集》卷七《萧仲实行状》，曹莉亚校点，浙江大学出版社，2010，第74页。

④ （宋）杨万里：《杨万里集笺校》卷六四《欧阳清卿秀才书》，辛更儒笺校，第2753页。

⑤ （宋）叶梦得：《石林诗话校注》卷中，逯铭昕校注，第145页。

⑥ （宋）朱熹注《孟子集注》卷一《梁惠王章句上》，上海古籍出版社，1987，第8页。

生活、提升身心享受的实用知识。所以在成功之前的漫长日子里，自身生活得不到任何改善，由于个人多脱离了生产经营，经济状况甚至恶化。明知读书道路大多数是贫困结局而痴心不改，已经变为精神追求了，即不再单纯是为稻粱谋。理学家方逢辰诗云："苍苔破屋生涯足，淡饭清汤梦寐安。认得秀才穷快活，何须烦恼做穷官。"① 这固然是自嘲，未尝不是自励。具体如费衮记载了一个非常贫困的士人常祈祷上天保佑。

> 夜则露香祈天，益久不懈。一夕，方正襟焚香，忽闻空中神人语曰："帝悯汝诚，使我问汝何所欲。"士答曰："某之所欲甚微，非敢过望，但愿此生衣食粗足，逍遥山间水滨，以终其身，足矣！"神人大笑曰："此上界神仙之乐，汝何从得之？若求富贵，则可矣。"予因历数古人极贵念归而终不能遂志者，比比皆是，盖天之靳惜清乐，百倍于功名爵禄也。②

他孜孜追求的始终不是物质生活的享受，而是最高的精神生活享受。宋理宗时福州的乡先生林几复，博学多识，民间"称为书橱"，满腹经纶，但他"不求仕进，隐居授徒，从游多通显者，如合沙公常挺、节度判孙鼎来、太学博士林公玉、释褐林宜高、陈龙光辈，彬彬如也。劝之出，不应"。③ 对于他来说，出仕做官非不能也，是不为也。

最后，大量的穷书生出现，表明即便是占人口绝大多数的底层穷苦人，也多有文化者。他们有识字读书的强烈愿望，千方百计地克服困难，含辛茹苦，创造识字读书的基本条件。如上所言，民间书生70%～80%是穷人，即穷人是民间书生的主体，穷人中的文化人增多，文化在穷人中普及，意味着社会文化重心下移，穷人文化崛起。这是以往少见的现象，也是宋代民众文化水平的基础。

---

① （宋）方逢辰：《蛟峰文集》卷六《赠月心》，《景印文渊阁四库全书》第1187册，台湾商务印书馆，1986，第548页。

② （宋）费衮：《梁溪漫志》卷八《士人祈闲适》，金圆校点，上海古籍出版社，2012，第138～139页。

③ （清）李菶修，章朝栻纂《嘉庆连江县志》卷六《隐逸》，载《福建师范大学图书馆藏稀见方志丛刊》第8册，北京图书馆出版社，2008，第181页。

2. 村学与市学的普及

接着要追究的是，众多的穷书生，启蒙阶段的知识是从哪里学的呢？除了个别自学、家教以外，还有众多的家庭私塾、家族义学，更多的是受教于散布于村落、街道的村学、乡校和市学。

村学遍布于广大的农村。与官办的州县学相比，特点有二。

一是数量多。宋仁宗庆历四年（1044），泽州长官"纵手分拆诸县村学，要盖州学"。① 则是经济落后的山区泽州，各县原来都有村学。而宋英宗治平年间程颢在泽州晋城担任县令时，"诸乡皆有校……儿童所读书，亲为正句读；教者不善，则为易置。俗始甚野，不知为学。先生择子弟之秀者，聚而教之。去邑才十余年，而服儒服者盖数百人矣"。② 乡校普遍，并有了很大发展。宋徽宗时"泽州素号多士"③，即是表现。村学作为常见的事物、强烈的意象，作为独立的建筑进入画家的选题范围。晋阳人陈坦，"工画佛道人物……其于田家村落风景，固为独步。有《村医》、《村学》、《田家娶妇》、《村落祀神》、《移居》、《丰社》等图传于世"。④ 绛州人高克明创作的村学图不仅属于精品，而且数量也多；宋徽宗御府收藏其画作十幅，其中就有《村学图》两幅。⑤ 这几则事例，都在北宋北方地区经济文化最落后的河东路，其他地区的普遍性可想而知。

二是规模小。一般村学，房屋不过一间，学生不过数人而已。如南宋湖州籍官员宋伯仁载："八九顽童一草庐，土朱勤点七言书。晚听学长吹樵笛，国子先生殆不如。"⑥ 一位村学究，八九个学童，一座草屋，就是一所村学。北宋后期，有官员在陕州农村看到"有村学究教授二三小儿，

---

① （宋）欧阳修：《欧阳修全集》卷一一六《河东奉使奏草》卷下《论不才官吏状》，李逸安点校，中华书局，2001，第 1768 页。

② （宋）程颢、程颐：《二程集·河南程氏文集》卷一一，程颐：《明道先生行状》，王孝鱼点校，中华书局，1981，第 632 页。

③ （宋）许光弼：《李宗约墓志》，载何新所编著《新出宋代墓志碑刻辑录（北宋卷）六》，第 188 页。

④ （宋）郭若虚：《图画见闻志》卷三《人物门》，王其祎校点，辽宁教育出版社，2001，第 35 页。

⑤ （宋）佚名：《宣和画谱》卷一一《高克明》，岳仁译注，湖南美术出版社，1999，第 242 页。

⑥ （宋）宋伯仁：《西塍集·村学究》，《景印文渊阁四库全书》第 1183 册，台湾商务印书馆，1986，第 178 页。

间与之语，言皆无伦次"。① 学生数量更少，教学质量低劣。流传至今的宋人佚名绘的《村童闹学图》（明代仇英临），就是一位教师，八位村童。多者也有数十人：宋仁宗时洛阳有"以教授村童为业，过三十生即不受"。② 也有十余人者：扬州城南十五里外有茅君教村学，"村巷中，茅檐荆扉，教授村童十数人"。③ 学生十人左右是常设的村落启蒙学堂，满足了一个自然村落数十户人家学龄儿童的需要，以每所村学平均五名学生计，约占学龄儿童的半数。

另有季节性的短期村学，谓之冬学。陆游有诗云："儿童冬学闹比邻，据案愚儒却自珍。授罢村书闭门睡，终年不著面看人（农家十月乃遣子入学，谓之冬学，所读《杂字》、《百家姓》之类，谓之村书）。"④陆游的另一首诗说："三冬暂就儒生学（村人唯冬三月遣儿童入小学），千耦还从父老耕。识字粗堪供赋役，不须辛苦慕公卿。"⑤ 开学时间是冬季农闲时期，从十月至十二月，而到了农忙季节，这些农家子弟必须投身于农业生产，类似于半耕半读，但以耕为主，按其时段计，只有四分之一用于读。

村学、冬学所教的只是日常所用知识，在与官府赋役交往中不至于无法沟通就可以。黄震言：

> 往岁尝过村学堂，见为之师者授村童书，名《小杂字》，句必四字，皆器物名，而字多隐僻，义理无关，余窃鄙之。然本其所由作，特以识器物之名，于世尚为有用。⑥

① （宋）佚名：《道山清话》，赵维国整理，载《全宋笔记》第2编第1册，大象出版社，2006，第77页。
② （宋）李昌龄、郑清之注《太上感应篇集释》卷二〇《恚怒师傅》，中央编译出版社，2016，第155页。原标点作"过三十，生即不受"，不通。
③ （宋）郭彖：《睽车志》卷五，上海古籍出版社，2012，第128页。
④ （宋）陆游：《陆游全集校注·剑南诗稿校注》卷二五《秋日郊居》（其七），钱仲联校注，第9页。
⑤ （宋）陆游：《陆游全集校注·剑南诗稿校注》卷一《观村童戏溪上》，钱仲联校注，第79页。
⑥ （宋）黄震：《黄震全集·黄氏日钞》卷四六《司马相如》，张伟、何忠礼主编，第1577页。

以识字实用为目的，以常见的器物名称为识字教材，便于记忆掌握。在江西民间，更强调诉讼的教育："江西州县有号为教书夫子者，聚集儿童，授以非圣之书，有如四言杂字，名类非一，方言俚鄙，皆词诉语。"① 从这些村学所授课程的内容与"义理无关""授以非圣之书"可以看出，目的显然不是科举入仕。这一动机，恰恰揭示了最广大农民自发培养基本读写能力的生活需求和热情。

分布在州县城市的民间启蒙教育学校，一般概称市学。如东京开封，每逢八月秋社，"市学先生预敛诸生钱作社会，以至雇倩、祗应、白席、歌唱之人"。② 市学里的教师组织学生兑钱举办秋社联欢会。在南宋临安，学校名目、数量更多。

> 都城内外自有文武两学，宗学、京学、县学之外，其余乡校、家塾、舍馆、书会，每一里巷须一二所，弦诵之声往往相闻。③

城中每一里巷，都会有一两所诸如乡校、家塾、舍馆、书会等，这些都是市学的不同形式，方便不同程度、不同需要的学生就近入学。

地方城市的市学，可以两浙严州为例。严州州学曾整顿学风，要求在读学生必须按时到校，早晨八点左右到校、下午两点左右离校。

> 但辰入未归，以身率之而已。不在斋者，但回当日食，亦不行点斋不到之罚。在学士人乐从者十之，止有八九人教市学者颇相妨。昔时此曹终日在外点授，遇两膳时乃来，今遂不能尔也。④

---

① （清）徐松辑《宋会要辑稿·刑法》二之一五〇，刘琳、刁忠民、舒大刚、尹波等校点，上海古籍出版社，2014，第 8378 页。

② （宋）孟元老：《东京梦华录笺注》卷八《秋社》，伊永文笺注，中华书局，2006，第807 页。

③ （宋）耐得翁：《都城纪胜·三教外地》，汤勤福整理，载《全宋笔记》第 8 编第 5 册，大象出版社，2017，第 19~20 页。

④ （宋）吕祖谦：《吕祖谦全集·东莱吕太史文集》外集卷五《答潘叔度》，黄灵庚、吴战全主编，浙江古籍出版社，2008，第 697 页。

从中得知，这八九位州学生违反学校纪律，平时并不在州学读书听讲，而是在外面的市学中担任教师，但到吃饭时赶回州学享用免费餐。如此看来，他们显然是在州城里任教，路途不远，来回方便。可以推测，作为落后山区的严州城里，最少有七八家市学。另一例在四川，生长于眉山县城西南隅之纱縠行的苏轼自言："吾八岁入小学，以道士张易简为师。童子几百人，师独称吾与陈太初者。太初，眉山市井人子也。"① 这所学生将近百人的市学，由一位道士所办，教学质量颇高，故而规模颇大。

遍及村庄、街巷的学堂，既是文化普及的原因，也是文化普及的表现。广大普通贫穷的农民、市民，就近得以启蒙，具备了基本的读写技能。

3. 读书高潮的兴起

宋政府崇文抑武的国策以及科举制的大发展，是全民读书热的政策导向因素。如理学家杨时指出："使世无科举可以取荣利，则父不以诏其子，而士不以学也。"② 南宋民间谚语说得更直白："世无科举，人不教子；朝无利禄，士不读书。"③ 故而，"方圣朝承平之久而长育之勤，虽濒海裔夷之邦，执末垂髫之子，孰不抱籍缀辞以干荣禄，哀然而赴诏者，不知其几万数，盖自昔未有盛于今也"。④ 具体如南宋初一位郑姓士子，"家贫，急于应举"。⑤ 富贵是最大的诱惑，一批批热衷于通过做官来改变命运或脱贫的读书人不屈不挠地向科举高地攀登，是前所未有的盛况。

读书高潮突出表现在发蒙课本即蒙书的迅猛崛起。有学者指出："蒙书是童蒙文化基本载体，它们的质量和数量，决定了其时童蒙文化的水准，也决定着整个时代的文化高度。""蒙书入宋而乍显井喷之势"，共统计到两宋蒙书 144 种，其中北宋 30 种，南宋 114 种，尚存世 53 种。⑥ 在

---

① （宋）苏轼：《东坡志林》卷二《道士张易简》，王松龄点校，第 47 页。
② （宋）杨时：《杨时集》卷一八《答吴敦智》，林海权校理，中华书局，2018，第 496 页。
③ （宋）林之奇：《拙斋文集》卷九《答黄晦叔仙尉书》，《景印文渊阁四库全书》第 1140 册，台湾商务印书馆，1986，第 433 页。
④ （宋）朱长文撰，朱思辑：《乐圃余稿》卷六《苏州学记》，《景印文渊阁四库全书》第 1119 册，台湾商务印书馆，1986，第 29 页。
⑤ （宋）汪应辰：《文定集》卷九《送郑允升序》，学林出版社，2009，第 91 页。
⑥ 周扬波：《知识社会史视野下的宋代蒙书》，《厦门大学学报》（哲学社会科学版）2018 年第 2 期。

教育普及方面发挥了极大作用。

读书热潮甚至反映到节日内容的增添，以七夕节最为典型。魏晋时期，"七月七日，法当曝衣"。利用末伏秋高气爽的天气晾晒书籍、革裘，是民间卫生、收藏保管的习俗，至宋代上升为国家制度，并予以精简改良，突出晒书，体现了崇尚文教的基本国策："皇朝故事，以七月七日为晒书节，三省六部以下，各赐缗钱开筵宴，为晒书会。"① 晒书设节，与北宋雕版印刷、活字印刷的发展密切相关，显然，因为书籍数量的猛增，众人都存在如何妥善保管的问题。晒书时弥漫的书香，熏陶着全社会，宣扬了书籍的神圣和读书的美好，吸引着更多人读书，隐含着教化功能。晒书节成为读书人的一个盛会，在文化意义上就是一次全民书展。在朝廷，还有官方拨款举办各部门的宴会，名为"晒书会"。晒书节为七夕节增添了书香。不仅如此，夜间原来女性祭祀月亮祈求灵巧的仪式，也新增了一项男童"乞聪明"的活动："七夕，京师诸小儿各置笔砚纸墨于牵牛位前，书曰某乞聪明。"② 显然是为读书做官。于是，祭祀目的由女红扩展到读书，走出闺房，普及男童，蔓延至社会大众，参与者成倍增加。

作为治国方略，官方千方百计地劝学。流传至今的宋真宗《劝学诗》，虽未必是史实，却反映了宋代官方的努力态度。如绍圣中，废除雇募法，恢复差役法，"大户无免者。知县王君荐，笃意勤学，凡家有受书一人，则为尽免之。同时富者子皆执役在庭下"，并召见学习优秀者"独庭上，与县大夫亢礼。由是羡慕，始相劝于学"。③ 即在礼节上给予令民众羡慕的政治特权。上层灿烂的金波浪花，触动了底层百姓家庭，表现有以下几点。

表现一，克服困难供子弟读书。宋仁宗时大臣富弼说道："又有负担之夫，微乎微者也，日求升合之粟，以活妻儿，尚日那一二钱，令厥子入

---

① （宋）陈元靓：《岁时广记》卷二八《曝布裙》，《丛书集成初编》，第 328 页。
② （宋）陈元靓：《岁时广记》卷二七《乞聪明》，引（宋）吕希哲《岁时杂记》，中华书局，1985，第 309 页。
③ （宋）罗愿：《〈新安志〉整理与研究》卷一〇《记闻》，萧建新、杨国宜校著，徐力审订，黄山书社，2008，第 351 页。

学，谓之学课。亦欲奖励厥子读书识字，有所进益。"① 即便是家庭经济条件难以承担儿童读书的费用，也要勒紧腰带挪钱求学。有三位孤儿寡母的例子可谓典型。北宋中期淮南无为人贾易，"七岁而孤，母彭，以纺绩自给，日与易十钱，使从学"。② 海州人胡松年，"幼孤贫，母粥机织，资给使学"。③ 这两例都是寡母靠纺织供儿子上学。洛阳人范雍"十岁而孤，家甚贫，太夫人遣公就学，常质衣以为资"。④ 范家寡母典当衣服给儿子交学费，家境再穷，也要供孩子读书。贫穷不再是不学、失学的理由，反而成了求学的动力。

表现二，刻苦读书夜以继日。叶梦得记载：

> 饶州自元丰末，朱天赐以神童得官，俚俗争慕之。小儿不问如何，粗能念书，自五六岁即以次教之五经。以竹篮坐之木杪，绝其视听。教者预为价，终一经偿钱若干。昼夜苦之。……流俗因言饶州出神童，然儿非其质，苦之以至死者，盖多于中也。⑤

对幼儿使用了隔离办法和近乎残酷的强制，培养了不少神童，也造成更多的悲剧。千百年来日出而作、日落而息的传统，被读书热潮打破，像夜市盛行使人们有了夜生活一样，穷书生白天劳作，利用夜间读书。相州汤阴人岳飞少年时，"书传无所不读，尤好《左氏春秋》及《孙吴兵法》，或达旦不寐。家贫，不常得烛，昼拾枯薪以自给"。⑥ 为了夜间读书，白天拾柴火照明。吕本中有诗描述了相关情况：

① （宋）李焘：《续资治通鉴长编》卷一五〇，庆历四年六月戊午，中华书局，2004，第3646页。
② （元）脱脱等：《宋史》卷三五五《贾易传》，第11173页。
③ （元）脱脱等：《宋史》卷三七九《胡松年传》，第11697页。
④ （宋）范仲淹：《范仲淹全集·范文正公文集》卷一四《资政殿大学士礼部尚书赠太子太师谥忠献范公墓志铭》，李勇先、王蓉贵校点，四川大学出版社，2002，第348页。
⑤ （宋）叶梦得：《避暑录话》卷上，徐时仪整理，载《全宋笔记》第2编第10册，第270页。
⑥ （宋）岳珂编《鄂国金佗稡编续编校注》卷四《经进鄂王行实编年》，王曾瑜校注，中华书局，2018，第69页。

> 还家更寒三鼓余,邻巷小儿犹读书。
>
> 侯王将相乃无种,纨裤绮襦宁似渠。
>
> 北风飕飕霜被草,听汝读书声转好。
>
> 莫言翁媪惜膏油,有儿如此可无忧。①

时已午夜,小儿还在读书,孜孜不倦。北宋中期,一位在汴河上以船为家的船夫,居无定所,但其子仍不忘读书识字:

> 汴流长恐日夜落,夜行愁杀刺船郎。
>
> 橹声惊破老龙睡,船底触翻明月光。
>
> 大儿灯下寻难字,小女窗间学剪裳。
>
> 自笑病夫无所事,一尊身世两相忘。②

在航行波动的船舱内,夜间点灯学习识字。福州的有关情况更突出,"路逢十客九青衿,半是同窗旧弟兄。最忆市桥灯火静,巷南巷北读书声"③,反映的是城市青少年夜间读书的普遍情况。更有通宵读书不辍者,如傅自得"家贫甚,夜燃薪自照,与兄弟读书或至达旦。遂博通六经诸史百家之言,下笔为文辄数千言"。④ 晁冲之诗云:"孤村到晓犹灯火,知有人家夜读书。"⑤ 一个偏远村庄,学子夜间读书的灯光一直亮到拂晓。看来是比较普遍的现象。

具有标志性的例证是,专门用于夜间读书的灯具应运而生,此即"读书灯"。"读书灯"一词最早见于五代十国,宋初南唐官员李中开宝五

---

① (宋)吕本中:《东莱诗词集》卷一八《夜深归家闻邻家小儿读书可喜有作》,沈晖点校,黄山书社,1991,第270页。

② (宋)郑獬:《郧溪集》卷二七《汴河夜行》,《景印文渊阁四库全书》第1097册,台湾商务印书馆,1986,第353页。

③ (宋)吕祖谦:《吕祖谦全集·东莱吕太史文集》卷一《送朱叔赐赴闽中幕府二首》,黄灵庚、吴战垒主编,第13页。

④ (宋)朱熹:《朱熹集》卷九八《朝奉大夫直祕阁主管建宁府武夷山冲佑观傅公行状》,郭齐、尹波点校,第5010页。

⑤ (宋)晁冲之:《晁具茨诗集》卷一二《夜行》,《丛书集成初编》,中华书局,1985,第53页。

年（972）的一首诗中，有"三十年前共苦辛，囊萤曾寄此烟岑。读书灯暗嫌云重，搜句石平怜苔深"。① 宋朝以前，仅此一例，且未必是专词，至北宋大兴。读书灯的形制，张商英作有描述：

> 小笼疏四面，明纸罩孤灯。
> 自小共寒热，相亲如友朋。
> 旧书曾遍照，新烛莫相憎。
> 几为吟诗苦，留光到夙兴。②

以小巧、光线集中为特色，便于携带，不影响别人，是现代台灯的前身。南宋临安有专门销售读书灯的商行："京都有四百十四行……幞头笼、腰带匣、读书灯"③，足证产销两旺。因而成为学校、书房的标准配置，如"畴昔游从分不轻，十年乡校读书灯"。④ "薄有田园种斗升，两儿传授读书灯。"⑤ 乃是文房四宝之外新添的文房第五宝，是宋代大众读书热的器物标本。读书灯照亮了求学的道路，点燃了学子的希望。

有些农村孩子由于没有师长或好的师长，遇到不认识的难字，只好拿着书到处请教。

> 难字逢人问，村中一小儿。
> 璋獐宁易辨，亥豕似堪疑。⑥

① （南唐）李中：《碧云集》卷下《壬申岁承命之任淦阳再过庐山国学感旧寄刘钧明府》，《四部丛刊初编》，上海商务印书馆，1926，第 18 页。

② （宋）张商英：《读书灯》，（宋）祝穆：《新编古今事文类聚·续集》卷一八，〔日〕京都中文出版社（株式会社）1989，第 1398 页。

③ （宋）西湖老人：《繁胜录》，黄纯艳整理，载《全宋笔记》第 8 编第 5 册，大象出版社，2017，第 329 页。

④ （宋）王十朋：《王十朋全集·诗集》卷一六《陈商霖挽词》，梅溪集重刊委员会编，上海古籍出版社，1998，第 275 页。

⑤ （宋）王十朋：《王十朋全集·诗集》卷一六《黄岩赵十朋贤士也有诗云四枚豚犬教知书二顷良田尽有余鲁酒三杯棋一局客来浑不问亲疏予亦有东皋二顷两子皆学读书客至则弈棋饮酒遂用赵君诗意成一绝》，梅溪集重刊委员会编，上海古籍出版社，1998，第 274 页。

⑥ （宋）宋伯仁：《西塍集·嘲不识字》，《景印文渊阁四库全书》第 1183 册，台湾商务印书馆，1986，第 178 页。

细心的辨识、好学的执着值得赞叹。又如吉州安福人刘君，"丱角喜读书为文，常执经问字于诸老先生，先生称之曰：'此奇童子，未易测也。'"① 多是以自学为主。

读书热与穷书生有什么关系呢？没有广大的穷书生，哪有什么读书热？

中国历史上的"贫士"一词，早已有之，并不始于宋代。如东晋南朝时期的陶渊明，就作有《咏贫士七首》。② 其实在更早的时候，就有货真价实的贫士，只是未必叫这个名称。如《论语·雍也》所载孔子的高足颜回"一箪食，一瓢饮，在陋巷"就是。但是，"穷秀才"、"穷书生"以及"村学堂"、"村学究"等词，则始于宋。穷书生来自穷秀才教授的村学堂，如同遍地野草，是宋代文化广袤的绿色植被。再次说明了饥寒交迫的穷苦人也千方百计地读书，换句话说，占人口绝大多数的底层穷人中也多有识字者。这是宋代文化普及的主要标志。

教育是社会分层的调节器和助推器。从以上盛况可以看出，宋代受过初级教育的孩童是一个巨大的数字，其中只有极少数进入士大夫阶层，绝大多数人尽管将这些知识用于个人生活，对社会发展做出具体的甚至是巨大的贡献，但并没有进入学术界的视野。

那么，我们现在就开始对除了文官以外的宋代民众按阶层、职业、民族、性别等区分，对其文化水平进行普查。

---

① （宋）王庭珪：《卢溪文集》卷三六《送刘君鼎序》，《景印文渊阁四库全书》第 1134 册，台湾商务印书馆，1986，第 266 页。
② （晋）陶潜：《陶渊明集校笺》（修订版）卷四《咏贫士七首》，龚斌校笺，上海古籍出版社，2011，第 329~344 页。

第一章
宋代非文官公职人员中的知识群体

宋代的统治集团队伍臃肿庞大，历来以"三冗"之患闻名。其中，文官是最主要的统治力量，他们基本上都是通过层层科举选拔出来的文人，整体文化水平位居各阶层之顶端，其文化水平不须论证。此外还有更多的国家财政供养人员和公职人员，如宗室、伎术官、宦官、军人、吏人等，其中存在大量有文化者或高水平的文化人，在统治集团中或为后台，或为前台，或为辅助，或为柱石。他们的文化水平，对国家治理发挥着很大作用，现一一予以论述。

第一节　宗室

宋代统治集团中，除了官员以外，另有一支高高在上的群体——宗室，即赵宋皇帝的血缘亲属。宗室分为宋太祖赵匡胤、宋太宗赵匡义（后改名赵光义）、魏王赵匡美（后改名赵光美、赵廷美）兄弟三人的三大支派。宋室制度，凡宗室成员出生后，按规定的世系由朝廷赐名、授官，但在北宋大部分时期内没有实际职任和权力，不准参加科举，连娶宗室女者也不准参加科举[1]，本意为既有国家财政供养，不应再与平民争名利。且行动受限制，平常不准离开京师开封，只有到洛阳皇陵祭祀时，才可以外出。宋徽宗时，由于宗室人口增多，分出一部分居住在西京河南府

---

[1]　（清）徐松辑《宋会要辑稿·帝系》四之六，刘琳、刁忠民、舒大刚、尹波等校点，第106页。

（称西外宗正寺）、南京应天府（称南外宗正寺）。在北宋时期，他们享受朝廷供养，拥有优裕的生活和受教育的条件，成年后又没有科举和生计、出人头地的功利追求，时间极为充沛，得以沉浸在文化中，以填补精神的空虚。宋神宗熙宁以后制度改革，允许宗室应举入官，在一定程度上又激发了宗室子弟的求学热情，如宗室赵士绒，就是"力学应科举"。① 如此这般，造就了一个特殊的知识群体。他们与文官集团的不同之处在于，宋神宗前因不准入仕完全独立，此后也只是部分通过科举者才做官并入文官集团，多数仍未担任实际官职。所以，有必要单独对宗室群体的文化水平做一评估。

一 宋代宗室的教育及识字宗室的数量

我们先考察宋代宗室的教育状况。

为加强自身建设，宋代皇室高度重视宗室的教育。正如有官员奏称："三代以还，本朝家法最正，一曰事亲，二曰齐家，三曰教子，此家法之大经也。"② 对宗室子孙加强教育是三大家法之一。其基调由宋太祖奠定，他明确指出："帝王之子，当务读经书，知治乱之大体，不必学作文章，无所用也。"③ 强调宗室务必读书学文化，但目的是接受儒家思想，懂政治历史，不要像士子那样把精力用到诗赋文词方面。宋仁宗晚年尚无皇嗣，枢密使韩琦"请置内学，教宗子，建储之意默存其中"④，则是宗室教育还蕴含着皇位继承人的培养，其重要性不言而喻。

进入太平时代的宋真宗，经常诚勉宗室学习："朕每戒宗室，令读书、作诗、习笔札、射艺，如闻颇能精熟，朕将临观焉。"⑤ 宗室课程的四类内容，包括读书以外的三门技能：文学创作、书法、射箭，这是为了

---

① （宋）范祖禹：《范太史集》卷五二《右千牛卫将军妻崇仁县君高氏墓志铭》，《景印文渊阁四库全书》第 1100 册，台湾商务印书馆，1986，第 545 页。
② （宋）佚名编《续编两朝纲目备要》卷一，淳熙十六年二月，汝企和点校，中华书局，1995，第 9~10 页。
③ （宋）司马光：《涑水记闻》卷一，邓广铭、张希清点校，第 20 页。
④ （宋）强至：《韩忠献公遗事》，黄纯艳整理，载《全宋笔记》第 1 编第 8 册，大象出版社，2003，第 14 页。
⑤ （宋）李焘：《续资治通鉴长编》卷七八，大中祥符五年九月庚寅，第 1788 页。

养心养生。宋真宗还明确揭示道："宗亲好学，大是美事。苟述作不已，自得指趣。得指趣，即忘倦矣。然当戒于好奇而尚浮靡，好奇则失实，尚浮靡则少理也。"① 爱学习的好处，一是以此为乐趣，二是有利于戒浮躁奢靡。故而不断完善有关制度。庆历四年（1044），宋仁宗诏主管宗室事务的大宗正司云：

> 国家之兴，八十余载，子孙蕃衍，几数百人。比令建置宗官，开敞居第，所以示纠合之义，敦睦之爱。亦尝临遣儒士，往授经训。虽忠孝笃行，人皆凤习，而诗书成业，罕闻来上。自今帅诸宗子励翼一心，周旋六艺，以废学为耻，以饬身为贤，朕岂以爵赏吝之哉！②

皇帝要求宗室刻苦学习儒家经典，以不学习为耻，希望达到"诗书成业"的愿景。元祐八年（1093），宋哲宗"诏皇弟诸郡王、国公出就外学，各赐《九经》及《孟子》、《荀》、《扬》各一部，令国子监印给"。③ 这属于督促宗室学习的举措之一。

朝廷为宗室设置专门的教育机构，先后有宫学、宗学等。

从宋太宗时，就开始建立宗室教育体制。宋真宗"自即位以来，屡以学术勖宗子"。④ 咸平元年（998），"始令诸王府记室、翊善、侍读等官，分兼南、北宅教授。时南、北宅又有伴读，然无定员"。⑤ 多种职官，说明专门教育体系的完整。大中祥符三年（1010），又"诏南宫、北宅大将军以下，各赴书院讲读经史。诸子十岁以上，并须入学，每日授经书，至午后乃罢"。⑥ 规定了十岁开始学经书和书法，每日半天，且带有强制性。到了宋仁宗朝逐步完善。例如宋英宗之子赵颢：

---

① （宋）李焘：《续资治通鉴长编》卷七九，大中祥符五年十月丁未，第 1793～1794 页。
② （清）徐松辑《宋会要辑稿·帝系》四之六，刘琳、刁忠民、舒大刚、尹波等校点，第 101 页。
③ （宋）李焘：《续资治通鉴长编》卷四八二，元祐八年三月庚子，第 11472 页。
④ （元）脱脱等：《宋史》卷二四五《元偓传》，第 8702 页。
⑤ （宋）李焘：《续资治通鉴长编》卷四三，咸平元年正月癸酉，第 907～908 页。
⑥ （宋）李焘：《续资治通鉴长编》卷七四，大中祥符三年七月丙申，第 1681 页。

> 笃志问学。始年十四，侍先帝出就外傅，从王陶、孙忠恭讲读，必朝衣冠。玉容静虑，领接简敏，日有加益。终一经，即赐衣带器币，鞍勒马以为常。疾病矣，枕席间犹置经史，玩读不废，亦权导有方，故其勤如此。①

有专设的教官一部一部地讲解教授经书，有阶段性的赏赐奖励，养成了他读书的嗜好，病患中犹不辍。庆历五年（1045），"诏大宗正司帅诸宗子勉励学业，睦亲宅北宅诸院教授官常具听习经典或文词书翰功课以闻"。②要求经常向皇帝报告学习情况，以为督促。宋英宗朝进一步强化，在各王宫建立宫学。

> 凡诸王属尊者，立小学于其宫。其子孙，自八岁至十四岁皆入学，日诵二十字。③

规定凡年满八岁的宗室子孙一律入学，接受启蒙的小学教育，主要是识字，每天要学习 20 个生字。宋英宗即位之初，宗室授官者即达到入学年龄的有 1200 余人，只有 6 位专职教官，师生比例约为 1 比 200。皇帝认为师资力量太弱，遂予增加。

> 因命增置。凡皇族年三十已上者百十三人，置讲书四员；年十五以上者三百九人，增置教授五员；年十四巳下者别置小学教授十二员。并旧六员，为二十七员，以分教之。④

教学力量以三倍多的数量大大增强。可见宗室按年龄分班，15 岁以上的

① （宋）蒋之奇：《宋故淮南荆南节度管内观察处置等使守太师开府仪同三司……赠尚书令兼中书令加冀州牧改封燕王（颢）墓志铭》，载郭茂育、刘继保编著《宋代墓志辑释》，中州古籍出版社，2016，第 375 页。
② （宋）李焘：《续资治通鉴长编》卷一五五，庆历五年三月己未，第 3757 页。
③ （元）脱脱等：《宋史》卷一五七《选举志三》，第 3676 页。
④ （清）徐松辑《宋会要辑稿·帝系》四之一四，刘琳、刁忠民、舒大刚、尹波等校点，第 106 页。

两个班师生比例 1 比 20 余。司马光记载了一例个案，具体反映了有关学制："治平初，英宗诏宗子无幼长皆就学，差其年为大中小三品，各置师以教之。"赵令邦"时年十二，从父南康修孝王爱其才性，命为小学录，以表率群儿。及年十五，以新制试《孝经》、《论语》于大宗正司，二宗正以其诵习最精，屡称叹之……遂升中学，授《左氏春秋》"。① 按年龄分设大、中、小三个层次的学校，有学生干部协助管理，升学要通过考试；小学主要学《孝经》《论语》，中学主要学《左氏春秋》，十分正规严格。

关键的制度是，宗室的转官提级要通过考试，"程文入等"，"朝廷听诸宗子课试也，非特取其辞艺，盖欲令向学，知礼义廉耻也"。② 以文化水平决定官职待遇。"宗室自英宗增置教官及讲课之法，神宗又广出官之制，人竞为学"③，学习风气更浓。

北宋后期，朝廷又设置了集中教育的宗学。"宗学无疑属宋代新创"④，从宋神宗时提议筹建，至宋徽宗崇宁元年（1102）正式建宗学，制度更健全："应宗子年十岁已上入小学，二十以上入大学，年不及而愿入者听从便。若无故应入学而不入，或应听读而不听读者，罚俸一月；再犯勒住朝参，三犯移自讼斋。"各宫如有两人以上不入学，家长分别罚俸。⑤ 学校按学生年龄分小学和大学，10 岁至 20 岁者入小学，20 岁以上者入大学，也允许年龄小于既定年龄段但愿意入学者进入小学或大学。如果到年龄而拒绝入学，或者虽入学但不听课者，予以不同的处罚。显示了宗学教育的正规性和强制性。

到政和四年（1114），宗学建设已经颇具规模，有"小学生近一千人，分十斋。十二月，颁《小学条制》。立三舍法。五年五月，试小学生，优等四人，赐上舍童子出身。政和学制，宗正卿总治宗子大小学之政

① （宋）司马光：《司马光集》卷七八《皇侄右屯卫大将军令邦墓志铭》，李文泽、霞绍晖校点，第 1574~1575 页。
② （宋）李焘：《续资治通鉴长编》卷一八〇，至和二年六月壬辰，第 4351~4352 页。
③ （宋）李焘：《续资治通鉴长编》卷四五六，元祐六年三月壬午，第 10925 页。
④ 何兆泉：《两宋宗室研究——以制度考察为中心》，上海古籍出版社，2016，第 171 页。
⑤ （清）徐松辑《宋会要辑稿·帝系》五之一七，刘琳、刁忠民、舒大刚、尹波等校点，第 130 页。

令，少卿贰之"。宗学教育制度化程度加强，每斋100人，实行三舍法升级制。宣和三年（1121），朝廷又"增置西南外宗院教授"。① 强化了对集中居住在外地的宗室的教育。

朝廷的学校教育并不能完成全部教育所需内容，宋代宗室同时还十分重视家庭教育。很多人从小就在家中接受了良好的文化教育，如安康侯赵宗默，"虽生富贵，而乐善好古，意泊如也。间因退朝，率群从子弟，陈诗书以为戒"。② 赵世享"长嗜学，治《诗》《书》《论语》《孟子》，通大义……为学不已，间为诗以自乐。躬训子弟，督责严甚，故家庭遵尚礼义，肄习学业，为宗藩所矜式"。③ 他的家庭教育模式，成为宗室的榜样。赵宗制"藏书万卷，教育诸子"，其子仲雪"嗜学，至忘寒暑"。④ 赵世恬"独嗜书史，以教子孙……一门之内，举进士者几十人"。⑤ 家庭教育相当成功。宋神宗时的赵叔琇，"甫能言，教之以书，喜见于色。八岁，读《孝经》《论语》，求试于大宗正司，诵读敏熟，观者莫不叹美"⑥，是受教育者的事例，也说明大宗正司具有具体明确的教育制度，比如接受个人的考试申请等。更有甚者，宋神宗的皇子赵僴，"未晬能颂经，握笔书画，识二十余字，傅母数试之不差"。⑦ 在保姆的教导下，不满周岁就会读书识字了，实属早慧。

南宋士大夫陈耆卿云："宋有天下，德厚而泽遐，施于金枝，繁畅滋殖。非徒富贵之，且稔于教，以故诵诗读书，与韦布之士敌。"⑧ 指出了皇家重视宗室教育，宗室读书的热情与平民一样。由于宗室教育的加强以

---

① （清）徐松辑《宋会要辑稿·崇儒》一之四，刘琳、刁忠民、舒大刚、尹波等校点，第2729页。

② （宋）王珪：《华阳集》卷五二《宗室金紫光禄大夫……赠金州观察使安康侯墓志铭》，《景印文渊阁四库全书》第1093册，台湾商务印书馆，1986，第385页。

③ （宋）范祖禹：《范太史集》卷五〇《秀州刺史充本州防絮使赠保宁军节度使追封昌国公墓志铭》，第527~528页。

④ （宋）范祖禹：《范太史集》卷五〇《右武卫大将军荣州团练使赠徐州观察使彭城侯墓志铭》，第529页。

⑤ （明）赵琦美：《赵氏铁网珊瑚》卷四《米南宫书》，《景印文渊阁四库全书》第815册，台湾商务印书馆，1986，第377页。

⑥ （宋）袁公绰：《宋宗室左班殿直（赵）叔琇墓志铭（并序）》，载郭茂育、刘继保编著《宋代墓志辑释》，第367页。

⑦ （宋）李焘：《续资治通鉴长编》卷二七一，熙宁八年十二月乙巳，第6645页。

⑧ （宋）陈耆卿：《陈耆卿集》卷三《代送学子之婺女序》，曹莉亚校点，第20~21页。

及制度的约束与保障，宋代宗室都有良好的文化素质。所以宗室人数，即男性皇室人员就是其有文化的人数。

宋徽宗政和四年（1114），位于东京的宗学小学中，有"小学生近一千人"。① 加上应当同等数量的大学生、至少500人的西外和南外的大小宗学生，北宋末年，约有青少年宗室2500人。金人的《宋俘记》记载，北宋灭亡后开封被俘虏北上者总数为14000多人，分七批押至北方。其中第一批靖康二年（1127）三月二十七日从青城国相寨出发，有"宗室贵戚，男丁二千二百余人"；第二批有男性宗室2人；第三批没有男性宗室；第四批王、郡王、国公21人以及"诸皇孙"，皇孙按每王、郡王、国公2人计，为44人，总共约65人；第五批皇子2人；第六批没有男性宗室；第七批有太子、祁王2人。总计约3000人。② 而陆游记载："金贼劫迁宗室，我之有司不遗余力。然比其去，义士匿之获免者，犹七百人，人心可知。"③ 总共约有3700人。这一数字，并不包括西外、南外的宗室。南宋初，漏网的宗室主要居住于临安和绍兴府，而西外、南外宗室另有数据。绍兴元年（1131），迁到泉州的南外宗正司"今见受宗子一百二十二人，宗女一百二十六人"。迁到福州的西外宗正司"今见受宗子九十五人，宗女四十九人"。④ 宗子合计217人。北宋末年，男性宗室数量总计大约4000人。他们数量虽少，但在文化方面却属于精英，加之是培养皇帝的特殊群体，更是具有根本性的部分。

二 宋代宗室的文化素质

上述史料表明，至少从理论上讲，宋代所有宗室都接受过优质文化教育。史中个案，无不一一证实。

---

① （清）徐松辑《宋会要辑稿·崇儒》一之三，刘琳、刁忠民、舒大刚、尹波等校点，第2728页。

② （宋）确庵、耐庵编《靖康稗史笺证》之七《宋俘记笺证》，崔文印笺证，中华书局，1988，第44页。

③ （宋）陆游：《老学庵笔记》卷一，李剑雄、刘德权点校，中华书局，1979，第6页。

④ （清）徐松辑《宋会要辑稿·职官》二〇之三七，刘琳、刁忠民、舒大刚、尹波等校点，第3585页。

例如赵匡胤之子赵德昭："喜读书，不好犬马之玩。"① 商王赵元份之子赵允宁："嗜学，尤喜读唐史，通知近朝典故，工虞世南楷法，真宗赐诗激赏之。"其子赵宗敏"颇涉书传"。② 深受宋真宗喜爱的赵元偓，"乐善多艺，知音律。既没，诏取生平歌诗、文记纂为六卷及墨迹三卷，亲制二序，藏之秘阁"。③ 作品不少，才艺颇多。宋真宗称赞益王赵元杰："知书好学，亦足为贤王矣。"④ 爱学习、有文化是贤王的标准之一。荆王赵元俨，"性喜儒学，在宫中时，孙奭为侍讲，平日与论经艺，尤所亲礼。多畜书，好为文词，颇善二王书法及飞白书，尝自绘太宗圣容"。⑤ 才艺兼备。赵匡胤曾孙赵从审"每退处燕闲，延礼耆峻，授《礼记》《左氏春秋》，反复不倦，由是颇识圣人大趣。又通阴阳方技之乐，晚尤喜释氏书，晨起趺坐，讽念精进，以性理为适"。⑥ 赵匡胤另一曾孙赵从质，"清净少欲，涉于经史"，而且上书皇帝，希望加强宗室的文化教育："愿朝廷择儒硕之臣，以训敕子弟，使得亲名教之乐，不胜幸甚。"宋仁宗立即下令命有关部门落实。⑦ 皇祐年间，赵克继上《古文韵》六卷⑧，他是位小学专家。不久，又有赵克悚"上拟试诗、赋、论十卷，且请随举人赴殿试"。十分自信，宋仁宗认为"宗子好学，亦朝廷美事也"。于是"令学士院召试三题，既中等，迁右卫大将军"⑨，居然通过了考试。赵叔韶于庆历年间，"与诸宗子帝前临真宗御书，选第一。皇祐初，进所为文，召试学士院中等，赐进士及第……仁宗曰：'宗子好学者颇多，独尔以文章第进士，前此盖未有也。朕欲天下知属籍有贤者，宜勿忘所学。'"⑩

---

① （宋）王称：《东都事略》卷一五《德昭传》，孙言诚、崔国光点校，齐鲁书社，2000，第117页。

② （元）脱脱等：《宋史》卷二四五《允宁传》《宗敏传》，第8700页。

③ （宋）李焘：《续资治通鉴长编》卷九二，天禧二年五月甲子，第2116页。

④ （宋）李焘：《续资治通鉴长编》卷五五，咸平六年七月癸丑，第1208页。

⑤ （宋）李焘：《续资治通鉴长编》卷一四六，庆历四年正月乙亥，第3531页。

⑥ （宋）王珪：《华阳集》卷五三《宗室金紫光禄大夫……追封宣城郡公墓志铭》，《景印文渊阁四库全书》第1093册，第387页。

⑦ （宋）王珪：《华阳集》卷五三《宗室金紫光禄大夫……博陵侯墓志铭》，《景印文渊阁四库全书》第1093册，第388页。

⑧ （宋）李焘：《续资治通鉴长编》卷一七二，皇祐四年二月甲申，第4132页。

⑨ （宋）李焘：《续资治通鉴长编》卷一七四，皇祐五年三月庚戌，第4202页。

⑩ （元）脱脱等：《宋史》卷二四四《叔韶传》，第8672页。

文化水平与进士及第相等。赵宗谔曾上其所著《治原》十五卷，"降诏奖谕"。① 河内侯赵克明之子、宋仁宗时的赵叔詹，"虽膏粱少年，然性温厚，喜读书为诗"。② 赵崇绚自言："余嗜书如简中之蠹鱼，读书如瀛莫之谩画。"③ 他们都喜爱读书学习乃至创作。嘉王赵颢，"好读书"，"尔后惟求医书……朝廷果贤其好古，降诏褒谕。至今医家有《嘉王集方》"。④ 熙宁年间改革，宗室可以参加科举，政和八年（1118）的进士科，嘉王赵楷高中状元，宋徽宗宣谕："嘉王楷有司考在第一，不欲以魁天下，以第二人为榜首。"⑤ 其文化水平位居众士子之首。

在此，仅以范祖禹《范太史集》所载宗室墓志铭为例，即可管孔窥豹。

赵令壼："绝声妓之玩，喜读书，为歌诗。"⑥

赵令劐："笃志好学，未尝以声色自娱，月入俸度所费外，皆以市经史，购祖宗御书、前代笔迹，畜异墨奇砚，盈于箧笥。"⑦

赵令憯："好读书，祁寒盛暑不少怠。为篇章操纸笔立成，音律弈射之艺，无不通。"⑧

赵令骃："从师受《书》《易》，好学不倦，为词章雅丽清新。美风姿善笔札，隶字尤得古法。"⑨

---

① （宋）李焘：《续资治通鉴长编》卷一七四，皇祐五年六月壬午，第 4213 页。

② （宋）刘敞：《公是集》卷五二《皇侄孙……赠右武卫大将军墓志铭》，《景印文渊阁四库全书》第 1095 册，台湾商务印书馆，1986，第 870 页。

③ （宋）赵崇绚：《鸡肋·序》，胡绍文整理，载《全宋笔记》第 8 编第 3 册，大象出版社，2017，第 26 页。

④ （宋）朱彧：《萍洲可谈》卷一，李伟国点校，中华书局，2007，第 111、112 页。

⑤ （宋）朱彧：《萍洲可谈》卷一，李伟国点校，第 112 页。

⑥ （宋）范祖禹：《范太史集》卷四七《右武卫大将军光州刺史赠明州观察使追封奉化侯墓志铭》，《景印文渊阁四库全书》第 1100 册，台湾商务印书馆，1986，第 504 页。

⑦ （宋）范祖禹：《范太史集》卷四七《右监门卫大将军庆州刺史赠（阙）州（阙）使追封遂宁侯墓志铭》，《景印文渊阁四库全书》第 1100 册，台湾商务印书馆，1986，第 505 页。

⑧ （宋）范祖禹：《范太史集》卷四七《右武卫大将军舒州刺史赠明州观察使追封奉化侯墓志铭》，《景印文渊阁四库全书》第 1100 册，台湾商务印书馆，1986，第 504 页。

⑨ （宋）范祖禹：《范太史集》卷四七《右监门卫大将军赠博州防御使博平侯墓志铭》，《景印文渊阁四库全书》第 1100 册，台湾商务印书馆，1986，第 503 页。

赵令赛："无他好，燕居为小室，聚书史图画，耽玩无斁。"①

赵士注："有美才，善为文章，尤通音律。君闻其讲诵书史、留意翰墨则喜，稍习声乐，则终日若有戚容。千牛嘉其志，悉屏他好，自力于学，试有司中高选，君有内助焉。"②

赵仲轼："不喜声色，而颇好学。"③

赵仲肓："公幼聪敏，乐诗书，无富贵之习。"④

赵令琮："亲教诸弟以经史，勉之以学。由是诸弟皆以文学试换，多为文资见称于人。侯长于诗书，好《论语》《孟子》《老》《庄》，虽闲燕，非法言不道。"⑤

赵令迤："性孝友，谦恭好学，刻意于书史文章，将求试有司。"⑥

赵宗瑗："喜读左氏《春秋》、历代史书。"⑦

赵令攀："侯幼而奇警，记诵文字，一见如宿习。"⑧

赵仲全："治第吹台之东，亭榭池阁，雕饰甚丽，图书翰墨，环列左右，当世知名之士，间与往来。晓音律，尤善弈棋，通于工巧技艺之事。"⑨

赵令话：其妻子"尽斥奁具置书史，以助其夫之学，有古贤女徽戒

① （宋）范祖禹：《范太史集》卷四七《右监门卫大将军赠登州防御使追封东牟侯墓志铭》，《景印文渊阁四库全书》第 1100 册，台湾商务印书馆，1986，第 505 页。
② （宋）范祖禹：《范太史集》卷四七《右千牛卫将军妻李氏墓志铭》，《景印文渊阁四库全书》第 1100 册，台湾商务印书馆，1986，第 508 页。
③ （宋）范祖禹：《范太史集》卷四七《右监门率府率妻刘氏墓志铭》，《景印文渊阁四库全书》第 1100 册，台湾商务印书馆，1986，第 508 页。
④ （宋）范祖禹：《范太史集》卷四七《右千牛卫将军赠左屯卫大将军墓志铭》，《景印文渊阁四库全书》第 1100 册，台湾商务印书馆，1986，第 509 页。
⑤ （宋）范祖禹：《范太史集》卷四七《右武卫大将军通州团练使赠洪州观察使追封豫章侯墓志铭》，《景印文渊阁四库全书》第 1100 册，台湾商务印书馆，1986，第 509 页。
⑥ （宋）范祖禹：《范太史集》卷四八《赠左领军卫将军墓志铭》，《景印文渊阁四库全书》第 1100 册，台湾商务印书馆，1986，第 510 页。
⑦ （宋）范祖禹：《范太史集》卷五一《昭信军节度……追封崇王谥孝温墓志铭》，《景印文渊阁四库全书》第 1100 册，台湾商务印书馆，1986，第 536 页。
⑧ （宋）范祖禹：《范太史集》卷五一《右监门卫大将军赠洺州防御使追封广平侯墓志铭》，《景印文渊阁四库全书》第 1100 册，台湾商务印书馆，1986，第 538 页。
⑨ （宋）范祖禹：《范太史集》卷五一《右监门卫大将军墓志铭》，《景印文渊阁四库全书》第 1100 册，台湾商务印书馆，1986，第 540 页。

相成之风"。①

赵士琏："卯岁知学，既长博通群书，善属文。"②

赵令注："喜学《论语》《孟子》、扬雄《法言》，皆略成诵。治《尚书》通大义，读史传必反复详洽然后进，不贪多务得，而涉猎不精。间则作诗以自适。"③

赵仲绾："无他好，燕居一室，环列书史，凝尘满席，澹然终日。每叹曰：'宗室托肺腑，坐糜爵禄，无补于时，饱食暖衣，丧其良心，岂不惜哉！'由是尽心于学，专治诗。从师受《易》，通大义。是时，朝廷屡诏选教官以教宗子，有能通经术、行谊修饬者，以名闻，公为举首。召试学士院，以《诗》《易》对义中选。"④

赵令赫："记识敏悟，四岁受《孝经》，六岁通《论语》，七岁能为二韵诗。丧父，哀毁如成人。既长，涉猎百家书，能为文章……英宗建宗学，广教官，神宗俾宗子得从科举，而公族彬彬益向学矣。如侯之美秀而文，使之立朝廷，岂不为名卿才士大夫哉！"⑤

赵令擢："善骑射，洞晓音律，击拂博弈皆妙，然未尝纵以为乐。书无所不观，观辄记忆不忘。至学官讲义，则执经就列，耸听难问，从横不穷，又复以训诸子。"⑥

赵仲革："公无声色之奉，喜畜图书，葺舍馆一室，翛然左右经史，游息其间。"⑦

---

① （宋）范祖禹：《范太史集》卷五一《右监门卫大将军贵州刺史妻永兴县君程氏墓志铭》，《景印文渊阁四库全书》第1100册，台湾商务印书馆，1986，第541页。

② （宋）范祖禹：《范太史集》卷五一《右侍禁墓志铭》，《景印文渊阁四库全书》第1100册，台湾商务印书馆，1986，第542页。

③ （宋）范祖禹：《范太史集》卷五二《右侍禁墓志铭》，《景印文渊阁四库全书》第1100册，台湾商务印书馆，1986，第544页。

④ （宋）范祖禹：《范太史集》卷五二《台州防御使赠武康军节度使追封崇国公墓志铭》，《景印文渊阁四库全书》第1100册，第546页。

⑤ （宋）范祖禹：《范太史集》卷五二《赠蔡州观察使汝南侯墓志铭》，《景印文渊阁四库全书》第1100册，第547页。

⑥ （宋）范祖禹：《范太史集》卷五二《右监门卫大将军达州刺史赠真州观察使追封常山侯墓志铭》，《景印文渊阁四库全书》第1100册，第549页。

⑦ （宋）范祖禹：《范太史集》卷五二《汉州刺史本州防御使赠保宁军节度使追封婺国公墓志铭》，《景印文渊阁四库全书》第1100册，第549页。

赵令儢："公幼而颖悟，喜读书，不好弄，动静语默如成人……夙夜强学，日诵数百言，书无所不观，尤工律诗。"①

以上 21 例中的人物多喜爱读书作文，显然属于宗室中文化水平比较突出者，故而传记中特别提及。

在此基础上，一批宗室藏书家及著作家应运而生，除了前文提到的赵宗制"藏书万卷"以外，藏书万卷以上者至少还可举出九例。

例一：宋真宗时越王赵元杰，"颖悟好学，善属词，工草、隶、飞白，建楼贮书二万卷"。②

例二：宋仁宗时的赵叔充，"藏书至万卷。子九人，登科者三"。③

例三：赵令教，"少聪敏，善属文，通五经，诸子百家无所不观，蓄书数万卷。美风仪，洞晓音律，好读晋史"。著有《诗书大义》十卷及歌诗集十卷。④

例四：赵宗晟"好古学，藏书数万卷，仁宗嘉之，益以国子监书"。⑤

例五：多才多艺的赵令畤收藏丰富的书画，"藏书数万卷，蓄画数十函"。⑥ 他曾从学于黄庭坚："熙宁中，鲁直入宫教余兄弟。"⑦ 宋末陈宗礼曾评价他："生华屋而身寒士，心明气肃，文艺亦称，金枝玉叶中，一人而已。"⑧ 被誉为宗室中文采第一人。他还著有笔记《侯鲭录》、词集《聊复集》、诗集《安乐集》三十卷等，其中《侯鲭录》流传至今。

例六：赵宗颜"素好学，喜为诗，藏书万卷"。⑨

---

① （宋）范祖禹：《范太史集》卷四六《右武卫大将军康州防御使墓志铭》，《景印文渊阁四库全书》第 1100 册，第 495 页。

② （元）脱脱等：《宋史》卷二四五《元杰传》，第 8701 页。

③ （元）脱脱等：《宋史》卷二四四《叔充传》，第 8672 页。

④ （宋）范祖禹：《范太史集》卷五〇《右金吾大将军……追封高密郡公墓志铭》，《景印文渊阁四库全书》第 1100 册，第 526 页。

⑤ （元）脱脱等：《宋史》卷二四五《宗晟传》，第 8712 页。

⑥ （宋）李廌：《德隅斋画品·画品书后》，载王伯敏、任道斌主编《画学集成（六朝—元）》，河北美术出版社，2002，第 436 页。

⑦ （宋）赵令畤：《侯鲭录》卷二《鲁直谢宗室开府赠两罗懊诗》，孔凡礼点校，中华书局，2002，第 73 页。

⑧ （宋）陈宗礼：《宾退录序》，载（宋）赵与时《宾退录》附录，齐治平校点，上海古籍出版社，1983，第 139 页。

⑨ （宋）司马光：《司马光集》卷七八《皇从兄华阴侯墓志铭》，李文泽、霞绍晖校点，第 1573 页。

例七：赵从赟"温豫清简，好学，善属文。……通左氏《春秋》。第中大治斋馆，揭思贤、味道、怡神、澄心四室，聚古今书万余卷。时王宫讲官皆朝廷所选宿儒，相与规劘道义于其间。景祐初，上大燕太清楼，侯能赋诗以奏。天子览之称善，遂赐以御飞白书，复出内府金缯以宠异之。既归，因语人曰：'夫饰舆马之玩，与悉贸以市书，顾所尚如何。'由是侯得书益蕃"。著述《注诗赋》一集。①

例八：赵汝愚的父亲赵善应，堪称藏书大家："好读书，所藏至三万卷。所著有《唐书录遗》三十卷、《幸庵见闻录》二卷，《台州劝谕婚葬文》一卷。居家不设条约，于子弟无所程督，而躬行之实所渐渍而兴起者甚众。"② 著述不少，且躬身带动子弟向学。

例九：赵宗绰"蓄书七万卷。……三馆秘府所未有也，盛哉！"③ 私人藏书甚至超过了当时朝廷的藏书机构三馆秘阁，他可谓宗室藏书第一人，实在令人惊叹。

这些藏书不仅是文化的结晶，也是宗室文化水平的一个标志，更能影响和提升周围大众的文化水平。如南宋赵不迁在家乡建造藏书楼，"所储凡数万卷"，专供乡人观览学习之用："有来者导之登楼，楼设几席，使得纵观。"④ 这实际上就是私人开办的公共图书馆。有学者指出："宋代宗室喜好藏书，其藏书家之多、藏书数量之巨，为历代所罕见。"⑤ 宋代宗室在藏书史上有突出地位。沉浸在书海中的赵宋宗室，未尝不是自晦自乐。

三 宋代宗室的才艺与文化贡献

张方平曾打抱不平道："国朝之制，不属宗室以吏事，优其禄秩，异

---

① （宋）王珪：《华阳集》卷五二《宗室金紫光禄大夫……赠邓州观察使南阳侯墓志铭》，《景印文渊阁四库全书》第 1093 册，第 385、386 页。

② （宋）朱熹：《朱熹集》卷九二《笃行赵君彦远墓碣铭》，郭齐、尹波点校，第 4692～4693 页。

③ （宋）洪迈：《容斋随笔·四笔》卷一三《荣王藏书》，孔凡礼点校，中华书局，2005，第 793 页。

④ （明）费元禄：《甲秀园集》卷四四《邑乘私抄》，《中国基本古籍库》，明万历刻本，第 10 页。

⑤ 祁琛云：《宋代宗室藏书及其文化教育研究》，《贵州文史丛刊》2011 年第 4 期。

其宠章，列邸京师，以奉朝请。为选儒学士切磋讲习，广之道义而已。所以笃亲亲之恩，不使任责，惇叙纠合，别于庶姓者也。然间有蕴才业、抱器虑者，不偕于用，赍志以殁，故执册者无得而书。不然，属籍之功名，岂直汉唐之比盛欤！"① 宋代宗室在北宋大部分时间内有禄无权，有职无责，养尊处优，不甘寂寞，多才多艺，热爱文学艺术创作，以展示风采，自娱自乐，排遣满溢的精力和无处宣泄的才华。

比较典型者，且看赵廷美之子赵德文：

> 少好学，凡经史百家，手自抄撮，工为辞章。真宗以其刻励如诸生，尝因进见，戏呼之曰"五秀才"，宫中由是悉称之。……帝封泰山、祀汾阴、幸亳，德文必奏赋颂。帝每赐诗，辄令属和。数言愿得名士为师友，特命翰林学士杨亿与之游。……德文虽老，嗜学不倦。②

他像平民士子一样刻苦嗜学，终身热爱读书创作。赵世迈"平居宴坐，以讽咏自适，雅善笔札，遒劲精婉，包虞永兴之法，盖尝以所书奏御于上，深被奖叹"③，是位水平不低的书法爱好者。赵克构"喜读书为诗，又善射，好虞世南书，学之几得其法。尝与宗室召对，各使写先帝自所造歌诗，第其高下。侯所书第一，受诏敦奖"。④ 其诗歌与书法水平，在宗室中为上乘。赵克继是书法名家以及书法理论家，"善楷书，尤工篆隶，宗正荐之，仁宗亲临试，及令临蔡邕古文法写《论语》、《诗》、《书》；复诏与朝士分隶《石经》。帝曰：'李阳冰，唐室之秀。今克继，朕之阳冰也。'训子弟力学，一门登儒科者十有二人。尝进所集《广韵字源》，

---

① （宋）张方平：《乐全集》卷三八《皇叔祖……追封定王墓志铭》，《景印文渊阁四库全书》第 1104 册，第 443 页。

② （元）脱脱等：《宋史》卷二四四《德文传》，第 8674~8675 页。

③ （宋）王珪：《华阳集》卷五二《宗室金紫光禄大夫……赠右领军卫将军墓志铭》，《景印文渊阁四库全书》第 1093 册，第 384 页。

④ （宋）刘敞：《公是集》卷五二《皇侄故金紫光禄大夫……赠邠州观察使追封新平侯墓志铭》，《景印文渊阁四库全书》第 1095 册，第 868 页。

帝称善，藏之秘阁。"① 赵世哲的才艺更多：

> 少颖悟好学，从儒者周乘授《礼记》，通大义。善属文，尤长于诗，援笔即成，略无滞思。雅好书札，作飞白字特艳丽。至于弈射、音律，皆极幼眇。②

经学以外，还创作诗文、书法作品，兼通射箭、音乐等。赵士暕诗画俱佳：

> 少好学，喜为文，多技艺。尝画韩退之、皇甫持正访李长吉事为《高轩过图》，极萧洒，一时名士皆为赋之。又尝学书于米元章。③

受名师指点，书法当也有一定的水平。赵世崇"颇涉经史百家之学……喜学，日延侍讲杨中和讲受其师说，由是通《左氏春秋》最为深。又善为辞赋，温丽殊可观"。④ 既专注于经史，更擅长辞赋。宋哲宗时，享年仅十三岁的赵子荐，"其平居燕私，惟以读书自娱，尤精律诗，善笔札，论议非经史不出于口"。⑤ 俨然一个小夫子的形象。赵子正"耽酒嗜书札"⑥，在书法方面比较擅长。宋英宗的儿子赵颢：

> 少善笔札，能为飞白书……尤知音，善鼓琴，首侍先帝元夕御楼观灯，制新曲以进，音律谐妥，赐名《棣华同元乐》……好图书，博求善本，摹写潢治，必极精工。倾金帛购名画，无所吝。⑦

---

① （元）脱脱等：《宋史》卷二四四《克继传》，第 8671 页。

② （宋）吕公著：《宗室故金紫光禄大夫检校……追封南康侯（赵世哲）墓志铭并序》，载郭茂育、刘继保编著《宋代墓志辑释》，第 209 页。

③ （宋）徐度：《却扫编》卷中，朱凯、姜汉椿整理，载《全宋笔记》第 3 编第 10 册，大象出版社，2008，第 136 页。

④ （宋）王珪：《华阳集》卷五三《宗室金紫光禄大夫……赠洛州防御使广平侯墓志铭》，《景印文渊阁四库全书》第 1093 册，第 389 页。

⑤ （宋）蔡京：《宋宗室三班奉职（赵子荐）墓记》，载郭茂育、刘继保编著《宋代墓志辑释》，第 397 页。

⑥ （宋）何薳：《春渚纪闻》卷五《酒谲》，张明华点校，中华书局，1983，第 79 页。

⑦ （宋）蒋之奇：《宋故淮南荆南节度管内观察处置等使……加冀州牧改封燕王（颢）墓志铭》，载郭茂育、刘继保编著《宋代墓志辑释》，第 376 页。

书法、演奏、作曲、收藏，均有较高的水平。

更有在文学方面取得突出成就者，为著名文学家所赞誉。如苏轼称赞赵令畤："文章议论，载其令名而驰之。"① 南宋初文人张邦基说道：

> 元祐以后，宗室以词章知名者如士暕、士宇、叔益、令畤、鹾之，皆有篇什闻于时。然近属环卫中，能翰墨尤多。如嗣濮王仲御喜作长短句，尝见十许篇于王之孙不□（原缺——引注），皆可俪作者，不能尽载。如上元扈跸作《瑶台第一层》云："嶰管声催，人报道、嫦娥步月来。凤灯鸾炬，寒轻帘箔，光泛楼台。万年春未老，更帝乡日月蓬莱。从仙杖，看星河银界，锦绣天街。欢陪。千官万骑，九霄人在五云堆。紫袍光里，星球宛转，花影徘徊。未央宫漏永，散异香，龙阙崔嵬。翠舆回。奏仙歌韶吹，宝殿尊罍。"每使人歌此曲，则太平之象，恍然在梦寐间也。②

众多宗室有名篇词作和擅长书法。宋末文坛领袖、江湖派诗人刘克庄指出："本朝全盛时，贵显而负诗名者有德麟，近岁有南塘兄弟，诗工而命穷者有紫芝、仲白，而南塘遂为一代骚人之宗。"③ 即指赵令畤、赵汝谈、赵汝譡、赵师秀、赵庚夫等五位著名的宗室诗人，尤推赵汝谈兄弟为一代诗宗。其中赵师秀（号灵秀）既是永嘉派"四灵"之首，又是江湖诗派的诗宗之一，在文学史上颇有地位。

最为突出的贡献，是培养了宋代宗室一大批杰出画家。北宋时期仅《宣和画谱》所载，就有 12 人之多，兹简介于下。

赵克夐："佳公子也。戏弄笔墨，不为富贵所埋没。画游鱼尽浮沉之态，然惜其不见湖海洪涛巨湍之势，为毫端壮观之助，所得止京洛池塘间之趣耳。""今御府所藏一。"囿于身份而不得外出，他并没见过江海，但

---

① （宋）苏轼：《苏轼文集》卷一〇《赵德麟字说》，孔凡礼点校，中华书局，1986，第337页。
② （宋）张邦基：《墨庄漫录》卷一〇《赵仲御长短句》，孔凡礼点校，中华书局，2002，第272页。
③ （宋）刘克庄：《后村先生大全集》卷一〇七《赵崇安诗卷》，王蓉贵、向以鲜校点，习忠民审定，四川大学出版社，2008，第2770页。

所画虽仅京洛池塘之鱼，已是尽善尽美了。

赵叔傩："善画，多得意于禽鱼，每下笔皆默合诗人句法。或铺张图绘间，景物虽少而意常多，使览者可以因之而遐想。昔王安石有绝句云：'汀洲雪漫水溶溶，睡鸭残芦晻霭中。归去北人多忆此，每家图画有屏风。'叔傩所画，率合于此等诗，亦高致也。""今御府所藏十有七。"① 善画游鱼禽鸟，用笔精妙传神，具有很强的表现力，且充满诗意，无疑是其文学素养的显示。

赵令松："与其兄令穰俱以丹青之誉并驰。工画花竹，无俗韵。以水墨作花果为难工，而令松独于此不凡。然巧作朽蠹太多，论者或病之。而画犬尤得名于时。昔人谓'画虎不成反类于狗'，今令松故直作狗，岂无意乎？""今御府所藏四。"② 史籍对其作品评判颇为客观，指出其水墨花果画之弊端，充分肯定其犬画。绘画界有"画人难画手，画兽难画狗"之说，赵令松却工于画犬，被誉为北宋画犬第一："犬则唐有赵博文，五代有张及之，本朝有宗室令松。"③ 成为其最具有代表性的题材，并因此著称于画史。

赵宗汉：他是地位很高的嗣濮王，但"博雅该洽，人皆不见其有富贵骄矜之气，又无沉酣于管弦犬马之玩，而唯诗书是习，法度是守。平居无事，雅以丹青自娱，屡以画进，每加赏激。又尝为《八雁图》，气韵萧散，有江湖荒远之趣。识者谓不减于古人"。"今御府所藏八。"④ 虽贵居王位，但满是书卷气，绘画作品美妙，不减前代名家。

赵孝颖："翰墨之余，雅善花鸟，每优游藩邸，脱略纨绮，寄兴粉墨，颇有思致。凡池沼林亭所见，犹可以取像也。至于摹写陂湖之间物趣，则得之遐想，有若目击而亲遇者，此盖人之所难，然所工尚未已，将复有加焉。""今御府所藏二十有二。"⑤ 他主攻书法，但绘画作品同样丰富精美，飞禽尤佳，多幅被御府收藏。

---

① （宋）佚名：《宣和画谱》卷九《赵克复》《赵叔傩》，岳仁译注，湖南美术出版社，1999，第 195~196 页。
② （宋）佚名：《宣和画谱》卷一四《赵令松》，岳仁译注，第 302 页。
③ （宋）佚名：《宣和画谱》卷一三《畜兽叙论》，岳仁译注，第 277 页。
④ （宋）佚名：《宣和画谱》卷一六《赵宗汉》，岳仁译注，第 340 页。
⑤ （宋）佚名：《宣和画谱》卷一六《赵孝颖》，岳仁译注，第 341 页。

赵仲佺："明敏无他嗜好，独爱汉、晋人之文章。至于品藻人物，通贯义理，虽老师巨儒，皆与其进。作诗平易，效白居易体，不沉酣于绮纨犬马，而一意于文词翰墨间。至于写难状之景，则寄兴于丹青，故其画中有诗，至其作草木禽鸟，皆诗人之思致也。非画史极巧力之所能到，其亦翩翩佳公子耶？""今御府所藏十有四。"既精通儒学，又热爱文词、书法，花鸟画尤为出类拔萃。①

赵仲僴："长于宫邸，不以尘俗汩其意，雅好绘画，虽寒暑不舍，既久益加进，既进自得，无所往而不经营画思。每岁都城士大夫有园圃者，花开时必纵人游观。仲僴乃载酒行乐，初无缘饰，泛然于游人中，以笔篚粉墨自随。遇兴来，见高屏素壁，随意作画，率有佳趣；或求则未必应也。尝于华阳郡主王宪家林亭间作《鸳鸯浦溆》，顷刻而就。至于设色，唯轻淡点缀而已。往来观者无不赏激也。有题诗于其后曰：'睡足鸳鸯各欲飞，水花欹岸两三枝。多情公子因乘兴，写出江春日暖时。'其为人称誉如此。""今御府所藏七。"② 他作画勤奋，注重写生，春游时随意挥洒创作的壁画，颇多妙趣，令人赞誉。

赵士腆："善画寒林晴浦，得云烟明晦之状，恍若凭高览物，寓目于空旷有无之间，甚多思致。往时苏舜钦有'寒雀喧喧满竹枝，轻风淅沥玉花飞'之句，今士腆遂画《寒雀畏雪图》者，类此也。其竹石等亦称是。""今御府所藏五。"③ 其画多诗意，创作的林木水禽十分珍贵。

赵士雷："以丹青驰誉于时。作雁鹜鸥鹭，溪塘汀渚，有诗人思致；至其绝胜佳处，往往形容之所不及。又作花竹，多在于风雪荒寒之中，盖胸次洗尽绮纨之习，故幽寻雅趣，落笔便与画工背驰。""今御府所藏五十有一。"④ 他的作品名气大而且高产，擅长表现景物的季节特征。

赵頵是亲王、皇叔，宋英宗的四子："幼而秀巇，长而颖异……平居之时无所嗜好，独左右图书，与管城毛颖相周旋。作篆籀、飞白之书，而大小字笔力雄俊。戏作小笔花竹蔬果，与夫难状之景，粲然目前。以墨写

① （宋）佚名：《宣和画谱》卷一六《赵仲佺》，岳仁译注，第342页。
② （宋）佚名：《宣和画谱》卷一六《赵仲僴》，岳仁译注，第344页。
③ （宋）佚名：《宣和画谱》卷一六《赵士腆》，岳仁译注，第345页。
④ （宋）佚名：《宣和画谱》卷一六《赵士雷》，岳仁译注，第346页。

竹，其茂梢劲节、吟风泻露、拂云筛月之态，无不曲尽其妙。复善虾鱼蒲藻，古木江芦，有沧洲水云之趣，非画工所得以窥其藩篱也。""今御府所藏七十。"虽地位显赫，但喜爱读书、书法、绘画。佳作入宋徽宗法眼者多达70幅，在宗室中最多。

赵令穰："能游心经史，戏弄翰墨，尤得意于丹青之妙，喜藏晋宋以来法书名画，每一过目，辄得其妙，虽艺成而下，得不愈于博弈狗马者乎？至于画陂湖林樾、烟云凫雁之趣，荒远闲暇，亦自有得意处，雅为流辈之所贵重。然所写特于京城外坡坂汀渚之景耳，使周览江浙、荆湘，重山峻岭，江湖溪涧之胜丽，以为笔端之助，则亦不减晋宋流辈。尝因端午节进所画献，哲宗尝书其背云：'朕尝观之，其笔甚妙。'因书'国泰'二字赐之，一时以为荣。""今御府所藏二十有四。"他在熟读经史、收藏鉴赏古代名画基础上，绘画作品为时人推崇，佳作甚多。

赵令庇："善画墨竹，凡落笔潇洒可爱。……令庇当以文同为归，庶不入于俗格。""今御府所藏一。"① 其墨竹不俗，与士大夫画竹名家文同相近。

到了南宋，宗室绘画更上层楼，成就更大。如赵孟坚，传世作品有《白描水仙图卷》《岁寒三友图》《墨兰图卷》《自书诗卷》《梅谱》等。赵孟坚是文学艺术的全才。

> 修雅博识，善笔札，工诗文，酷嗜法书。多藏三代以来金石名迹，遇其会意时，虽倾囊易之不靳也。又善作梅竹，往往得逃禅、石室之妙，于山水为尤奇，时人珍之。襟度潇爽，有六朝诸贤风气，时比之米南宫，而子固亦自以为不歉也。东西薄游，必挟所有以自随。一舟横陈，仅留一席为偃息之地，随意左右取之，抚摩吟讽，至忘寝食。所至，识不识望之，而知为米家书画船也。②

除了精于诗文之外，还醉心于书法以及古代金石文字和法帖的收藏，所画

---

① （宋）佚名：《宣和画谱》卷二〇《亲王赵頵》《赵令穰》《赵令庇》，岳仁译注，第398~402页。

② （宋）周密：《齐东野语》卷一九《子固类元章》，张茂鹏点校，第357页。

山水妙比米芾，达到了一个极高的境界。元人汤垕评其画时，赞不绝口："赵孟坚子固，墨兰最得其妙……前人无此作也。画梅竹水仙松枝墨戏皆入妙品，水仙为尤高。"① 创作的墨兰、水仙尤为高妙。宋代宗室绘画无论品位还是技术，都可誉为"绝世风雅"②，在文化史上有重要贡献。

宋末赵孟頫更是博学多才，既懂经济，又是文化大师，在书法、绘画、金石、音乐、鉴赏等方面均有优异成就。成就最高的是书画，绘画上开创元代新画风，被称为"元人冠冕"③；书法上善长篆、隶、真、行、草书，尤以楷、行书著称，书风遒媚秀逸，结体严整、笔法圆熟，创"赵体"书，与欧阳询、颜真卿、柳公权并称"楷书四大家"。作为宋代宗室文化的代表人物，其对后代的影响正是宋代宗室文化的光芒所在。

在此，不妨用数据来展示一下宋代宗室的文化史地位：据粗略统计，有诗文传世的宋代宗室文人256人，有诗文集者45人，共有诗文集61种，现存29种。④ 其中宗室诗人多达334人。厉鹗《宋诗纪事》卷85收宋代宗室77人，陆清源《宋诗纪事补遗》卷92、93收宋代宗室82人，《四库全书》收录宋代宗室别集7人，谭正璧《中国文学家大辞典》收录宋代宗室25人，钱仲联《中国文学大辞典》则收录宋代宗室15人。⑤ 据清人彭蕴璨《历代画史汇传》记载，宋代宗室著名画家36人；清人倪涛《六艺之一录》列出宋代宗室书法名家27人。这组数据足以说明，宋代宗室是宋代文化中一支不可忽视的力量，为中国传统文化史添新砖、加彩瓦，增光颇多。

宋代宗室在音乐戏曲史上也颇有贡献。其中以精通音律而知名当世者，北宋有赵克己、赵元雍、赵宗述、赵宗回、赵宗颜、赵允迪，南宋有赵汝遂、赵汝禀、赵士锜。赵希旷著《琴书大全》，赵令畤著《商调蝶恋花》十二阕，并且加上管弦，使说唱者兼操弦索伴奏，另有人吹笛或演

① （元）汤垕：《古今画鉴·宋画》，载王伯敏、任道斌主编《画学集成（六朝—元）》，河北美术出版社，2002，第707页。
② 许建融：《绝世风雅——宋代的宗室绘画》，上海人民美术出版社，2019。
③ （明）董其昌：《容台集·别集》卷四《画旨》，邵海清点校，西泠印社出版社，2012，第700页。
④ 骆晓倩：《两宋宗室文学研究》，博士学位论文，四川大学，2007，第2页。
⑤ 陶广学：《宋代宗室诗人人数考》，《兰台世界》2011年第16期。

奏其他管乐器，使鼓子词说唱艺术不单是鼓伴奏的简单形式，这一改变可谓是音乐戏曲史上的一大创举。在科技等方面，宋代宗室也多有涉及，取得不少成就。以上由于学界多有论述，不再赘述。①

结　语

作为贵族，宋代宗室在历史上无疑是高素质的文化群体。由于出身高贵，他们比许多出身贫贱的士大夫条件优越，整体素质最高，且罕见纨绔子弟。在约一亿人口的北宋，其数量微不足道，但地位特殊，所以其文化水平的提高有特殊意义：北宋前期宗室的清贵，稳定皇室，如同肥沃柔软的温床，滋养着皇位继承人，如富弼对宋英宗所言："陛下在藩邸时屏去声色杂伎艺，惟留心经史，遂博通古今之学，诚一代之英主也"②，在社会上也树立了文化花园形象；北宋后期至南宋，则又可以作为士大夫走向社会政治舞台，发挥更大的作用。他们在宋代历史上展示了与其他朝代不同的文雅形象，其修养与成就犹如一朵朵花，装点着皇宫。

前代多有皇室内部的战乱，皇位继承也常有腥风血雨，但宋朝却比较平稳，甚至出现中国历史上空前绝后的四次内禅。程颢赞赏"本朝有超越古今者五事"，首先就是"百年无内乱"③，其中主要就是皇室比较安定。张邦炜先生对此论之甚详、甚精，就其原因而言，则不大认可古人所谓宋代皇亲国戚"却是多贤"。④ 张先生持论并无不当，从本书角度看到的新问题是：宋代宗室普遍拥有较高的文化水平，既雅化了身心，又浸润了大量的儒家忠君等伦理观念，加上制度的约束，使之自觉不自觉地接受了驯化教育，消弭了暴戾之气，不能不对皇室安定起到潜移默化的作用。正如宋人黄履对宋神宗所言："陛下之于宗室，以爵贵之，以禄富之，以

---

① 参见倪士毅《宋代宗室士大夫在学术和文艺上的成就》，载常绍温主编《陈乐素教授（九十）诞辰纪念文集》，广东人民出版社，1992；都樾《宋代宗室的文化成就及其影响》，《中国典籍与文化》2000 年第 2 期。
② （宋）李焘：《续资治通鉴长编》卷二〇一，治平元年闰五月辛未，第 4881 页。
③ （宋）程颢、程颐：《二程集·河南程氏遗书》卷一五《入关语录》，王孝鱼点校，中华书局，1981，第 159 页。
④ 张邦炜：《论宋代"无内乱"》，《四川师范大学学报》（哲学社会科学版）1988 年第 1 期。

《诗》、《书》、《礼》、《乐》教之，以忠孝仁义成之，可谓得亲叙之道矣。"① 这种内在文化因素所起的自觉作用，恐怕也是不宜忽视的。

第二节　宦官

宦官是中国帝王时代的一个特殊群体。在性别特殊外，更有身份特殊，作为皇权的一部分、皇宫的具体管理者，在历史上起着较大或很大作用，是中国历史尤其是政治史中无法绕开的重要群体。有关宋代宦官的研究，学界已经取得不少成果，围绕其军事、政治、经济作用和对宦官的管理制度②，但均不涉及他们的文化水平。游彪教授曾提到"宋代宦官的文化素质普遍比较高"，惜非其主旨，未做论证。③ 柳立言教授也言："宋代宦官能文、能武，能理财"④，意识到了同样问题。本节旨在论证宋代宦官的文化水平，从另外一条路径深入探讨宋人的文化水平和宋代的宦官制度。

一　宋代宦官均有文化

在朝廷核心部位为皇帝、后妃服务的宦官，虽然出身低贱，但职责性质决定他们接触的多是国家大事乃至最高机密，其从事的大量工作需要相应的文化水平。

正因为如此，有的皇帝重视对宦官的文化教育。如宋真宗当太子时，曾在宫中办起了卫士的"识字班"，其中也包括宦官。"即东宫建学，亲为教授。因命张旻为学长，张景宗为副学长，崇勋与夏守斌为学察，安守忠以下为学生。景宗，宦者。"⑤ 张景宗就是宋真宗亲自教育出的宦官。宋仁宗更进一步，曾经命天章阁侍讲贾昌朝、王宗道负责"编排资善堂书籍，其实教授内侍云"，通过或借口编排皇子读书处资善堂的书籍，用

---

① （宋）黄履：《上神宗乞特燕宗室以齿》，载（宋）赵汝愚编，北京大学中国古代史研究
　　中心校点整理《宋朝诸臣奏议》卷三二，上海古籍出版社，1999，第317页。
② 秦克宏：《二十世纪以来海内外宋代宦官研究综述》，《中国史研究动态》2012年第2期。
③ 游彪、刘春悦：《宋代宦官养子及荫补制度》，《中国史研究》2001年第2期。
④ 柳立言：《宋代的宦官》，《历史月刊》1993年第65期。
⑤ （宋）李焘：《续资治通鉴长编》卷四七，咸平三年十月辛亥，第1028页。

文官来教授宦官经史文艺，表明皇帝希望并采取间接办学的方式，来提高宦官的文化水平。但此举不久即遭到谏官吴育的反对，认为"资善堂教授内臣，而以编修为名，非盛朝所务也"，一个月后即有诏罢之。① 他指责这不是明君应该做的事务，也有防微杜渐的深意。但是，皇帝并没有放弃教育宦官的理念。宦官王中正"因父任补入内黄门，迁赴延福宫学诗书、历算。仁宗嘉其才，命置左右"。② 则是至少在这一时期，延福宫具有宦官学校的职能，培训新任宦官文学、儒家文化以及数学、历法等知识。可见朝廷一方面希望提高宦官的文化水平以提供更优质的服务，一方面又担心其文化水平超出内侍的基本需要而滋生宦祸。对朝廷来说，宦官的文化水平是一把双刃剑，比较敏感。

宋代虽然没有像明朝那样制度化的宦官教育③，但定有宦官入宫的制度化条件，即必须通过文化考试："内侍遇圣节许进子，年十二试以墨义，即中程者，候三年引见供职。"④ 所谓"墨义"，就是笔答经义，既要会读，也要会写，更要理解经书。这一制度长期执行，唯南宋初宋室逃亡时期诸事有些例外，局势稳定后随即恢复。绍兴二十七年（1157），因有宦官免试入宫，违反制度，给事中贺允中上书指责："小黄门任嘉辅免试补官不当"，"政和旧制，内侍进子年十二，试以墨义，其中程者，候三年引见供职。自建炎后，以宫庭小黄门少，遂听不候年及命之。至是，允中以为非法"。宋高宗十分赞同："允中此论极当，但外庭未悉宫禁曲折。先朝立法，非特此曹不得滥进，且使识字。近来小黄门人数稍足，岂可一向循例免试？前旨可勿行，自今并如旧制。"⑤ 强调了入宫宦官必须识字，通过文化考试三年后才能任职。

宋代宦官的来源，一般都是代际传承，即由老宦官的养子补充。嘉祐四年（1059）宋仁宗曾诏入内内侍省云："内臣员多，自今权住进养子入

---

① （宋）李焘：《续资治通鉴长编》卷一二三，宝元二年三月癸丑、四月癸未，第2899、2903页。
② （元）脱脱等：《宋史》卷四六七《王中正传》，第13642页。
③ 梁绍杰：《明代宦官教育机构的名称和初设时间新证》，《史学集刊》1996年第3期。
④ （元）脱脱等：《宋史》卷一六六《职官志六》，第3941页。
⑤ （宋）李心传编撰《建炎以来系年要录》卷一七八，绍兴二十七年十二月丁巳，胡坤点校，中华书局，2013，第3419页。

内”即可证明。① 那么，他们是如何学会识字的呢？自是养父——老宦官
负责教育。如北宋中期的内侍裴愈，"老不废学，又课厉二子，使皆有
立"②，就是宦官教育养子的例子，也是自身持续提高文化水平的事例。
这就从制度上保证了宦官都至少具有初步的文化水平。以下就是具体的
论证。

首先，我们考察宦官的职责。宋代宦官的管理机构是内侍省、入内内
侍省："内侍省、入内内侍省，皆宦官之职也"，其内部机构和职能如：

> 分五房，所掌内殿引对群臣、发金字号、收接边奏、赐臣僚到阙
> 茶药、新除执政官、御史中丞支赐、宗室节度使已上生日、宰臣已下
> 夏腊药、春幡胜新火、喜雪御筵、每月奉香表往攒宫、忌辰酌献看
> 经、设狱、太庙荐新、并奏告差宫闱令大礼执事、并奏主进衮冕、祈
> 祷降御封香、车驾行幸、差官应奉人使在道及到阙燕赐、宣召学士及
> 试官御试一应事务、圣节赐宰臣以下斋筵、皇太子乳香、执政官酒
> 果、辨验迎奉到御容、赐蕃夷宴、大朝会差应奉等官，皆其职也……
> 渡江后，又掌藏金国誓书八宝。内东门司，内侍省属也，掌机密门
> 户。合同凭由司，掌御前及宫禁取索金帛。御药院，掌应奉礼仪、衣
> 服、汤药。③

从中看出，其职责至少在"发金字号、收接边奏""宣召学士及试官御试
一应事务""藏金国誓书八宝"等方面，是与文字打交道的。实际上，宋
代宦官具体任职及职掌情况，远多于这些制度所定，多有专职文字的宦
官，例如皇太后殿有"管勾文字"一职，他们"效勤官书""效力文
墨"④ 等，是管理书籍文件和从事文字书写的工作。

---

① （清）徐松辑《宋会要辑稿·职官》三六之一一，刘琳、刁忠民、舒大刚、尹波等校
点，第 3893 页。

② （宋）吴处厚：《青箱杂记》卷一〇，李裕民点校，中华书局，1985，第 110 页。

③ （宋）李心传编撰《建炎以来朝野杂记·甲集》卷一〇《内侍两省》，徐规点校，中华
书局，2000，第 210 页。

④ （宋）刘攽：《彭城集·补编·皇太后殿管勾文字夏崇可三班借职制》《皇太后殿管勾文
字朱宗懿可三班借职制》，逯铭昕点校，齐鲁书社，2018，第 1043、1044 页。

典型如由宦官组成的御药院，本职工作是负责"掌按验方书，修合药剂"①，显然要精通医药典籍者才能胜任。实际的职掌却大相径庭，诸如负责接受、缮写、整理、分析大臣的奏章。元祐年间太皇太后垂帘听政时，"以内外臣僚所上章疏，令御药院缮写，各为一大册，用黄绫装背，标题姓名，置在哲宗御座左右，欲其时时省览"。②宦官抄录、编辑臣僚奏章副本，供小皇帝浏览，了解情况，正本大概是由太皇太后阅览批示的。御药院还可向地方政府发公文，如"神宗闻安石之贫，命中使甘师颜赐安石金五十两。安石好为诡激矫厉之行，即以金施之定林僧舍，师颜因不敢受常例，回具奏之。上谕御药院牒江宁府，于安石家取甘师颜常例"。③宫内事务之外，御药院参与大量科举事务，充分体现了其文化素质，如编排考官座次、誊录考卷密封样式等。熙宁三年（1070）诏："将来于集英殿御试举人，其臣僚及考校并诸司幕次，依今来御药院图子内相度贴定去处，应合行事件，令御药院检举施行。"又诏中书门下，"令别定御试举人封弥式样送御药院，仍仰本院誊录两本，分送初、覆考官"。④御药院宦官的文化水平，早超出了识字、写字的初级层次。⑤

宫廷的经费由宦官管理，拥有不少于朝廷一半财产的皇家内藏库以及奉宸库、景福殿库等，也由宦官管理，即宦官掌管着宋朝的大半财产，所以他们还必须会算数理财。宝元中，宋仁宗"尝诏入内内侍省，裁节禁中之费，报详定所。庆历中，又诏入内内侍省，以章圣时簿帐，较近年禁省之费以闻"。⑥资金的运作和账簿的制作、管理、收藏，离不开对文字的熟识、对数字的精通。大中祥符二年（1009），内藏库主管宦官刘承规编纂提交了《内藏库都帐》，"凡置库以来，其出纳之数，纤悉具在。上

①（元）马端临：《文献通考》卷五七《职官考十一》，上海师范大学古籍研究所、华东师范大学古籍研究所点校，中华书局，2011，第1702页。
②（宋）朱弁：《曲洧旧闻》卷二，孔凡礼点校，中华书局，2002，第105页。
③（宋）晁说之撰，（宋）晁子健编《景迂生集》卷三《论神庙配享札子》，《景印文渊阁四库全书》第1118册，台湾商务印书馆，1986，第65页。
④（清）徐松辑《宋会要辑稿·职官》一九之一四，刘琳、刁忠民、舒大刚、尹波等校点，第3554页。
⑤参见拙作《宋代御药院探秘》，《文史哲》2014年第6期。
⑥（宋）毕仲游：《西台集》卷一五《丞相仪国韩公行状》，陈斌点校，中州古籍出版社，2005，第248页。

嘉其勤,诏赐承珪马二匹、器币二百,掌事官典并迁秩、赐缗钱"。① 宋真宗对其工作成绩表示赞赏,足证这些宦官精通数计与财务管理。

在履职和日常生活中,众多宦官确实显示出了自己的才华。北宋中期的宦官王中正就是一个代表:"其资忠义,有大略,读经史,通古今,尤知兵,天文历数无不通,如是则为天下之才矣。"② 照此记载,他学兼文武,简直就是一个全才,放到全国也是佼佼者。在《宋史·宦者列传》等史籍中,可以看到不少宦官有文化的具体例子。如窦神宝,曾"迁西京左藏库使、领密州刺史兼掌往来国信"。③ 掌管外交文件,不识字肯定无法胜任。王继恩在宋真宗初,"与参知政事李昌龄缄题往来,多请托,至有连宫禁者。……又士人诗颂盈门。……诏中外臣僚曾与继恩交识及通书尺者,一切不问"。④ 他与大臣、士人多有文字来往。李神祐"性谨愿,晓音律,颇好篇咏"。⑤ 既通晓音乐,还会作诗词。又如张继能,在西北前线"日课卒截竹为签,署字其上,且言以备将士记杀获功状……九年,坐前护修庄穆皇后陵摧陷,左授西染院使,掌往来国信。……继能性沉密知兵,颇勇敢,喜读书"。⑥ 能带兵打仗,喜欢读书,还会作诗。

> 内臣张继能,颇知书。尝总戎兵于灵州,属戎寇围城,经岁不解。继能作诗云:"夜闻塞外铃声苦,晓听城头角韵哀。不是感恩心似铁,何人肯向此中来。"⑦

主旨鲜明,富有边塞气韵。杨守珍兼顾文武:"为入内黄门,习书史,学兵家方略。"⑧ 李舜举在宋神宗朝颇为活跃,他"颇览书传,能文辞笔

① (宋)李焘:《续资治通鉴长编》卷七一,大中祥符二年四月戊戌,第 1602 页。
② (宋)李焘:《续资治通鉴长编》卷五百七,元符二年三月己巳注文,引《(哲宗实录)旧录》,第 12090 页。
③ (元)脱脱等:《宋史》卷四六六《窦神宝传》,第 13601 页。
④ (元)脱脱等:《宋史》卷四六六《王继恩传》,第 13604 页。
⑤ (元)脱脱等:《宋史》卷四六六《李神祐传》,第 13607 页。
⑥ (元)脱脱等:《宋史》卷四六六《张继能传》,第 13623、13624 页。
⑦ (宋)祖无择撰,祖行编《龙学文集》卷一四《紫微撰西斋话记共三十五事》,《景印文渊阁四库全书》第 1098 册,台湾商务印书馆,1986,第 858 页。
⑧ (元)脱脱等:《宋史》卷四六七《杨守珍传》,第 13631 页。

札"。在永乐城之役中，宋军失败，李舜举决然"断衣襟作奏曰：'臣死无所恨，愿朝廷勿轻此贼。'寻以死闻"，写下绝命书，以身殉国。① 熙宁初期朝廷组织翻译佛经，领导者也有入内内侍省内东头供奉官、勾当御药院、监译经臣李舜举。② 在宋徽宗朝有"隐相"之称的著名宦官梁师成，自称是苏轼之子，小有文采："慧黠习文法，稍知书。……政和间，得君贵幸，至窜名进士籍中……凡御书号令皆出其手，多择善书吏习仿帝书，杂诏旨以出，外廷莫能辨。"③"凡号令御笔，皆出于梁师成。"④ 居然利用权势谋得进士，实属罕见，而且善于模仿宋徽宗的字体，书法颇有功夫。南宋初的宦官蓝珪、康履，"初皆为康王府都监、入内东头供奉官，尝从康王使金人行营。及开元帅府，并主管机宜文字"。⑤ 领受主管机宜文字这一职务的前提是必须会作文，并能够制作、管理文件。文彦博曾上奏强调："臣切见诸路机宜司文字繁多，所系至重，主管之官，往往不先时检阅详熟。遇有急速应答外界文字，或处分军中事宜，致有差误未当。臣欲乞遍下诸路帅臣，令掌机宜官尽将本司前后所授宣札子、不下司文字并军中前后行遣处置事状，一一分门编类排，置册封掌。遇有应报外界文字及处置军中事宜，参详检会，不致差误。所有掌机宜官，亦乞令帅臣慎择奏举。"⑥ 故而机宜文字一职，"大多为进士出身之文臣"。⑦ 宦官担任此职，其文化水平显然接近文官。

对于儒家经典，宦官也不生疏。宋徽宗时，"知后苑作使过太府寺钱六十余万，诏今非特旨不得于诸处借支。一中官挟《周礼》进，指'膳夫''内府'之类，惟王及后不会。然之，遂罢"。⑧ 拿着《周礼》直接指给皇帝看有关篇章，意思是王室膳食可敞开使用，不用每年核算审计，

<hr>

① （元）脱脱等：《宋史》卷四六七《李舜举传》，第13644~13645页。

② 〔日〕成寻：《新校参天台五台山记》卷六，熙宁六年二月廿五日，王丽萍校点，上海古籍出版社，2009，第558页。

③ （元）脱脱等：《宋史》卷四六七《梁师成传》，第13662页。

④ （宋）吕中：《类编皇朝大事记讲义》卷二一《徽宗皇帝·小人任事》，张其凡、白晓霞整理，上海人民出版社，2014，第364页。

⑤ （元）脱脱等：《宋史》卷四六九《蓝珪传附康履传》，第13668页。

⑥ （宋）文彦博：《文彦博集校注》卷一八《乞令诸路择机宜官》，申利校注，中华书局，2016，第633页。

⑦ 翁建道：《北宋机宜文字官初探》，《史学汇刊》2009年第24期。

⑧ （宋）晁说之：《晁氏客语》，黄纯艳整理，载《全宋笔记》第1编第10册，第96页。

皇帝只好收回诏令。足见该宦官精通《周礼》，且善于应用。

元祐初，崇政殿说书程颐曾上疏云："后世不复如此，谓人主就学，所以涉书史、览古今也，不知涉书史、览古今，乃一端耳。若止如是，则能文宫人可以备劝讲，知书内侍可以充辅道，何用置官设职，精求贤德哉？"① 从反面证实宋代宦官识字知书是普遍现象。正如苏轼所言："祖宗之化，自家刑国。故虽左右近习之臣，莫不好善而知义，彬彬然有士君子之风焉。"② 文质彬彬的宦官，做派气质与士人相似。南宋后期，有谏官斥责宦官陈洵益："刑余腐夫，粗通文墨，扫除贱隶，窃弄威权。"③ 所谓"粗通文墨"，是与士大夫相比，且为弹劾之言，自是竭力贬斥，实际文化水平绝非如此。但宦官毕竟不是学者，如按照士人的标准衡量，宦官的学识肯定有较大的差距。嘉祐、治平年间，"有中官杜浙者，好与举子同游，学文谈不悉是非。然居扬州，凡答亲旧书，若此事甚大，必曰'兹务孔洪'，如此甚多。苏子瞻过维扬，苏子容为守，杜在座，子容少怠，杜遽曰：'相公何故溘然？'其后子瞻与同会，问典客。曰：'为谁？'对曰：'杜供奉。'子瞻曰：'今日直不敢睡，直是怕那溘然。'"④ 这位爱炫耀的宦官不懂装懂，乱掉书袋，难免受到嘲笑。

二　宋代宦官的文化贡献

宋代宦官的文化水平，不但体现在皇宫、国家日常事务的文字应用，更体现在不少宦官颇具才艺，在文学艺术方面富有成就，有作品流行于当世。

宋仁宗朝宦官孙可久，"赋性恬澹……好吟咏，效白乐天格，尝为陕西驻泊，为乐天构祠堂于郡城大阜之顶，中安绘像，乃缮写生平歌诗警策之句，遍于旧墉。晚年著《归休集》，行于世"。⑤ 仰慕唐代诗人白居易，

---

① （宋）李焘：《续资治通鉴长编》卷三八一，元祐元年六月乙卯，第9292页。
② （宋）苏轼：《苏轼文集》卷三九《刘有方可内侍省右班副都知》，孔凡礼点校，第1119页。
③ （元）脱脱等：《宋史》卷四二三《李韶传》，第12630页。
④ （宋）张舜民：《画墁录》，汤勤福整理，载《全宋笔记》第2编1册，大象出版社，2006，第219页。
⑤ （宋）吴处厚：《青箱杂记》卷一〇，李裕民点校，第109~110页。

俨然一位有作品集流传的诗人。典型如宦官裴愈：

> 亦好吟咏。真宗朝，衔命江南，搜访遗书、名画，归奏称旨，用是累居三馆秘阁职任。有诗《送鲁秀才南游》云："东吴山色家家月，南楚江声浦浦风。"《闻蝉诗》云："杨柳影疏秋霁月，梧桐叶坠夕阳天。"皆其佳句。有子曰湘，字楚老，亦有诗名。明道中，仁宗御便殿，试进士《房心为明堂赋》《和气致祥诗》，亦命湘作之。湘蹈舞再拜，数刻而成，仁宗嗟赏，左右中人为之动色。其《和气致祥诗》曰："君德承天道，冲融协太和。卿云呈瑞早，膏泽应时多。煦集连枝木，嘉扶异颖禾。五星还聚井，丹凤更巢阿。薮泽无遗士，边防久息戈。黔黎逢至化，稽首载赓歌。"他诗亦类此。有《肯堂集》行于世。翰林李公淑为之作序曰："予尝嘉河东父子，起银珰右貂，能以属辞拔其伦。益之三朝侍内，老不废学，又课励二子，使皆有立，约己慎履，如周仁、石庆。而楚老孳孳嗜书，克自淬琢云。"湘又善为小词，尝任河东路走马承受，有《咏并门·浪淘沙》小词云："雁塞说并门，郡枕西汾，山形高下远相吞。古寺楼台依碧嶂，烟景遥分。晋庙锁溪云，箫鼓仍存，牛羊斜日自归村。惟有故城禾黍地，前事消魂。"后有《咏汴州·浪淘沙》小词，仁宗命录进，亦嘉之，其词曰："万国仰神京，礼乐纵横，葱葱佳气锁龙城。日御明堂天子圣，朝会簪缨。九陌六街平，万物充盈，青楼弦管酒如渑。别有隋堤烟柳暮，千古含情。"[1]

父子二人皆宦官，皆兼诗词作家，都有作品集发行于当时，其佳句美篇得到士大夫的欣赏。裴愈能到南方"搜访遗书、名画"，当精通古籍版本，会品鉴书画，故而能胜任朝廷三馆秘阁的工作。裴湘的赋甚至可以和进士媲美，得到皇帝的赞赏。

需要特别指出的是，宋代宦官在文化方面的突出贡献，有两个代表性人物。

---

[1]　（宋）吴处厚：《青箱杂记》卷一〇，李裕民点校，第109~110页。

宋初入宫的宦官刘承规，历事三朝，有很高的文化素养："颇好儒学，喜聚书，间接文士质访故实。"不仅热爱儒学、藏书，与文人交往，更切实地做出了不少文化业绩。咸平年间朝廷的一系列文化事业，多由他主持。如"朱昂、杜镐编次馆阁书籍，钱若水修祖宗实录，其后修《册府元龟》、国史及编著雠校之事，承规悉典领之"，可谓文化事业家。他思维精密有条理，善于总结概括，制定规章制度，"乐较簿领，孜孜无倦"。如景德二年（1005），置官提举京师诸司库务，"以承规领之。所创局署，多所规制"。"自掌内藏仅三十年，检察精密，动著条式。又制定权衡法。"① 大中祥符二年（1009），他与林特等人编制《茶法条贯》："林特、刘承规、李溥上编成《茶法条贯》二十三册。"② 在制定国家规章制度上建树甚多。

刘承规最突出的历史贡献，就是制定国家的《权衡法》。淳化三年（992），宋太宗颁布诏令：

> 《书》云："协时、月，正日，同律、度、量、衡。"所以建国经而立民极也。国家万邦咸义，九赋是均，顾出纳于有司，系权衡之定式。如闻粔黍之制，或差毫厘，锤钧为奸，害及黎庶。宜令详定称法，著为通规。

负责此事的监内藏库、崇仪使刘承规随即报告：

> "太府寺旧铜式自一钱至十斤，凡五十一，轻重无准。外府岁受黄金，必自毫厘计之，式自钱始，则伤于重。"遂寻究本末，别制法物。至景德中，承珪重加参定，而权衡之制益为精备。……先是，守藏吏受天下岁贡金帛，而太府权衡旧式失准，得因之为奸，故诸道主者坐遗负而破产者甚众。又守藏更代，校计争讼，动必数载。至是，新制既定，奸弊无所指，中外以为便。③

---

① （元）脱脱等：《宋史》卷四六六《刘承规传》，第 13610、13609、13608 页。
② （宋）李焘：《续资治通鉴长编》卷七一，大中祥符二年五月乙亥，第 1608 页。
③ （元）脱脱等：《宋史》卷六八《律历志一》，第 1495、1497 页。

日常生活中用于计量物体长短、容积、轻重的度量衡，事关重大，制定此法需要具备丰富的数学等文化知识。《权衡法》不仅涉及全国计量工具的统一、官民的一致，更涉及公平交易和收纳标准。该法减少了纠纷，提高了效率，杜绝了奸吏作弊、民众破产，受到普遍欢迎，计量工具的统一之功甚大。后来朝廷建造供奉宋太祖、宋太宗的二圣殿时，"塑配飨功臣，特诏塑其像太宗之侧"①，给予极大的褒奖和荣誉，就是对他贡献的充分肯定。宦官配飨皇帝庙，历史上是罕见的。

才华出众的宦官黄怀信，更是一位成就巨大的发明家，史书记载其多项发明。

其一，创建了最早的船坞。"国初，两浙献龙船，长二十余丈，上为宫室层楼，设御榻，以备游幸。岁久腹败，欲修治，而水中不可施工。熙宁中，宦官黄怀信献计，于金明池北凿大澳，可容龙船，其下置柱，以大木梁其上，乃决水入澳，引船当梁上，即车出澳中水，船乃笐于空中，完补讫，复以水浮船，撤去梁柱。以大屋蒙之，遂为藏船之室，永无暴露之患。"② 这座固定式干船坞，即修、造船舶的工作平台。此为世界历史上最早的船坞记载，得到了科学家沈括的重视和赞赏。

其二，发明了清淤的浚川杷。王安石主持全国兴修水利时，疏浚黄河河床淤积泥沙的工具，最初采用的是铁龙爪。但"宦官黄怀信以为铁爪太轻，不能沉，更请造浚川杷。其法：以巨木长八尺，齿长二尺，列于木下如杷状，以石压之；两旁系大绳，两端碇大船，相距八十步，各用牛车绞之，去来挠荡泥沙，已又移船而浚之。王安石甚善其法，尝使怀信浚二股河，怀信用船二十二只，四时辰浚河深三尺至四尺四寸，水既趋之，因又宣刷，一日之间又增深一尺。怀信请以五百兵，二十日开六里直河，顺二股河水势，用杷浚治，可移大河令快。上许依怀信所擘画。安石请令怀信因便相度天台等埽，作直河，用杷疏浚。上亦许之。"效率如何呢？后来王安石向宋神宗报告说："以浚川杷浚黄河，自二十八日卯时至二十九日申时，凡增深九寸至一尺八寸，请以杷浚汴。"宋神宗说："果如此，

----

① （元）脱脱等：《宋史》卷四六六《刘承规传》，第 13609 页。
② （宋）沈括：《梦溪笔谈·补笔谈》卷二《权智》，载（宋）沈括原著《沈括全集》，杨渭生新编，浙江大学出版社，2011，第 578 页。

即大省夫力、物料。"① 不仅予以批准，而且将其法推广到汴河施行清淤。熙宁八年（1075），宋神宗赏赐黄怀信官淤田十顷，"赏浚河劳也"②，可见取得了良好效果。熙宁十年（1077）三月，都大提举疏浚黄河范子渊言："近闻朝廷以浚川杷于汴河试验有效，乞候七八月间水湍急，用疏导汴流。"得到批准。③ 黄怀信在交通水利建设方面颇有建树。

其三，发明了飞土梯、运土车。熙宁九年，黄怀信"献修城飞土梯、运土车。诏将作监试验"。④ 具体形制不详，大概是提高向城墙上运输土方效率的新型运载机械。元丰元年（1078）十月完工，"役羡卒万人，创机轮以发土，财力皆不出于民。初，度功五百七十九万有奇，至是，所省者十之三"。⑤ 运土的机轮，正是黄怀信创制，提高工程效率30%。

其四，发明了万全战车。治平三年（1066），黄怀信"造战车，一名为万全车。诏以小样进入"。⑥ 具体情况失载。

其五，发明了夷床、沇床。在安葬宋英宗时，司马光任山陵仪仗使，"目睹内臣黄怀信用夷床、沇床等下梓宫，数刻之间，安厝已毕。乃知守约、若水等欺罔聪明，轻侮邦宪。若不惩戒，则不公挟诈之人，将何所忌惮？伏望陛下治守约、若水等罪，严行责降。若升祔毕有赦，守约、若水等缘修奉山陵得罪，特乞不原。其黄怀信等宜优与酬奖，贵使赏罚明白，人知耸畏"。⑦ 所谓夷床、沇床，当是一种工程机械，使用后大大提高工

---

① （宋）李焘：《续资治通鉴长编》卷二四八 熙宁六年十一月丁未，第 6042~6043 页。

② （宋）李焘：《续资治通鉴长编》卷二六三，熙宁八年闰四月壬寅，第 6435 页。

③ （宋）李焘：《续资治通鉴长编》卷二八一，熙宁十年三月甲戌，第 6887 页。

④ （宋）李焘：《续资治通鉴长编》卷二七七，熙宁九年九月庚辰，第 6787 页。

⑤ （宋）李焘：《续资治通鉴长编》卷二九三，元丰元年十月丁未，第 7148 页。

⑥ （宋）王应麟：《玉海》卷一四六《治平万全车》，江苏古籍出版社、上海书店，1987，第 2697 页。（明）潘游龙辑《康济谱》卷一九《兵制火攻·万全车》（《四库禁毁书丛刊》史部第 7 册，北京出版社，1997，第 631 页）载有万全车式样："此车四轮，辕长一丈五尺，横阔八尺。一层如墙，高三尺，中载折叠望楼，旗杆强劲。八人顶窍内，出神器，八柱高七尺。横梁上销板射，八人于内。女墙高三尺五寸，八柱上横井字，其顶高七尺，中载弩床二张。神器长枪上，带一小窝蜂，飞砂铁弹火弩。女墙开窍，安神器，分建旗杆上，行用五马攻战，以铁骑九匹，驰骤若飞者。冲阵，敌人固守，我于高埠处，换去望楼，以竹索牵之防风。上女墙仍用吊搭开窍，以索牵系其顶，上须断水漏，恐湿神器，须周回立小旗二十四面，前后跳荡。"只是不知是否为黄怀信所发明，录以参考。

⑦ （宋）司马光：《司马光集》卷三八《石樟札子》，李文泽、霞绍晖校点，第 858 页。

程效率，比原需要二十四个时辰的方案简捷有效。"先是为石樽，匠人须俟奉安梓宫后方壁其南而掩之，计又延二日而毕。高品黄怀信建议，令樽四周皆备，止留覆石，机窆有法，故及时而复土。"① 是一项建筑工程设计和器械。

诸多发明，足见黄怀信是位高明的工程学家和机械发明家，其文化水平高，贡献大，不愧为一位智力超群、不该被遗忘的文化功臣。如此卓越的人物，大概因为官品较低，《宋史·宦者列传》中竟没有传记，实在遗憾。

三　宋代宦官画家群体的成就

文风昌盛、绘画大发展的宋代，造就了一批优秀的宦官画家，值得特别提出。仅《宣和画谱》所载，就有十人，各有多幅作品为皇家御府收藏。现推介如下。

童贯："父湜雅好藏画，一时名手如易元吉、郭熙、崔白、崔悫辈，往往资给于家，以供其所需。贯侍其父，独取其尤者，有得于妙处，胸次磅礴，间发其秘。或见笔墨在傍，则弄翰游戏，作山林泉石，随意点缀，兴尽则止。人有收去者，往往复取而怀之。左右每因其兴来挥毫落墨之时，或在退纸背，或于断幅间，乃亟藏之不复出，皆以为珍玩也。故因其少而尤贵之。大抵命思潇洒，落笔简易意足，得之自然耳，若宿习而非求合取悦也。……今御府所藏四：《窠石》四。"② 宦官童湜是位藏画家和图画品鉴家，热心资助不少画家。得其家庭熏陶，童贯擅长山水画，风格潇洒简洁。

刘瑗：其父刘有方为当时著名书画收藏家和鉴定家，刘瑗得家学相传，"凡中外之人，有得绘画而莫知主名者，必以求瑗辨之。瑗虽未敢谁何，然论之皆有所归也。瑗亦能放笔作云林泉石，颇复潇洒。昔桓谭以谓能诵千赋自可为之，与此相类，然适意而止，所传乃不多，非若专门积累于岁月者也。……今御府所藏九：临李成《小寒林图》一，《秋景平远

---

① （清）徐松辑《宋会要辑稿·礼》二九之五五，刘琳、刁忠民、舒大刚、尹波等校点，第1351页。
② （宋）佚名：《宣和画谱》卷一二《童贯》，岳仁译注，第264页。

图》一,《秋云欲雨图》一,《色山高士图》一,《竹石小景图》一,《小景墨竹图》二,《墨竹图》一,《竹石图》一。"刘瑗也是在家庭的影响下,既藏画,又懂画,是书画鉴赏名家,更工于山水画。

梁揆:"以荫补入仕。自韶龀之时,便喜刻雕及绘事矣。及长,因所阅甚多,往往一见而便能,似其宿习。花竹人物,凡可赋象者,一一能之。率取其名流高古之画,各择其一以资众善,冀兼备焉。揆齿方壮,若更加讨论,使就绳检,则有加而无已。……今御府所藏二:《春山霁霭图》一,《莲溪渔图》一。"从小喜爱美术,擅长花鸟画,尤以山水画精彩。

罗存:"性喜画,作小笔,虽身在京国而浩然有江湖之思致,不为朝市风埃之所汩没。落笔则有烟涛雪浪,扁舟翻舞,咫尺天际,坡岸高下,人骑出没,披图便如登高望远,悠然与鱼鸟相往还。此人后生,若其学驵骏未已,他日岂可量哉?……今御府所藏二:《秋江归骑图》一,《雪霁归舟图》一。"是一位年轻有为的山水画家,创作的景物之意境超然人烟之外。

冯觐:"少好丹青,作江山四时、阴晴旦暮、烟云缥缈之状。至于林樾楼观,颇极精妙。画《金风万籁图》,恍然如闻笙竽于木末,其间思致深处,殆与《秋声赋》为之相参焉。惜乎觐性习未宁,但恐他日参差耳。……今御府所藏十有三:《雨馀春晓图》一,《江山春早图》一,《膏雨乍晴图》一,《薰风楼观图》一,《清夏潺湲图》一,《霁烟长景图》一,《南山茂松图》一,《江山晚兴图》一,《金风万籁图》一,《霜霁凝烟图》一,《霜秋渔浦图》一,《江山密雪图》一,《雪霁群山图》一。"[①]其山水画精妙生动,使观者有如身临其境之感。

贾祥:"少好工巧,至于丹青之习,颇极其妙。当时画家者流,一遭品题,便为名士。时宝和殿新成,其屏当绘设色龙水于其上,顾画史虽措手,皆不当祥意。上命祥笔之,而神闲意定,纵笔为龙,初不经思,已而夭矫空碧,体制增新,望之使人毛发辣立,人皆服其妙。作竹石、草木、鸟兽、楼观皆工,时人得之者遂为珍玩。至于雕镂塑造,靡

---

① (宋)佚名:《宣和画谱》卷一二《刘瑗》《梁揆》《罗存》《冯觐》,岳仁译注,第267~271页。画名的书名号原本无,为引者所加,后同。

所不能。……今御府所藏十有七:《宣和玉芝图》一,《写生玉芝图》一,《梵阁图》一,《湖石紫竹图》三,《写生奇石图》七,《寒林鸲鹆图》一,《小笔》一册,《戏猫图》一,《写生水墨家蔬图》一。"他的美学造诣很高,品判作品能力很强,在当时业界具有权威性。还善于雕刻、塑像,水墨画以花鸟为精品。

乐士宣:"早年放浪不束于绳捡,中年莅职东太乙宫,遂与炼师方外之士往往从游,留心冲漠,遂觉行年所过为非,以是一意于诗书之习。方其未知书则喜玩丹青,独爱金陵艾宣之画,既胸中厌书史而丹青亦自造疏淡,乃悟宣之拘窘,于是舍其故步而笔法遂将凌轹于前辈。画花鸟尤得生意,视艾宣盖奄奄九泉下人矣。故当时有出蓝之誉。晚年尤工水墨,缣绡数幅,唯作水蓼三五枝,鸂鶒一双,浮沉于沧浪之间,殆与杜甫诗意相参。士大夫见之,莫不赏咏。士宣未尝轻以示人。凡所画或以求之再三而幸得者,皆藏之以为好。屡以画上进,实为北省绝艺也……今御府所藏四十有一(略)。"乐士宣通诗书,有文人气质,花鸟画深得士大夫乃至宋徽宗的赞赏,是一个高产且多出精品的画家。

李正臣:"喜工丹青,写花竹禽鸟颇有生意。至于翔集群啅,各尽其态。时作丛棘疏梅,有水边篱落幽绝之趣,不作粗俗桃李、雕栏曲槛以为浮艳之胜,亦见其胸次所致思也。……今御府所藏六:《柘竹杂禽图》一,《梅竹山禽图》一,《鹌鹑图》一,《写杂禽图》二,《棘雀图》一。"李正臣创作的花鸟画生机勃勃,幽绝脱俗。

李仲宣:"始专于窠木,后喜工画鸟雀,颇造其妙。观《柘雀图》,其顾盼向背,一干一禽,都极形似,盖当时画工亦叹服之。其所缺者风韵萧散,盖亦有所未至焉。然人间罕见其本者,以其寓意于燕雀之微,不求闻达以自娱尔。……今御府所藏三:《寒雀图》一,《柘雀湖石图》一,《柘条雀图》一。"① 其花鸟画惟妙惟肖,为当时行家所赞赏。

杨日言:"幼而有立,喜经史,尤得于《春秋》之学。吐辞涉事,虽词人墨卿,皆愿从之游。作篆隶八分,可以追配古人;尤于小笔,妙得其

---

① (宋)佚名:《宣和画谱》卷一九《贾祥》《乐士宣》《李正臣》《李仲宣》,岳仁译注,第389~394页。

趣，其写貌益精。方仕宦未达，而神考识之，拔擢为左右之渐。于殿庐传写古昔君臣贤哲，绘像钦圣宪肃。及建中靖国以钦慈皇太后写真，顾画史无有仿佛其仪容者。命日言追写，既落墨，左右环观，皆以手加额，继之以泣。叹其俨然如生，其精绝有至于是者。作山林、泉石、人物，荒远萧散，气韵高迈，非世俗之画得以拟伦也。……今御府所藏四：《秋山平远图》一，《溪桥高逸图》一，《士女图》二。"① 他喜爱经史，精通《春秋》，擅长篆隶八分书，多才多艺。绘画上不仅精于人物肖像，山水画也脱俗不凡，小品画妙趣横生。

以上宦官，都是当时著名画家。他们的共同之处，就是绘画皆属自娱自乐的行为，没有功利之心，不求闻达，无意成为画家，故而作品多超凡脱俗，这都与宦官身份有关。他们是宋代绘画史上风格独特、不可忽视的画家群。

还要介绍的另一位宦官即刘瑗之父刘有方，是当时著名的书画收藏家和鉴定家，颇为士大夫艳羡。他"平日性喜书画，家藏万卷，牙签玉轴，率有次第。自晋魏隋唐以来，奇书名画，无所不有，故能考核真伪，论辨古今，推其人世次远近，各有攸当。故世所言书画者，皆率心服之"。② 藏品如唐朝画家卢鸿的《草堂图》，"旧藏中贵人刘有方家"③，唐朝画家张萱的《虢国夫人夜游图》，"内侍刘有方畜名画，乃内《虢国夫人夜游图》，最为绝笔"④，东晋顾恺之的"《女史箴》横卷，在刘有方家"⑤，等等，均为珍贵名画，其贡献在于保存、传播历史名画。

此外，宦官中还有不少书法家，列入《书史会要》的就有岑总旦、杨日言、王介三人。⑥

---

① （宋）佚名：《宣和画谱》卷七《杨日言》，岳仁译注，第 167 页。
② （宋）佚名：《宣和画谱》卷一二《刘瑗》，岳仁译注，第 267 页。
③ （宋）叶梦得：《避暑录话》卷上，徐时仪整理，载《全宋笔记》第 2 编第 10 册，第 228 页。
④ （宋）李之仪撰，吴芾编《姑溪居士集·后集》卷三《内侍刘有方畜名画……以申前志》，《景印文渊阁四库全书》第 1120 册，台湾商务印书馆，1986，第 638 页。
⑤ （宋）米芾：《米芾集·画史·晋画》，黄正雨、王心裁辑校，湖北教育出版社，2002，第 144 页。
⑥ （元）陶宗仪：《书史会要》卷六《宋》，徐美洁点校，浙江人民美术出版社，2012，第 177、194 页。

结 语

宋代汲取了前代的教训，"祖宗之法严，宰相之权重，貂珰有怀奸慝，旋踵屏除，君臣相与防微杜渐之虑深矣"。① 大多数情况下能够严格约束宦官，避免其专权，故而人数也不多。北宋建国之初，宋太祖规定掖庭给事的宦官不得超过五十人，宋太宗时规定"自供奉官至黄门，以一百八十人为定员"②，增幅很大，增加了两倍还多。宋仁宗晚年宫廷宦官人数骤增，达四千余人。③ 宋徽宗时期的宦官没有具体数字，但"至宣、政间，动以千数矣！"④ 仍以四千计，当不为过。但是，他们人数虽少，能量却很大，被宦官的污名所掩盖的文化水平及成就，不可忽视。

宦官是国家机器中枢部位的细小精密的齿轮，维持着宫廷内外事务的运转，其文化水平直接影响到国家的政治、经济、文化、军事、外交等各个方面。平心而论，历代宦官都不乏杰出人才，汉代蔡伦、明代郑和就是代表。全面认识宋代宦官的文化水平，有利于深刻了解宋代崇文抑武的国策以及各项政策的运作，有利于窥视宋代宫廷事务的文化含量。我们看到，除了身体等无须言说的前提条件外，有一定的文化水平是宋代宦官唯一明文规定的条件。作为一个有较高文化素质的精练群体，宦官为宋代历史和文化繁荣贡献出自己的聪明才智，并在文化事业上做出了诸多贡献，其发明创造和文化产品促进了社会发展，在宋代文化史、科技史上，理应有一席之地。

第三节 伎术官

在宋朝统治集团中，有一个介于官民之间的阶层，叫伎术官，是由高

---

① （元）脱脱等：《宋史》卷四六六《宦者传序》，第 13599 页。
② （元）脱脱等：《宋史》卷一六六《职官志六》，第 3940 页。
③ （宋）李元纲：《厚德录》卷三，朱旭强整理，载《全宋笔记》第 6 编第 2 册，大象出版社，2013，第 273 页。
④ （宋）王栐：《燕翼诒谋录》卷五，诚刚点校，中华书局，1981，第 46 页。

级专业知识分子组成的技术人才。北宋以翰林院图画院、御书院、医官院、天文院官及司天监（后改称太史局）的职官为伎术官，南宋时机构省并，以翰林医官局医官与太史局官为伎术官。宋代伎术官地位较低，不入流即不属于品官和士大夫阶层，并且不许做州郡亲民官。① 朝廷不将其列入官员序列，不能完全归于传统政治的偏见，因为他们确实不是官员：既不是按官员选拔的标准和途径入仕，从事的也非管理工作，只是专业技术工作。正因为如此，他们是统治集团中职业的、纯粹的知识分子，有独特的文化价值和政治价值。对个人而言，其身份是技术荣耀；对社会而言，其身份是技术权威；对官方而言，其身份是御用伎人。他们在社会上发挥着不可取代的重要作用，在历史文化上建功立业，贡献颇多。《宋史》列传中有其一席之地，卷461至462两卷就是专设的《方技列传》，可见其技术及职业之重要。

本节所谓的伎术官，包括天文院及司天监（后改称太史局）、翰林院图画院、御书院、医官院中的伎术官及学生。

一 宋代伎术官的来源与组成

伎术官之所以称为官，是因为其以高超的专业技术效力于朝廷，享受官方的俸禄和官服。朝廷的伎术官，理应为相关技术水平最高者，而这些尖端技术又非短期可得，有些甚至是敏感保密而为官方垄断的，所以其来源比较特殊，大致有以下四种方式。

其一，从割据政权俘虏及民间搜捕。宋初统一诸国后，将后蜀、南唐的宫廷画家如黄荃、黄居寀、高文进、董羽、丘庆余、蔡润、巨然、徐熙等众多一代名家，掳掠至开封，任命为宋廷的职业画家。天文历法具有高度的政治敏感，天象对应着帝王将相的祸福，出于保密和垄断的需要，政府对相关的天文术数之类的人员严加控制。宋太宗对此十分关

① 参见张邦炜、余贵林《宋代伎术官研究》，《大陆杂志》1991 年第 1、2 期连载，收入张邦炜《宋代政治文化史论》，人民出版社，2005；包伟民《宋代技术官制度述略》，载《漆侠先生纪念文集》，河北大学出版社，2002，第 218~226 页，收入包伟民编《传统国家与社会 960—1279 年》，商务印书馆，2009，第 334~350 页。

注，在担任开封府尹时，就"申严私习天文之禁"①，刚即位为帝，即颁诏全国："令诸州大索明知天文术数者传送阙下，敢藏匿者弃市，募告者赏钱三十万。"② 地方官雷厉风行，不久就将这些专业人才陆续押送到开封："诸道所送知天文、相术等人，凡三百五十有一。"经过朝廷的拣选甄别，皇帝将其区别对待，诏令："以六十有八隶司天台，余悉黥面流海岛。"③ 如此严厉的政策，使少数精英被控制在司天台，其余的绝大多数被流放管押，总之不让他们在民间。

其二，从全国招募。其中又分两种形式。

一是社会名家直接任命。如翰林医官王怀隐，"初为道士，住京城建隆观，善医诊。太宗尹京，怀隐以汤剂祗事。太平兴国初，诏归俗，命为尚药奉御，三迁至翰林医官使"。④ 因医术高明，被皇帝诏令还俗担任宫廷医官。姚丹元曾经在开封"事建隆观一道士，天资慧，因取《道藏》遍读，或能成诵。又多得其方术丹药。大抵有口才，好大言。作诗间有放荡奇谲语，故能成其说。……崇宁间余在京师，则已用技术进为医官矣。出入蔡鲁公门下，医多奇中"⑤，属于自学成才的医术高手。医史上大名鼎鼎的钱乙，"始以《颅囟方》著名，至京师视长公主女疾，授翰林医学。皇子病瘛疭，乙进黄土汤而愈。神宗召问黄土所以愈疾状，对曰：'以土胜水，水得其平，则风自止。'帝悦，擢太医丞，赐金紫"。⑥ 名医因缘际会，得到皇家赏识，直接委任为伎术官。

二是考试选拔。社会名家毕竟可遇不可求，专业人才主要还需面向民间招募。招募要经过专业知识的考试，根据不同专业各有侧重。如天文历法专业更强调数学能力。

召募草泽之人，历算者于《宣明》、《大衍》、《崇天》三经大

---

① （元）脱脱等：《宋史》卷四六一《马韶传》，第 13500 页。
② （宋）李焘：《续资治通鉴长编》卷一七，开宝九年十一月庚午，第 385 页。
③ （宋）李焘：《续资治通鉴长编》卷一八，太平兴国二年十二月丁巳，第 416 页。
④ （元）脱脱等：《宋史》卷四六一《王怀隐传》，第 13507 页。
⑤ （宋）叶梦得：《避暑录话》卷上，徐时仪整理，载《全宋笔记》第 2 编第 10 册，第 232~233 页。
⑥ （元）脱脱等：《宋史》卷四六二《钱乙传》，第 13522 页。

> 历内能习一经气节一年；三式者试验《六壬大经》、五行法、四
> 课、三传，决断神将所主灾福；天文者，试验在天二十八宿，及质
> 问天星。①

专业门槛甚高。但某些时期，个别招募者素质不高，如宋神宗初年的司天
监，"日官皆市井庸贩，法象图器，大抵漫不知"。② 说明此前考试选拔程
序不严格，混进许多庸人。

其三，朝廷培养。单靠招募还难以满足朝廷的需要，毕竟有的专业禁
止民间传习，所以要在相关专业机构办学培养。如在司天监招生培养后备
人才，史序就是一个代表。

> 史序字正伦，京兆人。善推步历算，太平兴国中，补司天学生。
> 太宗亲较试，擢为主簿。稍迁监丞，赐绯鱼，隶翰林天文院。雍熙二
> 年，廷试中选者二十六人，而序为之首，命知算造，又知监事。③

从选拔程序较多、皇帝亲自考试可见其严格性。宋徽宗朝，翰林图画院也
办学招生："政和中，肇置画学，用太学法补试四方画工。"④ 宣和四年
(1122)，"始建五岳观，大集天下名手。应诏者数百人，咸使图之，多不
称旨。自此之后，益兴画学，教育众工，如进士科，下题取士，复立博
士，考其艺能"。⑤ 用科举方式选拔全国优秀绘画人才，予以培养。

其四，世袭传承。家庭内部世代沿袭祖传技术，历来不仅盛行于民
间，在官方专业机构也多类此。如周克明祖孙三代，从唐僖宗时，其祖父
周杰就精于天文历法。

---

① （清）徐松辑《宋会要辑稿·职官》三一之七，刘琳、刁忠民、舒大刚、尹波等校点，
　第 3808 页。
② （元）脱脱等：《宋史》卷三三一《沈括传》，第 10654 页。
③ （元）脱脱等：《宋史》卷四六一《史序传》，第 13503 页。
④ （宋）洪迈：《夷坚志·乙志》卷五《画学生》，何卓点校，第 225 页。
⑤ （宋）邓椿：《画继》卷一《圣艺·徽宗皇帝》，人民美术出版社，1964，第 4 页。原书
　仅断句，引者标点，下同。

杰精于历算，尝以《大衍历》数有差，因敷衍其法，著《极衍》二十四篇，以究天地之数。……杰，天复中亦弃官携家南适岭表。刘隐素闻其名，每令占候天文灾变。杰自以年老，尝策名中朝，耻以星历事僭伪，乃谢病不出。龑袭位，强起之，令知司天监事，因问国祚修短。……杰生茂元，亦世其学，事龑至司天少监，归宋授监丞而卒，即克明之父也。克明精于数术，凡律历、天官、五行、谶纬及三式、风云、龟筮之书，靡不究其指要。开宝中授司天六壬，改台主簿，转监丞，五迁春官正。①

一门三代相传，成为天文历算的世家。又如苗训父子，苗训"善天文占候之术。仕周为殿前散员右第一直散指挥使。显德末，从太祖北征，训视日上复有一日，久相摩荡，指谓楚昭辅曰：'此天命也。'夕次陈桥，太祖为六师推戴，训皆预白其事。既受禅，擢为翰林天文……子守信。守信，少习父业，补司天历算。寻授江安县主簿，改司天台主簿，知算造"。② 世代相传的技术，便于绝学的传承。

所有这些，反映了宋政府不拘一格选拔、培养专业人才的理念。

二　宋代伎术官的机构及数量

宋代的伎术官集中在朝廷，主要居住在京师开封。

宋代天文历法事务由太史局、翰林天文院两个专门机构负责。司天监（太史局）的机构与组成人员、职能包括：

监、少监、丞、主簿、春官正、夏官正、中官正、秋官正、冬官正、灵台郎、保章正、挈壶正各一人，掌察天文祥异，钟鼓漏刻，写造历书、供诸坛祀祭告神名版位画日。监及少监阙，则置判监事二人（以五官正充）。礼生四人，历生四人，掌测验浑仪，同知算造、三式。③

---

① （元）脱脱等：《宋史》卷四六一《周克明传》，第 13503~13504 页。
② （元）脱脱等：《宋史》卷四六一《苗训传》，第 13499 页。
③ （元）脱脱等：《宋史》卷一六五《职官志五》，第 3923 页。

编制为职员 20 人。翰林天文院的职能、机构与组成人员是：

> 掌浑仪台，昼夜测验辰象，以白于监。测验注记二人，刻择官八人，监生无定员，押更十五人，学生三十人。钟鼓院掌钟鼓刻漏、进牌之事。节级三人，直官三人，鸡唱三人，学生三十六人。①

包括学生在内，大约有专业技术人员 100 人。两个机构合计 120 余人。两套机构并存并非架床叠屋，而是为了互相验证，确保编制的历法和上报皇帝的天象结果准确无误。另外，一度并入太史局的算学，崇宁时有博士 4 人，学生上舍 30 人，内舍 80 人，外舍 150 人，共 264 人。② 总计天文历算的技术人才约 384 人。

宋太宗雍熙元年（984）正式设立了翰林书画院，简称画院。其地点"在内中苑东门里。咸平元年，移在右掖门外。绍圣二年，改院为局"。③ 画院按画家的技艺高低授予相应职务，自高到低有待诏、艺学、祗候、画学正、供奉、画学生等。宋朝绘画艺术纳入了国家文教事业的轨道，在官方的支持下发展壮大起来。画院的编制，大约宋真宗时的记载为待诏 3 人，艺学 6 人，祗候 4 人，画学生定额 40 人，工匠 6 人。④ 不包括工匠，共 53 人。宋仁宗至和元年（1054），"额管待诏三人，艺学六人，学生四十人"⑤，即总编制为 49 人。宋徽宗后期，大力扩张绘画机构和人员。宣和四年（1122），"始建五岳观，大集天下名手。应诏者数百人，咸使图之，多不称旨。自此之后，益兴画学，教育众工，如进士科，下题取士，复立博士，考其艺能"。⑥ 用科举方式选拔全国优秀绘画人才予以培养，使从事美术事业成为

---

① （清）徐松辑《宋会要辑稿·职官》一八之八二，刘琳、刁忠民、舒大刚、尹波等校点，第 2795 页。
② （宋）佚名：《算学源流》，《宋刻算经六种（附一种）》，文物出版社，1981，第 4~5 页。
③ （宋）高承撰，（明）李果订《事物纪原》卷七《图画局》，金圆、许沛藻点校，中华书局，1989，第 349 页。
④ （清）徐松辑《宋会要辑稿·职官》三六之一〇六，刘琳、刁忠民、舒大刚、尹波等校点，第 3950 页。
⑤ （清）徐松辑《宋会要辑稿·职官》三六之一〇六，刘琳、刁忠民、舒大刚、尹波等校点，第 3950 页。
⑥ （宋）邓椿：《画继》卷一《圣艺·徽宗皇帝》，第 4 页。

国家行为，达到古代历史顶峰。惜无人数资料，权且按 100 人计。

翰林御书院专职书法，北宋时具体人数不详，只知有"祗候十七人"。①绍兴十六年（1146）重建御书院，对书法官的编制做出明确规定："伎术官直长充书待诏三人，书艺学七人，书学祗候一十四人，书学生不限人数。"②其规模与北宋时的翰林图画院基本相同，从祗候人数看来，北宋比南宋多3 人，大致可以推测北宋末的翰林御书院是 40 余人。

翰林医官院就是宫廷医院，并主管全国医政，至迟建于淳化三年（992）。成员数量，远多于天文历法和画院。宝元二年（1039）中书禀报说：

> 翰林医官院医官使二人、直院七人、尚药奉御七人、医官三十人、医学四十人、祗候医人十三人，其员猥多。今定使副各二员、直院四员、尚药奉御六员，其额外将来毋得补人。③

原有人员共 99 人，朝廷嫌其冗杂予以减员。宣和二年（1120）礼部翰林医官局报告：

> 今自和安大夫至翰林医官凡十四阶，额内外总一百十有七人。直局至祗候，元丰旧额共一百四十二人，今自医效至祗候，凡八阶，并不立额，见在职者总九百七十九人，冗滥莫此之甚。④

朝廷在京师的医生共 1096 人，大大超过了宋仁宗时的数量。另有负责教育的医学，宋徽宗崇宁二年（1103）创办，"欲立上舍四十人，内舍六十人，外舍二百人"⑤，共 300 人。北宋末期，京师医官及学生总数约 1396 人。

---

① （清）徐松辑《宋会要辑稿·职官》三六之九五，刘琳、刁忠民、舒大刚、尹波等校点，第 3939 页。

② （清）徐松辑《宋会要辑稿·职官》三六之九六，刘琳、刁忠民、舒大刚、尹波等校点，第 3939 页。

③ （宋）李焘：《续资治通鉴长编》卷一二三，宝元二年二月甲子，第 2895 页。

④ （清）徐松辑《宋会要辑稿·职官》二二之三九，刘琳、刁忠民、舒大刚、尹波等校点，第 3638 页。

⑤ （清）徐松辑《宋会要辑稿·崇儒》三之一一，刘琳、刁忠民、舒大刚、尹波等校点，第 2793 页。

以上可知，北宋末期，朝廷的伎术官及其后备人员约 1920 人，实际上除了学生外真正的技术官只有千余人。人数虽少，但属于高端专业人才，反映的实际是民间有关人才沧海之一粟。

三 宋代伎术官的文化水平

任何高端的专业技术，都需要以足够的文化水平为基础，宋代伎术官不仅有精湛的专业技术，还有专业之外的较高文化水平。如北宋前期司天监周克明：

> 颇修词藻，喜藏书。景德初，尝献所著文十编，召试中书，赐同进士出身。……属修两朝国史，其天文律历事，命克明参之。……初，诸僭国皆有纂录，独岭南阙焉。惟胡宾王、胡元兴二家纂述，皆不之备。克明访耆旧，采碑志，孳孳著撰，裁十数卷，书未成而卒。①

他同时是藏书家，喜欢舞文弄墨，具有一定的文学和史学水平，皇帝认为其文化水平相当于进士出身。翰林天文楚芝兰，"初习《三礼》"②，早年饱读《周礼》《仪礼》《礼记》等经书，有良好的礼学素养。太医钱乙，"为方不名一师，于书无不窥，不靳靳守古法"。③ 博览群书，思路开阔，勇于创新。北宋中期司天监楚衍，"少通四声字母，里人柳曜师事衍，里中以先生目之"④，还是位收有学生的音韵学专家。翰林医官赵自化是文学爱好者。

> 颇喜为篇什，其贬郓州也，有《汉沔诗集》五卷，宋白、李若拙为之序。又尝缵自古以方技至贵仕者，为《名医显秩传》三卷。⑤

---

① （元）脱脱等：《宋史》卷四六一《周克明传》，第 13504～13505 页。
② （元）脱脱等：《宋史》卷四六一《楚芝兰传》，第 13500 页。
③ （元）脱脱等：《宋史》卷四六二《钱乙传》，第 13524 页。
④ （元）脱脱等：《宋史》卷四六二《楚衍传》，第 13517 页。
⑤ （元）脱脱等：《宋史》卷四六一《赵自化传》，第 13509 页。

他既是诗人，也是医学史家。南宋初医官王克明，"颇知书"。① 所谓的
"书"是指经史之类。这些文史素养，其实也是他们专业知识的基础。

还应关注的是他们的政治文化素养。如熙宁五年（1072），司天监灵
台郎亢瑛大胆上书，要求罢免王安石，"言天久阴，星失度，宜罢免王安
石，于西北召拜宰相。斥安石姓名，署字，引童谣证安石且为变。仍乞宣
问西、南京留台张方平、司马光，并都知、押班、御药看详"。王安石大
怒，"大黥其面，隶牢城，枷项而遣之。瑛受黥，长呼曰：'瑛为百官所
言，冀国家改政事以消变，乃为朝廷忠谋，何罪而黥乎？使瑛言不验，虽
腰斩以谢众，亦未晚。'慨然自若"。② 他旗帜鲜明、勇于担当，以身许国
的情怀，与士大夫无异。

作为朝廷选拔培养的伎术官，其专业技术水平自是位居上游。张邦炜
先生根据传世宋代图书目录，计算过宋代天文官和医官对各自专业领域的
学术贡献率，算出宋人天文学著作最少有 261 部，其中有 34 部为天文官
所著；医书 93 部，有 7 部为医官所著。之所以数量不多，一是整体水平
有限，"没有做出应有的贡献"③；二是因为人数实在有限，基数小，成果
自然少。但是，并不能因此小看宋代伎术官的卓越贡献，名垂史册的伟人
试举几例如下。

太医局翰林医官王惟一，奉命于天圣年间编成《铜人腧穴针灸图
经》，由政府颁行：

> 医官院上所铸俞穴铜人式二，诏一置医官院，一置相国寺。先
> 是，上以针砭之法，传述不同，俞穴稍差，或害人命，遂令医官王
> 惟一考明堂气穴经络之会，铸铜人式。又纂集旧闻，订正讹谬，为
> 《铜人针灸图经》。至是，上之。因命翰林学士夏竦撰序，摹印
> 颁行。④

---

① （元）脱脱等：《宋史》卷四六二《王克明传》，第 13531 页。
② （宋）李焘：《续资治通鉴长编》卷二二九，熙宁五年正月辛丑，第 5571~5572 页。
③ 张邦炜：《宋代政治文化史论》，第 124、127、133 页。
④ （宋）李焘：《续资治通鉴长编》卷一〇五，天圣五年十月壬辰，第 2454 页。

《铜人腧穴针灸图经》对古医书中有关针灸的记载和针灸图详加考订，系统整理，集历史上针灸学之大成，使宋代针灸学发展到一个高峰。他们还创造性地铸造了针灸铜人两具，其躯体、脏腑可以分合，体表刻有针灸穴位名，用于教学和考试。这种精密直观的教学模型是实物形象教学法的重大发明，是中国针灸医学教学最早、最珍贵的教学模型，开拓了医学模型的先河，开辟了形象教学的道路，促进了经穴定位向规范化发展，对针灸学的发展有深远的影响。同时也为世界医学发展贡献了一项重大科技发明，至今，仿制天圣针灸铜人技术，仍被列为国家级非物质文化遗产。清代学者称赞："自古以来，惟宋代最重医学"①，所谓"最重"自是朝廷最重视，翰林医官当然发挥着主要作用。

北宋中期的翰林医学钱乙，精于儿科，《四库全书总目》称"钱乙幼科冠绝一代"。② 他是中国医学史上第一个著名儿科专家。其《小儿药证直诀》是中国现存的第一部儿科专著，首次系统总结了对小儿的辨证施治法，对后世儿科学乃至整个中医基础理论的发展影响很大，被后人视为儿科的经典著作，使儿科自此成为一门独立的学科。宋代医官的水平与成就，在历史上有十分重要的地位。

南宋淳祐七年（1247）在苏州雕刻的天文图碑，是中国现存较早且较有系统性的一块天文图石刻。原图是黄裳所献，依据的主要是北宋元丰年间天文伎术官的观测结果。此图不仅是重要的科学史料及文化遗产，也是世界各国学者关注的著名天文文物。中国古代天文历法学在宋代得到迅速发展，宋代天文历法观念变迁对于中国古代自然科学发展还有更为深刻的影响，即创新了"科学意识"，既带来中国古代天文历法观念的不断革新，也影响到其时相关自然科学的发展。宋人观测仪器之多，令人称道，天元术、垛积术等新式算法，也在宋人天文历法观念的不断更新中发明出来。③ 这些大都是天文历法类朝廷垄断的伎术官的成就。他们还有不少专

---

① （清）永瑢等：《四库全书总目》卷一〇四《御定医宗金鉴九十卷》，中华书局，1965，第878页。

② （清）永瑢等：《四库全书总目》卷一〇三《颅囟经二卷》，第860页。

③ 康宇：《论宋代天文历法观念的变迁及其对自然科学发展之影响》，《自然辩证法研究》2017年第6期。

业著作传世，仅陈振孙所载，就有《景祐遁甲玉函符应经》二卷，"司天春官正杨惟德撰。御制序"。《景祐太一福应集要》十卷，"杨惟德撰。御制序"。《崇天历》一卷，"司天夏官正权判监宋行古等撰。天圣二年上。学士晏殊序"。《会元历》一卷，"夏官正刘孝荣造，礼部尚书李璹序"。《统天历》一卷，"冬官正杨忠辅撰"。《景祐乾象新书》三十卷，"司天春官正杨惟德等撰。以历代占书及春秋至五代诸史采摭撰集。元年七月，书成赐名，仍御制序"。① 成果颇丰。

数学成就，以楚衍的学生贾宪为杰出代表："近世司天算楚衍为首，既老昏，有弟子贾宪、朱吉著名。宪今为左班殿直，吉隶太史。宪运算亦妙，有书传于世。"② 贾宪是北宋中期人，著有《黄帝九章算法细草》《释锁算书》等书，在世界数学史上的最大贡献是创造了"贾宪三角"和"增乘开方法"。增乘开方法，即求高次幂的正根法，比传统的方法整齐简捷，又更程序化，在开高次方时尤其显出它的优越性。贾宪"开方作法本源"图的出现比法国数学家帕斯卡三角形（1665 年）约早六百年，增乘开方法的计算程序大致和英国数学家霍纳的方法（1819 年）相同，但比它早七百余年。③

翰林图画待诏张择端的《清明上河图》，日本学者称其为"中国绘画史上风俗画的最高杰作。不仅如此，其存在对于东亚绘画史而言，也具有重要的意义"。④ 迄今该画产生着无与伦比的经济、文化、精神效益，出现了奇迹：一是随时间推移如同江河一样越来越大，二是范围远远超越了绘画、艺术领域。及至当代，《清明上河图》不再是一幅画，早已成为一个文化符号、社会现象和精神向往。其魅力、张力在公众与学界的影响之深广，是世界范围内其他任何绘画作品所无法比拟的⑤，以至于连海外都

① （宋）陈振孙：《直斋书录解题》卷一二，徐小蛮、顾美华点校，上海古籍出版社，1987，第 369~370、367、368、364 页。

② （宋）王钦臣：《王氏谈录·历官》，储玲玲整理，载《全宋笔记》第 3 编第 3 册，大象出版社，2008，第 26 页。

③ 夏征农等：《辞海》，上海辞书出版社，1990，第 2071 页。

④ 〔日〕板仓圣哲：《日本对〈清明上河图〉研究之状况》，载故宫博物院编《〈清明上河图〉新论》，故宫出版社，2011，第 364 页。

⑤ 程民生：《〈清明上河图〉及其世界影响的奇迹》，《河南大学学报》（社会科学版）2016 年第 1 期。

有了"《清明上河图》学"的说法。① 它至今居十大名画之首，为世界范围内中国最著名的绘画作品。南宋画院出现一批杰出的画家，以李唐、刘松年、马远、夏珪等四大家为代表，院画取代了前此的文人画成为画坛主流。"宋自和议既成以后，湖山歌舞，务在粉饰太平。于是仍仿宣和故事，置御前画院，有待诏、祗候诸官品，其所作即名为院画。当时如李唐、刘松年、马远、夏珪，有四大家之称。说者或谓其工巧太过，视北宋门径有殊。然其初尚多宣和旧人，流派相传，各臻工妙，专门之艺，实非后人所及。"② 宋代院体画风，对后代绘画尤其是明代产生了重大影响，而且远及日本画坛。宋代图画伎术官的历史贡献，当以巨大称之。

结　语

作为统治集团中职业的、纯粹的知识分子，宋代伎术官有独特的文化价值和政治价值。他们观测天象，解读天文，制定历法，掌控医药，引领艺术，保障着朝廷的"天命"安全，维护着朝廷的身心健康，粉饰着朝廷的太平体面。北宋末期，伎术官及其后备人员有 1900 余人。

宋代伎术官有较高的文化水平，专业技术水平更是位居上游。在科技、艺术、医学诸方面的重大历史地位和巨大贡献，证明其占据有关技术的高端，杰出者不愧为同时代乃至历史上顶尖的专家，专业文化水平一流。总之，他们人数虽少，却在社会上、政治上发挥着不可取代的重要作用，在历史文化上建功立业，贡献颇多。更应看到的是，积土方成山，山大致峰高，这座宋代科技与艺术的顶峰，并非空中楼阁，反映的是社会上雄厚的文化基础，是千千万万个"伎术民"的代表。

第四节　吏人

宋代各级官府中，有大批为官员服务、数量远多于官员、具体执行政

---

① 〔美〕潘安仪：《"〈清明上河图〉学"的启示》，载故宫博物院编《〈清明上河图〉新论》，故宫出版社，2011。
② （清）永瑢等：《四库全书总目》卷一一三《南宋院画录八卷》，第 969 页。

策命令的吏人（包括吏、公人、役人等广义的胥吏。本节主要指以脑力劳动为主的吏人和公人）。他们介于官民之间，是国家机器运行的传送带、齿轮，日常总是与公文打交道，大多拥有基本文化知识，会读、写、算。尤其是主管文书的吏胥遍布各级政府部门、军队，制作、收发、履行公文事宜是吏人阶层中最为主要的部分。① 故而夏竦轻蔑地说："盖府寺之吏，书算之工"②，把书算技能与吏人等同起来，意思是吏人不过是从事文字、算术的工匠而已。有的仅从职务名称就一目了然，如书吏、典书、典笺吏、抄写、楷书等即是。现作探讨，揭示宋代社会文化水平的一个重要方面，以及统治集团的行政运作与执行力。

一 宋代朝廷吏人的文化状况

吏人在中央机构的主要职责，是负责中央各部门的文案工作，即制作、抄写、誊录、收发、行移和保管朝廷各种文书。中央政府各部门大量的文字工作和政策指令的具体操作，主要都是由胥吏承担。官府文牍有"吏文"之称，甚至有公文书法的"吏体"③，就是表明出自吏人之手。作为一个独特的、介于官民之间的社会阶层，吏人有自己的行业神——仓颉："京师百司胥吏，每至秋，必醵钱为赛神会，往往因剧饮终日。苏子美进奏院会，正坐此。余尝问其何神？曰'苍王'，盖以苍颉造字，故胥吏祖之。"④ 史传仓颉造字，靠文字吃饭的职业胥吏自然以之为师祖和保护神。朝廷吏人的吏禄中，有的还补贴"纸笔钱"。⑤

因而，要成为朝廷的胥吏，前提条件就是有文化。正如晁说之所言："雇募游手之有闲书算者，以为吏人，责以不容奸伪之簿书。"⑥ 必须通过

---

① 赵忠祥：《宋代公文吏人职能初探》，《西北师大学报》（社会科学版）1992 年第 6 期。
② （宋）夏竦：《文庄集》卷一三《制流外》，《景印文渊阁四库全书》第 1087 册，台湾商务印书馆，1986，第 164 页。
③ （宋）岳珂：《宝真斋法书赞》卷二《徽宗皇帝诸阁支降御笔》，《丛书集成初编》，中华书局，1985，第 17 页。
④ （宋）叶梦得：《石林燕语》卷五，徐时仪整理，载《全宋笔记》第 2 编第 10 册，大象出版社，2006，第 71 页。
⑤ （宋）李焘：《续资治通鉴长编》卷二四四，熙宁六年四月戊戌，中华书局，2004，第 5944 页。
⑥ （宋）晁说之：《嵩山文集》卷一《元符三年应诏封事》，《四部丛刊续编》，上海书店，1934，第 26 页。

严格的文化考试才能入职，如"五省、御史台、九寺、三监、金吾司、四方馆职掌，每岁遣近臣与判铨曹，就尚书同试律三道……三馆、秘阁楷书，皆本司试书札，中书覆试，补受"。为防止考试作弊，所有朝廷胥吏的选拔考试，"乃锁院、巡搜、糊名。凡试百司吏人，问律及疏，既考合格，复令口诵所对，以防其弊"。① 如同科举一般的笔试外，还要考法律，再进行口试或中书的覆试，非常严格，简直超过了科举考试！

国家最高文化机构昭文馆、集贤院、史馆等三馆招考专门的文字吏人，有更高的文化水平要求："三馆、秘阁官试验书读《孟子》，书三百字不误十字、读三百字不差十字为合格。长、贰、丞、郎试覆，注籍收系，即宣降抽差，充禁中诸殿阁位手分管干文字。掌笺奏之类者，须入仕及一年以上，无过犯，仍长、贰、丞、郎再试验读《毛诗》、《老子》各三百字，不差十字，及书札真楷，乃遣。"② 书写、朗读典籍 300 字，误差不能超过 3.3%。南宋秘书省选拔吏人更加强调文化水平，须"试书《诗》、《孟子》各三百字；守阙系名阙，投名人试书《周易》一卦或《孝经》一篇；守阙阙，正系名试书《周易》一卦或《孝经》一篇。考校书读精熟而无脱错，即不及十字为合格"。③ 需要全面的儒家知识和书法、阅读等诸多能力。

即使是名为"私名"的编制外吏人，录用前也要先经过文化考试，并经一系列审查。景德四年（1007）诏："尚书省诸司并寺、监、京百司，自今每收私名，并须召有行止，无逾滥及不碍本州县色役人责保试验，申牒御史台，候并及十人已上，令中丞、知杂提点试验书札，得申牒本司收录，纰缪者退落，令别召人。"④ 考试内容是书札即应用文的写作和书法的水平。天圣五年（1027），权判尚书都省刘筠上书指出："京中百司，私名猥多，如定额有阙，请先试书札，送御史台看详，方许收补。"⑤ 通过文字书法考试后，再由御史台审查研究，才能录用。这一考

① （元）脱脱等：《宋史》卷一五九《选举志五》，第 3735 页。
② （宋）程俱：《麟台故事校证》卷四《官职》，张富祥校证，中华书局，2000，第 179 页。
③ （宋）陈骙：《南宋馆阁录》卷一〇《职掌》，张富祥点校，中华书局，1998，第 154 页。
④ （宋）李焘：《续资治通鉴长编》卷六五，景德四年三月末，中华书局，2004，第 1450 页。
⑤ （宋）李焘：《续资治通鉴长编》卷一〇五，天圣五年六月丁亥，中华书局，2004，第 2442 页。

试标准持续到南宋，绍兴九年（1139）太府寺言："契勘六曹寺监，依旧法许募私名年十六以上人，选试书札习学，不许支破请给。遇正贴司阙，差权及依条试补。"① 南宋录用的私名刚开始属于实习，没有薪俸，等有缺额时才正式录取。

对于在职吏人，朝廷也不放松对其文化水平的监控和考察。宋真宗即曾"召京百司吏七百余人，见于便殿。上亲阅试，勒归农者四百人"。② 皇帝亲自检验700余吏人的文化水平和业务水平，裁减不合格者400人，淘汰率高达57%，足见统治者对吏人文化水平的高度重视。

具体吏人岗位的实际工作，基本都是与文字打交道。如有一老吏"常主睿思殿文字、外殿库事能言。偶得见泰陵时旧文簿注一行，曰：'绍圣三年八月十五日奉圣旨，教坊使丁仙现祗应有劳，特赐银钱一文。'"③ 皇宫书阁睿思殿的吏人，负责有关文字的记录与整理。最高政务机关政事堂，由中书吏人分掌孔目房、吏房、户房、兵礼房、刑房五房，"每房置堂后官三人……一人主承受批凿圣语、定押敕草，一人主点检书写熟状呈押进入，一人主对读印押发放"。④ 负责圣旨的整理保管、代拟呈报皇帝的文字、校对文件等。枢密院有令史、守阙、书令史、正名帖房及试中人、守阙帖房等200余人，或"均在诸房行遣文字"，或"并均在二十五房书写文字"。⑤ 宋神宗时的尚书省，吏人组成与职事是：

> 都事七人，头名充点检诸房文字，余六名分呈六房文字。主事六人，分押六房文字。令史十四人，第一、第二名监印，第三名开拆房点检，以下充诸房行遣人。书令史三十一人，并充诸房行遣，系两经试中人。守当官十六人，主管簿书，通差行遣文字，系一经试中人。

① （清）徐松辑《宋会要辑稿·职官》二七之二九，刘琳、刁忠民、舒大刚、尹波等校点，上海古籍出版社，2014，第3725～3726页。
② （宋）李焘：《续资治通鉴长编》卷一四，开宝六年六月辛卯，第302页。
③ （宋）蔡绦：《铁围山丛谈》卷一，冯惠民、沈锡麟点校，中华书局，1983，第5页。
④ （清）徐松辑《宋会要辑稿·职官》三之二二，第3038页。
⑤ （清）徐松辑《宋会要辑稿·职官》六之一一，刘琳、刁忠民、舒大刚、尹波等校点，第3160页。

今行在见管人数，守阙守当官一百五十人，充抄写。①

仅此，尚书省就有文字吏 224 人，根据考试成绩承担不同职务，最低标准也必须精通一部经书。吏部官告院专设写告令史，条件自然是"须书札精熟者"。②北宋时朝廷的老吏人，文化水平相当高。

类多识事体，习典故。翰苑有孔目吏，每学士制草出，必据案细读，疑误辄告。③

翰林院的资深吏人，文字、典故功夫精深到为饱学的翰林学士把关。又如当时的市易务："催索钱物凡用七十人，每人各置私名不下十人，掌簿籍，行文书，凡用三十余人，每人各置贴写不下五人。共约一千余人。"④其中，明确必须识字、写字的 150 人，其他"催索钱物"者以及私名，如果不识字、不会计数，也无法看懂账本并从事催缴钱物的工作。所以，仅京城内市易务催索钱物的识字吏人，就有千人之多。绍兴九年（1139），实录院"依条招收私名四人，专一书写实录文字，请给依史馆楷书例"。⑤像史馆中的楷书职位一样，实录院也要设置专职抄写皇帝实录的吏人。事关武器机密的军器监吏人中，有"监造下人吏三人，主管行移文字……监门下人吏一名，承行文字，系点检宫物出入，搜检人匠等事"。⑥也有文字工作。

主管全国财政的三司吏人，文化结构中更多了数学的基本条件，其录

---

① （清）徐松辑《宋会要辑稿·职官》三之三一，刘琳、刁忠民、舒大刚、尹波等校点，第 3049 页。
② （清）徐松辑《宋会要辑稿·职官》一一之六〇，刘琳、刁忠民、舒大刚、尹波等校点，第 334 页。
③ （宋）洪迈：《容斋随笔》卷一五《京师老吏》，孔凡礼点校，第 202 页。
④ （宋）苏辙：《栾城集》卷三九《乞放市易欠钱状》，曾枣庄、马德富校点，上海古籍出版社，1987，第 869 页。
⑤ （清）徐松辑《宋会要辑稿·职官》一八之六一，刘琳、刁忠民、舒大刚、尹波等校点，第 3512 页。
⑥ （清）徐松辑《宋会要辑稿·职官》一六之四，刘琳、刁忠民、舒大刚、尹波等校点，第 3436 页。

用须经过书算等文化考试。如天圣年间，三司因所管仓场库务业务繁忙，提请"据额定后行人数，每人收补贴司一（帖）名。候有后行名阙，依省司体例，拣试书算公事"，宋仁宗予以批准。① 地方政府的吏人如想到三司任职，除了符合政治、经济条件外，还必须具备文化条件。"诸州军衙前军将、承引官、客司并衙职员，如愿充三司军将、大将者，自来不曾犯徒刑，家业及二百千已上，谙会书算之人，由发赴省。"② 也就是必须"谙会书算"，精通算术。淳化四年（993），"厉精政事"的宋太宗，"尝论及财赋，欲有所更革"③，不耻下问，亲自召对三司吏李溥等 27 人于崇政殿，就国家财赋问题征求意见。他们没有敷衍了事，非常认真地向皇帝提交了文字建议。

> 溥等言条目烦多，不可以口占，愿给笔札以对。太宗遣中黄门送诣相府，限五日悉条上之。溥等共上七十一事，诏以四十四事付有司行之，其十九事下恕等议可否。遣知杂御史张秉、中使张崇贵监议，令中书籍其事，专检举之，无致废格。赐溥等白金缗钱，悉补侍禁、殿直，领其职。

宋太宗对宰相说道：

> 溥等条奏事颇有所长。朕尝语恕等，若文章稽古，此辈固不可望；若钱谷利病，颇自幼至长寝处其中，必周知根本。卿等但假以颜色，引令剖陈，必有所益。④

他们提出改进国家财政制度的 71 项措施，其中 44 项被皇帝立即采纳，占 61.97%；19 项需要三司官员进一步论证，商议决定是否可以落实，占 26.76%；只有 8 项不予采用，占 11.27%。如此高的采纳率，说明可行性

---

① （清）徐松辑《宋会要辑稿·职官》二六至二六，刘琳、刁忠民、舒大刚、尹波等校点，第 3702 页。
② （清）徐松辑《宋会要辑稿·职官》五之四〇，刘琳、刁忠民、舒大刚、尹波等校点，第 3140 页。
③ （元）脱脱等：《宋史》卷二九九《李溥传》，第 9938 页。
④ （元）脱脱等：《宋史》卷二六七《陈恕传》，第 9200 页。

强，显示出他们的文化水平不只是能读会写，更擅长计算以及政策设计，他们都是精明实干的理财专家，理所当然受到皇帝的赞赏，给予金钱奖励，并将其由不入流的吏人提升为官员。吏人的专业文化智力要求，不仅是执行、操作制度，已然上升为国家政策制度，直接促进了财政经济的发展。景祐三年（1036），宋仁宗"以三司胥吏猥多，或老疾不知书计，诏御史中丞杜衍、入内押班岑守素与本司差择之。……已而，三司后行朱正、周贵、李逢吉等数百人，辄相率诣宰相吕夷简第喧诉，夷简拒不见。又诣王曾第，曾以美言谕之，因使列状自陈"。① 因三司吏人太多，朝廷准备淘汰数百名年老多病已无法从事"书计"等文字、数字者，但遭到强烈抵制，他们向宰相请愿，并书写状词陈述继续留任的理由。

宋代吏人精通典章文字，精明狡黠，所谓"少谙刀笔晚尤工，旧贯新条问略通。斗智固应雄弩辈，论年亦合作狙公。孙魁明有堪瞒处，包老严犹在套中"。② 凭借精深的文字功夫，他们经常投机取巧，高下其手，糊弄官员。如南宋时，朝请大夫沈某到吏部谋求转官，但"为吏所扼"。通过关系联系上主管吏人，向其行贿后，吏人遂有奇计。

> 吏沉吟若不得已，乃受之。揖使少待，自造左畔一室，良久，持一纸示沈曰："依此书写，诉诸尚书。"读之，大抵指考功主事陈仲夷吹毛求疵，拟邀厚赂。且引某人某人例，乞送棘寺或临安鞫治而置于理，庶为奸胥舞文之戒。沈谢曰："词意详尽，皆吾心所欲剖露而不能者。敢问陈主事安在？"笑曰："即我也。"沈曰："既受教于君，何容相诉？"曰："无伤也。"明日，尚书朝退入部，沈持状自言。陈生在旁，切反目而视，尚书责问颇峻。陈诋沈以为不可行，词色颇悖。尚书叱使去曰："今日不书钞，当送狱。"陈羞愤咄咄而退。至晚，文书遂成。③

---

① （宋）李焘：《续资治通鉴长编》卷一一八，景祐三年二月甲寅，第 2776 页。
② （宋）刘克庄：《后村先生大全集》卷二〇《老吏》，王蓉贵、向以鲜校点，刁忠民审定，第 565 页。
③ （宋）洪迈：《夷坚志·支癸》卷九《沈大夫磨勘》，何卓点校，第 1286~1287 页。

其计谋之巧、手段之高，令长官不觉中计。宋室南渡初期，草创流浪的朝廷没有任何文字规章制度可以遵循，"典籍散亡殆尽。省曹、台、阁，皆令老吏记忆旧事，按以为法，谓之省记条"。① 正是靠着老吏的记忆，赵宋体制才得以延续，这种记忆来自对规章制度等文件的精通与熟识。

具体人物，如文天祥赞赏的萧资："阁门路铃萧资，本书吏也，小年给使令，稍长通文墨，圆机善处事，性和厚，上下信爱。"② 有的吏人因文字而立下大功。如北宋亡国后，金人立张邦昌为伪楚皇帝，在朝的吕好问有反正之功，其背后却是吏人："启其端者，堂吏张思聪也。应天中兴，思聪已死，诏特赠宣教郎。思聪字谋道，知书能文，尝从先人学。今其子孙尚有事刀笔于省中者。"③ 当时，吕好问"欲遣人持书诣王，访得邢焕女弟之夫阁门宣赞舍人蒋师愈，又与门下省录事张思聪谋，募效用李进缒城，以蜡书来上"④，即他是在围城中向康王赵构传递蜡书的策划者之一，故而到绍兴四年（1134），宋高宗专门颁旨褒奖已故的张思聪："故门下省录事张思聪赠右宣教郎，录围城中蜡书之劳也。"⑤ 可见其贡献之大。

可归入胥吏的译语官，更是熟悉外国语言文字。译语官属于未入流的低级官员，其地位，可从朝廷赏赐时服的位序记载看出大概。太平兴国九年（984），"赐臣僚时服，自是岁以为常。……二府宰相至同签书枢密院事、亲王、三师、三公、使相、东宫三师、观文殿大学士、仆射、宣徽使、殿前都指挥使至马步军都虞候、节度使、驸马都尉……枢密院杂事，承进、银台司帖房、三司勾覆官以上，宣徽院后行、客省、阁门承受诸州进奏官、检鼓院纠察、提举司府吏后行以上，秘阁典书、翰林医人（紫罗〈穿〉［窄］衫、绢襕），礼宾院、客省、军头司译语，御辇院专典、提举司贴司（紫官绝衫子），秘阁楷书，御辇院曹司、乳酪匠，学士院亲

---

① （宋）庄绰：《鸡肋编》卷中，萧鲁阳点校，中华书局，1983，第46页。
② （宋）文天祥：《文天祥全集》卷一六《萧资第一百三十一》，北京市中国书店，1985，第428页。
③ （宋）王明清：《挥麈后录》卷四，燕永成整理，载《全宋笔记》第6编第1册，第142页。
④ （宋）李心传编撰《建炎以来系年要录》卷二，胡坤点校，建炎元年二月乙亥，第59页。
⑤ （宋）李心传编撰《建炎以来系年要录》卷七八，胡坤点校，绍兴四年七月癸丑，第1471页。

事官，皇城锁钥库子（紫平缬衫子），内衣物库专典（二事：小绫背子、绢汗衫）"。① 礼宾院、客省、军头司等部门的译语，位居翰林医人之下，乳酪匠之上。另有"契丹译语"的位置相同："秘阁、通进银台司亲事官，契丹译语，大内钥匙库子，乳酪匠，御輦［院］下都辇官，车子院官健（皂细绵旋襴）。"② 属于最低级的伎术公职，并没有品级，身份地位与奶酪匠等匠人类似，本书归为吏人。

不少胥吏文化水平很高，达到参加科举的程度。端拱二年（989），中书门下的守当官陈贻庆应举，并成功地以《周易》学究及第。宋太宗知道后立即制止："令追夺所受敕牒，释其罪，勒归本局。因谓侍臣曰：'科级之设，待士流也，岂容走吏冒进，窃取科名！'乃诏自今中书、枢密、宣徽、学士院，京百司、诸州系职人吏，不得离局应举。"③ 政治地位低下的吏人，即使文化水平再高，也不得与士人相提并论。由所颁布的诏令可以看出，此前类似吏人参加科举的现象比较普遍。

但优秀吏人仍可以出职为官，多被授予低级武官官阶。前言三司吏人李溥等即是，他后来建功立业，被提升至制置江淮等路茶盐矾税兼发运使、宫苑使④，属于正七品。吏人在补官之前仍需经过考试，如地方吏人由本州"知州、通判验人材书札，堪任武职，保明申转运司，审复保奏解赴阙"；"诸路吏人，衙前试断案、《刑统》义：断案三场，每场一道，刑名七件至十件；《刑统》义一场，五道"。⑤ 全是司法水平测试，意在选拔基层法官。对优秀的吏人来说，此类文化考试不是障碍。

宋代吏人的一个突出历史性文化贡献，就是创办了历史上最早的民间报纸。宋代盛行的小报，即商业化的民间报纸，采编者就是吏人。⑥

---

① （清）徐松辑《宋会要辑稿·礼》六二之三至七，刘琳、刁忠民、舒大刚、尹波等校点，第 2114～2116 页。
② （清）徐松辑《宋会要辑稿·礼》六二之一二，刘琳、刁忠民、舒大刚、尹波等校点，第 2118～2119 页。
③ （元）马端临：《文献通考》卷三五《选举考八》，上海师范大学古籍研究所、华东师范大学古籍研究所点校，第 1029 页。
④ （元）脱脱等：《宋史》卷二九九《李溥传》，第 9939～9940 页。
⑤ （宋）谢深甫编《庆元条法事类》卷五二《解试出职》，戴建国点校，黑龙江人民出版社，2002，第 735、736 页。
⑥ 进奏院邸吏是地方政府驻京办事机构的吏人，身份应是地方吏人。但其身在京师、依附朝廷工作，传递的都是朝廷信息，其性质在此权且变更为朝廷吏人。

小报者，出于进奏院，盖邸吏辈为之也。比年事有疑似，中外未知，邸吏必竟以小纸书之，飞报远近，谓之小报。如曰"今日某人被召，某人被召罢去，某人迁除"，往往以虚为实，以无为有。朝士闻之，则曰："已有小报矣。"州都（引者按：应为郡）间得之，则曰："小报已到矣。"他日验之，其说或然或不然。①

小报产生于北宋，盛行于南宋，其信息出自朝廷，既有事实也有流言蜚语，不经任何审查核实，发行便捷。其重大意义在于，小报打破了朝廷对新闻舆论、社会信息的垄断，发出了民间声音，而且首次将"新闻"一词与报纸联系起来。

其有所谓内探、省探、衙探之类，皆衷私小报，率有漏泄之禁，故隐而号之曰新闻。②

由此可知，最初的"新闻"一词，是泄露朝廷机密的委婉提法。这些可以说是宋代吏人在文化史上的巨大贡献，他们开创了中国新闻事业独立经营的新局面。他们的文化水平，自是不言而喻。

二　宋代地方政府吏人的文化状况

地方政府各部门吏人的主要工作之一，是负责文案，所谓"州县之吏不过委以簿书"。③ 如州吏中书表司负责起草文书，开拆司负责收发文书，勾押司负责批勘文书，孔目官负有签书财赋、刑狱文书之责，押录的任务之一是收发、签押、保管诸案文书，造帐司、书手负责编造、管理与财税有关的文书，等等。官府的文案工作都是吏人书写，如滕宗闵知楚州时，"有监司过境，本州送酒食，书有'臣'名，即上闻。既鞫狱，乃书

---

① （宋）周麟之撰，周淮编《海陵集》卷三《论禁小报》，《景印文渊阁四库全书》第1142 册，第 19 页。
② （宋）赵升编《朝野类要》卷四《朝报》，王瑞来点校，中华书局，2007，第 88~89 页。
③ （宋）李邦献：《省心杂言》，于东新、陈启明释评，经济日报出版社，2012，第 7 页。

吏误用贺月旦表"。① 该书吏在行文时疏忽，酿成大错。其他吏人，也要面对大量的文字事务。所以，招募吏人往往同样强调文化水平。元丰年间，"始有攒司，试书算"。② 对新设置的攒司吏人的文化、专业技术水平有明确的要求。虽然不像朝廷吏人那样经过严格挑选的程序，但没有基本的文化也无法胜任。如北宋福州："抽差曹司……以县户差替后行，不谙书算，若令长充胥吏，实为难堪。"③ 不善于书算的人担任胥吏，面对大量的文字和统计事务，实在是手足无措。

且看几个部门和部门吏人。

> 建隆以来，以使院人吏有阙，抽诸县曹司充。治平二年，以县所差人率不谙攒算，放归县。熙宁四年，令募能造帐人充，专主造帐，非造帐月分，从其便，优与请给，以免役钱支，仍立定酬赏。元丰给雇钱，元祐罢给，听于吏人内抽差，三年无过转一资，与优轻酬奖一次。④

造帐司需要的是统计、造帐人才。祗典："主受诸县文书。"⑤ 接受各县的公文。解子与脚力，负责将州府文书公移传达于县。宋初，各县向州府公库交纳钱物时，"县各以手力赴郡拣抄"，景祐五年（1038）罢差手力，改由解子传抄。⑥ 需要吏人抄录公文。州县在办案过程中，被审讯人一般要自己书写供词，但"其中不识字者，多出吏人代书"。⑦ 即需要吏人代为书写状子、笔录。吴江农民梦至阴间对证，判官"呼民来前，取妇翁

---

① （宋）朱彧：《萍洲可谈》卷三，李伟国点校，第153页。
② （宋）赵彦卫：《云麓漫钞》卷一二，傅根清点校，中华书局，1996，第216页。
③ （宋）梁克家：《淳熙三山志》卷一三《县役人》，李勇先校点，《宋元珍稀地方志丛刊》，四川大学出版社，2007，第365页。
④ （宋）赵彦卫：《云麓漫钞》卷一二，傅根清点校，第216页。
⑤ （宋）陈耆卿：《（嘉定）赤城志》卷一七《州役人》，中国文史出版社，2008，第190页。
⑥ （宋）梁克家：《淳熙三山志》卷一四《州县役人》，李勇先校点，第390页。
⑦ （宋）宋慈：《洗冤集录校译》卷一《检覆总说下》，杨奉琨校译，群众出版社，1980，第17页。

讼牒示之，民不识字，吏为之读"。① 吏人要看懂诉讼状，会读文字。北宋后期处州的吏人精通法令："吏明习法令，挟以为奸。"② 宋高宗朝，大理寺丞范彦辉上疏说："州县狱吏例置私名贴书，一切付之鞫狱，谓之款司。凡老奸停废，与闾阎恶少能弄笔者，悉听为之。"③ 所言正是靠舞文弄墨赚钱的"刀笔吏"。如饶州吏人吴琦，"习熟刀笔，年二十三岁，即迁补职级"④，因精通文书获提升。

熙宁年间，日本僧人成寻在河东路的一个驿站内，看到太原府下属机构吏人王倚的一组题壁诗，感到很有意思，便一字一句地抄录下来，记入日记：

太原府永利两监巡捉私盐矾铁司吏人王倚试笔

离乡数日到治津，沿路山林景色新。

此去五台在百里，须观圣地过政僧。

山中耕者

晓来雨过急趋耕，惟恐田中草复生。

坡峻土顽难并垦，牛羸人困强驱行。

勤身春种心无惮，乐望秋收岁有成。

力稼莫忧风与旱，天时人事自分明。

到寨有作

两崖直下宝兴军，谷口川头过几村。

野兽有时晨饮涧，居民无事昼扃门。

云才起处山先暗，日来沈时天□昏。

更隐此中同雾豹，熙朝还会感天恩。

宿宝兴驿舍有作

危城孤垒截崖垠，南北川原势已分。

耳畔水声清漱石，面前山色碧侵云。

---

① （宋）沈某：《鬼董》卷三，唐玲整理，载《全宋笔记》第9编第2册，第142页。

② （宋）杨时：《杨时集》卷三〇《吴子正墓志铭》，林海权校理，第784页。

③ （宋）李心传编撰《建炎以来系年要录》卷一六二，绍兴二十一年十二月庚寅，胡坤点校，第3086页。

④ （宋）洪迈：《夷坚志·三志辛》卷一《吴琦事许真君》，何卓点校，第1388页。

花繁岭上随风绽，禽语林间入夜闻。

忠义处心无畏避，当途豺虎任成群。（闻前路虎累，故有是句。）

      石鸡咏

淡花文彩羽毛齐，可爱形容号石鸡。

饮啄违心相上下，飞翔得侣斗高低。

每当清晓披烟聚，及到黄昏聒耳啼。

时候不知空叫噪，虚名可愧为留题。①

王倚信手题诗，一气写成五首，其中不乏佳句，"面前山色碧侵云""花繁岭上随风绽"等，颇具文学素养。故而，吸引了成寻抄录。

北宋中期潞州吏人王莒，早年"虽修学不就，乃充役使院。既为吏职"，即学文不成，转为职业吏人，但闲暇"时时吟咏，与流辈酬唱。复攻于书，深得颜、柳之法，落笔人多珍藏。家藏秦汉魏晋之书及诸子百家且数千卷，暇则与其子读诵"，颇多才艺，满是文人风范。其子"幼以《诗》应举"，"既长，充役本邑，今为职级"。②父子两代做职业吏人，都有文化。与其相同的是另一同乡王化，其父为郡吏，"幼继父道，其为吏也……书算过人"，"有志于学，好读儒书及诸子百家，泊传奇、灵怪、异闻集之类，靡不观览。尤熟于南北史书，颇通厥旨"。③兴趣和知识庞杂，适合其文化水平和职业。以吏为家传的职业，所传的主要是文化。

北宋后期著名道士王老志，京东濮州人，早年"为转运小吏，不受赂谢"。出家后到开封，"朝士多从求书"，他向宋徽宗"献乾坤鉴法，命铸之"④，至少善于书写、设计。潼川府狱吏王藻，曾"取笔题诗于壁曰：

---

① 〔日〕成寻：《新校参天台五台山记》卷五，王丽萍校点，第400~402页。

② （宋）刘伸：《王莒墓志》，载何新所编著《新出宋代墓志碑刻辑录（北宋卷）六》，第139页。

③ （宋）刘伸：《王化墓志》，载何新所编著《新出宋代墓志碑刻辑录（北宋卷）六》，第151页。原标点作："好读儒书及诸子百家泊《传奇》《灵怪》《异闻集》之类，靡不观览。"似有可商量之处，引者重新标点。

④ （元）脱脱等：《宋史》卷四六二《王老志传》，第13527页。

枷栲追求只为金，转增冤债几何深？从今不复顾刀笔，放下归来游翠林"①，能作诗写字。饶州吏人盛珪，因盗用官库钱事发，携妻子出逃外地，"寄迹于市民万廿四家，聚小童读书以自给"②，其文化水平可以改行当教师。

鄱阳人朱仲山，"本宪台小吏，后谢役读书为士，称五十秀才"。③ 为吏时已有良好的基础，改行当了士人。

四川文风昌盛，吏人多会写诗文。

> 蜀人好文，虽市井胥吏辈往往能为文章。熙宁中，余随侍在成都，兄长房生子，为三日会。有衙前史戴献诗，其警句云："月中又长一枝桂，堂上喜生千里驹。"兄弟异之。明日往诣厅房中观其所居，皆无他物，唯案上有韵一册、杜诗一集、笔砚而已。④

这位清雅吏人唯爱读书写诗，其佳句令士大夫赞叹。苏轼的小学同学陈太初，成绩优异，与苏轼并列："童子几百人，师独称吾与陈太初者。太初，眉山市井人子也。"长大后就成为"郡小吏"。⑤

朱熹在弹劾知台州唐仲友的状中提到书表司吏人杨楠"伪作书札，送与官员，封角了当，却供入宅堂"⑥，杨楠还"每月写单历，供送官员等"⑦；书表司吏人丁志更善于模仿，曾"抄写假会"，由雕刻匠刻印出假币，足见其笔墨之精确。所有管理仓库的吏人，必须会写字及记账算账，如朱熹所载南宋台州："据库子叶志等供草簿内，仲友于公库支钱二万八千六百一十六贯六百八十二文，送惠与人。内一千四百八十二贯二百六十三文送妻兄，及与第二儿妇之父何知县、何教授、何宣教兄弟，系淳

① （宋）洪迈：《夷坚志·补志》卷一二《保和真人》，何卓点校，第1662页。
② （宋）洪迈：《夷坚志·支庚》卷七《盛珪都院》，何卓点校，第1187~1188页。
③ （宋）洪迈：《夷坚志·支乙》卷三《朱五十秀才》，何卓点校，第818页。
④ （宋）杨彦龄：《杨公笔录》，黄纯艳整理，载《全宋笔记》第1编第10册，第150~151页。
⑤ （宋）苏轼：《东坡志林》卷二《道士张易简》，王松龄点校，第47页。
⑥ （宋）朱熹：《朱熹集》卷一八《按唐仲友第三状》，郭齐、尹波点校，第754页。
⑦ （宋）朱熹：《朱熹集》卷一九《按唐仲友第六状》，郭齐、尹波点校，第766页。

熙八年二月止淳熙九年四月簿内支破。"① 所记钱数、用途、经办人和接受人姓名，账目清清楚楚。

与州府一样，县衙的吏人离不开文字工作。

> 国初，以前后押录、前行、后行、贴司、书手为名次，其押司、录事，选等第户谙吏道者充，曹司随户口多少立额。康定二年，以税户不省文书，召有产业人投名，试书算等，不足则抽差税户。②

原来是按户等轮流服役充当县吏，但遇到不熟悉文书的农民便不能胜任，所以改为招募合适者，即必须通过官方的书写、算数等文化考试。如贴司，最初主要负责处理一些文字工作，属文书吏。县衙每天派两名贴司与手分共同编排架阁文字（档案）："架阁文字，若自来不至齐整，作知县牒县，重行编排。日轮手分、贴司二名入库，置历限与号数，逐晚结押。"③ 再如厅吏：

> 都有广狭，地有远近，当量其力使之，可以趁赴。其去县五十里以上及地分稍广、隔涉溪岭者，每限以七日或十日为约，下此者则以五日为约。此合先考远近广狭之数，预立规式，置簿明署某都限例十日或七日，某都限例五日。逮给限之时，须令直日厅吏就案头随即抄记，以俟令之自行稽察。④

轮流值班的厅吏，主要工作就是文案，登记乡村各都的履职情况。余杭县吏何某，自壮岁为小吏，兼职于开拆民众的诉讼状。

> 驯至押录，持心近恕，略无过愆。前后县宰深所倚信。又兼领开

---

① （宋）朱熹：《朱熹集》卷一九《按唐仲友第四状》，郭齐、尹波点校，第 754、745 页。
② （宋）陈耆卿：《（嘉定）赤城志》卷一七《县役人》，第 191 页。
③ （宋）李元弼：《作邑自箴》卷二《处事》，载《宋代官箴书五种》，闫建飞等点校，中华书局，2019，第 14 页。
④ （宋）胡太初：《昼帘绪论·期限篇第十三》，载《宋代官箴书五种》，闫建飞等点校，中华书局，2019，第 193~194 页。

拆之职。每遇受讼牒日，拂旦先坐于门，一一取阅之。有挟诈奸欺者，以忠言反复劝晓之曰："公门不可容易入，所陈既失实，空自贻悔，何益也？"听其言而去者甚众。①

开拆吏每天开拆并阅读收到的讼词，看是否符合基本要求，以决定是否立案受理。南宋初，某县小胥"有端砚甚大，酷爱之，常置腰间"。② 砚为随身文具，显然也是文字吏。

涉及医学、人体解剖等多种自然科学知识的技术吏人仵作，属于专业法医，其文化水平不止于识字。验尸程序复杂，从接受任务到出具尸检报告，每一个程序都要有文字记载。如：

> 凡邻县有尸在山林荒僻处，经久损坏，无皮肉……莫若据直申：其尸见有白骨一副，手、足、头全，并无皮肉、肠胃。……凡被牒往他县覆检者，先具承牒时辰、起离前去事状，申所属官司。值夜止宿。及到地头，次第取责干连人罪状，致死今经几日，方行检验。如经停日久，委的皮肉坏烂，不任看验者，即具仵作行人等众状，称：尸首头、项、口、眼、耳、鼻、咽喉上、下至心胸、肚脐、小腹、手、脚等，并遍身上下，尸胀臭烂，蛆虫往来唼食，不任检验。③

人命关天，每一个步骤都有一系列文字报告记载备案。仵作独具的法医专业知识，以及日常验尸过程、结论等文字的工作报告，文化知识是其职业保障。

吏人中相当一部分是公人，从事的并非脑力劳动，但也多有识字者，至少会签名。如公人衙役，每天早晨卯时要亲自签到，官员上班后要一一点名，这就是流传至今的"点卯"。

---

① （宋）洪迈：《夷坚志·支癸》卷一《余杭何押录》，何卓点校，第1238页。
② （宋）洪迈：《夷坚志·乙志》卷九《二盗自死》，何卓点校，第260页。
③ （宋）宋慈：《洗冤集录校译》卷五《验邻县尸》，杨奉琨校译，第87页。

> 诸色公人，日逐衙嗒。所在皆置历，自书姓名，不能，则吏代之。官员坐厅，首先呈押，不到者申纠，谓之卯历。此不可阙者。①

县衙的公人，要会写自己的姓名即签名画花押，以示考勤。又如秤子，"狱具并大小杖称量如法，用火印，仍令秤子自书姓名于其上，以金漆漆定。不能书则吏代之，止令花押"。② 掌仓库出纳用秤以及官府量衡的秤子，属于公人，一般差下户充任或招募，包括刑具在内的涉及重量、容量的器具，都要由他们称量并签名，这是勒名制的体现，他们应当会书写自己的姓名，至少会签花押。甚至连在县衙看大门的门子也识字——元丰初，"白马县民有被杀者，畏贼，不敢告，投匿名书于县。弓手甲得之而不识字，以示门子乙。乙为读之，甲以其言捕获贼，而乙争其功"。③ 识字的优势凸显。门子通常要查验来人的身份，所以应该识字。

县级吏人的队伍中，因文化因素而涌现出不少官员。如天圣中，"丞厅小吏王珏发愤读书，同兄琥登科"。④ 后来官至参知政事的陈恕，即出身于县吏："少为县吏，折节读书。"⑤ 入仕后逐渐成为国家的财政专家。不少官员还要向吏人学习实用的官场规则和公文知识。如北宋后期的毛滂，自言"聊从州县老吏学法律、治朱墨，强颜为糊口计，庶几或可也"。⑥ 否则，就无法开展工作。由于亲近文字，接近官场，吏人的子孙多接受文化教育，有中进士入仕者，如越州吏人姚时可"连生八男。迨长立，皆好学驰誉"，后来两位登进士，"其他子悉为名士"⑦，改变了门户地位。

三 宋代乡村吏人的文化状况

县衙与村民的种种联系，全靠乡村吏人，而联系的方式，主要靠文

① （宋）李元弼：《作邑自箴》卷二《处事》，载《宋代官箴书五种》，闫建飞等点校，第14页。
② （宋）李元弼：《作邑自箴》卷一《处事》，载《宋代官箴书五种》，闫建飞等点校，第10页。
③ （宋）苏轼：《东坡志林》卷二《记告诘事》，王松龄点校，第28页。
④ （宋）陈耆卿：《（嘉定）赤城志》卷二《坊市》，第12页。
⑤ （元）脱脱等：《宋史》卷二六七《陈恕传》，第9196页。
⑥ （宋）毛滂：《毛滂集》卷一〇《重上时相书·又》，周少雄点校，浙江古籍出版社，2012，第249页。
⑦ （宋）洪迈：《夷坚志·支庚》卷一〇《姚时可》，何卓点校，第1216页。

牍。那些下乡的上级公文，因功能不同而有不同的名称。

常见的是符。一般用于乡村吏人催督赋役："里正唯得依符催督。"① 苏辙诗曰："同尔乐丰穰，异尔苦税役。时闻吏号呼，手把县符赤。"② 随手拿着官符凭证。自潮州至番禺有一条下路，沿途"役保甲为亭驿子，亭驿距保甲之家且远，客至则扶老携幼，具荐席，给薪水，朝夕执役如公家之吏，不敢离须臾焉，俟其行乃去。客未至则尉之弓手、巡检之土兵，预以符来，需求百出"。③ 弓手、土兵都需带公文执行公务，以示合法。

县衙对乡村胥吏的另一种文书是引："人户诸杂拖欠课利等，官员指挥令出引催促者，于引帖内分明声说'只交付朱钞前来，对簿勾销'，不得乱勾人赴县"④；"差役合告示户头，便于引内分明写定'某人今差充某役'，庶免动摇人户"⑤；"起催税物，例是勒逐，胥供具合管数目，以凭给引"。⑥"此等词讼，州县之间，无日无之，若合追对，但以文引付之保正足矣。"⑦ 如此则意味着保正必须识字，才能执行文件的指令。

更多的是帖。县狱"收禁罪人，须逐牢差定狱子，分明交与人数，及缘身有无疾病、痕伤，责状入案，押狱节级状后系书。公事伺候勾干照人、罪轻不当收禁者，不必责付镇、耆知在，但只出帖云'押去勾某人，限几日同出头'"。⑧ 为避免县吏下乡骚扰民众，县衙有事尽量发帖，民众见帖不见吏，"县司今来除给帖付户长外，更不别差人下催促，恐生搔

---

① 天一阁博物馆、中国社会科学院历史研究所校证《天一阁藏明钞本天圣令校证》卷二二《赋役令》，中华书局，2006，第256~257页。

② （宋）苏辙：《栾城后集》卷四《喜雨》，曾枣庄、马德富校点，第1170页。

③ （宋）林安宅：《潮惠下路修驿植木记》，《永乐大典》卷五三四五《潮州府三》，中华书局，1986，第2483页。

④ （宋）李元弼：《作邑自箴》卷五《规矩》，载《宋代官箴书五种》，闫建飞等点校，第32页。

⑤ （宋）李元弼：《作邑自箴》卷二《处事》，载《宋代官箴书五种》，闫建飞等点校，第15页。

⑥ （宋）胡太初：《昼帘绪论·催科篇第八》，载《宋代官箴书五种》，闫建飞等点校，第717页。

⑦ 中国社会科学院历史研究所宋辽金元史研究室点校《名公书判清明集》卷一一《弓手土军非军紧切事不应辄差下骚扰》，中华书局，1987，第438页。

⑧ （宋）李元弼：《作邑自箴》卷三《处事》，载《宋代官箴书五种》，闫建飞等点校，第22页。

扰"。① 县衙可用帖指令乡胥维护社会治安。宋仁宗时，王罕任广南东路运使，为防御贼盗，"召每村三大户，与之帖，使人募壮丁二百"。② 知桂阳军陈傅良，在告喻百姓纳税的榜文中称："已行下知丞分具出长名帖子，付逐都保正户长，仰各巡间甲甲（引按：'甲'疑衍一字）内人户，如委曾交纳托与人，见有干照，即仰保正类聚姓名，保明申县。"③ 乡胥按照县帖行事，还要上报有关人员的名单。

乡村吏人需要处理大量的文案事务。如收到县衙发来的公文，要及时登记，并有一系列处置文案："耆长各置承受簿一面，壮丁置脚历一道，凡承受诸般判状、帖、引等，及交付与壮丁缴跋文字，并将簿历对行批凿。"④ 耆长不仅要记录收发的公文，连跑腿的壮丁也需记录在案。手分同样每天记录所办公事："手分各置逐日工课历子，分受公事，了即勾销。日下实不能了者，批凿行遣因依呈押。"⑤ 乡村吏人还要向上级行文。淳熙八年（1181），朱熹说："有合追收元给文历人户，辄敢倚恃猾，健讼把持，不伏追收，仰隅官保正具状陈诉，切待重作行遣。"⑥ 用文字上报不服管理者的情况。

常规性的家庭财产登记，是官府征收赋役数额的依据，无论是对官府还是民户而言，都事关重大。这一工作量很大的工程，都由基层吏人完成。

> 造五等簿，将乡书手、耆、户长隔在三处，不得相见，各给印由子，逐户开坐家业，却一处比照，如有大段不同，便是情弊。⑦

---

① （宋）李元弼：《作邑自箴》卷八《夏秋税起催先出此榜》，载《宋代官箴书五种》，闫建飞等点校，第 42 页。

② （宋）司马光：《涑水记闻》卷一一，邓广铭、张希清点校，第 200 页。

③ （宋）陈傅良：《陈傅良先生文集》卷四四《桂阳军告谕纳税榜文》，周梦江点校，浙江大学出版社，1999，第 562 页。

④ （宋）李元弼：《作邑自箴》卷七《榜耆壮》，载《宋代官箴书五种》，闫建飞等点校，第 35 页。

⑤ （宋）李元弼：《作邑自箴》卷三《处事》，载《宋代官箴书五种》，闫建飞等点校，第 22 页。

⑥ （宋）朱熹：《朱熹集·别集》卷一〇《施行阙食未尽抄札人等事》，郭齐、尹波点校，第 5598~5599 页。

⑦ （宋）李元弼：《作邑自箴》卷四《处事》，载《宋代官箴书五种》，闫建飞等点校，第 25 页。

这种保障准确、防止隐瞒的三方各自登记再对照复核的方式，前提是乡书手、耆长、户长必须均会写字记数，才能"逐户开坐家业"。其中的书手，是宋代以乡为单位配置的唯一常设人员①，负责编造并管理租税征收的各种文书，必须具备书写能力。因为朝廷要求州县账簿字迹准确工整，明确规定：

> 州县租税簿籍，令转运司降样行下，并真谨书写。如细小草书，从杖一百科罪勒停，永不得收叙。其簿限一日改正。②

必须按照官方颁发的样式造簿，字迹认真，如字体细小、潦草则予以决杖一百的严惩，并永远不准再任职。他们承担对官府至关重要的账簿工作，包括编制二税版籍（租税簿账）、注销税租钞和结算上报、催收税租、编制差役簿账，并与贴司等共同参与检查灾情，据以决定如何减免民户的税役负担。③ 南宋时，信州永丰县令张允蹈，"尝治夏税籍，命主吏拘胥二十辈于县舍，整对文书"。其中一人逃匿外地，靠"为揽纳人书抄"挣钱谋生。④ 这些县级吏人以下的吏人是乡胥，集中抽调用于核对、整理县级的税籍文书，显然都善于读写算。宋仁宗时开封祥符县的乡书手张宗，"久为奸利，畏公，托疾满百日去，而引其子为代"。⑤ 他的儿子显然也识字，乡书手在一般情况下属于世代相传的职业。

熙宁年间实行方田均税法时，伴随着大量的文字账目事务。朝廷颁布的诏书中表明：

> 方田每方差大甲头二人，以本方上户充，小甲头三人，同集方户，令各认步亩，方田官躬验逐等地色，更勒甲头、方户同定，写成草帐，于逐段长阔步数下各计定顷亩。官自募人覆算，更不别造方

---

① 王棣：《从乡司地位变化看宋代乡村管理体制的转变》，《中国史研究》2000 年第 1 期。
② （清）徐松辑《宋会要辑稿·食货》一一之一八，刘琳、刁忠民、舒大刚、尹波等校点，第 6220 页。
③ 苗书梅：《宋代县级公吏制度初论》，《史学月刊》2003 年第 1 期。
④ （宋）洪迈：《夷坚志·补志》卷五《张允蹈二狱》，何卓点校，第 1596 页。
⑤ （宋）苏辙：《栾城集》卷二五《伯父墓表》，曾枣庄、马德福校点，第 520 页。

帐，限四十日毕。先点印记，晓示方户，各具书算人写造草帐、庄帐，候给户帖，连庄帐付逐户以为地符。①

官府派出的方田官之外，各村大小甲头、农民，至少都要识数、计数、书写或辨认地名、姓名，以免失误。

那些下乡挨家挨户催收税赋的税吏，也要认字。赵汝燧记录了催征赋税的场景：

> 愁死未死此何时，县官赋不遗毫厘。
> 科胥督欠烈星火，诳言我已遭榜笞。
> 壮丁偷身出走避，病妇抱子诉下泪。
> 掉头不恤尔有无，多寡但照帖中字。
> 盘鸡岂能供大嚼，杯酒安足直一醉。
> 沥血祈哀容贷纳，拍案邀求仍痛詈。
> 百请幸听去须臾，冲夜捶门谁叫呼。
> 后胥复持朱书急急符，预借明年一年租。②

诗中实录的第一批吏卒"多寡但照帖中字"，不管民户如何哀求，只按照手中税帖标明的数额征收；第二批吏卒到来，仍是"复持朱书急急符"，均以书面文字、数字为依据。

由于乡村管理文字工作量很大，王安石变法后，村行政组织专设承帖人这一吏职。熙宁八年（1075）规定："诸县有保甲处已罢户长、壮丁，其并耆长罢之。以罢耆、壮钱募承帖人，每一都保二人，隶保正，主承受本保文字。"③ 承贴人则是村中专职的文书。

差役是主户基本的职役，虽轮流充当，但总是经常性的。有的人家送

---

① （宋）李焘：《续资治通鉴长编》卷二五二，熙宁七年四月辛未，第6151页。
② （宋）赵汝燧：《野谷诗集·翁媪叹》，载（宋）陈思编，（元）陈世隆补《两宋名贤小集》卷二二八，《景印文渊阁四库全书》第1363册，台湾商务印书馆，1986，第773页。
③ （宋）李焘：《续资治通鉴长编》卷二六三，熙宁八年闰四月乙巳，第6436页。

子弟入学校读书，就是为了"学书意识偏傍，与门户充县官役足矣"。①
换句话说，文盲无法承担官方的多种差役。

四　宋代识字吏人数量评估

常言道：有官必有吏，无吏难成官。广大宋代胥吏是国家机器的重要
组成部分，事实上充当国家机器的终端，是具体的操作运营者。他们能量
极大，多能左右官员、官府，所谓"其簿书期会，一切惟胥吏之听……故
今世号为'公人世界'"。②"公人世界"一词，首见于南宋，表明其具体
作用超过官员，以至于宋人有"近时吏强官弱，官不足以制吏"的说
法。③宋代有"世人受罪，何等最多？""曰：吏舞文、僧破戒为多"的
对话④，说明了吏人文字的巨大影响。如吉水县"有老吏舞智玩法，为邑
巨蠹"。⑤宣和年间因收复燕云，出现财政危机，宰相王黼无计可施，"遂
用一老胥谋，始倡免夫之制"⑥，向内地广大地区征收"免夫钱"。其能
量之大，充分说明了宋代大部分吏人具备一定的文化素质，这是维护政府
运转的基本保障，也导致了"吏强官弱"现象。他们是士大夫阶层之外
的低一等次但更实用的知识阶层。

胥吏是一个浩大的群体，"吏强官弱"的另一个意义，就是胥吏数量
远远超过官员。从隋唐至清的官僚机构中，吏的人数是文武官员的 20 倍
左右⑦，如唐玄宗朝，中央与地方官共 18805 名，而胥吏杂任有 34 万多
人⑧，胥吏的人数是官员的 18 倍多。宋代的胥吏数额更庞大，在"冗官"
基础上必然有"冗吏"之患，咸平四年（1001），宋真宗一次削减天下冗

---

① （宋）李新：《跨鳌集》卷二〇《上王提刑书》，《景印文渊阁四库全书》第 1124 册，
第 563 页。
② （宋）叶适：《叶适集·水心别集》卷一四《吏胥》，刘公纯、王孝鱼、李哲夫点校，中
华书局，1961，第 808 页。
③ （宋）李心传编撰《建炎以来系年要录》卷六〇，绍兴二年十一月庚午，胡坤点校，第
1199 页。
④ （宋）洪迈：《夷坚志·补志》卷六《细类轻故狱》，何卓点校，第 1600 页。
⑤ （宋）杨时：《杨时集》卷三〇《吴子正墓志铭》，林海权校理，第 785 页。
⑥ （宋）蔡绦：《铁围山丛谈》卷一，冯惠民、沈锡麟点校，第 21 页。
⑦ 吕虹：《清代司法检验制度研究》，中国政法大学出版社，2015，第 112 页。
⑧ （唐）杜佑：《通典》卷四〇《职官二二》，王文锦、王永兴等点校，中华书局，1988，
第 1106 页。

吏 195802 人①，继续留任者应当还有三四十万人。嘉祐年间全国吏役
536000 余人，元丰改制后减为 429000 余人。

> 治平之前，天下户口一千二百七十余万，而旧法役人五十三万六
> 千余人。元丰之后，户口一千八百三十五万九千有奇，较之治平，已
> 增五百六十余万，而新定役人，止放四十二万九千余人。②

精减掉 10 万人后，总数仍比唐朝多 8 万人。南宋吏人数量膨胀，绍兴二
十六年（1156），仅浙东一路吏额就达 4261 人。③ 有专家估计，宋代全国
的胥吏总额为 16 万至 24 万。④ 但是，这些并非吏人总数，而是额定吏人
数量。

事实上，宋代还有数量更多的额外吏人，官府存在严重超员的问题。
如各级衙门中的贴司、守阙、私名、习学公事等，均为非正式的额外添置
吏人，掌书写文书之事。⑤ "州县往往擅自增添人数" 的贴司、手分数量
之多，往往达到 "不可胜计" 的地步。⑥

吏人数量既然无法统计，只能以官员数量为基准推测。元祐三年
（1088），全国官员为 34000 多员⑦，政和三年（1113）增至 43000 多员⑧，
而宣和元年（1119），则猛增到 51000 多员。⑨ 以宣和元年为基准，吏人
按照 18 倍计，则是 90 余万。

---

① （宋）李焘：《续资治通鉴长编》卷四九，咸平四年六月癸卯，第 1063 页。
② （清）徐松辑《宋会要辑稿·食货》一三之三四，刘琳、刁忠民、舒大刚、尹波等校
　点，第 6262 页。
③ （宋）李心传编撰《建炎以来系年要录》卷一七四，绍兴二十六年八月庚辰注文，胡坤
　点校，第 3327 页。
④ 赵世瑜：《吏与中国传统社会》，浙江人民出版社，1994，第 86 页。
⑤ 祖慧：《宋代胥吏溢员问题研究》，《中国史研究》1998 年第 3 期。
⑥ （清）徐松辑《宋会要辑稿·职官》四八之一〇一至二，刘琳、刁忠民、舒大刚、尹波
　等校点，第 4376~4377 页。
⑦ （宋）李焘：《续资治通鉴长编》卷四一七，元祐三年十一月乙丑，第 10129 页。
⑧ （宋）杨仲良：《皇宋通鉴长编纪事本末》卷一二五《官制》，《宛委别藏》，北京图书
　馆出版社，2003，第 3904 页。
⑨ 张希清：《论宋代科举取士之多与冗官问题》，《北京大学学报》（哲学社会科学版）
　1987 年第 5 期，据（清）徐松辑《宋会要辑稿·选举》二三之七、（宋）韩淲《涧泉
　日记》卷上及（宋）洪迈《容斋续笔》卷四《宣和冗官》计算。

当然，并非所有的胥吏都识字。基层的不少吏职是单纯的体力劳役，如散从官、杂职等为跑腿办事之役。还有因地而异的数量差异，如偏僻小县夷陵，"僻远之地，县吏朴鲠，官书无簿籍，吏曹不识文字"。① 诗中是夸张的语言，虽然人少地荒，赋役刑讼微不足道，但也不至于完全没有簿籍、吏人都不识字。颍州位于京西路，虽不偏僻，也较富庶，但"民愚少斗讼，所讯由饥贫。吏戆不识字，况复能舞文"。② 南北方的地区差异更为明显。苏辙指出了这点：

> 勘会诸州吏人，除江南东、西、两浙、福建、广南东、西路已有投名人数足外，余路逐州军有投名不足抽差人数，盖村乡人户，素多不谙书算，不谙公家行遣次第，于应役之际，惟惮差充人吏，其承符散从官之类，只是身自出力，可以自充……
>
> 四方风俗不同，吴、蜀等处，家习书算，故小民愿充州县手分，不待招募，人争为之。至于（西北）三路等处，民间不谙书算，嘉祐以前皆系乡差，人户所惮，以为重于衙前……③

州县"手分"是承办衙门各种事务吏人的一种，承担者须掌握认字、写字及经济知识、算术计帐等基本能力。东南和四川等地文风浓郁，居民文化素质较高，"家习书算"，所以在实行募役法后，踊跃服役挣钱。而边防地区的河北、河东、陕西三路武风浓郁，居民"不谙书算"，任职时容易出差错，进而须赔偿或受惩罚，所以当地人将其视为畏途，很少有人应募。在此要注意两个问题，一是南方地区人口密集，人口占大多数；二是北方虽然识字率低，但军事、治安的事务远多于南方，吏人由于工作性质的要求不能降低招募条件，所以吏人整体识字数量并不比南方低，即地区差异不影响吏人识字率的估计。

---

① （宋）欧阳修：《欧阳修全集·居士外集》卷一九《与尹师鲁第二书》，李逸安点校，第999页。
② （宋）毕仲游：《西台集》卷一八《感兴简欧阳仲纯兄弟》，陈斌点校，第291页。
③ （宋）苏辙：《栾城集》卷四五《论衙前及诸役人不便札子》，曾枣庄、马德福校点，第990、991页。

若以 60% 的识字率估计，北宋末期的识字吏人 50 余万。

结　语

宋代吏人大多拥有基本的文化知识。中央机构中吏人的主要职责，就是负责中央各部门的文案工作，关键部门吏人的专业文化智力，不仅是胜任执行、操作制度，其建议还可以上升为国家政策制度。朝廷招募胥吏如同科举一般严格。朝廷还监控和检测在职吏人的文化水平。不少胥吏文化水平很高，达到参加科举的程度。地方政府各部门吏人的主要工作之一，是负责文案。他们的文化水平是维护政府运转的基本保障，甚至导致"吏强官弱"现象。故而官员抱怨"小吏每相轻"①，也就可以理解了。

在王安石变法运动中，曾包含"吏士合一"的长远计划。熙宁五年（1072）王安石言："近令察访官搜举吏有才行者，自此善士或肯为吏，善士肯为吏，则吏士可复如古，合而为一。吏与士、兵与农合为一，此王政之先务也。"② 意图由德才兼备的士人担任胥吏，并非吏人的文化水平不够高，或一定要与士人一样，而是感到吏人的品行素质不高。可见统治者对吏人素质的高度重视。

总之，宋代吏人是百官以外最主要的公职人员，为宋代最大的识字群体之一，其文化水平，代表宋代官方治理的实际水平。作为民间最大的识字群体之一，对民间文化水平的提高也起着重要的促进作用。

第五节　军人

以赳赳武夫组成的军队，自古以来不乏有文化的读书识字者，其中以军官为主。但因时而异，一般而言，战乱时代少，和平年代多。"安史之乱"以来二百余年的长期战乱，造就了数代粗暴强悍的军人。到了宋初，现状仍是"武人多不知书，案牍、法令、书判、行移悉仰胥吏"。③ 统治

---

① （宋）程俱：《北山小集》卷一〇《小吏每相轻》，徐裕敏点校，第 184 页。
② （宋）李焘：《续资治通鉴长编》卷二三七，熙宁五年八月甲申，第 5764 页。
③ （宋）程大昌：《演繁露续集》卷一《太祖右文》，许沛藻、刘宇整理，载《全宋笔记》第 4 编第 9 册，大象出版社，2008，第 178 页。

各地的武官大多没文化，凡是文字、司法一类的工作，全靠吏人决断处理。如此，势必造成吏人专断的局面。乾德三年（965），宋太祖诏令："诸州长史，今后或有须藉人代判者，许于幕职内择公干者充，不得更任代判。"原因是："五代以来，领节旄为郡守者多武臣，皆不知书，所至必自置吏，称代判，以委州事，因缘不法。初革其弊。"① 天下既然已经太平，武将就不准依靠吏人处理文案了，须由朝廷命官办理，这也是以文官逐步取代武将掌管地方政权的开端。

这些只是应急措施。为了巩固政权、维护社会安定，以及适应和平环境，消弭武将的粗暴不逊产生的影响，宋政府非常注重提高军人的文化水平，营造了一种以学习文化为时尚的氛围，很快从军政府转变为文官政府，取得了明显成效。

一　宋代将士文化水平提高的原因

入宋以来，武将的文化水平多有提高，部队里也拥有一大批有文化的士兵。这是社会环境和政策导向的产物，具体原因，有以下几点。

其一，皇帝的倡导及崇文抑武的国策。

众所周知，在中国历史上，宋代在推行崇文抑武国策方面最突出。崇文表现在大力发展文化事业，重用文人："艺祖皇帝用天下之士人，以易武臣之任事者，故本朝以儒立国，而儒道之振，独优于前代。"② 以文官取代武官外，积极倡导儒学，尊崇经典，恢复礼制，诸如完善科举制度、兴建学校、征集古籍、编纂大型类书等，就是典型表现。故而对士大夫十分优待："待士大夫有礼，莫如本朝。"③ 并公开宣扬"与士大夫治天下"。④ 相应的是抑制武将。前代有"出将入相"之说，宋代相可以出将，但将不可入相。朝廷主管军事的枢密院长官绝大部分是文官，地方也是以文官统兵，边防驻军以文官为帅，武将仅为总管。同品的武官要

---

① （清）徐松辑《宋会要辑稿·职官》四八之五，刘琳、刁忠民、舒大刚、尹波等校点，第4310~4311页。

② （元）脱脱等：《宋史》卷四三六《陈亮传》，第12940页。

③ （宋）孔平仲：《珩璜新论》卷上，《丛书集成初编》，中华书局，1985，第6页。

④ （宋）李焘：《续资治通鉴长编》卷二二一，熙宁四年三月戊子，第5370页。

换成文职须降品，文官每三年一次升迁，武官每五年一次升迁。社会上把武将蔑称为"粗官"①，韩琦有诗云："一落粗官伍哈曹，清流甘分绝英髦。"② 言外之意，武人为清流的反面。政治地位和社会地位，明显低于文官。宋代实行募兵制，士兵"皆天下落魄无赖之人"③，多是失业农民、市井无赖等流浪汉以及作奸犯科者，如同古代黥刑一样，沿袭唐后期以来的陋习，军兵一律面上刺字，是社会上普遍蔑视的"黥卒"，地位更低下。

在此国策指导下，宋代皇帝积极倡导武官学习文化。早在建隆三年（962），宋太祖即提倡武将读书："朕欲武臣尽读书以通治道。"④ 希望武将全部识字读书，成为有文化、懂治理的军人。宋真宗在当太子时，甚至在宫中办起了卫士的"识字班"。寄班供奉官杨崇勋"初给事东宫，尝叹曰：'若目不识字，手不解书，其何以成立？'上知其志，即东宫建学，亲为教授。因命张旻为学长，张景宗为副学长，崇勋与夏守斌为学察，安守忠以下为学生"⑤。宋真宗曾在殿前都指挥使高琼的请求下，赐其板本经史书籍，"上崇尚文儒，留心学术，故武毅之臣无不自化"⑥。宋高宗在生死存亡的宋金战争之际，选拔武将首先考虑的不是军事才能，而是文化水平。如绍兴年间，吏部尚书张焘奉诏推荐修武郎、两浙西路兵马都监武钜可充将帅，宋高宗先问："钜知书否？"汤思退道："钜议论过人，深达文义。"宋高宗说："武臣知书方晓民事。"⑦ 武将不仅要会打仗，还要兼顾民事，这就需要识字读书。

在崇文抑武的种种政策和制度鼓动下，不少武将世家群起响应，"感

① （宋）赵升编《朝野类要》卷二《粗官》（王瑞来点校，第49页）："武臣及军官之自谦，或以为讥。"
② （宋）韩琦：《安阳集》卷七《次韵答留台春卿侍郎以加节见寄二首》，《景印文渊阁四库全书》第1089册，第261页。
③ （宋）李焘：《续资治通鉴长编》卷二三三，熙宁五年五月丙戌，第5651页。
④ （元）脱脱等：《宋史》卷一《太祖纪》，第11页。
⑤ （宋）李焘：《续资治通鉴长编》卷四七，咸平三年十月辛亥，第1028页。
⑥ （宋）李焘：《续资治通鉴长编》卷六〇，景德二年六月乙未，第1347页。
⑦ （宋）李心传编撰《建炎以来系年要录》卷一五八，绍兴三十年八月甲子，胡坤点校，第3595页。

激读书，欲以文儒起家"①，纷纷用儒术改造自己，并希望后代脱胎换骨。如咎居润本人"不识字……咎恨其不知书，咎氏子孙皆召于家，建学立师傅，如己子教之"②，下功夫在家族中办学，希望子孙都有文化，以弥补自己不识字的遗憾。高琼一介武夫，也"不识字"③，他深知这是一大缺陷，所以一方面自己注意学习，喜欢掉书袋。宋真宗亲征至澶渊南城，任殿前都指挥使的高琼力主过河到北城："陛下不幸北城，北城百姓如丧考妣。"冯拯在旁呵斥道："高琼何得无礼！"澶渊之盟后，宋真宗"命寇准召琼诣中书，戒之曰：'卿本武臣，勿强学儒士作经书语也。'"④ 虽用词不当，但可见他确实通过"强学"了解了一些儒家经典。另一方面特别注重下一代的文化培养，他曾向皇帝报告有子十四人，"臣诚愚不肖，然未尝不教以知书"。宋真宗很高兴，"于是赐诸经史于其家"。⑤ 其子如高继宣就成了文武双全的人才："幼善骑射，颇工笔札，知读书。"⑥ 开封市民王安，"初甚窭困"，贫困潦倒之际投军当兵，后逐渐成为中级军官，"虽少事弓剑，既退以老，颇隆好儒术，尝绎味书史，且留思草圣。至于阴阳之学，皆自其所长"。⑦ 原来即擅长阴阳学，晚年潜心儒学，力图改变形象。诸多武将的后代努力读书，通过科举成为士大夫，典型如宋初节度使陈思让的儿子陈若拙，甚至高中进士甲科，位居榜眼。⑧ 米芾出身军人世家，"多以武干官显"，至米芾的父亲米光辅，"始亲儒嗜学"⑨，而米芾成为举世闻名的文化名流，一世龙门。

① （宋）王庭珪：《卢溪文集》卷四七《故校书郎曹公行状》，《景印文渊阁四库全书》第1134册，第322页；参阅顾宏义《宋初武臣子弟应举入仕论略》，《河北大学学报》（哲学社会科学版）2012年第3期。

② （宋）文莹：《玉壶清话》卷六，郑世刚、杨立扬点校，中华书局，1984，第59页。

③ （元）脱脱等：《宋史》卷二八九《高琼传》，第9694页。

④ （宋）司马光：《涑水记闻》卷六，邓广铭、张希清点校，第114页。

⑤ （宋）王珪：《高卫王琼决策定难显忠基庆之碑》，载（宋）杜大珪《名臣碑传琬琰集》上卷九，《宋史资料萃编》，台北文海出版社，1969，第144页。

⑥ （元）脱脱等：《宋史》卷二八九《高琼传附高继宣传》，第9696页。

⑦ （宋）郭体仁：《宋故左藏库副使上护军致仕王公墓志铭并序》，载郭茂育、刘继保编著《宋代墓志辑释》，第455页。

⑧ （元）脱脱等：《宋史》卷二六一《陈思让传附陈若拙传》，第9041页。

⑨ （宋）蔡肇：《故宋礼部员外郎米海岳先生墓志铭》，载（明）张丑撰《清河书画舫·米芾》，徐德明校点，上海古籍出版社，2011，第446页。

其二，武举与武学的开设。

武举是朝廷选拔文武兼备军官的制度，保证了选拔出来的军官具有一定的文化水平。武举始设于唐朝武则天时代，一直到宋代，时断时续。天圣八年（1030），宋仁宗"亲试武举十二人，先阅其骑射而试之，以策为去留，弓马为高下"。① 虽是武举，却是文武两个方面的考试，以文化水平决定是否录取，这是先决条件，其次才以武艺决定等次，即以文化水平为主，以武艺为辅。宋神宗时，"始诏三岁一次，随进士、明法发解也"②，成为常设的科考之一。武举中的文化科目为："策一道，《孙》《吴》《六韬》义十道，以五通为合格。"③ 即用书面文字解读、阐发兵学经典。

应武举者，多具有科举的底子。如福州城西居民游氏，"家素贫"，"只一子伯虎，能读书作文，且习弓矢骑射。词场荐不利，遂应武举"，从文举毅然转向武举，成为军官。④ 从宋仁宗天圣八年（1030）开始到宋度宗咸淳十年（1274），240 余年中总共举办武举 77 科，录取了 2516 人，实际录取人数有可能超过此数。⑤ 何灌就是武举出身的著名武官："武选登第"，文官、河东经略使韩缜赞之为"君奇士也，他日当据吾坐"，后来官至步军都虞候，在靖康开封保卫战中战死殉国。⑥

与武举配套的制度，是武学的创建。宋代以前，历史上从未有过官办的武学。最早的武学设于宋仁宗庆历三年（1043），在庆历新政的兴学高潮中开设武学，但寻即罢去。⑦ 宋神宗熙宁五年（1072），为了发展武举，为其培养参与者，朝廷正式开办武学。

> 建武学于武成王庙……赐食本钱万缗。生员以百人为额，选文武官知兵者为教授。使臣未参班与门荫、草泽人召京官保任，人材弓马

① （元）脱脱等：《宋史》卷一五七《选举志三》，第 3679 页。
② （宋）高承撰，（明）李果订《事物纪原》卷三《武举》，金圆、许沛藻点校，第 165 页。
③ （宋）李焘：《续资治通鉴长编》卷二三六，熙宁五年闰七月辛亥，第 5730 页。
④ （宋）洪迈：《夷坚志·支癸》卷八《游伯虎》，何卓点校，第 1278～1279 页。
⑤ 张希清：《论宋代科举取士之多与冗官问题》，《北京大学学报》（哲学社会科学版）1987 年第 5 期。
⑥ （元）脱脱等：《宋史》卷三五七《何灌传》，第 11225、11227 页。
⑦ （宋）陈均编《皇朝编年纲目备要》卷一二，庆历三年五月、八月，许沛藻、金圆、顾吉辰、孙菊园点校，中华书局，2006，第 265、269 页。

应格，听入学，习诸家兵法。教授纂次历代用兵成败、前世忠义之节足以训者，讲释之。愿试阵队者，量给兵伍。在学三年，具艺业考试等第推恩，未及格者，逾年再试。凡试中，三班使臣与三路巡检、砦主，未有官人与经略司教队、差使，三年无过，则升至大使臣，有两省、待制或本路钤辖以上三人保举堪将领者，并兼诸卫将军，外任回，归环卫班。①

朝廷的军事专科学校学制三年，学习军事历史、兵法、指挥，考试合格者任命为军官。完整体系的武学正式确立后，甚至普及至州县学②，持续到南宋，培养了大批有文化的军人。

为了用文化多形式武装军人，在军营内也曾开办讲习班，向武官传授军事知识。如范仲淹即向宋仁宗提议：

臣切见边上甚有弓马精强、谙知边事之人，则未曾习学兵书，不知为将之体，所以未堪拔擢。欲乞指挥陕西路、河东逐路经略司，于将佐及使臣军员中，拣选识文字、的有机智武勇、久远可以为将者，取三五人，令经略、部署司参谋官员等密与讲说兵书，讨论胜策。所贵边上武勇已著之人，更知将略。③

加强对军官文化素质的培养，使之能够研习兵书，汲取理论养分和历史经验，增强带兵能力。著作佐郎、管勾鄜延等路经略安抚招讨司机宜文字何涉，即曾"在军中，亦尝为诸将讲《左氏春秋》，狄青之徒皆横经以听"。④ 可见范仲淹的建议得到施行，并且讲授内容不限于兵书，扩展到了经书。

宋代武举尤其是武学的开设，开创了武学教育，对军队的战斗力提升

---

① （元）脱脱等：《宋史》卷一五七《选举志三》，第3679~3680页。
② （元）脱脱等：《宋史》卷一五七《选举志三》，第3682页："宣和二年，尚书省言：'州县武学既罢，有愿隶京城武学者，请用元丰法补试。'"
③ （宋）范仲淹：《范仲淹全集·政府奏议》卷上《奏乞指挥国子监保明武学生令经略部署司讲说兵书》，李勇先、王蓉贵校点，第553页。
④ （元）脱脱等：《宋史》卷四三二《何涉传》，第12843页。

多少暂且不论，至少提高了军队的文化水平。

其三，优先提拔有文化的军官。

如大中祥符七年（1014），宋真宗诏令枢密院王钦若、陈尧叟，御史中丞冯拯以及吏部侍郎林特，要求他们推荐军官。

> 各于见任供奉官、侍禁、殿直内举一人，素谨行藏，兼资武勇，或励精民政，或练习军机，勤干可以剸烦，智能足以驭众，并须无赃滥及习识文字，明具所长，堪何任使，限一月内以闻。①

明确要求将"习识文字"作为大臣荐举军官的条件之一。天圣六年（1028），枢密院"请择诸班之识字者以备边吏之阙，得内殿直、都知任宜等十人，己未，授宜作坊副使，余皆优擢之"。② 从属于殿前司的近卫禁军中，选拔出十位有文化的军人到边防部队担任军官。庆历三年（1043），为规范武将恩荫制度，提高恩荫军官的素质，朝廷也制定了新政策。宋仁宗诏：

> 凡三班试弓弩于军头司，力及而射有法，为中格。习书算者，三班院书家状，误才三字；算钱谷五事通三，为中格。习《六韬》《孙》《吴》书，试义十而通五，为中格；兼弓弩为优等。愿试策者听之，五通三为中格。或习武艺五事，驰射娴敏，通书算者，亦为优等，补边任。武艺不群，策详而理畅，为异等，引见听旨。……自是，任子之恩杀矣，然犹未大艾也。③

凡军官中恩荫提拔的武将后代，不仅要经过武艺考试，还需通过文化考试，强调会书写、算账，能理解并阐发兵书。南宋武臣被举荐提升，要经过呈试，但难免有个别官员投机取巧，"夤缘免试，此不可不革也。就使

---

① （清）徐松辑《宋会要辑稿·选举》二七之一三，刘琳、刁忠民、舒大刚、尹波等校点，第 5774 页。
② （宋）李焘：《续资治通鉴长编》卷一〇六，天圣六年五月己未，第 2473 页。
③ （宋）李焘：《续资治通鉴长编》卷一四五，庆历三年十一月丁亥，第 3505 页。

不习弓马，亦当试以刑法、书算，如人吏试补之比"。① 如果不试武艺，就要像选拔吏人那样考刑法、书算。熙宁年间改革祖制，允许宗室出任实际的职官差遣，但并非直接任命，也要经过考试。如"就试武官者，试读律、写家状"。② 要求懂法律、会读、会写。宋仁宗还曾诏殿前都指挥使、马军副都指挥使云："选诸军班都虞候以下善弓马、晓文字、堪将领者，以名闻。"③ 显然是准备重用这些文武双全者。庆历年间，范仲淹报告：

> 乞特降指挥下殿前司，于散直、下班殿侍内拣选或有心力，并具姓名闻奏，当议再行拣选。……其拣到人数，别分等第。内上等人及识文字者，差在阙人员处，权管勾当。三周年无过犯得力者，令逐处保明奏取旨，使与转三班差遣权管，与依转员例，递迁安排。有功劳者，特行升擢。④

从京师殿前司的殿侍中挑选素质较好的军人，充实西北边防，条件之一就是识字。熙宁时朝廷规定，武人候选官升职，"须年四十以下，亲书家状，马射六斗，步射八斗，弩张二石五斗，各十箭中两箭已上，除流外"。⑤ 会书写个人履历、三代、乡贯、年貌等表状，是文化底线。靖康元年（1126），金兵大举南下，朝廷为加强武备，面向全国征召人才："诸路府州军监有习武艺、知兵书人，仰通知，不限数保明解发赴阙，朕将亲策于廷，量才拔用。"⑥ 即使在国家危亡的生死关头，仍强调军官的文化素质。

---

① （宋）韩元吉：《南涧甲乙稿》卷九《集议繁冗虚伪弊事状》，《丛书集成初编》，商务印书馆，1936，第154页。

② （清）徐松辑《宋会要辑稿·帝系》四之三二，刘琳、刁忠民、舒大刚、尹波等校点，第117页。

③ （宋）李焘：《续资治通鉴长编》卷一四二，庆历三年七月丁卯，第3395页。

④ （宋）范仲淹：《范仲淹全集·政府奏议》卷下《奏乞于散直等处拣有武勇心力人》，李勇先、王蓉贵校点，第614页。

⑤ （宋）李焘：《续资治通鉴长编》卷二三二，熙宁五年四月壬申，第5638页。

⑥ （宋）徐梦莘：《三朝北盟会编》卷四七，靖康元年五月二十五日，上海古籍出版社，1987，第356页。

军队毕竟是由武夫壮汉组成的战斗力量，过分强调文化，重文抑武，必然带来副作用。绍兴中期，宋高宗已经意识到该问题的严重性，忧心忡忡地说："国家武选，所系非轻。今诸将子弟皆耻习弓马，求换文资，数年之后，将无人习武矣，岂可不劝诱之！"① 武将后代不愿从军绍续祖业，后继乏人。但是，国策以及风气是难以改变的，以至于到了南宋中后期，"武士舍弃弓矢，更习程文，褒衣大袖，专做举子"。② 重文抑武的国策走向反面，发生癌变，宋政府自食恶果，亡国的悲剧也就不可避免了。

二 宋代武将的文化素质

以上种种国策与制度，迫使军人学习，读书蔚然成风，军队中因而涌现出一批批有文化的将领。

宋代初期最具代表性的，莫如大将曹彬。他戎马一生，但喜爱读书，率宋军灭掉后蜀时，表现即与众不同："诸将多取子女玉帛，彬橐中唯图书、衣衾而已。"收集书籍，随身携带。他尊重士大夫，虽然"位兼将相，不以等威自异。遇士夫于途，必引车避之"。③ 书读多了，故而精通"历代治乱，近朝兴废，灿然胸中，问一知十。每与朝士清谈终日，鸿儒硕生，自以为不及"。④ 他学识渊博，获得士大夫的称誉。连宋太祖也称他"汝实儒将"。⑤ 他好学向文的做派影响到后代，其子曹玮即"沉勇有谋，喜读书，通《春秋三传》，于《左氏》尤深"。⑥ 喜爱读书，精通《左传》。两代将领均称文武双全，颇有带动作用。类似情况十分普遍，试看以下举例。

先看一个团体例子。《宋史》卷二六八列传中都是出身于宋太宗藩邸的高级军官，七人中除二人外，都明确记载其有文化。如柴禹锡"少时，

---

① （宋）李心传编撰《建炎以来系年要录》卷一五五，绍兴十六年四月戊午，胡坤点校，第2933页。

② （元）脱脱等：《宋史》卷一五七《选举志三》，第3686页。

③ （元）脱脱等：《宋史》卷二五八《曹彬传》，第8978~8979、8982页。

④ （宋）朱熹：《五朝名臣言行录》卷一《枢密使济阳曹武惠王彬》，载朱杰人、严佐之、刘永翔主编《朱子全书》第12册，上海古籍出版社、安徽教育出版社，2002，第29页。

⑤ （宋）李心传：《旧闻证误》卷一，崔文印点校，中华书局，1981，第4页。

⑥ （元）脱脱等：《宋史》卷二五八《曹彬传附曹玮传》，第8984页。

有客见之曰：'子质不凡，若辅以经术，必致将相。'禹锡由是留心问学"。杨守一"稍通《周易》及《左氏春秋》，事太宗于晋邸"。赵镕"少涉猎文史，美书翰……多蓄古书画"。王继英"少从赵普给笔札"。王显，据宋太宗言："卿世家本儒，少遭乱失学，今典朕机务，无暇博览群书，能熟《军戒》三篇，亦可免于面墙矣。"① 可以反映宋初武将的文化水平。再分层次考察个案。

有初级文化水平者。如杨赞"稍知书"。② 张禹珪"粗知书，有方略"。③ 至少有初步的文化水平。杨崇勋原本"嗜学"，在宋真宗的亲自教授下，"自是稍通兵法及前代兴废之事"。④ 刘兼济"读兵书知大旨"。⑤ 他们都属于在识字的基础上，能读书，稍通文理，可以从书籍中汲取文化营养。

有中上等文化水平者。如吴延祚"少颇读书"⑥，有良好的文化底子。李琼"幼好学，涉猎史传……周祖与琼情好尤密，尝过琼，见其危坐读书，因问所读何书，琼曰：'此《阃外春秋》，所谓以正守国，以奇用兵，较存亡治乱，记贤愚成败，皆在此也。'周祖令读之，谓琼曰：'兄当教我。'自是周祖出入常袖以自随，遇暇辄读，每问难琼，谓琼为师。及讨河中，乃解琼兵籍，令参西征军事"⑦，他的文化水平影响着后周开国君主郭威，直接对五代历史进程做出了贡献。刘舜卿"知书，晓吏事，谨文法，善料敌，著名北州"。⑧ 作为一位有文化的边将，他善于判断敌情，颇有知名度。贺惟忠"知书，洞晓兵法，有方略"。⑨ 因会读兵书而熟悉兵法。符彦卿之子符昭愿也是军官，"颇读书好事"⑩，向文化靠拢。李继

① （元）脱脱等：《宋史》卷二六八《柴禹锡传》《杨守一》《赵镕传》《王继英传》《王显传》，第 9221、9224、9225～9226、9228、9230 页。
② （元）脱脱等：《宋史》卷二六〇《杨信传附杨赞传》，第 9018 页。
③ （元）脱脱等：《宋史》卷二六一《张铎传附张禹珪传》，第 9048 页。
④ （元）脱脱等：《宋史》卷二九〇《杨崇勋传》，第 9713 页。
⑤ （元）脱脱等：《宋史》卷三二五《刘平传附刘兼济传》，第 10504 页。
⑥ （元）脱脱等：《宋史》卷二五七《吴延祚传》，第 9847 页。
⑦ （元）脱脱等：《宋史》卷二六一《李琼传》，第 9031～9032 页。
⑧ （元）脱脱等：《宋史》卷三四九《刘舜卿传》，第 11063 页。
⑨ （元）脱脱等：《宋史》卷二七三《贺惟忠传》，第 9344 页。
⑩ （元）脱脱等：《宋史》卷二五一《符彦卿传附符昭愿传》，第 8841 页。

和"习武艺，好谈方略，颇知书，所至干治"。① 因读书有文化，所以喜欢与人谈方略，善于管理。卢斌"以笔札事晋邸。太宗即位，补殿直"。② 年轻时就谙习文书，有足够的水平，以至于担任王府的文书一职。张永德"涉猎群籍，好吟咏，宾礼士大夫，故太宗尝有诏云：'方今天下诸侯，贤明知书者，惟永德一人而已。'"③ 是当时文化水平最高的武将。王贻永"颇通书"。④ 李允正"颇知书"。⑤ 王昭远"颇知书"。⑥ 任福早年读书，后应募从军："少时颇涉书史。咸平中，应募补殿前诸班，以材力选为列校。"⑦ 投笔从戎的还有李谦溥，"少通《左氏春秋》"，其子李允正也"颇知书"。⑧ 刘沪"颇知书传，深沉寡言，有知略"。⑨ 通过外戚关系当军官的李评，实际上并非庸才："虽以戚里进，然颇知书，习典故，多智数，鲜有及者"⑩，因有文化而出类拔萃。何承矩"知书好名，以才能自许"⑪，而且"颇有识鉴""善推步"。⑫ 在地方任职时，"颇以文雅饰吏治"⑬，竭力使自己看起来像风雅之士。刘充"颇知书，矜持自喜，有足贤者也"。⑭ 以有文化而自豪。张克俭"少拳勇，善骑射，知书"。⑮ 冯守信不仅研读儒家经典，更喜欢到处给人讲课。

> 虽在军旅，数以《孝经》《论语》为人讲说，人尝以儒者目之。

---

① （元）脱脱等：《宋史》卷二五七《李处耘传附李继和传》，第8973页。
② （元）脱脱等：《宋史》卷三〇八《卢斌传》，第10139页。
③ （宋）李焘：《续资治通鉴长编》卷四七，咸平三年九月壬寅，第1026页。
④ （宋）李焘：《续资治通鉴长编》卷一七六，至和元年三月己巳，第4254页。
⑤ （元）脱脱等：《宋史》卷二七三《李允正传》，第9341页。
⑥ （元）脱脱等：《宋史》卷二七六《王继升传附王昭远传》，第9408页。
⑦ （宋）司马光：《涑水记闻》卷一二，邓广铭、张希清点校，第226页。
⑧ （元）脱脱等：《宋史》卷二七三《李谦溥传附李允正传》，第9337、9341页。
⑨ （元）脱脱等：《宋史》卷三二四《刘文质传附刘沪传》，第10494页。
⑩ （宋）李焘：《续资治通鉴长编》卷二三五，熙宁五年七月戊戌注文，引《林希野史》，第5714页。
⑪ （宋）李焘：《续资治通鉴长编》卷五八，景德元年十月癸未，第1273页。
⑫ （元）脱脱等：《宋史》卷二七三《何继筠传附何承矩传》，第9332页。
⑬ （元）脱脱等：《宋史》卷二七八《马全义传附马知节传》，第9450页。
⑭ （宋）张耒：《张耒集》卷五九《刘承制墓志》，李逸安、孙通海、傅信点校，中华书局，1990，第880页。
⑮ （宋）沈括：《长兴集》卷一六《文思副使张君墓志铭》，载（宋）沈括原著《沈括全集》，杨渭生新编，第115页。

至是，真宗召问，出《孝经》使讲，公讲《天子》一章，因言："自天子至于士，不可以无学，学不必博，《孝经》《论语》皆圣人以诲学者言行之要，臣愚不足以尽识，然所以事陛下，不敢一日忘此。"真宗感叹者久之。①

他的文化水平，达到可以给人讲授经书的程度，甚至给皇帝试讲，且受到赞赏，堪称儒将。郭逵"少也知书，长而甚武，蚤著战多之绩，深通静胜之谋"②；"少时人物已魁伟，日怀二饼，读《汉书》于京师州西酒楼上。饥即食其饼，沽酒一升饮，再读书。抵暮归，率以为常"。③ 说明他入伍前是喜欢读书的文士。郭逵在陕西为三班奉职时，曾隶范仲淹麾下，"仲淹勉以问学……逵慷慨喜兵学，神宗尝访八阵遗法。对曰：'兵无常形，是特奇正相生之一法尔。'因为帝论其详。在延安，使以教兵，久不就，逵择诸校习金鼓屯营者六十四人，使人教一队，顷刻而成"。④ 因为从小就有文化，入伍后又得范仲淹的点拨鼓励，故而精通兵法，善于带兵，成为一代名将。供备库副使安愈出身武将世家，"喜读书，颇著论述，藏书几万卷，凡小家外学、律历卜筮之术，多所通究。美翰墨，时时作诗以自娱"⑤，文化水平不亚于士大夫。

武将学文化、有文化者，可举两个代表人物。一位是名将狄青，他从小识字，年轻时曾任"西河书吏"⑥，故而在陕西边防驻守时，长官范仲淹才能教导他加强文化素质："以《左氏春秋》授之，曰：'将不知古今，匹夫勇尔。'青折节读书，悉通秦汉以来将帅兵法，由是益知名。"⑦ 成为"博览书史，通究古今"⑧ 的儒将。狄青在陕西担任泾原招讨时，起居舍

---

① （宋）王安石：《临川先生文集》卷八八《护卫忠果功臣……冯公神道碑》，载王水照主编《王安石全集》，复旦大学出版社，2017，第1529页。

② （宋）曾肇：《曲阜集》卷一《左武卫上将军郭逵特赠雄武军节度使》，《景印文渊阁四库全书》第1101册，第329页。

③ （宋）邵伯温：《邵氏闻见录》卷八，李剑雄、刘德权点校，中华书局，1983，第83页。

④ （元）脱脱等：《宋史》卷二九〇《郭逵传》，第9723、9725页。

⑤ （宋）游师雄：《安愈墓志》，载何新所编著《新出宋代墓志碑刻辑录（北宋卷）六》，第141页。

⑥ （宋）张舜民：《画墁录》，汤勤福整理，载《全宋笔记》第2编1册，第206页。

⑦ （元）脱脱等：《宋史》卷二九〇《狄青传》，第9718页。

⑧ （宋）王辟之：《渑水燕谈录》卷二《名臣》，吕友仁点校，中华书局，1981，第16页。

人尹洙知渭州，同在一地的文武两主官以文为友：尹洙"与公善，洙学通古今，尝与公谈用兵之术，称曰：'虽古名将，殆无以过。'"① 士兵出身的狄青终于成长为官位最高的高级将领，官至枢密副使。深得范仲淹赞赏的，还有另一武将侯广：

> 少慷慨有大志，初不知书，年过三十，方从儒生文士咨所宜学，遂通《左氏春秋》。能藏否古今将帅用兵成败得失，为将持重，长于料敌，善御众，士卒乐为其用。凡军中之事，必与众共议而取其长，听受不疑，及成功，则推以归之。故虽文士，亦乐与侯共事，而为之谋。……常撰《阵法》，其变易分合，疾速周密，边地或推行焉。……又撰《行军约束》百余条，皆列上之。②

他是人到中年才开始在军中学文化的，因刻苦用功，进步很快，成为文士喜欢交往、又会著述的高级将领。

有喜欢读书者。如由五代入宋的赵延进，早年"颇亲学，尝与军中少年入民家，竞取财贿，延进独持书数十编以归……延进自陈好读书"。③ 名将马知节，因"监潭州兵，时何承矩为守，颇以文雅饰吏治，知节慕之，因折节读书"。身为军人，却不甘作一介莽夫，倾慕文化人，遂痛下决心读书："知节将家子，慷慨以武力智谋自许，又能好书，宾友儒者。"④ 而且"颇涉文艺，每应诏亦为诗咏"。⑤ 元朝史学家称赞道："若知节生将家，喜读书，立朝争事，以刚正称天下，其邦之司直欤。"⑥ 姚宝"好学知书，长于骑射"。⑦ 将门出身的李继隆，"晓音律……好读

---

① （宋）王珪：《华阳集》卷四七《狄武襄公神道碑》，《景印文渊阁四库全书》第 1093 册，第 352 页。

② （宋）范纯仁撰，（清）范能濬辑补《范忠宣集》卷一三《侍卫亲军马军都虞候林侯墓志铭》，《景印文渊阁四库全书》第 1104 册，第 682~683 页。

③ （元）脱脱等：《宋史》卷二七一《赵延进传》，第 9298~9299 页。

④ （元）脱脱等：《宋史》卷二七八《马全义传附马知节传》，第 9450、9452 页。

⑤ （宋）李焘：《续资治通鉴长编》卷九四，天禧三年八月乙未，第 2165 页。

⑥ （元）脱脱等：《宋史》卷二七八卷末《论曰》，第 9469 页。

⑦ （宋）苏颂：《苏魏公文集》卷五四《陇干姚将军神道碑铭》，王同策、管成学、颜中其点校，中华书局，1988，第 827 页。

《春秋左氏传》，喜名誉，宾礼儒士"。曾经"手录唐李绩遗戒"传授与其子李继和。① 孟元"性谨愿少过，颇喜读书。少隶禁军，以挽强选补殿侍"②，他"虽出行伍，好读书，流辈鲜及"。③ 在同类军官中以文化水平高而出类拔萃，因而受到欧阳修的赏识，上书赞扬其"知兵书，疏财，善抚士"。④ 燕达"起行伍，喜读书。神宗以其忠实可任，每燕见，未尝不从容"⑤，受到皇帝的优遇。名将种世衡，自幼喜读书："昆弟有欲析其赀者，悉推与之，惟取图书而已。"⑥ 其子种谊得其传，"倜傥有气节，喜读书"。⑦ 其孙种师道更胜一筹，会写诗，在北宋末年曾敏锐地观察到金人不可靠，向皇帝上进二诗禀报："外塞胡儿里党臣，勾连数众赴京城。团团阔阔孤平寨，不识皇家王气星。"另一首云："飞蛾视火残生灭，燕逐群鹰命不存。从今一扫胡兵尽，万年不敢正南行。"⑧ 识见与文采均可观。著名的种家将都有文化。吴元扆则偏爱经学，"喜读《春秋左氏》"⑨，这正是古代政治氛围中希望武将研读的典籍。

喜欢读书的升级版，就是藏书。吴元扆之父、官至节度使的吴廷祚不但好学，还是一个藏书家："好学，聚书万余卷。"⑩ 杨崇勋也不甘落后："喜蓄方书……公家有藏书，积万余卷，修职之外，研味忘倦。尤嗜白翰林集，公因诠次乐天自未三十岁至七十五所著歌诗，凡八十一篇，目之曰《白氏编年集》，公自制序，手写其集，传诸好事。"⑪ 他倾心藏书，不是什么书籍都收，而是有重点、有章法，偏爱医书，文学方面偏爱白居易的诗集，自编《白氏编年集》，说明其已有相当高的文化素养，已经会按年

---

① （元）脱脱等：《宋史》卷二五七《李处耘传附李继隆传、李继和传》，第8969页。
② （元）脱脱等：《宋史》卷三二三《孟元传》，第10460页。
③ （宋）曾巩：《隆平集校证》卷一九《孟元传》，王瑞来校证，中华书局，2012，第587页。
④ （宋）欧阳修：《欧阳修全集·河东奉使奏草》卷下《条列文武官材能札子》，李逸安点校，第1765页。
⑤ （元）脱脱等：《宋史》卷三四九《燕达传》，第11057页。
⑥ （元）脱脱等：《宋史》卷三三五《种世衡传附种谊传》，第10741页。
⑦ （元）脱脱等：《宋史》卷三三五《种世衡传附种谊传》，第10749页。
⑧ （宋）赵令畤：《侯鲭录》卷七《种师道诗》，孔凡礼点校，第173页。
⑨ （元）脱脱等：《宋史》卷二五七《吴廷祚传附吴元扆传》，第8951页。
⑩ （元）脱脱等：《宋史》卷二五七《吴廷祚传》，第8951页。
⑪ （宋）宋祁：《景文集》卷六一《杨太尉行状》，《丛书集成初编》，中华书局，1985，第828页。

代编辑文学作品集。王汉忠"聚书万卷"①，也是个藏书家。两宋之际忠义将领郭永，"博通古今，得钱即买书，家藏书万卷，为文不求人知"。②张平"好史传，微时遇异书，尽日耽玩，或解衣易之。及贵，聚书数千卷"。③ 安俊"以儒家子得给事资善堂。仁宗即位，补殿直，累迁至步军都虞候"，而且"家藏书数千卷，婚姻多择士人"④，竭力向文士靠拢。赵明诚载："有刘季孙景文者，知名士，与余先公有旧，家藏金石刻千余卷，既殁，其子不能保，为一武人购得之。"⑤ 这位武人虽不知名，但其文化水平已达到精通古文字、大量收藏碑拓的水平。

更多喜欢诗文创作者。一代文宗杨亿曾赞道："本朝武人多能诗。"⑥事实确实如此。如刘保勋"习刑名之学，颇工诗"。⑦ 曹翰"阴狡多智数……每奏事上前，虽数十条，皆默识不少差。尝作《退将诗》曰：'曾因国难披金甲，耻为家贫卖宝刀。'翰直禁日，因语及之。上悯其意，故有银钱之赐"⑧，作诗感动了皇帝。他自言"臣少亦学诗"，也是上过学的，故而能"援笔立进"。⑨ 王汉忠受到宋真宗的赏识："好学知书，帅臣中亦不易得"，他"宾礼儒士，慕贾岛、李洞为诗，居常读书，手不释卷，名称甚茂"⑩，"好读书，颇能诗，喜儒士，待宾佐有礼，名称甚茂，以是自矜尚"。⑪ 喜欢读书，还能作诗，得到士大夫的称赞。秦羲"知书，好为诗，喜宾客，颇有士风"⑫，具有士大夫的做派。连兽医军官也会著述，如"兽医副指挥使朱峭定《疗马集验方》及《牧马法》，望颁下内外

① （宋）曾巩：《隆平集校证》卷一八《王汉忠传》，王瑞来校证，第532页。
② （元）脱脱等：《宋史》卷四四八《郭永传》，第13207页。
③ （元）脱脱等：《宋史》卷二七六《张平传》，第9405页。
④ （宋）曾巩：《隆平集校证》卷一九《安俊传》，王瑞来校证，第560页。
⑤ （宋）赵明诚：《金石录校证》卷一四《汉平都castle侯相蒋君碑》，金文明校证，第242页。
⑥ （宋）杨亿口述，黄鉴笔录，宋庠整理《杨文公谈苑·本朝武人多能诗》，李裕民辑校，上海古籍出版社，1993，第18页。
⑦ （元）脱脱等：《宋史》卷二七六《刘保勋传》，第9385页。
⑧ （元）脱脱等：《宋史》卷二六〇《曹翰传》，第9015~9016页。
⑨ （宋）吴处厚：《青箱杂记》卷六，李裕民点校，第63页。
⑩ （宋）李焘：《续资治通鉴长编》卷五二，咸平五年七月己亥，第1141~1142页。
⑪ （元）脱脱等：《宋史》卷二七九《王汉忠传》，第9477~9478页。
⑫ （元）脱脱等：《宋史》卷三〇九《秦羲传》，第10164页。

坊监，仍录付诸班军"①，写出了可以推广全军的专业著作。王延德酷喜
著述，作品颇丰。

> 所至，好撰集近事。掌御厨则为《司膳录》，掌皇城司则为《皇
> 城纪事录》，从郊祀为行宫使则为《南郊录》，奉诏修内则为《版筑
> 记》，从灵驾则为《永熙皇堂录》、《山陵提辖诸司记》，及治郡则为
> 《下车奏报录》。先是，诏史官修太祖、太宗《实录》，多以国初事访
> 延德，又上《太宗南宫事迹》三卷。②

他每主管一项事务就撰写一部作品，十分高产，以至于朝廷编撰宋初两朝
皇帝的实录时，多向其请教故事。李浩著有安边对策："务学，通兵法，
以父定荫，从军破侬智高……裒西北疆事著《安边策》，谒王安石。安石
言之神宗，召对，改管干麟府兵马。"③ 其策文颇有见解，引起了最高层
的关注。名将呼延赞，《宋史》本传不言其识字，实际上他颇有文化。他
任北京大名府总管时，寇准在此任北京留守，曾令其作诗：

> （寇准）多开燕，召府僚或赋诗，公知延赞不能为诗，多不问，
> 或□（缺）公试询延赞曰："子能吟乎？"延赞曰："若公索诗，即当
> 应命。"公笑而许之，乃延赞为诗曰："三十年前小健儿，今日相公
> 教吟诗。江南风景从君咏，塞北烟尘我自知。"莱公见其诗称赏久
> 之，曰："有智谋者是亦有才也。"从兹以异□（缺）待之。④

他会作诗，且受到士大夫的欣赏，但轻易不显露。正是因为他有文化，才
有了全家不管男女老少一律身上刺字的怪现象："鸷悍轻率，自言受国
恩，誓不与契丹同生，文其体为'赤心杀契丹'字，至于妻子、仆使、

---

① （清）徐松辑《宋会要辑稿·兵》二四之七，刘琳、刁忠民、舒大刚、尹波等校点，第
9113 页。

② （元）脱脱等：《宋史》卷三〇九《王延德传》，第 10154 页。

③ （元）脱脱等：《宋史》卷三五〇《李浩传》，第 11078 页。

④ （宋）佚名：《文酒清话》卷八《呼延赞》，李裕民整理，载《全宋笔记》第 8 编第 10
册，大象出版社，2017，第 136 页。

同爨皆然。鞍鞯器用什物，亦刺绣刻朱墨为之。后复与诸子别刺文曰
'出门忘家为国，临阵忘死为主。'"① 可谓武将家庭的文化景观。沈括
记载了另一位会作诗的武人："家甚贫，忽吟一诗曰：'人生本无累，何
必买山钱。'遂投檄去。"② 北宋中期，出身武将世家的中级军官魏孝孙，
曾在富弼部下，富弼作诗常让他唱和：

> 凡作诗必使属和，刿章特荐，称誉甚美，众异之。……看书老不
> 释手。学易于胶东先生贾滋，晚年益勤。尤喜为歌诗，格词清高，每
> 官满，则为一集，多以地名名之，曰《金风》《牟台》《钧台》《虹
> 亭》《河梁》《彭门》《山阴集》《河梁后集》。逮夫杂文合三千五百
> 首，比得疾至捐馆，架上犹有诗颂残稿，其苦吟清尚如此。注《道
> 德经》二卷，编纂佛经、道藏、诸家小说切于摄生治性者，成十二
> 卷，号《抱一集》。采摭晋汉至唐末名人诗句精丽、可以为法者二
> 卷，号《骤珠集》。记《吴越方言》一卷，撰《南游记》一卷，藏
> 于家。③

其创作热情之高，著作之丰，十分罕见，胜过不少文官。两宋之际的张守
为一武将的诗集题跋道："刘君将种，以忠勇智略世其家，又能博采古名
将事业而歌咏之，意气所期，盖不在古人后。诚景慕力行，弃所短，用所
长，必有以自表于世。刘君将赴官陕右，出示诗卷，要余志其后，因以勉
之。"④ 其作品是一部歌颂古代名将的诗集，发挥了自己的优势。

有兼通音乐、书法、术数者。如田仁朗精通音乐："颇涉书传，所至
有善政。雅好音律，尤臻其妙。"⑤ 高怀德虽然不喜欢读书，但善于音乐

---

① （宋）李焘：《续资治通鉴长编》卷三三，淳化三年九月乙卯，第739页。
② （宋）沈括：《梦溪笔谈》卷九《人事一》，载（宋）沈括原著《沈括全集》，杨渭生新
    编，第355页。
③ （宋）赵令铄：《宋西京左藏库使河阳兵马钤辖致仕上轻车都尉任城郡开国候食邑一千
    五百户魏君（孝孙）墓志铭并序》，载郭茂育、刘继保《宋代墓志辑释》，第341页。
    标点引者有更改。
④ （宋）张守：《毗陵集》卷一一《又跋刘绍先诗卷》，刘云军点校，上海古籍出版社，
    2018，第157页。
⑤ （元）脱脱等：《宋史》卷二七五《田仁朗传》，第9381页。

创作，会谱曲："怀德将家子，练习戎事，不喜读书，性简率，不拘小节，善音律，自为新声，度曲极精妙。"① 是位业余的音乐家。郭守文每天练习书法："沉厚有谋略，颇知书，每朝退，习书百行，出言温雅。"② 既会识字、写字，更通书法。张煦"明术数，善相宅，时称其妙"③，在读写的基础上，拥有术数堪舆等艰深的专业技能。名将姚兕，"凡图画器用，皆刻'仇雠未报'字。力学兵法，老不废书，尤喜颜真卿翰墨"。④与他一样喜欢阅读和书法的将领，还有吴元辅："颇好学，善笔札。"⑤ 石普"倜傥有胆略……颇通兵书、阴阳、六甲、星历、推步之术"，曾向宋真宗献《御戎图》，"请设堑以陷敌马，并上所置战械甚众"⑥，还上书"自言能为火球火箭，上召至使殿试之，与辅臣同观焉"⑦，既精通兵书、数术等理论，还积极实践，发明了许多新型兵器。

一些武官，因文化水平高而改换文官。如高级将领王显之子王希逸，"以荫补供奉官。好学，尤熟唐史，聚书万余卷。换秩授朝奉大夫、太子中允。咸平初，改殿中丞、直史馆，预修《册府元龟》"⑧，俨然大儒。据学者统计，北宋有四十一位武官改换文官。⑨

有些军官，原本就是儒生入伍或文官改行者。宋代武将的主要来源，一是战场上涌现出的士兵，二是武将的后代恩荫世袭，三是投笔从戎的儒生，四是文官改换的武官。恩荫者例如右班殿直傅某，"君少通《尚书》，屡举不中第，用亲荫补三班借职，累迁至右班殿直"。⑩ 由文职换武官者如宋初的魏丕，"少业儒"，原本是文官，周世宗以战时用人之际将其改为武职，"太平兴国中，官至刺史。常对太宗，愿除台省官。上谕之曰：

---

① （元）脱脱等：《宋史》卷二五〇《高怀德传》，第 8823 页。
② （元）脱脱等：《宋史》卷二五九《郭守文传》，第 9000 页。
③ （元）脱脱等：《宋史》卷三〇八《张煦传》，第 10150 页。
④ （元）脱脱等：《宋史》卷三四九《姚兕传》，第 11058 页。
⑤ （元）脱脱等：《宋史》卷二五七《吴廷祚传附吴元辅传》，第 8949 页。
⑥ （元）脱脱等：《宋史》卷三二四《石普传》，第 10471、10472、10475 页。
⑦ （宋）李焘：《续资治通鉴长编》卷五二，咸平五年九月戊午，第 1153 页。
⑧ （元）脱脱等：《宋史》卷二六八《王显传附子王希逸传》，第 9233 页。
⑨ 尤东进：《北宋文武换官制度探析》，载《中古文明研究》第一辑，格致出版社、上海人民出版社，2020，第 95 页。
⑩ （宋）司马光：《司马光集》卷七八《右班殿直傅君墓志铭》，李文泽、霞绍晖校点，第 1578 页。

'知卿本儒生，然两省不若刺史俸优也。'屡求退，以左卫大将军致仕。……丕好为歌诗，有《东亭集》六卷，常咏山鹊，人多诵之"①。虽身在行伍，但念念不忘本色，业余学习成为诗人，有诗集并有佳作为世人所传颂。另如河北三传出身的苏某，本为大理寺丞，朝廷"以公素喜武事，加习边务，遂改供备库副使，知威胜军事"②。宋仁宗时的普州人景泰，"进士起家，补坊州军事推官。后以尚书屯田员外郎通判庆州……俄元昊反，又上《边臣要略》二十卷。迁都官、知成州，奏《平戎策》十有五篇。会有荐泰知兵者，召对称旨，换左藏库使、知宁州"③，因材施用，适得其所。北宋有九十七位文官换为武官④，进一步提高了武官队伍的文化水平。

在全国性的读书热潮中，不少读书人被迫在军营中另寻出路。如冯守信少年时"从其乡人受学，以《三礼》举于乡。会太平兴国初，取兵民间，公出应选，有司以公儒者，欲免之。公曰：'吾以子弟免，而父兄任其劳，此儒者所不为。'遂行"⑤，属于主动参军。更多和落第举子改为武行。如张纶，在宋太宗时"举进士不中，补奉职，累迁至乾州刺史"。⑥史方青年时代准备由明经科入仕，但"应《周易》学究不中，补西第二班殿侍"。⑦赵赞"幼聪慧"，"七岁诵书二十七卷，应神童举"，"赞颇知书，喜为诗，容止闲雅，接士大夫以礼"⑧，从小打下良好的文化基础，喜欢作诗，文质彬彬。张佶"少有志节，始用荫补殿前承旨，以习儒业，献文求试，换国子监丞"。后来一直担任军职，"涉猎书史，好吟咏，勇敢善射，有方略。其总戎护塞，以威名自任"⑨。焦继勋则是投笔从戎："少读书有大志，尝谓人曰：'大丈夫当立功异域，取万户侯。岂能孜孜

---

① （宋）曾巩：《隆平集校证》卷一八《魏丕传》，王瑞来校证，第521页。
② （宋）司马光：《司马光集》卷七五《苏骐骥墓碣铭序》，李文泽、霞绍晖校点，第1527页。
③ （元）脱脱等：《宋史》卷三二六《景泰传》，第10517页。
④ 尤东进：《北宋文武换官制度探析》，载《中古文明研究》第一辑，第95页。
⑤ （宋）王安石：《临川先生文集》卷八八《护卫忠果功臣……冯公神道碑》，载王水照主编《王安石全集》，第1528~1529页。
⑥ （宋）曾巩：《隆平集校证》卷一九《张纶传》，王瑞来校证，第558页。
⑦ （元）脱脱等：《宋史》卷三二六《史方传》，第10526页。
⑧ （元）脱脱等：《宋史》卷二五四《赵赞传》，第8890、8892页。
⑨ （元）脱脱等：《宋史》卷三〇八《张佶传》，第10150~10152页。

事笔砚哉?'遂弃其业，以儒服参军。"① 上官正曾"少举《三传》"②，有深厚的《春秋》学功底。苗授少年时是学界名师胡瑗的学生，"父京，庆历中，以死守麟州抗元昊者也。少从胡翼之学，补国子生，以荫至供备库副使"。③ 北宋灭亡时壮烈牺牲的修武郎王履，出身武将世家，但他青少年时"好学，通经史。年及冠游获荐，不第。乃于元符二年从父皇城拜南郊，恩霈三班奉职"，因科举失利，只好恩荫入伍为低级军官，曾多次上书议论朝政被贬。靖康二年（1127）被金兵杀害时，他"神色不动，仰天长叹，念歌一首。只记临后两句道：'矫首向天兮天卒无言，忠臣死难兮死亦何愆！'闻之者莫不堕泪"。④ 他虽然自言："读书无成，乃困武弁"⑤，但不成功的文人成为有相当文化、有担当的军官，为国捐躯，青史留名，实为成功的军人。至于部队中的文职人员，更是不少。如南宋后期的宋应龙，"儒生，通兵，出入行阵三十余年，为谘议官"⑥，即高级幕僚、参谋。

宋代军队中，更有科举出身的文官长期担任武将者。如张旦"勇敢善射，以经学中第"，但一直担任军职，最终战死在河北边防的宋辽战斗中。⑦ 最典型的是刘平，他出身武将家庭，"刚直任侠，善弓马，读书强记。进士及第，补无锡尉，击贼杀五人"。后改任武官，在宋夏三川口之战中，出任鄜延路副总管兼鄜延、环庆路同安抚使，兼管勾泾原路兵马、进步军副都指挥使、静江军节度观察留后，不幸被俘，最终死于西夏。⑧ 宋仁宗早就对他有"所谓诗书之将"的美誉⑨，似乎比"儒将"一词更有风采。

至南宋，这种情况同样明显，史书中记载了诸多文武双全的知名将

---

① （元）脱脱等：《宋史》卷二六一《焦继勋传》，第9042页。

② （元）脱脱等：《宋史》卷三〇八《上官正传》，第10137页。

③ （元）脱脱等：《宋史》卷三五〇《苗授传》，第11067页。

④ （宋）徐梦莘：《三朝北盟会编》卷八二，靖康二年二月二十一日，第816、620页。

⑤ （宋）徐梦莘：《三朝北盟会编》卷五五，靖康元年九月十五日，第411页。

⑥ （元）脱脱等：《宋史》卷四五四《忠义传九》，第13349页。

⑦ （元）脱脱等：《宋史》卷三〇八《张旦传》，第10147~10148页。

⑧ （元）脱脱等：《宋史》卷三二五《刘平传》，第10499~10504页；（宋）李焘：《续资治通鉴长编》卷一二六，康定元年三月戊寅，第2990页。

⑨ （宋）李焘：《续资治通鉴长编》卷一一五，景祐元年八月庚申，第2692页。

领，多是北宋转入南宋者。

如刘光世："稍通书史、庄老、孙吴之学。"① 涉猎面比较广泛，而且喜爱书法，曾向宋高宗讨要皇帝所临写的《兰亭叙》。宋高宗言："刘光世喜书，前日来乞朕所临《兰亭叙》，亦以一本赐之。"② 满足了他的要求，以资鼓励。

曲端出身武将世家："父涣，任左班殿直，战死。端三岁，授三班借职。警敏知书，善属文，长于兵略"③；会作诗："端亦知书，尝作诗云：'破碎山河不足论，几时重到渭南村。'昔人诗：'欲挂衣冠神武门，先寻水竹渭南村'，此事也。"④ 更擅长书法："端本武士，而知书善属文，长于兵略，作字奇伟。"⑤ 他从小读书，善于诗文写作，熟于用典。

吴玠"少沉毅有志节，知兵善骑射，读书能通大义。未冠，以良家子隶泾原军……玠善读史，凡往事可师者，录置座右，积久，墙牖皆格言也"。⑥ 敏而好学，勤于摘录，且善于运用。曲端、吴玠二将，南宋初名重陕西，乃至有民谣传颂道："有文有武是曲大，有谋有勇是吴大。"吴玠之弟吴璘，"读史晓大义……尝著《兵法》二篇"⑦，是有著述的将军。

杨存中"少警敏，诵书数百言，力能绝人。慨然语人曰：'大丈夫当以武功取富贵，焉用俯首为腐儒哉！'于是学孙、吴法，善射骑"。⑧ 可见也是从小就读书的，虽不屑当书生，但读书的底子使之得以研读孙子、吴起的兵法著作。

建炎年间在太行山创建"八字军"、部众十多万人的王彦，虽少年即投军，却有相当高的文化水平："性豪纵，喜读韬略。父奇之，使诣京师，隶弓马子弟所。"⑨ 他撰有军事学著作《武经龟鉴》二十卷，宋孝宗

① （宋）徐梦莘：《三朝北盟会编》卷二一二，绍兴十二年十一月十三日，第1526页。
② （宋）王应麟：《玉海》卷三四《绍兴书兰亭叙》，江苏古籍出版社、上海书店，1987，第644页。
③ （元）脱脱等：《宋史》卷三六九《曲端传》，第11489页。
④ （宋）罗大经：《鹤林玉露》丙编卷一《曲端》，王瑞来点校，中华书局，1983，第248页。
⑤ （元）陶宗仪：《书史会要》卷六《宋》，徐美洁点校，第194页。
⑥ （元）脱脱等：《宋史》卷三六六《吴玠传》，第11408、11413页。
⑦ （元）脱脱等：《宋史》卷三六六《吴璘传》，第11420页。
⑧ （元）脱脱等：《宋史》卷三六七《杨存中传》，第11433页。
⑨ （元）脱脱等：《宋史》卷三六八《王彦传》，第11451页。

亲自为之制序，"其书以《孙子》十三篇为主，而用历代事证之"①，有较高的学术价值和应用价值，他堪称军事理论家。

接管"八字军"的另一将领，是被张浚称赞为"文武两器，真大将才"的刘锜。② 他"慷慨深毅，有儒将风。……世传锜通阴阳家行师所避就"③，甚至著有《清溪诗集》三卷④，可惜已佚。但有零星诗篇传世，《全宋诗》中就收录其诗七首。更奇的是，他死后被尊为蝗神刘猛将。⑤

韩世忠识字与否？史籍有不同说法。他在朝廷任枢密使时，秦桧意欲责怪其主战的上书，他惊慌地推脱道："世忠不识字，此乃解潜为之，使其上耳。"⑥ 实际上他不仅识字，退休离开凶险的朝廷后，还显得颇有文化："王生长兵间，初不能书。晚岁忽若有悟，能作字及小词。诗词皆有见趣，信乎非常之才。"他自号清凉居士，逍遥于西湖，一日"手书二词以遗之"。其《临江仙》云：

> 冬日青山潇洒静，春来山暖花浓，少年衰老与花同。世间名利客，富贵与贫穷。
>
> 荣华不是长生药，清闲不是死门风，劝君识取主人公。单方只一味，尽在不言中。

《南乡子》云：

> 人有几何般，富贵荣华总是闲。自古英雄都是梦，为官，宝玉妻儿宿业缠。

---

① （宋）陈振孙：《直斋书录解题》卷一二《武经龟鉴二十卷》，徐小蛮、顾美华点校，第362页。
② （宋）李心传编撰《建炎以来系年要录》卷一〇八，绍兴七年正月戊寅，胡坤点校，第2031页。
③ （元）脱脱等：《宋史》卷三六六《刘锜传》，第11408页。
④ （元）脱脱等：《宋史》卷二〇八《艺文志七》，第5384页。
⑤ 以上参阅孙建民《论南渡武将的文化修养》，《解放军外语学院学报》1991年第3期。
⑥ （宋）李心传：《旧闻证误》卷四，崔文印点校，第52页。

年事已衰残，鬓发苍苍骨髓干。不道山林多好处，贪欢，只恐痴迷误了贤。①

才情出色，韵味不浅。所谓"晚岁忽若有悟"，不过是不需要再掩饰自己的文化水平而已。

作为高级将领的基础与来源，在宋代的中下级军官中，多有知书识文者。

大中祥符元年（1008），殿侍、三班使臣侯鲁向皇帝进献《大中祥符颂》，诏枢密院考试后补三班借职。他热衷写作，"鲁累上封章，以诞妄摈于外郡。帝以其辩而知书，录为殿侍。至是复进文字，颇亦近理，诏枢密院试以时务而命之"。② 其文尽管不如文人那样词美意深，但能够创作颂这种难度较大体裁的作品，而且被宋真宗评为"颇亦近理"，显然有足够的文化水平。环庆路都监张建侯，"知书戢下，可当军阵"。③ 出身开封武人世家的安恕，更博学多才。

风度秀雅，喜读书，颇著论述，藏书几万卷。凡小家、外学、律历、卜筮之术，多所通究。美翰墨，时时作诗以自娱。士人喜从其游，而君谦默，未尝以才能自矜，故人之闻君材勇者，或未必能知君之文雅。④

他的文化水平以及藏书，胜于多数文人，但很本分低调。元祐年间太皇太后高氏去世，朝廷营造山陵采石时，左朝请郎试太仆卿兼权都水使者都大提举采石吴安持作《宣仁圣烈皇后山陵采石记》，具体书写者却是"大将杨仲卿书"。⑤ 所谓大将，不过是无品武阶而已。⑥ 他不但会读会写，书

---

① （宋）周密：《齐东野语》卷一九《清凉居士词》，张茂鹏点校，第 361 页。
② （清）徐松辑《宋会要辑稿·选举》三一之一三，刘琳、刁忠民、舒大刚、尹波等校点，第 5846 页。
③ （宋）范仲淹：《范仲淹全集·政府奏议》卷下《奏边上得力材武将佐等第姓名事》，李勇先、王蓉贵校点，第 617 页。
④ （宋）游师雄：《宋故供备库副使新就差提点右厢诸监上轻车都尉安府君（恕）墓志铭并序》，载郭茂育、刘继保编著《宋代墓志辑释》，第 362~363 页。
⑤ （宋）吴安持：《宣仁圣烈皇后山陵采石记》，（清）王昶辑《金石萃编》卷一四〇，北京市中国书店，1985，第 8 页。
⑥ 龚延明：《宋代官制辞典》，中华书局，1997，第 590 页。

法水平也受上级认可。北宋后期，有太原文官"能文轻脱，嘲侮同官，为众所怨。……副总管武人，尝戏之，使对句云：'快咬盐齑穷措大'，其人应声对曰：'善餐仓米老衙官。'"① 该武将应当是善于对对子，才敢戏弄文官。南宋初，屡为不法事的武官解忠"居察逻之职"，曾"约结王展世、宋国宝、司泽、曲端，皆蜀将者之徒，起忠义军。以书尺往复，裒集不根之语，告于都帅李川，川悉加锻炼，诬伏流诸岭外。遂以功补右列，历婺、苏两州指挥使"。② 这些低级武官都会写信，结果被奸人根据其文字罗织罪名。建炎年间，假中散大夫、直龙图阁赵宗印，将从陕西带到湖北鄂州的部队全部交付李允文，"裨将吴锡等皆属焉。锡，河东人，稍知书，故为盗"。③ 盗贼出身的军官也有文化。南宋时在新昌寓居的巡检熊祖显，"虽武官，而知书，颇负识鉴"。④ 镇江前军第二将训练官于斌，潞州人，"知书有胆略，可充间探"。⑤ 江州统制刘绍先，"知书传，稍通兵法"。⑥ 承节郎张志宁，"本将家子，以知书修饬为名臣周必大、朱熹所知"⑦，能为大儒所知，文化水平可想而知。流传至今的黑水城所出宋代军政文书，就是两宋之际西北边防部队下级军官和士兵的文字。⑧

宋军低级军官有流传至今的题字。天水麦积山石窟中，保存有两则下级军士的题名，即第 54 号龛的嘉定十五年（1222）题记："成州选步二将校乔森到此，时嘉定十五年正月初四远游。"⑨ 第 3 号崖阁，有嘉定十四年墨迹："策马一队将薛□□于嘉定十四年九月十七日，提辖□兵送陈宣□□□。"⑩ 这些均表明他们识字且喜题写。

---

① （宋）吕本中：《紫微诗话》，《景印文渊阁四库全书》第 1478 册，第 936~937 页。

② （宋）洪迈：《夷坚志·三志己》卷三《解忠报应》，何卓点校，第 1325 页。

③ （宋）李心传编撰《建炎以来系年要录》卷二七，建炎三年闰八月乙巳，胡坤点校，第 639 页。

④ （宋）洪迈：《夷坚志·三志壬》卷九《和州僧瓶》，何卓点校，第 1533 页。

⑤ （宋）周必大：《周必大集校证》卷一四八《于斌间探奏》，王瑞来校证，上海古籍出版社，2020，第 2269 页。

⑥ （宋）徐梦莘：《三朝北盟会编》卷一四三，建炎四年十月十日，第 1039 页。

⑦ （宋）曹彦约：《曹彦约集》卷八《应诏举将帅状》，尹波、余星初点校，四川大学出版社，2015，第 199 页。

⑧ 孙继民：《俄藏黑水城所出〈宋西北边境军政文书〉整理研究》，中华书局，2009。

⑨ 张锦秀编《麦积山石窟志》，甘肃人民出版社，2002，第 151 页。

⑩ 张锦秀编《麦积山石窟志》，第 142 页。

毫无疑问，宋代将领中存在不少文盲，史书中不乏记载。如党进"不识字"①，董遵诲"不知书"②，出身奚族的米信"不知书，所为多暴横"。③ 刘福"武人，不知书"。④ 名将杨业"不知书，忠烈武勇，有智谋"。⑤ 这些都是五代入宋的将领，其文化水平是前代战争年代的社会状况造就的。宋代中后期以及南宋武将，也有一些文盲。如乐平县监酒借职石贵，"本是军中出职，因捉贼不获，降充监当。其人不识字"，遭到欧阳修的弹劾。⑥ 同时的曲珍，"虽不知书，而忠朴好义"。⑦ 刘谦"不知书"。⑧ 两宋之际的赵立，"为人木强，不知书，忠义出天性"。⑨ 等等。

需要指出的是，宋人通常所说的"不知书"，与"不识字"有很大区别，一般只是言不读书或读书少而已，并非指文盲。⑩ 即便是"不识字"，通常也只是言其文化水平不高。如北宋后期的著名文人钱勰尝言："顷在馆中，有同僚曹姓者，本医家子，夤缘入馆阁，不识字，且多犯人。钱一日因诵子瞻诗，曹矍然曰：'每见诸公喜此人，不知何谓？'或言：'其文章之士也。'曹曰：'吾近得渠作诗，皆重叠用韵，全不成语言。'……曹问坐客：'何故为"应真"？'或对曰：'真即罗汉也。'曹曰：'好好地团甚谜。'亟命易去，自题云'十八大阿罗汉'。"⑪ 任职馆阁的曹某至少认字、会写字，只是不懂文学经史而已。在饱读诗书的士大夫眼中，仅仅识

---

① （元）脱脱等：《宋史》卷二六〇《党进传》，第9019页。
② （元）脱脱等：《宋史》卷二七三《董遵诲传》，第9343页。
③ （元）脱脱等：《宋史》卷二六〇《米信传》，第9023页。
④ （宋）李焘：《续资治通鉴长编》卷三二，淳化二年二月丁巳，第711页。
⑤ （元）脱脱等：《宋史》卷二七二《杨业传》，第9305页。
⑥ （宋）欧阳修：《欧阳修全集·河东奉使奏草》卷下《论不才官吏状》，李逸安点校，第1769页。
⑦ （元）脱脱等：《宋史》卷三五〇《曲珍传》，第11084页。
⑧ （宋）李焘：《续资治通鉴长编》卷一二三，宝元二年六月乙酉，第2913页。
⑨ （元）脱脱等：《宋史》卷四四八《赵立传》，第13215页。
⑩ 有关情况可举数例。青年时代的苏洵，"少独不喜学，年已壮，犹不知书，职方君纵而不问，乡闾亲族皆怪之。或问其故，职方君笑而不答。君亦自如也。年二十七，始大发愤，谢其素所往来少年，闭户读书，为文辞"。（欧阳修：《欧阳修全集·居士集》卷三五《故霸州文安县主簿苏君墓志铭》，李逸安点校，第513页）又如蔡京，大观年间被侍御史毛注指责："蔡京荫补入仕，素不知书。尝形简牍，以符宝为扶宝，众目为扶宝侍郎。"（佚名：《宋史全文》卷一四，大观三年六月，汪圣铎点校，中华书局，2016，第941页）
⑪ （宋）佚名：《道山清话》，赵维国整理，载《全宋笔记》第2编第1册，第115页。

字写字根本不能入其法眼，因而蔑之为不识字。

以上都是直接的、比较典型的资料，还有不少不再一一列举。我们注意到，在宋代史籍记载的个体武人中，对军人不识字的明确记载，远少于识字的记载。这是因为青史留名的大多是高级将领，反映的史实是，有文化的高级将领多于没文化者，或言有文化的军人能力较强，容易升迁。中下级军官的识字率比较低，还有属于文盲者。如南宋初的沿边州军，"多用武人为守，或不识字，或不晓法，州郡被害，莫此为甚"。① 担任知州的武将，有的不识字，有的虽识字但不懂法律，不能处理民事。嘉定年间有臣僚言："自今以后，凡有武臣资格合入两淮县令者，除武举人外，其余并当同文臣任子一例铨试。其在选中，方许注授。两淮县令必须先历武尉一任，庶几稍通文学，粗谙民事，不至为民病矣。"② 这些情况，都说明军官队伍整体的文化素质尚不容乐观。其实，让武将懂法律、理民政，兼任地方官，超出了本职所需，只是边防情况特殊，勉为其难而已。

三　宋代士兵的识字状况

宋代实行募兵制，军队不是单纯的由农民组成，多是"失职犷悍之徒"，成分复杂，其中存在大量识字士兵。

首先我们看到，军队中有不少须要识文断字的岗位和任务。如朝廷各部门的门卫。

> 契勘秘书省大门，旧条差皇城司亲事官节级一名、长行五人把门，并投下文字，及提举洒熄火烛，掌管头刃，常是差填不足。今来已降指挥，书籍等出入并监门具单子搜检出入等，若差人不足，即为虚文而已。乞添差节级一名、长行三名，内二名识字，分两番把门搜检，并抄转出入文历，投下文字，及照管洒熄火烛，掌管头刃。③

① （宋）徐梦莘：《三朝北盟会编》卷一五四，绍兴二年十二月一日，第 1114 页。
② （清）徐松辑《宋会要辑稿·职官》四八之二一至二二，刘琳、刁忠民、舒大刚、尹波等校点，第 4320 页。
③ （清）徐松辑《宋会要辑稿·职官》一八之一六至一七，刘琳、刁忠民、舒大刚、尹波等校点，第 3479~3480 页。

需要识字的士兵二人把门，以检验出入人员的有关证件、书籍，记录出入人员携带的物品。因为识字身价高，待遇也高，每天多给五十文的补贴，体现了脑力劳动的价值。文思院是朝廷制作高档物品的场所，其"门司""掌管本门收支出入官物，转抄赤历"，必须会写字。天圣年间，勾当文思院李保懿报告："乞依拱宸门外西作例，差识字亲事官与在院人员同共监作，主掌官物，随界交替。"① 由识字的皇城司亲事官监督文思院，以防失窃。绍兴十二年（1142）工部报告：由于文思院"以造作金银、犀玉、绫罗锦帛生活尽系贵细宝货物色，（金）［全］借览察关防，庶几有以革绝奸弊"。要求皇城司"差拨识字亲事官四人充上、下界监作祗应"，该请求得到皇帝的批准。② 淳熙元年（1174）有诏："皇城司差拨识字黄院子八人，专充修内提辖司实占巡视使唤。遇有修造，随工匠去处关入，巡视稽察。割移名粮，就本司历内帮勘。"③ 这就要求职在保卫皇城、侦查不法人员的皇城司，多是识字的士兵。

殿侍为无品武阶官，大约属于军士，识字者更多。北宋初年，以博洽闻天下的徐铉代表江南国来与宋朝交涉，宋朝的押伴朝臣文化水平有限，"皆以辞令不及为惮"，宋太祖令殿前司"具殿侍中不识字者十人，以名入"，从中选一人前往陪伴，"在廷皆惊"。徐铉无法与文盲武夫炫耀学问，逞口舌之强，十分沮丧。④ 说明在殿侍中不识字的现象并不普遍，需要时还得寻找。大中祥符四年（1011），宋真宗诏："八作司官拣谙会书算、勾当得事殿侍十人，分擘应副监修。如不足，即旋于殿前司抽取。"⑤ 派遣有文化的殿侍参与朝廷作坊的监工，如人员不够，仍从殿前司抽调。

军营中同样需要有文化的军人承担管理事务。如掌管图籍文书的军吏孔目官张望，"尝为举子，颇知书，后隶军籍，其诸子皆为儒学"。文彦

---

① （清）徐松辑《宋会要辑稿·职官》二九之一，刘琳、刁忠民、舒大刚、尹波等校点，第 3782 页。

② （清）徐松辑《宋会要辑稿·职官》二九之三，刘琳、刁忠民、舒大刚、尹波等校点，第 3783 页。

③ （清）徐松辑《宋会要辑稿·职官》三〇之四，刘琳、刁忠民、舒大刚、尹波等校点，第 3793 页。

④ （宋）岳珂：《桯史》卷一《徐铉入聘》，吴企明点校，第 3 页。

⑤ （清）徐松辑《宋会要辑稿·职官》三〇之七至八，刘琳、刁忠民、舒大刚、尹波等校点，第 3794 页。

博青少年时，曾读书于张望家。① 这是举子当兵的例子。再如"应用军典而差不足者，以军典请给募书算人充"。② 军典一职，即文书之类，一般从士兵中选差，不足时才招募会书算人充任。嘉定年间的殿前司有报告说：

> 本司照得差军马军行司等人专一掌行应（千）［干］军务事件，从来于诸军选择谙晓书算行移之人充应，所行一事一件，动干军政，实为利害。盖缘名籍各隶逐军将队所管，若将逐人于本司兵帐兵籍内令项批出，不唯革绝妨嫌，日后亦无假借差之弊。③

殿前司马军的军务管理，由各部队挑选会写会算的士兵担任。大观年间，枢密院有官员揭露，西北部队"主兵官旧曾占使书札、作匠、杂技、手业之徒"④，即军官抽调占用士兵中善于"书札"者，为自己服务。崇宁年间，河东路边防地区的营田弓箭手，日常由当地驻军派兵管理："往来照管耕种、催纳租课等事"，枢密院请求"乞依监当官条例，差破白直兵士五人，于数内差识字军人一名应副文字。若不足，并从下差禁军"。⑤ 五人中必须有一名识字的士兵。有法令规定："诸巡检司杖直，以今司节级充；曹司，于厢军长行内选差。应用纸笔，以粪土钱给。"⑥ 维护地方治安的巡检部队消耗纸笔，一定有文字工作岗如杖直、曹司，由士兵担任。

有的禁军部队，甚至专门招募有文化者，如"敢勇"即是。元祐年间诏令："河东、陕西路诸帅府敢勇一百人为额，募有户籍行止，年二十以上，壮勇堪任使唤，稍识字，不曾犯徒，武艺中格人收补。专隶经略

---

① （宋）邵伯温：《邵氏闻见录》卷九，李剑雄、刘德权点校，第96页。
② （宋）谢深甫编《庆元条法事类》卷五二《吏卒令》，戴建国点校，第731页。
③ （清）徐松辑《宋会要辑稿·职官》三二之二〇至二一，刘琳、刁忠民、舒大刚、尹波等校点，第3823页。
④ （元）脱脱等：《宋史》卷一九三《兵志七》，第4813页。
⑤ （清）徐松辑《宋会要辑稿·职官》四四之五五，刘琳、刁忠民、舒大刚、尹波等校点，第4232页。
⑥ （宋）谢深甫编《庆元条法事类》卷五二《吏卒令》，戴建国点校，第731页。

司。"① 既强调政治素质、军事素质，也有最低限度的文化素质要求。帅府指的是沿边军区路，即河东的并代路、泽潞路、岚石路、麟府路，陕西的永兴军路、熙河路、鄜延路、秦凤路、泾原路、环庆路，凡十个帅府，即当时西北地区的军队中约有一支一千人的全部识字部队。

保存至今的黑水城所出宋代军政文书，就有两宋之际西北边防部队士兵的文字。当时位于国防最前沿的各个负责瞭望报警的烽火铺，配备的消耗物质中，有"逐铺每月克除经历纸札靡费"，表明这些值守烽火台的士兵要如实记录每天的勤务状况和敌情。一个具体事例，是靖康元年（1126）鄜延路经略司收到衔山后铺守烽人杨水的报告。

> 衔山后铺守烽人杨水分析：今月二十三日……更三点，有嘉岭山横烽举到环庆路……火叁把。至四更点，又举到贼火叁把。二十四日……时，又举到贼烟叁筒，摆黄旗一口；又续……到贼烟肆筒，黄旗一口，并即时扬应讫。使衔报覆是实。②

显然，这些书面上报的军情来自铺兵每天的边界动态记录，其烟火数字十分谨慎，均用大写，唯恐误写误读。对于烽火台值班人员及职责，宋代兵书里有专门的规定：

> 一烽六人，五人烽子，递知更漏，观望动静；一人烽帅，知文书、符牒转递之事。
>
> 每烽置烽子六人，并取谨信有家口者充……烽子五人，分更刻望视；一人掌送符牒。
>
> 烽子则昼分为五番，夜分持五更。
>
> 每三十里置一烽。③

---

① （宋）李焘：《续资治通鉴长编》卷四七二，元祐七年四月丙寅，第 11269 页。

② 孙继民：《俄藏黑水城所出〈宋西北边境军政文书〉整理研究》，中华书局，2009，第 27、88、169、18 页。

③ （宋）曾公亮：《武经总要·前集》卷五《烽火》，载《中国兵书集成》，解放军出版社、辽沈书社，1988 年影印明万历本，第 204~211 页。

如此看来，每座烽火台值班军人必须有一人识字，每天分五班，就须五个
人识字，即边疆每 1000 里 33 座烽火台，至少需要 160 名有文化的士兵。
还有宋代军士亲笔题字可以为证。如河北定州开元寺塔第九层，有士兵的
墨迹题字："云翼左□弟二都么遵男么秀与定塞□……宝塔故记。"是父
子兵么遵与其子么秀等登塔的留念。又如"李玮"题名："时天圣四年伍
月二十五日。招收指挥散勇二人上塔一□王勤□□□□牢城指挥。故记
且"；"云翼弟三指挥高政。天圣十年五月十日公游□。弟四指挥□□三
人上塔"。① 这些都是禁军士兵会写字、爱写字的证据。

即便是主要从事工程劳役的厢军，也有识字的士兵。南宋初，为重建
朝廷的典章制度，有官员建议在淮南地区搜访朝廷典籍：

> 应于典籍故事，可以参验。或残缺公案首尾不全者，一件一纸皆
> 令收拾。其典籍文字，先明出榜示，除去私蓄之禁。有卖者；于所在
> 州委官抽差识字厢军及事简处贴司，就令誊本。若人力不足，则许雇
> 人书写。②

主要依靠厢兵抄录典籍的副本，那么，这些厢军至少要具备两个条件，一
是字句准确，二是字体较好。那些从事建筑的兵匠，被要求实行勒名制：
"今后应修盖舍屋、桥道等才了，书写记号板讫"，现场书写记录，以明
确工程质量责任，以便发生问题时追究。③ 负责传递文书的铺兵，有的在
传递过程中偷偷观看，"所递文字或潜开拆，先泄事机"。④ 宣和三年
（1121），秦凤路经略安抚司郭思，就曾上书指责铺兵盗拆军事机密文件
现象。

---

① 定州市开元寺塔文物保护管理所编著《定州开元寺塔石刻题记》，文物出版社，2019，
　第 190、170、172 页。
② （宋）程俱：《北山小集》卷三五《论淮南抚谕》，徐裕敏点校，第 607 页。
③ （清）徐松辑《宋会要辑稿·职官》三〇之一一至一二，刘琳、刁忠民、舒大刚、尹波
　等校点，第 3796 页。
④ （清）徐松辑《宋会要辑稿·方域》一一之二五，刘琳、刁忠民、舒大刚、尹波等校
　点，第 9503 页。

> 本司发去递角，莫非御前与朝廷边防机密文字，今来辄敢拆开观
> 看，泄漏事节，焉知不是奸细。欲乞于盗拆递角下，更添入诈欺邀
> 往、偷看在道递角，并递铺兵士擅便依从，将递角文书与上件人者，
> 重立刑赏，许诸色人告捉，庶几可以止绝。①

所有这些行为，前提都是有关厢兵识字且能看懂公文。

宋代军队士兵学习识字，已是常态，甚至有的军营里设有业余文化学
校。如南宋时，济南人李芄"寓临安军营中，以聚学自给，暇则纵游湖
山"②，该史料极有价值，一是说明这是私人为牟利办的收费学校，所收
学费应能养家糊口，维持生活；二是表明军兵以及子弟普遍愿意花钱求
学，有对文化知识的追求，因而学校有较多的生源；三是军营中允许私人
办学，意味着军方支持。类似学校，全国当不止一处。③

一些普遍现象，反映了宋军的文化水平。如宋神宗实行将兵法时，按
军中教阅新法，要求"军中习艺，诵念新法，有愚而懵者，尤所苦之"。④
除了个别士兵以外，大多数能朗读"教阅新法"，无论是看着文字读还是
背诵，都需要一定的识字、记忆和理解能力。对于那些在战争中逃散的士
兵，官方往往出榜招纳："请指挥出榜招收延安府脱身官兵等，特与免
罪""多出文榜招收"。⑤ 所针对的士兵，至少有部分人识字，才能读榜。
元祐年间，有诏"军人不许习学乞试阴阳文书。如违犯，并从私习条"。⑥
既需要皇帝颁布诏令禁止军人自学阴阳文书，应有较多的人员违犯，而这
需要较高的文化水平。

至于士兵识字的个案记载，屡见不鲜。喜爱读书的孙觉晚年患有眼
疾，无法阅读，"乃择卒伍中识字稍解事者二人，使其子端取《西汉》、

---

① （清）徐松辑《宋会要辑稿·方域》一〇之三六，刘琳、刁忠民、舒大刚、尹波等校
点，第9481页。
② （宋）洪迈：《夷坚志·丁志》卷一八《李芄遇仙》，何卓点校，第690页。
③ （宋）孙升：《孙公谈圃》卷上（《全宋笔记》第2编第1册，赵维国整理，大象出版
社，2006，第141页）载："艺祖生西京夹马营，营前陈学究聚生徒为学，宣祖遣艺祖
从之。"则是五代时，就有在军营前办学教育军人子弟者，这种现象宋代当更普遍。
④ （宋）李焘：《续资治通鉴长编》卷三七六，元祐元年四月戊申，第9115页。
⑤ 孙继民：《俄藏黑水城所出〈宋西北边境军政文书〉整理研究》，第132页。
⑥ （宋）李焘：《续资治通鉴长编》卷四七七，元祐七年九月丁亥，第11359页。

《左氏》等数书，授以句读。每瞑目危坐室中，命二人更读于旁。终一策则易一人，饮之酒一杯，使退，卒亦自喜不为难"。① 这两个士兵原本就能读《汉书》《左传》等，对句读稍加学习，就能轻松掌握了，可见其识字之多、文意理解力之强。皇祐年间，狄青出征广西农智高，所部有宣毅卒立战功当晋升，但其情形可疑，从其家中"得细书文字，尽记潭之军伍、兵仗、城郭、道路，乃智高所用为内应者也"。② 军事情报显示了他的文化水平。嘉祐末，"有黥卒，亦百余岁，不知其姓名，时人以'郝老'呼之，善医。自言授法于至人，往来许、洛间。程文简公尤厚礼之。为文简诊脉，预告其死期于期岁之前，不差旬日。常语人年六十始知医，七十而见《素问》，每抚髀太息，曰：'使吾早得此书，与医俱，吾不死矣。'"③ 这位退役老兵靠一本师传的医书改行当医生，颇有文化，令高官礼遇。宋仁宗曾患腰疼，"李公主荐一黥卒。即召见，用针刺腰。针才出，即奏云：'官家起行。'上如其言，行步如故。遂赐号兴龙穴"④，其医术之高，堪称妙手回春。元丰初，太皇太后"得水疾，御医不能愈"。有地方官推荐老兵王麻胡，宋神宗"遣中使召麻胡入禁中疗太皇太后疾，亦愈。上喜，即除麻胡翰林医官，赐金紫，仍赐金帛，直数千缗"⑤，独门绝技使老兵一跃成为伎术官。元丰中，宦官宋用臣监修皇城，"有役卒犯令，戮之。俄于其所用斿竿柄书四十字云：'百年前无我，百年后无我，生我百年间，百年不可过。风寒暑湿疢，饥饱劳逸祸，我今金解去，人人始知我。'其字皆入木，削之愈明，用臣悼悔无及，乃厚葬之"。⑥ 这位役卒是位有文化的异人。

南宋初，吉州龙泉人李靓，"幼孤，母督之学，不肯卒业"，有一定的文化基础，但一心当兵救国，认为"安能呫嗫章句间，效浅丈夫

---

① （宋）叶梦得：《避暑录话》卷上，徐时仪整理，载《全宋笔记》第 2 编第 10 册，第 263 页。
② （宋）李焘：《续资治通鉴长编》卷一七六，至和元年四月庚申，第 4259 页。
③ （宋）叶梦得：《避暑录话》卷上，徐时仪整理，载《全宋笔记》第 2 编第 10 册，第 229 页。
④ （宋）孙升：《孙公谈圃》卷上，赵维国整理，载《全宋笔记》第 2 编第 1 册，第 149 页。
⑤ （宋）司马光：《涑水记闻》卷一四，邓广铭、张希清点校，第 290~291 页。
⑥ （宋）洪迈：《夷坚志·补志》卷一三《皇城役卒》，何卓点校，第 1672 页。

哉？", 遂参军, 后战死成为青史留名的忠义之士。① 南宋初临安府发生大火灾, 朝廷六部文籍档案焚烧后的残卷, 随风飘到钱江南岸, 为一西兴寨卒拾到, "聊取观之", 见上面有萧山县丞郑庚的姓名。② 这位普通士兵, 识字不少。江东宪司驺卒郑邻, 平生 "默念《高王经》, 看本念《观世音经》"③, 会看着佛经念字。赵鼎在其家训中叮嘱: "他日无使臣使唤, 即于宣借内择一二人善干事、能书算者, 令主管宅库、租课等事, 稍优其月给, 庶或尽心。"④ 所谓 "宣借", 是高级官员按规定分配的侍从, 自四人至三十五人不等, 来自军队中的士兵: "差宣借兵级供已。"⑤ 其中不乏 "善干事、能书算者", 可以当高级官员的管家。洪适兄弟应博学宏词时, 试卷以《克敌弓铭》为题, "洪惘然不知所出。有巡铺老卒睹于案间, 以问洪云: '官人欲知之否？' 洪笑曰: '非而所知。' 卒曰: '不然, 我本韩世忠太尉之部曲, 从军日, 目见有人以神臂弓旧样献于太尉, 太尉令如其制度制以进御, 赐名克敌。' 并以岁月告之。"⑥ 老卒识字懂典故。宋孝宗时的军士程某, 曾投靠宿松县冶铁户汪革, 离开时汪革给他写了封推荐信, 其中有 "乃事俟秋凉即得践约"之句。随即酒酣反目, "相与咨怨, 窃发缄窥之而未言"。该军士显然识字, 后持书举报其谋反, 导致汪革被迫起兵。汪革的心腹部下 "数人者故军士, 若将家子弟, 亦有能文者, 侠且武, 平居以官人称"。⑦ 事件涉及的这些军士多识字。

会写诗的士兵, 文化水平自是不低。绍兴初, 有位吹角老兵在高州的谯楼上题写了《题谯楼》:

> 画角吹来岁月深, 谯楼无古亦无今。

① （元）脱脱等:《宋史》卷四五三《忠义传》, 第 13322 页。
② （宋）洪迈:《夷坚志·补志》卷三《郑庚赏胙》, 何卓点校, 第 1570 页。
③ （宋）洪迈:《夷坚志·甲志》卷四《郑邻再生》, 何卓点校, 第 28 页。
④ （宋）赵鼎:《忠正德文集》卷一〇《家训笔录》, 李蹊点校, 上海古籍出版社, 2018, 第 170 页。
⑤ （宋）谢深甫编《庆元条法事类》卷一一《差破宣借》, 戴建国点校, 第 193 页。
⑥ （宋）王明清:《挥麈三录》卷三, 燕永成整理, 载《全宋笔记》第 6 编第 1 册, 大象出版社, 2013, 第 273 页。
⑦ （宋）岳珂:《桯史》卷六《汪革谣谶》, 吴企明点校, 第 65~66 页。

不如归我龙山去，松柏青青何处寻。①

老兵会写诗，而且立意高远。岳飞冤死后，一位下等士兵愤而赋诗：

自古忠臣帝主疑，全忠全义不全尸。
武昌门外千株柳，不见杨花扑面飞。

"闻者为之悲泣，罢游。"② 一个下等士兵自己创作、自己书写的诗，极富感染力，显示出其不一般的文化水平和才情，正所谓"愤怒出诗人"。

宋代所有士兵识字的记载，都是随手捎带，毫无惊讶的口气，表明这属于寻常现象。还要指出的是，宋代百万士兵全部在面上等处刺字，所刺字为所属部队番号，这就意味着，他们至少认识这些字。当然，士兵中的文盲无疑更多，只是无法一一论说而已。

宋代军队有大量艺人，最多的是懂音乐演奏的士兵。音乐史学者认为："军队中有《燕乐》，从兵士中间可选拔出来许多专长《燕乐》的人才，这只有在宋代是如此，在中国历史中，是一种非常特殊的情形。"③ 原因就是宋代士兵中有文化者较多。这是中央的情况，各部队另有乐队，人数更多。史书中甚至记载："诸营军皆有乐，率五百人得乐工五十员。"④ 即占军队总数的十分之一。须知音乐演奏并不是操作乐器那么简单，稍有成色就必须识谱。我国独有的传统记谱法是工尺谱，因用工、尺等字标记而得名，属于文字谱，包括十个字：合、四、一、上、勾、尺、工、凡、六、五，识谱即意味着识字。同时还有演戏的"军伶人"，如宋仁宗时延州"军府开宴，有军伶人杂剧"。⑤ 这些专业、半专

---

① （元）祝诚：《莲堂诗话》卷上《吹角老兵》，《丛书集成初编》，中华书局，1985，第15页。

② （宋）谢起岩：《忠文王纪事实录》卷四《诸子遗事》，《中华再造善本》，北京图书馆出版社，2006，第128页。

③ 杨荫浏：《中国古代音乐史稿》上，人民音乐出版社，1981，第420页。

④ （宋）陈旸：《乐书》卷一八八《东西班乐》，《中华再造善本》，北京图书馆出版社，2004，第35册第50页。

⑤ （宋）张师正：《倦游杂录》卷五《语嘲》，李裕民整理，载《全宋笔记》第8编第9册，大象出版社，2017，第243页。

业的文艺兵，大部分应是识字的。

宋代军队的文化事业，最典型的事例就是诸军自己出版图书。绍兴十四年（1144），宋高宗诏令："诸军应有刻板书籍，并用黄纸印一帙送秘书省。"① 即要求各部队将自己出版的书籍，统一用黄纸印出一部送秘书省保存，类似上交出版物样本。所印行的图书类别，应当以严禁其他出版机构出版的兵书为主，而此种书籍是服务于军队的。

四 宋代军人的文化贡献

宋代不少军人或军人出身者，在文化方面取得了突出成绩，尤以文艺成就堪称辉煌。

1. 艺术成就

宋代军旅中一个突出现象是，涌现出一批青史留名的画家。最为优秀的有八位，其中，有作品被皇宫收藏、名列《宣和画谱》的就有七位。现简介于下。

著名画家燕文贵，"隶军中。善画山水及人物，初师河东郝惠。太宗朝驾舟来京，多画山水人物，货于天门之道。待诏高益见而惊之，遂售数番，辄闻于上。且曰：'臣奉诏写相国寺壁，其间树石，非文贵不能成也。'上亦赏其精笔，遂召入图画院"。② 因卓越的绘画才华，他从士兵一跃成为翰林图画院的宫廷画家。他作画独出心裁，"不师于古人，自成一家，而景物万变，观者如真临焉。画流至今，称曰'燕家景致'，无能及之者"。③ 开创了山水画中"燕家景致"一派。至今，流传下来的燕氏山水画作品，有藏于日本大阪市立美术馆的《江山楼观图》卷，藏于台北"故宫博物院"的《溪山楼观图》轴，录入《故宫名画三百种》。台北"故宫博物院"珍藏的《奇峰万木》册页，与唐代著名画家韩干的《牧马图》册页一样，被列为国宝级别，排在宋徽宗的《溪山秋色图》（为第二等级"重要古物"）之前，在画史中拥有崇高

---

① （宋）李心传编撰《建炎以来系年要录》卷一五一，绍兴十四年三月庚辰，胡坤点校，第 2854 页。
② （宋）刘道醇：《宋朝名画评》卷一《燕文贵》，安徽美术出版社，1995，第 258 页。
③ （宋）刘道醇：《宋朝名画评》卷二《燕文贵》，第 261 页。

的地位。①

武臣刘永年，多才多艺，诗画兼通："为内殿崇班，出入两宫。仁宗使赋小诗有'一柱会擎天'之句，帝乃惊异之。……永年喜读书，通晓兵法……乃能从事翰墨丹青之学，濡毫挥洒，盖皆出于人意之表。作鸟兽虫鱼尤工。又至所画道释人物，得贯休之奇逸，而用笔非画家纤毫细管，遇得意处，虽垩帚可用。此画史所不能及也。尝任侍卫步军马军亲军殿前都虞候，步军副都指挥使，邕州观察使，崇信军节度使。谥壮恪。今御府所藏三十有六：《花鸭图》四，《家鹅图》三，《写生家鹅图》一，《双鹅图》五，《鹰兔图》一，《角鹰图》一，《鹰图》一，《芦雁图》四，《写生龟图》一，《水墨双鸽图》一，《群鸡图》一，《卧鸟图》二，《松鹊图》一，《水墨獾图》一，《柳穿鱼图》一，《牧放驴图》一，《秋兔图》二，《墨竹图》二，《写木星像》一，《寿鹿图》一，《茄菜图》一。"② 从低级军官升到高级将领，业余却是一位高产的花鸟画家，尤以鹰画最令人赞叹。黄庭坚专作《观刘永年团练画角鹰》诗，予以高度评价：

> 刘侯才勇世无敌，爱画工夫亦成癖。
> 弄笔扫成苍角鹰，杀气棱棱动秋色。
> 爪拳金钩嘴屈铁，万里风云藏劲翮。
> 兀立槎枒不畏人，眼看青冥有余力。
> 霜飞晴空塞草白，云垂四野阴山黑。
> 此时轩然盍飞去，何乃巉岈立西壁。
> 只应真骨下人世，不谓雄姿留粉墨。
> 造次更无高鸟喧，等闲亦恐狐狸吓。
> 旁观不必穷神妙，乃是天机贯胸臆。
> 瞻相突兀摩空材，想见其人英武格。

---

① 宋人《宣和画谱》不载燕文贵，是因为作者认为他身份低贱："后之作者，如王瓘、燕文贵、王士元等辈，故可以皂隶处，因不载之谱。"（佚名：《宣和画谱》卷八《宫室叙论》，岳仁译注，第 170 页）

② （宋）佚名：《宣和画谱》卷一九《刘永年》，岳仁译注，第 381~382 页。

传闻挥毫颇容易，持以与人无甚惜。

物逢真赏世所珍，此画他年恐难得。①

展示了苍鹰生动如活、杀气腾腾的画面。至今，台北"故宫博物院"珍藏有刘永年的《花阴玉兔》卷。

另一位杰出的军人画家是吴元瑜："初为吴王府直省官，换右班殿直。善画，师崔白，能变世俗之气所谓院体者。而素为院体之人，亦因元瑜革去故态，稍稍放笔墨以出胸臆。画手之盛，追踪前辈，盖元瑜之力也。故其画特出众工之上，自成一家，以此专门，传于世者甚多，而求元瑜之笔者踵相蹑也。吴王遣元瑜亲诣泰州传《徐神翁像》。有进士李芬作诗送之曰：'吴将军元瑜丹青妙当世，吴王命扁舟下海陵，貌《徐神翁像》以归。'……其为一时所重如此。后出为光州兵马都监，再调官辇毂下，而求画者愈不已。元瑜渐老不事事，亦自重其能，因取他画，或弟子所模写，冒以印章，缪为己笔，以塞其责，人自能辨之。……今御府所藏一百八十有九。"② 这位高产画家以花鸟画为主，其肖像画也十分精致。他还有个特殊的身份，即曾是宋徽宗的绘画老师：端王赵佶在藩时，"初与王晋卿诜、宗室大年令穰往来。……而大年又善黄庭坚。故佑陵作庭坚书体，后自成一法也。时亦就端邸内知客吴元瑜弄丹青。元瑜者，画学崔白，书学薛稷，而青出于蓝者也。后人不知，往往谓佑陵画本崔白，书学薛稷。凡斯失其源派矣"。③ 吴元瑜曾是端王府的门客，赵佶的画风就是跟他学习的。他不仅教出了一位杰出的皇帝画家，其画风还影响到皇家画院："而素为院体之人，亦因元瑜革去故态，稍稍放笔墨以出胸臆。画手之盛，追踪前辈，盖元瑜之力也。"④ 以一己之力，扭转主流画风，可谓开一代新风，历史作用相当重要。传世至今的作品，仅有藏于日本大阪市立美术馆的《梨花黄莺图》。

---

① （宋）黄庭坚：《黄庭坚全集·别集》卷一《观刘永年团练画角鹰》，刘琳、李勇先、王蓉贵校点，第 1454~1455 页。
② （宋）佚名：《宣和画谱》卷一九《吴元瑜》，岳仁译注，第 384 页。
③ （宋）蔡绦：《铁围山丛谈》卷一，冯惠民、沈锡麟点校，第 6 页。
④ （宋）佚名：《宣和画谱》卷一九《吴元瑜》，岳仁译注，第 384 页。

武臣梁师闵，"以资荫补缀右曹。父和尝以诗书教师闵，略通大义。能诗什，其后和因其好工诗书，乃令学丹青，下笔遂如素习。长于花竹羽毛等物，取法江南人，精致而不疏，谨严而不放，多就规矩绳墨，故少瑕纇，盖出于所命而未出于胸次之所得，出于规模未出于规模之所拘者也。大抵拘者犹可以放，至其放则不可拘矣。盖师闵之画，于此方兴而未艾，欲至于放焉。今任左武大夫，忠州刺史提点西京崇福宫。今御府所藏二：《柳溪新霁图》一，《芦汀密雪图》一"。① 在其父教导下，他从小学习诗书，会赋诗。习画以后，花鸟画颇具特色。其《芦汀密雪图》流传至今，珍藏于北京故宫博物院。

武臣郭元方，"善画草虫，信手寓兴，俱有生态，尽得螳飞鸣跃之状，当时颇为士大夫所喜。然率尔落笔，疏略简当，乃为精绝，或点缀求奇，则欲反损，此正所谓外重内拙黄金注者也，论者亦以此少之。……元方官至内殿承制。今御府所藏三：《草虫图》三"。② 信手而画的作品生动活泼，最为精绝。

武臣李延之，"善画虫鱼草木，得诗人之风雅，写生尤工，不堕近时画史之习。状于飞走，必取其俪，亦以赋物各遂其性之意。官止左班殿直。今御府所藏十有六：《写生草虫图》十，《写生折枝花图》一，《金沙游鱼图》一，《双鹤图》一，《双獐图》一，《双蟹图》一，《嘤嘤图》一"。③ 擅长花鸟画，且富有诗意，脱俗不凡。

军官之外，士兵也不甘示弱，有画家袁嶬："河南登封人，为侍卫亲军。善画鱼，穷其变态，得噞喁游泳之状，非若世俗所画作庖中物，特使馋獠生涎耳。今御府所藏十有九：《游鱼图》六，《戏鱼图》二，《群鱼图》一，《竹穿鱼图》一，《鱼蟹图》一，《鱼虾图》二，《写生鲈鱼图》一，《笋竹图》三，《竹石图》一，《蟹图》一。"④ 这位侍卫亲军中的士兵所创作的水族，以生动鲜活为特色，令人垂涎欲滴，有十九幅作品被皇家收藏。

---

① （宋）佚名：《宣和画谱》卷二〇《梁师闵》，岳仁译注，第410页。
② （宋）佚名：《宣和画谱》卷二〇《郭元方》，岳仁译注，第417页。
③ （宋）佚名：《宣和画谱》卷二〇《李延之》，岳仁译注，第418页。
④ （宋）佚名：《宣和画谱》卷九《袁嶬》，岳仁译注，第193页。

这些军旅画家，为中国绘画史上增添了绚丽的一笔，其文化贡献不容小觑。

2. 文学贡献

宋代军人在文学方面的成就巨大，最卓越、最具典型意义的是名垂千古的岳飞、辛弃疾。

著名军事家、战略家、书法家、民族英雄岳飞，出身于河北相州普通农家："皆以力田为业。及先臣和时，有瘠田数百亩，仅足廪食。"但他从小读书受教育：

> 少负气节……天资敏悟强记，书传无所不读，尤好《左传春秋》及《孙吴兵法》，或达旦不寐。家贫，不常得烛，昼拾枯薪以自给。然于书不泥章句，一见得要领，辄弃之。为言语文字，初不经意，人取而诵之，则辨是非，析义理，若精思而得者。①

他聪颖好学，夜以继日地博览群书，读书作文不求甚解，但提纲挈领，得其精华。从军成为高级将领后，日常"好贤礼士，览经史，雅歌投壶，恂恂如书生"。脱下戎装，其气质、做派如同士人一样。元代史臣论道：

> 西汉而下，若韩、彭、绛、灌之为将，代不乏人，求其文武全器、仁智并施如宋岳飞者，一代岂多见哉。史称关云长通《春秋左氏》学，然未尝见其文章。飞北伐，军至汴梁之朱仙镇，有诏班师，飞自为表答诏，忠义之言，流出肺腑，真有诸葛孔明之风。②

推崇他为历史上罕见的"文武全器、仁智并施"的伟人。其文学作品传世者，今人编辑出版的有《岳飞集辑注》，收文 187 篇，诗 14 首，词 3

---

① （宋）岳珂编《鄂国金佗粹编续编校注》卷四《行实编年一》，王曾瑜校注，中华书局，1989，第 55、57 页。

② （元）脱脱等：《宋史》卷三六五《岳飞传》，第 11396 页。

首，共 204 篇。① 须知，岳飞成年后 20 年的戎马倥偬之余，仅流传至今的作品就如此丰富，实属不易。此外，岳飞的书法铁画银钩、酣畅淋漓，有很强的艺术魅力和感染力，深受世人喜爱，当代出版流传的岳飞书法作品集就有多种。②

在文学史上有重要地位的是辛弃疾。他是齐州历城人，从小上学读书："少师蔡伯坚，与党怀英同学，号'辛、党'。"少年时与中原豪杰起兵反金，并南下归宋，成为宋朝将领。尽管一生以恢复北方为志，但备受排挤，壮志未酬。不能在战场展示雄风，反倒促使了他词作才华的迸发，"弃疾雅善长短句，悲壮激烈，有《稼轩集》行世"③，成为南宋豪放派词人的代表，人称"词中之龙"④，与苏轼合称"苏辛"，即在词作上他可与苏轼相提并论。流传至今的词有 600 余首，是两宋存词最多的作家，仅此就压倒了所有文人。他把军人的阳刚武勇注入词中，词作激荡着强烈的英雄豪杰特点："醉里挑灯看剑，梦回吹角连营"（《破阵子·为陈同甫赋壮词以寄之》），"金戈铁马，气吞万里如虎"（《永遇乐》），"射虎山横一骑，裂石响惊弦"（《八声甘州》），"夜半狂歌悲风起，听铮铮、阵马檐间铁。南共北，正分裂"（《贺新郎》）。辛弃疾在词史上的一个重大贡献，在于内容的扩大、题材的拓宽。《四库全书总目》赞扬道：

> 其词慷慨纵横，有不可一世之概，于倚声家为变调，而异军特起，能于剪红刻翠之外，屹然别立一宗，迄今不废。⑤

他的词慷慨豪迈，气压众生，独树一帜。南宋江湖诗派诗人刘克庄在《辛稼轩集序》说：

---

① 郭光：《岳飞集辑注·后记》，载（宋）岳飞《岳飞集辑注》，郭光辑注，中州古籍出版社，1997，第 582 页。

② 如《岳飞书前后出师表》，中国书店，1989；《岳飞书谢朓诗》，中国书店，1989；《岳飞墨宝》，中央民族大学出版社，1998。

③ （元）脱脱等：《宋史》卷四〇一《辛弃疾传》，第 12161、12166 页。

④ （清）陈廷焯：《白雨斋词话》卷一，上海古籍出版社，2009，第 22 页。

⑤ （清）永瑢等：《四库全书总目》卷一九八《稼轩词》，第 1816~1817 页。

> 公所作大声镗鞳，小声铿鍧，横绝六合，扫空万古，自有苍生以来所无。其秾纤绵密者，亦不在小晏、秦郎之下，余幼即成诵。①

既有磅礴气势如苏轼，在绵密浓情方面也不亚于晏几道、秦观，刚柔兼济，在文学史上前无古人，故而其诗脍炙人口，流传甚广，连少儿都会背诵。南宋著名词家刘辰翁评价道："横竖烂熳，乃知禅宗棒喝，头头皆是。又如悲笳万鼓，平生不平事并厄酒，但觉宾主酣，畅谈不暇。顾词至此亦足矣。"② 辛弃疾开拓了词的境界，提升了词的艺术魅力，对宋词的发展做出卓越贡献。今人编辑出版有 30 余万字的《辛弃疾全集》，除了13 卷词作外，另有诗 90 余首、文 17 篇。③ 与岳飞一样，辛弃疾值得称道的还有其书法，故宫博物院收藏有辛弃疾仅见的书法作品行书《去国帖》，行书 10 行，为酬应类信札，中锋用笔，点画规矩，书写流畅自如，于圆润爽丽中不失挺拔方正之气象。其文化水平，不能不令人感叹。

结 语

史实表明，宋代高度重视军队的文化建设，多方鼓励将士学习文化，军中有自己的出版机构，军营中甚至有补习文化的学校。故而，多数将领识字，即便在最广大的士兵中，识字现象也比较普遍。如果分层而言，军中识字与文盲的比例和职位成正比：以高级军官最高，中下级军官次之，普通士兵最低；但士兵基数大，实际识字人数远多于军官。这也是文化知识对军人职业生涯的基础作用发挥的结果和表现。宋代军队的文化建设，使军中藏龙卧虎。根据以上事实估计，在北宋末期，识字将士约 10 万，约占百万军队总数的 10%。

文化在军队的普及，是宋文化发展的一种表现，是军事文化发展的一个进步，符合文明历史发展的趋势。宋政府注重加强军人的文化素质培

---

① （宋）刘克庄：《后村先生大全集》卷九八《辛稼轩集序》，王蓉贵、向以鲜校点，刁忠民审定，第 2522～2523 页。

② （宋）刘辰翁：《刘辰翁集》卷六《辛稼轩词序》，段大林校点，江西人民出版社，1987，第 178 页。

③ （宋）辛弃疾：《辛弃疾全集》，徐汉明编，四川文艺出版社，1996。

养，用知识武装部队，提高将士智力，对历史上武夫"四肢发达、头脑简单"的状况有所改善。具有开创武器新时代意义的火药武器研制与生产，都是有文化的军人和军匠的功劳。而作为个体出现的文化大家，更是军队的额外贡献。值得一提的是，这些文化成就都有深远的历史影响。

同样，这也是宋代政治文明的军事变异，具体说是趋向内敛。高级将领以学习文化投皇帝所好，赢得信任，不失为明哲保身的最佳方式，可谓以文裹武，以文化武。如同盔甲是防范敌人的刀枪一样，诗书防范皇帝的猜忌，是武将的文化盔甲。如此，固然适应了国内政治的需要，但在政治的裹挟下，却未能适应当时国际军事斗争的需要。

宋代军队文化武装的加强，很难与作战能力、国防强弱联系起来，因为宋代军队战斗力并不强大，既外患不断，两宋又都灭亡于北方少数民族政权。宏观形势和最终结局，都证明"弱宋"之弱，就在于军事。那么，宋军文化素质的强化有什么历史意义呢？为何没有对加强国防起到积极有效的作用呢？

在唐末五代留下的政治难题和边疆残局、外敌壮大等背景下，宋政府推行崇文抑武国策，以文化武，有效地消除了武将拥兵自重、割据分裂的历史现象，破解了历史上一道政治难题，保障了国家内部的长治久安。不料由此带来了另一难题，即被防范、抑制的军人不敢也不能加强军事建设以提升军队战斗力。这是政治问题，有此国策高压线，文化素质的任何提升都不会对强军起多大作用，正如一群狮子在绵羊的带领下不能取胜一样。在专制集权政治面前，文化不过是俊雅能干的奴仆而已。如同宋代文化高度发达，"造极"于世，却未明显有助于国力的提升，更未能转化为战斗力、巩固国防一样。同样，宋代经济发达，但对军事力量的推进作用也不明显。对军队来说，崇文抑武的作用是双向的：弱化了军队的彪悍，强化了军人的文化。安史之乱以来的社会症痼是"骄兵悍将"，入宋以来，解决了悍将问题：一是制度上对军权的制约，二是个体上熏陶文化知识，消弭粗暴之气，培育文雅之风。这些文化当然是以儒家忠君思想为核心的。

包括火药武器的科技文化在内，可以说宋代军队在中国历史上的文化作用与地位，超过了军事作用与地位，或者更确切地说，宋代军队的文化形象优于军事形象。喜耶，悲耶？自有世人评说。

第二章
宋代社会职业知识阶层

长期以来，人民群众总是被当作劳苦大众，以及底层被压迫阶级，从事的是沉重的体力劳动，创造的是物质文明。这一问题的强调，看起来是提高人民群众的历史地位，但容易忽略他们的知识基础和文化素质，更无视其精神文化贡献。其实，广大民众同时也是一个最广泛的文化群体，运用并创造着社会生产、社会生活中最主要、最实用的文化，是中国文化的基本植被。在中国文化中，灿烂的上层文化固然是代表，厚重的民众文化却是基础。上层文化如楼台亭阁，不能建设在文化沙漠中。

在此，不妨先设一个提问：医生有文化吗？僧侣有文化吗？技术人员有文化吗？这个问题恐怕不是问题，所有人都会给予肯定的回答。这些放到现代会遭人耻笑的"弱智"问题，在历史学界却成了问题，为什么不把他们当成知识分子呢？因为，人们不知不觉地沿着当时官方的价值观和思维定式，作茧自缚地将知识分子狭义地误解为士人了。宋代民间，有丰富多彩的、最广大的社会物质生产、精神生产阶层，支撑并促进着宋代历史的发展。他们既是经济基础的组成部分，也是上层建筑的组成部分，是民间的知识阶层。现在，有必要关注他们的文化存在，揭示他们不可取代的文化作用、不可忽视的文化贡献。

第一节　僧道

在中国古代宗教史中，宋代宗教有三大突出之处：一是出现了世俗化高潮，僧道积极入世；二是佛道两教出现较多的新变化，三是三教合流趋势明显。在中国文化史中，宋代以文化鼎盛著称，鼎盛的文化犹如普照的阳光，遍及社会各阶层的方方面面，宗教界概莫能外。其表现就是随着文化普及，僧道的文化水平普遍提高。对此做一评估，有利于深入系统认识宋代社会文化和宋代宗教内涵。

一 宋代僧道的文化门槛及提高

僧道从事精神领域的工作，无疑属于知识阶层。因此，无论职业本身还是官方管理，在宋代都有明确的文化水平要求。遁入空门不是落发那么简单，而是有一个较高的文化门槛，一般人很难跨过。即使出家以后，仍需终身继续进行文化学习。

1. 出家前的文化身份

宋代僧道出身很复杂，各色人等皆有。就文化身份而言，低者有贫困无靠的穷人和躲避赋役、法律者，高者有诸多士人。他们或不满时事或看破红尘，怀着满腹诗书出家进入寺观。

苏轼的好友、僧人佛印，家世业儒，早在幼年即浸润在儒学之中："三岁，琅琅诵《论语》、诸家诗，五岁诵三千首。既长，从师授五经，略通大义。读《首楞严经》于竹林寺，爱之，尽捐旧学，白父母求出家。"① 从三岁开始就学习诗书，少年时已经略通五经，具有扎实的童子功。无独有偶，临济宗七世孙圆悟禅师，本是"彭州崇宁县骆氏儒家子"，"从师受书，日记千言，他生不敢齿。一日，游妙寂院，顾见佛书，读之三，复怅然如获旧物。曰：吾殆过去沙门也。始弃家祝发，为浮图氏"②，曾是学校的高才生，实为优良的读书种子。两人都是自学佛经后出家的。南华寺明公长老，"其始盖学于子思、孟子者，其后弃家为浮屠氏。不知者以为逃儒归佛，不知其犹儒也"。③ 其文化基础是儒家文化。东京净因自觉禅师，早年曾以儒学受知于司马光："幼以儒业见知于司马

① （宋）惠洪：《禅林僧宝传》卷二九《云居佛印元禅师》，吕有祥点校，中州古籍出版社，2014，第 203 页。
② （宋）孙觌：《鸿庆居士集》卷四二《圆悟禅师传》，《景印文渊阁四库全书》第 1135 册，台湾商务印书馆，1986，第 464 页。
③ （宋）苏轼：《苏轼文集》卷一二《南华长老题名记》，孔凡礼点校，第 394 页。

温公。然事高尚，而无意功名。一旦落发，从芙蓉游。"① 有很高的儒学起点。无为长老月公出身儒家，为"儒家子，喜读书"。② 白云端禅师"幼工翰墨，不喜处俗。依茶陵郁公剃发"。③ 在出家前的少年时代，打下了翰墨功底。黄龙佛寿清禅师，"方垂髫上学，日诵数千言，吾伊上口。有异比丘过书肆，见之。引手熟视之，大惊曰：'菰蒲中有此儿耶？'告其父母，听出家从之"④，原为优秀的小学生。福建的观禅师："十八受具戒，略通《易》《孟子》《老》《庄》诸书。"⑤ 虽然身为僧人，学问却兼涉儒道。宝峰英禅师，幼年有极好的读书睿资："幼警敏，读书五行俱下。父母钟爱之，使为书生。英不食自誓，恳求出家。"⑥ 南城僧人陈体谦，"始为士人，后出家削发，法名体谦"。⑦ 慈明禅师"少为书生。年二十二，依城南湘山隐静寺得度"。⑧ 南宋温州的顽空法师，出身当地簪缨家族，"蚤慧，就家塾，进倍群稚"，十三岁出家。⑨ 比较奇特的是潭州智度觉禅师，他"幼聪慧，书史过目成诵。欲著书排释氏，恶境忽现，乃悔过出家"。⑩ 竟是因排佛而入佛。他们在青少年时期都有扎实的儒学文化根底。

道士的情况如出一辙。河南人冯德之为道士前，"少习儒业，书无不读，京师号'冯万卷'。不慕声利，弃家入道"。⑪ 有"冯万卷"的外号

① （宋）普济：《五灯会元》卷一四《净因自觉禅师》，苏渊雷点校，中华书局，1984，第893~894页。

② （宋）李流谦：《澹斋集》卷一六《无为长老月公塔铭》，《景印文渊阁四库全书》第1133册，第744页。

③ （宋）惠洪：《禅林僧宝传》卷二八《白云端禅师》，吕有祥点校，第195页。

④ （宋）惠洪：《禅林僧宝传》卷三〇《黄龙佛寿清禅师》，吕有祥点校，第212页。

⑤ （宋）刘弇：《龙云集》卷三二《观禅师碑》，《景印文渊阁四库全书》第1119册，第333页。

⑥ （宋）惠洪：《禅林僧宝传》卷三〇《宝峰英禅师》，吕有祥点校，第208页。

⑦ （宋）洪迈：《夷坚志·支甲》卷一〇《陈体谦》，何卓点校，第792页。

⑧ （宋）惠洪：《禅林僧宝传》卷二一《慈明禅师》，吕有祥点校，第140页。

⑨ （宋）释大观：《物初剩语》卷二三《顽空法师》，载许红霞辑著《珍本宋集五种》，北京大学出版社，2013，第971页。类似出身儒家、少小读书的僧人，该书卷二三、二四僧人塔铭中多有之。

⑩ （宋）释晓莹：《罗湖野录》卷三，夏广兴整理，载《全宋笔记》第5编第1册，第247页。

⑪ （宋）邓牧：《洞霄图志》卷五《冯先生》，《丛书集成初编》，中华书局，1985，第54页。

或名气，可谓饱读诗书。楚州陈道人，出身官宦人家，其父官至员外郎，"当任子，陈年二［十］多读书，不肯受荫"。① 北宋后期，外号赵缩手的道士，"本普州士人也。少年时，父母与钱，令买书于成都，及半涂，有方外之遇，遂弃家出游"②，在买书路上弃儒归道。宋徽宗时的著名道士王仔昔，"始学儒，自言遇许逊，得《大洞》《隐书》豁落七元之法"，遂出家。③ 邵武人冯观国，"幼敏悟，读书。既冠，意若有所厌，即弃乡里，游方外"。④ 这些都是先儒后道。类似例子不胜枚举。

僧道之中，还有已经通过了地方考试、被推荐到朝廷参加礼部试的举人。僧如璧原名饶节，"乃江西进士……少年尝投书于曾子宣，论新法非是，不合。乃祝发更名"。⑤ 对此，费衮记载得更详细："近世儒者绝意声利、飘然游方之外者，有二人焉。饶节字德操，临川人，以文章著名，曾子宣丞相礼为上客，陈了翁诸公皆与之游，往来襄、邓间。始亦有婚宦意，遇白崖长老与之语，欣然有得。"⑥ 积极参与反对王安石变法的名士饶节，失意后遁入空门。宝月大师仲殊，原名张挥，是"安州进士。弃家为僧……有词七卷"。⑦ 杭州净慈寺善本禅师，开封人，少年时"力学，举进士于京师。得《华严经》，开卷恍然"，遂出家。⑧ 荐福古禅师承古，"少为书生，博学有声。及壮，以乡选至礼部，议论不合，有司怒裂其冠。从山水中来，客潭州丫山，见敬玄禅师，断发从之游"。⑨ 西禅鼎需禅师，"幼举进士有声"。⑩ 道士陆维之，杭州人，原本是踌躇满志、进京参加进士考试的举人："少以计偕入汴，道遇异人，谓曰：'秀才难望科第，不如还山。'"⑪ 宋初道士甄栖真，单州人，"博涉经传，长于诗赋。

---

① （宋）洪迈：《夷坚志·三志壬》卷二《楚州陈道人》，何卓点校，第 1477 页。
② （宋）洪迈：《夷坚志·丙志》卷二《赵缩手》，何卓点校，第 377 页。
③ （元）脱脱等：《宋史》卷四六二《王仔昔传》，第 13528 页。
④ （宋）洪迈：《夷坚志·丙志》卷一九《无町畦道人》，何卓点校，第 528 页。
⑤ （宋）张邦基：《墨庄漫录》卷五《僧如璧善诗》，孔凡礼点校，第 140 页。
⑥ （宋）费衮：《梁溪漫志》卷九《二儒为僧》，金圆校点，第 147 页。
⑦ （宋）黄升编《唐宋诸贤绝妙词选》卷九，载上海古籍出版社编《唐宋人选唐宋词》，上海古籍出版社，2004，第 671 页。
⑧ （宋）潜说友：《咸淳临安志》卷七〇《善本》，第 3989 页。
⑨ （宋）惠洪：《禅林僧宝传》卷一二《荐福古禅师》，吕有祥点校，第 85 页。
⑩ （宋）普济：《五灯会元》卷二〇《西禅鼎需禅师》，苏渊雷点校，第 1331 页。
⑪ （宋）邓牧：《洞霄图志》卷五《陆石室先生》，第 46 页。

一应进士举，不中第，叹曰：'劳神敝精，以追虚名，无益也。'遂弃其
业，读道家书以自乐。初访道于牢山华盖先生，久之出游京师，因入建隆
观为道士"①，是位落第举人。宣和间道教鼎盛，各色人等纷纷涌入，其
中也有举人，如"刘栋者，棣州人，尝为举子"。② 南宋初道士莎衣道人，
出身官宦人家："祖执礼，仕至朝议大夫。道人避乱渡江，尝举进士不
中。"③ 这些举子出身的僧道，文化水平无疑接近或达到进士水平。所谓
"儒而僧其居，复俾僧著语"④，是另一种境界的进修提升。

反过来，一些文化水平较高的僧道经不起科举的诱惑，纷纷还俗应
举。太平兴国八年（983），宋太宗下诏云："朝廷比设贡举，以待贤材，
如闻缁褐之流，多弃释老之业，反袭褒博，来窃科名。自今贡举人内有为
僧道者，并须禁断。"宋仁宗时制定的科举保举法规定："进士、诸科举
人，每三人为一保，所保之事有七：……七，身是工商杂类，及曾为僧道
者，并不得取应。违者本人依条行遣，同保人殿两举。"⑤ 朝廷一再强调
僧道不准参加科举，说明该问题屡禁不止，更说明其文化水平能够应举。

僧道中更高层次的是已经入仕的官员，弃官而为僧道。如释智融：
"俗姓邢，以医入仕。南渡后……官至成和郎。……年五十弃官谢妻子，
祝发灵隐寺。"⑥ 原本是具有很高专业水平的医官。宰相吴敏之弟吴叙，
曾为宗室教授，也弃官出家："吴元中丞相之弟名叙，字元常，亦能
诗……除南京敦宗院教授，未赴，忽弃官为僧，法名正光。"⑦ 僧德正，
信州人，"绍兴侍从徐林稚山之弟，登科为平江教官，弃而出家"⑧，是位

---

① （元）脱脱等：《宋史》卷四六二《甄栖真传》，第 13517 页。
② （宋）叶梦得：《避暑录话》卷上，徐时仪整理，载《全宋笔记》第 2 编第 10 册，第
246 页。
③ （元）脱脱等：《宋史》卷四六二《莎衣道人传》，第 13532 页。
④ （宋）释大观：《物初剩语》卷六《学僧寮》，许红霞辑著《珍本宋集五种》，北京大学
出版社，2013，第 640 页。
⑤ （清）徐松辑《宋会要辑稿·选举》三之四，三之二五，刘琳、刁忠民、舒大刚、尹波
等校点，第 5286、5297~5298 页。
⑥ （宋）楼钥：《楼钥集》卷六六《书老牛智融事》，顾大朋点校，浙江古籍出版社，
2010，第 1173 页。
⑦ （宋）费衮：《梁溪漫志》卷九《二儒为僧》，金圆校点，第 147 页。
⑧ （宋）邓椿：《画继》卷三《僧德正》，第 33 页。

进士出身的教官。南宋还有李姓居士"弃官为僧"①，官员吕霞卿、吕当世则"弃官而出家，今为道士"②，均属在官场看破红尘者。

寺院中还有一些不得志的胥吏，如前文所言，他们一般也都有文化。如杭州寿禅师，"本北郭税务专知官"。③ 北宋中禅宗临济宗杨岐派创始人方会，袁州宜春人，"少警敏滑稽，谈剧有味。及冠，不喜从事笔砚，审名商税务，掌课最。坐不职当罚，宵遁去"④，后出家，竟成大德高僧。

这些士人等有文化者遁入寺观后，无疑大大提高了僧道队伍的文化水平。

2. 剃度的文化考试

宗教职业人士由于从事精神文化领域的工作，学佛学道、诵经、抄经、写疏等是其基本事务，前提是必须会读经书，没有文化不能为僧道。这种职业门槛，在宋代是法定的考试剃度僧道的首要标准。

至道初，福建泉州报告说，当地"僧尼未度者四千人，已度者万数"。宋太宗闻听大吃一惊："东南之俗，游惰不职者，跨村连邑，去而为僧，朕甚嫉焉。"随即决定予以控制，限定数额，下诏"三百人岁度一人"，即年度增加比例为每 300 僧人准许剃度 1 人；同时提高考试合格的门槛："以诵经五百纸为合格。"⑤ 必须会朗读 500 页的佛经才算合格。500 页文字是个什么概念呢？宋代佛经版式有一定之规："释氏写经，一行以十七字为准。国朝试童行诵经，计其纸数，以十七字为行，二十五行为一纸。"⑥ 按此计算，1 页纸 425 字，500 纸即为 212500 字，要读下来至少应认识数千个字。逢皇帝生日等要格外开恩剃度僧道时，仍有考试程

---

① （宋）王炎：《双溪类稿》卷三《赠李居士弃官为僧二绝》，《景印文渊阁四库全书》第 1155 册，第 453 页。
② （宋）周紫芝：《太仓稊米集》卷六《送吕霞卿吕当世弃官而出家今为道士》，《景印文渊阁四库全书》第 1141 册，台湾商务印书馆，1986，第 43 页。
③ （宋）苏轼：《东坡志林》卷二《寿禅师放生》，王松龄点校，第 38 页。
④ （宋）惠洪：《禅林僧宝传》卷二八《杨岐会禅师》，吕有祥点校，第 193 页。原标点为"审名商税，务掌课最"，误。
⑤ （宋）曾巩：《曾巩集》卷四九《佛教》，陈杏珍、晁继周点校，中华书局，1984，第 660 页。
⑥ （宋）赵彦卫：《云麓漫钞》卷三，傅根清点校，第 49 页。

序，而且难度不减："圣节试度童行，试：道童，念经四十纸；行者，念经一百纸或读经五百纸；尼童，念经七十纸或读经三百纸。"① 所谓念经，指的是背诵；所谓读经，指的是看着经书读念。与常规的剃度考试相比，优惠之处，一是增加了一次机会和名额，二是道童的难度轻于童行。文化门槛的官方提高与严格实行，其实是为了限制僧道数量，因为僧道免除赋役，数量过多就减少了政府的收入。

具体如何考试呢？宋代法令有明确规定：

> 诸试经，差通判以下五员，就长史厅（不及五员处止据所有员数），所问，通限十道以上，每问不得过四字，取通多者为合格。通数同，取先系帐者；帐同，取先出家者；又同，以齿。其应拨度者，量试。②

考试场所不设在寺观而是设在官衙，由州级仅次于知州的官员通判主持文化考试，完全由官府主导，避免了僧道内部的诸多干扰。每道题由考官给出佛经中一段话的三四个字开头，童行接着诵答出以下内容。实例如宋初潭州考试童行经业，"一试官举经头一句曰：'三千大千时谷山'，一闽童接诵辄不通。因操南音上请曰：'上覆试官，不知下头有世界耶，没世界耶？'群官大笑"③，成为考场笑谈。

大中祥符六年（1013），宋真宗进一步下诏强调："自今诸寺院童行，令所在官吏试经业，责主首僧保明行止，乃得剃度。如百属试验不公，及主首保明失实者，并置重罪。"④ 童行的身份、品行由寺院负责审查并做担保，属于资格审查，官方负责文化水平考试，严禁考试作弊，违者将受到重责，并且连坐至担保的寺院主首。比如替考行为，法律有明文规定：

---

① （宋）谢深甫编《庆元条法事类》卷五〇《道释门·试经拨度》，戴建国点校，第693页。
② （宋）谢深甫编《庆元条法事类》卷五〇《道释门·试经拨度》，戴建国点校，第692页。
③ （宋）文莹：《湘山野录》卷中，郑世刚、杨立扬点校，中华书局，1984，第25页。
④ （宋）李焘：《续资治通鉴长编》卷八〇，大中祥符六年二月乙酉，第1819页。

诸童行令人代试经及代之者，虽不合格，各徒二年，甲头同保人并本师、主首及经历干系人知情，与同罪，僧、道仍还俗。并许人告。不知情者，各杖六十。①

凡告发童行让别人替考或者替别的童行考试者，有赏格："告获童行令人代试经并代之者，每名（官司吏人点检，见者各减半）钱一百贯。"② 该赏格有多高呢？不妨比较一下庆历元年（1041）朝廷的另一赏格："如闻淄、齐等州，民间置教头，习兵仗，聚为社。自今为首处斩，余决配远恶军州牢城。仍令人告捕之，获一人者赏钱三十千。"③ 告发能被斩首、流放的私习兵器者，才赏钱 30 贯，而告发童行替考者竟赏钱 100 贯，足见朝廷对此的重视程度。如此为考试制定的严格法令，确保了僧道的文化和专业质量。

法令的制定与实施，有较大的差距。那么，宋代地方政府具体执行情况究竟如何呢？

福建以及首府福州，是寺僧密集的地区，具有代表性。咸平元年（998），福州"州僧帐二千九十四人，皆钱氏时度为之，真伪莫辨。乃令比试经业，中者与给据，余还俗。大中祥符二年，系帐童行每百人选经业精熟者与度二人。如不及数，亦听选。天圣元年，令福建州军僧四百人处圣节与度一人，不及者亦特放，并考试经业。……元符元年，诸试经以通判以下五员，就长史厅，所问不得过四字。取通多者，通数同，取先系帐者。帐同，取先出家者。又同，则以齿。其应拨放者量试"。④ 史实表明，州郡完全遵照了朝廷的考试制度。由此还可知，前代已有的僧人，文化水平要经过宋朝新制度的考核，通过考试者才能得到官方的承认，文化水平低者一律还俗，即强调宋朝的僧侣必须有文化。佛教圣地五台山的情况特殊，原来"每年特敕度童行五十人"，由所在的"代州自来差［官］量试经业"，天圣八年（1030）改变："自今后更不差官，只委本官司（正）

---

① （宋）谢深甫编《庆元条法事类》卷五〇《道释门·试经拨度》，戴建国点校，第 691 页。
② （宋）谢深甫编《庆元条法事类》卷五〇《道释门·试经拨度》，戴建国点校，第 693 页。
③ （宋）李焘：《续资治通鉴长编》卷一三四，庆历元年十一月甲寅，第 3196～3197 页。
④ （宋）梁克家：《淳熙三山志》卷三三《寺观类一》，李勇先校点，第 1347～1348 页。

［止］量试经业。"① 由官方主持考试改为由当地僧正司的僧官负责，以示优待。

宋代笼统的宗教法令通常不区分佛教与道教，前文所引史料即显示入道教同样要进行入门的文化考试。例如宋仁宗时，"潭州管道士二百九十人，本州试道童二十二人，除五人不合格及门引不到外，试到合格十七人"。② 从州政府22%的淘汰率，可以看出考试的严格性。但由于宋真宗、宋徽宗崇道，所以稍有优待。如大中祥符五年（1012）宋真宗诏："宫观行者每年依例考试，未得退落，具试业等第、有无过犯闻奏。"③ 考试是必须执行的，但未达到标准者也不准擅自除名，结果要上报皇帝。

再考察几例个案。鄱阳永宁僧了奭，"奭之祖以试经得僧，而奭亦然"。④ 祖孙两代都是经考试为僧，因为属于正道，故而引以为荣。常熟乾元宫的一位道士自言："吾嘉禾人也，生七岁出家，学道于崇福宫，年十二试经业，预选为道士。"⑤ 南雄州始兴县邬氏子，"为儒生有声，年十九而目盲。父母许以出家，忽复见物。乃往依龙山寺僧惠全，全名之曰祖心云。明年，与试经业，师独献所业诗，试官奇之，遂以合格"。⑥ 苏轼担任杭州通判时，按规定主持童行试经，有诗名较大的童行思聪参加考试，已闻其诗名的苏轼对其他考官说："此子虽少，善作诗。近参寥子作'昏'字韵诗，可令和之。"思聪和篇立成，中有"千点乱山横紫翠，一钩新月挂黄昏"之句，苏轼"大称赏，言不减唐人。因曰：'不须念经，也做得一个和尚。'"直接予以通过。⑦ 可见对主持考试的士大夫而言，更重视的是其文化水平，有了良好的文采，佛学水平可以忽略不计。换言

---

① （清）徐松辑《宋会要辑稿·道释》一之二七至二八，刘琳、刁忠民、舒大刚、尹波等校点，第9987页。

② （清）徐松辑《宋会要辑稿·道释》一之二七，刘琳、刁忠民、舒大戴建国点校刚、尹波等校点，第9987页。

③ （清）徐松辑《宋会要辑稿·职官》一三之一八，刘琳、刁忠民、舒大刚、尹波等校点，第3379页。

④ （宋）洪迈：《夷坚志·支乙》卷六《了奭应梦》，何卓点校，第842页。

⑤ （宋）孙应时：《琴川志》卷一三《乾元宫兴造记》，《宋元方志丛刊》，中华书局，1990，第1278页。

⑥ （宋）黄庭坚：《黄庭坚全集·正集》卷三二《黄龙心禅师塔铭》，刘琳、李勇先、王蓉贵校点，第851页。

⑦ （宋）周紫芝：《竹坡诗话》，《丛书集成初编》，中华书局，1985，第2页。

之，文化水平低者不入其法眼，很难蒙混过关。

在北宋前期，至少对佛教童行而言，剃度考试曾分为两级，即各州考试后还要经过朝廷再次考试，如同两级选拔的科举制度一样。建隆三年（962）宋太祖诏：

> 僧门童行，每岁经本州考试入京师，执政重监试。所业其《妙法莲华经》七卷，通者奏名，下祠部给牒披剃。若特诏疏恩，如建隆、太平兴国普度僧尼，不限此例也。①

明确规定，朝廷一级考试的主考官为执政大臣。如景祐元年（1034），宋仁宗"诏试天下童行诵《法华经》，中选者得度，命参政宋绶、夏竦同监"。② 所谓"监试""同监"，并不是仅仅负责监考，还实际当考官，两位副宰相亲自一一面试。欧阳修记载有具体实施情况："宋宣献公绶、夏英公竦同试童行诵经。有一行者，诵《法华经》不过，问其'习业几年矣'，曰：'十年也。'二公笑且闵之。"③ 如此高规格的朝廷考试，超过了进士科的礼部试，可见朝廷对僧道队伍的更新和其文化水平的重视程度，不亚于官员。

由此可知，至少从制度上说，宋代僧道都是有文化者。这就保证并强化了僧道属于知识阶层的性质。

3. 寺观内的文化提高

出家后进入寺院，首先成为最低一级的童行，又称行者。他们还不是正式的僧道，只是正式学习有关知识的准僧道。童行居住在童行寮（堂），除了承担寺院的杂役外，须拜一僧为师，由其教导培养，接受佛法规仪和经典诵读。具体例子如北宋后期开化县僧修意，本农家子，"年十五，受业于龙华传教师道圆。后七年，削发受具戒，圆稍授以天台章

---

① （元）释觉岸、（明）释幻轮：《释氏稽古略》卷四，建隆三年，江苏广陵古籍刻印社，1992，第428页。
② （宋）志磐：《佛祖统纪校注》卷四五《法运通塞志十七之十二》，释道法校注，上海古籍出版社，2012，第1071页。
③ （宋）欧阳修：《归田录》卷一，李伟国点校，中华书局，1981，第12页。

句。未几，已能贯习"。① 所学前期为基础知识，后期为专业知识。在禅宗寺院，每月两次由住持上课，谓之"训童行"，童行"屏息拱听规诲"，时常由住持开大会"为行者普说"，童行"雁立。拱听开示"。② 为了早日剃度为僧，童行要刻苦学习。如鄱阳柴步龙安寺童行安净，夜间还要点灯用功："方书写看经文疏了。"③ 夜以继日地读经写经。童行在寺观中的日常事务，除劳役外多和文字有关。乐平县明溪宁居院为人家设水陆斋，"招五十里外杉田院宁行者写文疏，馆之寝堂小室……宁谓童曰：'文书甚多，过半夜始可了。'"宁行者"后还俗为书生"。④ 足见有良好的文化素养。在天水麦积山石窟第 133 号窟中，有南宋童行题字云："本寺童行戴留哥同赵小□因困到此，嘉泰三年六月初七日。"⑤ 可知其平常也喜欢舞文弄墨。这一阶段是培训与磨炼，重在提高以经业为主的文化水平。时间长短不一，北宋时，童行年龄超过四十者也不少。⑥ 关键就是看有无机会参加考试以及经业能否通过考试。

取得度牒成为僧道后，仅仅是入门，并不能放弃学习，仍要继续钻研佛学以及其他学问，这是修行的基础和重要组成部分。寺观中晨课、晚课等主要活动，都是学习。虽说都是以佛道经典为主，以此为中心的文化水平会随之不断提高。

官方继续加强对寺观僧道文化水平的监控，通常以考核的形式出现。例如对道士的考试，开宝五年（972）十月，宋太祖诏令功德使与左街道录刘若拙，"集京师道士试验，其学业未至而不修饰者，皆斥之"。⑦ 实行文化水平等学业的淘汰制。对僧众的考核同样如此。咸平年间，知开封府陈恕报告："僧徒往西天取经者，诸蕃以其来自中国，必加礼奉。臣尝召问，皆罕习经艺而质状庸陋，或使外域反生轻慢。望自今先委僧录司试验

① （宋）程俱：《北山小集》卷三三《衢州开化县龙华院意上座塔铭》，徐裕敏点校，第575 页。
② （元）德辉编《敕修百丈清规》卷二《住持章第五》，李继武校点，中州古籍出版社2011，第 57~58 页。
③ （宋）洪迈：《夷坚志·三志辛》卷九《高氏影堂》，何卓点校，第 1455 页。
④ （宋）洪迈：《夷坚志·支甲》卷八《宁行者》，何卓点校，第 774 页。
⑤ 张锦秀编《麦积山石窟志》，第 155 页。
⑥ （宋）李焘：《续资治通鉴长编》卷三○○，元丰二年十月壬子，第 7312 页。
⑦ （宋）李焘：《续资治通鉴长编》卷一三，开宝五年十月癸卯，第 290 页。

经业，省视人材，择其可者送府，出给公据。"宋真宗予以批准。① 事关国家形象，官府对申请前往天竺取经的僧人进行佛学等文化水平考试，经业和相貌合格者才批准。

更多的考核，体现在对僧道官的选拔管理方面。僧官是朝廷任命的管理僧尼事务的僧人，层次阶级多，人员更多，都由官方选拔，其中主要制度就是经业的考试。北宋前期的选拔由开封府负责，形式不大明确。如主管全国僧尼的左右街僧官委任，通常情况下依照的是"旧例，僧职迁补，止委开封而滥选者众"。② 比较随意宽泛，致使鱼龙混杂，引起僧俗众人的不满。为表示重视，景德二年（1005）宋真宗亲自出面挑选："上御便殿引对诸寺院主首，询其行业优长者，以补左右街僧官。先是，所署或非其人，多致谤议，故上亲阅试焉。"③ 但此事不能总由皇帝主持，至大中祥符三年（1010），开始制定并实行考试制度："至是，命知制诰李维等宿中书，出经题考试，而后序迁焉。道官寻亦用此例。"④ 新制度改为朝廷直接选拔，由朝廷官员锁院出题以防泄密，按考试成绩升迁，相当规范。天圣八年（1030），有人上书建议提高考试内容水平："自今选补僧官，须经四十腊、二十夏以上，仍设六科考试。"宋仁宗"诏开封府下左右街，具奏以闻。而卒无应格者，乃命次补如旧"。⑤ 除了年龄、僧龄外，必须通过类似科举六科的文化考试。朝廷意欲施行，慎重起见先让高级僧官讨论可行性并试行，结果由于题目难度太大竟无合格者，只好一仍旧制。但到了60余年后的宋哲宗绍圣四年（1097），礼部推出了新制度："今后遇僧职有阙，所出试题，以大义七道、墨义三道考校，通取文理优长。"⑥ 从考试内容与方式看，可知此制所依仿的仍是科举考试制。规定更具体，标准也更高。意味着僧人文化水平已经得到较大的提高，与宋仁宗时已不可同日而语。

地方僧官、道官的晋升，同样如此严格。法律规定："诸十方寺观，

① （宋）李焘：《续资治通鉴长编》卷五五，咸平六年八月壬申，第1210页。
② （宋）李焘：《续资治通鉴长编》卷七三，大中祥符三年闰二月壬子，第1657页。
③ （宋）李焘：《续资治通鉴长编》卷五九，景德二年四月乙未，第1328页。
④ （宋）李焘：《续资治通鉴长编》卷七三，大中祥符三年闰二月壬子，第1657页。
⑤ （宋）李焘：《续资治通鉴长编》卷一〇九，天圣八年二月丙申，第2536页。
⑥ （宋）李焘：《续资治通鉴长编》卷四八九，绍圣四年七月甲子，第11611页。

住持僧、道阙，州委僧、道正司，集十方寺观主首选举有年行学业，众所推服僧、道，次第保明申州，州审察定差。"① 学业是推选的三大标准之一，仅次于资历。而学业的测评，仍需考试，实行的是动态管理。如北宋中杭州僧官的选拔就十分严格："凡管内寺院虚席者，即捐日会诸刹及座下英俊，开问义科场，设棘围糊名，考校十问，五中者为中选，不及三者为降等，然后随院等差，以次补名。"② 设置专门的考场，考卷要糊名，效法的还是科举。成绩优良者提拔，成绩差者甚至还要降级。

宋代有僧录司僧官头衔的僧侣数量达到了空前绝后的程度③，这就使得僧人无论为了晋升还是学佛，日常都要努力学习。这样的典型事例很多，如东京景德寺僧清璨"诵经勤苦"。④ 华亭县普照寺僧惠明，"未尝睡眠，通夕立于廊庑间，倚柱嗫嚅，审听之，多诵经文，虽祁寒暑雨不变"。⑤ 昙颖禅师"年十三，依龙兴寺为大僧。神情秀特，于书无所不观"。⑥ 道士亦如此。道士金正韶"通儒业……敏慧淳谨，与石室同居，读书十余年。……所居文籍山积，展玩耽读，至忘寝食，虽病手不释卷，尤深性理之学"。⑦ 道士陈景元"自幼喜读书，至老不倦，凡道书皆亲手自校写，积日穷年，为之病偻"。⑧ 道士徐应庚"好学，日抄夜诵，卒成才"。⑨ 道士何士昭"戒行精勤，勤学不倦，凡慕道者悉归焉"。⑩ 出身儒生的谭姓老道言："予嗜读书，然自为道士，力不能养一僮，故书亦不自随，随寓借读而已。今老矣，势不能复客于诸公。惟往来书院，听讲论之余，亦足以乐也。"⑪ 因嗜书而随处借阅，老来不便奔波，则以到书院听

---

① （宋）谢深甫编《庆元条法事类》卷五一《道释门·住持》，戴建国点校，第 705 页。
② （宋）志磐：《佛祖统纪校注》卷一一《明智韶法师法嗣》，释道法校注，第 280 页。
③ 游彪：《论宋代中央和地方僧官体系及其特征》，《河北大学学报》（哲学社会科学版）1994 年第 4 期。
④ （元）脱脱等：《宋史》卷四六二《僧志言传》，第 13518 页。
⑤ （宋）洪迈：《夷坚志·三志辛》卷三《普照明颠》，何卓点校，第 1405 页。
⑥ （宋）惠洪：《禅林僧宝传》卷二七《金山达观颖禅师》，吕有祥点校，第 186 页。
⑦ （宋）邓牧：《洞霄图志》卷五《吕金二先生》，第 64 页。
⑧ （宋）佚名：《宣和书谱》卷六《陈景元》，上海书画出版社，1984，第 50 页。
⑨ （宋）邓牧：《洞霄图志》卷五《贝徐二先生》，第 62 页。
⑩ （宋）邓牧：《洞霄图志》卷五《何冲靖先生》，第 56 页。
⑪ （宋）欧阳守道：《巽斋文集》卷八《送谭道士归湘西序》，《景印文渊阁四库全书》第 1183 册，第 566 页。

讲为乐。

僧道持续不断的刻苦钻研，博览群书，提升了自己的宗教水平和精神境界。种种举措进一步提高了僧道的文化水平。下文就是具体事实和论证。

二 宋代僧道的宗教文化水平及成就

官方、寺观的互动努力，以及高素质的知识分子成为僧道，更主要的是出家后的研究修炼，都使得宋代僧道整体文化水平不同以往。在此厚实的基础上，涌现出很多学问精深高妙的高僧、真人，在宗教领域和精神领域做出了不同凡响的贡献。

1. 著述宗教著作

首先要提出的是，宋代僧人掌握了佛经的母语——梵语。为了更好地学佛和翻译佛经，不再单纯依赖印度来华的梵僧，官方下功夫培养本土的梵语人才。这一建议，最初是由梵僧提出的。太平兴国八年（983），传法院（译经院）的梵僧上书云："臣窃以教法未流，历朝翻译，宣传佛语，并在梵僧，而方域遐阻，或梵僧不至，则译场废绝。望令两街选童子五十人，令习梵字学。"宋太宗欣然接受，令宦官从京师五百童行中选出惟净等十人，送传法院跟随梵僧学习。惟净是李煜的侄子，聪敏好学，"口授梵章，即晓其义。遍识西域字，岁余，度为僧，手写梵经以献"①，很快成为梵语和西域各国文字的专家，这标志着官方译经培养人才的举措取得了良好成绩。景祐二年（1035），惟净、法护合撰《景祐天竺字源》七卷，宋仁宗为之御制《序》，对梵文字母及其相拼生字的过程做了详细解说，作为学习梵文的规范读本，成为以后梵语人才培养的教科书，流传至今。惟净之后，出现颇多懂梵语的僧人。如僧仁简，京师人，"善梵语，于加持水陆最精，名出辈流远甚。士大夫家有资荐法事，必得其来，

---

① （清）徐松辑《宋会要辑稿·道释》二之六，刘琳、刁忠民、舒大刚、尹波等校点，第9999页。一说选出了五十人："是岁，赐译经院额曰'传法'。令两街选童子五十人，就院习梵学梵字，从天息灾等所请也。"（宋）李焘：《续资治通鉴长编》卷二四，太平兴国八年十二月末，第566页。

乃为尽孝"。① 北宋中期京城做法事时，"至其诵念，则时复数语，仍以梵语演为歌调，如《降黄龙》等曲"②，直接学习佛经原文，避免了翻译的失误，仅此便可知宋代僧人的佛学水平上了一个台阶。

宋代僧道经过潜心钻研，融会百家精华，阐发教理，心得喷涌，积极著述，取得了丰硕成果，许多人成为著名学者。如山阴高僧子猷：

> 宏材博学，高行达识，卓然出一世之表，虽华严其宗，而南之天台，北之慈恩，少林之心法，南山之律部，莫不穷探历讨，取其妙以佐吾说。虽浮屠其衣，百家之书，无所不读。闻名儒贤士。③

他是位佛学大家，在士大夫阶层也很有名气。北宋前期的河南道士冯德之，学问渊博，"被旨住杭州洞霄宫，时公卿皆以诗饯行。宋真宗锐意元教，尽以秘阁道书出降余杭郡，俾知郡戚纶、漕使陈尧佐，选先生及冲素大师朱益谦等修校，成藏以进，号《云笈七签》"。④《云笈七签》是择要辑录《大宋天宫宝藏》内容的一部大型道教类书，有"小道藏"之称。虽署名张君房，冯德之实为主要编纂者之一。北宋道士陈景元，"每著书，十袭藏之，有佳客至，必发函具铅椠出客前，以求其点定，其乐善不已复如此"⑤，是位虚心好学、精益求精的著作家。南宋绍兴府的定法师，"羹藜饭豆，人不堪其枯槁，然著书不少辍。若《金刚般若经解》、《法界观图》、《会三归一章》、《庄岳论》，已盛行于世，余在稿者犹数十百篇"。⑥ 他刻苦钻研，著述颇丰。道士甄栖真，"论养生秘术，目曰《还金篇》，凡两卷"。⑦《宋史·艺文志》著录有大量宋代僧道的宗教著作，

---

① （宋）洪迈：《夷坚志·支癸》卷二《仁简阇黎》，何卓点校，第 1237 页。
② （宋）俞文豹：《吹剑录四录》，许沛藻、刘宇整理，载《全宋笔记》第 7 编第 5 册，第 196 页。
③ （宋）陆游：《陆游全集校注·渭南文集校注》卷四〇《高僧猷公塔铭》，马亚中校注，第 436 页。
④ （宋）邓牧：《洞霄图志》卷五《冯先生》，第 54 页。
⑤ （宋）佚名：《宣和书谱》卷六《陈景元》，第 50 页。
⑥ （宋）陆游：《陆游全集校注·渭南文集校注》卷四〇《定法师塔铭》，马亚中校注，第 432 页。
⑦ （元）脱脱等：《宋史》卷四六二《甄栖真传》，第 13517 页。

如陈景元《道德注》二卷，释赞宁《僧史略》三卷，释道原《景德传灯录》三十卷，释契嵩《辅教编》三卷，释惟白《续灯录》三十卷，释智达《祖门悟宗集》二卷，释智圆《闲居编》五十一卷，正觉禅师《颂证道歌》一卷，佛照禅师《奏对录》一卷，等等。① 一些流传广泛的重要著作，如僧志磐的《佛祖统纪》、僧洪慧的《禅林僧宝传》、僧惟白的《大藏经纲目指要》等私家著述，有四十余部。② 道教则有北宋中期道教宗师张伯端的《紫阳真人悟真篇》、南宋初著名道士王文卿的《冲虚通妙侍宸王先生家话》《玄珠歌》《雷说》《侍宸诗诀》等著述传世。

宋代僧道的宗教学术成果，最有历史意义的是两个方面。一是在佛教撰述方面，大量《灯录》和《语录》的出现，为隋唐两代所不及。佛教《语录》隋唐已有，宋代则更多，而"佛教禅宗的《灯录》则完全是宋代的产物"。③ 宋代显然是中国佛教史籍发展的重要时期、繁荣阶段，各种新体裁的佛教史籍在该时期出现，基本上完成了各类佛教史籍体裁的确立。④ 二是道教方面的张伯端《紫阳真人悟真篇》，是最重要的炼丹理论及实践著作之一，对后代道教产生有重大影响。

这些宗教著作都是宋代僧道的宗教贡献和历史贡献，是其文化水平高的标志。

2. 创建新宗派

各宗教中的宗派是宗教发展的体现，具体而言就是理论分歧和发展的产物。中国佛教分禅宗、律宗等八宗，禅宗中又分为临济宗等五宗，而宋代临济宗中的黄龙慧南和杨岐方会，又分别开创了黄龙、杨岐两派。至南宋，杨岐派进而成为临济的正统以及禅宗的主流，在宋元两代还远传于日本，杨岐宗至今仍为日本佛教大宗之一，东亚、东南亚等许多国家也多有信徒。杨岐宗使禅宗面目一新，是宋禅的代表，在中华佛教史上地位重要，有深远的影响。这就是说，宋代杨岐方会等，更新了禅宗，增强了佛教的影响力，完善并改变了中国佛教的道路和方向。

---

① （元）脱脱等：《宋史》卷二〇五《艺文志四》，第 5178、5186、5187、5188 页。

② 曹刚华：《宋代佛教史籍研究》，华东师范大学出版社，2006，第 20~22 页。

③ 顾吉辰：《宋代佛教史稿》，中州古籍出版社，1993，第 157 页。

④ 曹刚华：《宋代佛教史籍研究》，第 2 页。

宋代道教在宋真宗和宋徽宗时期迎来两个发展高潮，道教文化发展的一个标志也是创建了新宗派。如正一派衍生出一支天心派，符箓宗衍生出分支神霄派，内丹派分为南宗和北宗，灵宝派分衍净明道。北宋中期的道教南宗初祖张伯端，是改变道教格局的重要人物，其对后来道教产生了重大影响的代表作《悟真篇》，讲述性命双修的内丹功法，认为道教追求成仙的最好方法就是修炼自己的精、气、神，使其凝聚成丹，自能长生成仙，不必借助铅汞水火去炼外丹，使内丹之学大显于世。南宋初年，洪州西山玉隆万寿宫道士何守证，将儒家伦理纲常直接搬进了道教经典，创立了净明忠孝道，是儒道合流的产物，顺应潮流，时代特色鲜明。

综上所述，宋代佛道两教都获得大发展。正如学术界所说：宋代是道教发展的又一繁荣时期，表现在理论研究深化、新神被大量引入、新教派林立、道书编撰为历代最多。① 有学者认为宋代开创了近代佛教："无论从哪一方面来考虑，中国近世佛教的开始（赵宋的佛教）可以说是哲理本位的学问佛教，由于内外种种情势，转换成实践佛教，也就是从印度佛教完全蜕变，形成中国独特的民众佛教。晚唐五代可以看作是它的准备期。只是元以后，由于诸种事情，少有巨匠辈出，呈现了教势低落的倾向，然而始于宋代的实践的、民众化的本质却仍持续了下来。"② 所有这些，无不显示宋代僧道界的上层人物，具有高深的文化水平。

三 宋代僧道的世俗文化水平及成就

在研习宗教之余，宋代僧道非但出家而不出世，反而积极投身俗世，热衷于社会生活，充分发挥文化优势，以其聪明才智做出了方方面面的贡献，同样值得重视。在宋代文化大普及、大发展的历史背景中，宗教界人士的文化水平水涨船高，产生一大批博学多才的杰出人物。

首先要明确的是，僧道虽脱凡超俗，但并不排斥世俗文化和书籍。他

---

① 任继愈主编《中国道教史》（增订本），中国社会科学出版社，2001，第 540~541 页。
② 〔日〕高雄义坚等著《宋代佛教史研究》，陈季菁等译，台北华宇出版社，1987，第 12 页。

们"虽在僧次，常勤俗学"①，总是广泛涉猎各种知识，多精通世俗，在其内部，或称"俗学"，或称"外学"。有的寺院课堂每天都"开外学。于一日分三时，初中二分，读诵佛经，至晚读外书"②。一日三晌中，三分之一的时间用于学习世俗文化。

宋代僧道内外兼修、外学突出者比比皆是。具体事例，如邓州有一独处郊寺的老僧，"颇通儒典，亦时时为诗，有可观者"，受到知州苏轼的好评。③ 明州延庆明智法师，不仅"诵《法华》平生以万数"，而且"于周、孔、老、庄之书，亦无不究观，翰墨诗章皆出人上"。④ 南海僧守端，"于书史无不博究，商榷古今，动有典据，丛林目为'端故事'。亦喜工诗，务以雅实"；昙颖禅师，"为人奇逸，智识敏妙。书史无不观，词章亦雅丽"；西蜀政书记，"内外典坟靡不该洽，至于诗词，虽不雅丽，尤多德言"。⑤ 杭州僧人有名为能万卷者，是位博学杂家："余杭能万卷者，浮图之真儒，介然持古人风节。有奥学，著《典类》一百廿卷。"⑥ 僧人冲衍，"身虽束异教，性实嗜书史，千言挥洒顷，妙语如翻水"。⑦ 道士徐知常"能诗善属文，凡道儒典教，与夫制作，无不该晓。脱略时辈，萧然老成，有士君子之风"。⑧ 道士石自方，"庄静淡泊，有深沉之思，经史百氏无不通，尤嗜庄列书"。⑨ 无町畦道人冯观国，"凡天文地理、性命祸福之妙，不学而精"。⑩ 南宋官员王居安盛赞道士海琼子，有诗云：

① （宋）黄庭坚：《黄庭坚全集·正集》卷三二《黄龙心禅师塔铭》，刘琳、李勇先、王蓉贵校点，第851页。

② （宋）释道诚辑《释氏要览校注》卷中《志学》，富世平校注，中华书局，2014，第401页。

③ （宋）李献民：《云斋广录》卷二《苏内翰》，程毅中、程有庆点校，中华书局，1997，第11页。

④ （宋）晁说之：《嵩山文集》卷二〇《宋故明州延庆明智法师碑铭》，第33页。

⑤ （宋）释晓莹：《云卧纪谈》卷下，夏广兴整理，载《全宋笔记》第5编第2册，大象出版社，2013，第52、60、63页。

⑥ （宋）文莹：《湘山野录》卷中，郑世刚、杨立扬点校，第36页。

⑦ （宋）许景衡：《横塘集》卷一《浮屠二首》，《景印文渊阁四库全书》第1127册，第168页。

⑧ （宋）佚名：《宣和画谱》卷四《徐知常》，岳仁译注，第101页。

⑨ （宋）邓牧：《洞霄图志》卷五《石正素先生》，第55页。

⑩ （宋）洪迈：《夷坚志·丙志》卷一九《无町畦道人》，何卓点校，第528页。

我见海琼子，年少冰玉颜。

语不及世利，口不茹荤膻。

胸次饱经史，道释二藏全。

扣之如汲水，挹注谁能干？

访我一日来，如有昔宿缘。

急索纸与笔，赠我锦绣篇。

文词有根蒂，草圣生云烟。

旁观骇众目，顷刻字数千。①

他饱读佛藏、道藏以及儒家经史，更会作文章，博学多才。典型代表是北宋中期的道士张伯端，他"幼亲善道，涉猎三教经书，以致刑法、书算、医卜、战阵、天文、地理、吉凶死生之术，靡不留心详究"。② 其博学世所罕见。由此可以得出一个规律，即越博学，在宗教专业上才越有建树。即便是算术，他们也得掌握，因为日常生活记账、算账等运用很多，如饶州城"沙棠庵一僧，正据案间阅算簿书"就是。③ 这就使他们能够在科技、文艺等方面均有成就，在文化史上贡献颇多。

1. 科技成就

追求空无清净的宗教人士，与俗世的科技原本不相干，但他们将精神世界与物质世界合二为一，将神学与世俗合二为一，造福社会，成就卓越。其佼佼不凡者，试举几例。

道士陈得一是位历法大家："得一历学专精，通贯古今，运策之妙，不愧前人。"绍兴五年（1135），陈得一改造推出《统元新历》一十七卷，朝廷赐号通微处士，并与一子下州文学的官职，以为奖赏。④ 他的历法成果被朝廷采纳，表明其天文历法以及数学水平超出当时朝廷的专业伎术

---

① （宋）王居安：《王居安集·奉题杨伯子赠白琼山诗后》，载《温岭丛书》甲集第二册，张继定、王呈祥辑校，浙江大学出版社，2016，第 209 页。

② （宋）张伯端著，（宋）翁葆光等注《悟真篇集释·悟真篇序》，中央编译出版社，2015，第 149 页。

③ （宋）洪迈：《夷坚志·补志》卷二五《鄱阳雷震》，何卓点校，第 1778 页。

④ （清）徐松辑《宋会要辑稿·崇儒》六之三一，刘琳、刁忠民、舒大刚、尹波等校点，第 2879 页。

官，位居时代顶端。

僧怀丙是卓越的建筑专家。他"巧思出天性，非学所能至也。真定构木为浮图十三级，势尤孤绝。既久而中级大柱坏，欲西北倾，他匠莫能为。怀丙度短长，别作柱，命众工维而上。已而却众工，以一介自从，闭户良久，易柱下，不闻斧凿声"。面对木质高塔中级大柱毁坏的情况，怀丙只带一随从就能悄无声息地更换新柱，实为今天也不可超越的高超建筑技术。怀丙还善于修桥，运用浮力起重：赵州洨河有石桥，"镕铁贯其中。自唐以来相传数百年，大水不能坏。岁久，乡民多盗凿铁，桥遂欹倒，计千夫不能正。怀丙不役众工，以术正之，使复故。河中府浮梁用铁牛八维之，一牛且数万斤。后水暴涨绝梁，牵牛没于河，募能出之者。怀丙以二大舟实土，夹牛维之，用大木为权衡状钩牛，徐去其土，舟浮牛出"。① 赵州石桥倾斜欲倒，怀丙独自扶正，令人惊叹。而将河中府浮桥两岸重达数万斤的铁牛从河中淤泥里起出，显然是运用了舟船浮力的科学原理，技术相当先进。

在冶金制造方面，也不乏专家。凤翔一位老僧即擅长冶金技术："东坡先生初官凤翔日，遇一老僧谓之曰：'我有煅法，欲以相授……我自度老死无日，而法当传人。然为之者，多因致祸，非公无可授者，但勿妄传贪人耳。'……其法以一药煅朱，取金之不足色者，随其数，每一分入煅朱一钱，与金俱镕，既出坯，则朱不耗折，而金色十分耳。"② 他的锻朱镕金之术十分讲究比例，并非虚妄之言。开封相国寺僧法仙则是兵器制造专家："相国寺僧法仙献铁轮拨浑，重三十三斤，首尾有刃，为马上格战具。"③ 他发明的铁轮拨浑，可用于对付入侵的西夏、契丹骑兵。

更多的僧道精通医药。如王怀隐，"初为道士，住京城建隆观，善医诊。太宗尹京，怀隐以汤剂祗事。太平兴国初，诏归俗，命为尚药奉御，三迁至翰林医官使"。因医术高明被皇帝诏令还俗，作了医官。④ 沙门洪蕴，"习方技之书，后游京师，以医术知名。……太平兴国中，诏购医

---

① （元）脱脱等：《宋史》卷四六二《僧怀丙传》，第 13519~13520 页。
② （宋）何薳：《春渚纪闻》卷一〇《凤翔僧煅朱镕金》，张明华点校，第 145~146 页。
③ （宋）李焘：《续资治通鉴长编》卷四七，咸平三年九月辛丑，第 1026 页。
④ （元）脱脱等：《宋史》卷四六一《王怀隐传》，第 13507 页。

方，洪蕴录古方数十以献"。同时"又有庐山僧法坚，亦以善医著名"。① 虽为僧人，实为名医。蜀僧海渊"工针砭"，宋真宗朝寓居开封相国寺时，宰相张士逊患病，"国医拱手。渊一针而愈，由是知名"。② 可谓妙手回春，医术胜过太医。僧智缘"善医。嘉祐末，召至京师，舍于相国寺。每察脉，知人贵贱、祸福、休咎，诊父之脉而能道其子吉凶，所言若神，士大夫争造之"③，是少见的脉学高手。开封郊外一位两岁幼儿病重垂危，有一道人路过，"取药一饼饵之，遂苏。复索纸书十数字，缄封以授媪"。④ 可谓起死回生。叶梦得记载，道士杨大均，"善医，能默诵《素问》《本草》及两部《千金方》四书，不遗一字。与人治病，诊脉不出药，但云此病若何，当服何药，是在《千金》某部第几卷。即取纸书授之，分两不少差。余在蔡州亲见其事，类若此"。⑤ 其对医学典籍精湛的研究令人赞叹。最突出的是道医、后来担任太医局翰林医官、殿中省尚药奉御的王唯一，总结历代针灸学家的经验，于天圣年间编成《铜人腧穴针灸图经》，设计并主持铸造针灸铜人两具，影响很大。

有科技史学者以臧励龢等《中国人名大辞典》⑥ 为样本库，对北宋各群体中科技活动参与者的比例予以统计。在高级文官、低级文官、平民知识分子、贵族、武将、宦官、僧、道等群体中，如包含工程，道士占41.82%，僧人占6.41%；如不含工程，道士占40.00%，僧人占6.41%。⑦ 合计僧道分别占48.23%、46.41%，即占了全部科技工作的近一半，足见其科技水平的整体高度令人瞩目，他们无疑是宋代科技队伍的主力军，贡献巨大。

2. 书画及音乐成就

在宋代书画水平和艺术事业大发展的环境中，出家人未能免俗，多有

---

① （元）脱脱等：《宋史》卷四六一《沙门洪蕴传》，第13510~13511页。
② （宋）吴曾：《能改斋漫录》卷一一《僧海渊工针砭》，上海古籍出版社，1979，第324~325页。
③ （元）脱脱等：《宋史》卷四六二《僧智缘传》，第13524页。
④ （宋）洪迈：《夷坚志·甲志》卷八《刘氏子》，何卓点校，第68页。
⑤ （宋）叶梦得：《避暑录话》卷上，徐时仪整理，载《全宋笔记》第2编第10册，第248~249页。
⑥ 臧励龢等：《中国人名大辞典》，商务印书馆，1921。
⑦ 苏湛：《北宋科学和技术活动参与者的构成》，《科学文化评论》2016年第4期。

勤于这类艺术者，在书画、音乐界出类拔萃，创作出许多稀世珍品。

如道士孙灵济，"精琴棋，嗜丹青"。① 琴棋书画四艺中，三艺突出。昆山慧聚寺僧良玉，"僧行甚高，旁通文史之学，又善书，工琴棋。因游京师，梅圣俞见而喜之，以姓名闻于朝，赐以紫衣"。② 他有很高的佛学水平，同时既通文史之学，又善诗书琴棋，得到著名诗人梅尧臣的欣赏。处州道士范子珉，"独善画，为人作烟江寒林，深入妙品，而牛最工，浙东人以故呼为'范牛'"。③ 以精于画牛而闻名于浙东地区。北宋末的湖州道士张有，"以篆名天下。为人退静好古，非古文所有字，辄阙不书。……有所著《复古编》行于世"④，更是全国著名的书法家，并有专著行世。宋孝宗时僧人智融，是位绘画全才，既善花鸟、人物，更精于画牛，深得士大夫楼钥的称赞：

> 始闻雪窦山有僧智融者，善画而绝不以与人。一日见其画，心甚敬之，曰："此非画者，其殆有道之士乎？"……为余尽纸作岁寒三友，妙绝一时。尝问："尚可作人物否？"曰："老不复能作。盖目昏，不能下两笔也。……吾所谓两笔者，盖欲作人物须先画目之上睑。此两笔如人意，则余皆随笔而成，精神遂足。"只此一语，画家所未发也。自是数年间，时得其得意之笔，精深简妙，动入神品。尤好作牛，自号老牛智融。或云源流出于范牛，而妙处过之。⑤

则是其在绘画理论上也有创见。玉笥山道士徐清夫诗画俱佳，受到名士黄震的赞扬：

> 出示余图一轴曰《雪溪》，诗一编曰《和蜑》。雪溪其自号，《和蜑》其自吟也。披其图，万山玉削，渔樵迹灭，吟肩短蓬，殆于愁

① （宋）邓牧：《洞霄图志》卷五《孙灵济先生》，第 61 页。
② （宋）龚明之：《中吴纪闻》卷一《梅圣俞与僧良玉诗》，孙菊园校点，上海古籍出版社，1986，第 5 页。
③ （宋）洪迈：《夷坚志·丙志》卷六《范子珉》，何卓点校，第 410 页。
④ （宋）洪迈：《夷坚志·甲志》卷六《张谦中篆》，何卓点校，第 51 页。
⑤ （宋）楼钥：《楼钥集》卷六六《书老牛智融事》，顾大朋点校，第 1173 页。

绝，一何其清也！阅其编，粉泽净除，陈言一扫，妙语泠然，殆于天造，又何其清也！①

其诗画作品相辅相成，超然脱俗，具有仙风道骨的风韵，颇显本色。

更有作品得到皇家喜爱并珍藏的僧道书画大家，创作出一流的作品。杨亿说："近年释子中多善书者。"并列举三人，赞其"皆不下前辈"。②列入《书史会要》的善书僧道，有十三人。③ 而名标《宣和书谱》《宣和画谱》者，有八人。

其中，有书法家三人。

一是道士陈景元，深谙书法精髓，作品在宋徽宗时"御府所藏八。正书：《陶隐居传》，《高士传》，《乐毅传》，《相鹤经》，《陈谌等墓志》，《种玉故事》。行书：《岩栖赋》，《试墨书等诗》"。

二是山人蒲云："尤喜翰墨，作正书甚古，尝以双钩字写河上公注《道经》，笔墨清细，若游丝萦汉，孤烟袅风，连绵不断；或一笔而为数字，分布匀稳，风味有余，览之令人有凌虚之意。大抵书法自科斗一散，学者纷纷。于是有垂露偃波、芝英倒薤之说，各工其习，以文其一家之学，亦宜在所录也。今御府所藏正书二：《双钩道经》，《双钩德经》。"

三是僧人释法晖，政和二年（1112）宋徽宗诞辰的天宁节，他"以《细书经塔》来上，效封人祝万岁寿；作正书如半芝麻粒，写佛书十部，曰《妙法莲华经》、曰《楞严经》、曰《维摩经》、曰《圆觉经》、曰《金刚经》、曰《普贤行法经》、曰《大悲经》、曰《佛顶尊胜经》、曰《延寿经》、曰《仁王护国经》；自塔顶起，以至趺座，层级鳞鳞，不差毫末；更为出香器置其中，而经字仅足开卷，翚飞照映，眼睫恍然，如郁罗萧台，突兀碧落，孕育气象，亦奇观也。说者谓作此字时，取窈密室，正当下笔处，容光一点，明而不曜，故至细可书；复有暸然眸子，方办兹事。然其字累数百万，不容脱落，而始终如一，亦诚其心则有是耶！今御府所

① （宋）黄震：《黄震全集·黄氏日钞》卷九〇《玉笥山道士徐师澹诗集序》，张伟、何忠礼主编，第2391页。
② （宋）杨亿口述，黄鉴笔录，宋庠整理《杨文公谈苑·僧善书》，李裕民辑校，第123页。
③ （元）陶宗仪：《书史会要》卷六《宋》，徐美洁点校，第179~180、195页。

藏正书一：《细书经塔》"。① 这就是所谓的蝇头细书即蝇头小楷，功夫精巧，堪称一绝。

另有画家五人。

一是僧传古，宋初号为绝笔："天资颖悟，画龙独进乎妙。建隆间名重一时，垂老笔力益壮，简易高古，非世俗之画所能到也。然龙非世目所及，若易为工者，而有三停九似、蜿蜒升降之状，至于湖海风涛之势，故得名于此者，罕有其人。传古独专是习，宜为名流也。皇建院有所画屏风，当时号为绝笔。今御府所藏三十有一：（略）。"② 精品甚多，独门绝技是画龙，作品绝妙稀世。

二是道士李得柔，"幼喜读书，工诗文。至于丹青之技，不学而能……写貌甚工，落笔有生意。写神仙故实，嵩岳寺唐吴道元画壁内《四真人像》，其眉目风矩，见之使人遂欲仙去。设色非画工比，所施朱铅多以土石为之，故世俗之所不能知也。……今御府所藏二十有六：（略）"。③ 他是位专攻人物的画家，所绘神形飘逸，仙气盈溢，用色和颜料材质也与世俗不同。

三是僧梦休，"喜延揖画史之绝艺者，得一佳笔，必高价售之。学唐希雅作花竹禽鸟，烟云风雪，尽物之态，盖亦平生讲评规模之有自。今御府所藏二十有九：（略）"。善于向历史上著名画家学习其笔墨绝妙之处，集百家之长而自成一体，皇宫收藏其花鸟画多达二十九件，可见其画作的受喜爱程度。

四是僧居宁，"酒酣则好为戏墨，作草虫，笔力劲峻，不专于形似。每自题云'居宁醉笔'。梅尧臣一见赏咏其超绝，因赠以诗，其略云：'草根有纤意，醉墨得以熟。'是于居宁之名藉甚，好事者得之遂为珍玩耳。今御府所藏一：《草虫图》一"。④ 笔力超绝，讲究神似，为名士梅尧臣所赏识。

五是道士徐知常，"能诗善属文，凡道儒典教，与夫制作，无不该

---

① （宋）佚名：《宣和书谱》卷六《陈景元》《蒲云》《释法晖》，第51~52页。
② （宋）佚名：《宣和画谱》卷九《僧传古》，岳仁译注，第193~194页。
③ （宋）佚名：《宣和画谱》卷四《李得柔》，岳仁译注，第102~103页。
④ （宋）佚名：《宣和画谱》卷二〇《僧梦休》《僧居宁》，岳仁译注，第411、419页。

晓。……画神仙事迹明其本末，位置有序，仙风道骨，飘飘凌云，盖善命意者也。……今御府所藏一：《写神仙事迹》一"。① 他也是位博学的人物画家，深谙道家气韵，所绘神仙甚有仙风道骨之气。

此外，还有在画史上地位颇高的僧道画家，试举两人。

其一，宋初沙门巨然："攻画山水。……画烟岚晓景于学士院壁，当时称绝。度支蔡员外挺家有巨然画故事山水二轴，而古峰峭拔，宛立风骨。又于林麓间多用卵石，如松柏草竹，交相掩映，旁分小径，远至幽墅，于野逸之景甚备。"② 他擅用重墨点苔，鲜明疏朗，长披麻皴粗而密，笔法老辣率意，水墨山水画对后世影响很大。流传至今的作品有《层岩丛树图》轴、《秋山问道图》轴、《万壑松风图》轴、《烟浮远岫图》轴，为世界各大博物馆珍藏。

其二，北宋前期沙门元霭："通古人相法，遂能写真。太宗闻之，召元霭传写。时上幸后苑赏春方还，乌巾插花，天姿和畅，霭一挥而成，略无凝滞，上优赐之。由是有声，名臣贵人争求其笔，亦尝画本寺西经藏院后大悲菩萨。章圣即位，诏霭写先帝侧座御容，恩赐甚厚。"他有三大绝技，一是通相法，即熟悉骨骼等解剖和人像的共同点、特点，所以善于传神；二是染色别致："霭公每成染颜色毕，怀中别出一小石研磨取色，盖覆肉色之上，然后遂如真。众工所以不及者，正为此特高。"三是速写逼真：一天画作刚完毕就被一小宦官抢去，宦官谩骂追夺的元霭后逃走。元霭从众围观的宦官中打听不到其姓名，只好凭记忆画出其颜貌投诉。长官一见大笑，脱口说出其姓名，予以惩戒。"何仓卒间图写，笔法如是精妙？……自此传神声价，蔚为独步矣。"③ 确实为当时首屈一指的肖像画家。柳开称赞道："至艺天与，迈今超古。立名宋朝，万世之标。"④ 惊为天人，许载史册。僧人艺术成就之高，可见一斑。

据郭若虚《图书见闻志》、佚名《宣和画谱》、夏文彦《图绘宝鉴》

---

① （宋）佚名：《宣和画谱》卷四《徐知常》，岳仁译注，第101页。
② （宋）刘道醇：《宋朝名画评》卷二《沙门巨然》，第263页。
③ （宋）刘道醇：《宋朝名画评》卷一《沙门元霭》，第256~257页。
④ （宋）柳开：《柳开集》卷一三《内供传真大师元霭自写真赞（并序）》，李可风点校，中华书局，2015，第174页。

等书所载，宋代擅长绘画的僧侣有四十六人。① 这支绘画史上的优秀画家队伍，风格独特，分量颇重，应引起书画史界的重视。

僧道之中，还有顶尖的音乐家。典型人物即道士魏汉津，晓阴阳术数，精于乐律，是位音乐大师，主持制定了国家的"宫廷雅乐"——《大晟乐》。完成后，"徽宗御大庆殿受群臣朝贺，加汉津虚和冲显宝应先生，颁其乐书天下。……汉津晓阴阳数术，多奇中……（九鼎铸成）后即铸鼎之所建宝成殿，祀黄帝、夏禹、成王、周、召而良、汉津俱配食。谥汉津为嘉晟侯"。② 能创作朝廷大乐，并配享先圣帝王，表明他是当时最优秀的音乐家。

在民间音乐界，僧人起着一定的引领作用。如宋代琴界名家，几乎都是僧人。北宋形成了一个延续百余年的琴僧体系，人才辈出，并有重要的琴学论著《则全和尚节奏指法》传世，在当时的琴乐表演界居重要的地位。③ 则全和尚的师傅是琴僧义海，是著名琴师，"天下从海学琴者辐辏，无有臻其奥"，原因就是功夫在琴外的文化水平："海读书，能为文，士大夫多与之游，然独以能琴知名。海之艺不在于声，其意韵萧然，得于声外，此众人所不及也。"④ 妙在有独到的意韵。则全弟子僧照旷得其真传，在政和间以弹奏《广陵散》"音节殊妙"著称。⑤ 《宋代古琴音乐研究》一书共录琴僧七十八人。⑥ 中国古代历史上的"琴僧"一词，始见于唐代，至宋大兴，均可证宋代琴僧在中国音乐史上的地位之重要。

道士也不乏善琴者，如叶梦得曾求学琴于道士："吾素不能琴，然心好之。少时尝从信州道士吴自然授指法，亦能为一两弄。"⑦ 这位教人抚琴的吴自然，可谓"琴道"。

① 顾吉辰：《宋代佛教史稿》，中州古籍出版社，1993，第 75 页。
② （元）脱脱等：《宋史》卷四六二《魏汉津传》，第 13525、13526 页。
③ 冯亚：《宋代琴乐美学研究》，《艺术百家》2006 年第 5 期。
④ （宋）沈括：《梦溪笔谈·补笔谈》卷一《乐律》，载（宋）沈括原著，杨渭生新编《沈括全集》，第 560 页。
⑤ （宋）何薳：《春渚纪闻》卷八《辨广陵散》，张明华点校，第 116 页。
⑥ 章华英：《宋代古琴音乐研究》，中华书局，2013。
⑦ （宋）叶梦得：《避暑录话》卷下，徐时仪整理，载《全宋笔记》第 2 编第 10 册，第 294 页。

3. 文学成就

僧道的文学创作是中国文学史上一个独特的现象，宋代尤为繁盛，造就了一支浩浩荡荡的文学队伍。在日本僧人成寻的《参天台五台山记》中，就记载有沿途寺院僧人与成寻的大量诗文，反映了他们的日常文学生活。据有关学者考察，宋代有文献记载的著述僧人，凡 437 人。① 《四库全书》收录的两宋僧人诗文集，就有契嵩、重显、道潜、惠洪、永颐、居简、文珦、道璨 8 人。还有新发现的日本藏宋僧诗文集 5 种。② 而在《全宋文》中，共有僧道作者 368 人。流传到八九百余年后的今天，这些人物只是两宋三百余年僧道文学沧海之一粟。而道士的日常宗教事务之一是撰写青词，这是产生于唐朝的道士通神文字，又称绿章，即举行斋醮时献给上天的奏章祝文。一般为骈俪体，要求形式工整、文字华丽。有关史料以及近人论述很多，兹不赘述，仅以僧道的诗歌为代表做一讨论。

诗僧指善诗或以诗名世的僧侣。《宋诗纪事》记载，宋代的诗僧有240 人，僧诗 405 首，诗联 147 联。另外，第 94 卷 "女冠、尼" 收女诗僧 5 人，诗 5 首。③ 今人孔凡礼《宋诗纪事续补》搜罗诗僧达 340 余人④，大多是《宋诗纪事》中未载的。《全宋诗》中共有僧尼作者 811 人，搜罗最广，仍难称全。两宋诗僧迭出，宋人有明显的感触。如文学大家欧阳修云："国初浮图，以诗名于世者九人，故时有集，号《九僧诗》"，并称赞其中 "极有好句"。⑤ 杨亿说："近世释子多工诗。"⑥ 两宋之际的叶梦得指出："近世僧学诗者极多"⑦，南宋洪迈也说："吴中僧多有能诗者"，其中至少有三位非常出色，"甚有唐人风致也"。⑧ 而且与唐五代相比，宋

---

① 李国玲：《宋僧著述考》，四川大学出版社，2007。
② 许红霞辑著《珍本宋集五种——日藏宋僧诗文集整理研究》，北京大学出版社，2013。
③ 张福勋：《宋代的诗僧与僧诗》，《陕西师范大学学报》（哲学社会科学版）1996 年第 4 期。
④ 孔凡礼：《宋诗纪事续补》，北京大学出版社，1987。
⑤ （宋）欧阳修：《欧阳修全集》卷一二八《诗话》，卷一三《试笔·九僧诗》，李逸安点校，第 1951、1980 页。
⑥ （宋）杨亿口述，黄鉴笔录，宋庠整理《杨文公谈苑·近世释子诗》，李裕民辑校，第90 页。
⑦ （宋）叶梦得：《石林诗话校注》卷中，逯铭昕校注，第 135 页。
⑧ （宋）王象之：《舆地纪胜》卷五《仙释·三僧诗》（引《夷坚巳志》，而今本《夷坚志》不见此条），李勇先校点，四川大学出版社，2005，第 313 页。

代诗僧开拓了文学创作领域，在诗、词、散文、小说等方面都取得杰出的成就。① 诗僧以禅机佛理入诗，将诗境诗意引至一个新天地，将佛教哲学用通俗奇妙的文学语言表达出来，是他们对诗歌创新发展的一个贡献，使禅诗成为中国文学史上的奇葩，这无疑是他们文化水平提高的一个标志。如果说生活是粮食，诗是酒，那么加进一味禅，便成了药酒，自是别有一番风味。

宋代流传至今的诗僧作品甚多。如宋代文字禅的著名代表人物云门宗的雪窦重显，有诗《祖英集》二卷、《雪窦语录》六卷；释惠洪的《石门文字禅》，是一部包括诗、文、词、疏及记、铭等的文学作品集。诗僧的作品，深得当时名家的赞扬，因而名气很大。陆游指出了这点："宋兴，诗僧不愧唐人，然皆因诸巨公以名天下。林和靖之于天台长吉，宋文安之于凌云惟则，欧阳文忠公之于孤山惠勤，石曼卿之于东都秘演，苏翰林之于西湖道潜，徐师川之于庐山祖可，盖不可殚纪。潜、可得名最重，然世亦以苏、徐两公许之太过为病。"② 僧如璧受到著名诗人、"江西诗派"的命名者吕本中的提携，说他"尤长于诗，尝住数刹，士大夫多与之游"。诗句精彩的有"《梅花》一联云：'遂教天下无双色，来作人间第一春。'风味亦不浅。又《答吕居仁寄诗》云：'长忆他时对短檠，诗成重改又鸡鸣。如今老矣无心力，口诵君诗绕竹行。'居仁甚称之"。③ 从这一现象看到的是，诗僧与士大夫广泛深入的交流，取得了良好的效果，其作品为文学界所欣赏。

道士之中，亦多诗人。如宋初金陵道士章齐一，"善为诗，好嘲咏，一被题目，即日传诵，人皆畏之。凡四百余篇，曲尽其妙"。④ 内容贴近现实，多有评判，妙言奇语，迅速传播，说明深受欢迎。北宋末的妙靖炼

---

① 郑群辉：《论宋代诗僧创作的杰出成就——以道潜、仲殊、惠洪为例》，《韩山师范学院学报》2006 年第 1 期。

② （宋）陆游：《陆游全集校注·渭南文集校注》卷二九《跋〈云丘诗集〉后》，马亚中校注，第 239 页。

③ （宋）张邦基：《墨庄漫录》卷五《僧如璧善诗》，孔凡礼点校，第 140 页。

④ （宋）杨亿口述，黄鉴笔录，宋庠整理《杨文公谈苑·嚼舌而死》，李裕民辑校，第 158 页。

师琼玉，"作诗前后无虑数千首"①，是位高产的女冠。道士陆惟忠"好丹药，通术数，能诗，萧然有出尘之姿。……子由大赏其诗"。② 其诗深得苏辙的赞赏。南宋中的王纯素"性嗜书，编录满案。余闲寄兴风雅，与龚冲妙、章清隐、潘怡云结山中吟社，当世重之"。并与道教信徒陆游是好友，有《谢别放翁诗》云："还丹一粒如粟大，点铁成金金不坏。服之冲举骑苍龙，直上九霄观世界。君藏此药天下知，鬼神正眼那得窥。归磨苍石宝君施，文章与此元无异。"著有《竹庵诗稿》《栖真洞神光记》等。③ 杭州洞霄宫道士龚大明，"七岁读书，一再过，辄成诵"。"自宴坐外，以吟咏自适，有《南轩稿》，平淡清逸可观。先是山中留题至多，久皆散灭。至君始裒为集，并刻《洞天真境录》。宁宗闻其名，召至禁中。"④ 不但写诗、出诗集，还收集前人的诗结集，名气之大甚至引起了皇帝的注意，并接见了他。宋末道士贝守一"通经史"，"吟咏自适，有《月溪稿》，镂板行世"⑤，也出版有诗集。

更多洒脱的道士，诗作随时随地即兴题写，并不保存整理。如南宋初，有道人在南康县题诗椽间曰：

> 阳君真确士，孝行动穹壤。
>
> 皇上怜其艰，七夕遣回往。
>
> 逶巡药顽石，遗子为馈享。
>
> 子既不我受，吾亦不汝强。
>
> 风埃难少留，愿子志勿爽。
>
> 会当首鼠记，青云看反掌。

此题诗引起轰动，"乡人闻者竞观之，题处去地几丈许，始以淡墨书，既而墨色粲发，字体飞动"。⑥ 诗书俱佳且别致。河北李陶真道人，看望道

---

① （宋）洪迈：《夷坚志·甲志》卷一四《妙靖炼师》，何卓点校，第123页。

② （宋）苏轼：《东坡志林》卷二《陆道士能诗》，王松龄点校，第37页。

③ （宋）邓牧：《洞霄图志》卷五《王纯素先生》，第60页。

④ （宋）邓牧：《洞霄图志》卷五《龚冲妙先生》，第60页。

⑤ （宋）邓牧：《洞霄图志》卷五《贝凝真先生》，第62页。

⑥ （宋）洪迈：《夷坚志·乙志》卷三《阳大明》，何卓点校，第208~209页。

友而不遇，"顾道童周永真索笔砚，题诗壁间云：一别仙标历四春，神霄今复又相亲。炉中气候丹初熟，匣里光芒剑有神。未驾鸾舆朝碧落，且将踪迹傲红尘。乘风暂过羌庐去，异日相期拜紫宸"。次年，道人李抱一见到后也题云："一粒金丹续命基，算来由我更由谁。神龟移入云端去，彩凤抟归地母骑。溟涬浪中求白雪，昆仑山里采琼枝。只消千日工夫足，养个长棱八角儿。"① 唱和之间，心有灵犀。无町畦道人冯观国有诗云："踏遍红尘四百州，几多风月是良俦？朝来应笑酡颜叟，道不相侔风马牛。""余诗尚多，皆脱尘世离俗罔等语，人亦莫能晓也。"② 他们的诗作自有道家风韵，为诗歌提供了新的意境和新的审美形式。

不能忽略的是，在词作鼎盛时代，僧道自不免俗，也有精品。如儒生出身的潼川府天甯则禅师，"词章婉缛"，其《满庭芳·牧牛词》曰：

> 咄！这牛儿身强力健，几人能解牵骑，为贪原上绿草嫩离离。只管寻芳逐翠奔驰，后不顾倾危。争知道山遥水远，回首到家迟。牧童今有智，长绳牢把，短杖高提，入泥入水，终是不生疲，直待心调步稳，青松下，孤笛横吹，当归去，人牛不见，正是月明时。

名僧释晓莹赞道："世以禅语为词，意句圆美，无出此右。"③ 以世俗精妙词句，寓佛家开悟之意，是禅词的代表作。这是对词体功能的一个新的尝试和拓展④，是对宋词发展的新贡献。

4. 对理学和士大夫的影响

宋代学术发展到历史新高峰，形成以义理之学为主的宋学，取代了章句之学的汉学。具有代表性的就是理学，援佛入儒，吸收佛教心性理论，发挥《中庸》《易经》中未被注意的性命之学，从哲学本体论的高度阐明儒家传统的伦理规范，把人的本性与宇宙最高原则——天理等同起来。理

---

① （宋）洪迈：《夷坚志·丙志》卷一一《李铁笛》，何卓点校，第 455 页。
② （宋）洪迈：《夷坚志·丙志》卷一九《无町畦道人》，何卓点校，第 528 页。
③ （宋）释晓莹：《罗湖野录》卷二，夏广兴整理，载《全宋笔记》第 5 编第 1 册，第 227 页。
④ 王池琦：《浅论宋代僧词对词体功能的拓展》，《文教资料》2011 年第 22 期。

学产生是儒佛道三家思想斗争和融合的结果，一些佛道学者对理学的建立有不可磨灭之功。

前辈学者已经发现这一问题。陈寅恪先生言："凡新儒家之学说，几无不有道教，或与道教有关之佛教为之先导。如天台宗者，佛教宗派中道教意义最富之一宗也。"例如北宋前期提倡《中庸》的释智圆，就是天台宗的一个杰出代表，陈寅恪先生称他"似亦于宋代新儒家为先觉"。① 智圆是杭州人，八岁出家，"十五微知骚雅，好为唐律诗，二十一将从师，受周孔书，宗其道，学为文，以训世"。② 在精研佛经儒典的基础上，他用中庸之道调和儒释，漆侠先生在《释智圆与宋学——论宋学形成前儒佛思想的渗透释智圆其人》一文中对此做了精彩论说。③

另外一位是北宋中期的契嵩。嘉祐年间，契嵩携所著《辅教编》《传法正宗记》等著述到开封，上奏朝廷，并向仁宗皇帝上万言书。宋仁宗赐他明教大师的称号，他由此名声大振，其著作在当时的思想界、学术界造成了很大的影响。杨东纯先生指出："就性命之学上发挥儒家旧典，沟通佛儒，并直接对宋代新儒学产生影响的当推契嵩。"④ 契嵩通释、儒、道三教，尤长于释、儒，且擅文辞，在社会的排佛浪潮中，他以佛僧身份发掘儒学经典中的性命思想，以求沟通儒佛，尤其是着力从性命之学上沟通两教。陈植锷先生指出："契嵩正是这样一位能总贯三教之旨的达识者。但他的可贵之处，不在于重复了前人一再提到的劝善一旨的观点，而在于进一步接过前此儒者李翱、李觏等人以中庸沟通儒翱释的茬子，从佛学一方高举起这面旗帜，为宋学汲取禅趣而从义理之学进到性理之学铺平了道路。""以中庸为性命之学的发端而效于老、释的提法，实自契嵩始。这无疑是一个十分大胆而富有开拓精神的提法。由此出发，整个儒释道三

---

① 陈寅恪：《冯友兰著〈中国哲学史〉（下册）审查报告》，载陈寅恪《金明馆丛稿二编》，台北里仁书局，1981，第251、252页。
② （宋）释智圆：《闲居编》卷一九《中庸子传》，载《续藏经》第101册，台北新文丰出版公司，1993，第56页上。
③ 漆侠：《释智圆与宋学——论宋学形成前儒佛思想的渗透释智圆其人》，载漆侠《漆侠全集》第9卷，河北大学出版社，2009，第44页。
④ 杨东纯：《中国学术史讲话》，东方出版社，1996，第214页。

家在心性义理上，被彻底打通了。"① 高聪明先生则专门研究了契嵩的这一历史性贡献，指出：契嵩以性情为基础，以中庸为最高原则，为儒家的伦理规范和礼乐刑政制度做出了性命论哲学的解释。宋代儒学的理学化，为单纯以伦理规范为内容的儒家思想构建了一个完整的哲学基础，这个基础就是性命之学，在将性命之学注入儒学这一点上，契嵩是较早的一人。为儒家的伦理原则做出了性命论哲学的契嵩的性情论、性气论、理本体论，对王安石、苏轼和张载、二程有重要影响。他是理学发展史上不能忽视的重要一环。②

具体如二程兄弟，就深受佛道影响，早年曾"出入于老、释者几十年"。③ 尤其是禅僧的思辨对其大有裨益，程颐年轻时就常与禅僧交流："先生少时，多与禅客语。"④ 《嘉泰普灯录》载："程伊川、徐师川、朱世英、洪驹父咸问道于灵源禅师，故伊川之作文注书多取佛祖辞意，信源流之有从也。"⑤ 禅僧对二程理学的影响，是显而易见的。

理学的形成与兴起，宋代道教、道士思想的影响也不容忽视。道教"以图解《易》"的传统对理学产生很大影响，周敦颐的《太极图说》就得自著名道士陈抟，朱熹通过为《太极图说》作注，阐发出不少哲学思想。在哲学本体论方面，二程和朱熹吸取了道家及道教以"道"为宇宙本体、"道生万物"的思想，完善了新儒学的思想体系。如程颢指出："道则自然生万物……道则自然生生不息。"⑥ 并认为道与太极同为宇宙本源："太极者，道也。"⑦ 这都是直接对道教的吸取，哲学范畴如太极、无极、巡、气、心、理、阴阳等几乎被共同使用。宋代理学家还吸取了道教

① 陈植锷：《北宋文化史述论》，中国社会科学出版社，1992，第374、375页。
② 高聪明：《明教大师契嵩与理学》，载漆侠、王天顺主编《宋史研究论文集》，宁夏人民出版社，1999，第276~277页。
③ （元）脱脱等：《宋史》卷四二七《程颢传》，第12716页。
④ （宋）程颢、程颐：《二程集·河南程氏遗书》卷三，王孝鱼点校，第63页。
⑤ （明）释宗本：《归元直指集》卷下《儒宗参究禅宗》，载《续藏经》第108册，台北新文丰出版公司，1993，第148页。
⑥ （宋）程颢、程颐：《二程集·河南程氏遗书》卷一五《入关语录》，王孝鱼点校，第149页。
⑦ （宋）程颢、程颐：《二程集·周易程氏传·易序》，王孝鱼点校，第690页。

清静无为和主静的特色，提倡居敬、主静修养而去人欲，穷天理。①

传统儒学基本是伦理学，缺乏哲学的抽象与思辨，宋代理学大量吸取佛、道理论中的思辨结构和方法，弥补了儒学的不足，把自然、社会、人生融为一体，使中国传统思维中有了很强的思辨色彩，并成为影响巨大的明清官方哲学。

最后还应提示的是，宋代僧道以其文化水平和才艺吸引着士大夫与其广泛交往，或茶酒游玩，或参禅论道、诗文往来。正如杨亿所言："公卿半是空门友。"② 如僧录赞宁："有大学，洞古博物，著书数百卷。王元之禹偁、徐骑省铉疑则就而质焉。二公皆拜之。"③ 僧良玉"僧行甚高，旁通文史之学，又善书，工琴棋。因游京师，梅圣俞见而喜之，以姓名闻于朝，赐以紫衣"。④ 名僧参寥子"能文章，尤喜为诗"，苏轼知徐州时，"参寥尝往见之，在坡座，赋诗授笔立成，一坐嗟服"，并深得苏轼的赏识。⑤ 道士陈景元"博识多闻，藏书数万卷。士大夫乐从之游"，程师孟"尝从求《相鹤经》，得之，甚喜，作诗亲携往谢"。⑥ 僧道与士大夫之间存在多种交游形式，无论在思想上还是在生活上他们都互相熏染。如苏轼任杭州通判时喜听海月大师惠辩说法："每往见师，清坐相对，时闻一言，则百忧冰解，形神俱泰。"⑦ 所有这些，对双方知识、观念的互补，对宋代儒释道三教的融合发展以及文学创作的发展，均有重要意义，也充分说明了僧道的文化水平之高，足以吸引士大夫关注。应该说，这是在同一知识层面上的文化交流。

5. 图书与教育成就

僧道以崇神、传教、修行为生，宗教经典须臾不可或缺。正如僧人所言：寺院若"无经一卷，非不耒而农，不书而士乎?"⑧ 故而藏经的阁、

---

① 参见蔡方鹿、黄海德《道教与宋代理学》，《学术月刊》1988 年第 7 期。
② （宋）杨亿：《武夷新集》卷四《赠文照大师》，福建人民出版社，2007，第 66 页。
③ （宋）文莹：《湘山野录》卷下，郑世刚、杨立扬点校，第 46 页。
④ （宋）龚明之：《中吴纪闻》卷一《梅圣俞与僧良玉诗》，孙菊园校点，第 5 页。
⑤ （宋）朱弁：《曲洧旧闻》附《续骫骳说》，孔凡礼点校，第 237 页。
⑥ （宋）叶梦得：《避暑录话》卷下，徐时仪整理，载《全宋笔记》第 2 编第 10 册，第 285 页。
⑦ （宋）苏轼：《苏轼文集》卷二二《海月辩公真赞》，孔凡礼点校，第 638 页。
⑧ （宋）杨万里：《杨万里集笺校》卷七二《兴崇院经藏记》，辛更儒笺校，第 3031 页。

楼、殿是寺观的标配，有的寺院专门设置阅览室。如南宋常熟净慧禅院在藏经殿后建筑规模很大的"看经寮"二十间，"明窗棐几，焕然一新，使其徒朝夕宴处于其间，展读讽诵，旷然见性明心"。① 寺观因而成为一地的图书出版、收藏和阅览中心。

印刷术的普及使图书出版事业蓬勃发展，寺观自不甘落后，大量刻印经书等典籍。北宋传世至今的东禅寺大藏经本《华严经》卷八十之后，有题记云："福州东禅等觉院住持、慧空大师冲真于元丰三年庚申岁谨募众缘，开雕大藏经板一副，上祝今上皇帝圣寿无穷，国泰民安，法轮常转。"说明刻经资金来自化缘募集。至崇宁二年（1103）完成，故称《崇宁万寿大藏》，凡六千四百三十卷。此后各大寺院纷纷仿效。政和三年（1113），福州开元禅寺开雕大藏经，至南宋孝宗乾道八年（1172）完成了六千一百一十七卷的《毗卢大藏》。淳熙二年（1175），安吉州思溪法宝资福禅院又雕印大藏经，世称《思溪资福藏》，凡五千七百四卷。宋理宗绍定四年（1231），平江府碛砂洲的延圣院开雕大藏经，世称《碛砂藏》，凡六千三百六十二卷。这些佛典大藏的雕印，均由寺僧主持完成。②

道教当然也要刊刻经典等。宋徽宗时，搜集编校道教遗书，在宋真宗抄本《天宫宝藏》的基础上增补至五千四百八十一卷，政和年间在福州镂板印刷，名《万寿道藏》，这是我国第一部刊印的《道藏》，在道教史上地位很高。又如杭州洞霄宫道士龚大明，将三十六小洞天之一的大涤山间历代留题的诗作收集汇编，刊刻出版："先是山中留题至多，久皆散灭。至君始衷为集，并刻《洞天真境录》。"③ 保存并传播了大量诗作等文献。

更多的藏书还要靠购买。如宋孝宗时的安福县兴崇院僧人海睿，"走两千里，至福唐，市经于开元寺以归。为卷者五千四十有八，为匦者数十百，承以耦轮，帱以崇殿。金碧炜烨，丹漆可鉴。龙光神威，森然欲动。

① （宋）孙应时：《琴川志》卷一三《净慧禅院看经寮记》，载《宋元方志丛刊》，第1285 页。
② 李致忠：《宋代的刻书机构》，载北京出版史志编辑部《北京出版史志》第11 辑，北京出版社，1998。
③ （宋）邓牧：《洞霄图志》卷五《龚冲妙先生》，第60 页。

鼓舞甿庶，罔不尊礼教所应有，彪列明备"。① 不惜千辛万苦购买经藏，建成藏经殿，各种设施一应俱全。其他如皇家赐赠、士人、商人捐赠的图书也是一大来源。这就使所有的寺观都有藏书，规模、名气越大，藏书越多。有学者阐述了宋代寺观藏书在书院产生、理学创立、寺观世俗教育、传统文化保存等方面的重要贡献②，其文化贡献是多方面的。

寺观藏书种类是开放的，不限于佛教道教经书，也有很多世俗的经史子集等书："是故祇垣中有书院，其中置大千界不同文书。"③ 除了供寺内阅读研究外，其他僧道、文人也可以借阅。如在佛教圣地五台山，曾有代州圆果院僧继哲"结庐于山之阳，阅《大藏经》，不下山三年矣"。④ 为了阅读大藏经，他在附近盖房常住的三年期间心无旁骛，应是通读了一遍。北宋前期曾任参知政事的韩亿、李若谷和曾任宰相的王随等人，早年都是利用寺院藏书学习的："未第时，同于嵩山法王寺读书。"⑤ 宰相张士逊则是在道教圣地武当山就读，"少孤贫，读书武当山"。⑥ 这些杰出人才的成长，都得到过寺观藏书的滋养。

寺观是宗教场所，为一方社会活动中心，同时也是学校。对僧道而言，在此需要终身学习，日复一日，年复一年，读经诵经、课业工作等直接的受教育之外，那些清规戒律乃至晨钟暮鼓，即便是做一天和尚撞一天钟，也不能不受到潜移默化。寺观社会存在的功能就是教化，对信众而言，进入寺观上香礼拜，参加仪式，聆听说法，以及寺观庄严肃穆的环境氛围，多少会受到熏陶洗礼，宽释开悟。虽属精神上、道德上的排遣提升，也是一种文化素养的积累。

宋代寺观不仅利用诸多手段广泛传播宗教，还招收儿童办蒙学，开展基础教育。如宰相卢多逊，"生曹南，方幼，其父携就云阳道观小学，时与群儿诵书废坛上"。⑦ 生长于眉山县城的苏轼自言："吾八岁入小学，以

---

① （宋）杨万里：《杨万里集笺校》卷七二《兴崇院经藏记》，辛更儒笺校，第3031页。
② 张建东：《宋代寺观藏书及其文化贡献探微》，《兰台世界》2013年第2期。
③ （宋）释道诚辑《释氏要览校注》卷中《志学》，富世平校注，第401页。
④ （宋）张商英：《续清凉传》卷上，山西人民出版社，1989，第119页。
⑤ （宋）邵伯温：《邵氏闻见录》卷八，李剑雄、刘德权点校，第79页。
⑥ （宋）吴处厚：《青箱杂记》卷八，李裕民点校，第87页。
⑦ （宋）文莹：《玉壶清话》卷三，郑世刚、杨立扬点校，中华书局，1984，第23页。

道士张易简为师。童子几百人。"① 他们充分发挥自己的文化优势，对宋代社会做出了又一文化贡献。

四　宋代僧道数量及其识字率

宋代是僧道队伍大发展的时代，关于其数量，史籍中有关数据不少。天禧五年（1021），全国有僧 397615 人，尼 61239 人，道士 19066 人，女冠 731 人，总共有僧道等 478651 人。② 宋仁宗宝元元年（1038），三司度支判官宋祁上书论三冗三费时指出："僧尼道士日益多而无定数"是第三冗，若使"其在寺帐为徒弟子者，悉遣为民"，则"可得耕织夫妇五十万人"③，也就是说，除了当时 40 余万僧道外，寺观中还有没有剃度、没有度牒的童行等约 50 万人，合计将近 100 万人。④ 宋徽宗朝，历史进入一个宗教狂热时期，僧道数量尤其是道士数量再度膨胀，达到第二个高峰。遗憾的是，僧道总数都是泛泛的约数。如大观四年（1110）五月，侍御史毛注上书："天下僧尼，增旧十倍，凡数十万人。祠部岁给度牒凡三万，乞权住三年。"⑤ 按毛注的说法，当时僧尼比以前增加了 10 倍，但如与宋真宗朝相比就是四百余万，不会只是数十万。所以他只是大言数多而已，不能当真。王栐记载：宣和七年（1125），朝廷"以天下僧道踰百万数，遂诏住给五年。继更兵火，废格不行"。⑥ 全国的僧道超过了 100 万，数字比较明确，这个数字应当包括童行数量在内。北宋末年的许翰也说道："窃料今天下僧与在籍而未受度牒者，又有田园力役之隶，合集不减百万。"⑦ 包括僧人、尚未剃度的童行以及在寺院中服役的人口在内多达100 万人，则是完全可能的。

---

① （宋）苏轼：《东坡志林》卷二《道士张易简》，王松龄点校，第 47 页。
② （清）徐松辑《宋会要辑稿·道释》一之一三，刘琳、刁忠民、舒大刚、尹波等校点，第 9979 页。
③ （宋）宋祁：《景文集》卷二六《上三冗三费疏》，第 335 页。
④ 详见拙作《宋代僧道数量考察》，《世界宗教研究》2010 年第 3 期。
⑤ （宋）陈均编《皇朝编年纲目备要》卷二七，大观四年五月，许沛藻、金圆、顾吉辰、孙菊园点校，第 699 页。
⑥ （宋）王栐：《燕翼诒谋录》卷五，诚刚点校，第 50 页。
⑦ （宋）许翰：《许翰集》卷四《论释氏札子》，刘云军点校，河北大学出版社，2014，第 76 页。

那么，是否可以断定包括童行在内的僧道都识字呢？不能，关键在于度牒的发行与买卖。

考试为僧道的制度始自宋朝，朝廷颁发的度牒大量出售也始自宋朝。作为考试合格的僧道，官方颁发的身份、职业证书——度牒，本应免费发放，或仅收取工本费，但官府有时为了筹集资金，早在唐朝就变无价为有价，开始标价出卖。到了宋英宗治平四年（1067）开始正式出卖，随着军费的膨胀，发行度牒便很快成为朝廷筹措资金的一个重要形式。如熙宁二年（1069），"鬻祠部三千，盖六十余万缗"。① 所谓"祠部"，是祠部颁发的度牒的别称，也称"祠部牒"。舒州修筑城墙时，朝廷支拨的经费并不是现金，而是 100 道度牒："给降度牒一百道计二万贯文"②，每道定价 200 贯，合计 2 万贯。

既然度牒成为可以流通的有价证券，已经市场化，那么不少作奸犯科者就能够遁入空门以逃避法律制裁。如建康商人周翁，长子不孝且行凶，知府向周翁主动提议道："我欲为汝究竟此段恶事，汝能捐钱千贯，买度牒一道，使之出家为僧，永绝冤业，汝意如何？"周翁同意后，官府"乃命周即日持钱，买官库祠部牒，当厅削子发，别给道费，使出游四方"。③ 如此一来，鲁智深之类的凶悍强暴之徒通过买度牒遁入佛门，其文化水平也就无从考较了。绍兴中，镇守福建的张浚之母莫夫人，出资购买了不少度牒用于施舍，"多以度牒付东禅寺，使择其徒披剃"，居民张圣"于是落发而立名圆觉。……素不识字，而时时赋诗"。④ 他是文盲，显然没有经过考试。

道士的情况与此一致。南宋德安府应城县集仙观，一次作黄箓大醮，"遍访它郡邑黄冠有道行者十四员，到观清斋沐浴，课诵经文"，但随即被揭发："经卷数固多，奈姓傅姓王两人，元不识字"，即其中有两个滥竽充数的道士不识字。⑤ 虽是少数，但恐怕不是个别现象，而且还是挑选

---

① （宋）杨时：《杨时集》卷六《王氏神宗日录辨》，林海权校理，第 112 页。
② （宋）张守：《毗陵集》卷二《又论淮西科率札子》，刘云军点校，第 16 页。
③ （宋）洪迈：《夷坚志·补志》卷六《周翁父子》，何卓点校，第 1604 页。
④ （宋）洪迈：《夷坚志·支丁》卷一○《张圣者》，何卓点校，第 1050 页。
⑤ （宋）洪迈：《夷坚志·三志壬》卷八《集仙观醮》，何卓点校，第 1528~1529 页。

出来的"有道行者"，何况其他？

　　另一种情况是为了表示皇家的特别恩惠，皇帝诏令度僧道不经考试。如景德三年（1006），宋真宗"令两京、诸州道释得度十人者，特放一人，不及者每院与一人，取系籍居止者度之，勿试经业。诏以方资善利，用广化枢故也"。① 按十分之一的比例，允许一人免试，当然，免试不意味着他们不识字，毕竟是已经系籍的童行。

　　这些情况表明，北宋后期以来很多僧道是通过购买度牒剃度的，在实际操作和现实生活中，没有文化或文化水平差者，也可以为僧道，即宋代僧道其实并非人人都有文化。僧道队伍的文化水平，由此打了个折扣。类似情况较多，宋人多有诟病，如王栐言："自昔岁度僧道惟试经，且因寺之大小立额，如进士应举然，虽奸猾多窜身其中，而庸蠢之甚者无所容。自朝廷立价鬻度牒，而仆厮下流皆得为之，不胜其滥矣。"② 张表臣也指出："近世二浙、福建诸州，寺院至千区，福州千八百区，粳稻桑麻，连亘阡陌，而游惰之民窜籍其间者，十九非为落发修行也，避差役为私计耳。"③ 其中多有躲避赋役的农民和没有手艺的懒汉闲人："今之为僧者，未暇以学道言之，或迫于兄弟之众多，或因无田而不耕，皆天下之闲民也。"④ 相当一部分僧道童行文化水平较低。这一比率当然达不到夸张所言的十分之九，而且这部分人大多是在童行之列。

　　但还应注意另一方面的问题，即他们进入寺观虽说不是为了学佛学道，也不通其奥义，但未必不识字。例如世人多指责福建与广东混进寺观的人太多，实际上另有隐衷：当地"壤迫而民稠，男子资秀颖，力强自好，则起而为士者常十五六，为佛之徒者又五之一焉。然佛之徒，自其童时已能诵数学，涉精博"。⑤ 也就是说，士大夫的所有指责与判断，主要是针对宗教水平不合格的僧道，而非文化水平不合格者。这是我们评估时应清醒认

---

① （宋）李焘：《续资治通鉴长编》卷六四，景德三年十一月庚戌，第 1434 页。

② （宋）王栐：《燕翼诒谋录》卷三《岁限度僧数》，诚刚点校，第 23~24 页。

③ （宋）张表臣：《珊瑚钩诗话》卷二，《丛书集成初编》，中华书局，1985，第 13 页。

④ （宋）志磐：《佛祖统纪校注》卷四八《法运通塞志十七之十四》，释道法校注，第 1129 页。

⑤ （宋）刘弇：《龙云集》卷三二《观禅师碑》，《景印文渊阁四库全书》第 1119 册，第 332 页。

识到的一点。

要之，宋代僧道队伍中究竟有多少识字有文化者呢？粗略估计，以北宋末期有 100 万僧道、童行论，其中约有 30 万不合格者。那么，有文化的僧道约 70 万人，仍不愧为一个发挥着重要作用的庞大的知识阶层。

结　语

以上可见，宋代大多数进入寺观的僧道是有一定文化水平者，此后更有终身的继续教育，正常情况下的僧道是有文化的一种职业。苏轼曾指出：杭州僧人众多，其间"道德才智之士，与夫妄庸巧伪之人，杂处其间，号为难齐"。① 虽有滥竽充数者，但确有不少的"道德才智之士"。程颐说的则是另一个角度："今之学释氏者，往往皆高明之人"②，殆非虚言。宋代僧道渊博的宗教和世俗知识，使其以较高的文化水平立足于世，并充分发挥聪明才智，提升了僧道理论的文化层次和精神境界，在社会文化各方面做出了重要贡献，尤其是其宗教理论提升了传统思想文化的哲学高度，推动了宋代历史前进，是中华文明的一个重要组成部分。可以说僧道是与士大夫并列的两大文化阶层，僧道文化是与士大夫文化并列的两大文化、思想高地，只是被占绝对统治地位、拥有话语权的士大夫儒文化压制、掩盖而已。对此应有足够的认识，不容忽视。北宋有名家曾言："成周三代之际，圣人多生儒中；两汉以下，圣人多生佛中。此不易之论也。"③ 可知宋代佛僧中多有杰出文化大家。

由此我们想到了一段意味深长的对话。

前文提到的宋孝宗时安福县兴崇院僧人不远千里购买经书后，请大臣、著名文学家杨万里作记。在序中，杨万里起初摆起架子教训道：

> 彼于其师之经，所谓五千四十八卷者，瓯之矣，能如士之于书皆诵之否？能诵之矣，抑能如士之于书皆通之否？

---

① （宋）苏轼：《苏轼文集》卷二二《海月辩公真赞》，孔凡礼点校，第 638 页。
② （宋）程颢、程颐：《二程集·河南程氏遗书》卷一八，王孝鱼点校，第 196 页。
③ （宋）惠洪：《冷斋夜话》卷一〇《圣人多生儒佛中》，李保民校点，第 60 页。

僧人世通回答道:

> 释之不如士,固也。抑不宁唯是,释能以无经为怍,固不如士之以书而入官,以官而捐书。释能倾赀以市经,固不如士之以身而殉货,以货而殉色。释能辛勤千里而求经,固不如士之重跬以附炎,奔命以死权。

杨万里十分尴尬,竟"无以诘,因并书其语"。① 他不大相信僧人能像士人那样博览群书、融会贯通,把这些书读完乃至理解,毕竟其数量、内容远多于儒家经典。但僧人先客气了一句给他面子,然后不客气地进行了一番僧人和士大夫的比较,指出僧人因无书而惭愧,士人读书是为了升官发财,做官后就不读书;僧人能倾尽财物、千里求经,士大夫则勤于趋炎附势、争权夺利。僧人读书治学可能不如士大夫,但求学态度、道德水平和精神境界远超士大夫。如此猛烈犀利的批判,杨万里不仅哑口无言,而且认为这一看法值得保存传播。即使是理学大师朱熹,也不得不赞赏僧人的治学功夫,他曾"言释氏之徒为学精专":"便是某常说,吾儒这边难得如此。看他下工夫,直是自日至夜,无一念走作别处去。学者一时一日之间是多少闲杂念虑,如何得似他!"② 深感儒家学者缺乏佛徒的专心,自叹不如。

儒释道三教是中国传统文化的三大支柱。宋代社会历史事实表明,一般而言,儒学主要在政治层面,佛道主要在生活层面;儒学作用主要在上层,佛道作用主要在下层,其对民众生活的影响不亚于儒学对士大夫的影响,宗教的神秘张力甚至更深入日常生活和精神信仰的灵魂深处,比如医疗、祭祀、驱邪、祈祷、超度等;佛教的哲学层面及高度和道教的科学层面及高度,则是儒学缺乏的。

据何忠礼先生推测,北宋中后期全国仅参加发解试的读书人有42万人左右,南宋时如果将全国应举和准备应举的读书人都统计在内,人数可

---

① (宋)杨万里:《杨万里集笺校》卷七二《兴崇院经藏记》,辛更儒笺校,第3031页。
② (宋)黎靖德编《朱子语类》卷一二六《释氏》,王星贤点校,第3018页。

能接近 100 万。① 南宋文化更普及，但版图与北宋相比只是半壁江山。北宋末期的士子数量有 70 余万，加上数万在职官员和数万退休官员，当有士大夫和士子 80 余万。

佛道约 70 万人的文化力量虽谈不上能抗衡儒学，但可以起到某种程度上的平衡调节作用，有利于文化的多元发展。例如四川民间异端思想家龙昌期，以"议论怪僻"闻名，"以周公为周之贼"，触犯了儒学的基本信条，还著有《三教圆通论》一书。这与其僧人出身有关："龙昌期少时为僧，尝上朱台符诗曰：'洗砚书名纸，磨钱掷卦爻。侯门千万仞，应许野僧敲。'台符爱其材，劝之业儒。"② 写这首诗时，他只是个小和尚，即他的文化功底是佛学，故而不那么循规蹈矩。

第二节　医生

医药伴随着人类文明产生，是人类身体修复完善的开端，维护着人类健康。随着社会发展，医生作为一支不可或缺的职业队伍日渐壮大，在宋代经济、文化、科技大发展的基础上，已经颇具规模，医药事业也面目一新。主要表现，一是分科更细，二是发现的药物更广泛，三是从医人员更多，四是医学教育更普及，五是医生文化水平提高。本节着重就宋代医生的文化水平和数量方面做一探讨。

一　宋代医生的文化水平及儒医的出现

1. 医生的文化水平

医生是一个需要专业知识与技术的职业，基础是必须有文化素养。这是古人一再强调的："凡为医师，当先读书。凡欲读书，当先识字。字者，文之始也。不识字义，宁解文理？文理不通，动成窒碍。"③ 宋人言：

---

① 何忠礼：《科举制度与宋代文化》，《历史研究》1990 年第 5 期。
② （宋）吕希哲：《吕氏杂记》卷下，夏广兴整理，载《全宋笔记》第 1 编第 10 册，大象出版社，2003，第 295 页。
③ （明）缪希雍：《神农本草经疏》卷一《祝医五则》，《中医古籍名著文库》，中医古籍出版社，2002，第 38 页。

"百工皆圣作，惟医有书传。"① 说的是医生与其他技术行业大不相同，必须读书。故而"善医者，必先读神农之书，以遍识天下之药"。② 读医书、识药名，是从医的大前提，没有读、写、算的基本文化知识，几乎寸步难行。陆游《记悔》诗云："我悔不学医，早读黄帝书，名方手自缉，上药如山储。"③ 可知学医起步于研读医书，收集抄录药方，积累经验。如周密赞道："吾乡医者庞良臣、良才兄弟二人，指上颇明，最是暗记诸药方，不差分毫，为难能也。"④ 除了个别江湖郎中靠偏方绝技行医以外，绝大多数医生必识字，能读懂深奥的医药书籍，会开药方。如鄱阳医生姜彦荣在外忙碌一天回家后，"因夜归，停烛独坐，寻绎方书"⑤，就是正常的工作状态。

由于医疗的特殊性，医生不仅需要专业技能，对历史修养和个人品质也有较高的要求，如宋人寇宗奭所说："凡为医者，须略通古今，粗守仁义。"⑥ 这可以说是医生必备的专业素质之一，即应当具备良好的社会公信力，古今中外莫不如此。源于古希腊的《希波克拉底誓言》以及现代医生必须宣誓遵守的《日内瓦宣言》，即是对这一问题的强化。而这些都需要以读书为基础。如建州医生范安常，据方大琮言，其家三世以来"或儒或医……问子几人，能传业否？曰：'一儿十六岁，姑令读书，知书而后可语医。'其言尤有理，虽然诚有得于书也，岂独医哉"。⑦ 古来医生职业，多是世代相传，从小先学识字读书，在此基础上再学医。

正是因为如此，宋代许多医生就出自儒生。京东路金乡县医生李去病，"知书，且多艺，少从乡贡。顾尝好医，以其所闻于儒者，礼乐有盈

① （宋）秦观：《淮海集笺注·后集》卷一《赠医者邹放》，徐培钧笺注，上海古籍出版社，2000，第1347页。
② （明）黄淮、杨士奇编《历代名臣奏议》卷一一五，（宋）韩驹奏，上海古籍出版社，1989，第1524页。
③ （宋）陆游：《陆游全集校注·剑南诗稿校注》卷七一《记悔》，钱仲联校注，第303页。
④ （宋）周密：《癸辛杂识·续集》卷上《医术》，吴企明点校，中华书局，1988，第137页。
⑤ （宋）洪迈：《夷坚志·支甲》卷三《姜彦荣》，何卓点校，第735页。
⑥ （宋）寇宗奭：《本草衍义》卷二《序例中》，人民卫生出版社，1990，第15页。
⑦ （宋）方大琮：《宋宝章阁直学士忠惠铁庵方公文集》卷三七《赠医者范安常》，《中国基本古籍库》，明正德八年方良节刻本，第12页。

减，刚柔有损益，术斯而往，知五行六气之动以节，中而屡移，故医特胜"。① 这位医生是儒生出身，把儒家学问融会于医家，竟成名医。河东隰州人姚济，"父始业医"，他则"少独嗜诗句，笔札骏骏可喜。然以家世故，终于方术之学易入，推日星躔次、寒暑节候、五行王衰，相山川风水、背向宜吉、可居可葬，皆极其妙。与诸儒试有司不中，即拂衣去，专学医。杜门著书，欲自名家"。遂成"天下名医"。② 姚济少年时热衷于学诗，曾参加科举，失利后才改弦易辙学医，靠着文学、术数的文化基础，获得成功。另一个河东人宋道方，出身方士家庭，"年十五，念贫无以为养，则辍其所学诗书而学为医，取神农、帝营以来方术旧闻，昼夜伏而读之。二年曰：'可矣。'始出刀圭以治人，病往往愈，益自信。……义叔非有世业资藉，专用古法以治人，邃张仲景，尊孙思邈。……遂为医宗，名号闻四方，搢绅大夫道过邑者必求见之"。政和年间被征为太医。③ 由专攻诗书的儒生自学成才，获得"医宗"的崇高地位。欧阳修有诗赠鄱阳医生云：

> 秦卢不世出，俗子相矜夸。治疾不知源，横死纷如麻。
> 番阳奇男子，衣冠本儒家。学本得心诀，照底穷根厓。
> 冷然鉴五藏，曾靡毫厘差。公卿扫榻迎，黄金载盈车。
> 语言无羽翰，飞入万齿牙。相逢京洛下，使我惊且嗟。
> 七年慈母病，庸工口咿哑。恨不早见君，以乞壶中砂。
> 通宵耳高论，饮恨知何涯。瞥然别我去，征途指烟霞。
> 孤云不可留，泪线风中斜。④

出身儒士的医生不仅医术高明，学问谈吐令欧阳修惊叹不已。刘敞有

① （宋）晁补之：《鸡肋集》卷三五《李去病字仲霍序》，《景印文渊阁四库全书》第1118册，台湾商务印书馆，1986，第675页。
② （宋）王安中：《初寮集》卷一四《姚将军墓表》，徐立群点校，河北大学出版社，2017，第565页。
③ （宋）许翰：《许翰集》卷一二《修职郎宋侯墓志铭》，刘云军点校，第173~174页。
④ （宋）欧阳修：《欧阳修全集·居士外集》卷四《赠潘景温叟》，李逸安点校，第768页。

《赠医潘况秀才序》①，直呼医生为秀才。南宋名臣崔与之的父亲崔世明，多次科举不中，感叹道："不为宰相则为良医"，"遂究心岐、黄之书，贫者疗之不受直"。② 以儒家济世的情怀学医行医。当涂外科医生徐楼台，"累世能治瘫疖，其门首画楼台标记，以故得名。传至孙大郎者，尝获乡贡，于祖业尤精"。③ 这位悬壶世家出身的外科医生，文化水平达到通过乡试被发解进京参加礼部考试的程度，大概正是因为文化水平高出父祖，所以医术更上层楼，超越前人。以上事例说明，宋代医生是一个知识层次较高的专业群体，多是半医半儒。

更多的医生虽非儒生出身，但起码也都识字，会读写。如宋代杏林翘楚庞安时：

> 儿时能读书，过目辄记。父，世医也，授以脉诀。安时曰："是不足为也。"独取黄帝、扁鹊之脉书治之，未久，已能通其说，时出新意，辨诘不可屈，父大惊，时年犹未冠。已而病聩，乃益读《灵枢》、《太素》、《甲乙》诸秘书，凡经传百家之涉其道者，靡不通贯。④

另有记载云：庞安时"为儿读书，警悟绝人，一经目，终身不忘。时时治病有奇效，十愈八九。性喜读书，藏至万卷。苏公轼及张公耒皆与之游，耒志其墓"。⑤ 他自幼读书，广泛涉猎百家典籍，有深厚的文化底蕴，成为一代名医，并与苏轼等文化名流为友。颍阳人王忠民，"世业医。忠民幼通经史"。⑥ 可见学医以前先学经史。自学起家为医者，如饶州王克明：

> 绍兴、乾道间名医也。初生时，母乏乳，饲以粥，遂得脾胃疾，

---

① （宋）刘攽：《彭城集》卷三四《赠医潘况秀才序》，逯铭昕点校，第903页。
② （元）脱脱等：《宋史》卷四〇六《崔与之传》，第12257页。
③ （宋）洪迈：《夷坚志·丁志》卷一〇《徐楼台》，何卓点校，第618页。
④ （元）脱脱等：《宋史》卷四六二《庞安时传》，第13520~13521页。
⑤ （宋）王象之：《舆地纪胜》卷四七《蕲州·人物》，李勇先校点，第1992页。
⑥ （元）脱脱等：《宋史》卷四五九《王忠民传》，第13462页。

长益甚，医以为不可治。克明自读《难经》、《素问》以求其法，刻意处药，其病乃愈。始以术行江、淮，入苏、湖，针灸尤精。……士大夫皆自屈与游。……克明颇知书。①

从研读医学经典入手，医术高明，在针灸方面技术尤为精湛。北宋后期的四川人史南寿，出身富裕农民家庭，后因家道破落，学医成才。

性嗜书，多所藏。尤喜医，受禁方。公为方，殆天得。诮生（御名），起死虢。欲为书，施无穷。草未就，以寿终。②

他热衷于藏书读书，文化水平较高。生长于京师富人家庭的姚丹元，因不肖被其父赶出家门，只好"事建隆观一道士，天资慧，因取《道藏》遍读，或能成诵。又多得其方术丹药。大抵有口才，好大言。作诗间有放荡奇谲语，故能成其说。……崇宁间余在京师，则已用技术进为医官矣。出入蔡鲁公门下，医多奇中"。③ 因为识字，所以在道观中能够通读《道藏》，又认真研读医书，自学成才。有士人在义乌县遇到身穿"野服"的邑医孙道，"工疗眼疾"，这位常守在路边的医生看见来人，便恳求药方道："君当是贵家子弟，必藏好书，愿畀我一二，或可为人起疾。"这位士人"素秘翻胃一方，即口授之……孙喜，书之于策"。④ 孙道热衷于寻访药方，并抄录成册。南宋士大夫方岳曾言：

医而世十一，世而艺百一，艺而儒千一，不艺世耳，不儒艺耳，奚其医？晞之之医，自其祖曾七八传，而所谓隐微处士南薰老人者，率有集，方志所书宜信，晞之勉之。涪翁评画，谓使其胸中有数百卷书，下笔当不减文与可，矧医乎哉？晞之勉之。予以掌故，过都之年

---

① （元）脱脱等：《宋史》卷四六二《王克明传》，第 13530～13531 页。
② （宋）唐庚：《眉山唐先生文集》卷一〇《史南寿墓铭》，《四部丛刊三编》，上海商务印书馆，1936，第 8 页。
③ （宋）叶梦得：《避暑录话》卷上，徐时仪整理，载《全宋笔记》第 2 编第 10 册，第 232～233 页。
④ （宋）洪迈：《夷坚志·支丁》卷五《义乌孙道》，何卓点校，第 1007 页。

道病，晞之投方七剂，立苏醒，因书以附家乘。①

从中可知，医生尤当胸中有百万书，吴晞之的家学渊源可向上追溯七八代，故而其家文风浓郁，文学作品经辑录而成家集，世代相传。

普通医生也不乏文学素养。定州开元寺塔中，现存有宋代医生和卖药人的题诗墨迹：

> 习医人袁亨、习小方脉人李道庆、货药人陆应期乱道：危峨宝塔与云平，眺望登临最称情。凉侵笔砚诗魂建，冷入杯盘酒浆轻。南北纵观千里迥，东西依约见蓬瀛。莫畏攀陟时来上，共获无涯福残生。至和元年七月廿八日，与良交同游宝塔，偶题五十六字。勿哂□。（另一首略）②

他们结伴游玩，登塔远眺，有感而发，诗文口气谦虚，然出口成章，具有相当的水平。北宋中后期的郭祥正，曾对陈姓医生赞不绝口：

> 堂堂颍川客，察脉极渊薮。
> 挛足四五年，下针使之走。
> ⋯⋯⋯⋯⋯
> 又复能赋诗，往往吐琼玖。
> 卷纸夸速成，语怪若神授。③

医术十分高明，作诗也很精彩。医生熊邦俊曾得热疾，一医用凉剂为他医治，"才半日许，因啜粥，热复作。索纸笔作诗数篇，亦谐合音韵可读"。④ 发烧之中有些神经错乱，却能提笔写出几首合辙押韵的诗篇。前

---

① （宋）方岳：《秋崖集》卷三八《吴晞之家集》，《景印文渊阁四库全书》第 1182 册，第 595 页。

② 定州市开元寺塔文物保护管理所编著《定州开元寺塔石刻题记》，第 179、180 页。

③ （宋）郭祥正：《郭祥正集·辑佚》卷一《赠陈医》，黄山书社，1995，第 522 页。

④ （宋）洪迈：《夷坚志·三志辛》卷九《熊邦俊病状》，何卓点校，第 1458 页。

文所言曾任医官的姚丹元，"作诗间有放荡奇谲语"，苏轼"尤奇之，直以为李太白所作"①，诗风仿佛李白，水平相当高。陆游有诗专门写村医道：

> 《玉函》《肘后》了无功，每寓奇方啸傲中。
>
> 衫袖玩橙清鼻观，枕囊贮菊愈头风。
>
> 新诗吟罢愁如洗，好景逢来病欲空。
>
> 却羡龙钟布裘客，埭西卖药到村东。②

《玉函》《肘后》是东晋葛洪所著的中医方剂著作，村医自然熟读这些中国最早的临床急救手册，闲暇之余还喜作诗抒情寄意。

其他才艺突出者，有北宋中期的医生阎士安，是位杰出的医生画家。

> 家世业医。性喜作墨戏，荆槚枳棘，荒崖断岸，皆极精妙。尤长于竹，或作风偃雨霁，烟薄景曛，霜枝雪干，亭亭苒苒，曲尽其态。中书令谥武恭王德用好收花竹之画，士安作《墨竹图》献之。德用一见叹美不已，遂以为箧中之冠，奏补国子四门助教，后之学者往往取以为模楷焉。今御府所藏二：《墨竹图》一，《折枝墨竹图》一。③

他精于画山水花竹，竟由此被高官推举入仕成为国子助教。他"习医术。善为墨竹及草树荆棘土石蜞蟹燕子等，皆不用彩绘，为时辈所推。故王冀公（德用），好蓄花竹之画，士安尽其思虑，献《墨竹》一图，甚见称赏，由是奏为试四门助教。士安之竹，千怪万状，有带风烟雨雪之势者，尤尽其景"。④ 连司马光也专门为其画作《墨竹》赋诗：

---

① （宋）叶梦得：《避暑录话》卷上，徐时仪整理，载《全宋笔记》第 2 编第 10 册，第 232 页。

② （宋）陆游：《陆游全集校注·剑南诗稿校注》卷五九《示村医》，钱仲联校注，第 356 页。

③ （宋）佚名：《宣和画谱》卷二〇《阎士安》，岳仁译注，第 409 页。

④ （宋）刘道醇：《圣朝名画评》卷三《阎士安》，《中国书画全书》，上海书画出版社，1993，第 458 页。

> 阎生画竹旧所闻，望中一见遥可分。
>
> 伊予不甚少佳画，犹爱气骨高出群。
>
> 狂枝怒叶凌绢素，势若飞动争纷纭。
>
> 蟠根数节出地底，上有积年苍藓纹。
>
> 森然直干忽孤耸，意恐出屋排浮云。
>
> 秋风飒飒生左右，耳目洒落遗尘氛。
>
> 乃知良工自神解，昧者仿习徒艰勤。
>
> 子猷昔者得收玩，不患终朝无此君。①

此图令司马光远远一看就感到不凡，立即认出是阎士安的《墨竹》，细看更是赞不绝口。其作品同样得到宋徽宗的欣赏，收藏其《墨竹》两幅。

2. 儒医的出现及社会地位的提高

宋代医生文化形象方面的最大变化，就是儒医之说兴起，实为古代医生历史中的重要坐标。

儒医一词，始于宋代，最早似见于宋徽宗时期的官方医学。政和七年（1117）有臣僚言：

> 伏观朝廷兴建医学，教养士类，使习儒术者通黄素，明诊疗，而施于疾病，谓之儒医，甚大惠也。②

宋神宗时创建专门培养医生的医学，至宋徽宗朝发扬光大，体制仿照太学，转隶于礼部，把医学纳入儒学教育体系。其出发点是"使习儒术者通黄素"（黄素指《黄帝内经素问》，为中医理论之渊薮），即由儒到医，以儒家思想为指导培养医生，故而称之为儒医。宋代以前的药书，名为《开宝本草》《嘉祐本草》《本草图经》，至宋徽宗朝，编成《重修政和经史证类备用本草》。该书在汇集扩充前人本草基础上，加入了儒家的经史

---

① （宋）司马光：《司马光集》卷二《吴冲卿直舍阎士安画墨竹歌》，李文泽、霞绍晖校点，第33页。

② （清）徐松辑《宋会要辑稿·崇儒》三之二〇，刘琳、刁忠民、舒大刚、尹波等校点，第2800页。

等百家典籍 240 余种，既成宋代本草集大成之作，也可视为儒医出现的标志。这一新理念作为旗帜具有很大的引导作用，在历史上影响深远。故而，"中国医术，当以唐宋为一大界。自唐以前，医者多守专门授受之学，其人皆今草泽铃医之流。……其有以士大夫而好研方术，若张仲景、皇甫士安、葛稚川、陶隐居、孙真人、王焘者，代不数人耳。自宋以后，医乃一变为士夫之业，非儒医不足见重于世"。① 这一转变趋势，反映了两个问题：一是官方将医生的培养纳入国家教育事业，高度重视，不再像前代那样任其自生自灭；二是医生的社会地位随着其文化水平的增长、医术的进步而提高，众多的士大夫也乐意学医行医。

与儒医密切相关的一句名言"不为良相则为良医"，也出自宋代。学界大多认为这句话源自范仲淹："范文正公微时，尝诣灵祠求祷曰：'他时得位相乎？'不许，复祷之曰：'不然，愿为良医。'亦不许。"② 是做官如不能做到宰相便做医生的意思，都源于儒家"修身齐家治国平天下"的思想，为相则"先天下之忧而忧"，行医则悬壶济世，都是拯救天下苍生。范仲淹高尚的情操和巨大的感召力影响深远，多有效仿者。如南宋名臣崔与之的父亲、广州人崔世明，科场上屡屡失利，"每曰：不为宰相则为良医"，竟自学成为良医。③ 实为广大知识分子人生追求的第二理想选择。

"不为良相则为良医"是对"儒医"概念的最好补充和注脚，宋代学者对此也多有诠释。如南宋末年名宦家铉翁云：

> 医，学问之道也，近于儒，进则为儒矣。……是故儒为贵，医次之。④

---

① 谢观：《中国医学源流论》，福建科学技术出版社，2003，第 101 页。
② （宋）吴曾：《能改斋漫录》卷一三《文正公愿为良医》，第 381 页。对此也有不同看法："'不为良相，则为良医'之类的名言，是以吴曾在 12 世纪中期根据社会传言和己意记录的则范仲淹轶事为蓝本，经后人概括改编于 13 世纪逐步形成的。这一几无争议地被视为范仲淹的名言，并非范仲淹所言，且极可能与他本人无关。"可参见余新忠《"良医良相"说源流考论——兼论宋至清医生的社会地位》，《天津社会科学》2011 年第 4 期。然无论具体情况如何，这一理念是在宋代形成的，并借用范仲淹的名声传播。
③ （元）脱脱等：《宋史》卷四〇六《崔与之传》，第 12257 页。
④ （宋）家铉翁：《则堂集》卷三《中庵说》，《景印文渊阁四库全书》第 1189 册，台湾商务印书馆，1986，第 330 页。

名儒黄震曾言：

> 天下之伎术皆为民生蠹，惟医为有益，故世或以儒医并称，尊之也。然使一堕于伎术之习，则儒亦羞学。余于淳祐丁未来天台，明年识其名医薛君，见其持心厚，处事详，于乡党称善不称恶，术虽医而习则儒矣，诸子之彬彬而儒也，亦宜哉！余故喜而为之祝曰："君善医人，君之子且持君之心以医国矣。"①

综合解读二者之言，可见宋代儒医一说，包含两个意思：一是将医者和儒者并列，一儒二医，是对医生的尊重；二是医生有儒家思想和作派，与儒家很接近，前进一步即为儒。所谓"儒与医，二而一，一而二"②，几乎合流。南宋有僧家也论此："四事区分一理通，几将周孔合神农。医家自贵能专业，儒术相兼又不同。大底好生方是德，多番起死不言功。"③ 重点言其理相通。这是儒医产生的理论基础，也是宋代医生积极普遍地提高文化水平的动力。

至南宋初，儒医已大量出现，然多源自北宋。如南宋初的"蕲人谢与权，世为儒医"。④ 南宋初年的杭州，因皇室南渡，"大驾初驻跸临安，故都及四方士民商贾辐辏，又创立官府，匾榜一新。好事者取以为对"，其中就有"三朝御裹陈忠翊，四世儒医陆太丞"。⑤ 儒医成为标榜医术高明的广告词。这对医生的社会地位和文化水平的提高大有益处，也是对宋代医生文化水平的充分肯定，无异于加冕，使医生从草根走向精英。可以说儒医是宋代医生文化水平提高的结晶。

与此相适应的是，宋代医生的社会地位明显提高，具体表现就是尊称的出现。古代一般称医生为：医、疾医、医者、医士、医师，唐代始称医

---

① （宋）黄震：《黄震全集·黄氏日钞》卷九〇《赠台州薛大丞序》，张伟、何忠礼主编，第 2382 页。
② （宋）释居简：《北磵文集》卷五《赠儒医闻人晦叔序》，纪雪娟点校，《日藏稀见释家别集丛刊》，西南师范大学出版社，2016，第 128 页。
③ （宋）释大观：《物初剩语》卷五《儒医周学谕》，第 620 页。
④ （宋）洪迈：《夷坚志·甲志》卷二《谢与权医》，何卓点校，第 16 页。
⑤ （宋）陆游：《老学庵笔记》卷八，李剑雄、刘德权点校，第 104 页。

生，这个生是儒生之"生"、先生之"生"。宋代则有了一直传到现代的大夫、郎中之"官称"。与儒医这一称谓只是部分医生享有不同，这是对广大医生的尊称。这一历史现象，几乎得到学界一致的认同。如明末清初的顾炎武指出："北人谓医生为大夫，南人谓之郎中，镊工为待诏，木工、金工、石工之属皆为司务。其名盖起于宋时。"① 当代两大辞书均持此说，如《辞源》："宋医官别设官阶，有大夫、郎、医效、祗候等。见宋洪迈《容斋三笔》十六《医职冗滥》。后称医生为大夫，本此。"②《辞海》："宋代医官别置大夫以下阶官，见洪迈《容斋三笔》卷十六。今北方仍沿称医生为大夫。"③

也有学者认为，医生的"大夫"之称始于北周："北周太医下大夫姚僧垣所著的医书，名谓之姚大夫集验方，由此后代太医院五品以上的医官都称大夫。现在也称医生为大夫。"④ 查"姚大夫《集验方》十二卷"，见于《隋书·经籍志》⑤，确实早于宋代，但并不等于就是尊称医生为大夫的开端。理由有二：其一，在此前后及隋唐五代，未见"大夫"一词用于其他医生；其二，太医院五品以上的医官并不都称大夫，例如唐代和北宋大部时间内就不称大夫。可以确定的两点是：一，并非从宋朝开始医生官位称大夫，五百年前的北朝时期就早已有之；二，这里的大夫仍是以官职出现的，正如战国宋玉的《宋大夫集》、汉代蔡邕的《蔡中郎集》、唐代杜甫的《杜工部集》一样，与姚僧垣医生的职业仅是巧合。政和二年（1112），宋徽宗将医官等更改为新的职官名称："和安大夫、成和大夫、成安大夫、成全大夫、保和大夫、保安大夫，翰林良医、和安郎、成和郎、成安郎、成全郎、保和郎、保安郎、翰林医正。"⑥ 职位最高的太医都是大夫，而宋代盛行虚称即夸大身份的称呼，如文官一般尊称学士、

① （清）顾炎武著，（清）黄汝成集释《日知录集释》卷二四《郎中待诏》，岳麓书社，1994，第859页。
② 广东广西湖南河南辞源修订组、商务印书馆编辑部编《辞源》（修订本），商务印书馆，1981，第661页。
③ 夏征农等：《辞海》，上海辞书出版社，1989，第705页。
④ 陈西河编《中医名词辞典》，台北五洲出版社，1974，第11页。
⑤ （唐）魏征：《隋书》卷三四《经籍志》，中华书局，1973，第1042页。
⑥ （清）徐松辑《宋会要辑稿·职官》五六之三八，刘琳、刁忠民、舒大刚、尹波等校点，第4547页。

武官一般尊称太尉，尊称一般医生为大夫势在必行。如"张二大夫者，京师医家，后徙临安。官至翰林医痊。免退，居吉州，启药肆，技能不甚高"。① 这位行二的张姓医生虽然医术平平，但照样以大夫为名。

至于将医生尊称为"郎中"，也始见于宋代，如"杜泾郎中，河中府荣河县上源村人也。世为医，赀业稍给"②；京东路则有世代良医"杜任郎中"。③ 这些均印证了顾炎武等人的判断，只是不限于南方地区，也是宋代医生文化水平提高的民间反映。

还应指出的是，在独尊儒术的统治集团眼中，医生在朝廷中属于不入流的伎术官，士大夫通常称为"医工"，仍列于工匠行当。这种根深蒂固的偏见难免影响着医生社会地位的进一步提高。

二　宋代医生的医学贡献

宋代医生的文化水平，职业特征决定其起点本身就较高，或者说原本就是一个知识分子阶层，不能按其他阶层的文化标准论述。而其文化贡献，具体说就是医学贡献集中体现在著书立说方面。南宋初官员学者程迥指出："世有方士著书，言用心三十年而后成，颇与名儒贤卿交游，又知书史，故大得名声。然或创出新意，多与医经背戾。"④ 所言方士即医生，宋代医生由于文化水平高，儒学修养深，治学严谨，不急于求成，而注重创新。此可视为宋代民间医生著述的特点。所谓创新，就是批判地更新前人的成说，如东京开封有刘姓医者，"其术甚异。通《黄帝八十一难经》，病注者失其旨，乃自为解，献于阙下，仍为人讲说。自号曰'刘难经'"。⑤ 他重新注解了这部经典，并广为宣传。《四库全书·医家类》共收医书 97 种，其中宋代医书多达 24 种，占总数的 24.7%。张邦炜先生曾根据传世宋代图

---

① （宋）洪迈：《夷坚志·支乙》卷七《张二大夫》，何卓点校，第 845 页。
② （宋）洪迈：《夷坚志·支甲》卷二《杜郎中驴》，何卓点校，第 720 页。"河中府"原作"河府"，点校者夹注："叶本多'中'字。"按：宋代无"河府"，而荣河县正在河中府。叶本为正，径改。
③ （宋）刘斧撰辑《青琐高议·后集》卷一《杜任郎中》，上海古籍出版社，1983，第 114 页。
④ （宋）程迥：《医经正本书·辩方士著书乃采俚俗不合医经者第十二》，《丛书集成初编》，中华书局，1985，第 10 页。
⑤ （宋）王钦臣：《王氏谈录·医》，储玲玲整理，载《全宋笔记》第 3 编第 3 册，第 20 页。

书目录计算过宋代医书 93 部，有 7 部可确认为医官所著①，即有 86 部是民间医生的私人著作，占 92.5%。仅此，就可对宋代医生的文化水平之高以及在中国医学史上的学术贡献之大，有一个基本印象了。以下略举民间医生著作几例，以见一斑。

医学贡献，重在具体的疗效、宏观的理论以及对后代的影响。宋代医生善于总结历代医药理论和方剂，根据文化、科技的发展又勇于创新，产生了一大批里程碑式的医药学著作。

北宋名医庞安时，著有《难经辨》数万言、《主对集》一卷、《本草补遗》等医书②，现仅存一部《伤寒总病论》六卷，主题是对张仲景思想予以补充和发挥。突出特点是着重阐发温热病，主张把温病和伤寒区分开来，这对外感病学是一大发展。及至当代，有多家出版社整理出版该著，甚至誉之为"北宋医王"。③

蜀人巢谷，是苏辙同乡，"眉山农家也"，其父"少从士大夫读书，老为里校师。谷幼传父学，虽朴而博。举进士京师，见举武艺者，心好之。谷素多力，遂弃其旧学，畜弓箭，习骑射。久之，业成而不中第"。④他出身儒家，自幼读书，成绩优秀，通过了解试。在医学方面有《圣散子方》，"初不见于前世医书，自言得之于异人。凡伤寒不问症候如何，一以是治之，无不愈。子瞻奇之，为作序，比之孙思邈三建散，虽安常不敢非也"。⑤苏轼得到他所传的《圣散子方》，用于杭州大疫，取得显著疗效："全活者，不可胜数"，赞之为："真济世之具，卫家之宝也。"为了将这一医术发扬光大，苏轼又将《圣散子方》传给了庞安时⑥，造福后代良多。

北宋医学家初虞世，字和甫，对于医理有较深的研究，撰有《养生

① 张邦炜、余贵林：《宋代技术官研究》，《大陆杂志》第 83 卷（1991），第 1、2 期。

② （元）脱脱等：《宋史》卷四六二《庞安时传》，第 13521 页。

③ 何敏、张继主编《医易会通研究》，南京大学出版社，2014，第 249 页。

④ （宋）苏辙：《栾城后集》卷二四《巢谷传》，曾枣庄、马德福校点，第 1436 页。

⑤ （宋）叶梦得：《避暑录话》卷上，徐时仪整理，载《全宋笔记》第 2 编第 10 册，第 239 页。

⑥ （宋）苏轼：《苏轼文集》卷一〇《圣散子后叙》《圣散子叙》，孔凡礼点校，第 332、331 页。

必用方》（又名《古今录验养生必用方》或《初虞世方》）一书，受到医家的重视。宋代高官李光指出："予观《千金》《外台秘要》诸方书，皆前古圣贤有意拯救生灵，其功甚大，不可轻议。但去古既远，分剂率用升斗，有今人不能晓者。初公和甫，本朝儒医，博学能文，精通医术，所著必用方，最为有用。五十年来，中原士大夫家藏此书。"① 该书以临床实用为目标，所载方剂大都切用明验，因而为北方各个士大夫家庭所重视尊用，至今仍有出版。

南宋医学家施发的《察病指南》三卷，内容以脉诊为主。在各个脉名前，还将脉搏跳动的形状绘制成三十三幅脉象示意图。这一重要的科学探索，在世界上开创了以图示脉的先例，是创制脉象图的第一人。② 该著作早在明朝就传入江户时代的日本，我国至今仍多有出版。

其他专科著作也很多。如在病因学方面，南宋陈言把导致疾病发生的各种复杂原因归纳为外感六淫、内伤七情、不内外因三大类，发展了张仲景的病因学理论。并为后世病因、病理、诊断研究奠定基础。在妇产科方面，杨子建《十产论》和陈自明《妇人大全良方》著作的出现，也给后世妇产科研究以很大影响。儿科学也有很大发展，两宋之际的官员刘昉所著《幼幼新书》是一部儿科学巨著，"收罗资料全面精要，可谓集前代儿科学之大成。这样的儿科巨著在中医见科学史上是非常罕见的"。③ 该书丰富了儿科诊断学的内容，使儿科临证诊断有所依据。当代有多家出版社出版。还出现了像钱乙这样的儿科医家，他的学术见解，对后世儿科学乃至整个中医基础理论的发展影响很大。此外，如外科、针灸学理论方面、临床方剂等也都有所进步。

宋代医家多有私人出资刊刻出版自著或其他医书，以广流传。主要有史堪的《史载之方》，庞安时门生魏炳刊刻的《伤寒总病论》，朱肱曾校刊《金匮要略方》，又刊刻自著《伤寒百问》及《南阳活人书》、《重校

---

① （宋）李光：《庄简集》卷一七《跋再刊初虞世必用方》，《景印文渊阁四库全书》第1128册，台湾商务印书馆，1986，第618页。
② 李俊德、高文柱主编《中医必读百部名著：诊法卷》，华夏出版社，2007，第120页。
③ （宋）刘昉：《幼幼新书》，本书点校组"点校说明"，《中医古籍整理丛书》，人民卫生出版社，1987，第3页。

正南阳活人书》，阎季忠刊刻《小儿药证直诀》，寇约刊刻《本草衍义》，严用和刊刻自著《严氏济生方》[1]，等等。

以上著作，多是继往开来的集大成之作，极大地丰富了医学宝库，为中华医学的发展打下了牢固的基础，为民族健康做出了巨大贡献。说明宋代医生无论在整体还是个体方面，文化水平均超越前代，其成果深深地影响着后代。

三 宋代医生的数量探讨

医生的数量或者所占总人口的比例，是衡量社会发展状况的一个重要指标。古代虽无此类统计，但做一粗略探索，也不失为有益的尝试。宋代医生，主要分官医和民医两大类。

1. 官医数量

官医按等级有多种。位于顶端的是翰林医官，即所谓的太医，其数量已经计入伎术官总数，此处不再重复。此外，京师十万左右的驻军，军医当有近千人。还有京师的各位亲王府中的兽医："诸亲王府给杂匠十人、兽医四人"[2]，约有50人。驻军兽医数量当有与医生等量的近千人。北宋末期，京师官医总数（不含太医）估计2000余人。

各州县均有大量的官医。元丰六年（1083）礼部立法：

> 诸医生，京府、节镇十人，内小方脉三人；余州七人，小方脉二人；县每一万户一人，至五人止，三人以上小方脉一人。遇阙许不犯真决人投状召保，差官于所习方书试义十道，及五道者给帖补之。犯公罪杖以下听赎。大方脉习《难经》、《素问》、张仲景《伤寒论》兼《巢氏病源》二十四卷；小方脉习《难经》兼《巢氏病源》六卷、《太平圣惠方》十二卷。遇医学博士、助教阙，选医生术优效著者充。[3]

---

① 李经纬、林昭庚：《中国医学通史（古代卷）》，人民卫生出版社，2000，第324、317页。
② 天一阁博物馆、中国社会科学院历史研究所天圣令整理课题组：《天一阁藏明钞本天圣令校证》，第432页。
③ （宋）李焘：《续资治通鉴长编》卷三三五，元丰六年六月壬戌，第8084页。

即大的府、州 10 人，其余州 7 人，县按平均 2 人计。比照这个编制，北宋后期全国共有州 360 余，平均按每州 8 人计，2880 余人；有县 1230 余，2460 余人，总共 5340 余人。

地方医学生也是一支不小的队伍。政和五年（1115），"诸路医学，每年合贡及该推恩人数，今约计下项：诸路医学三年合贡人数共七百三十三人，第一年二百三十九人，第二年二百三十九人，第三年二百五十五人。合该推恩人数，第一年三十人，第二年三十人，第三年四十人"。① 则实际在学人数应当大于 733 人，以 10 人贡 1 人计，北宋末期地方官医学生约 7000 人。

另有地方驻泊禁军的军医 100 余人："诸路驻泊额止百余员。"② 数量显然太少，远远不能满足数十万军队的需要，甚至连军官也得不到及时有效的治疗。故而元祐七年（1092），因"虑诸将在外，虽有军医，不能诊治"，宋哲宗诏令："沿边城镇堡寨，委本将选差医工一人，月给药钱八贯，遇随军出入，给马一匹，二年一替，愿再留者听。"③ 此为额外补充的军医，数量至少百余人。曾任地方军医者如衢州人郑升之，"宣和间为枢密院医官，后居湖州累年。尝往临安，于轿中遇急足持文书来，视之，乃追牒也。上列官爵姓名二十余人，郑在其末。读毕……曰：'汝昔宣和中随诸将往燕山……在京师时，好以药施人'"。④ 他识字，宣和年间先后在枢密院和收复燕山部队中担任军医。南宋时，庆元府的驻军犒赏名单中，有"总辖官刘永，犒三百贯；拦前后官二员，各一百贯；本部官二员，每员各八十贯；拨发训练官五员，每员各七十贯；合干人七十七人，每名各六十贯；队身官兵四百二十七名，各五十贯；外科军医一名，一百贯；方脉医人（一名），一百贯；扛令牌军兵四名、白直二名，每名各二十贯；带行白直一十二名，每名各一十五贯；遣发次再奉钧旨出戍，军兵

---

① （清）徐松辑《宋会要辑稿·崇儒》三之二〇，刘琳、刁忠民、舒大刚、尹波等校点，第 2799 页。

② （清）徐松辑《宋会要辑稿·职官》二二之三八，刘琳、刁忠民、舒大刚、尹波等校点，第 3637 页。

③ （宋）李焘：《续资治通鉴长编》卷四六九，元祐七年正月己酉，第 11206 页。

④ （宋）洪迈：《夷坚志·甲志》卷一三《郑升之入冥》，何卓点校，第 113 页。

恐或病患，支二千贯专充收赎药饵续又发一千贯"。① 该队成兵总数为534人，随军军医（外科军医和方脉医人即内科军医）2人，与军兵的人数比为1∶267。军医的经济待遇较高，仅次于长官。宋孝宗淳熙七年（1180），湖南帅臣辛弃疾"以本路地接蛮猺，时有盗贼，创置飞虎一军"，"已有步军一千余人，马军一百六十八人，起盖营塞"。其中有"将官四员，拨发官一员，训练官一十五员（内马军将五员，步军将一十五员），合干人八十九人（部队将二十五员，并马军押拥队四十员，并步军诸色教头十七人，医人、兽医一人，统领将司五人）"。② 该支步军共1270余人，随军军医（医人和兽医）2人，与军兵人数占比为1∶635，除去兽医，实际上约平均1270人一名军医。与庆元府的驻军军医相比，差距较大，可知并无一定之规，虽未见统一比例的史料，但一支部队都应有一定配置的军医无疑。估计北宋后期全国军医至少1000余人。

军队中有二十万左右的马匹等大牲畜为骑兵和运输服务，同样需要足够的兽医，配备数量与人医相等。③ 官方牲畜集中的地方如牧监等机构，甚至有成建制的兽医部队。如大中祥符时群牧制置使报告："兽医副指挥使朱峭定《疗马集验方》及《牧马法》，望颁下内外坊监，仍录付诸班军。"宋真宗"虑传写差误，令本司镂板模本以给之"。④ 该担任兽医指挥副使的兽医，具有丰富的饲养和医治牧马经验，其文化水平足以使其写成专著，作为制度推广全军。北宋一般每指挥（营）编制为步军400人，马军300人。⑤ 即使不满编，即使群牧司只有一个群牧兽医指挥，也当有200名兽医。部队中同样配备兽医，前言湖南的一支168人的骑兵中就配有兽医一名。其他如宋孝宗时，四川茶马纲发运过程中，"令每纲差医兽

---

① （宋）梅应发、刘锡：《开庆四明续志》卷六《出戍》，《宋元方志丛刊》，中华书局，1990，第5994页。
② （宋）周必大：《周必大集校证》卷一四三《论步军司多差拨将佐往潭州飞虎军》，王瑞来校证，第2289页。
③ （宋）许洞：《虎钤经》卷一《人用第三》："医药之人，二十以上，以兵数增之，兽医亦如医人之数。"（《四库家藏》，山东画报出版社，2004，第3页）参见王曾瑜《宋朝军制初探》（增订本），中华书局，2011，第454页。
④ （清）徐松辑《宋会要辑稿·兵》二四之七，刘琳、刁忠民、舒大刚、尹波等校点，第9113页。
⑤ （宋）王应麟：《玉海》卷一三九《庆历兵录 赡边录 嘉祐兵数》，第2596页。

一名沿路点检调护"①，以防马匹染病疫造成损失。估计北宋后期全国官方兽医有 1000 余人。

地方官医有 12340 余，军医有 2000 余，加上京师的官医 2000 余，北宋末期全国官医估计有 16340 人，当不算夸大。

2. 民间医生数量

宋代民间分布着数量巨大的医生，守护着一方民众的生命健康。其中不乏身怀绝技者，甚至逢皇帝、太后等重病而太医无策之际，朝廷总是诏告天下征召民间医生进京。如南宋初四川名医皇甫坦，"善医术。显仁太后苦目疾，国医不能愈，诏募他医，临安守臣张俣以坦闻。高宗召见……引至慈宁殿治太后目疾，立愈。帝喜，厚赐之，一无所受"。② 医术医德双馨，正是高手在民间。

有人群的地方就有医生，人越多医生越多。城市就是医生集中之地，城市里的医生一般称市医或衙推、里医，"北方人市医皆称衙推"。③ 饶州市人李三妻杨氏，"染时疾，招里医郑庄治疗"。④ 所谓里医，是指居住在同里的医生。宋代有《咏市医》诗云："左手检方右雇金，两手虽殊均剑戟。"⑤ 意思是以医疗赚钱，收费如同"宰人"。医生最密集的城市，首推东京开封。宋仁宗时的范仲淹说："今京师生人百万，医者千数。"⑥ 100 万人口，约 1000 或数千医生，即便他是按大致每千人一名医生估计的，正好符合当代国际通用的每千人医生数的规范（2000 年，我国达到每千人为 2 人）开封医生至少有 1000 人，这是个相当高的比例，与京师的地位相适应。尤以马行街北最为密集："马行北去，乃小货行，时楼，大骨传药铺，直抵正系旧封丘门，两行金紫医官药铺，如杜金钩家、曹家

---

① （清）徐松辑《宋会要辑稿·兵》二五之五一（第 9160 页）：四川茶马司押送时，"每马一纲五十匹，系合用牵马官兵二十五人，每人牵马二匹。纲官一员，小管押一名，兽医一名"。

② （元）脱脱等：《宋史》卷四六二《皇甫坦传》，第 13530 页。

③ （宋）陆游：《老学庵笔记》卷二，李剑雄、刘德权点校，第 25 页。

④ （宋）洪迈：《夷坚志·支景》卷九《李三妻》，何卓点校，第 952 页。

⑤ （宋）刘克庄：《后村先生大全集》卷一一一《题龙溪蔡德容道院》，王蓉贵、向以鲜校点，刁忠民审定，第 2865 页。

⑥ （宋）范仲淹：《范仲淹全集·政府奏议》下《奏乞在京并诸道医学教授生徒》，李勇先、王蓉贵校点，第 642 页。

独胜元、山水李家口齿咽喉药;石鱼儿、班防御、银孩儿、柏郎中家、医小儿;大鞋任家,产科。"① 又如紧邻的大内西右掖门外街巷,也有张戴花洗面药、国太丞、张老儿、金龟儿、丑婆婆药铺,建隆观内东廊于道士卖齿药、荆筐儿药铺,近北巷口熟药惠氏西局、盖防御药铺,等等②,既有全科医药铺,更多专科医药铺,医药资源极为丰富。这正是从宋初就有的京师"病福"为"天下九福"之一③的根源与表现,有病能够得到优良的治疗,自是幸事,故称"病福"。

在地方州、县城市,虽然不可能有那么的多医生,但总有满足当地居民基本需要的数量。嘉祐年间,福州官方抽差民间医生轮流为官方服务。

> 医人:州三人,县各一人。嘉祐六年,州县号当旬医人者,许于郭下轮差。其外县医人,听附近村抽取。各不限主客户,仍不得影占州色役。熙宁四年,本州相度诸县医人如无愿祗应处,量给佣钱,募人充应。诸县各一人,内七人给雇钱。元祐初,以第四等户轮给,与免身丁。绍圣闽、侯官各增一人。④

由此足见,州城内和各县都有不少民间医生,且按家产有主户、客户之分,负有每年为官方服务一旬的差役义务。如此,则是每个县每年需要医生 36 人次。两宋之际的侯官人陈长方载:"里有三医,甲持论多固元气,乙曰能起痼疾,丙游于甲乙之间,其术可参二人之长。"⑤ 当地城镇中仅一个里就有医生三人,虽未必是实数,但以里为单位举例,医生当非一两人。

农村的医生一般称村医。如:"娄夏卿之妾,项生一疮甚恶,村医为

---

① (宋)孟元老:《东京梦华录笺注》卷三《马行街北诸医铺》,伊永文笺注,第 268 页。
② (宋)孟元老:《东京梦华录笺注》卷三《马行街北诸医铺》《大内西右掖门外街巷》,伊永文笺注,第 268、275 页。
③ (宋)陶毂:《清异录》卷一《九福》,郑村声、俞钢整理,载《全宋笔记》第 1 编第 2 册,大象出版社,2003,第 22 页。
④ (宋)梁克家:《淳熙三山志》卷一四《州县人役》,李勇先校点,第 391 页。
⑤ (宋)陈长方:《唯室集》卷三《里医》,《景印文渊阁四库全书》第 1139 册,第 640 页。

灼艾"①；"宣城管内水阳村医陆阳，字义若，以技称"。② 陆游居乡期间有提及村医的诗篇如："傍篱邻妇收鱼笱，叩户村医送药方。"③ 王安石则有"侧足呻吟地，连甍瘴疟秋。穷乡医自绌，小市药难求"。④ 从这两个不同时代、不同地域的情况中，可以看到四个事实：一是即使是穷乡，也不止一个村医来往；二是村医水平参差不齐，有自恃奇方绝技傲视同行者，也有自暴自弃敷衍混饭者；三是服务态度普遍较好，提供上门服务；四是药铺里药材有限。应该说，这也是广大农村医疗状况的真实写照。可以概括地说，宋代广大农村中，村医有两个特点：一是数量较多，二是质量较低。

除了"全科医生"外，各地还有不少专科医生，如外科、妇产科、眼科等。与其他医生一样，他们多是世代为医，也有夫妻搭档。如"秀州外科张生，本郡中虞候。其妻遇神人，自称皮场大王，授以《痈疽异方》一册，且诲以手法大概，遂用医著名，俗呼为张小娘子。又转以教厥夫"。⑤ 靠着研读方书和"医术神授"的光环，夫妻二人均成为著名的外科医生。

宋代每县有医生20个左右。因为从史料中可以得知，常常有重病者经过数位、十多位乃至更多的相应专科医生治疗。如鄱阳士人汪樵，"居于郭外数十里间。妻喻氏，以绍熙五年初秋感疾，伏枕两旬，更数医治疗弗效，其家议欲招刘昶。昶者世为医"⑥；有位泗州通判卧病既久，"服药，且更数医矣"⑦；绍熙年间，官衙在赣州的江西副都监章越"尝病，更数医弗愈"。⑧ 这些地方至少有数位医生。韶州一偏远村落古田，"有富

① （宋）洪迈：《夷坚志·支乙》卷五《张小娘子》，何卓点校，第828页。
② （宋）洪迈：《夷坚志·丁志》卷一〇《水阳陆医》，何卓点校，第619页。
③ （宋）陆游：《陆游全集校注·剑南诗稿校注》卷六六《初夏幽居》，钱仲联校注，第143页。
④ （宋）王安石：《临川先生文集》卷一六《疟起舍弟尚未已示道原》，载王水照主编《王安石全集》，第372页。
⑤ （宋）洪迈：《夷坚志·支乙》卷五《张小娘子》，何卓点校，第828页。
⑥ （宋）洪迈：《夷坚志·支乙》卷七《喻氏招医》，何卓点校，第851页。
⑦ （宋）何薳：《春渚纪闻》卷四《死马医》，张明华点校，第57页。
⑧ （宋）洪迈：《夷坚志·支景》卷一《章签判妻》，何卓点校，第887页。

家妇人陈氏抱异疾。……更十医弗效"①；芜湖有八九岁儿童，"恶疮生于臂肘，更外科医十辈，疗之弗效"② ——仅外科医生就有十位。临川有糖尿病人"苦消渴，累岁更十名医不效"③；饶州市民余百三，"苦鼻衄沉笃，更十数医弗效"。④ 则是城中仅是能够医治该症的医生，就有十多个，加上其他诸多科的医生至少有数十人。鄱阳李皮匠的妻子，"腹胀急如鼓，阅三年，招医十数"；临安西湖的兴教寺，"一僧年方四十余岁，得头软之疾……股足亦无力，不能行，凡困顿逾月，易二十医，皆以为中风天柱软，而投药并不效。中官王押班与之厚，招京师人刘中往视之。刘探所用医，其半技出己上，其半不如"⑤，则是看了 20 余位医生，也显示了都城医疗资源的优势。北宋中期，"陈子直主簿之妻，有异疾，每腹胀，则腹中有声如击鼓……一月一作，经数十医，皆莫能名其疾"。⑥ 一般主簿所在应为县城，竟有数十位医生。

当然，以上这些医生未必全是本地者，也有游医，即游方郎中，宋代也称旅医。⑦ 他们并非全是技术低下的草泽医，其间藏龙卧虎，不乏医术高明者。如南宋初的名医刘大用就是游医，史料记载他忽而在建康，忽而在韶州，忽而又到宁国，在南康军大庾、南安军也有其踪迹。⑧

民间另有大量的兽医，尤以马医为多："今之士大夫，使马医治马，误杀马而杖马医者，目所常见，耳所常闻。"⑨ 北宋后期的毛滂在给苏轼的信中说："先生之名满天下，虽渔樵之人，里巷之儿童，马医厮役之

---

① （宋）洪迈：《夷坚志·支戊》卷三《陈氏鬼疰》，何卓点校，第 1071~1072 页。
② （宋）洪迈：《夷坚志·支癸》卷九《芜湖项氏子》，何卓点校，第 1291 页。
③ （宋）洪迈：《夷坚志·支庚》卷八《道人治消渴》，何卓点校，第 1201 页。
④ （宋）洪迈：《夷坚志·支癸》卷八《杨道珍医》，何卓点校，第 1280 页。
⑤ （宋）洪迈：《夷坚志·三志辛》卷三《危病不药愈》，何卓点校，第 1403 页；《兴教寺僧》，第 1408 页。
⑥ （宋）彭□辑《续墨客挥犀》卷五《腹中有声如击鼓》，孔凡礼点校，中华书局，2011，第 460 页。
⑦ （宋）洪迈：《夷坚志·三志辛》卷九《赵喜奴》，何卓点校，第 1452 页。
⑧ （宋）洪迈：《夷坚志·支戊》卷三《成俊治蛇》，第 1071 页；卷三《陈氏鬼疰》，第 1072 页；卷三《卫承务子》，第 1072 页；卷八《许子交》，第 1116 页；卷八《解俊保义》，第 1117 页。
⑨ （宋）程颢、程颐：《二程集·河南程氏文集》卷九《上谢帅师直书》，王孝鱼点校，第 612 页。

徒，深山穷谷之妾妇，莫不能道也。"① 把马医与渔樵、儿童并列，说明其十分普遍且身份低贱。他们虽在底层，也好文学，喜欢苏轼诗词。牛医等专科兽医也很多，官方缺兽医时，有时就从民间招募。② 按每县至少 5 人计，宋徽宗朝 1234 县，约有兽医 6170 人。

　　总之，宋代民间医生四处分布，疏密有致，数量甚多，惜无史料数据可考。北宋中期范仲淹按每千人一名医生估计开封的医生数量，地方郡县肯定少于此。前文各地出现 10 名医生的地方多是州城，但芜湖例外，一个县城仅外科医生就有 10 位，加上理应多于外科的内科，以及产科、眼科等，总数当不少于 30 位，前文就有县城患者"经数十医"的事例。宋代芜湖属于太平州，"崇宁户五万三千二百六十一，口八万一百三十七。贡纱。县三：当涂，上。芜湖，中。……繁昌，中"。③ 宋代规定，县的等级以人口为基础："四千户以上为望，三千户以上为紧，二千户以上为上，千户以上为中，不满千户为下。"④ 那么芜湖作为中县，人口只有千余户，若按该州平均户口，芜湖则约有 17000 余户，26000 余人。其实，宋代官方正式的户口严重不符合实际，一般每户仅平均 2 口，按笔者的研究，南方地区实际户均约 6 口⑤，则是芜湖约有 106000 人。绍兴前期距崇宁不远，即便有人口增长，但初经战乱亦多有损失，大致可以此数为准，医生与总人口的比例约为 1：3500。

　　全国民间平均按 3500 人一名医生估计，则北宋末期全国约一亿人口，估之为 28500 人，当不为过。若按前言每县至少有 20 位医生计，全国 1234 县，共约 24680 人，与前数接近，加上官医 16340 人，民间兽医 6170 人，总共 47190 余人。

① （宋）毛滂：《毛滂集》卷八《上苏内翰书》，周少雄点校，第 202 页。
② （清）徐松辑《宋会要辑稿·兵》二四之三三至三四，刘琳、刁忠民、舒大刚、尹波等校点，第 9128 页：宋高宗时，广西邕州置司买马，运送时"每一百匹为一纲，每纲差官二员管押，将校一名、节级二人、牵马禁军或厢军五十人、兽医一名、军典一名。兽医许募百姓"。
③ （元）脱脱等：《宋史》卷八八《地理志四》，第 2188 页。
④ （宋）廖行之：《省斋集》卷五《统县本末札子》，《景印文渊阁四库全书》第 1167 册，第 339 页。
⑤ 程民生：《宋代家庭人口数量初探》，《浙江学刊》2000 年第 2 期。

结　语

宋代医生基本上都具有至少初步的文化水平，整体上看是一个文化层次较高的专业知识分子群体，多是半医半儒。是否读书并通晓文理，是衡量医生水平的重要标准。北宋时期兴起的"儒医"以及"不为良相则为良医"理念，既是宋代医生文化水平提高的结晶，也是对宋代医生文化水平的充分肯定，从而使医生从草根走向精英，赢得了社会的普遍尊重，地位发生了很大的变化。他们中间的优秀者善于总结历代医药成果，根据文化、科技的发展又勇于创新，产生了一大批里程碑式的医药学著作，多是继往开来的集大成之作，至今仍有多家出版社将其整理出版，为中华医学的发展打下了牢固的基础。可以说宋代医生无论在整体还是个体方面，文化水平均超越前代，其成果深深地影响着后代。北宋末期医生约 47190 人，其中京师开封大约每千人一名医生，在当时的全国乃至全世界都是绝无仅有的。宋代社会经济文化大发展，也有医生的健康保障和文化贡献。

第三节　民间教师

宋代教育大发展是宋文化发达的基础和表现。其中的基础教育进一步扩大完善，形式多样，分布广泛，迅速达到历史新高度。古代的基础教育，除了皇家和民间个别家长、个别时期的个别州县外，基本都由民间教师承担，地方县学中的小学也基本由民间教师任教。从事基础教育的教师，主要指教儿童识字、读书的职业人士，起着民间初级文化的启蒙作用，故有蒙师之称。民间教师也称私学教师，宋代一般由落第士子、不事科举的士人和离任、致仕官员组成。本书仅论述以前两者为主的职业教师，以体现职业性；间涉入仕前的教师生涯，不包括已为进士及曾入仕者，以体现民间性。

自陈寅恪先生提出华夏民族文化"造极"于宋代以来，宋文化的繁荣昌盛已广为人知。史学界列其表现、究其原因、彰其影响，论述颇详，成果甚多。但对于民间教师的广泛存在及其巨大作用，关注似嫌不够。教育史学界倒是有很多研究，搜罗了大量史料，提出不少新见①，终因角度旨趣不同，结论指向及价值与史学有异，且对于民间教师及其文化水平均无专门论述。本节开始对此做一探讨。

一　宋代尊师重教风气的形成

1. 师道的振兴

孟子的"人之患在好为人师"，产生了长期的不良影响②，很少有人乐意做教师，师道颓然。所谓"三代以还，乡党皆有庠塾；两汉而下，公卿多自教授"③，这一极简教育史表达的是，民间教育先秦发达，此后衰落，秦代乃至官师合一，"以吏为师"。"秦汉以来，学绝道丧，世不复有师。以至于唐，曰师、曰弟子云者，反以为笑，韩退之柳子厚犹为之屡叹。"④ 至千年以后的唐代，此风犹盛。如韩愈云："嗟乎！师道之不传也久矣……今之众人，其下圣人也亦远矣，而耻学于师。"⑤ 柳宗元在有士子写信请教时，颇感惶恐，回信道：

> 不敢为人师。为众人师且不敢，况敢为吾子师乎？孟子称"人之患在好为人师。"由魏、晋氏以下，人益不事师。今之世，不闻有师，有辄哗笑之，以为狂人。独韩愈奋不顾流俗，犯笑侮，收召后学，作《师说》，因抗颜而为师。世果群怪聚骂，指目牵引，而增与为言辞。愈以是得狂名，居长安，炊不暇熟，又挈挈而东，如是者数矣。⑥

---

① 如李宏《宋代私学发展略论》，中央编译出版社，2014；张建东《民间的力量——宋代民间士人的教育活动研究》，华中科技大学出版社，2015；侯文洁《宋代私学教师生活研究》，硕士学位论文，2015，河南大学。

② 其实，窃以为这是对孟子的误解。所言"好为人师"，并非指专业教师，而是指在生活中喜欢指教别人者。

③ （宋）杨亿：《武夷新集》卷六《南康军建昌县义居洪氏雷塘书院记》，第99页。

④ （宋）陆九渊：《陆九渊集》卷一《与李省干》，钟哲点校，中华书局，1980，第14页。

⑤ （唐）韩愈：《韩昌黎文集校注》卷一《师说》，马其昶校注，上海古籍出版社，1986，第24页。

⑥ （唐）柳宗元：《柳宗元集》卷三四《答韦中立论师道书》，中华书局，1979，第871页。

即便是大儒韩愈躬自招生授业，力图改变流俗，为教师正名，仍被斥为狂妄，遭到围攻，讪讪败退。尽管唐代有发达的官学教育，但官学之外的教师成为士大夫的嘲笑对象。民间教育自然萧条，唐代前期甚至禁止私学发展，到了唐玄宗时才放开私学禁令：开元二十一年（733），颁诏"许百姓任立私学，欲其寄州县受业者，亦听"。① 至唐后期儒学和官学衰微，民间教育才发展起来。

入宋以来，随着儒学的振兴和理学的兴起，在科举制的推动下，这一状况得到彻底改变。如陆九渊所说："惟本朝理学，远过汉唐，始复有师道。"② 最具代表性的就是宋初三先生："师道废久矣，自明道、景祐以来，学者有师惟先生（引按：指胡瑗）暨泰山孙明复、石守道三人。"③ 如孙明复即孙复，科举失利后退居泰山，专心讲学授徒近二十年，无论是教学成就还是学术成就都很显著，在"当时代表着师道的尊严"。④ 从而带动了教育、学术复兴和士风的整肃，如陈傅良所言："国初士风之厚，本之师道尊"⑤，尊师是优良士风的基础。而在整个中国历史上具有标志性的典故，就是"程门立雪"。

> （杨时）调官不赴，以师礼见颢于颍昌，相得甚欢。其归也，颢目送之曰："吾道南矣。"四年而颢死，时闻之，设位哭寝门，而以书赴告同学者。至是，又见程颐于洛，时盖年四十矣。一日见颐，颐偶瞑坐，时与游酢侍立不去，颐既觉，则门外雪深一尺矣。⑥

对老师毕恭毕敬是宋代师道重振的象征，也是中国尊师的典范，遂成千古美谈。

具体到民间的家家户户，生动的事例更多。如丰城县聂家母亲陈氏就

---

① （宋）王溥：《唐会要》卷三五《学校》，中华书局，1955，第 635 页。
② （宋）陆九渊：《陆九渊集》卷一《与李省干》，钟哲点校，第 14 页。
③ （宋）欧阳修：《欧阳修全集·居士集》卷二五《胡先生墓表》，李逸安点校，第 389 页。
④ 钱穆：《宋明理学概述》，九州出版社，2010，第 4 页。
⑤ （宋）陈傅良：《陈傅良先生文集》卷三九《潭州建岳麓书院记》，周梦江点校，第 499 页。
⑥ （元）脱脱等：《宋史》卷四二八《杨时传》，第 12738 页。

常说："隆师教子，吾家法也。"① 把尊师重教上升到了家法的高度，使之成为强制规范。另一位母亲有同样理念，认为"人有子孙，不问富贫贵贱，皆不可以不教也"。出身官宦人家的临江吴氏，"能崇义方，用诗礼导其子。尝谓其夫邹国俊曰：'家虽贫不可不择师，得师不可不加敬。'"② 穷人也要让孩子读书，也要选择并敬重优秀教师。例如鄱阳书生王安家庭人口众多，生计比较艰难，"度伏腊堇堇耳"，勉强维持温饱而已。但其母"缩衣节食，聘士教子。塾师姜君庆贫甚，独与二女居。吾母亲为抚养，已而皆资遣之。姜君有消渴疾，每讲罢，索巨觥引满，如奉漏瓮沃焦釜，少辽缓，则殆不济。阅数年，吾母终无倦色"。③ 不仅数年如一日地奉侍家庭教师饮水，还抚养其两个女儿并资助出嫁。无微不至的关怀，是尊师的具体表现。在南宋江西，甚至有"每鬻产以供延师费"的人家。④

尊师重教不仅是个体行为，更成为群体习俗。在福建浦城县，"人目教授生童者为学士"⑤，当地人民把从事初级教育的教师尊称为学士，显然已形成风气，表明蒙师地位的提高。每年开学之前，通常都要聘请教师并举行拜师礼，如北宋时福州各乡校：

> 凡乡里各有书社。岁前一二月，父兄相与议求众所誉、学识高行谊全可以师表后进者某人即一二有力者，自号为鸠首，以学生姓名若干人具关子敬以谒请曰："敢屈某人先生来岁为子弟矜式，幸甚！"既肯，乃以是日备礼延致，诸子弟迎谒再拜，惟恐后。⑥

普遍的书社、隆重的仪式，完整诠释了尊师重教的含义。出自北宋的蒙学

---

① 陈柏泉：《江西出土墓志选编》，江西教育出版社，1991，第 208 页。
② （元）应俊辑补《琴堂谕俗编》卷上《教子孙》，储玲玲整理，载《全宋笔记》第 10 编第 11 册，大象出版社，2018，第 68~69 页。
③ （宋）吕祖谦：《吕祖谦全集·东莱吕太史文集》卷一三《鄱阳王安母程氏墓志铭》，黄灵庚、吴战垒主编，第 206 页。
④ （宋）宋持正：《宋公宣义圹记》，载朱明歧、戴建国主编《明止堂藏宋代碑刻辑释·墓志》，中西书局，2019，第 269 页。
⑤ （宋）洪迈：《夷坚志·甲志》卷一〇《鬼呼学士》，何卓点校，第 88 页。
⑥ （宋）梁克家：《淳熙三山志》卷四〇《土俗类·岁时》，李勇先校点，第 1642 页。

课本《三字经》中，"养不教，父之过。教不严，师之惰"，便是尊师重教的一个教科书式反映。

师道尊严，本质是知识自身的尊贵、庄严，是师道重振的主要形式之一。具体表现之一是教师的自尊，这也是维持教学的保障，反映教师的职业道德。北宋中期焦伯强是颍州通判吕公著家的私塾先生，"其在家塾，师道甚严，律诸生事事皆如节度"。① 对学生严加管理。四川黄济叔在大户人家担任私塾教师，"以师道自处，诲诸生有法，每讲诵过夜分。未尝假以词色，诸生一笑语稍哗，一步趋稍异，一容止稍慢，先生辄厉声呵责之"。② 对学生的一言一行严格要求，是对其进行包括言谈举止养成在内的全面教育。教学是神圣的职责，是良心工作，不能沾染铜臭："今教子弟，乃以主人厚薄为隆杀，亦可笑矣！"③ 按待遇高低付出相应的心血，是被耻笑的不良行径。南宋老塾师李之彦言："前辈谓不究心教导，所得束脩与受赃同。此言甚当。"④ 不对学生尽心尽责，所得酬金就像接受赃物一样是犯罪，道德标准要求甚高。张载曾总结蒙童教师的益处道：

> 人教小童，亦可取益。绊己不出入，一益也。授人数数，己亦了此文义，二益也。对之必正衣冠，尊瞻视，三益也。常以因己而坏人之才为忧，则不敢惰，四益也。⑤

即一是牵挂着学生守在教室不能外出，二是反复讲解强化了教师本人的理解，三是为人师表必须衣冠整齐保持尊严，四是怕误人子弟不得不加强学习。概括而言就是责任心强、教学相长、师道尊严、终身学习。所有这些，都是民间教师自身素质加强的体现。

---

① （宋）吕祖谦：《吕祖谦全集·东莱吕太史文集》卷七《书焦伯强殿丞帖后》，黄灵庚、吴战垒主编，第117页。

② （宋）牟巘：《牟氏陵阳集》卷二四《黄提干行状》，《景印文渊阁四库全书》第1188册，台湾商务印书馆，1986，第209页。

③ （宋）周辉：《清波杂志校注》卷五，刘永翔校注，中华书局，1994，第203页。

④ （宋）李之彦：《东谷所见·教导》，储玲玲整理，载《全宋笔记》第8编第4册，大象出版社，2017，第10页。

⑤ （宋）叶采集解《近思录集解》卷一〇《政事》，程水龙校注，中华书局，2017，第268页。

推行崇文政策的宋政府因势利导，对优秀民间教师予以大力表彰。太平兴国五年（980），宋太宗"以江州白鹿洞主明起为蔡州褒信县主簿，赐陈裕三传出身。起、裕并以讲学为业，太宗闻之，故有是命，所以劝儒业，荣乡校"；大中祥符四年（1011），四川永康军进士李畋因"明经术，聚徒教授，士行可称"，宋真宗"诏发遣赴阙，授试秘书省校书郎，仍赐装钱三十千，还归乡校讲说"。① 陕西人刘巽"治《三传》，年老博学，躬耕不仕，以讲授为业，真宗亦以一绝赐之"。② 上行下效，地方官积极响应。如陕西名师张载未及第之前，就受到前宰相、判永兴军文彦博的特别优待："方未第时，文潞公以故相判长安，闻先生名行之美，聘以束帛，延之学宫，异其礼际，士子矜式焉。"③ 聘任声名卓著的士子张载出任府学的教师，尊师重教的良好社会风气越来越浓。

2. 教师热及职业队伍的专门化

民间和官方如此尊师重教，社会上不可避免地出现了"教师热"现象，"一是教育的发展与普及对师资需求的增加；二是宋人思想意识的重视，并改变了前人耻为人师、怯为人师观念"。④ 为了改变人生境遇，宋人普遍高度重视读书，所谓"农工商各教子读书"⑤，"人生至乐无如读书，至要无如教子"。⑥ 洪迈说其家乡饶州："为父兄者，以其子与弟不文为咎；为母妻者，以其子与夫不学为辱。"⑦ 以有无文化为标准，要有明确的价值观和荣辱观。即便是穷人，也会千方百计地省出学费供孩子上学，而且有奖励："负担之夫，微乎微者也，日求升合之粟，以活妻儿，

---

① （清）徐松辑《宋会要辑稿·崇儒》二之四一，刘琳、刁忠民、舒大刚、尹波等校点，第 2784 页。
② （宋）王辟之：《渑水燕谈录》卷四《高逸》，吕友仁点校，第 52 页。
③ （宋）朱熹：《伊洛渊源录》卷六，（宋）吕大临：《横渠先生行状》，载《朱子全书》第 12 册，上海古籍出版社，2010，第 993 页。
④ 王德明：《宋代士人教师身份与意识的凸显与诗歌理论的转型》，《河北师范大学学报》（哲学社会科学版）2009 年第 1 期。
⑤ （宋）方大琮：《宋宝章阁直学士忠惠铁庵方公文集》卷三三《永福辛卯劝农》，《中国基本古籍库》，明正德八年方良节刻本第 4 页。
⑥ （宋）刘清之：《戒子通录》卷六，（宋）家颐：《教子语》，《景印文渊阁四库全书》第 703 册，第 74 页。
⑦ （宋）洪迈：《容斋随笔·四笔》卷五《饶州风俗》，孔凡礼点校，第 683 页。

尚日那一二钱，令厥子入学，谓之学课。亦欲奖励厥子读书识字，有所进益。"① 每天的一二钱，是给小孩上学买零食的零花钱，以为激励，属于教育投资的一部分。巨大的社会教育需求，促使民间办学如雨后春笋。如宋初泾县由于庙学久废，居民便因陋就简，"总角之幼者，分徒裂居，或假馆于佛宫，或开户于委巷"。② 在佛寺道观或者街头巷尾，都有少儿学堂。永丰黄惟直创办义学性质的龙山书院，自言"聚英材教育之，以乐吾志"。③ 以办学育人为人生乐事，践行着"得天下英才而教之不亦乐乎"的古训。作为人类社会最古老职业之一的民间教师队伍由此迅速扩大，普遍职业化并成为一个重要的社会阶层。

至少在士人的心目中，将读书做官致富贵视为人生首选，而教师则是最便捷的第二理想职业。如苏舜钦从大理评事官位上被贬后声言："廪禄所入，不足充衣食。性复不能与凶邪之人相就，近今得脱去仕籍，非不幸也。自以所学教后生，作商贾于世，必未至饿死。"④ 情愿以教师职业为生。后来的袁采告诫子孙道：

> 士大夫之子弟，苟无世禄可守，无常产可依，而欲为仰事俯育之计，莫如为儒。其才质之美，能习进士业者，上可以取科第致富贵，次可以开门教授，以受束脩之奉。其不能习进士业者，上可以事笔札，代笺简之役，次可以习点读，为童蒙之师。⑤

只要读书，将来如果不能科举入仕，那就当教授举业的教师，最次也可以当教儿童识字的蒙师。黄榦也认为培养儒生"不惟使之识义理，不为小人之归，亦望之使之多闻博识。进可以应举，退可以为书会，以不失其衣

---

① （宋）李焘：《续资治通鉴长编》卷一五〇，庆历四年六月戊午，第3646页。
② （宋）杜德机：《泾阳县重修孔子庙记》，（清）王昶：《金石萃编》卷一三九，第7页。
③ （宋）真德秀：《西山文集》卷二六《龙山书院记》，《景印文渊阁四库全书》第1174册，第395页。
④ （宋）苏舜钦：《苏舜钦集·拾遗·与欧阳公书》，沈文倬校点，中华书局，1961，第260页。
⑤ （宋）袁采：《袁氏世范》卷二《子弟当习儒业》，天津古籍出版社，1995，第105页。

食之计"。① "为书会" 就是在城乡学校做教师。观念的转变，促使广大士人投身教育事业，"宋代士人与以前士人的一个显著区别是他们的教师身份和意识得到了空前的凸显"②，是一个时代的特色。

职业化的教师阶层形成壮大，首先表现在教师成为一个行业。宋代城市工商业者加入应付官方事务的行会者，称行户。陈亮曾对朱熹言："世途日狭，亮又一身不着行户，宜其宛转陷于榛莽而无已时也。今年不免聚二三十小秀才，以教书为行户。"③ 所谓 "行户" 就是合法的行业、职业之意，以教书名目向官府申报了一个谋生的职业身份，表明教师是诸色行户中的一个行业。其次是越来越多士人将教师当作终生的乃至世袭的职业。例如东京开封的民间教师冯道贯，终生以教师为业，孜孜不倦："我训童子逾三十年矣，口不辍声，手不定笔，穷日之力，以修吾职，至勤苦也。"④ 福州老儒林君，"自少力学，而终身不偶，以教授生徒为业"。⑤ 临川艾氏则为教师世家——艾叔可，咸淳年间曾 "奏策入三等，以诗文名，所著有《文江集》"。其弟艾宪可，"累举不第，以诗文自娱，著有《蕙愁吟》三卷"。其侄艾性，"阖门教授，执经者盈门。尤工于诗，著有《孤山诗集》。世称三艾先生"。⑥ 代际传承意味着他们热爱教书育人，更意味着这一职业的稳定、光荣，反映了教师社会地位的提高。在农村，他们多被称为乡先生。

二　宋代民间教师阶层的壮大

1. 民间教师的众多类别

宋代民间办学，在不同地区、不同时代、不同作用、不同经济实力的

① （宋）黄榦：《勉斋集》卷一《与胡伯量书》，《景印文渊阁四库全书》第 1168 册，第 83 页。
② 王德明：《宋代士人教师身份与意识的凸显与诗歌理论的转型》，《河北师范大学学报》（哲学社会科学版）2009 年第 1 期。
③ （宋）陈亮：《陈亮集》（增订本）卷二八《又乙巳春书》，邓广铭点校，中华书局，1987，第 342 页。
④ （宋）邹浩：《道乡集》卷四〇《冯贯道传》，《景印文渊阁四库全书》第 1121 册，第 530 页。
⑤ （宋）洪迈：《夷坚志·支甲》卷六《林学正》，何卓点校，第 757 页。
⑥ （清）谢旻等监修《（雍正）江西通志》卷八〇《人物·抚州府》，《景印文渊阁四库全书》第 515 册，第 759 页。

情况下，形式多种多样，内容五花八门。根据培养对象的不同，按教学内容和难度划分，有基础教育、应试教育、素质教育、实用教育。层次类别可简单地分为基础教育和高等教育。基础教育的教师包括小学、乡校、冬学、蒙馆、家塾、私塾中的教师，主要职能是文化启蒙，教授儿童识字、写字、读书、算术和常识；高等教育的教师包括专攻科举考试或专习经书的经舍、精舍、书会、书馆、书院等教师；另有实用专科教师。

（1）乡里小学教师

此类学校是全国各乡村、各街巷的社会公共小学，名称繁多，分布广泛，数量很多，主要从事以少年儿童为对象的启蒙教育。

在农村，这类教师一般称村学究、村夫子。宋仁宗时的枢密使王曙，洛阳人，"其父本以教授村童为业，过三十生即不受"。① 可见这个村庄很大，有至少 30 个学童，也可能招生范围不限本村。这位教师本分自觉，招生不超过 30 人。怕学生多了精力不足影响教学质量。昏聩的泽州知州鲍亚之，曾经"纵手分拆诸县村学，要盖州学"②，则是各县都有不少村学。

城市中的蒙学，遍布街巷。开封的李秀才"聚闾巷小童为学"。③ 开封城内某"巷口有王震臣聚小童为学"。④ 宋仁宗时京师麻家巷"有聚小学者李道"。⑤ 洛阳士人张起宗"以教小童为生，居于会节园侧，年四十余"。⑥ 南宋杭州城中不少有文化的闲人，"闲人本食客人。……姑以今时府第宅舍言之，食客者：有训导童蒙子弟者，谓之'馆客'"。⑦ 蒙师另有"馆客"的雅称。

此类蒙学教师，社会上也统称为"句读师"。如黄岩一女童，"六岁

---

① （宋）李昌龄、郑清之注《太上感应篇集释》卷二〇《恚怒师傅》，第 155 页。原标点作"过三十，生即不受"，不通。
② （宋）欧阳修：《欧阳修全集·河东奉使奏草》卷下《论不才官吏状》，李逸安点校，第 1768 页。
③ （宋）刘斧撰辑《青琐高议·前集》卷七《孙氏记》，上海古籍出版社，1983，第 70 页。
④ （宋）刘斧撰辑《青琐高议·后集》卷四《陈叔文》，第 140~141 页。
⑤ （宋）邵博：《邵氏闻见后录》卷二八，刘德权、李剑雄点校，中华书局，1983，第 221 页。
⑥ （宋）马永卿：《懒真子》卷五，李清华、顾晓雯整理，载《全宋笔记》第 3 编第 6 册，大象出版社，2008，第 212 页。
⑦ （宋）吴自牧：《梦粱录》卷一九《闲人》，浙江人民出版社，1984，第 182 页。

从句读师，授《内则》《女诫》《列女传》及韩、柳、欧、苏诸诗文，历耳辄成诵"。① 李绅"幼从邻师学书，过目辄成诵。师以其敏，而惧己之轧其进也，谢曰：'吾句读师耳，不足以成子。吾友顾公应文，乡先生也，子其从之'"。② 他们水平有限，所教一般是最基础的识字，学生如想进一步学习，则要另请高明。

由于队伍庞大且属于基础教育，影响深远，朝廷对蒙师文化水平予以关注，管理和要求也趋于严格。如"崇宁以后，舍法加密，虽里闾句读童子之师，不关白州学者皆有禁"。③ 蒙师要在州学备案，否则就是违法行为，而所谓备案也是一个审查资格的过程。大观二年（1108），宋徽宗下诏要求："自今应于乡村城市教导童稚，令经州县自陈，赴所在学试义一道。文理不背义理者，听之。"④ 意欲通过全国性的考试检测并筛选，来提高民间教师的教学水平。

（2）冬学教师

冬学，又称三冬学，是宋代农村在冬季三个月农闲时开办的季节性社会小学。陆游记载："农家十月乃遣子入学，谓之冬学，所读《杂字》、《百家姓》之类，谓之村书。"因有诗云："儿童冬学闹比邻，据案愚儒却自珍。授罢村书闭门睡，终年不著面看人。"⑤ 面向的是农家子弟，确切地讲是缺乏村学、请不起塾师的底层农家子弟，他们全靠冬学开蒙。从"白袍不倦三冬学"⑥"喜就三冬学，仍开橘蒜薤"⑦"俚儒朱墨开冬学，庙史牲牢祝岁穰"等诗句看⑧，冬学教师一年四季中只有一季工作，属于

---

① （宋）刘宰：《漫塘集》卷三〇《故孺人项氏墓志铭》，《景印文渊阁四库全书》第1170册，第704页。

② （宋）刘宰：《漫塘集》卷三四《李通直行述》，《景印文渊阁四库全书》第1170册，第760页。

③ （宋）陈傅良：《陈傅良先生文集》卷三九《潭州重修岳麓书院记》，周梦江点校，第498页。

④ （清）徐松辑《宋会要辑稿·崇儒》二之一一，刘琳、刁忠民、舒大刚、尹波等校点，第2768页。

⑤ （宋）陆游：《陆游全集校注·剑南诗稿校注》卷二五《秋日郊居·又》，钱仲联校注，第9页。

⑥ （宋）祝穆撰，祝洙增订《方舆胜览》卷一三《漳州》，施和金点校，第227页。

⑦ （宋）晁说之：《嵩山文集》卷八《次朱少章韵》，第24页。

⑧ （宋）陆游：《陆游全集校注·剑南诗稿校注》卷二二《北窗》，钱仲联校注，第390页。

打短工形式，恐不能作为正式职业，应多属兼职。此类冬学很适合农村的扫盲教育，直到 20 世纪 50 年代还在流行。

（3）私塾教师

私塾教师就是家庭教师。宋代以前并无此词，唐代称"家塾"。① 检索有关数据库，最早使用"私塾"的正是宋末民间教师欧阳守道，而且是两次："有友生数辈栖于私塾"，"予私塾之友，出幽迁乔，得列于太学生者恒有之"。② 可知"私塾"一词正式出现于宋代。私塾是最广泛的家庭学堂，经济条件较好的人家多有私塾。作为学堂而言，一般都是微型的，甚至是一对一的教学，然而也有大型的。如潞州张氏，"尽买国子监书，筑学馆，延四方名士，与子孙讲学"③，有专门的学舍和大型高档图书室。规模更大的是北宋末剡县人周瑜的家塾。

喜儒学，尝辟家塾数十楹，延四方名士以淑诸孙，又制夫子暨十哲坐象，尽七十二子于一堂，俾崇奉之，大书其侧曰："尔其亲师友之渊源，就功名之烜赫。"浃日必设具以集之，亲究其能否，有励业者，喜见颜间，而加奖谕，冀其成就；稍怠惰，则谆谆戒敕，俾之自勉，由是咸自力于学。

私塾规模多达数十间，且有类似孔庙的供奉孔子的殿堂，绍兴时其孙通过了乡试④，初见成效。塾师都是聘请而来，一般称馆客。居住在华亭的士人王克己，"以教学为生。淳熙初，有宗室赵通判在乌程，约之为馆客……后数日，赵方遣仆马持书来迎"。⑤ 根据双方意愿，聘期长短不一，

---

① 李效杰：《唐代私学教育考论》，《集美大学学报》（教育科学版）2015 年第 1 期。

② （宋）欧阳守道：《巽斋文集》卷三《通萧宰书》；卷二四《陈惟月字说》，《景印文渊阁四库全书》第 1183 册，第 526、708 页。另有宋末陈仁子《牧莱脞语》卷七《送张才之全州学官序》载："仲舒下帷，学者争师之，斯道授受，尽出私塾间"，《续修四库全书》第 1320 册，上海古籍出版社，2002，第 302 页；宋人何梦桂《何梦桂集》卷九《百丈溪书院》："书院，吾私塾也。"赵敏、崔霞点校，浙江古籍出版社，2011，第 222 页。

③ （宋）邵伯温：《邵氏闻见录》卷一六，李剑雄、刘德权点校，第 176 页。

④ （宋）王十朋：《王十朋全集·文集》卷一五《周府君行状》，梅溪集重刊委员会编，第 815 页。

⑤ （宋）洪迈：《夷坚志·三志辛》卷八《书廿七》，何卓点校，第 1444 页。

有长达十年者："张庄张氏赀高一方，筠州高安尉积实主家，事人以利，故多为其窃笑。独君居其馆，训诲其子弟，十年未尝干一毫。高安畏服，待之礼有加焉。"① 这位教师恪守职业道德，赢得了主顾的敬重，被长期聘任。

（4）义塾教师

宋代以家族为单位设置的族塾义学，是民间学校的一大形式。随着"敬宗收族"宗族制度的发展，宋代义塾出现兴盛局面，达到前所未有的普及程度，不仅对儿童启蒙教育做出主要贡献，还成为地方的教育、文化和学术中心。② 义塾一般由大家族中财大气粗的大户人家操办，如衡山赵氏"立义学，中祠忠肃，旁辟四斋。岁延二师，厚其饩廪，子弟六岁以上入小学，十二岁以上入大学。课试中前列者有旌，发荐擢第、铨集补入者有赆"。③ 有四间教室，聘请两位教师，分别教授小学和大学，待遇优厚。退休官员李仲永，在家乡"自立义学，且建孔子庙，塑像严事，工制精华，至用沉香为舌。以春秋致祀，招延师儒，召聚宗党，凡预受业者踰三十人，捐良田二百亩以赡其用"。④ 义塾规模一般比私塾大，且有学田作为经费保障，办学条件比乡里小学好。

（5）专科教师

民间实用专科学校，教授专业知识和技能。江西的法律诉讼学校为最典型。

> 江西人好讼，是以有簪笔之讥。往往有开讼学以教人者，如金科之法，出甲乙对答，及哗讦之语，盖专门于此。从之者常数百人，此亦可怪。又闻括之松阳有所谓业觜社者，亦专以辨捷给利口为能，如昔日张槐应，亦社中之铮铮者焉。⑤

---

① （宋）邹浩：《道乡集》卷三五《张唐英墓志铭》，《景印文渊阁四库全书》第1121册，第480页。
② 王善军：《宋代族塾义学的兴盛及其社会作用》，《中国史研究》1999年第2期。
③ （宋）刘克庄：《后村先生大全集》卷九二《赵氏义学庄》，王蓉贵、向以鲜校点，刁忠民审定，第2393页。
④ （宋）洪迈：《夷坚志·三志己》卷一〇《界田义学》，何卓点校，第1382~1383页。
⑤ （宋）周密：《癸辛杂识·续集》卷上《讼学业觜社》，吴企明点校，第159~160页。

这些人数多达数百的"讼学""业觜社",就是学习掌握法律知识和诉讼技巧、辩论技能，类似于"律师"培训班。由于需求人数多，办学市场大，有专门教师和教材："江西州县有号为教书夫子者，聚集儿童，授以非圣之书，有如四言杂字，名类非一，方言俚鄙，皆词诉语。"① 适应大众需要，教材通俗易懂，朗朗上口。专科以外，当地普通学校也加开一门诉讼课程："世传江西人好讼，有一书名《邓思贤》，皆讼牒法也。……盖'思贤'，人名也，人传其术，遂以之名书。村校中往往以授生徒。"② 从而最大限度地普及了法律诉讼知识，也培养了一批讼棍，给更多人钻法律空子和诬陷、狡辩的机会，败坏了司法制度。

除此之外，还有书画、诗赋、武术等专科教师。如汤阴人岳飞少年时，就受教于两位武术教师："尝学射于乡豪周同。一日，同集众射，自眩其能，连中的者三矢，指以示先臣，曰：'如此而后可以言射矣。'"③ 后来其外公家又"令枪手陈广以技击教之，一县无敌"。④ 则是一县之内，有不少专授一术的武术教师。诸如此类的技术教育，在宋代也是相当普遍的。

（6）举业教师

读书做官是大多数士子读书的出发点和终极目的，在掌握基础知识后，就要转向实用的与考试相关的文化和技能。此类教师的教学目标是为科举服务的，一般称为"宦学"⑤，柳开蔑之为"禄学"⑥，属于功利性很强的应试教育。宋初宋州的戚同文创办的应天书院，目的就很明确。

> 其徒不远千里而至，教诲无倦，登科者题名于舍，凡孙何而下，七榜五十六人。⑦

---

① （清）徐松辑《宋会要辑稿·刑法》二之一五〇，刘琳、刁忠民、舒大刚、尹波等校点，第8378页。
② （宋）沈括：《梦溪笔谈》卷二五《杂志二》，（宋）沈括原著，杨渭生新编《沈括全集》，第528~529页。
③ （宋）岳珂编《鄂国金佗稡编续编校注》卷四《经进鄂王行实编年》，王曾瑜校注，第70页。
④ （宋）岳珂编《鄂国金佗稡编续编校注》卷二八，永州判官孙逌编《岳飞传》，王曾瑜校注，第1729页。
⑤ （宋）刘攽：《彭城集》卷三八《处士龙泉何君墓志铭》，逯铭昕点校，第981页。
⑥ （宋）柳开：《柳开集》卷一《续师说》，李可风点校，第7页。
⑦ （宋）文莹：《玉壶清话》卷一，郑世刚、杨立扬点校，第8页。

由于中榜率高，成为全国著名的学府，吸引学生不远千里负笈而来。历城乡先生田诰，"好著述，聚学徒数百人，举进士至显达者接踵，以故闻名于朝，宋惟翰、许衮皆其弟子也"。① 教师声誉卓著加上弟子上榜率高，学生规模多达数百人。再看南宋林光朝：

> 学通六经，旁贯百氏，蚤游上庠，已而思亲还里，开门教授，四方之士，抠衣从学者岁率数百人，其取巍科登显仕甚众。②

每年教授生徒数百人，多有高中进士、成为高官者。他们都是成功的举业名师。

进士科除了考试经学外，还要考诗赋等，所以还有专门教授诗赋的老师。如"吕文穆蒙正少时，尝与张文定齐贤、王章惠随、钱宣靖若水、刘龙图烨同学赋于洛人郭延卿。延卿，洛中乡先生"。③ 广大举人、进士、士大夫，大多是这类乡先生培养的。

私塾、义塾、乡校的高年级即大学和一些书院的教师，也属于举业教师。

（7）书院等学问教师

宋代民间出现许多不求科举、只求学问的高等学校，以适应儒学复兴、文化发展和个人发展的需要。始于唐朝、兴盛于宋朝的书院，作为新型的文化教育形式，是民间文化普及与提高的一个标志。书院有研究型、教学型两种，性质有民办、官办两种，整体上以民办为主。宋代最早最著名的应天书院就是教学型的。书院教师学术研究和教学兼顾。如北宋后期林石在温州创办塘岙书院："以《春秋》教于乡，屏去进士声律之学，及王氏行新经废《春秋》，游其门者遂不应举。"④ 专门教授一部经书，无疑不能应付进士科考试。一般而言，相比民间公共学校、义学，后来发展

---

① （元）脱脱等：《宋史》卷四五七《万迈传附田诰传》，第13428页。
② （宋）林光朝：《艾轩集》卷一〇《附录》，《景印文渊阁四库全书》第1142册，第658页。
③ （宋）王铚：《默记》卷中，朱杰人点校，中华书局，1981，第32页。
④ （明）张璁：《（嘉靖）温州府志》卷一《学校》，《天一阁藏明代方志选刊》，上海古籍书店，1981，第14页。

的书院更正规，规模也更大，而且势头强劲。如马端临指出，民间学校"后来所至，书院尤多，而其田土之赐，教养之规，往往过于州县学，盖皆欲仿四书院云"。① 非但如此，北宋末年以来，教学师资的重心也转移到书院："崇宁以后，舍法加密，虽里间句读童子之师，不关白州学者皆有禁。诏令诚甚美，然由是文具胜，而利禄之意多，老师宿儒尽向之。"② 由于待遇优厚，条件优良，高水平的教师纷纷涌向书院。这些以提升学问为宗旨的研究性学校，官方是没有的，即宋代儒学的研究人才以及宋学的发展，基本上可以说是民间教师的功劳。

许多隐士之类的民间教师，并没有创建书院，只是个人教学。如台州临海隐士徐中行，"晚年教授学者，自洒扫应对、格物致知达于治国平天下，不失其性，不越其序而后已"。③ 所讲授的内容显然无关举业。

以上是主要的民间教师群体。另有大量的专业教师以及教授残疾人谋生技能的特殊教师，后文另述。

2. 民间教师的数量

以上情况，说明了宋代民间教师的普遍性和多样性，意味着有一支阵容浩大的队伍。两宋之际的龚明之言："师儒之说，始于邦，达于乡，至于室，莫不有学。"④ 即从朝廷到州、县、乡村，以至于家户，都有各类学校，民间教师的普遍性可想而知。其分布的密度，按照人口数量和文化素质而有较大的差别。

检"村学"一词，初见于唐朝后期，不过数次，至宋则猛增；而"市学"一词则初见于宋代。那些遍布乡村、街巷，在自家住房、村庄祠堂所办的村学、市学教师很多，大约多数村庄都会有一所村学，每座城镇总会有数所市学，而每间村学、市学都会有一个老师。南方地区文风昌盛，民间教育最发达。如南宋杭州除了官学以外，民间的"乡校、家塾、

---

① （宋）马端临：《文献通考》卷四六《学校考七》，上海师范大学古籍研究所、华东师范大学古籍研究所点校，第1340页。

② （宋）陈傅良：《陈傅良先生文集》卷三九《潭州重修岳麓书院记》，周梦江点校，第498~499页。

③ （元）脱脱等：《宋史》卷四五九《徐中行传》，第13457页。

④ （宋）龚明之：《中吴纪闻》卷一《六经阁记》，孙菊园校点，第7页。

舍馆、书会，每一里巷须一二所，弦诵之声往往相闻"。① 这所学堂的读书声能传到邻近的另一所学堂，学堂密集可想而知。福建也不逊色，福州"凡乡里各有书社"②，邵武军"颇好儒，所至村落皆聚徒教授"。③ 至少每村一所学堂。更有甚者，兴化军有"三家两书堂"之誉④，南剑州"家乐教子，五步一塾，十步一庠，朝诵暮弦，洋洋盈耳"。⑤ 学堂密度相当大。西南地区的四川也是"庠塾聚学者众"。⑥ 淮南路泰州，"虽穷巷茅茨之下，往往闻弦诵声"，"俗务儒雅"。⑦ 北方尤其是多有战乱的西北三路，因环境所限，学堂相对较少。但北宋前期，最早的乡校就发端于北方：庆历以前，在全国范围内，"而问其乡校，惟兖、颍二州有之，余无闻焉"。⑧ 只有京东路兖州、京西路颍州乡村有学校。宋仁宗嘉祐年间，河东路晋城县令程颢开办乡校。

> 乡必有校，暇时亲至，召父老与之语。儿童所读书，亲为正句读，教者不善，则为易置。择子弟之秀者，聚而教之。⑨

这一山区小县的官办小学，官方不可能派出教师，其教师应是出自民间。北宋中期，泽州长官曾"纵手分拆诸县村学，要盖州学"，遭到弹劾⑩，则是各县都有不少村学。全国以平均每县 30 所村学（包括冬学）、每县城 5 所市学共 35 所小学计，每学校教师一人，加上举业教师、文化类专

① （宋）耐得翁：《都城纪胜·三教外地》，汤勤福整理，载《全宋笔记》第 8 编第 5 册，第 19~20 页。
② （宋）梁克家：《淳熙三山志》卷四〇《土俗类·岁时》，李勇先校点，第 1642 页。
③ （宋）王象之：《舆地纪胜》卷一三四《邵武军·风俗形胜》，李勇先校点，第 4228 页。
④ （宋）李俊甫：《莆阳比事》卷一《干戈不动弦诵相闻》，《宛委别藏》，江苏古籍出版社，1988，第 9 页。
⑤ （宋）王象之：《舆地纪胜》卷一三三《南剑州·风俗形胜》，李勇先校点，第 4201 页。
⑥ （元）脱脱等：《宋史》卷八九《地理志五》，第 2230 页。
⑦ （宋）祝穆撰，（宋）祝洙增订《方舆胜览》卷四五《泰州·风俗》，施和金点校，第 814 页。
⑧ （宋）袁燮：《絜斋集》卷一〇《四明教授厅续壁记》，《景印文渊阁四库全书》第 1157 册，第 121 页。
⑨ （元）脱脱等：《宋史》卷四二七《程颢传》，第 12714~12715 页。
⑩ （宋）欧阳修：《欧阳修全集·河东奉使奏草》卷下《论不才官吏状》，李逸安点校，第 1768 页。

科教师、义塾教师、书院教师等一县按 5 人计，共 40 人，北宋末的 1234 县约有教师 49300 人。

私塾——宋代一般称家塾，其教师数量更多，水平更高。经济条件较好的家庭大多要聘请一师，前文表明经济条件一般甚至较差的家庭也会聘请塾师。有的一家不止一人，如姚祐，"湖州安吉寒儒也，偕其兄依富室馆第"。① 弟兄二人同在一家。宣和六年（1124）"合文武官旧有九千余员，今三万五千余员"②，加上离职致仕者，官户约 5 万，北宋末年全国富室或有文化的人家不少于 8 万户（北宋后期仅开封的商家总数就约 3 万③），共约 13 万户。以 3/4 户有私塾、每户 1 人计，塾师估之为近 10 万人，当不为过。

北宋末年，全国民间教师大约有 149300 人。

三 宋代民间教师的文化水平及历史贡献

1. 民间教师的文化水平

教师职业有一定特殊性，决定其文化水平的客观因素，一般是根据所教学生的层次高低而参差不齐，也多有自身文化程度和素质、理念等主观因素，其间差距很大。水平高者，不亚于或超过士大夫。此类例子甚多。

学问渊博者最常见。如四川井研人黄济叔。

> 性静专，于书无所不读，一再过则终身不忘。尤粹于经，格言要义，往往皆成诵。……其于象数、制度、名物，口讲手画，粲然可观，以至训诂义疏一语之疑，一字之讹，人所不经意者，先生言之甚精。伦类博通，本末赅贯，世之号为儒者未之能及也。④

他的学术水平，超过社会上一般的士人。福建教师林光朝，"学通六经，

---

① （宋）洪迈：《夷坚志·支景》卷一〇《姚尚书》，何卓点校，第 957 页。
② （宋）杨仲良：《皇宋通鉴长编纪事本末》卷一三二《讲议司》，第 4151 页。
③ 魏天安：《宋代东京工商户数比率考》，张其凡、陆勇强主编《宋代历史文化研究》，人民出版社，2000，第 388 页。
④ （宋）牟巘：《牟氏陵阳集》卷二四《黄提幹行状》，《景印文渊阁四库全书》第 1188 册，第 211 页。

旁贯百氏"①, 优秀教师总是博学的教师。

对许多民间教师来说, 教师是谋生的职业, 其事业和爱好却是学术研究和文学创作。所以, 更多的表现是在教学之余, 倾心著述。如宋初开封酸枣县"常聚徒教授以自给"的王昭素, "博通《九经》, 兼究《庄》、《老》, 尤精《诗》、《易》, 以为王、韩注《易》及孔、马疏义或未尽是, 乃著《易论》二十三篇"。② 宋太宗时历城乡先生田诰, "好著述, 聚学徒数百人……诰著作百余篇传于世, 大率迂阔"。③ 宋代最著名的隐士河南种放, 在终南山"以讲习为业, 从学者众, 得束脩以养母。……所著《蒙书》十卷及《嗣禹说》、《表孟子上下篇》、《太一祠录》, 人颇称之。多为歌诗"。④ 既是教师, 又是学问家、文学家。又如永康军人李畋:

> 博通经史, 以著述为志, 性静退, 不乐仕进, 士大夫多称之……隐居永康军白沙山, 后生从之学者甚众。……撰《道德经疏》二十卷, 《张乖崖语录》二卷, 《谷子》三十卷, 歌诗杂文七十卷。⑤

在博学的基础上, 广招生徒, 并积极著述, 成果丰硕。南康人冯椅, "家居授徒, 所注《易》、《书》、《诗》、《语》、《孟》、《太极图》, 《西铭辑说》, 《孝经章句》, 《丧礼小学》, 《孔子弟子传》, 《读史记》及诗文、志录, 合二百余卷"。⑥ 他们也都是成果丰富的民间学者。

宋代民间教师的文学创作成就斐然。淮南青年才子王令, 不事科举, 以教学为生, 才华深受王安石的赞誉:"少年有盛名, 王介甫尤重之", 惜享年仅二十八岁。⑦ 他长于诗歌, 流传至今的《王令集》中, 构思奇特, 造语精辟, 气势磅礴, 意境奥衍。著名文学家晁说之有诗赞云:"高

① (宋) 林光朝:《艾轩集》卷一〇《附录》, 陈俊卿:《祠堂记·又》,《景印文渊阁四库全书》第 1142 册, 第 658 页。
② (元) 脱脱等:《宋史》卷四三一《王昭素传》, 第 12808 页。
③ (元) 脱脱等:《宋史》卷四五七《万迈传附田诰传》, 第 13428 页。
④ (元) 脱脱等:《宋史》卷四五七《种放传》, 第 13422~13423 页。
⑤ (宋) 王辟之:《渑水燕谈录》卷六《文儒》, 吕友仁点校, 第 73 页。
⑥ (元) 脱脱等:《宋史》卷四二五《冯去非传》, 第 12677 页。
⑦ (宋) 陈振孙:《直斋书录解题》卷一七《广陵集二十卷》, 徐小蛮、顾美华点校, 第 501 页。

邮少年有王令，豪气雄才海内无。当日谈兵今可用，只愁遗像是癯儒。"①
清代四库馆臣也称赞王令："才思奇轶，所为诗磅礴奥衍，大率以韩愈为
宗，而出入于卢仝、李贺、孟郊之间。"② 是历史上著名的诗人。王令在
学术上成就同样很大，著有《王氏论语解》十卷，《孟子解》五卷，因英
年早逝，"所讲《孟子》才尽二篇，其第三篇尽二章而止。王荆公志其
墓，不言其所著书。而晁氏《读书志》云，令于《尧曰篇》解曰：'四海
不困穷，则天禄不永终矣。'王氏《新经书义》取之"。③ 他的学术创新
成果为王安石所兼收。北宋后期新淦县的民间教师谢民师：

> 博学工词章，远近从之者尝数百人。民师于其家置讲席，每日登
> 座讲书，一通既毕，诸生各以所疑来问，民师随问应答，未尝少倦。
> 日办时果两盘，讲罢，诸生啜茶食果而退。东坡自岭南归，民师袖书
> 及旧作遮谒，东坡览之，大见称赏……著述极多。④

讲学的同时注重与学生交流，并提供茶歇，其诗作深受苏轼的赞赏，可见
水平之高。最大的民间学问家、教师邵雍，著述甚多，理论著作有《皇
极经世》《观物内外篇》《先天图》《渔樵问对》等。其诗集《伊川击壤
集》，不仅在国内，还在东亚流传至今，而《皇极经世》的版本至今
更多。

底层广大民间教师的文化水平大多有限，也有不少混饭蒙事者。南宋
民间老塾师李之彦久经城乡私塾，见多识广，曾揭示道：

> 见近时教蒙童者，《语》、《孟》句读亦多错舛，教作文者，只誊
> 公本，蔑有新功，误人子弟，宁逃阴谴！甚而花街柳陌，师生同游，
> 嗜利下流，靡所不至。其间有不孝不悌、不友不恭，曾未闻一言纠其

---

① （宋）晁说之：《嵩山文集》卷九《高邮人物绝句二首》（其一），第 11 页。
② （清）永瑢等：《四库全书总目》卷一五三《广陵集》，第 1325 页。
③ （宋）陈振孙：《直斋书录解题》卷三《王氏论语解十卷孟子解五卷》，徐小蛮、顾美华
　　点校，第 74 页。
④ （宋）曾敏行：《独醒杂志》卷一，朱杰人标校，上海古籍出版社，1986，第 7 页。

过。徒于小廉曲谨，腐烂时文，以此称功。①

德才俱无，误人子弟。至于广大的乡村教师，多是蹉跎沉淀的底层读书人，一般而言文化水平较低。典型如北宋时的陕州乡间，有官员在道旁驿站住宿时，到附近散步时看到：

> 有村学究教授二三小儿，闲与之语，言皆无伦次。忽见案间有小儿书卷，其背乃蔡襄写《洛神赋》，已截为两段，其一涂污，已不可识。问其何所自得，曰："吾家败笼中物也。"问："更有别纸可见否？"乃从壁间书夹中取二三十纸，大半是襄书简，亦有李西台川笺所写诗数纸，因以随行白纸百余幅易之，欣然见授。问其家世，曰："吾家祖亦尝为大官，吾父罢官归，死于此，吾时年幼，养于近村学究家，今从而李姓。然吾祖官称姓名，皆不可得而知。顷时如此纸甚多，皆与小儿作书卷及糊窗用了。"②

该村出身于官宦人家的学究继承了养父的职业，但水平仅限于读写而已，毫无文化素质可言。更有典型事例如：

> 世传俚语，谓假儒不识字者，以《论语》授徒，读"郁郁乎文哉"作"都都平丈我"。诗选载元宠《题梁仲叙所藏陈坦画村教学》诗云："此老方扪虱，众雏亦附火。想见文字间，都都平丈我。"③

"郁郁乎文哉"，出自《论语·八佾》，是儒家熟语，书生常用，即便多听也应该知道，但村学究全部读成白字，实在浅陋荒谬。

故而，村学究常常遭到士大夫的嘲弄，成为笑柄。如苏轼看到石曼卿

① （宋）李之彦：《东谷所见·教导》，储玲玲整理，载《全宋笔记》第8编第4册，大象出版社，2017，第10页。
② （宋）佚名：《道山清话》，赵维国整理，载《全宋笔记》第2编第1册，第105~106页。
③ （宋）赵与时：《宾退录》卷六，齐治平校点，第77页。

《红梅诗》云："认桃无绿叶，辨杏有青枝"，批评道："此至陋语，盖村学中体也。"① 所谓"陋语"就是"村学体"即村学究体。宋代民间有"少道理"的五种典型："不会禅和尚问答，村学堂讲书，初学读书人策论，田夫论朝政，无证见论讼。"② 意思是村学究讲书的特点，就是不循事理，不懂装懂，蒙骗村民和儿童。因而，士大夫常将乡村教师贬为"愚儒""俚儒""陋儒""假儒"等。市学先生的情况稍好些，但总体质量也不会多高。

必须指出的还有两点。一是上述记载者多属士大夫等成功人士，底层寒儒的文化、地位与其相比自有云壤之别，对村学究的记载与评说难免有"段子化"的笑料化夸张，不必真信。二是相当一部分乡村教师也喜欢写作著述。苏轼所言"村学中体"虽浅陋，却表明村学究也多写诗。朱弁载道："世传《珞琭三命赋》，不知何人所作，序而释之者，以为周世子晋……今其赋气质卑弱，辞语儇浅，去古人远甚，殆近世村夫子所为也。"③ 该赋是一篇开创四柱命理学的重要作品，哲理深远，版本很多，朱弁所见当为一种通俗普及本，就村夫子而言，已经是很高的水平了。福建麻沙是宋代最大的商业书籍出版中心，印书最多，印刷和图书质量也最差，"其时麻沙书坊，刊本最多。大抵出自乡塾陋儒，剿袭陈因，多无足取"。④ 乡村教师是编撰"麻沙本"书籍的主力，所撰应是发行量大的基础教科书、通俗读物和应付科举的类书等，浅白实用，自然无关学术、文学水平的高低。由此可以说，他们也是推动宋代图书出版大发展的主力。仅此普及之功，就令人肃然起敬，是另一种层次较高的启蒙。

底层民间教师水平虽低，但人数最多，无疑仍属于有文化的民间知识分子。即使水平最低者，至少也可以起到扫盲作用，如萤光也能照亮一小片天地。

---

① （宋）费衮：《梁溪漫志》卷七《东坡论石曼卿红梅诗》，第 124 页。
② （宋）王铚：《杂纂续》，（元）陶宗仪等编《说郛三种》，上海古籍出版社，2012，第 3552 页。
③ （宋）朱弁：《曲洧旧闻》卷八《珞琭三命赋非周灵王太子晋作》，孔凡礼点校，第 201 页。
④ （清）永瑢等：《四库全书总目》卷一三五《源流至论前集十卷后集十卷续集十卷别集十卷》，第 1151 页。

2. 民间教师的历史贡献

（1）普及文化，传播文明

民间私学的特点是上学就近方便，受教育成本低，没有身份等门槛。只要支付较少的学费就可以接受教育，即身份低贱的普通农民、市民、佣工，也得以受教育，真正做到了"有教无类"。如普通农民："田父龙钟雪色髯，送儿来学尚腰镰。"① 老农"腰镰"表明该学不是冬学，而是收割农忙季节照样上课的公共小学，家长护送上学则说明这个孩子年龄很小。又如酒馆的伙计，谢显道对一酒保说"读书人人有分"，动员他去投拜程颢，"先生之门，无贵贱高下，但有志于学者即受之耳"。② 也没有年龄限制。有少儿，如张子宽"以小学教授，虽童稚胜衣者亦登其门，皆以著数授之"。③ 有中老年人：如福州乡校"书社"的学生中，"间有年四五十，不以老为耻"。④ 包含了对成人的教育。如此教育重心大幅度下移，学生身份多样，极大促进了教育的普及。普及化的教育就是平民化，其巨大的作用就是教会了大量草根百姓识字，普及了文化。民间学校还体现着教育平等，"在中国教育史上始终占有重要地位，尤其是蒙养阶段的教育和教学主要由私学来承担。……宋代私学一直受朝廷重视与支持，担当起比官学大得多的教育任务"。⑤ 以《诗经》教学为例，乡村教师将《诗经》传授给下层的普通民众，是宋代平民《诗经》学观念形成的主要推动者。"宋代《诗经》学发生、发展的新的文化生态，因而就思想的渗透力和对民众的影响而言，私学中的《诗经》教学比起国子监太学等官学要大得多，从文化延续的角度论，也当如此。"⑥ 民间学校的学生平等

---

① （宋）陈思编，（元）陈世隆补《两宋名贤小集》卷三三一，（宋）陈鉴之：《东斋小集·题村学图》，《景印文渊阁四库全书》第 1364 册，第 605 页。

② （宋）施德操：《北窗炙輠录》卷上，虞云国、孙旭整理，载《全宋笔记》第 3 编第 8 册，第 181~182 页。

③ （宋）李石：《方舟集》卷一五《支兴道墓志铭》，《景印文渊阁四库全书》第 1149 册，第 698 页。

④ （宋）梁克家：《淳熙三山志》卷四〇《土俗类·岁时》，李勇先校点，第 1642 页。

⑤ 王炳照、郭齐家：《中国教育史研究（宋元分卷）》，华东师范大学出版社，2009，第 280 页。

⑥ 易卫华：《"乡先生"与宋代〈诗经〉学》，《河北师范大学学报》（哲学社会科学版）2010 年第 6 期。

接受教育，为以后有平等的成就机会打下基础，有可能梦想成真，"朝为田舍郎，暮登天子堂"。教育史学者将民间教师称为"民间士人教育群体"①，职业化的"乡先生是知识群体中的重要成员"。② 民间教师的职业化、普及化，是儒学扎根于百姓的开端，所培育的人才之多、成就之大，史有公论。

至于提高式的普及，除了民间教师撰写的麻沙本书籍外，更有典型人物。四川人任玠，"学识广博，人皆师仰之。大中祥符初，乐安公中正镇蜀日，请先生于文翁石室，大集生徒，讲说六经，以绍文翁之化，由是蜀中儒士成林矣"③，带动了四川文化的发展。

南宋以来，国家始终在国防压力下挣扎，官学教育整体趋于衰落。以崇安县学为例，由于没有学田，经费毫无保障。朱熹说："遭大夫之贤而有意于教事者，乃能缩取他费之赢以供养士之费。其或有故而不能继，则诸生无所仰食而往往散去。以是殿堂倾圮，斋馆芜废，率常更十数年乃一闻弦诵之声，然又不一二岁辄复罢去。"④ 主要是办学经费缺乏，教育难以为继。虞俦进一步披露："窃怪夫近年州郡之学，往往多就废坏。士子游学，非图餔啜以给朝夕，则假衣冠以诳流俗，而乡里之自好者，过其门而不入。为教授者，则自以为冷官，而不事事。"⑤ 学生无心学习，教师无心教学。但民间学校尤其是书院却持续发展，基本上取代了官学教育，民间教师支撑了南宋教育大半边天。

（2）学术、理论的提高与更新

宋代民间教师在教学之余也是学者，他们思想活跃，且站在民间或个人角度，不受或少受官方意识形态的约束，极大地促进了儒学等学术

---

① 张建东：《民间的力量：宋代民间士人的教育活动研究》，第 10 页。
② 许怀林：《南宋的民办书院与乡先生的职业化》，载杭州师范大学国学院、杭州市社会科学院南宋史研究中心、浙江大学历史系编《徽音永著：徐规教授纪念文集》，华东师范大学出版社，2012，第 371 页。
③ （宋）黄休复：《茅亭客话》卷一〇《任先生》，赵维国整理，载《全宋笔记》第 2 编第 1 册，大象出版社，2006，第 78 页。
④ （宋）朱熹：《朱熹集》卷七九《建宁府崇安县学田记》，郭齐、尹波点校，第 4110～4111 页。
⑤ （宋）虞俦：《尊白堂集》卷六《论郡县学札子》，《景印文渊阁四库全书》第 1154 册，第 138 页。

理论的发展。

"宋初三先生"之一的孙复,"举进士不中,退居泰山,学《春秋》,著《尊王发微》十二篇,大约本于陆淳,而增新意"。① 他专注经学,是经学变古创新的代表人物之一,所阐发的六经义理之说影响很大,为经学理论的先驱,开启后世宋学敢于突破前人旧说的先例,在中国古代思想史、理学史上占有重要地位。四川民间异端思想家龙昌期是又一个典型,在家乡有很大的影响,许多名士"皆师事之,其徒甚众",为《周易》《论语》《孝经》《道德》《阴符经》等撰经义。他思想激进,以"议论怪僻"而著名,甚至"以周公为周之贼"②,可谓胆大包天。邵雍学问"高明英迈,迥出千古"③,对宋学影响很大,与周敦颐、张载、程颢、程颐并称"北宋五子",也是理学的创始人之一。其先天象数学等学说博大整齐,史所罕见,无论在学术界还是民间社会,其影响延续到当代。

儒学自汉代确立为统治思想之后,长期保持官方一元化。宋代儒学摆脱了官方的一统,主要由分散在地方的民间学者教师自由阐发,以不同的地域形成各自的学说。清代学者全祖望指出:

> 庆历之际,学统四起。齐、鲁则有士建中、刘颜夹辅泰山(孙复——引者按,下同)而兴。浙东则有明州杨(适)、杜(醇)五子(另有王致、王说、楼郁),永嘉之儒志(王开祖)、经行(丁昌期)二子,浙西则有杭之吴存仁,皆与安定(胡瑗)湖学相应。闽中又有章望之、黄晞,亦古灵(陈襄)一辈人也。关中之申(颜)、侯(可)二子,实开横渠(张载)之先。蜀有宇文止止(之邵),实开范正献公(祖禹)之先。④

这些在京东、两浙、福建、陕西、四川兴起的儒家新学派,代表人物几乎

---

① (宋)李焘:《续资治通鉴长编》卷一三八,庆历二年十一月甲申,第3325页。
② (宋)吕希哲:《吕氏杂记》卷下,夏广兴整理,载《全宋笔记》第1编第10册,第295页。
③ (元)脱脱等:《宋史》卷四二七《邵雍传》,第12728页。
④ (清)黄宗羲原著,(清)全祖望补修《宋元学案》卷六《士刘诸儒学案》,中华书局,1986,第251~252页。

全是当时或曾是民间教师，他们使儒学形成了地域形态的多元化。自秦汉以来，儒学历史上唯有宋朝呈现如此盛况，是宋朝儒学发展的一大特色。各学派绝大多数都是各地学者自发组成的，都以地域命名：如"濂学""湖学""关学""洛学""闽学""永康学""永嘉学""蜀学""象山学（江西学）""湖湘学"等。二程的理学，正是脱离官方影响的民间私学产物。程颢"自十五六时，与弟颐闻汝南周敦颐论学，遂厌科举之习，慨然有求道之志。泛滥于诸家，出入于老、释者几十年，返求诸《六经》而后得之。秦、汉以来，未有臻斯理者"。① 最终在南宋后期被确立为官方哲学的"程朱理学"，就是长期不被官方垂青甚至打击的"洛学"与"闽学"的结合物。这场儒家内部的百家争鸣，只能由众多高水平民间学者参与，极大地丰富和发展了儒家思想，是宋儒具体主要是民间教师对中国传统文化的最大贡献。② 这一史实，与春秋战国时期私学兴起进而诞生儒学并出现百家争鸣的历史颇为相似。

（3）孕育并促进官学的发展

宋代发达的教育，并非兴起于官方，而是兴起于民间。马端临明确指出：

> 是时（引按：指宋初）未有州县之学，先有乡党之学。盖州县之学，有司奉诏旨所建也，故或作或辍，不免具文；乡党之学，贤士大夫留意斯文者所建也，故前规后随，皆务兴起。后来所至，书院尤多，而其田土之锡，教养之规，往往过于州县学，盖皆欲仿四书院云。③

最早的州学其实就是官方直接接管民间学校改编挂牌的：宋真宗大中祥符二年（1009），"赐应天府书院额。州郡置学始此"。④ 将民间兴办的应天

---

① （元）脱脱等：《宋史》卷四二七《程颢传》，第12716～12717页。
② 参见拙著《宋代地域文化》，河南大学出版社，1997，第312～315页。
③ （宋）马端临：《文献通考》卷四六《学校考七》，上海师范大学古籍研究所、华东师范大学古籍研究所点校，第1339～1340页。
④ （宋）吕中：《类编皇朝大事记讲义》卷七《真宗皇帝·建学》，张其凡、白晓霞整理，第153页。

府书院改为州学性质，变成了宋代第一所州学，开启了宋代地方官学的历史。

中央官学最初的师资，大多来自民间教师，如宋初三先生孙明复、石守道、胡瑗；后来的程颐，则直接从民间教师进京担任宋哲宗的老师。地方官学更是如此。庆历四年（1044），宋仁宗下诏曰："其令州若县皆立学，本道使者选部属官为教授，员不足，取于乡里宿学有道业者。"① 一声令下忽然建学，其实当时并无多少官方师资，基本都是聘请民间学校的教师。如鄞县楼郁：

> 志操高，厉学，以穷理为先，为乡人所尊处。穷约屡空，自乐。庆历中，诏郡县立学，延致乡里有文学行义者为之，先生掌教县庠者数年，又教授郡学前后三十余年。学行笃美，信于士友，一时英俊皆在席下。②

在兴学高潮中，他在县学待了数年，后到州学教授三十年之久。再如越州杜醇：

> 学以为己，隐约不求知。……经明行修，学者以为模楷。庆历中，鄞始建学，县令王文公安石请先生为之师。③

被鄞县长官王安石聘请为县学教师。绍圣初孙积中任沂州长官时，"兴学养士，走书币招礼宿儒，为学者师表"。④ 说明即便是到了五十年后的北宋后期，州学教师仍然多来自民间。民间教师进入官学，既是官方对其学术品行的肯定，也是其自身地位的提高。

官学规章制度的建立，同样脱胎于民间学校。戚同文在应天府宋城办

---

① （元）脱脱等：《宋史》卷一五七《选举志三》，第 3658～3659 页。
② （元）马泽修，袁桷纂《延祐四明志》卷四《城南楼先生》，《宋元方志丛刊》，中华书局，1990，第 6185～6186 页。
③ （元）马泽修，袁桷纂《延祐四明志》卷四《慈溪杜先生》，第 6185 页。
④ （宋）龚明之：《中吴纪闻》卷四《孙积中》，孙菊园校点，第 99 页。

书院时，制定了完整的规章。

> 乃制为学规，凡课试、讲肄、劝督、惩赏，莫不有法；宁亲、归沐与亲戚还往，莫不有时。而皆曲尽人情，故士尤乐从焉。由此书院日以浸盛。……先生之规，后传于时。及建太学，诏取以参定学制。①

上课、考试、督促、奖惩、请假、探亲等，都有制度可以遵循，后来成为太学学规的母本，并为全国地方学校模仿："今四方学校其规模规条教，悉权舆于宋焉。"② 可以说，宋代民间学校及教师是官学的母体，为官学提供师资后备力量。

（4）树立了传统知识分子的榜样

宋代民间教师作为民间知识分子的主体，一方面继承发扬了诸如忠君爱国、天下情怀、刻苦钻研等传统知识分子的优秀品质，也凸显出尊师重教、恪守职业道德等时代和职业特征。需要特别指出的是，他们追求道德，安贫乐道，为宋代知识分子树立了榜样，为后代留下了一笔巨大的精神财富。

一是道德楷模，教化乡里。

在教育学上，教师形象具有隐性课程的教育影响，其言行品德的示范性，在维护伦理道德、一方风气方面起到很大作用。他们通常"以德行经术警悟后学，自是乡邑有所推择，莫不尊敬畏服"③。蜀人杨天惠说："今之所谓乡先生"，应是"入而独善其身，则仁义忠信，乐善不倦；出而私淑诸人，则孝悌忠信，诲人不倦"④，有一个合格教师的高标准。宋代乡先生的代表——民间教师，积极参与村庄公共事务，成为调解民间矛

---

① （宋）徐度：《却扫编》卷上，朱凯、姜汉椿整理，载《全宋笔记》第 3 编第 10 册，大象出版社，2008，第 119 页。

② （宋）张方平：《乐全集》卷三九《赠给事中太原王公墓志铭（并序）》，《景印文渊阁四库全书》第 1104 册，第 467 页。

③ （宋）梁克家：《淳熙三山志》卷四〇《土俗类·岁时》，李勇先校点，第 1642 页。

④ （宋）袁说友等编《成都文类》卷五〇，（宋）杨天惠：《乐善郭先生诔》，赵晓兰整理，中华书局，2011，第 981 页。

盾中评判是非的地方道德权威,颇多以德行化服一方者。如宋初开封府酸枣县的王昭素,"少笃学不仕,有至行,为乡里所称。常聚徒教授以自给,李穆与弟肃及李恽皆常师事焉。乡人争讼,不诣官府,多就昭素决之",甚至"县人相告曰:王先生市物,无得高取其价也"。① 王昭素以渊博学问和高尚德行,成为道德楷模、精神领袖,深受乡人敬重,甚至起到了司法仲裁作用。邵雍也是典型,他"讲学于家,未尝强以语人,而就问者日众。乡里化之,远近尊之……故贤者悦其德,不贤者服其化。所以厚风俗、成人材者,先生之功多矣"。② 以个人魅力教化一方。南宋江西民间教师欧阳守道,"少孤贫,无师,自力于学。里人聘为弟子师……年未三十,翕然以德行为乡郡儒宗"。③ 鄞县王致,"与同郡杨、杜二先生为友,俱以道义化乡里,诸生子弟师尊之,称三人皆为先生"。④ 他们都是一方民众的主心骨,在某些方面作用大于官府。他们理性光辉的教育作用,远远超过了课堂教学。其德行、文化是推动乡村社会发展的重要力量。

二是安贫乐道,清介有守。

宋代民间教师大多数属于"贫士""穷书生","穷措大",但丝毫不影响他们追求学问和道德。如方逢辰诗所云:"苍苔破屋生涯足,淡饭清汤梦寐安。认得秀才穷快活,何须烦恼做穷官。"⑤ 虽然生活清贫但精神富足。鄞县王致"年七十,乐道安贫,妻收遗秉,子拾堕樵,浩然无闷,乡人莫不高其行";另有王说,"与弟该皆著名。教授乡里三十余年,熙宁中以特恩补州长史。无田以食,无桑麻以衣,怡然自得,子孙世其学"。⑥ 达州人乐君,"状极质野,而博学纯至……家贫甚,不自经理。……乐易坦率,多嬉笑,未尝见其怒"。家里经常缺米断顿也不以为

---

① (元)脱脱等:《宋史》卷四三一《王昭素传》,第 12808~12809 页。

② (宋)程颢、程颐:《二程集·河南程氏文集》卷四,程颐:《邵尧夫先生墓志铭》,王孝鱼点校,第 503 页。

③ (元)脱脱等:《宋史》卷四一一《欧阳守道传》,第 12364 页。

④ (元)马泽修,袁桷纂《延祐四明志》卷四《鄞江王先生》,第 6185 页。

⑤ (宋)方逢辰:《蛟峰文集》卷六《赠月心》,《景印文渊阁四库全书》第 1187 册,第 548 页。

⑥ (元)马泽修,袁桷纂《延祐四明志》卷四《鄞江王先生》《桃源王先生》,第 6185、6186 页。

意，"每旦起，分授群儿经，口诵数百过不倦"。① 豁达乐观，不以物累，而自得其乐于精神世界。信州永丰县人周日章，品行学问皆佳。

> 为邑人所敬。开门授徒，仅有以自给，非其义一毫不取。家至贫，常终日绝食，邻里或以薄少致馈，时时不继，宁与妻子忍饿，卒不以求人。隆寒披纸裘，客有就访，亦欣然延纳，望其容貌，听其论议，莫不耸然。县尉谢生遗以袭衣，曰："先生未尝有求，吾自欲致其勤勤耳，受之无伤也。"日章笑答曰："一衣与万钟等耳，倘无名受之，是不辨礼义也。"卒辞之。②

他甘于贫寒，恪守礼义，防微杜渐，原则性很强。他们淡泊物欲，追求精神的富足，物质贫乏没有影响精神的满足和愉悦，既发扬了先秦以来的"孔颜乐处"情操，也体现了宋代"先天下之忧而忧"的情怀。这一精神境界的提升，对知识追求大于对名利追求的信念，虽然是少数情况，但确是弥足珍贵的人文主义之光。

结　语

斗转星移，宋人改变了前代长期的师道颓废状况，尊师重教蔚然成风，带动了教育、学术复兴和士风的整肃。越来越多的士人将教师当作终生的乃至世袭的职业，普遍职业化的民间教师成为一个重要的社会阶层。他们对教育、学问的执着，由职业责任而衷心热爱，是精神上的进取。

民间教师既是宋代基础教育的基本队伍，也是高等教育的主要队伍，还是官学的母体及师资后备军。民间教师的职业化、普及化，是儒学扎根于百姓的开端，其巨大的作用就是教会了诸多草根百姓识字，是宋代扫盲和文化普及的主力军。他们大多如同原野上的灌木，长不成高大的乔木，但顽强地改善着周边的环境。所培育的人才之多、成就之大，在古代前所未有。如同文化开蒙的星星之火，对社会文化贡献最大。作为民间学者，

① （宋）叶梦得：《避暑录话》卷下，徐时仪整理，载《全宋笔记》第 2 编第 10 册，第 325 页。
② （宋）洪迈：《容斋三笔》卷六《贤士隐居者》，孔凡礼点校，第 492 页。

他们不受或少受官方意识形态约束，学术研究生机勃勃，是推动宋代学术变革发展的主要力量，极大地促进了儒学等学术理论的发展。宋代儒家新学派的代表人物几乎全是民间教师，他们的崛起推动儒学形成地域性的多元化，这是其对中国传统文化的最大贡献，历史影响深远。他们内强素质，外树形象，追求道德、安贫乐道等精神，在当时于一方春风化雨，并为后代留下了一笔巨大的精神财富，树立了榜样。

第四节　佣书

自有书籍以来，社会上千百年来一直是抄本时代，作为职业抄书人的佣书，是书籍复制的主要人员。学术界对古代佣书多有研究，有学者认为佣书业"肇始于汉代，兴盛于六朝，至唐代随着雕版印刷术的发明而逐渐式微"①，也有人认为佣书业"隋唐时期达到鼎盛"。② 因为缺乏对宋代佣书的了解，这些论断似嫌武断。由于印刷术的发展普及，从宋代开始图书事业发生了革命性的变化，出版业正式形成，印本书籍很快主导市场，惠及大众，但并不能想当然地推断宋代佣书业一蹶不振，事实上其依然兴旺。印刷品的光芒并未能掩盖佣书的独特贡献和地位，佣书这一行当一直延续，至近现代而不绝。

宋代佣书，又称书工、佣笔、写字人、笔工、书记、写字汉等，广泛存在于各界，乃是下层民间知识分子的主要职业之一。作为宋代社会文化发展的一个方面，本节论述其兴旺的形式即变异和广泛存在，以及文化水平，从而揭示宋代进入文书社会。

一　宋代佣书的变异更新

佣书是一个古老的职业，早期如同工匠一般，通过体力劳动的抄书作业获取收益，付出的是时间和书写技术。古代最著名也是最早记载的佣书是东汉的班超，他出身官宦人家，是著名史学家班固的弟弟，"兄固被召

---

① 陈德弟：《佣书业的兴衰和雕版印刷术的发明》，《出版科学》2004 年第 5 期。

② 陈静：《佣书与抄本传播》，《出版科学》2011 年第 5 期。

诣校书郎，超与母随至洛阳。家贫，常为官佣书以供养"。① 为官方抄书，以工钱补贴家用，后代佣书无不以他为荣耀。长期以来，佣书的基本业务是抄写书籍，如北齐时，有"州客至，请卖《华林遍略》"，权贵高澄不想高价购买，遂生剽窃之计："多集书人，一日一夜写毕，退其本曰：'不须也。'"② 一部多达 700 卷的巨著一天一夜抄完，足见所雇用的佣书之多。名为"书人"，显然就是抄书、佣书之人的简称。东晋张肇，因家贫以佣书为业，边抄书边学习，"遂因缮写，乃历观经史，备尽坟籍"，后来出家，竟因此成为著名高僧。③ 南北朝时期正是佛教迅速发展时期，佣书更多的业务是受雇于寺院抄写佛经。如北魏人刘芳，"常为诸僧佣写经论，笔迹称善"。④ 唐代的王绍宗可谓专业抄经："少勤学，遍览经史，尤工草隶。家贫，常佣力写佛经以自给，每月自支钱足即止，虽高价盈倍，亦即拒之。寓居寺中，以清净自守，垂三十年。"⑤ 由于主要工作是抄写佛道类经籍，人数也有一定规模，这一类佣书被称作"经生"，以至于在唐代形成一种以小楷抄经的书法体式——经生体。

书籍之外，唐朝佣书的抄录业务还包括其他文字。如在长安，"当承平之时，卿大夫家召佣书者，给之纸笔之资，日就中书录其所命。每昏暮，亲朋子弟，相与候望，以其升沉，以备于庆贺。除书小者五六幅，大者十有二三幅。每日断长补短，以文以武，不啻三十余人。一岁之内，万有余众"。⑥ 私家雇募佣书，长期在朝廷抄录人事变动等文件。唐后期，佣书还为人抄写日常文书。以敦煌文献为例，主要是各种内容的契约和民间团体"社"的文书等，涉及日常生活的方方面面。⑦ 此类抄录工作，出卖的主要是书法和工夫，有学者因言："在抄本时代，佣书者就相当于印刷机，是复制

---

① （南朝宋）范晔：《后汉书》卷四七《班超传》，中华书局，1965，第 1571 页。
② （唐）李百药：《北齐书》卷三九《祖珽传》，中华书局，1972，第 515 页。
③ （南朝梁）释慧皎：《高僧传》卷六《晋长安释僧肇》，汤用彤校注，汤一玄整理，中华书局，1992，第 249 页。
④ （北齐）魏收：《魏书》卷五五《刘芳传》，中华书局，1997，第 1219 页。
⑤ （后晋）刘昫：《旧唐书》卷一八九下《王绍宗传》，中华书局，1975，第 4963~4964 页。
⑥ （宋）李昉等辑《文苑英华》卷七六〇，（唐）牛希：《荐士论》，中华书局，1966，第 3985 页。
⑦ 周侃：《唐代书手研究》，博士学位论文，首都师范大学，2007，第 47 页。

文本的主要力量……佣书是一种抄写复制行为。"① 其工作只有字体和速度的较量，此外不过是简单的重复，并无创造性可言。

至宋代，由于印刷术的普及与发展，版本书籍迅速增加，逐渐成为书籍传播的主要手段。这一巨大变化，给传统佣书业带来冲击，由唯一下降到第二位，佣书的主业——抄书市场有所缩小，不再有经生之说，业务范围和内容有所改变，质量有所提高，实为佣书历史上的转型时期。

首先，抄书仍是其主要业务之一。

抄写由于操作简单快捷，在宋代仍然是复制图书的重要方法，同时也是古人始终强调的学习和增强记忆的方法。如宋初官员杨克让，"少好学，手写经籍，盈于箧笥"。② 已有高官厚禄的司马光，六十余岁仍抄书不辍："所抄自《国语》而下六书，其目三百一十有二，小楷端重，无一笔不谨。"③ 佣书自然还有市场。大中祥符八年（1015）夏，因荣王宫火灾，延及崇文院、秘阁，朝廷藏书损失极大，"所存无几"。为尽快恢复藏书，朝廷在皇城外别建外院，"重写书籍。……乃出太清楼书，命彭年提举管句，募笔工二百人"抄录。④ 这是项规模很大的抄书工程。宋初四川杜鼎升是位个体佣书：

> 形气清秀，雅有古人之风，鬻书自给。夫妇皆八十余，每遇芳时好景，出郊选胜偕行，人皆美其高年逸乐如是。……尝手写孙思邈《千金方》鬻之，凡借本校勘，有缝折蠹损之处，必粘背而归之；或彼此有错误之处，则书札改正而归之。且曰："使人臣知方则忠，使人子知方则孝。"自于《千金方》中得服玉泉之道，行之二十年，获筋体强壮，耳目聪鉴，每写文字，无点窜之误，至卒方阁笔。⑤

这位终生以抄书为业、且会校勘的优秀佣书，品位颇高，生活优雅。黄庭

---

① 陈静：《佣书与抄本传播》，《出版科学》2011 年第 5 期。
② （元）脱脱等：《宋史》卷二七〇《杨克让传附子希闵传》，第 9270 页。
③ （宋）陈振孙：《直斋书录解题》卷一〇《徽言三卷》，徐小蛮、顾美华点校，第 309 页。
④ （宋）李焘：《续资治通鉴长编》卷八五，大中祥符八年十二月甲辰，第 1960~1961 页。
⑤ （宋）黄休复：《茅亭客话》卷一〇《杜大举》，赵维国整理，载《全宋笔记》第 2 编第 1 册，第 77~78 页。

坚在一封书信中说："渊明诗三册，今遣去。《楚辞》校雠甚有功，常苦王逸学陋，无补屈、宋。欲寻一解写字人，令录一本正文，时时玩之，病未能耳。"① 他想雇个佣书抄一部《楚辞》。北宋后期的名医庞安常，"性喜读书，闻人有异书，购之若饥渴。书工日夜传录"。② 只要得到异书，便招募佣书夜以继日地抄录。陈傅良晚年所著《春秋后传》，刚脱稿就患病且愈来愈重，"学者有欲速得其书，俾佣书传写其已削者"。③ 学者为了早日看到这部新著，等不及刊本出版，便招佣书传写，毕竟刻板印刷需要的时间远多于单本抄录。随着宋代科举制的逐步发达，应举、录取人数众多，科场作弊现象空前严重，夹带小抄就是最常见的行为，这就为佣书提供了用武之地。嘉祐二年（1057）知贡举欧阳修报告说："窃闻近年举人公然怀挟文字，皆是小纸细书，抄节甚备。每写一本，笔工获钱三二十千。"④ 佣书得以增添了一项业务，抄一部微型书籍可获钱二三十贯，利润丰厚。

其他文本的抄录，同样很多。如曾巩曾经建议朝廷收集功臣高官的事迹，具体做法是："各令以其所有事迹或文字，尽因郡府，纳于史局，以备论次。或文字稍多，其家无力缮写，即官为委官，以官用佣写字人书写校正。"⑤ 用公费雇募佣书抄录副本并校正。可见佣书像前言四川佣书杜鼎升一样，具备校勘能力。

更多也是更新的业务，是文字写作。宋人对佣书的定义是："受雇写文字谓之佣书。"⑥ 突出的是"写文"而不是"抄文"，即受雇为人做应酬、通信等应用文的笔札文字工作，"事笔札，代笺简之役"⑦，类似现代

---

① （宋）黄庭坚：《黄庭坚全集·别集》卷一九《与元勋不伐书·又（七）》，刘琳、李勇先、王蓉贵校点，第 1899 页。
② （宋）张耒：《张耒集》卷五九《庞安常墓志铭》，李逸安、孙通海、傅信点校，第 875 页。
③ （宋）陈傅良：《春秋后传》序，周勉记，《景印文渊阁四库全书》第 151 册，第 597 页。
④ （宋）欧阳修：《欧阳修全集·奏议》卷一五《条约举人怀挟文字札子（嘉祐二年正月知贡举）》，李逸安点校，第 1677 页。
⑤ （宋）曾巩：《曾巩集》卷三一《史馆申请三道札子》，陈杏珍、晁继周点校，第 462 页。
⑥ （宋）佚名：《释常谈》卷中《佣书》，唐玲整理，载《全宋笔记》第 9 编第 1 册，大象出版社，2018，第 20 页。
⑦ （宋）袁采：《袁氏世范》卷中《子弟当习儒业》，第 105 页。

的文书，并无"抄书"的意思。这意味着抄书不再是佣书的代称，佣书人通常自立门户办书铺，或在商铺、富贵人家承担文字秘书一类的工作。宋代佣书的业务，正是在这一方面发生了巨大的功能性变异，或言升级更新。以下便是具体论证。

二　宋代佣书的社会文书服务

在佣书发展历史上，宋代佣书最突出的特点就是代笔业务，即为顾客提供以应用文为主的各类文章、文字服务。

1. 佣书社会文书的集约经营门市——书铺

宋代佣书创办有专业办理、代写涉官文书的商业店铺，这就是"写状钞书铺户"，简称书铺。这里"书"指的是"文书"，而非售书。① 这就使宋代书铺有多种，一般分经营书籍的书铺和经营文书的书铺，有时二者兼营。本节所言的书铺，专指经营文书的书铺，宋人通常也代指佣书个人。

书铺的主要业务是涉官文书，包括代写上书文字、供词、诉讼状子、填写税钞，办理公证文书，为举人、官员承办各类文书等。② 正是作用如此之大，所以书铺遍及全国各州县，而且官府对办理此类业务有严格的审批和管理。明文规定：

> 告示写状钞书铺户，每名召土著人三名，保识自来有行止，不曾犯徒刑，即不是吏人勒停、配军、拣放、老疾不任科决及有荫赎之人，与本县典史不是亲戚。勘会得实，置簿，并保人姓名籍定，各用

---

① 参阅戴建国《宋代的公证机构——书铺》，《中国史研究》1988 年第 4 期。

② 关于书铺，史学界已多有关注，成果主要有戴建国《宋代的公证机构——书铺》，《中国史研究》1988 年第 4 期；陈智超《宋代的书铺与讼师》，《刘子健博士颂寿纪念宋史研究论集》，日本同朋社，1989，收入《陈智超自选集》，安徽大学出版社，2003；裴汝成《宋代"代写状人"和"写状抄书铺"——读〈名公书判清明集〉札记》，裴汝成《半粟集》，河北大学出版社，2000；范世文《宋代书铺再认识》，《四川师范大学学报》（社会科学版）2015 年第 4 期。龚延明先生的《宋代官制辞典》（增补本）（中华书局，2017，第 395 页）《书铺》条云："公人名。依国子监学例，南宋嘉定十年，宗学招置书铺二名，每逢公、私试、补试等，受纳试卷并一一予以眷录复本（《宋会要·崇儒》1 之 19）。"内容似太简单，书铺也非公人名，这里的书铺实际是指书铺所派出的佣书，佣书亦非公人。诸家均未注意书铺与佣书的关系，从佣书角度审视书铺，另有其意义。

木牌，书状式并约束事件挂门首。①

开铺经营的佣书必须家世清楚、个人无犯罪记录、年富力强、与当地政府主管典史无亲属关系等，且有本地人为担保，所有这些条件要写到木板上悬挂门口公示。也就是说，由于责任重大，事关官民切身利益，只有经过官府审查合格的佣书，才能代理涉官文书。其涉官业务即主要业务，大概如下。

其一，司法文书。佣书承揽诉讼文字，有的地方要求所有诉讼等文书必须经过书铺才合法，否则不予受理："不经书铺，不受。"② 天圣七年（1029），太常博士王告揭露："昨通判桂州，每岁务开，民多争析财产。洎令追鞫，多是积年旧事。……或乡党里巷佣笔之人，替〔潜〕为教引，借词买状，重请均分。"③ 则是佣书无事生非，教唆乡民打官司，培养客户需求，以赚取书写状子的佣金。官府断案审讯时，常有书铺在场记录、提供口供证词："引到词人供责，必须当厅监视，能书者自书，不能者止令书铺附口为书。当职官随即押过。"④ 佣书代做的笔录经主审官审阅签字，成为合法证据。书铺佣书甚至进入监狱，提供文字服务。如嘉泰元年（1201）臣僚提议："被禁之人如因罪入狱，仰就取禁历，书写所犯并月日、姓名，著押历上，以并新收，出狱日亦如之，以凭销落。其有不能书写者，令同禁人或当日书铺代书，亲自押字。仰通判、县丞逐时点检"，朝廷予以采纳。⑤ 佣书代表不识字的囚犯，在禁历上记录其入狱时间和姓名，并签名画押。从"当日书铺"一词可知，应是书铺每天派人值班，是佣书代写的制度化的表现。

其二，上书奏状。在京城，朝廷专设有接受各地各色人等诉状等文字

---

① （宋）李元弼：《作邑自箴》卷三《处事》，载《宋代官箴书五种》，闫建飞等点校，第 19 页。

② （宋）黄震：《黄震全集·黄氏日钞》卷七八《词诉约束》，张伟、何忠礼主编，第 2214 页。

③ （清）徐松辑《宋会要辑稿·刑法》三之四三，刘琳、刁忠民、舒大刚、尹波等校点，第 8415 页。

④ （宋）胡太初：《昼帘绪论·听讼篇第六》，《宋代官箴书五种》，闫建飞等点校，第 175 页。

⑤ （清）徐松辑《宋会要辑稿·刑法》六之七三，第 8570 页。

的登闻鼓院。咸平二年（999）四月，宋真宗诏："昨以时雨稍愆……近者如闻闾巷之徒靡闲军国之事，顾文佣笔，假手他人，浸长浇浮，须行禁止。宜令鼓司、登闻院，自今更不得收接。"① 则是佣书承揽上书的代笔事务。其中的"检院进文字，非书铺所惯，彼处自有一等人专管写此文，兼识体面"。② 书铺也为各色人等代写上书奏状。庆历二年（1042）有诏书披露："近日诸色人所上边事，多是开书铺人将他人文字改易首尾，鬻于此辈，重叠进献，幸望恩泽。宜令开封府严切止绝。"③ 这里所说的此类文章，虽非偷奸耍滑的佣书亲自书写，但可以推知他们的文字服务无所不包。淳熙三年（1176）执政报告："诸色人进状诉理不实，自有条法。近来书铺止是要求钱物，更不照应条法，理宜约束。"宋孝宗指示道："书铺家崇饰虚词，妄写进状，累有约束。不若行遣一二人，自然知畏。可令刑部检坐条法行下，检、鼓院出榜晓谕。"④ 指责书铺代各色人书写上书状，只图收费，不管事实和法律条文。

其三，科举文书等事务。宋代京城书铺一大业务，是协助进京参加科举的士子办理许多与考试相关的事宜："凡举子预试，并仕宦到部参堂，应干节次文书，并有书铺承干。"⑤ 其中尤以科举事务为复杂。宋仁宗庆历八年（1048），据礼部贡院透露：

> 近年举人文字违限者，多是书铺预先收钱物，直至正月后举人到京，临锁院催促，方始送纳。缘试逼拥并，虽精加点检，尚虑差误。欲乞（令）［今］后须得依条限送纳，如自慢易，先次驳放，书铺人乞行重断。诸州军举人，如得解后有揽同解举人家状试卷赴京，须依格限送纳。如是缘路遗弃元供文字，诸色人严断，元揽举人驳放。书

---

① （清）徐松辑《宋会要辑稿·职官》三之六三，第3080页。
② （宋）王庭珪：《卢溪文集》卷三二《与刘子方》，《景印文渊阁四库全书》第1134册，第246页。
③ （清）徐松辑《宋会要辑稿·仪制》七之二二，刘琳、刁忠民、舒大刚、尹波等校点，第2433页。
④ （清）徐松辑《宋会要辑稿·职官》三之七二，刘琳、刁忠民、舒大刚、尹波等校点，第3090页。
⑤ （宋）赵升编《朝野类要》卷五《书铺》，王瑞来点校，第103页。

铺送纳举人试卷文字，并具所纳举人州府姓名单状，赴院点对。如有文字差误，勘会元纳书铺人姓名，牒开封府施行。本院投名充佣笔书写人，并依元定人数，不得夹带不系元雇人数入院。如违，知情并犯人并行严断。①

从中可知书铺佣书的参与程度，包括验证家状、转送纳卷、提供誊录试卷等，涉及科场的方方面面。其中"投名充佣笔"者，当是散处的佣书在科举时通过书铺报名，进入贡院参加誊录试卷，因为仅靠有关书铺自己有限的佣书，根本无法按时完成繁重的试卷誊录工作。故而，有不法佣书利用这个机会，为参加考试者提供假文章。礼部考试前，各地得解举人要向书铺提供代表作，使主考官在正式评卷前有个印象，谓之"纳卷"。宋真宗时，礼部贡院抱怨道："昨详进士所纳公卷，多假借他人文字，或用旧卷装饰重行，或为佣书人易换文本，是致考校无准。"② 具体事例，如以"佣书为活"的王平，"遇科举，则纳士友试卷，以图些小"③，充当"枪手"以谋取酬金。

其四，为官员到吏部铨试、参选办理验审手续。前引史料所言"仕宦到部参堂，应干节次文书，并有书铺承干"④ 即是。如绍兴五年（1135）宋高宗诏："今后官员参部，许自录白合用告敕、印纸等真本，于书铺对读，别无伪冒，书铺系书，实时付逐官权掌。候参部审量日，各将真本审验毕，便行给还。如书铺敢留连者杖一百。"⑤ 到吏部参加铨选考试的官员须携带告敕、印纸等表明身份的官方文书，在书铺办理验证等手续。实际上就是朝廷将官员述职调动、考核提拔需要的各种文书的审查鉴定等前期工作，委托给书铺代理。

---

① （清）徐松辑《宋会要辑稿·选举》三之三一至三二，刘琳、刁忠民、舒大刚、尹波等校点，第5301页。
② （宋）李焘：《续资治通鉴长编》卷六一，景德二年十二月己卯，第1376页。
③ 中国社会科学院历史研究所宋辽金元史研究室点校《名公书判清明集》卷一三《假为弟命继为词欲诬赖其堂弟财物》，第512页。
④ （宋）赵升编《朝野类要》卷五《书铺》，王瑞来点校，第103页。
⑤ （清）徐松辑《宋会要辑稿·职官》八之二〇，刘琳、刁忠民、舒大刚、尹波等校点，第3242~3243页。

这些只是荦荦大者，总之，书铺佣书是各级官府不可或缺的辅助人员，官府是佣书的主要雇主之一。政府如礼部、刑部、吏部的某些职能"外包"与书铺代理，使书铺佣书成为国家机器里文书方面的编外辅助组件。

2. 民间社会生活的佣书业务

在涉官文书之外，宋代民间社会生活的佣书业务更多。

宋代是契约社会，土地自由买卖、租佃制发展导致的买卖、租佃土地契约增多，是农村的代表；房地产的发展导致房地产租售契约增多，是城市的代表。广泛存在的契约文书，需要佣书完成。如"徐俅之仆程华，典张三公田，为钱二十五千，约不立契，冀可省佣书人数百之直"。① 透露出拟写一道典让土地的契约，佣书的劳务费用是数百文。在平民一天平均收入 100 文左右、朝廷校书省的招募抄书的楷书报酬每天约合 116 文的情况下②，这是一笔不小的收入。曾有乡民陈安国模仿其弟陈安节的手迹伪造契约，盗卖家产，被陈安节告官。县官审理后认为：

> 但以契上所书"陈安节"三字，比之陈安国及陈安节两人经官状词，亦各有"陈安节"三字，则知其为陈安国假写，无可疑者……又唤上书铺辨验，亦皆供契上陈安节三字皆陈安国写，则是瞒昧其母与弟，盗卖田产无疑。③

经过专业经办文书的书铺笔迹验证，契约上的签名并非陈安节字迹，实为陈安国伪造，从而否定了契约的合法性，则是书铺具有笔迹鉴定的司法职能的例证。在现存的《淳祐二年休宁李思聪等卖田、山赤契》中，可见"依口书契人李文质（押）"的字样④，书契人即佣书的法律身份。民间的婚姻等事，也需要书铺作证。例如：

---

① （宋）洪迈：《夷坚志·三志辛》卷七《张三公作牛》，何卓点校，第 1437 页。
② （清）徐松辑《宋会要辑稿·职官》一八之一四，刘琳、刁忠民、舒大刚、尹波等校点，第 3478 页。参见拙作《宋代物价研究》，人民出版社，2008，第 557~560 页，第 352 页。
③ （宋）黄榦：《勉斋集》卷三三《陈安节论陈安国盗卖田地事》，《景印文渊阁四库全书》第 1168 册，第 375 页。
④ 中国社会科学院历史研究所收藏整理，王钰欣、周绍泉主编《徽州千年契约文书·宋元明编》卷一，花山文艺出版社，1991，第 5 页。

> 王贡士赴省，就都下娶戴氏，约归为妻。及至还舍，戴见王之妻子已具，乃投词于县令。蒙［花判云］："山阴戴氏可怜贫，王生访戴喜新春，但托女郎签纸尾，且无书铺与牙人。"①

县令以结婚文书没有书铺和中介牙人签署公证为由，认为其不具有合法性，判为无效。②

书铺要面向社会开展代笔应酬文字业务。如"丘源本非儒者，乍开书铺"，为一客户撰写庆贺转官启时，"乃自为云：'伏惟太保，才离五都之中，便转四厢之职，紫袍窣地，牙笏当胸，手持金骨之朵，身坐银校之椅，旧时拢马只是一个，如今喝道约勾十人。据此威风，小梢须为太尉；亦宜念旧，第一莫打长行'"。客户见了"大怒而去"。③ 嘲弄的是假冒佣书不懂装懂，胡言乱语，透露出佣书必须是儒者即士人。启是一种应酬的四六骈俪体书信，讲究对仗、用典和辞藻，难度较大，非士人写作自是笑话。

民间的宗教活动离不开文字工作，往往由佣书办理。婺州风俗，每年三月三日真武生辰时，举办大型宗教仪式："阖郭共建黄箓醮，禳灾请福。绍熙元年，富户陈氏、徐氏主其事，陈作都首而徐副之。自是频岁供具甚整肃。后三年，陈生偶以家故，颇侵用众钱。及期未有以偿，遂推徐代己。徐诺之，凡所应费，出私宅财济助，无所惜。而受雇佣书人，凭旧奏章，其列都首姓名，或为徐，或为陈，两人未尝细视也。"④ 这里的佣书人，不是两家中哪一家所雇，应是长期多次受雇于黄箓醮活动的佣书。

商业服务业中，如妓院也有佣书。在南宋"更有一等不着业艺，食于人家者，此是无成子弟，能文、知书、写字、善音乐……又有猥下之

---

① （宋）罗烨编《新编醉翁谈录》庚集卷二《黄判院判戴氏论夫》，周晓薇校点，辽宁教育出版社，1998，第58~59页。
② 参阅戴建国《宋代的公证机构——书铺》，《中国史研究》1988年第4期。
③ （宋）佚名：《文酒清话》卷六《诮假文》，李裕民整理，载《全宋笔记》第8编第10册，第123~124页。原标点作"小梢须为太尉亦宜念旧"，误。参见同册第143~144页载《类说》本《贺四厢太保启》。
④ （宋）洪迈：《夷坚志·支戊》卷六《婺州两会首》，何卓点校，第1100页。

徒，与妓馆家书写柬帖取送之类"。① 其任务明确，就是为妓院书写和收发请柬、书信之类的应酬文字。市井之中，则专有佣书支摊代写书信，有的地方称其为"写字汉"。

> 旧说角力人多不识字，而性强，庶事言"我能"。曾顾人作书曰："我哥子在魏府衙中，亦祇候供奉。欲寄㘅啐物子去：一气筒，一条拨镂黏竿，一条拨剌札，针五条。"遂问写字汉曰："汝'针'字怎生作？"曰："金旁作十，阿底不得？""哥子难为文字，须为我作大'针'字。"只得曰："某平常通用只如此作。"曰："勿交涉，此是小'针'字。我交汝作。"②

所谓写字汉就是代人书写家信一类的人，通常在街头摆摊招徕顾客，服务对象是不识字或识字不多的市井百姓，应该是运用简单通俗的文字，比佣书人低一个层次，故而称为写字汉。

殡葬业中有诸多佣书的业务，例如墓志铭的撰写。在流传至今的宋代平民墓志碑刻中，行文多粗糙随意，文字大量雷同，俗字以及错别字、假借字屡现。有固定的格式，开篇常是一些空话套话，疑似凑篇幅。墓志铭通常要有撰写人和书写人的署名，或子孙亲属，或名家官员。但这些平民的却没有，因购买于佣书之手，故不署名。③ 另如宋代随墓志铭一起埋藏的买地券，不是真正的商业行为，仅是向墓地神灵表达敬意的文书，也有固定格式。除了个别由亲属撰写外，偶有"见人张坚固"、"保人李定度"、"书人天官道士"或"保券神张坚固"、"见券神李定度"、"书券神岁月士"等，实际上并非真实人名，都是道教世俗的固定名称，大多数并没有撰写、书写人，当仍出自佣书。④

① （宋）吴自牧：《梦粱录》卷一九《闲人》，第 182 页。

② （宋）调露子：《角力记·杂说》，《丛书集成初编》，中华书局，1985，第 10 页。

③ 参见何新所编著《新出宋代墓志碑刻辑录（北宋卷）五》，《王用墓志》《翟翁墓志》《马璘墓志》，第 48、51 页。该书著录了近百篇北宋河东路潞州平民墓志铭，基本都是如此。

④ 参见朱明歧、戴建国主编《明止堂藏宋代碑刻辑释·地券》，中西书局，2019。其中大多出自宋代江西抚州民间。

更多的佣书受雇于官吏、富豪之家。如宋仁宗时的刘辉，"未第，客新安，为人佣书以自给。其寓歙县郑氏及绩溪汪氏尤久"①，长期在当地富户家中处理日常文字工作，类似私人秘书。

佣书非抄录性的文书业务大量增多，说明宋代民间文字往来大量增多，是文化普及的表现，也是佣书超越传统仅靠技术、开始创作文字的质的升级。

那么，这是否与百姓识字率提高有矛盾呢？其实，文书业务的增多和契约意识的增强，佣书规范的代笔业务是官方审核并指定的，具有一定的法定意义，避免了自己操笔或随便找人代笔造成的种种失误，或暗藏多种解释的曲笔等麻烦。仅有初步的文字水平，还难以适应繁多且规范的文书，二者并不抵牾。

三 宋代佣书的文化水平及地位

靠书写文字为生的佣书，有起点较高的文化水平。与所有行当一样，内部也有明显的水平高低。

由行业特点决定，佣书都是读书人出身。袁采言："士大夫之子弟，苟无世禄可守，无常产可依，而欲为仰事俯育之计，莫如为儒。其才质之美，能习进士业者，上可以取科第致富贵，次可以开门教授，以受束脩之奉。其不能习进士业者，上可以事笔札，代笺简之役，次可以习点读，为童蒙之师。"② 将佣书作为士子人生道路中做官、教师之后的第三选项。其中具体情况各异。

一类是士子发迹前的谋生职业，这类士子的文化水平相当高。如宋初欧阳和：

> 少贫，兄泽为郡吏，依之佣书。《赋池亭》诗云："凿开幽境泛流萍，回合波间小洞庭。寒影倒吞凌汉树，冷光高浴半天星。鱼翻锦鬐波纹绉，鹭洗霜翎水气腥。昨夜蛟龙忽飞去，满轩风雨震雷霆。"

---

① （宋）罗愿：《〈新安志〉整理与研究》卷一〇《纪闻》，萧建新、杨国宜校著，徐力审订，第 349 页。
② （宋）袁采：《袁氏世范》卷中《子弟当习儒业》，第 105 页。

郡守知为和作，乃召和试之，指架上莺为题。和应声即对，有："不
知谁是解绦人"之句。守异之，曰："吾为汝解绦，何如？"遂给俸
金，遣和充学官。

在知州的资助下，欧阳和于太平兴国八年（983）及第。[1] 宋仁宗时的宰
相杜衍，少年时代曾"诣河阳，归其母。继父不之容，往来孟、洛间，
贫甚，佣书以自资。尝至济源，富民相里氏奇之，妻以女，由是资用稍
给。举进士，殿试第四"。[2] 扬州人仲简，"以贫，佣书杨亿门下，亿教以
诗赋，遂举进士"。[3] 其经、史等水平原本就高，在文学大家指点下提高
的只是诗赋，乃科举入仕。宋仁宗嘉祐四年（1059）榜的状元刘辉，信
州人，"未第，客新安，为人佣书以自给"。[4] 可见佣书是士人的常规职
业。李新曾言："散发佣书于风尘俗士间者，无害为隐。"[5] 古人所谓的隐
有时很泛，不过是没有做官而已，佣书是士人在民间的一种生存方式。这
就意味着，尽管佣书业务并无多少创造性成分，但佣书却是一个藏龙卧虎
的行业，文化水平高者，即便按当时的官方标准判断，也可达到进士乃至
状元的水平。

南宋时曾为太学上舍生的区仕衡，专有诗赠送其佣书朋友胡某云：

君不见平陵班仲升，君不见句章阚德润。

二子佣书日苦贫，投笔诵经总才隽。

又不见二子之后有胡生，寸管从人落魄行。

往往自诧骨非贱，只述二子功与名。

凿空绝域称使者，孝廉为郎补中舍。

---

① （清）夏力恕、迈柱：《（雍正）湖广通志》卷一二〇《杂纪》引《道州志》，《景印文
渊阁四库全书》第 534 册，第 945~946 页。
② （宋）司马光：《涑水记闻》卷一〇，邓广铭、张希清点校，第 184 页。
③ （元）脱脱等：《宋史》卷三〇四《仲简传》，第 10077 页。
④ （宋）罗愿：《〈新安志〉整理与研究》卷一〇《纪闻》，萧建新、杨国宜校著，徐力审
订，第 349 页。
⑤ （宋）李新：《跨鳌集》卷一七《市隐堂记》，《景印文渊阁四库全书》第 1124 册，第
534 页。

都乡拜爵金印持，定远封侯玉门射。

胡生果是大耳儿，蛟龙尺水自有时。

长安乞米齿编贝，且得待诏聊免饥。

不能持钓富春泽，只解校文天禄阁。

大夫岂必终落魄，他时人认佣书客。①

以东汉的班超、三国时的阚泽等成名成家的佣书为例，鼓励落魄而沦为佣书的胡生积极进取，预言他是终将得到官方赏识的"蛟龙"。更多的是普通士人的终生职业，如东京开封有"梅植秀才书铺"②，表明了其士子身份。

一类是破落户的后代，文化水平有限。如嘉祐末，开封太学附近"有佣书陈造者，携一子方孩，饥冻不可支，书亦不佳。或曰：'此陈彭年嫡孙也。'"③ 有人说是宋真宗朝参知政事陈彭年的孙子，显然早年是纨绔子弟，连字也写不好，故而业务很少。益阳有县令在任上去世，"其子埋替为隶，贫甚，为人佣书"。④ 破落户王平沦为佣书人："祖业荡尽，贫不聊生，无屋可居，佣书为活。"⑤ 应是常住大户人家内的家庭型佣书，解决了食宿无着的困境。他们都是靠着早年家境好时曾读书识字的底子，才算是有一技之长，得以勉强谋生。南宋诗人王迈有诗云："林生家世本业儒，读书不利改佣书。计穷未肯与书绝，又学裁翦兼黏糊。"⑥ 这位林生出身于儒生家庭，从小读书，但科举之路没能走通，当了佣书，大概因水平有限而技穷，最后改行为等而下之的装裱匠。这部分仅为糊口的佣书，文化水平较低。宋人常将一些书籍中的文字错误，归咎于传抄的佣书。

---

① （宋）区仕衡：《九峰先生集》卷三《胡生行》，《宋集珍本丛刊》，线装书局，2004，第86册第596页。
② （宋）章炳文：《搜神秘览》卷上《梦警》，储玲玲整理，载《全宋笔记》第3编第3册，大象出版社，2008，第122页。
③ （宋）张舜民：《画墁录》，汤勤福整理，载《全宋笔记》第2编1册，第209页。
④ （宋）黄庭坚：《黄庭坚全集·正集》卷二三《曹侯善政颂（并序）》，刘琳、李勇先、王蓉贵校点，第588页。
⑤ 中国社会科学院历史研究所宋辽金元史研究室点校《名公书判清明集》卷一三《假为弟命继为词欲诬赖其堂弟财物》，第512页。
⑥ （宋）王迈：《臞轩集》卷一三《赠林薪（善表背）》，《景印文渊阁四库全书》第1178册，第637页。

李济翁《资暇集》云："假借书籍云，借一痴，借二痴，索三痴，还四痴。"又《玉府新书》："杜元凯遗其子书曰：书勿借人，古谚借书一嗤，还书二嗤。后人更生其辞，至于三四，因讹为痴焉。"《缃素杂记》载此二事，云："痴之与嗤，其义略同。或曰佣书者之误。"予谓此二字皆非。①

胡仔博引书籍，论证这一概念中的谬误，而同音多字的原因可能是历来佣书传抄之误。因此严谨的士大夫有时信不过佣书。

另外一个特例是盲人。出身官宦人家的杨希闵：

生而失明，令诸弟读经史，一历耳辄不能忘。属文善缄尺，赵普守西洛，府中笺疏，皆希闵所为。将奏署本府掾，固辞不受，普优加给赡。张齐贤、李沆、薛惟吉、张茂宗继领府事，皆优待之。卒，年三十九，有集二十卷。自教三子：曰华，曰严，曰休，皆登进士第。曰华都官员外郎，曰严职方员外郎，曰休殿中丞。②

他虽先天失明，但有很高的天分与文化水平，特别擅长书札，故而得以成为西京留守赵普等高级官员的佣书，负责其笺疏等颇需文采的文字工作。杨希闵尽管英年早逝，仍创作有文集二十卷。

如袁采所言，宋代佣书是民间知识分子的一个正当职业，仍是儒生队伍中的一部分，比蒙童教师地位高。这意味着佣书的文化水平高于蒙师，职业门槛较高。毕竟佣书需要擅长应用文体乃至文学创作，还须书法优秀，写字速度快，能够做编辑、校勘事务。

但是，与前代如六朝时期"佣书人亦备受青睐"③相比，宋代佣书的社会地位较低。他们的工作基本是在幕后，无论抄录还是写作应用文，所有工作成绩都是在替别人做嫁衣裳。比教师寂寞，通常也不做学问，不搞创作，没有可以传播的作品。科举制越发达，非科举入仕的士人地位就越

---

① （宋）胡仔纂集《苕溪渔隐丛话·后集》卷三二《山谷下》，廖德明校点，第 245 页。

② （元）脱脱等：《宋史》卷二七〇《杨克让传附子希闵传》，第 9271 页。

③ 陈德弟：《佣书业的兴衰和雕版印刷术的发明》，《出版科学》2004 年第 5 期。

低，这是一个法则。在知识分子的心目中，佣书属于不成器的士人，做佣书是"无成子弟"糊口的手段，清高者不屑为之："生平不愿为佣书，亦不愿作章句儒。酒酣诗成吐素霓，意气凛凛吞千夫。"① 理学家蔡元定解读发挥《玉髓真经》中的一段云："此穴本主空亡穴，既无主而又无乳玄武，亏矣。……粗大恶龊，纵有朝应，不过为书吏之吏，佣书之史，而能文者，公吏之贵，乃坐空亡之穴，出贼刃之鬼，亦主出刺配不得令终。"② 空亡穴的坟地"粗大恶龊"，很不吉祥，最多出些"书吏之吏，佣书之史"的后代。佣书在知识分子中的社会地位之低，可想而知。"物以稀为贵"，佣书地位的下降，一是说明其从业者众多，二是说明宋代社会有文化者普遍。

四　宋代佣书的广泛性

佣书一行，在宋代广泛存在，大体可以分为社会类、家庭类、官府类三种。

社会类佣书，没有固定客户，类似打零工。宋代民间的文字往来、官私文书，需要大量专业的佣书。如前文所言民间普遍的契约文书、宗教活动文书等，以及市井之中的"写字汉"等。具体如鄱阳城民刘十二，"居槐花巷东，以佣书自给，为性倔强"。③ 从其自有住所可以推测，他没有固定在某一客户家中，属于社会类佣书。有时还受雇于官府。如南宋初的汪藻上书请求朝廷修日历，并主动提出搜集史料："伏望睿慈，许臣郡政之余，将本州所有御笔手诏、赏功罚罪文字，截自元符庚辰至建炎己酉三十年间，分年编类，仍量给官钱，市纸札，募书工之类，缮写进呈，以备修日历官采择。"④ 地方官临时招募佣书，抄录出副本文件上交朝廷。

---

① （宋）刘学箕：《方是闲居士小稿·萧长公来访示以诸公诗卷……因书数言》，（宋）陈思编，（元）陈世隆补《两宋名贤小集》卷二三八，《景印文渊阁四库全书》第 1363 册，第 829~830 页。

② （宋）张洞玄撰，（宋）刘允中注释，（宋）蔡元定发挥《玉髓真经》卷一二《拖枪鬼》，《续修四库全书》第 1053 册，上海古籍出版社，2002，第 576 页。

③ （宋）洪迈：《夷坚志·支甲》卷四《刘十二》，何卓点校，第 740 页。

④ （宋）汪藻：《浮溪集》卷二《乞修日历状》，《丛书集成初编》，中华书局，1985，第 24 页。

家庭类佣书，有固定的雇主，档次较高。如扬州人仲简，"佣书杨亿门下，亿教以诗赋，遂举进士"。① 南宋初吉州人戴之邵，"少涉猎书记，无所成名。贫不能自养，佣书于里中富家"。② 陆游雇有佣书，他曾记载："佣书人韩文持束纸支头而睡，偶取视之，《刘随州集》也。乃以百钱易之，手加装褫。"③ 南宋后期的浙东秀才张忠父，"家道不足，靠着人家聘出去，随任就书记，馆谷为生"。④ 擅长书写文书，随雇主到外地上任。刘宰在一封致地方官的书信里表白："老眼不能细书，又不敢委之佣书者，斋三日，乃发故箧得幅纸，信笔作此。"⑤ 说明他家雇有佣书做文字事务，只是为了表示对长官的尊重，这封书信不让其代笔书写，必须自己亲笔制作。史书中经常可以看到士人因无钱而未能雇募佣书的感叹。如皇祐年间，任馆阁校勘的苏颂，"在馆阁九年，家贫俸薄，不暇募佣书传写秘阁书籍"，而是将朝廷的书籍借回家，自己和家人抄录。⑥ 李觏也曾言："羁旅贫困，无纸墨佣写之资，止于具草本而已，伏惟仁贤略其常礼而鉴其苦心。幸甚！幸甚！"⑦ 南宋后期的学者黄仲元，"旧旅食它州，即倾囊买异书归，干戈横放，盗窃兵毁，虽欲读，无可借。所著学记、农谈、欠改春秋说、止闵公欠续，他散杂寸片，亦未上稿，盖无暇披拣，亦无佣书者"。⑧ 都是因为资金缺乏，无力雇请佣书，只好自己动手或听任文书草草、散乱，这意味着离开佣书，文书就会一团糟。

官府类佣书，通常是指长期附属于某一部门或某一吏人的私人秘书。如李觏所言：

① （元）脱脱等：《宋史》卷三〇四《仲简传》，第 10077 页。
② （宋）洪迈：《夷坚志·支甲》卷八《戴之邵梦》，何卓点校，第 770 页。
③ （宋）陆游：《陆游全集校注·渭南文集校注》卷二六《跋尹耘师书刘随州集》，马亚中校注，第 132 页。
④ （明）凌濛初编著《拍案惊奇》卷二九《通闺闼坚心灯火　闹图圄捷报旗铃》，张兵、许建中，中州古籍出版社，1996，第 289 页。
⑤ （宋）刘宰：《漫塘集》卷一六《回金陵赵帅》，《景印文渊阁四库全书》第 1170 册，第 488 页。
⑥ （宋）苏象先：《丞相魏公谭训》卷三《家学家训行己》，载（宋）苏颂《苏魏公文集》，王同策、管成学、颜中其等点校，第 1139 页。
⑦ （宋）李觏：《李觏集》卷二七《上聂学士书》，王国轩点校，中华书局，1981，第 286 页。
⑧ （宋）黄仲元：《四如集》卷四《寿藏自志》，《景印文渊阁四库全书》第 1188 册，第 682 页。

> 古者府史胥徒，官有定数。今也郡县之治未免宽贷，冒名待阙，佣书雇纳，请嘱之流，动以千计。内满官府，外填街陌，交相赞助，招权为奸，狗偷蚕食，竭人膏血。此又不在四民之列者也。①

资料透露了两个问题：一是地方官府雇募有许多佣书，其身份类似编外胥吏；二是包括此类佣书的胥吏"动以千计。内满官府，外填街陌"，数量很大。越州人蔡定的父亲，就是一个依附于狱吏的佣书："家世微且贫。父革，依郡狱吏佣书以生，资定使学，游乡校，稍稍有称。郡狱吏一日坐舞文法被系，革以讹误，年七十余矣，法当免系。鞠胥任泽削其籍年而入之，罪且与狱吏等。"蔡定认为："父老耄，不应连系；佣书，罪不应与狱吏等。理明矣。"② 可见其父长期充当狱吏的文字秘书，佣金所得足够两个人生活，还可以供儿子读书。但狱吏犯罪，佣书则负有连带责任。这样看来，佣书虽是狱吏的私人秘书，也负有官方认可的连带职责。

无论是哪一类佣书，都以京师开封最为密集，因为这里人口最多、社会生活最丰富，官员、官府最多，故业务量也最大。有能量大的佣书，甚至引发了一场政坛地震。端拱元年（988），开封"有佣书人翟颖者，奸险诞妄，素与（引注：知制诰胡）旦亲狎，旦知颖可使，乃为作大言狂怪之辞，使颖上之，仍为颖改名马周，以为唐马周复出也。其言多排毁时政，自荐可为天子大臣，及力举十数人皆公辅之器，（引注：枢密副使、工部侍郎赵）昌言内为之助，人多识其辞气，知旦所为也"。如此狂妄的行为很快遭到惩治："上怒，诏决杖流海岛"，赵昌言贬为崇信节度行军司马，胡旦贬为坊州司户参军，其他涉案的三位官员均遭贬斥。③ 佣书翟颖当为才子，否则状元出身的胡旦不会与他交好，能与枢密副使以及知制诰等高官关系密切，至少可以证明与他们有密切的业务关系。京城佣书的文化素质和生活品质相应较高。曾有黄冈段主簿，"尝于京师佣书人处，得一风字砚。下有刻云：'祥符己酉，得之于信州铅山观音院，故名僧令

---

① （宋）李觏：《李觏集》卷一六《富国策第四》，王国轩点校，第138～139页。
② （元）脱脱等：《宋史》卷四五六《蔡定传》，第13414、13415页。
③ （宋）李焘：《续资治通鉴长编》卷二九，端拱元年三月甲戌，第651页。

休之手琢也.'"① 须知僧令休是隋朝名僧，其亲自雕制的名砚价格自是不菲，购买此砚的佣书当有优渥的收入。

至于官学里"供课代笔""铨试代笔""科举代笔"等现象，也很普遍，虽属于"佣笔"之举，但多非佣书所为，而是一些穷书生受财利驱动的非职业行为，不在本书论述范围。

能够说明佣书人群广泛的事例，还有士大夫零星的记载。如朱熹有《赠书工》诗云："平生久要毛锥子，岁晚相看两秃翁。却笑孟尝门下士，只能弹铗傲西风。"② 他们以笔为谋生工具，是毛笔消费的主力，且多写小楷之类，所用毛笔以耐用、尖细为首选，朱熹所言"毛锥子"就是。赵孟坚也有诗云："兰台上狸毛，山谷爱鸡距。物胜因人成，雅制传自古。风流渡江初，笔翰犹朴鲁。曾窥上方制，遗范典刑具。……浇浮自趋薄，赢劣丑毕露。清快夸钩心，节括号钗股。纤纤铦甚锥，只便佣书伍。杀锋出光芒，苗枯旱无雨。"③ 这种"纤纤铦甚锥"的毛笔，只适合佣书使用，似乎成为佣书专用笔。他们年年月月握笔书写，相关的手指变硬增厚，生出老茧："诗好声生吻，书工手着胝。"④ 这些文字反映了佣书的职业特征，也反映了佣书的普遍寻常。

那么，佣书行业阵容有多大呢？史籍中缺乏数据。李觏"佣书雇纳，请嘱之流，动以千计"的说法，只是表明很多。而且按本书的分类，将其列入胥吏，不再计算，这里只估计民间的社会类、家庭类佣书。大中祥符八年（1015），火灾使三馆藏书损失极大，朝廷"募笔工二百人""重写书籍"⑤，则是开封至少有佣书 200 人。社会类的代表是办理代笔等服务的书铺，一个地方不止一处。熙宁六年（1073）正月，"省试将锁院，一日，自兴国寺回，过梅植秀才书铺，见铺中具襕韝者数同人，乃卫州宗

---

① （宋）苏轼：《苏轼文集》卷七〇《书名僧令休砚》，孔凡礼点校，第 2238 页。
② （宋）朱熹：《朱熹集》卷一〇《赠书工》，郭齐、尹波点校，第 413 页。
③ （宋）赵孟坚：《彝斋文编》卷一《赠笔工吴升》，《景印文渊阁四库全书》第 1181 册，第 309 页。
④ （宋）陈师道：《后山居士文集》卷四《和黄预久雨》，上海古籍出版社，1984，第 268 页。
⑤ （宋）李焘：《续资治通鉴长编》卷八五，大中祥符八年十二月甲辰，第 1960～1961 页。

贾秀才辈，遂相揖而坐。梅曰：'诸君在此，皆欲下状改名。'"① 既言
"梅植秀才书铺"，则是京师开封的书铺不止一处，要以主人之名区别。
嘉定年间，"约束书铺，三人结保，如一名造弊，并三名决配籍没"。② 则
是京城书铺至少有三家。嘉定年间，都城的朝廷宗学多雇佣书。

> 逐月私试并以后公试、补试等，今欲照监学例，且招置书铺二
> 名，遇试投纳试卷及充誊录。一、每月私试，合差誊录人。今照两学
> 例，就差本学书铺外，仍于吏部差书铺五名。试日（视）卷子多寡，
> 却令本学募人。③

由此可知：一，所谓"书铺"，并非店铺，而是指书铺所派出的佣书，以
书铺代指佣书；二，学校日常考试也实行试卷誊录，均由书铺的佣书承
担；三，太学、国学、宗学等各自有对口的书铺，吏部也有本部对口的书
铺，京城仅此就有服务型的书铺三四家。隆兴二年（1164）吏部规定：

> 修武郎以上，令本选系籍书铺户各置簿，遇官员到部，并令书凿
> 到铺月日，立定限三日，供写录白文字，须（今）［令］圆备……宗
> 室小使臣陈乞岳庙，令众书铺各置阙（薄）［簿］。④

可见不同官员不同事务，有不同的对口书铺办理，武臣官第四十四阶的修
武郎以上专有"本选系籍书铺户各置簿"，其他低级官员和文官等，各有
若干书铺；宗室小使臣陈乞岳庙之类也有多家书铺办理，"令众书铺各置
阙薄"，仅礼部就有多家对口书铺。如此看来，京城开封、杭州，至少各

---

① （宋）章炳文：《搜神秘览》卷上《梦警》，储玲玲整理，载《全宋笔记》第3编第3
册，第122页。
② （清）徐松辑《宋会要辑稿·选举》六之三九，刘琳、刁忠民、舒大刚、尹波等校点，
第5378页。
③ （清）徐松辑《宋会要辑稿·崇儒》一之一九，刘琳、刁忠民、舒大刚、尹波等校点，
第2737页。
④ （清）徐松辑《宋会要辑稿·职官》八之三〇，刘琳、刁忠民、舒大刚、尹波等校点，
第3248~3249页。

有数十家书铺。由服务于官民双方的业务性质决定，每县至少有一家代笔等性质的书铺。以每县平均 1 铺、每铺平均 5 人计，北宋末年全国 1234 县，则民间佣书有 6000 余人。那些不在书铺、从事其他佣笔业务的家庭类、社会类佣书，也按每县 5 人计，合计 12000 余人。

结　语

佣书是宋代民间知识分子一种常见的生存方式。佣书身份虽不如习俗认为的教师职业本身的高尚，也没有署名的职业产品，既未沦入底层，也未能在文化、学术、文学等方面做出成绩，但绝非腐儒。其文化水平、收入和社会地位均高于蒙学教师，属于民间知识分子中比较稳定的中间层。

就其职业而言，宋代佣书是古代佣书职业的延续，因印刷术的发展、出版业的兴盛完成了转型升级。传统的主业抄书虽萎缩，但书写文书等业务逐渐开展，无论公私文字均有涉及或包揽，文化含量、政治含量更高。佣书由抄书高手转变成应用文写作高手，从文本的复写者升级为文本的制造者，在传承书籍、传播文化、传递信息、服务社会、沟通官民等方面起到了很大作用。写状抄书铺是佣书集约化经营的代表，通过代办的形式广泛参与官府事务和社会事务，分担了许多官府职能。从中还可以看到宋政府运作方式的更新，也可看到制约或协助官府的民间力量的崛起。作为一个职业，佣书平平常常，但其意义却不同寻常。新型的宋代佣书是宋文化、宋代社会文明发展的一个结晶，也是功不可没的幕后推手。

通过这一视角，我们可看到一个新的境况，即宋代进入了文书社会：民间以及官民之间甚至官员与政府之间，越来越广泛地使用文书来保持联系、明晰关系和维护稳定等。社会需要文书，所以产生了以此为职业的佣书；官府需要文书，所以支持书铺的发展；官吏富室需要文书，所以家中长期养有佣书。官民双方都强化了规则意识、证据意识，讲究分寸，讲究白纸黑字。如建隆初，"诏判大理寺窦仪等上《编敕》四卷，凡一百有六条……咸平中，增至万八千五百五十有五条"。① 短短 40 年的时间，皇帝颁布的条例累积增加了 174 倍。逮至元祐年间，据司马光揭示："近岁法令尤

① （元）脱脱等：《宋史》卷一九九《刑法志一》，第 4962 页。

为繁多……近据中书、门下后省修成《尚书六曹条贯》，共计三千六百九十四册，寺监在外；又据编修诸司敕式所，申修到敕令格式一千余卷册。虽有官吏强力勤敏者，恐不能遍观而详览，况于备记而必行之？其间条目苛密，抵牾难行者不可胜数。"① 宋代官吏陷在文海之中，时常茫然无所适从。元代史官概括宋朝政治两大特点，"宽柔"之外即"繁缛之文"②，就是指其法令、公文的烦琐细密。其积极意义，是以预设的条文限制人治的随意，即宋仁宗朝名儒士建中所言："法令繁而君权卑。"③ 显然是政治制度的完善。

宋代不抑兼并，土地买卖自由，相应的是"官中条令，惟（田产——引按）交易一事最为详备，盖欲以杜争端也"。④ 详尽的田产交易法规，说明了民间交易的频繁和官府的重视。而其中最关键的是契约："夫契书者交易之祖也。"⑤ 太平兴国七年（982），宋太宗诏令租佃土地要"明立要契，举借粮种，及时种莳。俟收成，依契约分，无致争讼"。⑥ 宋代租佃制的发展依赖的正是契约。民间贷款抵押业务，官府同样尊重契约，不予干涉："祖宗著令，以财物相出举，任从书契，官不为理。其保全元元之意，深远如此。"⑦ 正如英国历史学家梅因所言："所有进步社会的运动，到此处为止，是一个'从身份到契约'的运动。"⑧ 所有这些，都需要佣书频频参与。在民间，则出现了江西的"珥笔之民"⑨，具体如歙州："民习律令，性喜讼，家家自为簿书，凡闻人之阴私毫发、坐起语言，日时皆记之，有讼则取以证。"⑩ 归根结底，这是秩序规范升级的需要。

---

① （宋）李焘：《续资治通鉴长编》卷三八五，元祐元年八月丁酉，第 9380 页。
② （元）脱脱等：《金史》卷四六《食货志一》，中华书局，1975，第 1030 页。
③ （宋）龚鼎臣：《东原录》，黄宝华整理，载《全宋笔记》第 8 编第 9 册，大象出版社，2017，第 189 页。
④ （宋）袁采：《袁氏世范》卷下《田产宜早印契割产》，第 160 页。
⑤ （宋）曹彦约：《曹彦约集》卷一〇《新知澧州朝辞上殿札子》，尹波、余星初点校，第 219 页。
⑥ （清）徐松辑《宋会要辑稿·食货》一之一六，刘琳、刁忠民、舒大刚、尹波等校点，第 5946 页。
⑦ （元）脱脱等：《宋史》卷三三一《张问传附陈舜俞传》，第 10664 页。
⑧ 〔英〕梅因：《古代法》，沈景一译，商务印书馆，1996，第 97 页。
⑨ （宋）黄庭坚：《黄庭坚全集·正集》卷一二《江西道院赋并序》，刘琳、李勇先、王蓉贵校点，第 296 页。
⑩ （宋）欧阳修：《欧阳修全集·居士外集》卷六二《尚书职方郎中分司南京欧阳公墓志铭》，李逸安点校，第 907 页。

　　文书社会是各阶层的文化共享形式，也是人的社会化进程，强化了一重无形的维度：他们以及他们的文书如同一个个点，连接了更多的人、时间和空间，互相之间的关系由此丝联线牵，更加紧密。一方面反映了宋代文化普及程度，另一方面反映了宋代政治文明、社会文明、制度文明的新变化、新发展，既以规则意识滋润了社会，也以文牍主义渍淹了社会。所有这些，都值得关注。

第五节　巫祝卜相

　　中国文明史上的一个基本规律，即人对自然的依赖日益减少，具体到社会史而言，就是人对神的信仰力度在日益下降。人神之间的媒介，就是巫祝（或称巫医）卜相，即借助鬼神为人驱邪、治病、算命、选定住宅或墓穴等的专业人员，本节包括通常与巫等同的庙祝及官方常与巫术并列的"妖术"。他们是远古的文化源头，尽管在礼乐文明的挤压同化下，从中心的主导地位逐渐走向文化边缘，由正统而越来越另类，主体沦落在民间，但在宋代活动范围仍然广泛，影响巨大，几乎可以说无所不在，是社会生活中一支不可忽视的队伍。正如李觏说："今也巫医卜相之类，肩相摩，毂相击也。或托淫邪之鬼，或用亡验之方，或轻言天地之数，或自许人伦之鉴，迂怪矫妄，猎取财物，人之信之若司命焉。"① 揭示了宋代社会中这一群体人数众多、活动密集、能量很大的现象，也提示了该问题的重要性。

　　古人将巫祝卜相统称为一类，一般不分家，也大致可分为巫祝、卜相两类，现代多将其分开，有关研究侧重于巫觋，学术界已有颇多成果。② 问题在于，在发达的宋代文化背景下，他们的文化水平和阵容数量尚未在

① （宋）李觏：《李觏集》卷一六《富国策第四》，王国轩点校，第139页。
② 仅巫医及民间信仰方面的学术专著，就有拙作《神人同居的世界——中国人与中国祠神文化》，河南人民出版社，1993；〔美〕韩森《变迁之神：南宋时期的民间信仰》，包伟民译，浙江人民出版社，1999；刘黎明《宋代民间巫术研究》，巴蜀书社，2004；王章伟《在国家与社会之间：宋代巫觋信仰研究》，中华书局（香港）有限公司，2005；皮庆生《宋代民众祠神信仰研究》，上海古籍出版社，2008；方燕《巫文化视域下的宋代女性：立足于女性生育、疾病的考察》，中华书局，2008；李小红《宋代社会中的巫觋研究》，光明日报出版社，2010；等。

学界已有研究范围之内。对巫觋文化水平偶有提及者，则贬之为"愚夫愚妇"，对巫觋数量虽多有关注却均语焉不详。巫祝卜相虽属于宋代正统文化的边缘，却与主流社会密切相关，对现代学术研究而言，则事关重大，不得不专题予以探讨。

一　宋代巫祝的文化水平

提起巫祝，现代人们通常将"跳大神"骗钱作为其代表，谈不上文化水平。连学术界也有类似看法，如有关专注唯一论及其文化素质的学者认为：

> 中国古代巫觋发展到宋代，群体成员中已经比较少见知识分子的身影，主要由来自社会下层的普通民众构成。他们文化素质不高，大多为文盲或半文盲的所谓"愚夫愚妇"。正如《夷坚志》记临安王法师云："临安涌金门里王法师者，平日奉行天心法，为人主行章醮，戴星冠，批法衣，而非道士也。民俗以其比真黄冠，费谢已减三之一，故多用之。每使邻人李生书写章奏青词。"（洪迈：《夷坚志》支戊卷6《王法师》）这个王法师，似乎是一个打着道士旗号的民间巫觋，自己识字不多，连"书写章奏青词"也要他人代笔，宋代巫觋的形象和素质在此暴露无遗。①

其实，这一论述有偏见与误解。解读史料可以发现：王法师为真巫师、假道士，而青词是产生于唐朝的道士通神文字，即道教举行斋醮时献给上天的奏章祝文，为形式工整、文字华丽的骈俪体。这需要很高的文化水平，显然不是巫师的专长，只能说明该巫师达不到道士的文化水平，并不能证明巫师没有文化。再者，有关事例除此以外极为罕见，不能以此个别代表一般，得出巫医"大多为文盲或半文盲的所谓'愚夫愚妇'"的结论。那么，历史真相究竟如何呢？请看以下事实。

首先要肯定的是，巫祝普遍拥有相当的智商："民之精爽不贰，齐肃

---

① 李小红：《宋代社会中的巫觋研究》，第93页。

聪明者，神或降之，在男曰觋，在女曰巫，使制神之处位，为之牲器。"①
职业要求必须是精力充沛、谦恭庄重、聪明智慧的人，才能担任巫师。孔
子又指出："人而无恒，不可以作巫医。"② 还必须有持久不变的意志力。
巫医成为有恒心、恒志的样板，由此可知掌握这种知识、技能的难度之
高。巫是祭祀者、观测天象掌握天文知识者，掌握地理知识、数理知识、
医药知识。至宋代，他们在官方的地位虽有所下降，但在民间至少是能言
善辩且有见识者，为众人推崇："里能言者，宗以为巫。"③ 正如学者所指
出的那样："有些人由于这种或那种原因，由于天赋才能的高低，被人们
认为具有极大的超自然力量，从而逐渐从一般人中分出来。"④ 总之，巫
祝有出众的才华。

　　由于专业技术知识复杂，相应地都有稳定的职业教育体系。就宋代而
言，主要有两种方式。一是师傅教授："医巫祝卜、百工之伎，莫不有所
师"⑤，李侗也说："夫巫医乐师百工之人，其术贱，其能小，犹且莫不有
师。"⑥ 具体情况，如北宋知洪州夏竦曾揭露的那样：洪州的巫觋，"所居
画魑魅，陈幡帜，鸣击鼓角，谓之神坛。婴孺襁褓，诱令寄育，字曰
'坛留'、'坛保'之类，及其稍长，传习妖法，驱为童隶"。⑦ 其培养功
夫，可谓"从娃娃抓起"，浸淫教养一二十年。更多的是第二种方式：世
代相传。如东京城北的祆庙，"京师人畏其威灵，甚重之。……其庙祝姓
史，名世爽，自云家世为祝累代矣。……乃能世继其职，踰二百年，斯亦
异矣"。另如池州英济王祠的祠祝周氏，自唐文宗开成年间执掌祠事，累

① （汉）班固：《汉书》卷二五上《郊祀志上》，第 1189 页。
② （春秋）孔子：《论语·子路第十三》，杨伯峻、杨逢彬注译，岳麓书社，2000，第
　　124 页。
③ 曾枣庄、刘琳主编，四川大学古籍整理研究所编《全宋文》卷二〇三，（宋）释遵式：
　　《野庙志》，上海辞书出版社、安徽教育出版社，2006，第 505 页。
④ 〔英〕J. G. 弗雷泽：《金枝——巫术与宗教之研究》，汪培基、徐育新、张泽石译，商
　　务印书馆，2012，第 178 页。
⑤ （宋）程俱：《北山小集》卷一五《汉儒授经图序》，徐裕敏点校，第 287 页。
⑥ （宋）罗从彦：《豫章文集》卷一六《附录下》，（宋）李侗《见罗先生书》，《景印文渊
　　阁四库全书》第 1135 册，第 768 页。
⑦ 〔宋〕李焘：《续资治通鉴长编》卷一〇一，天圣元年十一月戊戌，第 2341 页。

代相继，到北宋其子孙分为八家，"悉为祝也"。① 均世袭二百余年，其他人无法替代。有师长长期传授的专业文化，属于传统文化的一个组成部分。因本身性质决定这个职业群体有一定的文化水平。

第二，巫祝队伍中有士人参加。陆游晚年曾自言："我悔不学农，力耕泥水中，二月始稼事，十月毕农功。我悔不学医，早读黄帝书，名方手自缉，上药如山储。不然去从戎，白首捍塞墙。最下作巫祝，为国祈丰年。犹胜业文辞，志在斗升禄。"② 他认为士人可以作巫祝。巫祝虽然在某些时期经常遭到官府的打击（主要是针对其过分行为），但在宋代社会中还是一个正当职业，甚至在某种程度上社会地位仅次于儒者。袁采即云："如不能为儒，则巫医、僧道、农圃、商贾、伎术，凡可以养生而不至于辱先者，皆可为也。"③ 属于"可以养生而不至于辱先者"的能赚钱养家又体面的职业，甚至位居僧道、商人之前。如此看来，其从业者包括士人也就可以理解了。具体例子不少，如衢州刘枢干：

> 本一书生。少年游京师，曾处沈元用给事馆第，遇异僧过而相之，识其功名无成，而眸子碧色，堪入鬼道，欣然授以卦影妙术，勉而受之。又一客为传天心正法，亦姑受之。其进取之气方锐，所怀盖不在此。及离乱而还，蒲博饮酒，穷悴日甚，乃习持正法，治妖魅著声。④

他少年游学京师、准备参加科考时，学了"卦影妙术""天心正法"，尽管仍迫切想通过科举入仕，战乱后无奈改行成为巫师。沅州的一座村寺中，有"僧行者十数辈。寺侧某秀才，善妖术，能制其命。凡僧出入必往告，得赙施必中分，不然且受祸，虽鸡犬亦不可容"。⑤ 宋代称秀才者

---

① （宋）张邦基：《墨庄漫录》卷四《祆庙庙祝及英济王祠祠祝累代相继》，孔凡礼点校，第 110 页。
② （宋）陆游：《陆游全集校注·剑南诗稿校注》卷七一《记悔》，钱仲联校注，第 303 页。
③ （宋）袁采：《袁氏世范》卷中《子孙当习儒业》，第 105 页。
④ （宋）洪迈：《夷坚志·三志壬》卷三《刘枢干得法》，何卓点校，第 1484 页。
⑤ （宋）洪迈：《夷坚志·丁志》卷四《沅州秀才》，何卓点校，第 567 页。

未必是士人，但一定识字①，该巫师定是读书识字之人。蜀州杨望才，字希吕，"自为儿童，所见已异。尝从同学生借钱，预言其笥中所携数，启之而信。既长，遂以术闻"。"其居舍南大木蔽芾数丈，忽书揭于门曰：'明日午未间，行人不可过此，过则遇奇祸'。"每逢朝廷举行四川类省试，他"必先为一诗示人，语秘不可晓。迨揭榜，则魁者姓名必委曲见于诗。或全榜百余人，豫书而缄之，多空缺偏傍，不成全字，等级高下，无有不合"。② 根据他少年时曾"从同学生借钱"，且有表字，可见他曾上学读书，不但会写大标语，还会写诗。

第三，巫祝做法事需要书写上报神灵的奏章。如福州侯官张德隆知县家，有一婢女"为祟所凭扰"，"招里巫文法师视之"，无效后又"邀商日宣法师同梁绳治之。梁先行，诘问曰：'汝曾在谁人家作过？'谢曰：'固有之，只是过公宅门不得，有秽迹神兵一千万数，罗列遮护，岂敢正眼觑着？'盖梁氏素事此神甚严敬也。……梁亦与商共议，具状其故，移牒东岳收管，婢即时顿醒"。③ 所谓商法师、梁法师与文法师一样，其实都是供奉有"秽迹神兵"的里巫。他们依靠的是神，所有法事必须向东岳等神书写状子报告情况，请求裁决。岳州崇阳县有"村巫周狗师者，能行禁祷小术，而嗜食狗肉，以是得名。最工于致雨，其法以纸钱十数束，猪头鸡鸭之供，乘昏夜诣湫洞有水源处，而用大竹插纸钱入水，谓之刺泉。凡以旱来请者，命列姓名及田畴亩步，具于疏内，不移日，雨必降，惟名在祷疏者得雨，他或隔一塍越一堘，虽本出泉处，其旱自若"。④ 祷疏之类的文字至关重要，需要精心书写，错了就失灵。

第四，巫术及巫师主导的秘密宗教，不少也有经文著作。如鄱阳官宦之后阎黻，"习行五雷术，而为人儇薄，少诚敬"。因累造祸患，担心遭报应，"招王仙坛杨道士醮谢。杨盖素行雷法者，语之曰：'此法中神祇

---

① （宋）洪迈：《夷坚志·甲志》卷八《谭氏节操》，何卓点校，第 84 页载：英州真阳县曲江村人吴琪，"略知书"，村人呼为"吴秀才"。

② （宋）洪迈：《夷坚志·丙志》卷三《杨抽马》，第 386、388 页。

③ （宋）洪迈：《夷坚志·支癸》卷四《张知县婢祟》，何卓点校，第 1252~1253 页。

④ （宋）洪迈：《夷坚志·支乙》卷三《周狗师》，何卓点校，第 816 页。

威猛，吾以羽流清净，犹常常戒惕，岂君尘俗辈所应用心！凡所传文书之类宜以付我，不然，将获大戾。'觳惧而从之，且上章谢罪，缴纳法式，誓不复敢行"。① 既有所研习的文书，又会上章谢罪，其有文化无疑。荆南官府搜捕一巫师时，"叱从卒缚诸柱，命以随行杖乱棰，凡神像经文等悉发之"。② 这些经文，自是巫术的来源，必须研读不已。秘密流传民间的弥勒教、摩尼教等，则有系统的经书文献。宋代屡屡严禁民间收藏、学习图谶之类的玄门秘术，如宋真宗诏云："图纬、推步之书，旧章所禁，私习尚多，其申严之。"③ 但结果是禁而不止，那些"尚多"的"私习"者，均应识字。宋仁宗时恩州兵变首领王则为宣毅军小校时，当地有习妖幻之术的风俗，"相与习《五龙》、《滴泪》等经及图谶诸书"。④ 政和四年（1114）的诏书披露：

> 河北州县传习妖教甚多，虽加之重辟，终不悛革。闻别有经文，互相传习鼓惑致此，虽非天文、图谶之书，亦宜立法禁戢。仰所收之家经州县投纳，守令类聚缴申尚书省。或有印板石刻，并行追取，当官弃毁。应有似此不根经文，非藏经所载，准此。⑤

妖教传教、研习的经文，或手抄，或版印，流传甚广，受众很多。宣和六年（1124）有臣僚报告："比者纷然传出一种邪说，或曰《五公符》，或曰《五符经》，言辞诡诞不经，甚大可畏。臣窃意以谓其书不可留在人间。"朝廷随即颁旨：

> 令刑部遍下诸路州军，多出文榜，分明晓谕。应有《五公符》，自今降指挥到，限一季于所在官司首纳，当时即时焚毁，特与免罪。如限满不首，并依条断罪施行。仍仰州县官严切觉察。诏：

---

① （宋）洪迈：《夷坚志·支乙》卷六《阎义方家雷》，何卓点校，第 837~838 页。
② （宋）洪迈：《夷坚志·丙志》卷二〇《荆南妖巫》，何卓点校，第 532 页。
③ （宋）李焘：《续资治通鉴长编》卷五六，景德元年正月辛丑，第 1226 页。
④ （元）脱脱等：《宋史》卷二九二《明镐传附王则传》，第 9770 页。
⑤ （清）徐松辑《宋会要辑稿·刑法》二之六三至六四，刘琳、刁忠民、舒大刚、尹波等校点，第 8317 页。

"限一季首纳，限满不首，依谶书法断罪，许人告，赏钱一百贯。余依已降指挥。"①

这些秘密宗教，主要靠文字及文字游戏传播，引诱洗脑。明教即摩尼教信徒，使用了大量的经文著作：

所念经文及绘画佛像，号曰《讫思经》、《证明经》、《太子下生经》、《父母经》、《图经》、《文缘经》、《七时偈》、《日光偈》、《月光偈》、《平文策》、《汉赞策》、《证明赞》、《广大忏》、《妙水佛帧》、《先意佛帧》、《夷数佛帧》、《善恶帧》、《太子帧》、《四天王帧》。已上等经佛号，即于道释经藏并无明文该载，皆是妄诞妖怪之言，多引"尔时明尊"之事，与道释经文不同。至于字音，又难辨认。委是狂妄之人伪造言辞，诳愚惑众。②

这些颇具中国特色、民间特色的经文，显然是教徒编撰的，既然是传教文字，至少大小头目能读懂。另称"吃菜事魔教"即摩尼教在传教以及教务活动中，有"传习魔教，诈作诵经，男女混杂"，有"布置官属，掌簿掌印，出牒陞差，无异官府"，有"假作御书，诳惑观听，以此欺诈，多取民财"等③，都离不开文字。从洪州巫师"奇神异像，图绘岁增，邪篆袄符，传写日夥"看④，抄写传播图文的巫师以及信徒越来越多，可知他们也识字会写。至于将佛经中"是法平等，无有高下"一句，改变断句："则以'无'字连上句，大抵多如此解释。"⑤ 这就成了著名的"是法平等无，有高下"的"革命"口号。此类文人惯用的伎俩，证明他们能读

① （清）徐松辑《宋会要辑稿·刑法》二之八九，刘琳、刁忠民、舒大刚、尹波等校点，第8331页。
② （清）徐松辑《宋会要辑稿·刑法》二之七八，刘琳、刁忠民、舒大刚、尹波等校点，第8325页。
③ 中国社会科学院历史研究所宋辽金元史研究室点校《名公书判清明集》卷一四《莲堂传习妖教》，第536页。
④ （宋）夏竦：《文庄集》卷一五《洪州请断袄巫奏》，《景印文渊阁四库全书》第1087册，第184页。
⑤ （宋）庄绰：《鸡肋编》卷上《事魔食菜教》，萧鲁阳点校，第12页。

书。类似宗教文化的传播，都离不开文字。元祐年间有臣僚揭示："近有布衣薛鸿渐、林明发以妖妄文字上闻，诏送两浙、福建路转运司根治。臣闻鸿渐教本自海上异域，入于中国已数十年，而近益炽，故其桀黠至于上书，以幸张大。"① 从海外传到中国的这个宗教，数十年间迅速发展，教徒有一定的文化水平，甚至还上书皇帝，想获得朝廷的支持。

第五，巫祝敬神作法的活动中，经常有文字出现。如宁乡巫师书写仇人的生辰八字等施巫术："朱书年命，埋状屋下，更相诅咒。"② 具体案例如广西化州有一村巫，"能禁人生魂，使之即病。适与邻人争田，石龙县宰知其名，将杀之。既严捕入狱，即觉头痛甚，疑而思之。宰固健吏，不为沮止，帕首坐狱户自鞫讯，不胜痛，始承伏云：'因来时已收系知县生魂于法院，盛之以缶，煮之以汤，申之以符，见在法坐。'宰即押巫出城三十里，抵其居，视之而信。下著姓名、生年日月。"③ 知县的姓名、出生年月日是他秘密书写的，足见其至少具备基本的文化水平。巫师刘道昌，"本豫章兵子，略识字，嗜酒亡赖，横市肆间。尝以罪受杖于府，羞见侪辈，不敢归，径登滕王阁假寐，梦道士持一卷书置其袖，曰：'谨秘此，行之可济人，虽父兄勿示也。'戒饬甚至。既寤，书在袖间，顿觉神思洒落，视其文，盖符咒之术。还家即绘事真武像，为人治病行醮"。④ 靠着识字，才得以通过秘籍学习符咒之术，自学成为巫师，并以此为业。永嘉学派创始人薛季宣家有病人，"命巫沈安之治鬼"期间，薛季宣之子薛沄目睹了全过程：

> 沄见神将形渐长大如人，揖季宣就席，与论鬼神之事，曰："是非真有，原皆起于人心，人心存而有之。无无有有，盖无所致诘。"又语沄问学，曰："当读睿智、显谟两先生文集。"告以世无此书，曰："书已为秦政焚灭矣。承烈先生者，显谟先生子也。"其意盖指

① （宋）李焘：《续资治通鉴长编》卷四六七，元祐六年十月丁卯，第 11149～11150 页。
② 中国社会科学院历史研究所宋辽金元史研究室点校《名公书判清明集》卷一四《宁乡段七八起立怪祠》，第 545 页。
③ （宋）洪迈：《夷坚志·三志壬》卷四《化州妖凶巫》，何卓点校，第 1498 页。
④ （宋）洪迈：《夷坚志·丁志》卷二《刘道昌》，何卓点校，第 551 页。

帝尧及文王、武王。又曰："人无信不立，果知自信，则先生之道，可由学而致。"……（在后来的驱鬼战斗中）火轮石斧交涌云际，凡俘鬼二十一，皆斩首。其十五尸印火文于背，曰："山魃不道．天命诛之。"其六尸印文称："古埋伏尸，不著坟墓害及平人者，竿枭其首以徇。"是夕启狱，灰迹从横凌乱，而絷者才五辈。将上送北酆，金甲神持黄纸符敕示沄，上为列星九，中画黑杀符。下云："大小鬼神邪道者并诛之。"①

这里所谓的神将，自是巫师，竟然能与大儒薛季宣谈论高深的鬼神和经籍问题，而那些死伤之鬼身上的字，其书写自然不在话下。延平人张抚干"有术使鬼神"。"钟士显世明病疟，折简求药，张不与药，不答简，但书'押'字于简板上。"② 作为同乡，向其写信求药，前提是知道张抚干识字且应回信。虔州知州刘彝，为打击改造巫医，"乃集医作《正俗方》，专论伤寒之疾，尽籍管下巫师，得三千七百余人勒之，各授方一本，以医为业"。③ 地方官知道这些巫觋具有一定的医药基础，而且识字，才向其分发医书，否则岂不是对牛弹琴？福州有村妇患病，"招村巫马氏子施法考验。巫著绯衣，集邻里仆童数十辈，如驱傩队结束。绕李向所游处山下，鸣金击鼓，立大旗，书四字曰：'青阳大展。'"④ 招摇旗帜上的大字表明他们识字。北宋湖州新市镇朱将军庙得到重修，请士大夫太史章写碑记：

> 皤然老叟杖藜过门，出其旧录以示余曰："是乃土地朱将军之遗事，实耆老相传，非诞妄也，愿有以纪之。"然历世绵远，史失其传者多矣。今旧录所称救旱力征，不几于祭法所谓"御灾捍患，以勤死事"者乎！余为览之，嫌其文词之鄙俚，姑易其语而书之壁间。⑤

① （宋）洪迈：《夷坚志·丙志》卷一《九圣奇鬼》，何卓点校，第 365、368 页。
② （宋）洪迈：《夷坚志·乙志》卷一六《张抚干》，何卓点校，第 322 页。
③ （宋）曾敏行：《独醒杂志》卷三《广南人多北于瘴疠》，朱杰人标校，第 28 页。
④ （宋）洪迈：《夷坚志·支丁》卷三《李氏红蛇》，何卓点校，第 986 页。
⑤ 曾枣庄、刘琳主编，四川大学古籍整理研究所编《全宋文》卷二七〇九，（宋）太史章：《朱将军庙记》，第 252 页。

所谓"文词之鄙俚"的文献，显然不是出于士人，而是出自朱将军庙的庙祝。

巫祝有文化最典型的事例，就是扶乩。宋代盛行紫姑神信仰，其基本神性就是通过写诗词占卜。洪迈指出："紫姑仙之名，古所未有，至唐乃稍见之。近世但以箕插笔，使两人扶之，或书字于沙中，不过如是。有以木手作黑字者，固已甚异。"① 这种完全依赖现场书写文字的神秘游戏，从唐代开始出现（实际上最早始于六朝），至宋朝大为盛行，可谓宋代民间文化水平提高的体现。好奇的苏轼曾亲自前往，考察体验。

> 予往观之，则衣草木为妇人，而置箸手中，二小童子扶焉。以箸画字曰："妾，寿阳人也，姓何氏，名媚，字丽卿。自幼知读书属文，为伶人妇。……公少留而为赋诗，且舞以娱公。"诗数十篇，敏捷立成，皆有妙思，杂以嘲笑。问神仙鬼佛变化之理，其答皆出于人意外。②

所作诗词都是出口成章，所反映的艺术性、思想性连苏轼都感到惊讶，文化水平之高可以想见。南宋的理学家对此很感兴趣，多有议论。如朱熹曾对学生"论及请紫姑神吟诗之事，曰：'亦有请得正身出见，其家小女子见，不知此是何物。且如衢州有一个人事一个神，只录所问事目于纸，而封之祠前。少间开封，而纸中自有答语。这个不知是如何'"。③ 他承认确有此事，但不明白究竟是怎么回事。理学家谢良佐则明确指出："又如紫姑神，不识字底把着写不得，不信底把着写不得。"④ 另一理学家陈淳进一步说道：

> 世之扶鹤下仙者亦如此。识字人扶得，不识字人扶不得。能文人扶，则诗语清新；不能文人扶，则诗语拙嫩。问事而扶鹤人知事意，

① （宋）洪迈：《夷坚志·三志壬》卷三《沈承务紫姑》，何卓点校，第1486页。
② （宋）苏轼：《苏轼文集》卷一二《子姑神记》，孔凡礼点校，第407页。
③ （宋）黎靖德编《朱子语类》卷三《鬼神》，王星贤点校，第54页。
④ （宋）谢良佐：《上蔡语录》卷一，《景印文渊阁四库全书》第698册，第574页。

则写得出；不知事意则写不出。与吟咏作文章，则无不通；问未来事则全不应。亦可自见。此非因本人之知而有假托，盖鬼神幽阴，乃借人之精神发挥，随人知识所至耳。①

从本书角度而言，不过都是"人神相通"、巫祝操纵的表演，反映的是巫祝渊博的知识和不凡的才情。例如有位精通扶乩者，出身儒生。

> 余干冕山士人陈氏子文叔，少习儒业，从里人许子推受迎致箕神之术，诙奇谲怪，殊骇听闻。凡来求文词者，落纸辄千言，笔不停缀，所谈皆出人意表。淳熙戊戌，有曹延者乞诗，延赋性淳朴。立书二十八字云："混然天性本天成，何必拘拘守意城。识破鸢飞鱼跃事，自知万物不离诚。"语脉暗合其旨，他所作尽然。②

陈文叔先学儒家文化，然后再学扶乩，自然能够以紫姑神的身份作诗文。这一事例，证实了谢良佐的判断。

第六，巫祝有自己独特的文化知识体系。且看四川女巫与画家孙知微的一番精彩对话。

> 导江县有一女巫，人皆肃敬，能逆知人事。知微素尚奇异，尝问其鬼神形状，欲资其画。女巫曰："鬼有数等，有福德者，精神俊爽，而自与人交言。若是薄相者，气劣神悴，假某传言，皆在乎一时之所遇，非某能知之也。今与求一鬼，请处士亲问之。"知微曰："鬼何所求？"女巫曰："今道途人鬼各半，人自不能辨之。"知微曰："尝闻人死为冥官追捕，案籍罪福，有生天者，有生为人者，有生为畜者，有受罪苦经劫者。今闻世间人鬼各半，得非谬乎？"女巫曰："不然。冥途与人世无异，苟或平生不为不道事，行无过矩，有桎梏及身者乎？今见有王三郎在冥中，足知鬼神之事，处士有疑，请自问

---

① （宋）陈淳：《北溪字义》卷下《鬼神》，熊国祯、高流水点校，中华书局，1983，第66~67页。
② （宋）洪迈：《夷坚志·三志辛》卷一〇《蓬莱紫霞真人》，何卓点校，第1463页。

之。"知微曰："敢问三郎鬼神形状，欲资所画。"俄有应者曰："今之所问，形状，丑恶怪异之者，皆是魍魉辈。神者一如阳间尊贵大臣，体貌魁梧，气岸高迈，盖魂魄强盛，是以有精爽。至于神明，非同淫厉之鬼尔。"知微曰："鬼神形状，已得知矣。敢问鬼神何以侵害于生人？"应者曰："鬼神之事，人皆不知。凡鬼神必不能无故侵害生人。或有侵害者，恐是土木之精，千岁异物，血食之妖鬼也。此物犹人间之盗贼，若无故侵害生人，偶闻于明神，必加侵害，亦不异盗贼之抵于宪法尔。若人为鬼所害者，不闻乎为恶于隐者，鬼得而诛之，为恶于显者，人得而诛之乎？"知微曰："明神祷之而求福，有之乎？"应者曰："鬼神非人，实亲于德是依，皇天无亲，亦惟德而是辅。凡有德者，不假祷祈，神自福之。若素无德行，虽勤祷之，得福鲜矣。"知微曰："今冥中所重者罪，在是何等？"应者曰："杀生与负心尔。所景奉者，浮图教也。"知微曰："某之后事，可得闻乎？"应者曰："祸福之事，不可前告。神道幽秘，弗许预知也。"知微曰："今欲酬君，君欲希我何物？"应者曰："望君济我资锭数百千贯。"知微辞之。应者曰："所求者非世间铜铁为者，乃楮货尔。"知微乃许之。应者曰："烧时慎勿使着地，可以薪草荐籍之，向一处以火爇，不得搅剔，其钱则不破碎，一一可达也。"遂依教燔纸钱数百千贯。①

女巫及招来应声的"鬼"，侃侃而谈，展现了一套简要完整的神秘主义巫鬼文化的理论，实际是世间人情世故的镜像反映，断非文盲所能言。正如他们所说的那样，内部有"行头""门徒知识"②，其中包括法术文字体系。对巫祝来说，"文字是一种巫术工具，通过这种工具获得占有某个事物和击退敌方的力量"。③ 最常见的，就是巫祝所书画的符箓。符箓术起源于东汉的巫师，后来又经过道教的改造，成为一种独特的文字表达体

---

① （宋）黄休复：《茅亭客话》卷一〇《孙处士》，赵维国整理，载《全宋笔记》第 2 编
第 1 册，第 74~75 页。
② （宋）洪迈：《夷坚志·三志辛》卷二《彭师鬼挐》，何卓点校，第 1399 页。
③ 〔德〕恩斯特·卡西尔：《神话思维》，黄龙宝、周振选译，中国社会科学出版社，
1992，第 261 页。

系。符箓是符和箓的合称，通常由两个以上小汉字组合而成的复文，以及云篆、灵符、宝符、符图等几种形式组成，以汉字的奇异变形、重新组合为主要形式和特点。"与汉字的'六书'具有深刻的内在联系。"① 这种巫教内部的文字，广大民众包括士人只能认识其中的个别文字和偏旁部首，对整体不清楚。这也正是巫祝的意图：一是为了秘而不宣，二是为显示神秘，有意避开正常的汉字。巫术不为世俗所知所理解，正是其神秘之处。但无论如何，这种另类文字也是一种文化，是巫文化的主要成分之一。既然符箓的基本要素是汉字，不识字者也不会书画和辨认符箓。巫术以及鬼神文化无疑是一种文化形态，而且是传统文化的一个重要组成部分。

以上事实说明，宋代巫祝绝非"愚夫愚妇"，并不是"大多为文盲或半文盲"，应该说大多不是文盲，可能有少数属于半文盲。因为，职业本身的文化含量较高。英国古典人类学家弗雷泽在其现代人类学的奠基之作中指出：

> 巫术与科学在认识世界的概念上，两者是相近的。二者都认定事件的演替是完全有规律的和肯定的。并且由于这些演变是由不变的规律所决定的，所以它们是可以准确地预见到和推算出来的。一切不定的、偶然的和意外的因素均被排除在自然进程之外。对那些深知事物的起因，并能接触到这部庞大复杂的宇宙自然机器运转奥秘发条的人来说，巫术与科学这二者似乎都为他开辟了具有无限可能性的前景。于是，巫术同科学一样在人们的头脑中产生了强烈的吸引力，强有力地刺激着对于知识的追求。②

他认为巫术中有一定的科学。对于巫术完全否定，无疑不是历史的、科学的态度，正确认识其包含辩证法在内的文化含量和文化作用，不但可以窥视人类的某些隐秘，更能看清其在历史中文化脉络、肌理中的地位。

---

① 刘黎明：《宋代民间巫术研究》，巴蜀书社，2004，第116页。
② 〔英〕J. G. 弗雷泽：《金枝——巫术与宗教之研究》，汪培基、徐育新、张泽石译，第87页。

二 宋代卜相的文化水平

卜相即卜算卦师，所从事的是术数文化。

术数就是传统文化中的命、卜、相三术，基础是阴阳五行、天干地支、河图洛书、太玄甲子数等"天道"的学问，为中华古代神秘文化的主干内容，是传统文化的重要组成部分。有关专著甚多，流传不绝，即使在秦朝"焚书坑儒"之时，也像医药、农艺书籍一样予以保留："所不去者，医药卜筮种树之书。"① 影响最大的是起着中国文化源头作用的《易经》。《易经》问世以来向两个方面发展，一方面是政治化的官方实用，另一方面是社会化的民间实用，主要就是占卜。大儒朱熹就一再强调："《易》本卜筮之书""《易》乃是卜筮之书""《易》只是个卜筮之书"。② 术数包括星占、卜筮、六壬、奇门遁甲、相命、拆字、起课、堪舆、择日等。如流传最广的一种命术即四柱推命的八字术，是将人出生的年、月、日、时转换成天干、地支，在干支中代入阴阳五行系统而进行复杂运算的一种算命术。从业者想要多挣钱，就必须具备这种起点较高的文化水平。

测字又称相字、拆字，其前提是善于说文解字。不但要识字，而且要精于六书、《周易》等。如有"测字圣手"之誉的四川术士谢石，宣和年间在汴京大显身手：

> 以术得名。善相字，使人书一字，即知人之用意，以卜吉凶，其应如响，遂得荣显。……始石居市邸，人有失金带者，书一"庚"字以问石，石曰："汝有所失乎？必金带也。然我知其人三日内始出。"果如期出。鲁公知而召之焉，书一"公"字。石曰："公师位极人臣，福寿若此，不必问所问吉凶。但表某微术者，公师当少年时尝更名尔。"鲁公笑而颔之。吾最晚生，盖不知此，然虽伯氏枢府为长，且亦不知也。太上皇闻而密俾之，尝为书一"朝"字，命示之。

① （汉）司马迁：《史记》卷六《秦始皇本纪》，中华书局，1982，第 255 页。
② （宋）黎靖德编《朱子语类》卷六六《卜筮》，王星贤点校，第 1626 页。

石曰："此非人臣也。我见其人则言事。"询何自知，石曰："大家天宁节以十月十日生，此'朝'字十月十日也，岂非至尊乎？"上喜，乃召见。石有问辄中，且令中官索东宫书一字来，乃以"太"字进。又问石，石曰："此天子也。"左右为大惧。上询谓何，石曰："'太'字点微横，此必太子也。他日移置诸上，岂非'天'字耶？"上以金带赐之。①

其对文字结构、组合精确的认识和巧妙的解读，称其为另类"文字学家"，恐不为过。南宋理学家刘爚指出："相字知吉凶，古无此法，而今有之。"② 可见这类拆字游戏与扶乩作诗一样，也是在宋代文化水平提高的基础上发展起来的，是有文化的卜相创造的职业技术。

堪舆即风水术，需仰观天象，俯察地理，为世人的住宅、坟墓选择建造的地点和时间。宋代是堪舆术发展的鼎盛时期，无论宫廷还是民间都虔诚信奉，因而其学说广泛传播。以江西最普及："江西有风水之学，往往人能道之。"③ 如江西人廖瑀，士人出身，精通儒家五经："天赋聪敏，博学强记，好奇幻之术，谙天文地理。年十五，通五经，人称'廖五经'。宋初，以茂异荐不第，精研父三传堪舆术。卜居金精山，自称金精山人。著有《怀玉经》。"另有处州人赖文俊："文俊字大素，处州人。尝官于建阳，好相地之术。弃职浪游，自号布衣子，故世称曰赖布衣。所著有《绍兴大地八铃》及《三十六铃》，今俱未见。"唯《催官篇》二卷传世。④ 有风水术的研究专著流传于世，至清朝尚广为传播。两浙风水师陈忠厚，也是儒生出身：

---

① （宋）蔡绦：《铁围山丛谈》卷三，冯惠民、沈锡麟点校，第 42~43 页。

② （宋）刘爚：《云庄集》卷五《赠相字郭道人序》，《景印文渊阁四库全书》第 1157 册，第 398 页。

③ （宋）陈振孙：《直斋书录解题》卷一二《形法类》，徐小蛮、顾美华点校，第 379 页。

④ （清）永瑢等：《四库全书总目》卷一〇九《术数类二》，第 922 页。赖文俊一作江西宁都人："字太素，宋时人。精地理，人呼赖布衣。著《催官篇》以天星阐龙穴砂水秘，至今传诵。"（黄永纶、杨锡龄等纂修《道光宁都直隶州志》卷二六《方伎志》，《中国方志丛书》，台北成文出版社有限公司，1989，第 2108 页），待考。

少孤，举进士不偶，贫甚，无以养其母，慨然取家藏地理书学焉。且历求一时名人以为师，莫不妙尽其长，而机圆智独，又自得于象数之外。操以涉世，其术遂显……又况学于其门者，必皆心同之人乎？今江淮闽浙间，由指授以显者，著录逾四十人，而踵继者未止。①

由不得志的士人转而成为显赫的风水大家，所教出的优秀学生有四十余人。宋代堪舆名家和著作因而大为增多，《古今图书集成》中列入堪舆名流列传者共 115 人，其中秦 2 人、汉 1 人、晋 3 人、隋 2 人、唐 33 人、元 1 人、明 30 人，两宋则多达 43 人，占总数的 37.4%。② 古代堪舆史上两大流派——形势派和理气派，在宋代也最终形成。宋人张洞玄的《玉髓真经》，堪称地理学的集大成之作，至今仍有多种版本流传。③ 这些都是宋代风水师们高水平文化素质的产物。

更高深的是六壬学，为古代天文星象应用学的一种，以天人合一、天人相应的理论为指导，以天道对应人道，以时空信息包含万物运转的规律来推算人事，被尊为天文数术之首。宋孝宗时，"日者"蒋坚"游术江左，至鄱阳，就邸舍赴卜肆，其学精于六壬，为士大夫所称道，遂留之不去"。④ 蒋坚精通六壬，有令士大夫赞赏的高深学问。另如江西李某，刘辰翁载道："颇有言近年樵谷星术者，问谁氏，曰：'永丰李仁卿子也。'家故儒，识今古。"⑤ 证明其文化功底仍是传统的儒学和史学。汪应辰有《与谈命郑柯山》云："柯山落魄一仙翁，二十八宿罗胸中。学术该通明若鉴，襟期豁达气如虹。醺醺痛饮一楼月，落落高谈千古风。"⑥ 盛赞算命先生郑柯山学识广博，善于讲说。

占卜算命，需要足够的文化基础，故而多有出身儒生者。如刘得升，

① （宋）邹浩：《道乡集》卷二七《送陈忠厚秀才还姑苏叙》，《景印文渊阁四库全书》第 1121 册，第 410 页。
② 张邦炜：《宋代政治文化史论》，第 505 页。
③ 如上海古籍出版社，1996；内蒙古人民出版社，2010 等。
④ （宋）洪迈：《夷坚志·支甲》卷一〇《蒋坚食牛》，何卓点校，第 788 页。
⑤ （宋）刘辰翁：《刘辰翁集》卷六《赠李生谈星序》，段大林校点，第 187 页。
⑥ （宋）汪应辰：《文定集》卷二四《与谈命郑柯山》，第 261 页。

"初业儒，略通《易经》大衍之数。后遇异人，教以算法，可逆知未来之事。其数积至百千万亿无涯涘，特凡人鲜能工之，惟儒者精专而识其要，故能不失万一于掌握中，言事未尝不效也"。他是儒生出身，又掌握了奇特的精算术，以儒学的底子和"精专而识其要"的功力，融会贯通，成为一方名家；另有算命者饶某"本书生"、建安卜者吴唐佐"本儒生，通易象，兼以彖系之辞断之而然耶"。① 台州术士中，"其精者曰朱君。朱君起书生"。② 信州徐朝卿"本业儒"，因其家"生理益落，家也传《河图》书……借此而糊口"。③ 严州人邵南，"颇涉书记，好读《天文》、《五行志》。邃于遁甲，占筮如神"。④ 遁甲以天干为三奇六仪，分置九宫，而以甲统之，根据其加临吉凶以为趋避，有雄厚文史基础者才能掌握。且看温州的一位隐者及其学生。

> 居于瑞安之陶山，所处深寂，以耕稼种植自供。易筮如神，每岁一下山卖卦，卦直千钱，率十卦即止，尽买岁中所用之物以归。好事者或赍金帛，经月邀伺，然出未十里，卦已满数，不复肯更占。郡人王浪仙，本书生，读书不成，决意往从学。值其出，再拜于涂，便追随入山，为执奴仆之役。稍稍白所求，隐者亦为说大概，又举是岁所占十卦，使演其义。王疲精竭虑，似若有得，彼殊不以为能，曰："汝天分止此，不可强进也。"遣出山。然王之学，固已绝人矣。⑤

儒生王浪仙半途改行学算卦，尽管天分不足，但技艺仍强于众卦师，由此可知那位隐士卦师的文化水平要高得多，也可知有较高的文化水平才能有较高的占卜技艺。再看乐平县湖口人汪经。

---

① （宋）王庭珪：《卢溪文集》卷三六《送刘得升序》，卷三七《赠饶子序》《送卜者吴唐佐序》，《景印文渊阁四库全书》第1134册，第268、269、271页。
② （宋）陈耆卿：《陈耆卿集》卷三《送朱生序》，曹莉亚校点，第23页。
③ （宋）汪应辰：《文定集》卷九《赠徐朝卿序》，第92页。
④ （宋）洪迈：《夷坚志·甲志》卷三《邵南神术》，何卓点校，第25页。
⑤ （宋）洪迈：《夷坚志·丁志》卷一《王浪仙》，何卓点校，第538页。

自七岁知专志读书，性亦开敏，意将来必成伟器。未几，有一道人至，疏眉秀目，颀然而长，衣冠褒博，自称曰梅溪子，姓宇文氏，梓潼人，精于太乙数，且善圆梦。……父呼之前，道人一见，即摩其顶曰："真吾弟子也。"出书一编与之。"他日借此翱游公卿间，不可谓之无所遇也。"坐顷之，一笑告去，不复再来。汪父虽甚嗟异，然期厥子以学问荣家，不令留意。累年后，经为俗故所撄，浸废学，方阅其书，了然贯通，不假指教，遂用此技成家。①

这是又一位由儒生成为卜相的例子。杨万里有诗云："抛了儒书读相书，却将冷眼看诸儒"，"许子儒冠恐误身，如今投笔说星辰"②，反映了一种常见现象。

那些有文采、有品行的卜相，在社会上受到尊重，被当作"士"，或称处士，或称相士。如王安石言："淮之南，有善士三人"，其中扬州徐仲坚是卦师，"忠信笃实，遇人至谨，虽疾病召筮，不正衣巾不见。寓于筮，日得百数十钱则止，不更筮也。能为诗，亦好属文，有集若干卷。……多为贤士大夫所知"。③ 他们不仅跻身士人行列，而且是受到士大夫赞誉的善士。龙溪李处士："独能略去近时诸家地理书，时时自出新意，颇有奇中，可谓不传之妙也"④，颇多创新。欧阳可夫处士则"以'听声法'观人，百不失一二"⑤，是位声卜行家。他们都是因水平高超而被称为士。更多的直接被称为相士。如郑刚中载：

相士毛生之来，未露见所挟，而先出其集诗，又要余同赋，语意勤切，三四至。余怜而问之曰："处士之艺何如耶？"对曰："吾之

---

① （宋）洪迈：《夷坚志·三志辛》卷五《梅溪子》，何卓点校，第 1421 页。
② （宋）杨万里：《杨万里集笺校》卷五《赠曾相士二首》，卷一四《送谈星辰许季升》，辛更儒笺校，第 261、729 页。
③ （宋）王安石：《临川先生文集》卷九〇《处士征君墓表》，载王水照主编《王安石全集》，第 1571 页。
④ （宋）周紫芝：《太仓稊米集》卷六六《书枯冷道人李处士序后》，《景印文渊阁四库全书》第 1141 册，第 469 页。
⑤ （宋）刘爚：《云庄集》卷五《赠欧阳可夫序》，《景印文渊阁四库全书》第 1157 册，第 412 页。

艺，视人贵贱寿夭，如开眼见黑白，探隐匿而中其微。"余曰："得所挟矣，何患无知者？携一败箧，自可弛担得名声，不但苏妻子也。诗何所裨耶？诗文亦不当相付，无乃使人疑子之术，谓其挟彼不挟此耶？"毛曰："不然，吾家三衢，以儒为业，箕裘骎败至此，故所在非特喜为士大夫谈说，而士大夫亦喜为吾赋诗，此箧中之所为富也。"余曰："若谓种习自笔砚中来，则请子收拾诗编，谨藏之第，余终不敢以诗所挟。"①

毛生出身儒家，不得已沦为卜相，但仍念念不忘本色，热衷于写诗，并有诗集。相师张风子：

> 绍兴中来鄱阳，止于申氏客邸，每旦出卖相，晚辄醉归。……好歌《满庭芳》，词曰："咄哉牛儿，心壮力壮，几人能可牵系。为爱原上，娇嫩草萋萋。只管侵青逐翠，奔走后、岂顾群迷？争知道，山遥水远，回首到家迟。牧童，能有智，长绳牢把，短稍高携。任从它入泥，入水无为。我自心调步稳，青松下、横笛长吹。当归处，人牛不见，正是月明时。"皆云其所作也，留岁余乃去。②

显然善于填词，富有才情。刘克庄在《赠徐相师》中提到"许负遗书果是非，子凭何处说精微。……半头布袋挑诗卷，也道游方卖术归"。③卖相术之余，诗书不离身，可见其嗜读诗集，不忘初心。元丰年间，开封西门外荒郊中，"得一王翁焉，于乡社间能书画操算，但久年风疾，不能履耳"。前来相求者支付数十贯的高价，才为之卜算，结果非常准确，令人感叹："其卜祝之精，有如此者。"④卜算之外，王翁还善于书画。狄青之

---

① （宋）郑刚中撰，郑良嗣编《北山集》卷五《相说》，《景印文渊阁四库全书》第1138册，第79页。
② （宋）洪迈：《夷坚志·丙志》卷一八《张风子》，何卓点校，第513页。
③ （宋）刘克庄：《后村先生大全集》卷四《赠徐相师》，王蓉贵、向以鲜校点，刁忠民审定，第105页。
④ （宋）章炳文：《搜神秘览》卷中《卜祝》，储玲玲整理，载《全宋笔记》第3编第3册，第142页。

孙狄俦，因家道衰落成为卜相："得费孝先《分定书》，卖卜于都市。芗林向伯共子谭，自致仕起贰版曹，俦为写卦影，作乘巨舟泛澄江，舟中载歌舞妇女，上列旗帜，导从之属甚盛。岸侧一长竿，竿首幡脚猎猎从风靡。诗云：'水畔幡竿险，分符得异恩。潮回波似镜，聊以寄君身。'向读之甚喜。"① 他不仅识字，还会写诗。赵蕃十分赏识占星师许季升，一口气作《赠许季升五首》："东都籍甚汝南许，人物尝更月旦评。后嗣流传齐一变，如今推步有知名"，"清江人物推陈谢，不减当年孔与刘。肯为赋诗仍作序，要明吾子乃儒流"，"学诗自足致寒饥，更欲探求造化机"。② 指出他名气很大，出身儒生，会写诗，在士大夫中有良好声誉。

其中技术高超者，还会进入朝廷成为伎术官。如楚芝兰"初习《三礼》，忽自言遇有道之士，教以符天、六壬、遁甲之术。属朝廷博求方技，诣阙自荐，得录为学生。以占候有据，擢为翰林天文"，后担任司天监长官，名垂青史。③

如果仅以识字写字为标准，相士卦师基本都能达到。宋代有《火珠林》一卷，"今卖卜者掷钱占卦，尽用此书"。④ 既是他们必备的工具书、教科书，那就必须研读查阅。颍昌阳翟县杜生，"唯与人择日，又卖一药，以具馆粥，亦有时不继……乡人贫，以医卜自给者甚多"。有人问："颇观书否？"曰："二十年前，亦曾观书。"又问："观何书？"曰："曾有人惠一册书，无题号，其间多说《净名经》，亦不知《净名经》何书也。当时极爱其议论，今亦忘之。"⑤ 日者张异手，"漫浪江湖等泛萍，破囊唯有《百中经》"。⑥ 需要经常研读查阅南宋东阳术士曹东野所撰的《百中经》。绍兴十年（1140）常州秋试，有术士预言："今岁解元姓名，

---

① （宋）洪迈：《夷坚志·甲志》卷一三《狄俦卦影》，何卓点校，第 109 页。
② （宋）赵蕃：《淳熙稿》卷二〇《赠许季升五首》，《景印文渊阁四库全书》第 1155 册，第 320 页。
③ （元）脱脱等：《宋史》卷四六一《楚芝兰传》，第 13500 页。
④ （宋）陈振孙：《直斋书录解题》卷一二《卜筮类》，徐小蛮、顾美华点校，第 375 页。
⑤ （宋）沈括：《梦溪笔谈》卷九《人事一》，（宋）沈括原著，杨渭生新编《沈括全集》，第 348~349 页。
⑥ （宋）戴昺：《戴昺集·赠日者张异手》，载《温岭丛书》甲集第 2 册，吴茂云校笺，浙江大学出版社，2016，第 310 页。

字中须带草木口。"众人以为："人名姓犯此三者固多，岂不或中。""及榜出，乃李荐为首。荐字信可，姓中有木，名中有草，字中有口。"① 不管是否准确，他至少识字。明州定海人徐道亨"善相法……因患赤眼而食蟹，遂成内障，欲进路不能"。一夜梦神人传授药方，"徐敬书于片纸，如不病者，欻然而寤，已似微有所睹。见梦中所书在侧，即如方制药服之，满百日复旧"。② 至少会写字读书。开封相国寺一相士，"以技显，其肆如市，大抵多举子询扣得失"。他曾对一位考生说："君气色极佳，吾阅人多矣，无如君相，便当巍峨擢第。"随即提笔，"大书纸粘于壁云：'今岁状元是丁湜。'"③ 南宋时，居于临安中瓦的夏巨源：

> 亦精于卜筮……每来卜者，一卦率五百钱。绍熙三年冬，禹之自赣倅受代造朝，其子价侍行。既至，点检敕诰文书，遗其一。虽遣仆还家访寻，终不能自释。乃同诣夏肆。夏书纸上曰："事在千里外。"继书一"食"字，一"尧"字，合而读之，则"饶"字也。④

显然，识字、写字只是其最基本的职业素养，尤其他们多与士子考生以及官员打交道，对儒家文化不能不熟悉。

需要特别指出的是，卜相群体中有不少盲人，他们识字吗？特殊人群应特殊对待。一般来说，既然失明，自然无法识别文字，但其赖以生存的技能却是高深的文化，可以通过师傅口耳相传获得，换言之，他们也是有文化的人。前文提到先天失明的杨希闵，"令诸弟读经史，一历耳辄不能忘。属文善缄尺……有集二十卷"⑤，便是一个例证。再者，他们虽然看不见字，但许多技能如测字、起名等，却要求必须精通文字。袁甫对此有相关记述：

① （宋）洪迈：《夷坚志·乙志》卷一四《常州解元》，何卓点校，第 301 页。
② （宋）洪迈：《夷坚志·三志壬》卷八《佛授羊肝圆》，何卓点校，第 1527~1528 页。
③ （宋）洪迈：《夷坚志·支丁》卷七《丁湜科名》，何卓点校，第 1026 页。
④ （宋）洪迈：《夷坚志·支丁》卷五《夏巨源》，何卓点校，第 1003 页。
⑤ （元）脱脱等：《宋史》卷二七〇《杨克让传附子希闵传》，第 9271 页。

> 人言数学与理学异，吾谓不通于理，非深于数者。孙君占天数学也，而乃通于理，以己之瞽，念人之瞽，求膏腴，创义学，萃群儿之瞽者教焉，非通于理而能如是乎？推孙君之用心，不特可以救世之盲于目者，抑可以警世之盲于心者矣。①

这是他写给京口相士富春子孙高荣的序，可知这位盲人精通命相数理，而且将其与理学相连，上升到儒家理论的高度。更可贵的是他怜悯同类失明的青少年，创办盲童学校，教授算命技术，帮助他们找到谋生之途。据笔者对民间盲人卜相的实际调查，他们知道汉字的结构、字意，脑子里有清晰的字形。因而可以说，仅就识字、算术而言，相当一部分盲人卜相是有文化的。宋代有《六壬洞微赋》一卷，作者"不知名氏。瞽卜刘松年所传"。② 瞽卜刘松年，至少是精通该书的传播者，不可能没有文化。北宋中期曾有洛阳瞽卜对民间教师张起宗说："秀才，我与汝算命。""因与借地，卜者出算子约百余布地上，几长丈余，凡阅两时，曰：'好笑，诸事不同。但三十年后，有某星临其所，两人皆同。当并案而食者九个月。'"③ 单就排布算子进行长久的演算而言，他显然有一定文化水平。最适宜盲人的占卜术，是不用眼睛只用耳朵的声相，朱彧记载了声相专家瞽者王光赞的事迹。

> 先公以庆历戊子八月十日生，十八岁，请解于广文馆。尝至汴河上，闻瞽者张听声知祸福，公叩焉。才謦欬，张即曰，"吾故人也！二十年不相遇"。公窃笑其诞。再询，知乡里，便曰："岂朱秘丞郎君乎？"公愕然，张曰："庆历八年重阳日，蒙秘丞置酒，次日诣谢，闻公诞弥月，又得预庆宴。秘丞令视公，彼时爱此声，每不忘，屈指已十七年矣。"因道："公此举未及第，后六年当魁天下。"皆如其

---

① （宋）袁甫：《蒙斋集》卷一一《赠京口富春子孙君（名高荣）序》，《景印文渊阁四库全书》第 1175 册，第 469~470 页。

② （宋）陈振孙：《直斋书录解题》卷一二《卜筮类》，徐小蛮、顾美华点校，第 377 页。

③ （宋）马永卿：《懒真子》卷五，李清华、顾晓雯整理，载《全宋笔记》第 3 编第 6 册，第 212 页。

　　言。至今汴河岸常有"张听声"，盖袭其名也。①

听声辨命是深奥的声音相学，在卜相学中属于最高层次，有"上相相声音"之说，王光赞的文化水平之高，是可想而知的。

　　不少卜相总结理论与经验，在本专业内著书立说。如《怡斋百中经》一卷，作者为"东阳术士曹东野。自言今世言五星者，皆用唐《显庆历》历法，更本朝，前后无虑十余变，而《百中经》犹守旧历，安得不差？于是用见行历法推算"。与时俱进，用宋代历法重新推算星象等，展示了全面的专业成就；《五星三命指南》，"亦不知名氏。大抵书坊售利，求俗师为之"。又如《珞琭子》一卷，"此书禄命家以为本经。其言鄙俚，闾巷卖卜之所为也"。② 使用广泛，专业性强，文笔鄙弱，虽不入士大夫法眼，但正是其文化水平的显现。

　　宋代江湖术士中有不少化炼金银者，掌握的是物理化学等知识。范仲淹早年贫困时，有病危的术者朋友临终交代："吾善炼水银为白金，吾儿幼，不足以付，今以付子。""即以其方与所成白金一斤封志，内文正怀中。"十余年后出仕为谏官的范仲淹找来其子，"出其方并白金授之，封识宛然"。③ 此类术士至少会写原料、配料名称和工艺流程，都有高深的专业文化水平。

　　要之，卜相类职业群体，一般拥有较高的知识技能，社会上尊称术士、相士、相师等，世俗的文化水平远过巫师。他们的文化贡献，就是发展了传统的占卜学。例如宋代占卜方式比以前增多，开创了一些新的占卜

---

　　① （宋）朱彧：《萍洲可谈》卷三，李伟国点校，第157页。祖无择亦载："金陵瞽者王光赞，闻人言音，知其贵贱休咎，号为'王听声'。太平兴国中，先大夫为赞善知句容县，时故参政苏公易简初命将作监丞，倅府事。光赞言：'苏公甚贵，若年过四十，即爵位不可涯也。'至道中，先大夫为尚书外郎，通判淮扬，苏公以春官贰卿自邓移陈，方年三十九，强盛无疾，晨接宾僚方谒，踣于厅事之后。俄顷不救，时十二月矣，前去四十不累旬也。因思光赞之言一何神耶？然闻其尔后言事，则稍差矣。"（宋）祖无择撰，祖行编《龙学文集》卷一四《紫微撰西斋话记共三十五事》，《景印文渊阁四库全书》第1098册，第858页。
　　② （宋）陈振孙：《直斋书录解题》卷一二《阴阳家类》，徐小蛮、顾美华点校，第372、374、371页。
　　③ （宋）魏泰：《东轩笔录》卷三，李裕民点校，中华书局，1983，第33~34页。

方式，主要有三种：一是星禽，相传系北宋初司天监王处讷所创；二是揣骨，相传系宋太宗时一盲人相士所创；三是卦影，相传为宋仁宗时成都人费孝先所创。《古今图书集成·博物汇编·艺术典》辟有"卜筮部名流列传""星命部名流列传""相术部名流列传""术数部名流列传"，唐代入传者仅 20 人，宋代则多达 39 人，几乎成倍增加。《宋史·艺文志》新开辟了"蓍龟类"，专门著录占卜书籍 35 部。至今尽人皆知的《麻衣相书》，相传就是北宋麻衣道者或陈抟所著。① 《宋史·艺文志》著录术数类文献 888 部 2520 卷，超过了隋代以前（包括隋代）术数类书籍的总和，明显高过唐代两《唐志》著录的同类书籍数量。这显示出宋代术数书籍与前代相比在数量上有了飞跃。② 由此可知，宋代卜相把占卜学发展到前所未有的高度，以至于正史艺文志专设"蓍龟类"书籍以展示，与宋代文化的发达完全一致，也是宋代文化发展的表现之一。

三 宋代巫祝卜相数量估测

上述情况建立在巫祝卜相盛行的基础之上，同时也促进了这一风气的兴盛，涌现出相当大一批从业人员。

先看巫祝。

陈亮对历史上巫祝大势有概括与分析，指出：

> 祀礼废而道家依天神以行其道矣，禬礼废而释氏依人鬼以行其教矣，祭礼废而巫氏依地示以行其法。三礼尽废，而天下困于道、释、巫，而为妖教者又得以乘间而行其说矣：神示鬼物举不足信，用吾之说……则上下如一，天地适平。是以人心不约而尽同，缓急不告而相救，虽刀锯加颈而不顾者，彼其说诚足以生死无憾也。故道、释、巫之教公行于天下，而妖教私入于人心。平居无事，则民生尽废于道、释、巫之教；一旦有变，则国家受妖民之祸。③

---

① 杨晓红：《宋代占卜与宋代社会》，《四川师范大学学报》（社会科学版）2002 年第 3 期。

② 程佩、沈秋莲：《宋代出版产业发展探微——以宋代术数书籍出版产业链的建立为切入点》，《九江学院学报》（社会科学版）2019 年第 3 期。

③ （宋）陈亮：《陈亮集》（增订本）卷一四《问道释巫妖教之害》，邓广铭点校，第 164 页。

他认为，礼乐制度的败坏导致了佛、道、巫教的兴起，随之对天下治理和百姓生活造成困扰，妖教则又乘势蛊惑人心，民众被其控制，国家遭其祸害。胡颖从另一角度概括荆湖地区"其俗信鬼而好祀，不知几千百年。于此沉酣入骨髓而不可解者，岂独庸人孺子哉！虽吾党之士，求其能卓然不惑者，亦百无一二矣"。① 包括士大夫在内的民众，几乎人人笃信鬼神巫祝。

在宋代，巫师是合法的职业。宋孝宗时，"绍兴府诸县自旧以来，将小民百工技艺、师巫、渔猎、短趁杂作，琐细估纽家业，以凭科敷官物，差募充役"。② 巫师与百工一样，是一个正当行当。有的地方甚至拥有官府颁发的"执照"：宋孝宗时，"广南诸郡创鬻沙弥、师巫二帖以滋财用，缘此乡民怠惰者为僧，奸猾者则因是为妖术"。③ 其职业有政府凭证，受官方保护。连朝廷事务中也出现巫师。宋哲宗时，内侍刘永达奉命赴北岳祈雨，"久之，不应，召群巫讯之，皆不验。或谓一巫甚验，刘亟召之"。④ 朝廷的北岳祈雨活动，是由巫师进行的。宣和元年（1119），礼制局言："崇德车载太卜令一员，画辟恶兽于旗。《记》曰'前巫而后史'，《传》曰'桃弧棘矢，以供御王事。'请以巫易太卜，弧矢易辟恶兽。'从之。"⑤ 朝廷一度恢复了仪仗车前巫师的序列角色。更有甚者，在靖康元年（1126）闰十一月，金兵攻打京城、国家危亡之际，朝廷竟然病急乱投医，听信巫师救国："妖人郭京用六甲法，尽令守御人下城，大启宣化门出攻金人，兵大败。京托言下城作法，引余兵遁去。金兵登城，众皆披靡。"⑥ 如此荒唐的行径，导致城墙失守。正如笔者先前说过的那样："在宋代，佛教的寺院远多于道教的宫观，而神祠又远多于寺院。就其

---

① 中国社会科学院历史研究所宋辽金元史研究室点校《名公书判清明集》卷一四《不为刘舍人庙保奏加封》，第540页。

② （清）徐松辑《宋会要辑稿·食货》一四之四三，刘琳、刁忠民、舒大刚、尹波等校点，第6288~6289页。

③ （清）徐松辑《宋会要辑稿·刑法》二之一二〇，刘琳、刁忠民、舒大刚、尹波等校点，第8348页。

④ （宋）王巩：《甲申杂记》，戴建国、陈雷整理，载《全宋笔记》第2编第6册，大象出版社，2006，第50页。

⑤ （元）脱脱等：《宋史》卷一四九《舆服志一》，第3495页。

⑥ （元）脱脱等：《宋史》卷二三《钦宗纪》，第434页。

影响而言，宋人不信佛、道者甚多，但上自皇帝，下至百姓，无一不信奉神祠。"① 至少可以肯定，宋代巫祝队伍庞大，不亚于佛教僧尼。

"信巫不信医"是宋代各地普遍存在的习俗，因而巫祝遍布全国，以南方广大地区最为密集。例如荆湖路："荆楚之俗尚鬼，病者不药而巫"②；四川："蜀民尚淫祀，病不疗治，听于巫觋"③；两广："民间尚有师巫作为淫祀，假托神语，鼓惑愚众，二广之民信向尤甚。"④ 巫祝作为一个民间不可或缺的职业广泛存在，从业人数巨大。"村巫社觋"一词，就意味着每一村落都有巫祝存在。如福建福州"每一乡率巫妪十数家"⑤，一乡十余家，一县数百余家，一州则是数千余家了；汀州"人多为巫"。⑥ 长江岸边的镇江龙王庙密布："江城无小大，咸有庙祝。"⑦ 宋仁宗时，江西洪州发生大范围的瘟疫，但"江西之俗尚鬼信巫，每有疾病，未尝亲药饵也"。长官夏竦"遂下令捕为巫者杖之，其著闻者黥隶他州。一岁，部内共治一千九百余家"。⑧ 宋神宗时，虔州"俗尚巫鬼，不事医药"，知州刘彝"著《正俗方》以训，斥淫巫三千七百家，使以医易巫，俗遂变"。⑨ 值得注意的是，这里用的是"淫巫"一词，与"淫祠"指正祠（载入祀典、官方承认的祠庙）以外、非法泛滥的私设祠庙一样，"淫巫"指非法的巫祝。按《元丰九域志》载该州98130户，则是"淫巫"占总户数的3.8%，若加上合法的巫祝，至少有4000户，占总户数的比率会超过4%。粗看起来数量很大，其实平均到虔州10个县中，每县不过400户，每村不过一两户而已。江西10州军，其他9州军总户数为1189006户⑩，若

① 程民生：《论宋代神祠宗教》，《世界宗教研究》1992年第2期。
② （宋）蔡戡：《定斋集》卷一《荐鄂州通判刘清之状》，《景印文渊阁四库全书》第1157册，第568页。
③ （元）脱脱等：《宋史》卷二六七《李惟清传》，第9216页。
④ （清）徐松辑《宋会要辑稿·刑法》二之六四，刘琳、刁忠民、舒大刚、尹波等校点，第8318页。
⑤ （宋）梁克家：《淳熙三山志》卷九《诸县祠庙》，李勇先校点，第286页。
⑥ （宋）黎靖德编《朱子语类》卷一二六《释氏》，王星贤校，第3028页。
⑦ （宋）周应合：《景定建康志》卷四四《祠祀志一》，第1098页。
⑧ （宋）曾敏行：《独醒杂志》卷二，第13页，朱杰人标校；参见（宋）李焘《续资治通鉴长编》卷一〇一，天圣元年十一月戊戌，第2341页。
⑨ （元）脱脱等：《宋史》卷三三四《刘彝传》，第10729页。
⑩ （宋）王存：《元丰九域志》卷六《江南西路》，王文楚、魏嵩山点校，中华书局，1984，第249~258页。

平均以 3% 计，则为 35670 户，江西路巫祝共 39370 余户。由于这是世代相传的职业，一般都是全家靠作巫师为生，如"巫家丘氏世事邹法主，其家盛时，神极灵异。人有祷之者，能作人语，指其祸福，感应如响，家遂稍康。自后兄弟析居，神亦不复语。今其子孙尚以巫祝，相传不绝"。① 除了男巫、女巫外，从小培养的儿童则称"童巫"，如"群国乞膏雨，童巫叫蜥蜴"。② 以一家至少两个巫师计，江西巫师有 78740 余人。南方地区其余 13 路平均每路按 4 万计，为 52 万余人，加上江西，南方总共 598700 余人。

北方地区巫风虽然不如南方浓烈，但仍有大量巫祝。仅以物质文明、精神文明最发达的京师开封为例，宋徽宗政和元年（1111）诏令："毁京师淫祠一千三十八区。"③ 一次下令拆毁的民间淫祠就有 1000 余处，以每处巫祝一人计也有 1000 余人，另有大量合法祠庙如祆庙等，加上巫师，估计巫祝不少于 2000 人。北方地区 9 路，巫祝平均每路按 1 万人计，为 9 万人，加上京师 2000 人，合计 92000 人。加上南方地区的 598740 余，全国 70 万余人。

卜相人员也颇具规模。士大夫接触卜相可能多于巫祝，因而对此感触颇多。李觏曾说："今也巫医卜相之类，肩相摩，毂相击也。或托淫邪之鬼，或用亡验之方，或轻言天地之数，或自许人伦之鉴，迂怪矫妄，猎取财物，人之信之若司命焉。"④ 是将卜相与巫祝混为一体的。其后的王安石说得具体明确：卜者"抵今为尤蕃，举天下而籍之，以是自名者，盖数万不啻，而汴不与焉。举汴而籍之，盖亦以万计。予尝视汴之术士，善挟奇而以动人者，大祀宫庐服舆食饮之华，封君不如也。其出也，或召焉，问之，某人也，朝贵人也；其归也，或赐焉，问之，某人也，朝贵人也。坐其庐旁，历其人之往来，肩相切，踵相籍，穷一朝暮，则已错不可

① （宋）鲁应龙：《闲窗括异志》，储玲玲整理，载《全宋笔记》第 8 编第 4 册，大象出版社，2017，第 38 页。
② （宋）强至：《祠部集》卷二《苦雨》，《景印文渊阁四库全书》第 1091 册，第 15 页。
③ （元）脱脱等：《宋史》卷二〇《徽宗纪二》，第 385 页。
④ （宋）李觏：《李觏集》卷一六《富国策第四》，王国轩点校，第 139 页。

计"。① 卜相之多，乃至摩肩接踵，他估计全国有数万人，且以 5 万计；而人口百万的开封则"以万计"，即有 1 万余人。全国合计有 6 万余人。若照此综计，全国巫祝卜相，共 76 余万人。

稍后于李觏的刘敞，对此也有估计："今庶人而得祭天地，旅山川，祀非其鬼，卿大夫不得立宗庙，可谓治神乎？庶人服侯服，食侯食，居侯居，男不耕女不蚕，起而相随，以事神为俗，无父子之亲，无君臣之节，下者乃为巫祝，略计天下，常百万人，可谓治民乎？"② 他认为全国约有巫祝 100 万人。

还需要指出的是，这 100 万巫祝卜相未必全部识字，不乏仅靠口耳相传掌握一点技术而蒙人混事者。巫祝的文化水平普遍低于卜相，以巫祝 1/4 不识字计，卜相 1/5 不识字计，北宋末期全国有 525000 余巫祝、52000 余卜相，共约 57 万有文化的巫祝卜相。

结　语

宋代巫祝卜相是个非同寻常的职业，本身需要掌握高深的专业技术，无论是家传还是师授、自学，都应有一定的文化水平。我们已经看到，他们的文化水平不一，但一般的读书写字不在话下。尤其是卜相，文化水平相当高，发展了传统的占卜学并多有创新，在中国文化史上占有一席之地。宋代诸州主管教育的职官为助教，然而，"市井巫、医、祝、卜技艺之流，孰不以助教自名"。③ 巫祝卜相昂昂然以教官自居，自称助教，固然是妄自尊大，但未尝不是其文化底气和民间社会地位的彰显。因而，50 余万有文化的巫祝卜相，以更强的能力广泛活动在宋代各个群体的各种事务，对社会尤其是民间发挥着不同程度、不同性质的影响，在社会肌体中起着神经末梢的作用，是宋代历史和文化史中不可分割的一部分，是社会史的一个重要内容。

---

① （宋）王安石：《临川先生文集》卷七〇《汴说》，载王水照主编《王安石全集》，第 1257 页。
② （宋）刘敞：《公是集》卷三八《重黎绝地天通论》，《景印文渊阁四库全书》第 1095 册，第 727 页。
③ （宋）曾敏行：《独醒杂志》卷二，朱杰人标校，第 11 页。

第三章
宋代社会职业中的识字群体

社会历史的运行与发展，促使社会分工不断细化，各司一职。这些细化的分工有一个基本规律，就是越细越远离强体力劳动，越细越依赖脑力劳动。传统的四民之分中，工商两大职业就有更多的文化含量，而专门从事艺术表演的艺人，更是离不开文化。他们的文化水平决定着社会经济文化和民间艺术的质量，具体水平如何呢？正是本章的关注点。

第一节 商人

宋代是一个商品经济大发展的时代，在农业经济和手工业生产进步的基础上，农产品的商品化扩大，商业网络密布城乡，对外贸易发展，职业商人和兼职商人数量增加，活跃在全国各地的各个层面。他们在买卖商品中获取利润的同时，完成了不同地方、不同职业、不同阶层之间的产品交换，促进了社会生产和经济发展。商人主要靠脑力劳动获得财富，商业智慧高低决定获取财富的多少。而智慧的基础以及进一步提高，无疑又取决于文化水平。以往研究宋代商业、商人的论述，成果甚丰，尤为可贵的是注意到宋代商人的文化趋向。[①] 但尚未在其浓重铜臭之外，检测一下依稀

---

① 相关代表性的著作，如姜锡东《宋代商人和商业资本》（中华书局，2002），田欣编《宋代商人家庭》（社会科学文献出版社，2013）。近年一些论文涉及宋代商人的文化趋向问题，如郭学信《论宋代士商关系的变化》，《文史哲》2006 年第 2 期；冯芸、桂立《科举制下宋代商人的社会流动及"士商对流"的出现》，《北方论丛》2014 年第 2 期；刘锦增、宋文博《宋代商人价值观探析》，《东华大学学报》（社会科学版）2014 年第 1 期；张金花《论宋代商人的广告自觉》，《浙江社会科学》2004 年第 4 期；等等。

可辨的书香，均未涉及其文化水平。本节试作论述，以期对宋代商业、宋代文化研究有所裨益。

一　宋代商人文化水平的基本状况

商人的经营过程是商品的流通增值过程，也是脑力劳动的过程，主要包括两个方式和层面。一是宏观的决策谋划，这是智慧层面；二是微观的精心操作，这是技术层面。所谓精心操作，包括算账、记账、读写书信及往来票据、处理借贷事务及纳税文件，还有制作文字广告、招牌等，都离不开文化知识。读写算的文化于其而言不是附庸风雅的奢侈品，而是不可缺少的必需品。锱铢必较的商人，职业要求必须具备初步的文化水平。大商人虽有账房先生代管，但本人如不识字、不会算，就会有被蒙骗之虞。至于小商人，必须亲自记账、算账、签字画押，除了识字并会写字外，至少还应具有初级的数学技能。比如为朝廷服役的商人或者担任采买者，官方就明确要求必须识字："主膳、典食、供膳、主酪、典钟、典鼓、防阁、庶仆、价人（价人取商贾，及能市易、家口重大、识文字者充）。"① 可见如果不识字，就无法承担采购的商业工作。

首先要揭示的是：宋代商人中，不少以前是读书人。苏舜钦被贬后自嘲道："今得脱去仕籍，非不幸也。自以所学教后生，作商贾于世，未必至饿死。"② 这意味着经商谋生不失为士人的一条生路。有关事例很多，如黄庭坚在宋神宗时有诗云州学的"诸生厌晚成，躐学要偿齟"。③ 他们不循序渐进，嫌中进士入仕慢且名额少，急着当商贩挣现钱。北宋番阳士人黄安道，早年曾"治诗，累试不第。议欲罢举为商，往来京洛关陕间，小有所赢，逐利之心遂固"。④ 科场失利，遂投笔从商。无独有偶，南宋闽清县人林自诚，早年"虽尝业儒，久已捐弃笔砚，为商贾之事

---

① 天一阁博物馆、中国社会科学院历史研究所天圣令整理课题组：《天一阁藏明钞本天圣令校证》，第 432 页。

② （宋）费衮：《梁溪漫志》卷八《苏子美与欧阳公书》，金圆校点，第 133 页。

③ （宋）黄庭坚：《黄庭坚全集·外集》卷一《送吴彦归番阳》，刘琳、李勇先、王蓉贵校点，第 883 页。

④ （宋）洪迈：《夷坚志·丁志》卷一六《黄安道》，何卓点校，第 670 页。

矣"。① 宿预桃园人王耕，也是"读书不成，流而为驵侩，谙练世故，且长于谋画。……时淮民渡江者，官司赈赡之，耕衰里中人姓名，具陈于府"②，从士人转变为市场经纪人。③ 南宋书商有名为"许秀才"者，"祖工俪句集刊行，业贩儒书乃父能。莫耻向人佣作字，世裨文教后须兴"。④ 所谓许秀才，至少是读过书的人。另有"举人书铺翁生，持一籍来曰：我将以此访丑科之省元状元。且谒予序"⑤，是位开书铺的举人。襄阳宜城人刘三客，"本富室，知书，以庆元三年八月往西蜀作商。所赍财货数千缗……与十七八岁女子遇，服布素之衣，颜容娴雅……随和一诗挑之云：'夜夜栖寒枕，朝朝拂冷衾。眼前风景好，谁肯话同心？'"⑥ 这位有文化的公子哥变成了大商人，仍会作诗调情。酒商幸思顺，"金陵老儒也。皇祐中，沽酒江州，人无贤愚皆喜之"。⑦ 戴复古在山间小路旁，见到"儒衣人卖酒，疑是马相如"。⑧ 像西汉辞赋家司马相如曾经开酒店一样，这位宋代士人也变成了商人。南宋时还有更多士子在都城临安卖酒醋谋利，以为生活费用的来源："行朝士子，多鬻酒醋为生。故谚云：'若要富，守定行在卖酒醋。'"⑨他们属于兼职的商人。不少士子甚至从事武装非法走私活动，如梅尧臣所揭露的那样：

> 山园茶盛四五月，江南窃贩如豺狼，
> 顽凶少壮冒岭险，夜行作队如刀枪。
> 浮浪书生亦贪利，史笥经箱为盗囊，

① （宋）洪迈：《夷坚志·支丁》卷四《林子元》，何卓点校，第993页。
② （宋）洪迈：《夷坚志·支丁》卷九《清风桥妇人》，何卓点校，第1038页。
③ （宋）夏竦：《文庄集》卷一三《贱商贾》："臣恐数十年间，贾区伙于白社，力田鲜于驵侩。"《景印文渊阁四库全书》第1087册，台湾商务印书馆，1986，第168页。
④ （宋）陈藻撰，林希逸编《乐轩集》卷三《赠许秀才》，《景印文渊阁四库全书》第1152册，台湾商务印书馆，1986，第61页。
⑤ （宋）方逢辰：《蛟峰文集》卷六《题家状籍》，《景印文渊阁四库全书》第1187册，第555页。
⑥ （宋）洪迈：《夷坚志·支辛》卷二《宜城客》，何卓点校，第1400~1401页。
⑦ （宋）苏轼：《东坡志林》卷三《盗不劫幸秀才酒》，王松龄点校，第69页。
⑧ （宋）戴复古：《戴复古诗集》卷二《山行》，金芝山点校，浙江古籍出版社，2012，第39页。
⑨ （宋）张知甫：《可书·绍兴谚》，中华书局，1982，第417页。

津头吏卒虽捕获，官司直惜儒衣裳。

却来城中谈孔孟，言语便欲非尧汤，

三日夏雨刺昏垫，五日炎热讥早伤。

百端得钱事酒㽗，屋里饿妇无糇粮，

一身沟壑乃自取，将相贤科何尔当。①

读书经商两不误，也互不影响，丝毫没有不应当的感觉。宋代商业地位和商人地位提高，社会舆论不再以经商为耻，连大量官员也热衷于经商赚钱，何况普通读书人呢？② 宋代商人文化水平普遍提高，职业商人结构的改变，自在情理之中。

宋代文学作品买卖已经形成市场，不少落魄士人发挥自身优势，靠卖诗文牟利。如"有一人鬻文于京师辟雍之前，多士遂令作一绝，以'掬水月在手'为题，客不思而书云：'无事江头弄碧波，分明掌上见姮娥。'诸公遂止之，献金以赒其行"。③ 敢于在少年气盛、济济多士的太学门前卖文，显示了足够的胆量和实力。又有太学生曹道冲，"售诗于京都，随所命题即就"。④ 顾客出题，当场作诗销售。北宋后期，扬州人吕川，"卖诗于市，句有可采者，常与吉甫（吕惠卿——引按）赓和。有《赠吉甫侄注少卿》诗。注好道清修之士也。诗云：'峨眉月浸千秋雪，太华峰摇十丈莲。一见升平玉清客，雪莲声价顿销然。'又有《赠致仕郭朝仪》诗云：'漫道任公钓有神，六鳌无迹海生尘。宁知静卧南窗下，兰菊任争秋与春。'"⑤ 清雅之什，却超红尘。在洪州一寺庙里，两宋之际曾"有秀才以卖诗为生，病终此室"。⑥ 胡仔记载："仇万顷未达时，挈牌卖诗，每

---

① （宋）梅尧臣：《梅尧臣集编年校注》卷二五《闻进士贩茶》，朱东润编年校注，上海古籍出版社，2006，第790页。
② 参见拙作《论宋代官员士人经商》，《中州学刊》1993年第2期。
③ （宋）朱淑真撰，（宋）郑元佐注《朱淑真集注·前集》卷一〇《杂题》，冀勤辑校，浙江古籍出版社，1985，第113页。
④ （宋）洪迈：《夷坚志·三志己》卷八《浪花诗》，何卓点校，第1367页。
⑤ （宋）马纯：《陶朱新录》，程郁整理，载《全宋笔记》第5编第10册，大象出版社，2012，第149页。
⑥ （宋）洪迈：《夷坚志·丁志》卷一八《卖诗秀才》，何卓点校，第689页。

首三十文。停笔磨墨，罚钱十五。"① 挂牌于市，明码标价，炫技卖诗，底气十足。又有诗客朱少游，以卖诗谋生："在街市间立卓买诗，以精敏得名。一日，有士人命以'掬水月在手'一句为题，客应声云'十指纤纤弄碧波，分明掌上见姮娥。不知李白当年醉，曾向江边捉得么。'又有持芭蕉一茎俾赋之，即书云：'剪得西园一片青，故将来此恼诗情。怪来昨夜窗前雨，减却潇潇数点声。'诚可谓精矣。"② 虽是临街现写，水平仍然令人赞叹，其敏捷才思可想而知。

高档些的卖诗是"批发"，即卖诗集。江湖诗人戴复古自言："七十老翁头雪白，落在江湖卖诗册。"③ 一度以卖诗为生。有诗说他："诗翁香价满江湖，肯访西郊隐者居。瘦似杜陵常戴笠，狂如贾岛少骑驴。但存一路征行稿，安用诸公介绍书。篇易百金宁不售，全编遗我定交初。"④ "故其吟篇朝出，镂板暮传。咸阳市上之金，咄嗟众口；通鸡林海外之舶，贵重一时。"⑤ 可见他的诗作销售行情相当不错。徐照的诗集被家人印行发售："徐照名齐贾浪仙，未多诗卷少人看。惜钱嫌贵不催买，忽到鸡林要倍难。"⑥ 刘克庄是典型的江湖诗人，其作品很受欢迎，人们竞相购买和珍藏："众作纷纷等噪蝉，先生中律更钩玄。如开元可二三子，自晚唐来数百年。人竞宝藏南岳稿，商留金易后村编。倘令舐鼎随鸡犬，凡骨从今或可仙。"⑦ 连书商也要预付定金才能买到诗稿的版权，可见诗歌市场的活跃，增添了宋代商业的文化含量。同时也增添了诗歌的商品含量，喜爱

---

① （清）厉鹗等：《南宋杂事诗》卷一，引《渔隐丛话》，浙江古籍出版社，1987，第18页。按：今本《苕溪渔隐丛话》未见此事。

② （元）佚名：《东南纪闻》卷二，燕永成整理，载《全宋笔记》第8编第6册，大象出版社，2018，第296~297页。

③ （宋）戴复古：《戴复古诗集》卷一《市舶提举管仲登饮于万贡堂有诗》，金芝山点校，第17页。

④ （宋）陈起编《江湖小集》卷六九，（宋）邹登龙：《梅屋吟·戴式之来访惠石屏小集》，《文渊阁四库全书》第1357册，第536页。

⑤ （元）戴表元：《戴表元集·剡源集》卷二四《石屏戴式之孙求刊诗版疏》，陆晓冬、黄天美点校，浙江古籍出版社，2014，第484页。

⑥ （宋）叶适：《叶适集·水心文集》卷三八《徐师重广行家集定价三百》，中华书局，1961，第135页。

⑦ （宋）陈起编《江湖小集》卷六九，邹登龙：《梅屋吟·寄呈后村刘编修》，《文渊阁四库全书》第1357册，第536页。

花钱阅读诗歌的民众越来越多，是宋代文化普及的结果。

宋代版本书籍大量发行，书籍市场已是大众市场，贩卖书籍成为士人的一项商业行为。张耒曾言："近时印书盛行，而鬻书者往往皆士人，躬自负担。有一士人尽掊其家所有，约百余千，买书，将以入京。"① 大量的卖书士人做的是小生意，也有倾尽家产的大手笔。

二　宋代普通商人的文化水平

决定宋代商人队伍基本文化水平的群体，是数量最多的普通商人。

宋初曾有荆楚商人与闽商因争宿邸，打起文字口水仗。

> 荆贾曰："尔一等人，横面蛙言，通身剑戟，天生玉网，腹内包虫。"闽商应之曰："汝辈腹兵亦自不浅。"盖谓"荆"字从刀也。②

拆对方籍贯的字来互相污蔑攻击，是文化人的惯常伎俩，而商人也能够熟练地运用。吉州商人田达诚"富于财"，曾闲暇时在家中"为诗"③，既有文化，也有雅兴。

宋代城市的职业商人，在户籍上称为"坊市户"或"市户"。他们的零星文字，在一些题记上得见一二。如宋神宗时的五台山迎福亭，有题字云：

> 赵州柏县坊市户赵辛、李臻、武顺、周备，于熙宁四年四月七日，到此处安下，至此月十日回归去，清凉寺礼拜一万菩萨去。谨故记。恐于再来游此。周备记。又云：真定府平内县市户何讽与母周氏等十八人，同参真容，见五色毫光，全家乐矣。恐后再来。熙宁五年三月廿五日。④

---

① （宋）佚名：《道山清话》，赵维国整理，载《全宋笔记》第2编第1册，第93页。
② （宋）陶穀：《清异录》卷一《腹兵》，郑村声、俞钢整理，载《全宋笔记》第1编第2册，第28~29页。
③ （宋）沈某：《鬼董》卷五，唐玲整理，载《全宋笔记》第9编第2册，第168~169页。
④ 〔日〕成寻：《新校参天台五台山记》卷五，王丽萍校点，第408~409页。按：赵州无柏县而有柏乡县，当为柏乡县之误或俗称；宋代真定府也无平内县，成寻误认或误抄。

这些结伴礼佛的河北商人的题字，表明了他们有一定的文化水平。

汀州人王中正曾是商人，"贾贩往来江淮间"。于咸平年间遇到善于黄白术的异人，对他说："当授以法"，"且俾辨草木药品，而授以小环神剑及密缄之书，戒以勿泄"，遂以此逐步成为武官。① 其机遇得益于他识字，读懂了"密缄之书"。

洛阳人李充，"家业卖饼，好学不倦，从程正叔游"。② 卖饼者好学，且得程颐以及范纯仁等名家指教，并深受程颐器重。

北宋中期，潞州商人卫永浦"专事货殖"，"心机精密"，"闲暇喜读书史，概明大义"，并教导儿子读书应举③，是个有文化的商人。另一位潞州商人宋惟简"贾贩为务"，"余暇好读古今名贤歌诗，及南、北《史》书，见忠臣孝子之事主养亲，深心喜悦，见言謟行浊者，必掩卷叹憾，形于颜色。在郛鄘间，诚不可得"④，爱好诗歌史书，用心读且能产生共鸣。

北宋京师开封樊楼旁的一小茶肆，"甚潇洒清洁，皆一品器皿，椅桌皆济楚，故卖茶极盛"，反映出店主精明，善于经营。熙丰间有一士人在此遗留包袱，数年后至此，被茶肆主人领到棚楼上，"见其中收得人所遗失之物，如伞扇衣服器皿之属甚多，各有标题曰'某年某月某日某色人所遗下者'，僧道妇人即曰'僧道妇人'，某杂色人则曰'其人似商贾、似官员、似秀才、似公吏'，不知者则曰'不知其人'。就楼角寻得一小袱，封结如故，上标曰'某年月日一官人所遗下'"。正是所遗物品。该士人要分一半财物作为酬谢，店主曰："官人想亦读书，何不知人如此！义利之分，古人所重。小人若重利轻义，则匿而不告，官人将如何，又不可以官法相加。所以然者，常恐有愧于心故也。"⑤ 以此可知，这位经营

①　（宋）曾巩：《隆平集校证》卷一八《王中正传》，王瑞来校证，第541页。
②　（宋）范公偁：《过庭录·李子美谓志宣贵者见之忘其贵贱者见之忘其贱》，中华书局，2002，第361页。
③　（宋）张仲安：《卫永浦墓志》，何新所编著《新出宋代墓志碑刻辑录（北宋卷）六》，第131页。
④　（宋）刘伸：《宋惟简墓志》，何新所编著《新出宋代墓志碑刻辑录（北宋卷）六》，第143页。
⑤　（宋）佚名：《摭青杂说·茶肆还金》，燕永成整理，载《全宋笔记》第6编第2册，第223～224页。

小茶馆的商人会写字，从"官人想亦读书"的"亦"字及其讲述的一番道理得知，他和官人一样也是识文断字、经常读书的，故而知书达理。

北宋中期，曹州"有盗夜入人家，室无物，但有书数卷尔。盗忌空还，取一卷而去，乃举子所著五七言也。就库家质之，主人喜事，好其诗不舍手。明日盗败，吏取其书，主人赂吏而私录之，吏督之急，且问其故，曰：'吾爱其语，将和之也。'"① 该质库商人不仅识字、会写字，且爱诗更会写诗。

临安有两个太学生外出游玩，与小贩打交道时卖弄聪明，不料自取其辱。

> 有市民持冠珥为市，范评买一冠，民需价三千。范以《论语》次第为隐词曰："与颜渊如何？"同舍言："未可，且只乡党。"民嘻笑不语，径出。范追告之曰："我犹未曾还直，何故遽行？"民曰："听得所说，无缘可成。自当卫灵公本了。"二士大惭，不复更酬答。退而谓人曰："使竹阁有板缝可入，亦当掩面遮愧。"盖此民乃市井薄徒，剿闻士子常谈已熟，故反遭其哂也。②

什么意思呢？按《论语》的编排次第，《颜渊》为第十二篇，《乡党》为第十篇，《卫灵公》为第十五篇。大概是，买冠的士人想还价为 1 贯 200文，同学认为还应再压价至 1 贯，而卖冠者所言，当是指仅成本就是 1 贯500 文了，断难成交。可知这位游街串巷的小贩也熟读《论语》，如仅仅是耳剿"士子常谈"，恐怕难以达到如此熟识的地步。宋孝宗时，木工出身的小商贩周宝，动员老友共同抢劫一不良商户，老友要求他把此人详细的地理位置"当以状来"，周宝遂"书付之"③，可见其会书写文字。

文化市场的形成，是商人文化水平的集中表现。如开封的相国寺，开放的日子里变成了杂货市场，其中"殿后资圣门前，皆书籍、玩好、图画及诸路散任官员土物、香药之类。后廊皆日者、货术传神之类。……大

---

① （宋）陈师道：《后山谈丛》卷五，李伟国点校，中华书局，2007，第 70 页。
② （宋）洪迈：《夷坚志·三志己》卷五《卫灵公本》，何卓点校，第 1339~1340 页。
③ （宋）沈某：《鬼董》卷五，唐玲整理，载《全宋笔记》第 9 编第 2 册，第 161~162 页。

殿两廊，皆国朝名公笔迹"。① 有书籍、文玩、书法图画以及占卜等文化产品。在此无所不有的市场中，太学生赵明诚、李清照夫妇淘得许多金石拓片："每朔望谒告出，质衣取半千钱，步入相国寺，市碑文、果实归。"② 正是在此收集的碑文等，奠定了赵明诚金石藏品的基础。拓片买卖的市场化，表明开封存在相应的制作、贩卖的商人，其文化水平不可小觑：必须能辨别金石文字，才能判断其价值，至少是半个金石学家。在金石学的发端时期③，拓片商人尤为难能可贵。

常卖是宋代小商贩，挎篮沿街买卖故旧器物图书。直龙图阁陈宓，就曾由此买过王羲之楷书《乐毅论》法帖全本："用五百钱得都下常卖人篮中别本，无一字缺，自以为复见古人大全，什袭以为珍玩。"④ 常卖类似古董商，必须有足够的文化水平。北宋中期，宰相晏殊家就有一常卖："王青，晏元献公门下常卖人，自号'王实头'。常遇奇士，传一相术，时时相公之奴婢，辄中。"⑤ 甚至有不少士人充当常卖。宋徽宗收集古代钟鼎彝器，"当时搢绅之士，竞于取媚权豪。易古器，鬻图画，得一真玩，减价求售，争妍乞怜。服儒者衣冠，为侯门常卖"。⑥ 即受雇于一家权贵，为其搜寻收购古物旧书。

南宋杭州市场上的"小经济"中，有"班朝录、供朝报、选官图、诸色科名、开先牌、写牌额、裁板尺、诸色指挥、织经带、棋子棋盘、蒲掸骰子、交床试篮、卖字本、掌记册儿、诸般簿子、诸色经文、刀册儿、纸画儿、扇牌儿、印色盝、剪字、缠令、耍令"等⑦，都是文化产品，经营者不可能是文盲。

有的商人学问很深，但不求闻达。如四川的一位卖酱小贩薛翁，就精

---

① （宋）孟元老：《东京梦华录笺注》卷三《相国寺内万姓交易》，伊永文笺注，第288~289页。

② （宋）李清照：《〈金石录〉后序》，（宋）赵明诚《金石录校证》，金文明校证，第531页。

③ 参阅拙作《金石学发祥汴京论考》，《中原文物》2015年第1期。

④ （宋）刘克庄：《后村先生大全集》卷一〇三《高宗宸翰四》，王蓉贵、向以鲜校点，刁忠民审定，第2656页。

⑤ （宋）孙升：《孙公谈圃》卷上，赵维国整理，载《全宋笔记》第2编第1册，第142页。

⑥ （宋）张知甫：《可书·朱梦说言搢绅取媚权豪》，第413页。

⑦ （宋）周密：《武林旧事》卷六《小经济》，浙江人民出版社，1984，第102页。

于《易经》。著名学者袁滋到洛阳向程颐请教《易经》，程颐说："《易》学在蜀耳，盍往求之？"于是他千里迢迢赶往四川访问，"久无所遇。已而见卖酱薛翁于眉、邛间，与语，大有所得，不知所得何语也"。① 果然得到真传，遂成名家。这位卖酱（一作卖香）薛翁，"且荷茇之市，午辄扃门默坐，窥之意象静深。道洁以弟子礼见，且陈所学，叟漠然久之，乃曰：'经以载道，子何博而寡要也？'与语，未见复去"。② 名儒王应麟也说："袁道洁滋之学，得于富顺监卖香薛翁。故曰：'学无常师'。"③ 袁道洁就是《宋史·谯定传》中所言的袁滋。这位小贩自是奇人，其易学修养超越了一般学者、士大夫。

普通店铺的伙计一般也识字。且看商家伙计有文化的两个例子。

第一个例子：

> 张思叔，伊川高弟也，本一酒家保，喜为诗，虽拾俗语为之，往往有理致。谢显道见其诗而异之，遂召其人与相见，至则眉宇果不凡，显道即谓之曰："何不读书去？"思叔曰："某下贱人，何敢读书？"显道曰："读书人人有分，观子眉宇，当是吾道中人。"思叔遂问曰："读何书？"曰："读《论语》。"遂归，买《论语》读之。读毕，乃见显道，曰："某已读《论语》讫，奈何？"曰："见程先生。"思叔曰："某何等人，敢造程先生门。"显道曰："第往，先生之门，无贵贱高下，但有志于学者即受之耳。"思叔遂往见伊川，显道亦先为伊川言之，伊川遂留门下。一日侍坐，伊川问曰："《记》曰：'有所忿懥则不得其正，有所恐惧则不得其正，有所好乐则不得其正，有所忧患则不得其正。'正却在何处？"思叔遂于言有省。其后伊川之学最得其传者惟思叔。今《伊川集》中有伊川祭文诗十许

---

① （元）脱脱等：《宋史》卷四五九《谯定传》，第 13461 页。
② （清）段玉裁：《经韵楼集》卷一〇《富顺监宋薛翁祠碑》，《清代诗文集汇编》第 389 册，上海古籍出版社，2011，第 210 页。
③ （宋）王应麟：《困学纪闻》卷一五《考史》，孙通海校点，辽宁教育出版社，1998，第 302 页。按"袁道洁滋"，《景印文渊阁四库全书》本载袁道洁名滋，与《宋史·谯定传》所载不同。

首，惟思叔之文，理极精微，卓乎在诸公之上也。①

这位酒保原来就识字，会作诗，而且悟性很高，得到高人指点后竟成为程颐最好的学生。张思叔就是后来早逝的张绎，《宋史》卷428《道学传》中有传。聪颖是个人的禀赋，与阶层无关，但其识字却是文化普及的反映。

第二个例子：信阳军罗山县，"荒残小邑也。有沈媪者，启杂店于市，然亦甚微"。一天有道人来觅饭，食后"无以为报，惟有治酒一方，当以相付，如媪家有识字者，可令随我寻药"。沈媪说："女婿王甲舍居，却识几个字。""唤出相见，即偕适野，大抵所采如苍耳、马藜、青蒿之类，凡十二种，皆至贱易得。既还，使王生书其方，仍命缀一布囊贮之。"② 从内容看，在这偏远小县的集市小店中，类似伙计身份的王甲长期寄居在妻子家，很可能是上门女婿，虽然出身相当贫寒，但会读写文字。

以上事例，大多不是因罕见而突出的特例，而是附带的记载，这些点滴事件可以折射出，宋代识字的小商人或商铺的从业人员比较普遍，并不少见。

商人中包括经纪人牙侩，是买卖双方的媒介。他们不需本钱，只靠对商品及市场的精通并能说会道，促成交易便可牟利。故而宋人认为："大凡求利，莫难于商贾，莫易于牙侩。奔走道途之间，蒙犯风波之险，此商贾之难也，而牙侩则安坐而取之；数倍之本，趁锥刀之利，或计算不至，或时月不对，则亏折本柄者常八、九，此又商贾之所难也，而牙侩则不问其利息之有无，而己之所解落者一定而不可减。故曰莫难于商贾，莫易于牙侩。……既为牙侩，乃世间狡猾人也。"③ "狡猾"的牙侩，必须有文化，要检验买卖文书，并在契约上签字，承担法律责任。

---

① （宋）施德操：《北窗炙輠录》卷上，虞云国、孙旭整理，载《全宋笔记》第3编第8册，大象出版社，2008，第181~182页。
② （宋）洪迈：《夷坚志·三志壬》卷六《罗山道人》，何卓点校，第1508页。
③ 中国社会科学院历史研究所宋辽金元史研究室点校《名公书判清明集》卷一一《治牙侩父子欺瞒之罪》，第409页。

那些从事外贸和边疆贸易的翻译人员，实际上也充当经纪人的角色，既识字，又有外语优势。王禹偁记载：

> 人有善道远方之言，可以合夷会戎、交蛮接狄，与中国之人市易而能不乱者，其名曰译。或从而学之，对曰："吾译之小者也，又何学焉。夫译，易也，大则能易其心，小则易其语而已矣。……子之学译，勿学译之小者，不过合华夷之语，取商贩之利尔。当学周孔之道，可以为王师，所谓译之大者欤。"学者谢而退。①

这位专业商务翻译，用一番大道理拒绝了求学者，表明宋代存在民间外语教学的市场，如果不是王禹偁托其自撰的话，也说明这位翻译具有很高的眼界和学术修养。

三 宋代大中商人的文化水平

成功的商人，一般而言都有较高的文化素养。在很大程度上，商场比拼的是文化。宋代大中商人的文化水平，普遍高于小商贩。

古董商需要识别古董的名称、真假、年代、存量、价值等，要具备丰富的历史文化知识，必须是文化人。如毕良史：

> 略知书传，喜字学，粗得晋人笔法。少游京师，以买卖古器、书画之属，出入贵人之门，当时谓之毕偿卖。遭兵火后，侨寓于兴国军。江西漕运蒋杰喜其辩慧，资给令赴行在，遂以古器书画之说动诸内侍，内侍皆喜之。上方搜访古器书画之属，恨未有辨其真伪者，得良史甚悦，月给俸五十千，仍令内侍延请为门客，又得束脩百余。②

他粗通文墨，以此为基础，又会书法，善于鉴别古器书画，由常卖发展成为大古董商，得到宋高宗的赏识。

---

① （宋）王禹偁：《小畜集》卷一四《译对》，《四部丛刊初编》，上海商务印书馆，1929，第9~10页。
② （宋）徐梦莘：《三朝北盟会编》卷二〇八，绍兴十二年六月十一日，第1502页。

流传至今的《百宝总珍集》十卷，据清朝四库馆臣推测，"乃南宋临安市贾所编也。所载金珠、玉石以及器用等类，具详出产、价值及真伪形状。每种前载七言绝句一首，取便记诵，词皆猥鄙"。① 该论断甚当，确切地说，是当时临安的古玩珠宝商人所编，同时又是古玩珠宝商人使用的业界手册。为何这么说呢？请看其中的《青玉》条："凡看玉亦有数等，上至不断青，下至碧绿色者，若颜色唧伶，样制、碾造、花样仁相，盏碗或腰条皮、束带、绦环零碎事件之属多着主。如绿色或夹石样范，花样不好，皆是猫货。已上数等皆是卖外路官员，此间少着主。"既有鉴赏要素，又有行情指南，还用了简单易懂的行话、口语，实为便于古玩珠宝商人阅读并熟记的必读实用手册。之所以不著撰人，当是行会众多古玩珠宝商人商业知识的结晶，编纂者认为这属于集体创作。书中每一种商品都配有一首七言绝句诗，仍以《青玉》为例：

> 青玉从来分数等，滋媚润者彼人观。
> 做造不论大与小，碾造仁相做钱看。②

诗的口语化、通俗化特点明显，其中没有华丽辞藻，这无疑是商人文化水平的体现。

京师的大茶商都识字。宋太宗时，三司使陈恕"将立茶法，召茶商数十人，俾各条利害，恕阅之第为三等，语副使宋大初曰：'吾观下等固灭裂无取。上等取利太深，此可行于商贾，不可行于朝廷。惟中等公私皆济，吾裁损之，可以经久。'于是始为三法行之，货财流通"。③ 所谓"各条利害"，就是每人分别一条一条地写出书面意见，故而陈恕才得以"阅之第为三等"。可见他们不仅识字，还善于归纳，将有的建议上升为国家政策，使茶叶经销管理办法更实用。

---

① （清）永瑢等：《四库全书总目》卷一一六《百宝总珍集十卷》，第 998 页。
② （宋）佚名等：《百宝总珍集（外四种）》，载《宋元谱录丛编》，李音翰、朱学博整理校点，上海书店出版社，2015，第 33 页。
③ （元）脱脱等：《宋史》卷二六七《陈恕传》，第 9202 页。

沿海地区有许多商人从事远洋海外贸易，如"福建一路多以海商为业"①，谓之"舶户"。他们不但识字，而且精通外语。如泉州人王元懋：

> 少时祇役僧寺，其师教以南番诸国书，尽能晓习。尝随海舶诣占城，国王嘉其兼通番汉书，延为馆客，仍嫁以女，留十年而归。所蓄奁具百万缗，而贪利之心愈炽。遂主舶船贸易，其富不赀。留丞相诸葛侍郎皆与其为姻家。淳熙五年，使行钱吴大作纲首，凡火长之属一图帐者三十八人，同舟泛洋，一去十载。②

他少年时所在的"僧寺"，不似佛教的寺院，因为他们最多懂梵语，通东南亚国家语言的可能性不大。似应是南洋国家奉行的伊斯兰教清真寺，寺中阿訇教会他东南亚地区的语言，故而到了占城以后，因"兼通番汉书"的双语优势得到国王的赏识，被招为女婿，遂成为远洋巨商。长期从事远洋外贸的商人，外语是基本条件。绍兴二十五年（1155），占城番使部领萨达麻向朝廷请示道：

> 昨蒙番王遣同纲首领陈惟安领贡奉物色并章表前来本朝进奉。窃念达麻等系化外，不谙天朝礼仪，全借纲首陈惟安递年兴贩本番，译语至熟，正音两通，兼与番王知熟。今次说谕番王前来进奉方物，表内明指陈惟安引进，虽有译语随行，窃虑传闻不尽，礼节乖违，兼缘贡奉物色亦是陈惟安同共赍领前来，欲乞申明朝廷取旨，放令陈惟安同达麻等入驿宿泊，庶图引进及传闻言音。③

陈惟安因经常到占城经商，精通其语言，翻译能力超过了占城国的专职译语官，被占城使团提议充当其译者，得到了朝廷的批准。在宁波府定海县，居住着许多外商。

---

① （宋）李焘：《续资治通鉴长编》卷四三五，元祐四年十一月甲午，第 10493 页。
② （宋）洪迈：《夷坚志·三志己》卷六《王元懋巨恶》，何卓点校，第 1345 页。
③ （清）徐松辑《宋会要辑稿·蕃夷》四之七九，刘琳、刁忠民、舒大刚、尹波等校点，第 9817 页。

官廨盐烟外，居人杂贾胡。

听言须画字，讨海倚输租。①

这些长期在定海经商的外国人，由于语言障碍，与当地商人交流时，主要靠书写文字，则是当地商人识字的证明。咸平五年（1002），建州海商周世昌"遭风飘至日本，凡七年得还，与其国人滕木吉至，上皆召见之。世昌以其国人唱和诗来上，词甚雕刻肤浅无所取"②，周世昌滞留日本期间，有暇与日本友人作诗唱和，并整理成册献给皇帝，一个商人会作诗已属不易，艺术性自然谈不上。

由于海商精通外语、熟悉外国风土人情，朝廷在外交方面常依赖他们。如熙宁八年（1075），宋朝、交趾交恶，即将开战，为联络其邻国占城、真腊相助，宋神宗下诏："交趾为寇，朝廷已议水陆攻讨，占城、真腊，于贼素有血仇。委许彦先、刘初同募海商三五人，作经略司委曲说谕彼君长，豫为计置，候王师前进，协力攻讨，平定之日，厚加爵赏。"③这些海商主要起翻译作用。又如与高丽的联系："高丽北接契丹，南限沧海，与中国壤地隔绝，利害本不相及。本朝初许入贡，祖宗知其无益，绝而不通。熙宁中罗拯始募海商，诱令朝觐。"④ 以民间身份充当国家使者，果然成功牵线，帮助恢复了两国的外交关系。他们的外语能力使之成为民间对外交往的主体，以及国家外交的重要媒介。

唐代商人不重视对子女的家庭教育，"商人家庭教育几乎无可称道之处"。⑤ 大不相同的是，宋代富商不满足于自己有文化，更重视子孙的文化教育，有优裕的条件精心培养后代读书，实现文化水平的代际传承和提升。如曹州商人于令仪：

---

① （宋）陈造：《江湖长翁集》卷一一《定海四首》，《景印文渊阁四库全书》第 1166 册，台湾商务印书馆，1986，第 133 页。

② （元）脱脱等：《宋史》卷四九一《外国传七》，第 14136 页。

③ （宋）李焘：《续资治通鉴长编》卷二七一，熙宁八年十二月癸丑，第 6651 页。

④ （宋）苏辙：《栾城集》卷四六《乞裁损待高丽事件札子》，曾枣庄、马德福校点，第 1003 页。

⑤ 宋军风：《唐代商人家庭教育述论》，《烟台师范学院学报》（哲学社会科学版）2004 年第 3 期。

> 曹州于令仪者，市井人也。长厚不忤物，晚年家颇丰富。……君择子侄之秀者，起学室，延名儒以掖之。子伋，侄杰、仿举进士第，今为曹南令族。①

其私塾教育十分成功，实现了由商人到士人的身份转变。北宋许唐，原为辽国蓟州商人，后潜归宋朝，继续经商。

> 尝拥商赀于汴、洛间，见进士缀行而出，窃叹曰："生子当令如此！"因不复行商，卜居睢阳，娶李氏女，生骧，风骨秀异，唐曰："成吾志矣。"郡人戚同文以经术聚徒，唐携骧诣之，且曰："唐顷者不辞父母，死有余恨。今拜先生，即吾父矣。又自念不学，思教子以兴宗绪，此子虽幼，愿先生成之。"骧十三，能属文，善词赋。唐不识字，而罄家产为骧交当时秀彦。骧，太平兴国初，诣贡部，与吕蒙正齐名，太宗尹京，颇知之。及廷试，擢甲科，解褐将作监丞。②

许唐以商人的精明和虚荣，策划改变了职业和身份，成功地造就了名臣许骧。宋英宗时，河东高平县富商赵潜，家中就雇有私塾教师郭逸"于门中教授"。③ 巨贾彭则"喜儒学，为其子迎接师友，不问其费"。④ 鄂州富商武邦宁，"启大肆，货缣帛，交易豪盛，为一郡之甲。其次子康民，读书为士人"⑤，也改变了身份。始于宋朝的这一趋势，引起了后人的关注，清中期学者沈垚即指出："宋太宗乃尽收天下之利权归于官，于是士大夫始必兼农桑之业，方得赡家，一切与古异矣。……未仕者又必先有农桑之业，方得给朝夕，以专事进取。于是货殖之事益急，商贾之势益重，非父兄先营事业于前，子弟即无由读书，以致身通显。是故古者四民分，后世

---

① （宋）王辟之：《渑水燕谈录》卷三《奇节》，吕友仁点校，第30页。
② （元）脱脱等：《宋史》卷二七七《许骧传》，第9435~9436页。
③ （宋）郭逸：《赵潜墓志》，载何新所编著《新出宋代墓志碑刻辑录（北宋卷）五》，第77页。
④ （宋）罗绣：《宜春传信录》，载（元）陶宗仪等编《说郛三种》卷三三，第573页。
⑤ （宋）洪迈：《夷坚志·支庚》卷五《武女异疾》，何卓点校，第1174页。

四民不分，古者士之子恒为士，后世商之子方能为士。此宋元明以来变迁之大较也，天下之士多出于商。"① 此言有误，"宋太宗乃尽收天下之利权归于官"并非史实，其他论述也未免绝对化了，事实上宋代许多穷书生脱颖而出，走向仕途；所言"天下之士多出于商"，也夸张过分，并非史实，但若反过来说宋代商家多出士人则是实情。

能够进一步说明宋代大中商人有一定文化水平的，是他们的女眷尤其是商人的妻子至少也会算账。谢翱诗云：

> 妾身生长临江边，幼嫁酒家学数钱。②

又如刘克庄诗云：

> 嫁作商人妇，牙筹学算商。
> 元来有胎教，生子肖弘羊。③

牙筹是用象牙或动物骨、角制的算数的筹棒。从诗中可以看到，她们刚嫁到商人家庭后就开始学习用算筹算数，可见学习的必要和急迫，而且强度还比较大，孕期依然如此，所怀孩子经此十月的胎教，想来会像桑弘羊那样精于理财了。既然当了商人妇，因家庭和业务的需要，学会算账实属天经地义。宋代话本记载，北宋杭州商人乔俊常年在外经商，"一年有半年不在家，门首交赛儿开张酒店，雇一个酒大工，叫做洪三，在家造酒。其妻高氏，掌管日逐出进钱钞一应事务"。④ 有文化的妻子一般以老板娘身份为"内当家"，如丈夫外出，则独当一面，直接经商。

---

① （清）沈垚：《落帆楼文集》卷二四《费席山先生七十双寿序》，《清代诗文集汇编》第598册，上海古籍出版社，2011，第311~312页。
② （宋）谢翱撰，（明）陆大业编《晞发集》卷三《春江曲》，《景印文渊阁四库全书》第1188册，台湾商务印书馆，1986，第289页。
③ （宋）刘克庄：《后村先生大全集》卷四三《商妇词十首》，王蓉贵、向以鲜校点，刁忠民审定，第1148页。
④ （明）洪楩：《清平山堂话本·雨窗集》上《错认尸》，华夏出版社，2013，第122页。

四 宋代商人的文化贡献

宋代商人的文化水平及贡献，最具代表性的当数以书商为代表的知识型商人。

宋代民间图书编印出售的店铺，一般叫书坊，所刻书统称坊刻。最著名的是建安余氏和临安陈氏两家大型专门出版社，常见的著名书坊，还有建宁府黄三八郎书铺、建阳麻沙书坊、建宁书铺蔡琪纯父一经堂、武夷詹光祖月厓书堂、崇川余氏、建宁府陈八郎书铺、建安江仲达群玉堂、杭州大隐坊、临安府太庙前尹家书籍铺、杭州钱唐门里车桥南大街郭宅□铺、临安府金氏、金华双桂堂、临江府新喻吾氏、西蜀崔氏书肆、南剑州雕匠叶昌、咸阳书隐斋、汾阳博济堂等。① 以上只是清末藏书家叶德辉所经见的版本，宋版书流传到清代，历经数百年风雨战火，已属稀少，叶德辉个人所见更是有限，所以在宋代实际书坊要多得多。

书商的文化水平不能仅限于读写，必须研读各种书稿、图书以判断哪些有市场价值，因此他们多是儒商。他们不但是文化的传播者，还是文化的创造者，往往自己编书、写书出售。如宋代有《五星三命指南》十四卷，作者"亦不知名氏。大抵书坊售利，求俗师为之"。② 《书林韵会》一百卷，作者"无名氏。蜀书坊所刻，规模《韵类题选》而加详焉"；《幼学须知》五卷，"此书本书坊所为，以教小学"。③ 又如《草堂诗余》二卷、《类分乐章》二十卷、《群公诗余前后编》二十二卷、《五十大曲》十六卷、《万曲类编》十卷，"皆书坊编集者"。④ 有的书甚至得到皇帝的关注，如"临安书坊有所谓《圣宋文海》者，近岁江钿所编，孝宗得之，命本府校正刻板"⑤，即官方整理规范后再次出版，仿佛招安。

---

① （清）叶德辉：《书林清话》卷三《宋坊刻书之盛》，中华书局，1957，第86~88页。
② （宋）陈振孙：《直斋书录解题》卷一二《阴阳家类》，徐小蛮、顾美华点校，第372页。
③ （宋）陈振孙：《直斋书录解题》卷一四《类书类》，徐小蛮、顾美华点校，第428页。
④ （宋）陈振孙：《直斋书录解题》卷二一《歌词类》，徐小蛮、顾美华点校，第632~633页。
⑤ （宋）李心传：《建炎以来朝野杂记·乙集》卷五《文鉴》，徐规点校，第595页。

书商最珍贵的历史价值，是发出并传播民间声音，打破了官方一元化的言论。

> 民间书坊收拾诡僻之说，不经裁定，辄自刊行，汩荡正真，所当深虑。①

这些惊世骇俗的民间言论，引起了士大夫的不安。宋仁宗康定元年（1040）有诏书透露：

> 访闻在京无图之辈及书肆之家，多将诸色人所进边机文字镂板鬻卖，流布于外。②

涉及边防军事机密和对策的文字，出版后被境外相关政权买得，等于泄露国家机密，所以要禁止。宋代法令规定不准民间出版兵书、象法一类的敏感书籍，如："诸教、象法誊录传播者杖一百。"但据政和年间的臣僚报告："访闻比年以来，市民将教法并象法公然镂板印卖，伏望下开封府禁止。"③ 这是当时开封出版商为牟取更多的利润，敢冒政治风险的表现，间接表明民间出版业的活跃。而将说话人的底本作为话本出版，正是书坊才从事的商业行为，这直接促成了小说的发展和民间文化的普及。

宋代书商的代表人物是南宋临安的陈起。他是编辑家和出版家，也是优秀的诗人。"陈起字宗之，钱唐人。宁宗时贡第一，时称陈解元。事母至孝，开书肆于临安，鬻书以奉母。……其诗有《芸居乙稿》一卷。"④

---

① （宋）李心传编撰《建炎以来系年要录》卷一五四，绍兴十五年十二月丁巳，胡坤点校，第2923页。

② （清）徐松辑《宋会要辑稿·刑法》二之二二四，刘琳、刁忠民、舒大刚、尹波等校点，第8296页。

③ （清）徐松辑《宋会要辑稿·刑法》二之二六〇，刘琳、刁忠民、舒大刚、尹波等校点，第8315页。

④ （宋）陈思编，（元）陈世隆补《两宋名贤小集》卷三四八《芸居乙稿》，《景印文渊阁四库全书》第1364册，第678页。

他的文化起点很高，是解元出身的书商，既刻书、卖书，还编书、写书。刘克庄在《赠陈起》诗中云：

> 陈侯生长纷华地，却以芸香自沐熏。
> 炼句岂非林处士，鬻书莫是穆参军。①

将其比作北宋的处士诗人林逋和卖过书的古文大家穆修。他与江湖派诸诗人关系密切，宋理宗宝庆初，出资收购诗文百余家，编辑出版诗歌总集《江湖集》。以后陆续编辑出版了《江湖前集》、《江湖后集》、《江湖续集》、《中兴江湖集》和《中兴群公吟稿》等诗集。今存《永乐大典》引有《中兴江湖集》；《四库全书》中收有《江湖小集》九十五卷，《江湖后集》二十四卷；毛晋汲古阁有影宋本《江湖集》六十卷；清人顾修编《南宋群贤小集》中也有《江湖后集》。他的努力，对保存和传播宋代底层文学贡献甚大。

另一位书商的文化贡献也颇多，即宋理宗时临安书商陈思。他编辑出版的《两宋名贤小集》三百八十卷，汇集宋代诗人一百五十七家作品，名家魏了翁为之作序，"宋人遗稿，颇藉是以荟萃，其搜罗亦不谓无功"。② 他还编辑出版有《宝刻丛编》，是当时中国各地碑刻等金石的总目。清代四库馆臣评价道："能绅绎前闻，博稽方志，于征文考献之中，寓补葺图经之意，其用力良勤。"③ 为宋代金石学的发展做出了贡献。另有《海棠谱》《书苑菁华》《小字录》《书小史》等个人专著，足见其具有很高的文化水平。

平心而论，这些优秀书商的文化水平和贡献，超过了大多数士大夫。

应特别指出的是，宋代商人最大的历史贡献，就是发行了世界最早的纸币——交子。"初，蜀民以铁钱重，私为券，谓之交子，以便贸易，富民

---

① （宋）刘克庄：《后村先生大全集》卷七《赠陈起》，王蓉贵、向以鲜校点，刁忠民审定，第 210 页。
② （清）永瑢等：《四库全书总目》卷一八七《两宋名贤小集》，第 1705 页。
③ （清）永瑢等：《四库全书总目》卷八六《宝刻丛编》，第 737 页。

十六户主之。"① 所谓"蜀民""富民"，不是地主，只能是从事流通的四川商人。四川是铁钱流通区，铁本身不属于贵金属，故而价值低廉，十枚铁钱才等于一枚铜钱。普通百姓还倒罢了，对商人而言，大额现金携带则极为不便，故而发明了交子，把现金交付给铺户，铺户把存款数额填写在纸券上，再交还存款人并收取保管费，这种做法极为便利："自来交子之法，久为民便。"② 这种商业信用凭证，不久被官方规范化并推广为全国通用的法定货币："四川钱引，旧成都豪民十六户主之，天圣元年冬，始置官交子务。"③ 纸币的出现是货币史上的一大进步，有力促进了商品经济的发展。

宋代商人在商品交换、创造财富、促进社会经济发展的同时，也创造了商业文化和社会文化，同样做出了推动历史前进、影响千古的贡献，不可忽视。

五　文化提高背景下商人的壮大与商业质量的提高

宋代商人文化水平的提高，既是宋代社会经济和商品经济发展的需要，也是宋代文化普及的表现。宋代商人不仅文化水平提高，数量同样大为增加。元丰年间，东京开封拥有各类店铺 6400 余家："在京诸色行户，总六千四百有奇。"④ 元祐元年（1086），开封商人中拖欠市易司钱款者很多，"见今欠人共计二万七千一百五十五户，共欠钱二百二十七万余贯。其间大姓三十五，酒户二十七，共欠钱一百五十四万余贯；小姓二万七千九十三户，共欠钱八十三万余贯"。⑤ 仅欠钱的商人就有 27155 户。不欠钱的富商大贾和中等商人不会太多，开封的商家总数有三万余。⑥ 这是商户的数量，商人的数量肯定远多于这个数字。

---

① （宋）李焘：《续资治通鉴长编》卷一〇一，天圣元年十一月戊午，第 2342 页。

② （宋）李攸：《宋朝事实》卷一五《财用》，中华书局，1955，第 232 页。

③ （宋）李心传撰《建炎以来朝野杂记·甲集》卷一六《四川钱引》，徐规点校，第 364 页。

④ （宋）李焘：《续资治通鉴长编》卷三五九，元丰八年九月乙未，第 8592 页。

⑤ （宋）苏辙：《栾城集》卷三九《乞放市易欠钱状》，曾枣庄、马德福校点，第 868 页。

⑥ 魏天安在《宋代东京工商户数比率考》中指出："北宋东京工商行户大约有 36750 户，占城市总户数的 29.7% 有奇。……从事工商业的户数占东京总户数 30% 左右的比率也不应有大的变化。"（张其凡、陆勇强主编《宋代历史文化研究》，人民出版社，2000，第 388 页）

由于资料所限,学术界始终无法对宋代城市人口所占比例得出比较接近史实的结论,权且按《中国人口史》的折中说法,宋代城市人口约占总人口的12%。① 以北宋末全国一亿人口计,城市人口约1200万,商人按城市人口1/10计,也有120万;加上居住在乡村的大量职业商人80余万,商人总共至少也有200万人。不可否认,不识字也可以经商,前引许骧之父许唐是大商人,但并"不识字"就是证明。不过这在大商人中属于特例,顶多属于少数,宋代文献所见似仅此一例。但文化水平还包括算术,他一定善于算术,这无论对大中小商都是必备的技能。即便以其80%识字估计,也有160余万。这还不包括大量的上层兼职商人,以及更大量的底层兼职商贩:"今之农与古之农异","往往负贩佣工,以谋朝夕之赢者,比比皆是也"。② 他们中间不乏识字者,至少都会算账。

商人是古代社会四大阶层"士农工商"之一,千百年来一直处于尴尬的地位。一方面作为社会主体之一,是一个庞大而富裕的社会存在;一方面居于四民之末,等级低下,始终被官方压制、被社会歧视。商人群体在宋代的变化,主要有三:一是队伍更加壮大,职业商人增多,兼职的更遍及其他各阶层,尤以官员经商最突出;二是本节所论证的文化水平提高,强化了内在素质;三是政治地位有了明显提升。唐代规定:"工商杂类,不得预于士伍"③,"工商之子不当仕"④,严禁工商人士及子弟应举入仕,这是一种政治上的排斥。但到北宋,朝廷则开启了大门,《贡举条制》明确规定:"工商杂类有奇才异行者,亦听取解。"⑤ 所谓"奇才异行者"的限定,不过是文字游戏,试想只要考中进士,哪个士子不算"奇才异行者"呢?实际上肯定了商人应举的合法性,践行了"取士不问家世"的理念。如缙云穷人潘某,曾得到一位妓女的资助,"借以为商,所至大获,积财逾数十百万。因娉倡以归。生子擢进士第,至郡守,其家

---

① 葛剑雄主编,吴松弟著《中国人口史》第三卷,复旦大学出版社,2000,第619页。
② (宋)王柏:《鲁斋集》卷七《社仓利害书》,《丛书集成初编》,中华书局,1985,第126页。
③ (后晋)刘昫:《旧唐书》卷四八《食货志上》,第2089页。
④ (后晋)刘昫:《旧唐书》卷一五八《韦贯之传》,第4173页。
⑤ (宋)李焘:《续资治通鉴长编》卷二〇二,治平元年六月癸卯,第4890页。

至今为富室云"。① 足见商人与妓女所生的儿子，也可以通过科举入仕。宋仁宗和皇太后，甚至一度打算聘寿州茶商陈氏之女为皇后。② 过去的"以末致富，以本守之"，从第四等的商人升到第二等的地主，是商人求稳的本能；宋代由商入士，胆气更大，从第四等人跃到第一等，是商人求贵的理想。宋政府科举制度网开一面，给商人提供了极大的政治商机和发展空间，使其学文化的愿望由个人的职业需要转变为家族的荣誉需求，考试热情空前高涨。他们在物质丰富之后，开始追求精神的丰盈。

政府和各界人士在商人的社会地位方面，也不得不承认现实。如宋太宗规定："今后富商大贾乘马，漆素鞍者勿禁"③，放宽了服饰器用禁约的等级制度。但富裕的商人并不满足于此，实际争取享受到的待遇，更超出制度。范纯仁上书投诉道：

> 今之商贾富人，车马器服，皆无制度，役属良民，豪夺自奉。盖前世圣王法所先禁，今不惟恣其奢僭，耗蠹民用，而又于朝廷急难之际，一有率敛，则群聚兴怨。④

他们不但冲破了物质享受的制度禁约，还敢于聚众对官府的剥削表示不满。制度规定"民庶之家不得乘轿"，北宋时期即使官员也很少乘轿⑤，但到了北宋末年，"今京城内暖轿，非命官至富民、倡优、下贱，遂以为常。窃见近日有赴内禁乘以至皇城门者，奉祀乘至宫庙者，坦然无所畏避"。⑥ 在宋政府的宽容下，广大商人昂昂自立自尊，超然于制度之外，公然挑战禁令，颇为张扬，这一行为彰显着有生力量的崛起。其张扬固然是财大气粗的表现，文化底气的增强也不可忽视。

传统的"重本轻末"理念，也遭到士大夫的质疑。如范仲淹有诗云：

---

① （宋）洪迈：《夷坚志·甲志》卷一一《潘君龙异》，何卓点校，第 98 页。
② （宋）李焘：《续资治通鉴长编》卷一一五，景祐元年九月辛丑，第 2700 页。
③ （元）脱脱等：《宋史》卷一五三《舆服志五》，第 3573～3574 页。
④ （宋）范纯仁：《范忠宣奏议》卷上《条列陕西利害》，《景印文渊阁四库全书》第 1104 册，台湾商务印书馆，1986，第 750 页。
⑤ 参见拙作《略述宋代的陆路交通》，《暨南学报》（哲学社会科学版）1992 年第 3 期。
⑥ （元）脱脱等：《宋史》卷一五三《舆服志五》，第 3577 页。

> 尝闻商者云，转货赖斯民。
>
> 远近日中合，有无天下均。
>
> 上以利吾国，下以藩吾身。
>
> 周官有常籍，岂云逐末人。
>
> …………
>
> 琴瑟愿更张，使我歌良辰。
>
> 何日用此言，皇天岂不仁。①

公开为商人鸣冤叫屈，高度赞扬其作用。所有这些，使商人的发展环境颇有改善。营商环境的优化，激发了市场和商人的活力，同时对商人的素质也提出了新的要求。

知识就是力量，作为一种与"经济资本"接近的"文化资本"②，知识发挥着无形但重要的作用，给商人加注了更多的智慧和自信，给历史加注了更多的活力和燃料。其中必具体作用到商业水平的提高，这就是商业活动及商品越来越多地注入文化元素，不仅有经营文化产品的商业如书籍、诗词、书画③，更意味着经济活动增加了文化含量，诸如商业行为、商业模式、商业理念、商业效益的优化与提升等。

例如南宋杭州的服务业："凡四司六局人祇应惯熟，便省宾主一半力，故常谚曰：'烧香点茶，挂画插花，四般闲事，不讦戾家。'若其失忘支节，皆是祇应等人不学之过。"④ 这些人不仅会焚香、茶艺，还会张

---

① （宋）范仲淹：《范仲淹全集·范文正公文集》卷二《四民诗》，李勇先、王蓉贵校点，第 25 页。

② "文化资本"（le capital culturel）是当代法国最具国际影响力的思想大师之一皮耶·布迪厄提出的，已被广为接受的社会学概念。文化资本在其《资本的形式》中被指为另一个形式的资本，并在《国家贵族》（*The State Nobility*，一译《国家精英》）中被指为较高等的教育。布迪厄认为文化资本是一种能力，它包括语言能力、社会交往能力、专业技能、个人的风度举止以及对成功机会的把握能力，通过看《世界报》或《费加罗报》、阅读名著或休闲杂志来计算一个家庭的文化资本的多寡，具有高等文化修养是衡量文化资本的一个标准。将这一理论借用于宋代，不无启示意义。

③ 关于书画市场在宋代的形成，参见李华瑞《宋代画市场初探》，《美术史论》1993 年第 1 期；李林琳《宋代书画市场研究》，博士学位论文，首都师范大学，2009。

④ （宋）耐得翁：《都城纪胜·四司六局》，汤勤福整理，载《全宋笔记》第 8 编第 5 册，第 12 页。

挂书画和插花，这些都是有文化的体现，是从业人员学习培训的结果。

宋代商人的广告意识很强，文字广告尤为普遍。如"物物揭成价，大字悬康庄"便是。① 陆游则记载了南宋初年杭州的广告情况："大驾初驻跸临安，故都及四方士民商贾辐辏，又创立官府，匾榜一新。好事者取以为对曰：'钤辖诸道进奏院，详定一司敕令所'，'王防御契圣眼科，陆官人遇仙风药'，'干湿脚气四斤丸，偏正头风一字散'，'三朝御裹陈忠翊，四世儒医陆太丞'，'东京石朝议女婿，乐驻泊乐铺西蜀'，'费先生外甥，寇保义卦肆'，如此凡数十联，不能悉记。"② 其中大多是商家的店招，颇为引人注目。

作为口头广告的叫卖，也是商业行为和商业文化，其起源大致与商业相同，历史悠久。但有确切文字记载的"叫卖"一词，似最早见于宋人魏泰的《东轩笔录》，言欧阳修在汉江边夜泊，"闻语言歌笑、男女老幼甚众，亦有交易评议及叫卖果饵之声若市井然"，天亮始知夜里所见是古坟地的野鬼③，并非实事。次之，即孟元老的《东京梦华录》："十五日供养祖先素食，才明即卖穄米饭，巡门叫卖，亦告成意也。"④ 实际上早在北宋中期的开封，叫卖就大行其道，艺术性很强，乃至被艺人改造成一门新的说唱艺术形式，盛行于舞台。

> 市井初有叫果子之戏，其本盖自至和、嘉祐之间，叫紫苏丸泪乐工杜人经十叫子始也。京师凡卖一物，必有声韵，其吟哦俱不同。故市人采其声调，间以词章，以为戏乐也。今盛行于世，又谓之吟叫也。⑤

是为商业文化的艺术贡献。

店铺的门面以及内外装潢设计，关系到生意的档次和好坏。独盛于宋

---

① （宋）高斯得：《耻堂存稿》卷六《物贵》，《丛书集成初编》，中华书局，1985，第109 页。
② （宋）陆游：《老学庵笔记》卷八，李剑雄、刘德权点校，第 104 页。
③ （宋）魏泰：《东轩笔录》卷一三，李裕民点校，第 148 页。
④ （宋）孟元老：《东京梦华录笺注》卷八《中元节》，伊永文笺注，第 795 页。
⑤ （宋）高承撰，（明）李果订：《事物纪原》卷九《吟叫》，金圆、许沛藻点校，第496 页。

代的彩楼欢门，是开封、杭州等地酒店、商店以木杆绑缚模仿楼阁建筑的门楼，饰之以彩帛、彩纸："凡京师酒店门首，皆缚彩楼欢门"①，如瓠羹店，"门前以枋木及花样沓结缚如山棚，上挂成边猪羊，相间三二十边。近里门面窗户，皆朱绿装饰，谓之'欢门'"。② 这种店面装饰形式，在张择端的《清明上河图》中，多有具体形象的展现。其目的在于壮大门面，使之望之巍然，色彩鲜艳，仿佛孔雀开屏，有如大型招牌。

室外如此，室内更不含糊。宋代饮食店铺内，盛行张挂名人字画。

> 汴京熟食店，张挂名画，所以勾引观者，留连食客。今杭城茶肆亦如之，插四时花，挂名人画，装点店面。③

在饮食店铺中展示名家的艺术珍品，四季都伴以插花艺术，在世俗的红尘中鲜明地增添了高雅的文化气息和田野花卉的芬芳。吸引着顾客纷纷上门且流连忘返，既饱口福又饱眼福，提高了上座率和人气。早在宋初，开封就已有此风，苏颂言：

> 孙赐，号本行，酒家博士，诚实不欺，主人爱之，假以百千，使为脚店。孙固辞。主人曰："不责还期也。"孙曰："请以一岁为约。"先期已还足。货于人者，不计其可偿。其货渐侈大，乃置图画于壁间，列书史于几案，为雅戏之具，皆不凡，人竞趋之。久之，遂开正店，建楼，渐倾中都，太宗上元为微行，至其家。④

用文化元素装点酒店，连皇帝都吸引过来。这种经营之道在南宋杭州得到发扬光大，不仅饭店，连茶馆也是如此了。即便是小摊贩也颇有讲究："杭城风俗，凡百货卖饮食之人，多是装饰车盖担儿，盘合器皿新洁精

---

① （宋）孟元老：《东京梦华录笺注》卷二《酒楼》，伊永文笺注，第174页。
② （宋）孟元老：《东京梦华录笺注》卷四《食店》，伊永文笺注，第430页。
③ （宋）吴自牧：《梦粱录》卷一六《茶肆》，第140页；参见（宋）耐得翁《都城纪胜·茶坊》，汤勤福整理，载《全宋笔记》第8编第5册，第11页。
④ （宋）苏象先：《丞相魏公谭训》卷一〇《杂事》，载（宋）苏颂《苏魏公文集》，王同策、管成学、颜中其等点校，第1177页。

巧，以炫耀人耳目。"① 类似经营之道的优化，无疑会提高商业效益。

所有这些，都是宋代商业文化的艺术体现，是商人文化水平提高和商业经营文化元素增加的表现。

结　语

作为坊郭户主体的、户籍独立的宋代商人，文化素质提高，经济实力增强，赢得了某些话语权，争取到了一定的社会地位和政治待遇，促进了商业质量的提高和商业文化元素的增加。商品经济获得了进一步的发展，掀起了全民经商热潮，推动社会历史进入了商业时代。正因为如此，有学者认为与汉唐自给自足的农业社会不同，宋代进入了农商社会，最大特征是传统农业社会中商品经济成分的快速增长。② 足见宋代商人的整体崛起，给历史带来的影响。这是宋文化发达的一个商业表现，是宋代社会文化普及的一大硕果。

宋代城市的成熟与发展使城乡差别更加明显，城市的精神文明建设相应地有别于农村而发展起来，并成为时代精神文明重要的创造和引领之地。商人是城市发展的主要力量，是城市文化的基本群体。代表新兴城市文化即俗文化的市民文艺强劲崛起，成为民间文化的主体，宋代商业文化和商人起到了很大的作用。

第二节　工匠

作为社会经济文化繁荣的主要标志之一，宋代手工业获得巨大发展。主要表现在行业众多、规模扩大、分工细密、技艺精湛，进而产品种类丰富、商品化程度高、质量优良，成就辉煌。这些成就，得益于千千万万的工匠。有工艺专长的匠人，专注于某一领域精益求精，需要相应的文化知识，诸多精密器物制造行业的工匠，至少必须具有计算能力。工匠是物质文明的创造者，宋代产生那么多经典的手工业产品，如瓷器、缂丝、火药

---

① （宋）吴自牧：《梦粱录》卷一八《民俗》，第 161 页。
② 葛金芳：《"农商社会"的过去、现在和未来——宋以降（11—20 世纪）江南区域社会经济变迁》，《安徽师范大学学报》（人文社会科学版）2009 年第 5 期。

武器，以及雕版印刷等，从业工匠没有一定的文化水平是不可能的，故这一问题不可忽视。现在，我们就对此做一考察，以深入了解宋代手工业的文化含量和宋代文化的普及程度。

一 宋代行业规范对工匠文化水平的需求

聚集在京师朝廷的官营工匠，是各类技术的精英，从事的又多是尖端器物的研发和批量制作，需要多工种合作并达到技术质量标准，这些都有严格的规章制度。例如军工生产："神宗留意军器，设监以侍臣董之。前后讲究制度，无不精致，卒著为式，合一百一十卷，盖所谓《辨材》一卷，《军器》七十四卷，《什物》二十一卷，《杂物》四卷，《添修及制造弓弩式》一十卷是也。"① 这些制度条文，既是有关工匠必须熟读的，也是其经验的自我总结。

在具体的工作中，诸多岗位对工匠有文化要求。如朝廷手工业作坊文思院的库经司、花料司。

> 承行计料诸官司造作生活帐状，及抄转收支赤历。……门司，掌管本门收支出入官物，抄转赤历。……修造案，承行诸官司申请，造作绫锦、漆木、铜铁生活，并织造官诰、度牒等生活文字。库经司、花料司，承行计料诸官司造作生活帐状，及抄转收支赤历。……门司，掌管本门收支出入官物，抄转赤历。②

无论匠人还是门卫，都需识字、会写字。再如物品、原料的领取、借用，做这项工作则需要写领条和借条。熙宁二年（1069），仪鸾司"欲乞下内东门司先置内中取借官物簿，今后每有取借之物，更不得令工匠以白状请领，须门司官吏印押关牒，本司方得分付"。③ 原来只是工匠自己写白条

---

① （宋）王得臣：《麈史》卷上《朝制》，俞宗宪点校，上海古籍出版社，1986，第4页。
② （清）徐松辑《宋会要辑稿·职官》二九之一，刘琳、刁忠民、舒大刚、尹波等校点，第3781页。
③ （清）徐松辑《宋会要辑稿·职官》二二之二，刘琳、刁忠民、舒大刚、尹波等校点，第3616页。

取借，此后改为门司盖印才有效。

诸多产品，为了明确责任，追究失误，需要标出工匠的姓名，此即长期实行的"勒名制"。如建筑行业，景德三年（1006）宋真宗诏：

> 近日京中廨宇营造频多，匠人因缘为奸，利其频有完葺，以故全不用心，未久复以损坏。自今明行条约，凡有兴作，皆须用功尽料。仍令随处志其修葺年月、使臣工匠姓名，委省司覆验。他时颓毁，较岁月未久者，劾罪以闻。①

朝廷实行官方建筑工匠勒名制，要求官营建筑工匠等人员在完工后，必须在建筑物上题写自己的姓名和施工年月，以明确责任，保证质量。短期内损坏者，要追究刑事责任。后来的事实证明，这一制度得到全面落实："金朝北京营制宫殿，其屏扆窗牖皆破汴都辇致于此。汴中工匠有名燕用者，制作精巧，凡所造下刻其名，及用之于燕，而名已为先兆。"② 这是木匠勒名的事例。金属器物同样如此。法令规定："诸买纳金、银、铜、铅、锡，皆铸为铤，各镌斤重、专典姓名、监官押字（铜、铅、锡仍镌炉户姓名）"③，又如金属器皿："刘美少时善锻金，后贵显，赐与中有上方金银器，皆刻工名，其间多有美所造者。"④ 这些皆表明勒名制的普遍实行。

民间工匠同样实行勒名制，主要是为了推广自家的名优产品。

例如制墨业，阆中名匠蒲大韶的勒名富有戏剧性。

> 得墨法于黄鲁直，所制精甚，东南士大夫喜用之。尝有中贵人持以进御，高宗方留意翰墨，视题字曰："锦屏蒲舜美"，问何人，中贵人答曰："蜀墨工蒲大韶之字也。"即掷墨于地曰："一墨工而敢妄

---

① （清）徐松辑《宋会要辑稿·方域》四之一二，刘琳、刁忠民、舒大刚、尹波等校点，第 9334 页。
② （清）孙承泽：《春明梦馀录》卷六《宫阙》，北京古籍出版社，1992，第 42 页。
③ （宋）谢深甫编《庆元条法事类》卷三七《给纳》，戴建国点校，第 579 页。
④ （宋）沈括：《梦溪笔谈》卷九《人事一》，（宋）沈括原著，杨渭生新编《沈括全集》，第 351 页。

作名字，可罪也！"遂不复内。自是印识即书姓名云。……绍兴初，同中贵郑几仁抚谕、吴少师玠于仙人关回，舟自涪陵来。大韶儒服手刺，就船来谒。因问："油烟墨何得如是之坚久也？"大韶云："亦半以松烟和之，不尔则不得经久也。"①

不仅在墨锭上题写姓和表字，还身穿儒服，使用临时手写的名片②，一幅士人的做派。宋高宗并不是斥责其墨，而是觉得他作为一个工匠不该有表字。宋太宗至道年间，岳州天庆观"有卖墨人，仪状雄伟，尝此游息，一日于扉上题诗二绝句而去"，"词致清婉"③，可见其文化水平非同寻常。

从传世至今的宋代器物上可以看到多有匠人的题名或价格。如漆器：湖北武汉出土的宋代花瓣形漆钵，有"己丑襄州邢家造真上牢"字铭；江苏常州出土的宋代戗金花卉纹长方黑漆盒，盖内有朱漆书"庚申温州丁家桥巷廨七叔上牢"字铭；江苏武进出土的宋代朱漆戗金人物纹莲瓣形漆奁，盖内有"温州新河金念五郎上牢"字铭。④ 宋代铜镜，以湖州所产最多。从湖州镜的铭文推知，当时湖州城内有石家（石×哥、石×郎、石×叔等16家）和李家、徐家、蒋家、陆家等制镜店铺。有"湖州石家炼铜照子，炼铜每两一百"，"湖州石道人造，每两一百文"，"湖州真石八叔炼铜照子，每两一百文"⑤ 等。

总之，诸多行业需要文化支撑，规范及责任对工匠有诸多的文化要求，没有基本的文化知识是难以胜任的。

二 宋代行业本身的文化需求

诸多手工业门类文化含量高，要求从业者必须具备一定的文化水平。

---

① （元）陆友：《墨史》卷下，《丛书集成初编》，中华书局，1985，第50~51页。
② （宋）陆游：《老学庵笔记》卷三（李剑雄、刘德权点校，第37~38页）："元丰后，又盛行手刺，前不具衔，止云：'某谨上。谒某官。某月日。'结衔姓名。"
③ （宋）张舜民：《郴行录》卷下，黄宝华整理，载《全宋笔记》第8编第10册，大象出版社，2017，第285页。
④ 田自秉、吴淑生编《中国工艺美术史图录》，上海人民美术出版社，1994，第807、809、810页。
⑤ 陈柏泉：《宋代铜镜简论》，《江西历史文物》1983年第3期。

最具代表性的是与文字打交道的诸行业。

宋代崇文抑武，文化昌盛，唐代兴起的雕版印刷在宋代得到极大普及，出版业空前发达。宋版书无论书写还是刻印都相当精美，一是版式疏朗雅洁，字大悦目；二是字体结构精严，镌刻工整，书法精美，以颜体、欧体、柳体为多；三是用墨清纯匀净、纸张坚致有韧性。由此形成鲜明的时代特征，并为后代所推崇借鉴。不仅有文献学价值，还有文物价值、艺术价值，市场价值更高，早在明代就按页计费，后代遂有"一两黄金一页宋版"的说法，至今更是天价。其人力充足、技术基础雄厚，有一大批写工、刻工、印工、装订工。刻字工匠，宋代称刊生、雕字匠、开字匠。他们有精湛的技术，能刻制复杂的文字和图案。民间的假币伪造者也如是，如开字匠蒋辉，就会伪造纸币和印信：淳熙四年（1177），他在广德军"伪造会子四百五十道……淳熙七年十二月十四日，同黄念五在婺州苏溪楼大郎家开伪印六颗，并写官押及开会子出相人物，造得成贯会子九百道"。[1] 这对字体、图案结构和笔画细微差异的辨别与处理，且是反体，比一般书写文字有更精细的要求。

为满足人民对书籍日益广泛的需求，各级官府和民间纷纷刻书，一支规模空前的刻工队伍活跃于各地。就朝廷而言，发行量很大的公告、邸报以及纸币、度牒等印刷品票据证件，需要刻工中的能工巧匠雕版。皇宫中也离不开刻印工匠，如在开封崇政殿东北横门外的翰林御书院，"掌御制、御书及供奉笔札、图籍之事"，有"祗候十七人，笔匠十七人，装界匠九人，印碑匠六人，雕字匠五人"。[2] 南宋朝廷的度牒库，也有"雕字匠"[3] 从事度牒的雕版刻制。绍兴年间，国子监出版《汉书注》，使用了刊工 120 多人；南宋中，临安府出版《仪礼疏》时使用刊工 160 余人。[4] 有关专家仅据现存的古籍资料，统计出宋代刻工有 3000 人[5]，相对于庞

---

① （宋）朱熹：《朱熹集》卷一九《按唐仲友第四状》，郭齐、尹波点校，第 753 页。

② （清）徐松辑《宋会要辑稿·职官》三六之九五，刘琳、刁忠民、舒大刚、尹波等校点，第 3939 页。

③ （清）徐松辑《宋会要辑稿·职官》一三之四〇，刘琳、刁忠民、舒大刚、尹波等校点，第 3390 页。

④ 宿白：《唐宋时期的雕版印刷》，文物出版社，1999，第 86 页。

⑤ 王肇文：《古籍宋元刊工姓名索引》，上海古籍出版社，1990。

大的刻工队伍而言，这其实不过是沧海一粟。这支庞大的队伍中，除普通工匠外，还有僧人和妇女。如宋末平江出版的《碛砂藏》刊工中有瑞大师、忠大师、持上人等，还有唐三娘、严氏、鱼李氏等女工。①

作为匠人，不识字者难道不能比照着写好的字刻出吗？当然可以，但汉字的细微差别恐怕不能处理，从而造成差错。况且，遵照勒名制，宋版书版心下方往往有刻字工人的姓名和每版的字数，这是为了明确责任和工作量，不识字便无法在每版刻写自己的姓名和字数。另有事例证明这点："近岁，淮西路漕司下诸州分开圣惠方。而舒州刊匠以左食钱不以时得，不胜忿躁，凡中药物，故意令误，不如本方。"② 故意刻错字的作弊行为，表明广大刊工识字，而且所刻的"错字"必须是一个字，错是相对原文而言的。僧人居简，专门就此做过辩论。

> 写字与刻字孰难？曰写字难。画被忘穿，临池忘缯，专心致志，仅仿佛古人用笔意。公孙氏剑舞，观者得草圣之妙，彼顺朱耳。或曰："凿为笔，锤代腕，欲颜则颜，欲柳则柳，劲铁瘦蔓，出笔墨畦畛。与夫游刃肯綮，謇然中桑林之舞，十九年若新发于硎，何以异？故曰刻字难。"往复竞辩，侃侃不相下，欲解其纷而未能也，则谓之曰："昔人梦鹿，子知之矣！敢用是而中分之，曰二难。"丁亥九月几望，丁山法堂纪岁月，郡刻工陈文颇臻妙，策其勋，吊其贫，书以为赠。③

这是写给一个优秀刻工朋友的文章，夸赞其刻字像书法家一样。从流传至清代的宋版书中可以看到，"字画如写""字画刻手古劲而雅，墨气香淡，纸色苍润，展卷便有惊人之处"，连清帝乾隆见到北宋元祐刻本司马光《资治通鉴考异》时，也称赞道："是书字体浑穆，具韩、柳笔意。"④ 其

---

① 朱迎平：《宋代刻书产业与文学》，上海古籍出版社，2008，第74页。
② （宋）王明清：《投辖录·舒州刊匠》，燕永成整理，载《全宋笔记》第6编第2册，大象出版社，2008，第116页。
③ （宋）居简：《北磵文集》卷六《赠陈生》，纪雪娟点校，第191页。
④ （清）叶德辉：《书林清话》卷六《宋刻书纸墨之佳》，上海古籍出版社，2012，第133页。

刻字如手写般的生动，其字体如书法名家般的各具独特的美感，这是建立在熟练书写的深厚功力基础上的："北宋蜀刻经史及官刻监本诸书，其字皆颜、柳体，其人皆能书之人，其时家塾书坊，虽不能一致，大都笔法整齐，气味古朴。"① 可以说这些工匠同时也是书法家。宋人指出："不能文而能书者多矣，未有不识字而能书者。"② 不识字就不会写字，不会刻字。当代印刷品多用宋体字，就是明代以来选择、沿袭的习惯，是宋代刻字工匠巨大的历史贡献。

与雕版工相同的是刻碑匠，即在石碑上刻制文字或图画的工人。宋代盛行在建筑物中、景区、墓前坟中树立或镶嵌、摩崖作为纪念物、标记石碑等，以垂千秋。通常也会留下刻工的姓名。③ 与版刻一样，这些碑刻讲究书法，往往具有很高的史料价值和艺术价值，越来越引起世人的关注，成为金石学、书法史的研究对象。南宋时期宋孝宗令修内司汇刻丛帖《淳熙秘阁续帖》，即将历代书法名家的作品摹刻于碑，清人看到拓片后说："此刻丰腴古厚，十倍胜之，则南宋刻工与明朝刻工，悬绝可知也。"④ 明确指出明代的刻工技术水平远远不如南宋。广大的刻碑工匠也需有文化、懂书法。例如：

> 长安百姓常安民，以镌字为业，多收隋、唐铭志墨本，亦能篆。教其子以儒学。崇宁初，蔡京、蔡卞为元祐奸党籍，上皇亲书，刻石立于文德殿门。又立于天下州治厅事。长安当立，召安民刻字，民辞曰："民愚人，不知朝廷立碑之意。但元祐大臣如司马温公者，天下称其正直，今谓之奸邪，民不忍镌也。"府官怒，欲罪之。民曰："被役不敢辞，乞不刻安民镌字于碑，恐后世并以为罪也。"呜呼！

---

① （清）叶德辉：《书林清话》卷二《刻书分宋元体字之始》，第 26 页。

② （宋）朱翌：《猗觉寮杂记》卷上，朱凯、姜汉椿整理，载《全宋笔记》第 3 编第 10 册，大象出版社，2008，第 15 页。

③ 郭茂育、刘继保编著的《宋代墓志辑释》所收墓志，都有刻工姓名，有的在墓志后，有的在墓志前。其《大宋宋君（清）墓志铭》中，"匠人孙清"即在文前。更应注意的是，墓主也名清。则是尽管宋代避讳之制度、风俗甚严，但匠人并不避其讳（第 285 页）。

④ （清）翁方纲：《复初斋文集》卷二八《跋淳熙修内司帖》，《近代中国史料丛刊》第 421 册，台北文海出版社，1969，第 1162 页。

> 安民者，一工匠耳，尚知邪正，畏过恶，贤于士大夫远矣。①

他既是镌刻家，又是碑铭拓片收藏家，并会篆书，以儒学教育儿子，其道德品质、文化素质甚至令士大夫赞叹。无独有偶，同时期的九江碑工李仲宁：

> 刻字甚工，黄太史题其居，曰"琢玉坊"。崇宁初，诏郡国刊元祐党籍姓名，太守呼仲宁使劖之。仲宁曰："小人家旧贫窭，止因开苏内翰、黄学士词翰，遂至饱暖。今日以奸人为名，诚不忍下手。"守义之曰："贤哉！士大夫之所不及也。"馈以酒而从其请。②

从刻字水平和鲜明的是非观可以看出，其文化水平不低。在四川洪雅县八面山，至今保留有南宋嘉熙年间匠人石桂的《苟王寨题刻》："西蜀不幸，连年被鞑贼所扰。时戊戌嘉熙二年，崖匠石桂等修。"③ 当为有感而发，随手刻写，颇具家国情怀。所谓崖匠，即摩崖石刻匠人。天圣年间的《刘世则等为母史氏建造尊胜陀罗尼经幢》，落款为"浔阳郡翟仲孙书并刻字"，则是该刻工会写作，经幢业务从撰写到刻字制作一条龙包办；北宋中期，甚至有刻工的文化水平达到乡贡进士的高度，洛阳《张景晟墓志》末尾署名就是"陕州乡贡进士曹贯之镌"，《富弼墓志铭》刊刻者也是其人，为"乡贡进士曹贯之模刻"。另有丰城《甘德俊夫人熊氏九娘墓志》，为"处士范先刊"。④ 既称为士，定有文化。

另一种与书籍图册打交道的职业是裱糊匠。王迈有诗记载了一位因裱糊成名的儒生：

---

① （宋）邵伯温：《邵氏闻见录》卷一六，李剑雄、刘德权点校，第 176 页。
② （宋）王明清：《挥麈三录》卷二，燕永成整理，载《全宋笔记》第 6 编第 1 册，第 255 页。
③ 高文、高成刚编《四川历代碑刻》，四川大学出版社，1990，第 196 页。
④ （宋）翟仲孙：《刘世则等为母史氏建造尊胜陀罗尼经幢》，（宋）郑穆：《张景晟墓志》，（宋）韩维：《富弼墓志铭》，载何新所编著《新出宋代墓志碑刻辑录（北宋卷）五》，第 48 页、95 页、111 页。（宋）徐备：《甘德俊夫人熊氏九娘墓志》，载何新所编著《新出宋代墓志碑刻辑录（北宋卷）六》，第 125 页。

> 丈夫惟穷不可讳，仆妄于人真短气。
> 一技能精百不忧，有功翰墨尤足贵。
> 林生家世本业儒，读书不利改佣书。
> 计穷未肯与书绝，又学裁翦兼黏糊。
> 就中颇得三昧诀，翻腾碑画更奇绝。
> 持此可疗寒与饥，十指便当张仪舌。①

林生显然是位落榜考生，先是当佣书人，后改行当裱糊匠，遂成好手。江西人王炎午，记载了另外一位有丰富经验并能上升到理论高度的裱糊匠。

> 吾乡晏氏子某，业此以世，略通文艺，喜讽议人物。一日，求吾言以行四方。余诘其巧拙敏钝何如，则曰："余常患不巧不敏，而亦有时拙且钝，系所遭耳。问之故，则曰：余之艺，理新易，缉旧难，于缉旧之间，缀理经籍，则巧敏于富贵之门，而拙钝于寒畯之屋。至装饰图画则反是。"余笑而问之曰："手一也，经籍图画一也，手在我，而巧拙敏钝系于彼，何居？"则谓余曰："富贵家经籍茧纸而丝缝，髹匣而丝络，新若未触，惟糊力败尔，故巧而敏。其图画则朝宴夜饮，有张无弛，暑风梅溽，腐溃龟裂，难于缉旧，故拙而钝。彼寒畯之家，其文集则朝吟夜诵，方册成真，其图画则客少草窗，旷岁不设，故巧拙迟速，不可强也。"②

可见晏氏不仅"略通文艺"（这是与士大夫相对而言的），会读能写，还善于观察事物，总结规律，故而精于裱糊技术。

制笔匠人是文具制造者，与文字关系最密切。故而黄庭坚特别指出：文房四宝中，纸、墨等，"随其地产所宜，皆有良工。唯笔工最难，其择毫如郭泰之论士，其顿心著副如轮扁之斫轮。拙者得之，功楛同科；巧者

---

① （宋）王迈：《臞轩集》卷一三《赠林薪（善表背）》，《景印文渊阁四库全书》第1178
　册，台湾商务印书馆，1986，第637页。
② （宋）王炎午：《吾汶稿》卷三《赠晏裱背》，《景印文渊阁四库全书》第1189册，第
　575～576页。

得之，如臂使指也。"① 且所打交道的对象都是读书人，故而笔工也多识字。陈造称笔工俞生为俞处士：

> 造笔精致甲吴中。俞颇能书，理则然。然糊口不余，见古碑、法书，捐衣食求之不论价，此亦奇嗜癖好，未可以常情计。所蓄多善本，此轴真迹可宝。士大夫愿得之者，俞能有之，予敢以市工例视之耶?②

他既善造笔，又善于书法，而且广泛收藏碑帖法书，士大夫赞赏并敬重他，不敢以普通工匠视之，尊其为处士。晁说之则有诗分别赠给两位笔工：《赠笔处士屠希》《赠笔处士曹忠》，均尊称之为"笔处士"③，可见其称得上士人。而在其他朝代，尚未见此称呼。南宋时有"工不能书何以笔"之说④，即是对优秀笔工的要求：只有懂书法才能制出适合书法的毛笔。非但如此，还要揣摩使用者的心理和习惯，"故善造笔者，唯务识人意乃能尽妙"。⑤ 因而，不少笔工出身于儒生："派出儒先余故习，手高同辈更搀吟。"⑥"儒先"就是儒生。书法史学界则关注到："宋代出现一个值得关注的现象，文人对笔工的热情大大超过了以前，诗文记载了大量笔工的相关资料。"⑦ 汪应辰曾遇"笔工傅氏求诗"⑧，足见傅氏至少识字、喜诗。拥有一定文化水平的笔工，士大夫自然乐意与之交往。有的笔

---

① （宋）黄庭坚：《黄庭坚全集·外集》卷二四《笔说》，刘琳、李勇先、王蓉贵校点，第1431 页。

② （宋）陈造：《江湖长翁集》卷三一《题笔工俞生所藏书法》，《景印文渊阁四库全书》第 1166 册，第 391 页。

③ （宋）晁说之撰，（宋）晁子健编《景迂生集》卷九《赠笔处士屠希》《赠笔处士曹忠》，《景印文渊阁四库全书》第 1118 册，第 172 页。

④ （宋）宇文懋昭：《大金国志校证》卷二八《文学翰苑上·李通》，崔文印校证，中华书局，1986，第 405 页。

⑤ （宋）李昭玘：《乐静集》卷九《书笔工王玠》，《景印文渊阁四库全书》第 1122 册，第 302 页。

⑥ （宋）释大观：《物初剩语》卷五《赠笔工》，许红霞辑著《珍本宋集五种》，第 608 页。

⑦ 朱友舟：《工具、材料与书风》，东南大学出版社，2011，第 63 页。

⑧ （宋）汪应辰：《文定集》卷二四《宜春士愿朴而虚蒙珥笔之名每欲为邦人一洗之偶笔工傅氏求诗作此》，第 264 页。

工甚至善于作诗，早在五代十国时期就有"广陵笔工李郁者，善为诗什"。当地割据者彭玕"尝贻书于郁，以白金十两市一笔，又令郁访石本五经，卷以白金百两为直"。① 看来李郁不仅是作家，还精通金石拓片。

再如染坊，日常客户的种种信息，必须记录在案。江阴士人葛君"强记绝人"，"家傍有民张染肆，置簿书识其目。葛尝被酒，偶坐其肆，信手翻阅。一夕民家火作，凡所有之物并文书皆烬焉。物主竞来索数倍责偿，民无以质验，忧挠不知所出，其子谋诸父曰：'吾闻里中葛秀才，天性能记，渠昨过吾家，尝阅此籍，或能记忆，盍以情叩乎？'即日父子诣葛，言其状，葛笑曰：'汝家张染肆，且吾何从知其数邪？'民拜且泣，葛又笑曰：'汝以壶酒来，当能知之。'民喜，亟归携酒肴至。葛饮毕，命取纸笔，为疏某月某日某人染某物若干，某月某日某人染某物若干，凡数百条，所书月日、姓氏、名色、丈尺，无毫发差。民持归，呼物主读以示之，皆叩头骇伏"。② 这家染坊的文字簿书，记录日常营业的是送染物品的受理时间、客户姓名、所染物品、数量、染色要求等，若有差错，不仅声誉受损，更要赔钱。至少需要账房先生之类的人员。

建筑、造型工匠识字的例子，可举全国重点文物保护单位济南长清区灵岩寺的例子。其辟支塔内鲁班洞的石匠石刻，楷书题记曰："石作王万，于淳化五年岁次甲午仲秋月重回，塔基作八角，将男宝儿到记。"③寺内有四十尊彩塑罗汉像，被誉为"海内第一名塑"，1982～1983 年在维修过程中，从部分罗汉像的残损体腔内发现一批文物及题记，唯一的墨书题记在西第十七尊罗汉的骨架内腔前胸里侧木架支柱上，有潦草的朱笔题名："治平三（年——引者补）六月齐州临邑盖忠立"，该字迹"应为工匠盖忠在完成骨架制作时所留"。④ 石匠王万、塑匠盖立的题记，是勒名制的体现。

---

① （宋）路振：《九国志》卷一一《楚臣传》，中华书局，1985，第 113 页。
② （宋）费衮：《梁溪漫志》卷九《江阴士人强记》，金圆校点，第 142 页。
③ 黄国康、周福森：《灵岩寺辟支塔》，载中国建筑学会建筑历史学术委员会编《建筑历史与理论》第二辑，江苏人民出版社，1982，第 100 页。
④ 济南市文管会、济南市博物馆、长清县灵岩寺文管所：《山东长清灵岩寺罗汉像的塑制年代及有关问题》，《文物》1984 年第 3 期。以上两条资料为山东大学历史文化学院谭景玉教授热心提供，特此致谢！

在其他行业中，同样有颇多工匠识字的记载。

冶铁匠。如京东莱芜铁器制造企业主吕正臣，出身儒家，"博学工文，不专记诵，务晓大意"，他"募工徒，斩木锻铁，制器利用，视他工尤精密……凡东州之人，一农一工，家爨户御，其器皆吕氏作也"。① 一度垄断了京东路的铁器市场，这与其文化水平相适应。熙宁年间广州铸钟匠人王巽、王智所作《建造大钟及回廊充国寿寺供养记》，记载了捐建者区文叙全家名单，及地点、时间，最后落款为："匠人王巽、王智谨题。"② 表明钟上的记文是他二人所作。宋孝宗时，宿松铁冶户汪革，曾为友人写推荐信："问其所往，曰将如太湖，革因寄书以遗恭。革与恭好，有私干，期以秋，以其便之，弗端寘书纸尾曰：'乃事俟秋凉即得践约。'"喜爱读书，居住地"其居屋数百间，藏书甚富"。被逼起兵后失败，"从狱中上书，言臣非反者，蹭蹬至此，盖尝投匦请得以两淮兵，恢复中原，不假援助，臣志可见矣。不知讼臣反而捕者为谁，请得以辨"③，足见他有相当高的文化水平。

酒匠。缙云县官办的造酒机构榷署，有一位工匠"善酝，经手者罔不醇美。尝令写其方，俾建安姻家造之，味不绝佳。因召匠诘传方之谬，匠曰：'方尽于是矣。然其酘浆，随天气温炎寒凉，量多少之数，均冷暖之节，搅匀治，尝味体测，此不可口授，但心能晓耳。家有二子，亦不能传其要。'"④ 不仅精通酿酒这样的化工技术，还能写出其配方和工艺。另有幸思顺，"金陵老儒也。皇祐中，沽酒江州"⑤，是儒生出身的酒匠。

盐匠。北宋中期的四川盐业工匠，"平居无事，则俯伏低折，与主人

---

① （宋）李昭玘：《乐静集》卷二九《吕正臣墓志铭》，《景印文渊阁四库全书》第 1122 册，第 402 页。

② （清）郭汝诚修，冯奉初纂《（咸丰）顺德县志》卷一九《金石略·宋国寿寺钟款》，《广东历代方志集成》，岭南美术出版社，2007，第 445 页。参见曾枣庄、刘琳主编，四川大学古籍整理研究所编《全宋文》卷二〇一七，（宋）王巽《建告大钟及回廊充国寿寺供养记》，第 36 页。

③ （宋）岳珂：《桯史》卷六《汪革谣谶》，吴企明点校，第 65、67~68 页。

④ （宋）杨亿口述，黄鉴笔录，宋庠整理《杨文公谈苑·缙云酘匠》，李裕民辑校，第 125 页。

⑤ （宋）苏轼：《东坡志林》卷三《盗不劫幸秀才酒》，王松龄点校，第 69 页。

营作，一不如意，则递相扇诱，群党哗噪，算索工直，偃蹇求去"。① 他们至少会算账，所以常常"算索工直"，其中不乏从事技术含量高的工种之工匠。

木匠。宋徽宗时蔡京专权，大肆卖官鬻爵，致使"平时庸贱，沈于下伍为民役者，亦包以衣冠而爵禄之，既而授职迁秩，为州县亲民官者不可胜数。今有南剑州通判蔡倬者，昔居乡为木匠，今南剑人以通判博士呼之，盖其取侮多矣"。② 这位木匠出身的通判至少识字，才能应付公务。

治篾箍桶匠。二程兄弟青年时代曾随父官于四川，在成都"见治篾箍桶者挟册，就视之则《易》也，欲拟议致诘，而篾者先曰：'若尝学此乎？'因指'未济男之穷'以发问。二程逊而问之，则曰：'三阳皆失位。'兄弟涣然有所省"。经此点拨，二程有顿悟之感，故而有"《易》学在蜀耳"之言。③ 一位编竹筐箍木桶的匠人，其《易》学堪为二程之师。

针匠。南宋末太和人刘士昭，"尝为针工。与乡人同谋复太和县，败，血指书帛云：'生为宋民，死为宋鬼，赤心报国，一死而已。'因以其帛自缢死"。④ 用鲜血写成的绝命诗，表现出的不仅是这位针工的文化水平，更是文化情怀。

兵器匠。饶州工匠马保义，"善治弓箭，因出入军中。王秬叔坚寓居，与之论兵相厚。马生未尝读书，仅耳剽《论语》句以为谈助。尝诣王宅，趋趄门外，望王出厅，仓黄趋入。马望见即谢曰：'孰不知礼！'意谓他人情稔熟而失礼云。又问之曰：'近日曾做得好弓否？'对曰：'述而不作。'言不曾用工也。王云：'此后结果了，欲回一两张。'对曰：'做得中使，便当纳来，何敢望回！'王笑而遣之去"。⑤ 马保义所运用的"孰不知礼""述而不作""何敢望回"三句，分别出自《论语》的《八佾第三》《述而第七》《公冶长第五》。这位制作弓箭的匠人，精于制造兵

① （宋）文同：《丹渊集》卷三四《奏为乞差京师官知井研县事》，《四部丛刊初编》缩本，上海商务印书馆，1926，第 254 页。
② （宋）汪藻：《靖康要录笺注》卷一〇，靖康元年八月二日，王智勇笺注，四川大学出版社，2008，第 999 页。
③ （元）脱脱等：《宋史》卷四五九《谯定传》，第 13461 页。
④ （元）脱脱等：《宋史》卷四五四《刘士昭》，第 13356 页。
⑤ （宋）洪迈：《夷坚志·三志辛》卷八《马保义文谈》，何卓点校，第 1443~1444 页。

器，面对官员交谈兵器等兵家事务并深得其赏识，可见有一定水平。且张口就是儒家经典，虽属囫囵吞枣，但显然不是常听所致，至少是会大段背诵，十分熟悉才能随口掉书袋。

制扇匠。侯官县市井小民杨文昌，"以造扇为业，为人朴直安分"。一次当街晕倒，"少顷复苏，语路人曰：'适间逢黄衣人，持文牒在手。外题云：'拜呈交代。'接而启视之，云：'杨文昌可作画眉山土地，替郑大良。'我应之曰：'诺。'"① 接过文牒并打开阅读，证明这位制扇工匠能读懂其中文字。

绣匠。筠州城民蔡五，是位刺绣工匠，"善刺绣五色及画梅竹"。宋孝宗时，有人"喜其技艺精巧，使孙妪为媒，欲以女嫁之。……其女面阔几一尺，而额才寸半，颏尖若锥。蔡谓妪云：'我曾有小词，正是咏一姐。'问其云何，曰：'吾意间不惬，但记一句。'曰：'瘦得脸儿两指大。'"②刺绣工匠蔡五，会画画、作词，间接说明他识字。

陶瓷匠。宋代陶瓷器具上，有大量文字题记出现在器身和器底，一般分为姓名、数字、诗文等几类。韩桂华教授专作《略论宋代北宋瓷器铭记与民间制瓷业的发展》一文，论之甚详。③ 巨鹿宋城出土的一个瓷枕上有二十四字的题词，其中四个字书写不正确，学者认为题字的是一个靠陶瓷书画谋生的市井平民④，其实就是有文化的匠人。最典型的是在《杨永德伉俪捐赠藏枕》中，录有一件白地黑花"枕赋"铭长方形枕，高14.4厘米，长42厘米，宽15.7厘米，为宋代磁州窑产品。枕面开光内白地褐彩楷书枕赋，左右锦地菊花牡丹，右侧"漳滨逸人"款。⑤《枕赋》云：

---

① （宋）洪迈：《夷坚志·支癸》卷四《画眉山土地》，何卓点校，第1249页。
② （宋）洪迈：《夷坚志·三志己》卷九《建德茅屋女》，何卓点校，第1373页。
③ 韩桂华：《略论宋代北宋瓷器铭记与民间制瓷业的发展》，载台湾大学历史学系主编《转变与定型：宋代社会文化史学术研讨会论文集》，台湾大学历史学系，2000，第413页。
④ 李祥耆、张厚璜：《钜鹿宋器丛录》，天津博物院，1923，第40页。
⑤ 杨永德：《杨永德伉俪捐赠藏枕》，广州西汉南越王墓博物馆、宝法德企业有限公司，1993，第416页。

有枕于斯，制大庭之形，含太古之素。产相州之地，中陶人之度。分元（始）之全，名混沌之故。润琼瑶之光浑（辉），屏刺秀（绣）之文具。泥其钧而土其质，方其样而柈其腹。出虞舜河滨之窑，绝不苦窳；灭伯益文武之火，候以迟速。

既入诗家之手，忻置读书之屋。鄙珊瑚（富）贵之器，陋琥珀华靡之属。远观者疑（凝）神，狎玩者夺目。来尺璧（璧）而不易，买万金而不鬻（鬻）。囊以蜀川之锦，椟以豫章之木。藏之若授圭，出之如执玉。

是时也，火炽九天，时惟三伏。开北轩下陈蕃之榻，卧南熏吟早春之竹。睡快诗人，凉透仙骨。游黑甜之乡而神清，梦黄粮（粱）之境而兴足。恍惚广寒之宫，依稀冰雪之窟。凛然毛发之爽，倏然炎蒸之萧。思圆木警学之勤，乐仲尼曲肱之趣。庶不负大庭太故（古）之物，又岂持（特）不困于烦暑之酷而已也。①

这篇俗赋，据有关专家称，是"现在看到的第一件在枕面上写出枕史的实物资料，极有陶瓷文献价值"。② 同样，也是"目前所见瓷枕文字装饰中字数最多、内涵最深……这篇赋文的体裁属于骈赋……该文在句法上对仗基本工整，行文自然流畅。虽然此《枕赋》有错字、漏字，但不损原意，也正说明这件瓷枕是真正的民间造物，出于民间制瓷艺人之手"。③实际上，按宋人的实际习惯，有的字并非错别字，如粥（鬻），不过是连士大夫为图简便也常用的假借字罢了。陶器文字同样很多，如桂林兴安县博物馆展示的严关出土陶瓷器物上，或用酱彩书写"天下太平"等文字，或有刻划文字，一般是匠人的姓名和制作时间，如一水波纹双鱼碗印模背面，刻划有潦草的"癸未年孟夏终旬置造花头周三四记匠"④，显然属于勒名制。

---

① 詹杭伦：《国学与文物：瓷枕上的赋文研究》，《中山大学学报》（社会科学版）2013 年第 3 期。
② 宋伯胤：《枕林拾遗》，陕西人民出版社，2002，第 134 页。
③ 孙发成：《宋代瓷枕》，厦门大学出版社，2015，第 87 页。
④ 李铧：《广西兴安县严关宋代窑址调查》，《考古》1991 年第 8 期。

文身匠。文身是一种古老的风俗，宋代是文身最风行的朝代："今世俗皆文身，作鱼龙飞仙鬼神等像，或为花卉文字。"① 文身民俗在宋代达到流行高峰，后代从未越过宋代。② 尤其是百余万的军人，入伍时一律刺面，成为其身份的标志之一，因而又称"黥卒"。城市居民热衷于文身："市井人喜文身，称为刺绣。"因而专有"锦体社"以炫耀，专业文身人员称针笔匠。③ 其他百姓花样更多，但以文字为主，即使海南岛的黎人，也是如此："尚文身，豪富文多，贫贱文少，但看文字多少，以别贫贱。"④ 以所文文字多少区别贵贱。据专家保守估计，宋代文身者约 150 万至 200 万。⑤ 人身之外，甚至刺及牲畜，如桐庐县"一民兼并刻剥，闾里怨之，尽诅曰：'死则必为牛。'一旦死，果邻村产一白牛，腹旁分明题其乡社、名姓"。但因分赃不均，很快真相大白："未几，一针笔者持金十千首于郡曰：'某民令我刺字于白牛腹下，约得金均分，今实不均，故首之。'吏鞫刺时之事。曰：'以快刀剃去氄毛，以针墨刺字，毛起，则宛如天生。'"⑥ 如此等等，大批文身刺字的工匠遍布城乡，他们以针代笔，会写字、绘图。文身大多是文字和点、线、面等组成的几何纹样、图画，图像符号具有抽象性、有序性、思维性和意识性的特点。宋代的这些专业"针者"，无疑都有一定的文化。

理发匠。与现代大为不同的是，宋代理发匠兼任许多涉及文化的职责："又有一等手作人，专功刀镊，出入宅院，趋奉郎君子弟，专为干当杂事，插花挂画，说合交易，帮涉妄作，谓之'涉儿'，盖取过水之意。"⑦ 理发匠不仅"专功刀镊"，还要陪伴大户人家作杂事，甚至善于"插花挂画"。因而有明确的行规，续印《永乐大典》卷 14125 所保存的

---

① （宋）高承撰，（明）李果订《事物纪原》卷八《文身》，金圆、许沛藻点校，第440 页。

② 伊永文：《唐宋"文身"及其文化意蕴》，《中国文化研究》1995 年第 2 期。

③ （元）方回：《古今考》卷三七《五刑起何时汉文除肉刑近世配军刺旗法》，《景印文渊阁四库全书》第 853 册，第 609 页。

④ （宋）乐史：《太平寰宇记》卷一六九《儋州·风俗》，王文楚等点校，中华书局，2007，第 3233 页。

⑤ 邱志成：《国家、身体、社会：宋代身体史研究》，科学出版社，2018，第 298 页。

⑥ （宋）文莹：《湘山野录》卷中，郑世刚、杨立扬点校，第 29~30 页。

⑦ （宋）吴自牧：《梦粱录》卷一九《闲人》，第 183 页。

《净发须知》三卷，是元人在宋人基础上编印的，为宋元净发社之梳剃伎艺人传授业艺时用的说话脚本，叙净发之事，说梳剃之艺。如其十大技能：

> 一要惺惺伶俐，二要眉目分明，三要口谈舌辩，四要出言尊至，五要经师稍学，六行院皆喜，七识得本事，八明智信行，九手段周圆，十轻梳细剃。①

其中最直接的识字证例就是"五要经师稍学"，即多少要跟着经师学过儒家经书。文中基本上是采取问答形式来表现的，有韵语，有散句，而诗的比重很大，有问诗，有答诗；还有十数首《鹧鸪天》词，交错反复，铺排张扬，规模宏大。采用诗话体形式，是为了便于记诵，作为传授业艺的脚本，这种形式是再好不过的。② 从伎艺人传授的脚本这一角度来看，这14首词当出自宋代伎艺人之手。③ 这种伎艺人就是理发匠。可知宋代理发匠也有文化水平的职业门槛，都是有文化的理发匠。宋人如释大观有《赠刀镊林生》《赠刀镊》等诗④，前提就是林生等理发匠识字懂诗。

厨师。湖北有一饭店老板王氏，"三世以卖饭为业。王翁死，媪独居不改其故。好事佛，稍有积蓄则尽买纸钱入僧寺，如释教纳受生寄库钱。素不识字，每令爨仆李大代书押疏文。媪亡岁余，李犹在灶下，忽得疾仆地，不知人。经三日乃苏。初为阴府逮去，至廷下，见金紫官员据案坐，引问乡贯姓名讫，一吏导往库所，令认押字。李曰：'某不曾有受生钱，此是代主母所书也。'"⑤ 李大只是小饭店的伙夫，但能读会写。有位绍兴府的通判，"令疱人造燥子茄子，欲书判食单，问厅吏'茄'字，吏

---

① （明）解缙等纂《永乐大典》卷一四一二五《净发须知》卷上《小行程问答》，中华书局，1986，第 9175 页。
② 邓子勉：《〈净发须知〉、净发社及其他》，《中国典籍与文化》1998 年第 2 期。
③ 邓子勉、钱建平：《宋词辑佚十四首》，《文教资料》1999 年第 2 期。
④ （宋）释大观：《物初剩语》卷五《赠刀镊林生》《赠刀镊》，第 623、630 页。
⑤ （宋）洪迈：《夷坚志·支甲》卷八《鄂渚王媪》，何卓点校，第 775 页。

曰：'草头下着加。'"① 既然要官员亲笔而不用厅吏代写，说明衙门食堂里的厨师必须识字，看得懂菜单。

此外，民间手工业作坊为扩大影响，打造名牌，大做文字图片广告。如国家博物馆现存的宋朝济南刘家功夫针铺白兔商标铜板，是我国已知最早的商标，铜板长20多厘米，宽约13厘米，上端横写"济南刘家功夫针铺"，中间是白兔捣药图，左右两侧写有"认门前白兔儿为记"，下端有"收买上等钢条，造功夫细针"等七行字。欧阳修有诗云："京师诸笔工，牌榜自称述。累累相国东，比若衣缝虱……价高仍费钱，用不过数日。"② 笔工也要自做招牌广告，夸大其词，以出售质量低劣的毛笔。

许多官方营造面向社会招聘工匠，方式是招贴公告。如南宋建康官府建造御书阁时，所用工匠即"盖揭通衢，示其直以招之，非下诸邑逮追也"。③ 通过招贴写明报酬的招募公告招工，说明当地至少有识字的建筑工匠——不识字也无法勒名。

除掌握文化增强自身素质之外，不少工匠还十分注重后代的文化教育。在州学兴盛的政和年间，饶城县帽匠吴翁，"日与诸生接，观其济济，心慕焉。教子任钧使读书，钧少而警拔，于经学颖悟有得。其比邻史老，与吴翁相好，虽为市贾，亦重儒术，欲以女归钧"。任钧后果然考中入仕。④ 最为典型的莫如官至宰相的李邦彦，出身于怀州工匠家庭："父浦，银工也。邦彦喜从进士游，河东举人入京者，必道怀访邦彦。有所营置，浦亦罢工与为之，且复资给其行，由是邦彦声誉弈弈。"⑤ 银匠李浦的目光远大，见识甚高，把儿子培养成高官，从而改换门庭。南宋时有蕲州进士冯杰"本儒家"，被官方"抑为炉户"⑥，则属被逼成工匠的知识分子。

---

① （宋）张仲文：《白獭髓》，胡绍文整理，载《全宋笔记》第8编第3册，大象出版社，2017，第17页。
② （宋）欧阳修：《欧阳修全集·居士外集》卷四《圣俞惠宣州笔戏书》，李逸安点校，第768页。
③ （宋）周应合：《景定建康志》卷二八《本朝兴崇府学》，第745页。
④ （宋）洪迈：《夷坚志·补志》卷二《吴任钧》，何卓点校，第1562~1563页。
⑤ （元）脱脱等：《宋史》卷三五二《李邦彦传》，第11120页。
⑥ （元）脱脱等：《宋史》卷四一《理宗纪》，第796页。

三　宋代工匠巨大的文化贡献

宋代工匠以自己的聪明才智，为社会经济、军事、科技和文化事业做出了诸多影响深远的贡献。其荦荦大者，已经彪炳史册，永垂后世，造福人类。典型如四大发明中有三项是在宋代完善的，无疑都是工匠的贡献。

发明活字印刷术的，是一位精通文字的普通工匠。

> 庆历中，有布衣毕昇，又为活板。其法用胶泥刻字，薄如钱唇，每字为一印，火烧令坚。先设一铁板，其上以松脂蜡和纸灰之类冒之，欲印则以一铁范置铁板上，乃密布字印。满铁范为一板，持就火炀之，药稍熔，则以一平板按其面，则字平如砥。若止印三二本，未为简易。若印数十百千本，则极为神速。常作二铁板，一板印刷，一板已自布字。此印者才毕，则第二板已具。更互用之，瞬息可就。每一字皆有数印，如"之"、"也"等字，每字有二十余印，以备一板内有重复者。不用则以纸帖之，每韵为一帖，木格贮之。有奇字素无备者，旋刻之，以草火烧，瞬息可成。不以木为之者，文理有疏密，沾水则高下不平，兼与药相粘不可取，不若燔土，用讫再火令药熔，以手拂之，其印自落，殊不沾污。①

以烧制的泥字排版，快速且可以反复使用，大大加快了制版时间，节约了成本。当时并非不懂得用木活字，只是觉得有诸多不便尚未克服而已。这位发明活字印刷术的毕昇虽言"布衣"，当为平民工匠，使印刷术升级更新，是印刷史上一次伟大的技术革命，为人类文明做出了重大贡献。

航海指南针罗盘，也是海船的民间匠师所发明："舟师识地理，夜则观星，昼则观日，阴晦观指南针。"② 指南针应用在航海上，弥补了天文、地文导航的不足，是全天候的导航工具，使我国的航海事业领先于世界，开创了航海史的新纪元。

---

① （宋）沈括：《梦溪笔谈》卷一八《技艺》，（宋）沈括原著，杨渭生新编《沈括全集》，第 442 页。

② （宋）朱彧：《萍洲可谈》卷二，李伟国点校，第 133 页。

发明火药武器的是宋代官营工匠。宋仁宗天圣元年（1023）的记载表明，设于开封的工程兵广备指挥（又名广备攻城作），负责城防建设："主城之事"，下设分工细致的 21 个作坊，其中专有"火药作"。① 火药作就是历史上第一个有记载的火药武器兵工厂。"'火药'一词在这里正式出现。"② 即"火药"一词在宋代正式诞生。属于尖端的火药武器制作"皆有制度作用之法，俾各诵其文，而禁其传"。③ 这些"制度作用之法"的"其文"，就是文字性的规章制度和"秘籍"。武器制作是军事秘密，所以必须熟记背诵，但严禁将文字外传而泄密。正是由此起步，火药走向全国，走向世界，"现在已经毫无疑义地证实了，火药是从中国经过印度传给阿拉伯人，又由阿拉伯人和火药武器一道经过西班牙传入欧洲"。④ 不仅到 14 世纪逐渐取代了冷兵器，使整个作战方法发生了变革，还成为欧洲文艺复兴的重要支柱之一，大大推动了历史发展的进程。

宋代是我国古代城市转型大发展的重要时期，构成城市的基本要素是房屋，其发展主要体现在城市，宋代也是建筑业大发展的时期。建筑工匠为此做出了巨大贡献，其中的设计师、营造师等高级工匠，须有文化基础。最为杰出的人物，就是有"国朝以来木工一人而已"的喻皓（也作喻浩）。喻皓是宋初的都料匠，即营造师。经典作品是京师开封的开宝寺木塔。

> 开宝寺塔在京师诸塔中最高，而制度甚精，都料匠预浩所造也。塔初成，望之不正而势倾西北。人怪而问之，浩曰："京师地平无山，而多西北风，吹之不百年，当正也。"其用心之精盖如此。国朝以来，木工一人而已，至今木工皆以预都料为法。有《木经》三卷行于世。世传浩惟一女，年十余岁，每卧，则交手于胸为结构状，如

---

① （清）徐松辑《宋会要辑稿·职官》三〇之七，刘琳、刁忠民、舒大刚、尹波等校点，第 3794 页。
② 刘旭：《中国古代火药火器史》，大象出版社，2004，第 1 页。
③ （宋）王得臣：《麈史》卷上《朝制》，转引自宋敏求《东京记》，俞宗宪点校，第 4 页。
④ 〔德〕恩格斯：《德国农民战争》，《马克思恩格斯全集》第七卷，人民出版社，1959，第 386 页（恩格斯在 1875 年版上加的注）。

此逾年，撰成《木经》三卷，今行于世者是也。①

这条史料的后半部分比较含糊，可有两种解释：一是该书为喻皓本人撰写；二是其女总结他的经验，加上自己的钻研，撰写而成，意味着喻皓无意著述或不会写，为父女合作而成。其实，仔细推究，后说很难成立，试想：一个没有实际经验的十几岁的小姑娘，无论如何聪颖、如何痴迷，也不可能写出如此专业的经典之作。当为其女协助喻皓完成。《木经》是房屋建筑方法的著作，也是我国历史上第一部木结构建筑手册。《木经》原书已佚，但沈括记载有梗概，我们得以略窥一斑。

> 营舍之法，谓之《木经》，或云喻皓所撰。凡屋有三分：自梁以上为"上分"，地以上为"中分"，阶为"下分"。凡梁长几何，则配极几何，以为榱等。如梁长八尺，配极三尺五寸，则厅堂法也，此谓之"上分"。楹若干尺，则配堂基若干尺，以为榱等。若楹一丈一尺，则阶基四尺五寸之类。以至承拱榱桷，皆有定法，谓之"中分"。阶级有峻、平、慢三等。宫中则以御辇为法：凡自下而登，前竿垂尽臂、后竿展尽臂为"峻道"。……前竿平肘，后竿平肩，为"慢道"。前竿垂手，后竿平肩，为"平道"，此之谓"下分"。其书三卷。近岁土木之工益为严善，旧《木经》多不用，未有人重为之，亦良工之一业也。②

书中对建筑物各部分的规格和各构件之间的比例做了详细具体的规定，因科学实用，长期为后人广泛应用。南宋人评价道："世谓喻皓《木经》极为精详。"③喻皓对木构架受力情况和加强整体刚度有深刻的理解，探索

---

① （宋）欧阳修：《归田录》卷一，李伟国点校，第 1 页。

② （宋）沈括：《梦溪笔谈》卷一八《技艺》，（宋）沈括原著《沈括全集》，杨渭生新编，第 435 页。

③ （宋）晁公武：《郡斋读书志校证》卷七《将作营造法式三十四卷》，孙猛校证，上海古籍出版社，2011，第 324 页。（清）永瑢等：《四库全书总目》卷八二《营造法式》（第 712 页）载："故陈振孙《书录解题》以为远出喻皓《木经》之上"，误。查《直斋书录解题》并无此语。

出各构件之间的相互比例关系，对于简化计算、指导设计、加快施工进度大有裨益。他将多年的实践经验上升为理论，其文化水平根本不能以识字来衡量了。北宋后期出版的李诚《营造法式》一书，是官方颁布的一部建筑设计、施工的规范书，是在《木经》基础上编写的，这正是被取代的《木经》不再流传的原因。

宋代有发达的矿冶业，主要矿产得到全面开发，产量大大超越唐代。① 这与宋代有一支素质较高的工匠密不可分。例如湿法炼铜的专著《浸铜要略》一卷，就是饶州德兴人张潜、张甲父子所撰："称德兴草泽绍圣元年序。盖胆水浸铁成铜之始。"② 其父"饶之张潜博通方技，得变铁为铜之法。使其子甲诣阙献其说。朝廷始行其法于铅山，及饶之兴利、韶之涔水、潭之永兴，皆其法也"。③ 赵蕃有具体的记载：

> 布衣张甲，体物索理，献言以佐圜法。宋绍圣间，诏经理之。堤泉为池，疏池为沟，布铁其中，期以浃旬，铁化为铜。场兵千夫，服劳力作，糇粮惟邑之供。冶台岁运江淮湖广之铁，泛彭蠡，溯番水，道香溪而东。岁计所用铜，取诸铅（指铅山县—引按）之泉者几半。初额为斤十有三万，其后加之一倍。④

胆水浸铜，就是将天然胆水（含胆矾的水）引入人工建造的沟槽中，浸泡铁片，胆矾水与铁发生化学反应，水中的铜离子被铁置换而成为单质铜沉积下来。用化学物理方法变铁为铜，具有用工少、成本低的特点，推广到其他冶铜场所，贡献甚大。这父子二人，一位"博通方伎"，一位"体物索理"，都有渊博的自然科学学识，虽不是冶炼工匠，但如此精通胆铜法，自是长期实践的结果。

更多的事实中，尽管没有相关工匠识字的记载，但其发明创造能力所

---

① 王菱菱：《宋代矿冶业研究》，河北大学出版社，2005，第 1 页。
② （宋）陈振孙：《直斋书录解题》卷一四《浸铜要略一卷》，徐小蛮、顾美华点校，第 420 页。
③ （宋）王象之：《舆地纪胜》卷九〇《韶州·古迹》，李勇先校点，第 3131 页。
④ （宋）赵蕃：《章泉稿》卷五，《截留纲运记》，《景印文渊阁四库全书》第 1155 册，第 403 页。

体现的文化水平，远远超过了识字的程度。熙宁五年（1072），无品武官三司军将王靖和虢州工匠常震，发明改进了多灶酿酒法："畿内酒坊等处连三灶，岁省柴四十余万斤，推之府界陈留一县，省三十二万斤，约诸州岁省柴钱十六万缗。先献连二灶法，三司军将王靖；变连三灶法，虢州民常震，并乞加赏。"宋神宗诏"王靖迁大将，减磨勘五年；常震不理选限，试国子四门助教"。① 这种充分利用热量的节能新灶法，在开封府各酒坊推广使用，总共节省木材经费 16 万贯，朝廷对这两位技术革新能手通过提拔做官予以奖励。熙宁六年，宋神宗"赐许州民贾士明钱五十万。先是，修诸宫观，皆用黄丹烧琉璃瓦。士明献瓦法，代以黑锡，颇省费，故赏之"。② 作为一个新型建筑材料的发明家，贾士明当有足够的文化水平。

发明以外，技术的提高也很突出。宋代纺织业发达，质量超越前后代。如宋锦："锦城巧女费心机，织就一枰如许齐。仿佛回文仍具体，纵横方罫若分畦。"③ 如宋绢："唐绢粗而厚，宋绢细而薄，元绢与宋绢相似而稍不匀净。"宋绣更美妙："宋人之绣，针线细密，用绒止一二丝，用针如发细者为之，设色精妙，光彩射目。山水分远近之趣，楼阁得深邃之体，人物具瞻眺生动之情，花鸟极绰约嘤哢之态。佳者较画更胜，望之生趣悉备，十指春风，盖至此乎！……元人则用绒稍粗，落针不密，间有用墨描眉目，不复宋人之精工矣。"至于"宋人刻丝，不论山水人物花鸟，每痕剜断，所以生意浑成，不为机经掣制，如妇人一衣终岁方成，亦若宋绣有极工巧者，元刻迥不如宋也"。④ 展现了宋朝刺绣、缂丝工艺高超的程度。其中蕴含的创造力、审美观与工艺技术，无不是文化素质的体现。

结　语

作为古代"第二产业"迅猛发展的宋代手工业，是宋代社会经济发

---

① （宋）李焘：《续资治通鉴长编》卷二三三，熙宁五年五月丁酉，第 5663 页。
② （宋）李焘：《续资治通鉴长编》卷二四二，熙宁六年正月壬申，第 5896 页。
③ （宋）楼钥：《楼钥集》卷九《织锦棋盘》，顾大朋点校，第 212 页。
④ （明）张应文：《清秘藏》卷上《论古纸绢素》《论宋绣刻丝》，《景印文渊阁四库全书》第 872 册，第 15、16 页。

达的一个主要表现。如果说农民主要是体力劳动者、商人主要是脑力劳动者的话，那么工匠则是兼而有之，需要心灵手巧。能工巧匠的出现是文化水平与技术的结合，文化水平在他们身上的具体表现就是所谓的匠心，正所谓经验就是知识，知识是经验的固化。在中国文化"造极"的宋代，作用越来越重要的工匠，文化水平相应提高，识字率远远高于农民。与士大夫的精神文化不同，工匠侧重于物质文化，其文化知识侧重于实用，并直接转化为生产力，作用于社会生产，与社会生活息息相关。

工匠是"四民"之一，历来属于古代社会的一个主体，乃是仅次于农民的庞大阶层。至宋代尤为突出："贫贱者专于工巧伎艺，古所未见。一日之直可以获农夫终岁之利，故弃本逐末。"① 由于技术高超、产品价格高昂，利润大大超过农民，甚至达到一天的收益就是农民一年收入的地步，所以人们纷纷弃农为匠。具体如凿纸为纸钱的工匠："南亩之民，转而为纸工者，十且四五，东南之俗为尤甚焉。盖厚利所在，惰农不劝而趋。"② 故而，"古之工居民之一，今之工居民之百"。③ 这一具体的比例固然过于夸张，但工农结构比例大为改观，则是历史实事。按漆侠先生的论断，手工业人口占元丰初年总户数的5%~7%。④ 大观四年（1110）全国有20883258户⑤，若折中按6%计，手工业人口则为1252995户。其中官营工匠，较为固定的在编者"不下五万人"，如加上官营矿冶招募的工匠约20万人，"则宋代各种官工匠数目当接近30万人"。⑥ 按125万户每户工匠2人计，约250万人，即便以所有工匠的3/10识字计，也有75万人。宋代手工业的发展，建立在文化普及的基础之上，建立在拥有大批文化水平较高的工匠基础之上。

① （宋）李邦献：《省心杂言》，经济日报出版社，2012，第7页。
② （宋）廖刚：《高峰文集》卷一《乞禁焚纸札子》，《景印文渊阁四库全书》第1142册，第313页。
③ （宋）陈舜俞：《都官集》卷七《说工》，《景印文渊阁四库全书》第1096册，第485页。
④ 漆侠：《宋代经济史》下册，上海人民出版社，1988，第726页。
⑤ （元）脱脱等：《宋史》卷八五《地理志一》，第2095页。
⑥ 胡小鹏：《中国手工业经济通史·宋元卷》，福建人民出版社，2004，第37页。

第三节　艺人

宋代社会经济文化的大发展，带来了一系列的新变化，其中有三大结果。一是城市迅速壮大增多，商业繁荣昌盛，脱离农业生产的市民作为一个新兴阶层崛起；二是生活资料增多，有更多人得以脱离物质生产，从事精神生产，并使文化普及；三是民众有了更多的闲钱和闲暇追求文化娱乐。于是，以卖艺为职业的艺人阶层壮大活跃起来，使社会生活、民间文化丰富多彩，并诞生了一系列新的精神产品，对后世产生了深远的影响。

包括史学、文学、艺术学等在内的学术界，对此予以高度关注，就其原因、形式、业态、内容、意义等做了大量研究。然学无止境，宋代艺人阶层（在此指演艺、绘画从业人员）的文化水平和数量，却鲜有涉及。实际上，这是个具有根本性的问题，决定着艺人以及民间艺术的质量和普及程度，反映着宋代民众文化水平及文化传播状况。尽管这两个问题很难甚至无法把握和确认，但从这个角度重新审视并做一评估，想来也不无裨益。

一　宋代民间艺术的文化含量

艺术本身就是文化名词，是文化的重要内涵与组成部分，作为一种特殊的社会意识形态和文化现象，属于精神文化。无论何种艺术形式，总与文化相伴，即便是草根艺术或民间的艺术（许多艺术形式并没有阶层区别），也概莫能外。那么，宋代以表现艺术为职业的艺人阶层，所从事的主要是新兴的市民文艺和绘画，无疑也是宋代民间艺术的代表，有很高的文化含量。试举几例如下。

说书艺人除了口齿伶俐等外在的基本功以外，更主要的是内在的满腹经纶以及饱读杂学。宋人吴自牧记载：

> 说话者谓之"舌辩"，虽有四家数，各有门庭。且小说名"银字儿"，如烟粉、灵怪、传奇、公案扑刀杆棒发发踪参之事，有谭淡

子、翁二郎、雍燕、王保义、陈良甫、陈郎妇枣儿、徐二郎等，谈论
古今，如水之流。谈经者，谓演说佛书。说参请者，谓宾主参禅悟道
等事，有宝庵、管庵、喜然和尚等。又有说浑经者，戴忻庵。讲史书
者，谓讲说《通鉴》、汉、唐历代书史文传，兴废争战之事，有戴书
生、周进士、张小娘子、宋小娘子、邱机山、徐宣教；又有王六大
夫，元系御前供话，为幕士请给，讲诸史俱通，于咸淳年间，敷演
《复华篇》及中兴名将传，听者纷纷，盖讲得字真不俗，记问渊源甚
广耳。但最畏小说人，盖小说者，能讲一朝一代故事，顷刻间
捏合。①

其中，小说最为典型：

　　夫小说者，虽为末学，尤务多闻。非庸常浅识之流，有博览该通
之理。幼习《太平广记》，长攻历代史书。烟粉奇传，素蕴胸次之
间；风月须知，只在唇吻之上。《夷坚志》无有不览，《琇莹集》所
载皆通。动哨、中哨，莫非东山笑林；引伸、底倬，须还《绿窗新
话》。论才词有欧、苏、黄、陈佳句；说古诗是李、杜、韩、柳篇
章。举断模按，师表规模，靠敷演令看官清耳。只凭三寸舌褒贬是
非；略传万余言，讲论古今。……辨草木山川之物类，分州军县镇之
程途。讲历代年载废兴，记岁月英雄文武。……诗曰：小说纷纷皆有
之，须凭实学是根基。……②

说的是艺人需要从小读《太平广记》以熟悉典故，长大要钻研历代史书，
各种传奇故事、鬼神传说、古诗近词、百科知识、人情世故、风花雪月，
需无所不通，信手拈来，才能招徕众多的观众。所有这些，如果单靠师长
口耳传授是难以做到的，必须识字并多读书才能累积。

　　有两位佼佼者，可谓宋代说书艺人的代表。前文提到的南宋"王六

① （宋）吴自牧：《梦粱录》卷二〇《小说讲经史》，第 196 页。
② （宋）罗烨编《新编醉翁谈录》甲集卷一《小说开辟》，周晓薇校点，第 3~4 页。

大夫"，原是宫廷讲史人，教坊撤销后流落江湖，"记问渊源甚广耳"，"讲诸史俱通"。另一位著名艺人王防御，学问受到士大夫的敬重，去世后方万里（一说即方回，字万里）有《挽委顺子王防御》诗云：

> 温饱逍遥八十余，稗官元自汉虞初。
> 世间怪事皆能说，天下鸿儒有弗如。
> 耸动九重三寸舌，贯穿千古五车书。
> 哀江南赋笺成传，从此韦编锁蠹鱼。①

从中得知，他不但有"贯穿千古五车书""天下鸿儒有弗如"的丰富知识，还笺注《哀江南赋》。《哀江南赋》是南北朝时期庾信所作的一首骈俪文体赋，用来伤悼梁朝灭亡和哀叹个人身世，作为历史名篇，历代多有笺注。② 清人俞樾认为："按此公伎俩，当在明代柳敬亭之上，而人罕知者，亦竟不传其名也。"③ 柳敬亭是明末著名评话艺术家，因有黄宗羲为其作传而成为历史上最著名的说书艺人，但默默无闻的宋人王防御，艺术水平和文化水平均超过柳敬亭。

再如商谜，就是猜字谜语。与现代不同，宋代商谜是市井中的一种艺术职业，为赌博性文字游戏。

> 商谜，旧用鼓板吹《贺圣朝》，聚人猜诗谜、字谜、戾谜、社谜，本是隐语。有道谜（来客念隐语说谜，又名打谜）、正猜（来客索猜）、下套（商者以物类相似者讥之。又名对智）、贴套（贴智思索）、走智（改物类以困猜者）、横下（许旁人猜）、问因（商者喝问句头）、调爽（假作难猜以定其智）。④

---

① （元）陆友仁：《研北杂志》卷下，《丛书集成初编》，中华书局，1991，第 121 页。
② 参见何世剑《庾信〈哀江南赋〉的接受表征及内蕴》，《河北师范大学学报》（哲学社会科学版）2011 年第 2 期。
③ （清）俞樾：《茶香室丛钞·三钞》卷二三《委顺子说书》，中华书局，1995，第 1338 页。
④ （宋）耐得翁：《都城纪胜·瓦舍众伎》，汤勤福整理，载《全宋笔记》第 8 编第 5 册，第 15 页。

形式多达八种。南宋都城杭州著名的商谜艺人，"且言之一二，如有归和尚及马定斋，记闻博洽，厥名传久矣"。① 以此为生的艺人，基础是善于制谜，必须精通文字、"记闻博洽"。而这一智慧行当的存在，面向的是广大识字的民众，文盲无法参与，这就意味着识字市民众多，能够养活诸多职业的商谜艺人，这本身就是宋代文化普及、宋人文化水平提高的体现。

杂手艺中的"写沙书、改字"等②，均是文字艺术的表现形式。如沙书，就是一心两用，用沙在地上撒字，同时讲故事。合生是宋代说话四家之一："江浙间路岐伶女，有慧黠知文墨能于席上指物题咏应命辄成者，谓之合生；其滑稽含玩讽者，谓之乔合生。盖京都遗风也。"③ 即席命题作诗，需要精通诗的格律与结构，更需敏捷的才思，难度甚大。

音乐界艺人也不是弹奏乐器、放开嗓音那么简单，稍有成色就必须识谱。"绍兴初，都下盛行周清真咏柳兰陵王慢，西楼南瓦皆歌之，谓之渭城三叠。以周词凡三换头，至末段声尤激越，惟教坊老笛师，能倚之以节歌者，其谱传自赵忠简家。忠简于建炎丁未九日南渡，泊舟仪真江口，遇宣和大晟乐府协律郎某，叩获九重故谱，因令家伎习之，遂流传于外。"④ 这一难度极大的乐曲，南宋初由赵鼎使家伎按谱演奏重现。如前文所言，由于传统记谱法是工尺谱，识谱即意味着识字。被称为处士的乐师黄延矩出身于音乐世家：

> 家习正声，自唐以来，待诏金门，父随僖宗入蜀，至某四世矣。琴最盛于蜀，制斫者数家，惟雷氏而已。又云："雷氏之琴，不必尽善，有瑟瑟徵者为上，金玉者为次，螺蚌者亦又次焉。所以为异者，岳虽高而弦低，虽低而不拍，面按之若指下无弦，吟振之则有余韵。非雷氏者筝声，绝无琴韵也。"处士尝言：隋文帝子蜀王秀造千面琴，散在人间，故有号寒玉、韵磬、响泉、和志者。琴则有操、引、

---

① （宋）吴自牧：《梦粱录》卷二〇《小说讲经史》，第 196 页。
② （宋）耐得翁：《都城纪胜·瓦舍众伎》，汤勤福整理，载《全宋笔记》第 8 编第 5 册，第 14 页。
③ （宋）洪迈：《夷坚志·支乙》卷六《合生诗词》，何卓点校，第 841 页。
④ （宋）毛开：《樵隐笔录·渭城三叠》，载唐圭璋编《词话丛编》，中华书局，1986，第 2270 页。

曲调及弄，弦则有歌诗五曲，一曰《伐檀》，二曰《鹿鸣》，三曰《驺虞》，四曰《鹊巢》，五曰《白驹》，盖取诸国风雅颂之诗，声其章句，以律和之之谓也。非歌诗之言，则无以成其调也。本诗之言而成调，非因调以成言也，诸诗皆可歌也。①

这些见识就是文化水平的反映，非但精通音乐，至少还精通《诗经》。

至于从事造型艺术的画家，宋朝通常称画工，也称画师、画生。即便从纯技术的角度看，画工要在作品上题签落款，必须写字，因此识字写字等文化技能是职业的基础。

二 宋代艺人文化水平的具体表现

艺术离不开文化，离不开文化人。宋代艺人中，不少原本就是落魄的文人。如北宋时的教坊艺人丁石："丁石，举人也。与刘莘老（挚）同里，发贡，莘老第一，丁第四，丁亦才子也。后失途在教坊中。"② 居然是通过地方考试的发解进士，而且取得了第四名的优异成绩，文化功底相当深厚，阴差阳错成为艺人。北宋说话艺人李成："少亦曾学，长即贫困，乃惰□初心，因而作场于市肆，已说话为艺。"③ 至少在少年时代是上学读书的，因贫困辍学，卖艺挣钱。

画工中也有类似情况，如北宋前期画家孙知微，"知书，能语论，通老学"。④ 熟悉儒家和道家典籍。北宋中期的画家王端，知识面更广："幼知书，尤好读十七史，《文选》、易象、黄老之学，皆涉猎焉。"⑤ 最典型的是京东诸城人张择端："幼读书，游学于京师，后习绘事"⑥，既游学于京师开封，想必就是为了科举事业，大约是考场失利后才改行绘画，以此

---

① （宋）黄休复：《茅亭客话》卷一〇《黄处士》，赵维国整理，载《全宋笔记》第 2 编第 1 册，第 76 页。

② （宋）范公偁：《过庭录·丁石俳戏语》，孔凡礼点校，第 321 页。

③ （宋）佚名：《文酒清话》卷六《李成触忌》，李裕民整理，载《全宋笔记》第 8 编第 10 册，第 121 页。

④ （宋）刘道醇：《宋朝名画评》卷一《孙知微》，第 252 页。

⑤ （宋）刘道醇：《宋朝名画评》卷一《王端》，第 253 页。

⑥ （宋）张择端：《清明上河图》（金）张著《跋》，故宫博物院藏。

文化功底创作的千古名作《清明上河图》，是中国影响最大的美术作品。①
南宋士大夫方大琮，在为画工黄本轩作序时用了微言大义，特意指出：
"本轩儒家裔苗，必将默会于斯言。"② 出身儒学世家的黄本轩，至少是受
过家庭教育的文人，方大琮与他相识，知道其文化水平，相信他能读懂。

从许多著名艺人的名字中，也可以看出文化水平的端倪。如编写剧本
的民间艺术团体书会中，有"李大官人（谭词）"，演史中有"乔万卷、
许贡士、张解元、周八官人、陈进士、陈三官人、林宣教、徐宣教、李郎
中、武书生、刘进士、巩八官人、穆书生、戴书生、王贡士、陆进士"，
商谜中有"东吴秀才"，角抵中有"赛先生"③，唱赚中有"张五牛大
夫"，"窦四官人、离七官人"。④ 这些官称、尊称，或为本人的身份，或
为因学识得到的艺名，无论如何，都是个人文化水平的反映。

现在，让我们了解若干具体例子。

北宋著名的十七字诗艺人张山人，自言："某乃于都下三十余年，但
生而为十七字诗，鬻钱以糊口。"⑤ 他擅长的十七字诗，类似于现在的三
句半。绍圣年间，朝廷贬责元祐大臣及禁毁元祐学术文字，因司马光的神
道碑是苏轼所撰，且有宋哲宗赐额"忠清粹德之碑"，朝廷下令毁拆碑楼
并打碎石碑。张山人遂调侃道："不须如此行遗，只消令山人带一个玉册
官，去碑额上添售两个'不合'字，便了也。"⑥ 足证其文字水平和文化
水平不低。他还擅长作词："长短句中，作滑稽无赖语，起于至和。嘉祐
之前，犹未盛也。熙、丰、元祐间，兖州张山人以诙谐独步京师，时出一
两解。"⑦ 其词与十七字诗一样，都是搞笑的文字艺术。

---

① 参见拙作《〈清明上河图〉及其世界影响的奇迹》，《河南大学学报》（社会科学版）
2016 年第 1 期。

② （宋）方大琮：《铁庵集》卷三一《与画工黄本轩序》，《景印文渊阁四库全书》第 1178
册，第 301 页。

③ （宋）周密：《武林旧事》卷六《诸色伎艺人》，第 105、106、112 页。

④ （宋）吴自牧：《梦粱录》卷二〇《妓乐》，第 193 页。

⑤ （宋）王辟之：《渑水燕谈录》卷一〇《谈谑》，吕友仁点校，第 125 页。

⑥ （宋）何薳：《春渚纪闻》卷五《张山人谑》，张明华点校，第 78～79 页；参阅（宋）
洪迈《夷坚志·乙志》卷一八《张山人诗》，何卓点校，第 342 页。

⑦ （宋）王灼：《碧鸡漫志校正》卷二《各家词短长》，岳珍校正，巴蜀书社，2000，第
35 页。

南宋说史路岐人仵常，曾"辄大张榜文，挂于县外，与本县约束，并行晓示，肆无忌惮"，而且"言伪而辩，鼓惑众听"，即视角独特、观念脱俗、颇有条理，能引起民众共鸣，官府以"执左道以乱政之人"的罪名驱逐。① 他公然在县衙外大肆张贴表达自己意见的榜文，在精神上与官府分庭抗礼。

四川文风昌盛，故而"蜀伶多能文，俳语率杂以经史，凡制帅幕府之醮集，多用之"。② 所谓能文，具体就是能作文章、诗词，且多运用经史典故和句子，四川艺人的文化水平使之颇显文雅，故而官府常喜欢召唤表演。

宫廷艺人水平自是一流，有相当高的文化水平。"向者汴京教坊大使孟角球曾做杂剧本子，葛守成撰四十大曲"③（大曲是汉魏以来广泛流行的大型多段体歌舞套曲形式），会创作剧本和复杂的作曲。北宋后期，宫廷有一批优秀艺人，如元祐间的"王齐叟彦龄，政和间，曹组元宠皆能文，每出长短句，脍炙人口。彦龄以滑稽语噪河朔。组潦倒无成，作《红窗迥》及杂曲数百解，闻者绝倒，滑稽无赖之魁也。……其后祖述者益众，嫚戏污贱，古所未有。组之子知阁门事勋，字公显，亦能文。尝以家集刻板，欲盖父之恶"。④ 宫廷艺人王齐叟、曹组等不仅能写词作曲，甚至结集出版，足见其作品数量不少，质量可观。张端义曾列举宋孝宗朝的各类得幸人才，称赞他们：

> 读书作文不减儒生，应制燕闲，未可轻视。当仓卒汗墨之奉，岂容宿撰？曾觌、龙大渊（本名齑，孝宗写开二字）、张抡、徐本中、王抃、赵弗、刘弼，中贵则有甘昺、张去非、弟去为，外戚则有张说、吴琚，北人则有辛弃疾、王佐，伶人则有王喜，棋国手则有赵鄂。⑤

---

① 中国社会科学院历史研究所宋辽金元史研究室点校《名公书判清明集》卷一四《说史路人岐人仵常挂榜县门》，第 547 页。

② （宋）岳珂：《桯史》卷一三《选人戏语》，吴企明点校，第 156 页。

③ （宋）吴自牧：《梦粱录》卷二〇《妓乐》，第 191 页。

④ （宋）王灼：《碧鸡漫志校正》卷二《各家词短长》，岳珍校正，第 35 页。

⑤ （宋）张端义：《贵耳集》卷下，李保民校点，上海古籍出版社，2012，第 125 页。

这位与辛弃疾、曾觌等人齐名的伶人王喜，显然也是"读书作文不减儒生"的。

宋代宫廷专业艺人最大的文化贡献，就是创造了杂剧："俳优侏儒，固伎之最下且贱者，然亦能因戏语而箴讽时政，有合于古蒙诵工谏之义，世目为杂剧者是已。"① 代表人物是北宋中后期的教坊使丁仙现，士大夫称赞他"捷才知音"②，"在教坊数十年，每对御作俳，颇议正时事"。③ 他的文化水平之高，不仅体现在精通音乐、擅长喜剧创作表演上，而且体现在他敢于充分发挥喜剧的讽刺功能，议论朝政，嘲弄不良官员和政策上。"丁仙现自言及见前朝老乐工，间有优诨及人所不敢言者，不徒为谐谑，往往因以达下情。故仙现亦时时效之，非为优戏，则容貌俨如士大夫。"④ 其关心国事、体谅民生的情怀，与他的气质做派一样，仿佛士大夫。

商谜艺人的代表人物是宋末的丘机山。

> 以滑稽闻于时，商谜无出其右。遂游湖海间，尝至福州，讥其秀才不识字。众怒，无以难之。一日，构思一对，欲令其辞屈心服。对云："五行金木水火土。"丘随口答云："四位公侯伯子男。"其博学敏捷类如此。⑤

丘机山在文史知识和才艺方面非常自信，来到文风昌盛的福州敢于公开挑衅。福建秀才天下闻名，设计的上联很难对，因为下联的后五字必须是关联的五种事物，首字必须是数字却不能再出现"五"字。不料丘机山随即对出了下联，单以"公侯伯子男"对"金木水火土"，毫无难度，却是以"四"字开头。明明爵位是五等，为什么以四概括呢？原来，这是对

---

① （宋）洪迈：《夷坚志·支乙》卷四《优伶箴戏》，何卓点校，第 822 页。
② （宋）耐得翁：《都城纪胜·瓦舍众伎》，汤勤福整理，载《全宋笔记》第 8 编第 5 册，第 13 页。
③ （宋）朱彧：《萍洲可谈》卷三，李伟国点校，第 165 页。
④ （宋）叶梦得：《避暑录话》卷上，徐时仪整理，载《全宋笔记》第 2 编第 10 册，第 342 页。
⑤ （元）陶宗仪：《南村辍耕录》卷二八《丘机山》，李梦生校点，上海古籍出版社，2012，第 310 页。

经典的深刻理解：《周易·观卦·爻辞》云："六四：观国之光，利用宾于王。"南宋福建著名学者蔡渊解释道："观，平声。国之光，五也；宾者，四也，王亦五也。古者贤德之人，人君则以宾礼礼之，故士之进于王朝者，则谓之宾位。四位近乎五，尽见光华之盛，故利用宾于王也。"① 四位，指的就是那些有五等爵位的"贤德之人"，更显艰深高明，反衬了上联的浅显直白。如此熟悉《易经》，其博学敏捷令福州士子折服。

书会先生从事的是创作艺人演出的脚本，其文化水平颇高。流传至今的作品如小说《简帖和尚》、鼓子词《刎颈鸳鸯会》、戏文《张协状元》《董秀英花月东墙记》《刘知远衣锦还乡白兔记》等②，均可证明。南宋末，"王焕戏文盛行于都下，始自太学有黄可道者为之"。③ 即为太学生出身者所创作。

画工的具体文化水平，略举几例。榆次画工张远，"本士人，隐居山间"。④ 欧阳泲"初甚好学，屡求荐于有司，久而未售"，奋而改行绘画，尤擅长肖像画，"一时妙手，皆出其下。士君子推重焉"，被誉为妙笔第一人。⑤ 他们都是士人出身。兴国军职业肖像画家黄遵，"性疏放，颇知书，而能丹青，善传人之形神，曲尽其妙。事母笃孝，凡得画直，未尝私蓄，供甘旨外，悉归于母"。⑥ 从"颇知书"可知，其文化功底深厚。在朝廷招收画学生的考试科目中，可以看到明确的文化水平要求。

> 画学之业，曰佛道，曰人物，曰山水，曰鸟兽，曰花竹，曰屋木，以《说文》、《尔雅》、《方言》、《释名》教授。《说文》则令书篆字，著音训，余书皆设问答，以所解义观其能通画意与否。仍分士流、杂流，别其斋以居之。士流兼习一大经或一小经，杂流则诵小经或读律。⑦

---

① （宋）蔡渊：《周易卦爻经传训解》卷上，《景印文渊阁四库全书》第 18 册，台湾商务印书馆，1986，第 34 页。

② 龙建国：《宋代书会与词体的发展》，《文学遗产》2011 年第 4 期。

③ （元）刘一清：《钱塘遗事》卷六《戏文诲淫》，上海古籍出版社，1985，第 126 页。

④ （宋）邓椿：《画继》卷四《张远》，第 47 页。

⑤ （宋）刘斧撰辑《青琐高议·后集》卷一《画品》，第 116 页。

⑥ （宋）张师正：《括异志》卷八《黄遵》，张剑光整理，载《全宋笔记》第 8 编第 9 册，第 340 页。

⑦ （元）脱脱等：《宋史》卷一五七《选举志三》，第 3688 页。

其中文化基础课全是古典小学作品，而且无论高层次的士流还是低层次的杂流，都要读儒家经书。且看成都郫县人王道亨，在画学中的学业表现：

> 七岁知丹青，用笔命意已有过人处。政和中，肇置画学，用太学法补试四方画工。道亨首入试，试唐人诗两句为题曰："胡蝶梦中家万里，子规枝上月三更。"余人大率浅下，独道亨作苏属国牧羊北海上，被毡杖节而卧，双蝶飞舞其上，沙漠风雪羁栖愁苦之容，种种相称。别画林木扶疏，上有子规，月正当午，木影在地，亭榭楼观，皆隐隐可辨，曲尽一联之景。遂中魁选。明日进呈，徽宗奇之，擢为画学录。又学中尝以"六月杖藜来石路，午阴多处听潺湲"为题，余人皆画高木临清溪，一客对水坐。有一工独为长林绝壑，乱石磴道，一人于树阴深处，倾耳以听，而水在山下，目未尝睹也。雅得听潺湲之意，亦占优列。①

他们深刻理解并巧妙表达了诗意，显然建立在熟读的基础之上。诗人有"嫩绿枝头红一点，动人春色不须多"之名句，当时朝廷"尝以此试画工，众工竞于花卉上妆点春色，皆不中选。惟一人于危亭缥缈隐映处，画一美妇人凭栏而立，众工逐服。此可谓善体诗人之意矣。唐明皇尝赏千叶莲花，因指妃子谓左右曰：'何如此解语花也。'而当时语云'上宫春色，四时在目'，盖此意也。然彼世俗画工者，乃亦解此邪？"② 这些画工不仅要识字看懂题目，还要理解题意，熟知典故，富于情商，其中佼佼者的水平令士大夫赞叹。另有一例更深刻，宋初翰林图画院祗候王蔼所作《乞巧图》：

> 见天汉中，有奕奕正白气，有光耀五色。然则其说皆出处之记也。夫画工以技艺取售，求说世俗，以期易入，惟恐其异不见要于世也。今乃能以书为证，不与世俗合，则非庸人审名丹青者，儒馆旧学

---

① （宋）洪迈：《夷坚志·乙志》卷五《画学生》，何卓点校，第 225 页。
② （宋）陈善：《扪虱新话》上集卷一《画工善体诗人之意》，中华书局，1985，第 3 页。

陋矣。未尝考知此画有据为之，方且訾诮诋讥其失，可不为蔼之徒嗢噱而易哉！①

画家对经史的钻研和深刻理解，胜过士人。

不少儒雅的画家，被士大夫尊称为处士。如四川画家孙知微：

> 孙处士名知微，字太古，眉州彭山人也。因师益部攻水墨僧令宗，俗姓丘氏。知微形貌山野，为性介洁，凡欲图画道释尊像，则精心率意，虚神静思，不茹荤饮酒，多在山观村院，终冬夏方能周就。尝寓青城白侯坝赵村，爱其水竹重深，嚣尘不入，冀绝外虑，得专艺学。知微画思迟涩无羁束。

另一四川画家童益，有过之而无不及：

> 童处士名益，字友贤。因兄能画相，学习而顿悟，若生而知之。……自往及今有童君，与前辈不相下也。童君于海云山寺画慈寺如来十六罗汉，大圣慈寺三学院《楞严经》变相，玉局化龙虎君，二十四化神仙，天庆观龙虎君，圣祖殿岳渎神祇，所有神仙侍从，向背低昂，无遗其势者。鸟兽洪纤，树石山水无遁其形者，而又笔踪道健，天机俊逸。九曜院写张侍郎真，精神气韵，如出素壁之前，时推妙手。张侍郎在任日，俾童君画鲍偃五禽图，于五势之间，各写侍郎真在其中。侍郎展开曰："老夫山野，岂堪图之？"因是优礼待之。祥符中，于愚茅亭图水石六堵，谓愚曰："时辈皆云，弹琴非是乐，写真非是画，是耶非耶，请为言之。"愚对曰："……今国朝取士于诗赋策论阙一者不中其选也。则知君子之道，贵乎全也。画与学虽殊，功用奚异，君其全乎？"童曰："益虽不敏，请事斯语矣。"②

---

① （宋）董逌：《广川画跋》卷三《书官本乞巧图》，《丛书集成初编》，中华书局，1985，第 42 页。

② （宋）黄休复：《茅亭客话》卷一〇《孙处士》《小童处士》，赵维国整理，载《全宋笔记》第 2 编第 1 册，第 74、79~80 页。

他不仅善为寺院画佛教题材的壁画，还喜欢与士大夫探讨学问，文化水平可见一斑。又如杨万里《赠写真水鉴处士王温叔》①以及楼钥《叶处士写照》《叶处士画貂蝉绍蜂喜神见惠》所说的就是尊称为处士的人物画家②，类似事例很多，兹不赘述。

三 宋代艺人的数量蠡测

宋代文化艺术的大发展，除了前文所述艺人的文化质量提高之外，就是数量增多。宋代艺人队伍的规模有多大呢？这一问题的要点是至关重要，难点是无法确认。

艺人有兼职、专职之分。兼职者实际上是有一定特长的艺术爱好者，可以视为专职者的社会基础与后备军。例如宣和六年（1124），秦凤路州县"将人户籍充乐人、百戏人，寻常筵接送追呼，一例有追呼之劳"，即地方官强制有艺术特长的民户充当乐人、百戏人，要求排练节目，以供官府役使。朝廷得知后予以禁止："诏州县辄抑勒人户充乐人、百戏、社火者杖一百。"③此类违法扰民行为，到北宋末年才予以禁止，当是因为至此问题很严重，说明艺术活动的普及和官府需求的增长。朝廷演奏阵容庞大的大乐，宫廷专业艺人不够时，则从民间招募艺人。如崇宁元年（1102），"以大乐之制讹缪残阙，太常乐器弊坏，琴瑟制度参差不同，箫笛之属乐工自备，每大合乐，声韵淆杂，而皆失之太高……乐工率农夫、市贾，遇祭祀朝会则追呼于阡陌、闾阎之中，教习无成，瞢不知音"。④所谓"瞢不知音"，恐怕并非他们不会演奏，而是临时召集，缺乏排练合奏所致。所有这些情况，也促进了专职艺人队伍的扩大。

专职艺人就是以此为职业的专业艺人。通常是以家族为单位的世袭职业："善乐色伎艺者，皆其世习"⑤，他们从小言传身教、耳濡目染，长期

---

① （宋）杨万里：《杨万里集笺校》卷三〇，辛更儒笺校，第1567页。
② （宋）楼钥：《楼钥集》卷四、卷一〇，顾大朋点校，第107、235页。
③ （清）徐松辑《宋会要辑稿·刑法》二之八九，刘琳、刁忠民、舒大刚、尹波等校点，第8331页；参见（宋）谢深甫编《庆元条法事类》卷九《杂敕》，戴建国点校，第92页。
④ （元）脱脱等：《宋史》卷一二八《乐志三》，第2997页。
⑤ （宋）罗烨：《新编醉翁谈录》丁集卷一《序平康巷陌诸曲》，周晓薇点校，第26页。

接受专业培训，保证了艺术作品的高质量。在东南地区一些城市家庭，则专门培养自家女童。宋人陈郁载："吴下风俗尚侈，细民有女必教之乐艺，以待设宴者呼使。"陈润道因有诗云："养女日夜望长成，长成未必为民妻。百金求师教歌舞，便望将身赡门户。"① 不惜重金投资艺术教育，对其进行长期培训，使之具有良好的业务素质。我们探讨的艺人数量，就是也只能是专业艺人。

首都是最大最繁华的城市，人文荟萃，艺术需求量最大，要求最高，因而是高层次艺人最多的地方。

东京开封并没有艺人统计数字，但因缘际会，有接近的数据可以参考。靖康二年（1127）初，准备撤离北归的金兵大肆搜罗开封的财物和各类人才，对艺人尤感兴趣。大规模的"取索诸人物"行动自正月二十五日开始，陆续进行了六天。二十五日，"金人来索御前祗候方脉医人、教坊乐人、内侍官四十五人，露台祗候妓女幹人，蔡京、童贯、王黼、梁师成等家歌舞宫女数百人……杂剧、说话、弄影戏、小说、嘌唱、弄傀儡、打筋斗、弹筝、琵琶、吹笙等艺人一百五十余家。令开封府押赴军前"。二十六日，金人又索"教坊乐工四百人……教坊乐工数百人"。② 二十七日，"金人取索香药并诸色人"，取"蔡玉（疑为"京"——引注）、王黼、童贯家姬四十七人，大晟乐工三十六人"。二十九日，"金人来索诸人物"，"押内官二十八人、百伎工艺等千余人赴军中，哀号之声震动天地"。三十日，金人"又取画匠百人……诸般百戏一百人，教坊四百人……弟子帘前小唱二十人，杂戏一百五十人，舞旋弟子五十人……家乐、女乐器、大晟乐器、钧容班一百人，并乐器内官脚色"。二月二日，"金人再取索诸人物。是日，来取索后妃服、琉璃玉器，再要内夫人、杂工伎伶人、内官等并家属，开封府追捕极峻"。③ 以上确切或可计的为2626人；"艺人一百五十余家"者，按155家、每家艺人3人计，为465

① （宋）陈润道：《吴氏女》，载（清）厉鹗《宋诗纪事》卷七二，上海古籍出版社，1983，第1788页。

② （宋）徐梦莘：《三朝北盟汇编》卷七七，靖康二年正月二十五日、二十六日，第583页。

③ （宋）徐梦莘：《三朝北盟汇编》卷七八，靖康二年正月二十七日、二十九日、三十日，二月二日，第586~587页。

人；"梁师成等家歌舞宫女数百人""教坊乐工数百人"均按 500 人计，为 1000 人；"百伎工艺等千余人"，按其中艺人 200 人计，总数约为 4291 人。加上漏网者、围城前逃难者，北宋末开封艺人当有 5000 人。

分散在各州县的艺人更难以计数。陆游《社日》诗云："太平处处是优场，社日儿童喜欲狂。且看参军唤苍鹘，京都新禁舞斋郎。"① 表明在节日期间文艺活动普遍。又如南宋的漳州习俗："常秋收之后，优人互凑诸乡保作淫戏，号乞冬。群不逞少年遂结集浮浪无图教十辈，共相唱率，号曰戏头，逐家哀敛钱物，豢优人作戏，或弄傀儡，筑棚于居民丛萃之地，四通八达之郊，以广会观者。至市廛近地，四门之外，亦争为之不顾忌。"② 所谓被"豢"养的"优人"，显然更专业。这就意味着宋代艺人是一支遍布城乡的庞大队伍。其中分两大类型，一是业余节日型的艺人，不以表演为生；二是职业艺人，也分两类：有隶属于各级官府者，包括朝廷教坊、地方州郡歌妓等，"身隶乐籍"③，"凡天下郡国皆有牙前乐营，以籍工伎焉"。④ 但其中的女性并不是妓女，"宋时阃帅、郡守等官，虽得以官妓歌舞佐酒，然不得私侍枕席"。⑤ 即她们只是靠艺术而不是靠皮肉生活的艺人。若按每州平均 5 人计，北宋后期全国共有州 360 余，约有 2000 人。

更多艺人在民间，又分三种。一是在达官贵人家中者，除了前文所言外，如宋仁宗时，"两府、两制家中，各有歌舞，官职稍如意，往往增置不已"。⑥ 具体如宰相韩琦，"家有女乐二十余辈"。⑦ 二是在勾栏瓦肆中有固定场所演出者，以商业演出为生，有自己的班子，有的人数相当多，

---

① （宋）陆游：《陆游全集校注·剑南诗稿校注》卷二七《春社》（之四），钱仲联校注，第 88 页。
② （宋）陈淳：《北溪大全集》卷四七《上傅寺丞论淫戏》，《景印文渊阁四库全书》第 1168 册，第 875~876 页。
③ （宋）洪迈：《夷坚志·丁志》卷一二《西津亭词》，何卓点校，第 638 页。
④ （宋）陈旸：《乐书》卷一八八《东西班乐》，第 50 页。
⑤ （明）田汝成辑撰《西湖游览志余》卷二一《委巷丛谈》，刘雄、尹晓宁点校，上海古籍出版社，2018，第 259 页。
⑥ （宋）朱弁：《曲洧旧闻》卷一《掌梳头者劝仁宗拒谏仁宗立命其出宫》，孔凡礼点校，第 89 页。
⑦ （宋）赵善璙：《自警编》卷二《摄养》，程郁整理，载《全宋笔记》第 7 编第 6 册，大象出版社，2016，第 70 页。

如南宋杭州的"清乐社（有数社，每不下百人）"，"福建鲍老一社有三百余人，川鲍老亦有一百余人"。① 每社都是上百人、数百人之多。三是浪迹天涯四处卖艺者，如路岐人，以及"村落百戏之人，拖儿带女，就街坊桥巷，呈百戏使艺，求觅铺席宅舍钱酒之资"②，还有大城市饭店中"下等妓女，不呼自来筵前歌唱，临时以些小钱物赠之而去"。③ 以上职业人员很难估计，全国按 1 万人计，当不为多。

军队中颇多文艺人才以及岗位。首先是有组织的军乐："诸营军皆有乐工，率五百人得乐工五十员。"④ 按其记载的数据，艺人占军队总数的十分之一，恐怕是夸张之言。其中应该也有专业和业余之分，专业艺人按百分之二计，则百万军队中约有二万人。故而经常被军队以外的机构调用："太常鼓吹署乐工数少，每大礼皆取之于诸军。一品已下丧葬则给之，亦取于诸军。又大礼，车驾宿斋所止，夜设警场，用一千二百七十五人。奏严用金钲、大角、大鼓，乐用大小横吹、觱栗、箫、笳、笛，角手取于近畿诸州，乐工亦取于军中，或追府县乐工备数。歌《六州》、《十二时》，每更三奏之。（大中祥符六年，以其烦扰，诏罢追集，悉以禁兵充，常隶太常阅集）"⑤ 似乎是个源源不绝的乐工基地，可见数量确实不少。音乐史学者曾指出："钧容直和东西班都属于军队组织，但它们所奏的，都是《燕乐》。军队中有《燕乐》，从士兵中可以选拔出来许多专长《燕乐》的人才，这只有在宋代是如此，在中国历史上，是一种非常特殊的情形。"⑥ 其实，特殊不仅如此。还有很多士兵艺术人才，他们"出入无时，终日嬉游廛市间，以鬻伎巧绣画为业，衣服举措不类军兵，习以成风，纵为骄惰"。⑦ 军人居然能以艺术为职业，可见其技艺之精以及纪律之涣散。陕西是北宋中后期驻军最多的地方，一般都有二三十万之众，但"禁旅虽多，训练盖寡，其间至有匠氏、乐工、组绣、书画、机巧，百端

---

① （宋）西湖老人：《繁胜录》，黄纯艳整理，载《全宋笔记》第 8 编第 5 册，第 313 页。

② （宋）吴自牧：《梦粱录》卷二〇《百戏伎艺》，第 194 页。

③ （宋）孟元老：《东京梦华录笺注》卷二《饮食果子》，伊永文笺注，第 188 页。

④ （宋）陈旸：《乐书》卷一八八《东西班乐》，第 50 页。

⑤ （元）脱脱等：《宋史》卷一四〇《乐志一五》，第 3302 页。

⑥ 杨荫浏：《中国古代音乐史稿》，人民音乐出版社，2004，第 420 页。

⑦ （宋）苏舜钦：《苏舜钦集》卷一〇《诣目二》，沈文倬校点，第 139 页。

名目，多是主帅并以次官员占留手下，或五七百人，或千余人，并不预逐日教阅之数"。① 乐工、组绣、书画等艺术人才被长官占用，多者千人，少者 500 人，估计陕西驻军中被占用的艺术人才约有 1 万人，全国约有 3 万。加上军乐专业人员，总共约 5 万人。

宋人尤其是士大夫、富人喜欢保存自己的画像，敬神、装饰等都需要绘画，随着生活水平和审美要求的提高，需求更广泛，所以画工十分普遍。正如宋人王迈所谓："画工亦无数，好手不可遇。非是画事难，难得画中趣。"② 就史料所见，可说是遍布各地。如叶县画工杨生③，河中画工乔仲常④，楚城画工赵四⑤，余干洪崖乡画工⑥，鄱阳画工⑦，临川画工黄生⑧，新城刘画生⑨，浮梁画工胡生⑩，清溪画生⑪，华亭画工等。⑫ 临川县城仅闹市中就有两家画工，"邻之东西有画工，曰施氏、郝氏"。⑬ 开封更多，有的分散在权贵家中。如北宋末的监察御史胡舜陟报告，"号为十恶"之一的李彀"提举京城，肆行残鸷，给予不时。而广固、广备指挥逃者过半，招填者不至，濠寨官不胜其苦，有致仕者。董役使臣皆以其家画工充之，未尝督役"。⑭ 仅官员家养的画工就不是个小数目。政和

---

① （宋）赵抃：《清献集》卷四《论陕西官员占留禁军有妨教阅》，《景印文渊阁四库全书》第 1094 册，第 876 页。

② （宋）王迈：《臞轩集》卷一二《赠传神庄士仪》，《景印文渊阁四库全书》第 1178 册，第 613 页。

③ （宋）苏辙：《栾城后集》卷四《予昔在京师画工……偶作一首》，曾枣庄、马德福校点，第 1188 页。

④ （宋）邓椿：《画继》卷四《乔仲常》，第 48 页。

⑤ （宋）洪迈：《夷坚志·支甲》卷二《吴皋保义》，何卓点校，第 724 页。

⑥ （宋）洪迈：《夷坚志·支甲》卷四《项明妻》，何卓点校，第 739 页。

⑦ （宋）洪迈：《夷坚志·支乙》卷六《阎义方家雷》，何卓点校，第 837 页。

⑧ （宋）洪迈：《夷坚志·丁志》卷二〇《郎岩妻》，何卓点校，第 701 页。

⑨ （宋）洪迈：《夷坚志·支甲》卷五《刘画生》，何卓点校，第 749 页。

⑩ （宋）洪迈：《夷坚志·支戊》卷一〇《胡画工》，何卓点校，第 1133 页。

⑪ （宋）张侃：《张氏拙轩集》卷五《跋王坦道江淮录》，《景印文渊阁四库全书》第 1181 册，第 427 页。

⑫ （宋）蔡襄著，（明）徐㶑等编《蔡襄集》卷二九《七石序》，吴以宁点校，上海古籍出版社，1996，第 511 页。

⑬ （宋）谢逸：《溪堂集校勘》卷八《上南城饶深道书》，上官涛校勘，中山大学出版社，2011，第 152 页。

⑭ （宋）汪藻：《靖康要录笺注》卷六，靖康元年五月七日，王智勇笺注，第 742 页。

年间，《放光二大士像》传进开封，"京师争售之，画工致富者比屋然"。① 仅因此致富的画工就"比屋"而计，加上数量更多的没有致富者，当有近百家。很多民间画工技艺高超，颇有名气，如夏县画工台亨，元丰中"朝廷修景灵宫，调天下画工诣京师，选试其优者待诏翰林，畀以官禄，亨名第一。以父老固辞归养，闾里贤之"。② 景德末年，宋真宗营建玉清昭应宫，"募天下画流逾三千数，中程者不减一百人"。③ 全国知名画工 3000 余，北宋末年绘画事业大发展，当有 4000 余，加上不知名的普通画工，总共约 5000 人。

以上北宋末年全国职业艺人，估计共约 72000 人。以会读、会写为有文化的基准，其中肯定有无文化者，如举重、打弹、蹴球、射弩儿等行业的艺人，其技艺本身就缺乏文化含量。估计识字的有文化者当有 50000 人。

四　余论

从文化水平角度而言，艺人是个十分特殊的职业阶层。艺术本身就是文化，艺人表演、传播文化，靠文化谋生，所以从广义的文化上说，艺人本身就是从事精神产品生产的文化人。艺人的文化和艺术修养直接决定着作品格调的高低和市场接受度，即决定着收入的多少，整体更决定着对社会、历史影响的程度。有较高文化水平的宋代艺人阶层，较大地影响了社会，更为历史增添了新的色彩，起到了异乎寻常的作用。

其一是促进文化普及与启蒙。宋代艺人以喜闻乐见的艺术形式传播文化，寓教于乐，对民众起着直接有效的普及文化和教育的作用。例如说话："最畏小说人，盖小说者能以一朝一代故事，顷刻间提破。"④ 艺人善于概括、点睛，将复杂深奥的历史用通俗易懂的语言传播给底层民众。他们有很高的文化水平，所讲历史并不是杜撰戏说："说者纵横四海，驰骋

---

① （宋）释惠洪著，〔日〕释廓门贯彻注《注石门文字禅》卷一八《放光二大士赞并序》，张伯伟、郭醒、童岭、卞东波点校，中华书局，2012，第 1146 页。
② （元）脱脱等：《宋史》卷四五六《孝义传》，第 13409 页。
③ （宋）刘道醇：《宋朝名画评》卷一《武宗元》，第 249～250 页。
④ （宋）耐得翁：《都城纪胜·瓦舍众伎》，汤勤福整理，载《全宋笔记》第 8 编第 5 册，第 15 页。

百家。以上古隐奥之文章，为今日分明之议论。或名演史，或谓合生，或称舌耕，或作挑闪，皆有所据，不敢谬言。"① 是有根有据的真实历史，是通俗史学发展的突出表现和路径，在一定范围内和一定程度上起到了史学的认识作用、鉴戒作用、熏陶作用和激励作用。② 绍兴年间，杭州"有三市井人好谈今古，谓戚彦、樊屠、尹昌也。戚彦乃皇城司快行，樊屠乃市肉，尹昌乃佣书。有无名人赋诗曰：'戚快樊屠尹彦时，三人共坐说兵机。欲问此书出何典，昔时曾看王与之。'（与之，乃说书史人）"③ 可知他们的军事知识等，主要都来自说书人。与教少儿识字、知识的教师不同，艺人教所有人道理并分享个人经验。

其二是文化保存与传承。以绘画最典型，如张择端的《清明上河图》，用现实主义手法描绘的北宋开封市井风俗情况，历来是了解宋代、古代城市景物风俗的最直观的形象资料，足以弥补文字资料的缺失与不足，至今在世界上是中国传统城市和文化的名片，有北宋百科全书之价值。④ 又如北宋中期扬州芍药颇负盛名，有一年盛开之际，知州刘攽认为：

> 古人之不知芍药何疑？然当时无记录，故后世莫知其详。今此后无传说，使后胜今，犹不足恨；或人情好尚更变，骎骎日久，则名花奇品遂将泯然无传，来者莫知有此，不亦惜哉？故因次序，为谱凡三十一种，皆使画工图写，以示未尝见者使知之，其尝见者因以吾言为信矣。⑤

画工真实准确地描绘了 31 种芍药形象，既广泛传播、扩大影响，更为后世保留了难得的图像资料。其他如现存的宋人话本有 40 多种，包含了大量当时社会的原生态信息。

---

① （宋）罗烨编《新编醉翁谈录》甲集卷一《小说引子》，周晓薇校点，第1页。
② 舒焚：《两宋说话人讲史的史学意义》，《历史研究》1987 年第 4 期。
③ （宋）张仲文：《白獭髓》，胡绍文整理，载《全宋笔记》第 8 编第 3 册，大象出版社，2017，第 22 页。
④ 参见拙作《〈清明上河图〉及其世界影响的奇迹》，《河南大学学报》（社会科学版）2016 年第 1 期。
⑤ （宋）刘攽：《彭城集·补编·芍药谱序》，逯铭昕点校，第 1065 页。

　　其三是文化的异端与多元存在。市民文艺是民间的视角，展现的是平民情趣和民间价值观，与官方的视角、情趣、价值观颇有差异，并侵蚀对抗着朝廷的清规戒律，反映出社会文化生态与时代特征。洪迈说："俳优侏儒，固技之最下且贱者，然亦能因戏语而箴讽时政，有合于古蒙诵工谏之义，世目为杂剧者是已。"[1] 演出内容直接表达对时局的不满。士大夫屡屡指斥市民文艺低俗，违背传统礼教。如：

　　　　至今优诨之言，多以长官为笑[2]；

　　　　俳儿优子，言辞无度，非所以导仁义、示雍和也。[3]

故而言瓦子勾栏"甚为士庶放荡不羁之所，亦为子弟流连破坏之地"。[4]在这些卫道士看来，市民文艺简直就是诲淫诲盗，官府有时甚至对其大打出手。嘉熙年间大旱，杭州西湖干枯，杂草丛生，创作赚词的名家书会先生李霜涯因而作词戏弄道："平湖百顷生芳草，芙蓉不照红颠倒。东坡道，波光潋滟晴偏好。"官府大怒，"管司捕治，遂逃避之"。[5] 又如流浪城乡的说史艺人仵常，因演出内容离经叛道，惹恼了地方官，予以惩处：

　　　　仵常远乡怪民，言伪而辩，鼓惑众听，此真执左道以乱政之人……肆无忌惮，自合惩断。且以正旦，与免行刑，只今押出本县界。再敢入境，勘杖一百，令众，无恕。[6]

由于是在新年喜庆期间才免于肉刑，但必须驱逐出境。刑法所镇压的，正

---

① （宋）洪迈：《夷坚志·支乙》卷四《优伶箴戏》，何卓点校，第 822 页。
② （宋）魏泰：《东轩笔录》卷三，李裕民点校，第 32 页。
③ （宋）叶延珪：《海录碎事》卷一六《俳儿优子》，上海辞书出版社，1989，第 489 页。
④ （宋）耐得翁：《都城纪胜·瓦舍众伎》，汤勤福整理，载《全宋笔记》第 8 编第 5 册，第 12 页。
⑤ （元）杨瑀：《山居新话》，《丛书集成初编》，中华书局，1991，第 32 页。
⑥ 中国社会科学院历史研究所宋辽金元史研究室点校《名公书判清明集》卷一四《说史路岐人仵常挂榜县门》，第 547 页。

是这种异端行为和观念。但对民众而言，那片刻的嘲弄与放松，多少消解了一些愤懑，获得一些精神胜利，无疑起着排气阀的作用。

其四是创造了新的艺术形式。如果说上述三种现象古已有之，只是宋代非常突出的话，那么新的艺术形式出现，无疑是宋代艺人的独创。城市高度繁荣，打破了传统的坊市制度，新型城市诞生出新兴的市民阶层，随即出现的市民文艺成为俗文化主流。就场所而言，前所未有的瓦子勾栏，汇聚并培育了众多民间艺人。就形态而言，由此诞生出真正意义上的市民文艺和文化，诸如说话、杂班、吟叫、诸宫调、杂剧、影戏等，都是新的文艺形态。① 如"泽州孔三传者，首创诸宫调古传，士大夫皆能诵之"；就内容而言，市民文艺主要是商业演出，靠观众人数挣钱，追求感官刺激以迎合吸引观众，不免低俗，"嫚戏污贱，古所未有"。② 首创的历史影响更为重大，如话本成为白话文小说的源头，杂剧成为戏剧形成的开端，影戏乃是皮影以及电影的起点等，总之，北宋艺人创建的市民文艺开辟了一个新时代，向文化史上奉献了一场饕餮盛宴。

宋代艺人文化水平的提高，既是宋代文化普及的艺术体现，更进一步普及了文化，使普通民众的文化素质得到提高。宋代艺人拓展了文化的广度，张扬的民间意愿和兴趣，是文化的多元发展与异端存在，在一定程度上与正统的儒家文化分庭抗礼。更应注意的是，随着南宋朝廷教坊的消失，民间艺人完全取代了宫廷艺人③，意味着民间艺人的文化水平足以达到原教坊御用艺人的标准，朝廷不得不认可，可谓民间艺术的一个胜利。

---

① 参见拙作《略论宋代市民文艺的特点》，《史学月刊》1998 年第 6 期；《论汴京是中国戏剧的发祥地》，《中原文化研究》2015 年第 5 期；《影戏在汴京的发祥与流传》，《河北大学学报》（哲学社会科学版）2017 年第 3 期。

② （宋）王灼：《碧鸡漫志校正》卷二《各家词短长》，岳珍校正，第 35 页。

③ 参见张丽《宋代教坊乐队的沿革及其历史文化特征》，《音乐研究》2002 年第 1 期。

第四章
宋代民众识字群体状况

社会群体在阶层和职业分工以外，还有更明显的区分，比如女子、少数民族、江湖士人、平民百姓等。他们整体上占人口的绝大多数，是社会的基础和主体部分。他们的文化水平高低，对宋代识字率的估测结果起决定作用。

第一节　女子

在男权社会的中国古代，男尊女卑观念根深蒂固，史籍罕见女子身影，哪里谈得上研究其文化水平与贡献呢？尤其是在理学兴起的宋代，包括学界在内的传统观念以为愈加压抑女性，更无女子风光可言。其实，除了想当然和偏见以外，正因如此，宋代女子的文化水平才更有话要说，她们中相当一部分人接受过文化教育，是宋文化大发展的一个主要群体。对于宋代女子的文化素质，学界多有关注，均从不同角度涉及了女子的教育、文化以及文学成就等问题①，为进一步研究提供了良好基础和视角。

① 文学史方面的研究成果较多，如苏者聪《宋代女性文学》，武汉大学出版社，1997；谢稚《宋代女性词人群体研究》，湖南人民出版社，2010；杏林《宋代才女传》，山东友谊出版社，1989。教育史方面的研究成果有赵国权《两宋女子教育研究的百年回顾与重构》，《教育史研究》2017年第3期；有关硕士学位论文如马莉《宋代女子教育》，河南大学，2003；张丽晶《宋代平民女子教育研究》，东北师范大学，2008；李扬《宋代女性教育与女性文学》，西北大学，2018。史学界的相关成果有邓小南主编《唐宋女性与社会》，上海辞书出版社，2003；〔美〕伊沛霞《内闱：宋代的婚姻和妇女生活》，胡志宏译，江苏人民出版社，2004；铁爱花《宋代士人阶层女性研究》，人民出版社，2011；等等。

但主要研究对象是士人和士大夫家眷，对于宋代女子的文化水平，尚无直接、整体性的论述，而该问题正是前人研究的相关种种问题的基础，事关宋代文化发展等诸多问题。

一 宋人女子教育的理念

女子要有文化吗？这实在是一个具有深刻意义的问题，折射出诸多思想观念。宋代并无"女子无才便是德"的观念，恰恰相反，官方以及社会舆论普遍赞成女子受教育、学文化。

从最高统治者皇帝来说，尊重妇女的文化作品。如宋真宗诏令诸儒编历代君臣事迹一千卷，名为《册府元龟》，其中原涉及大量妇女言行，他要求单独编辑，析为一书："不欲以后妃、妇人等事厕其间，别纂《彤管懿范》七十卷。又命陈文僖公裒历代帝王文章为《宸章集》二十五卷，复集妇人文章为十五卷，亦世不传。"[1] 《宋史》也记载陈彭年"又受诏编御集及宸章，集历代妇人文集"。[2] 将历史上的女子事迹和文章编辑成专门的两部文集，本意是不让女子与士人混在一起，客观上无疑表明官方的肯定与宣扬，是朝廷行为，体现国家意志，适应宋代女子地位和文化水平提高的历史需要，以此为榜样，对广大女子起鼓励作用。

对于女子的文化教育，皇帝也有明确的积极态度。如宋高宗言："朕以谓书不惟男子不可不读，虽妇女亦不可不读，读书则知自古兴衰，亦有所鉴诫。"[3] 他希望全民识字，把女子和男子置于平等地位，必须读书，并通过读书"知自古兴衰，亦有所鉴诫"。这话不单是针对后宫而言，也包括民间女子。宋代的童子科中允许女童应试，并给予中选者奖赏：

> 自置童子科以来，未有女童应试者。淳熙元年夏，女童林幼玉求试，中书后省挑试所诵经书四十三件，并通。四月辛酉，诏特封孺人。[4]

---

[1] （宋）宋敏求：《春明退朝录》卷下，诚刚点校，中华书局，1980，第46页。

[2] （元）脱脱等：《宋史》卷二八七《陈彭年传》，第9666页。

[3] （清）徐松辑《宋会要辑稿·后妃》二之九，刘琳、刁忠民、舒大刚、尹波等校点，第281页。

[4] （宋）李心传：《建炎以来朝野杂记·乙集》卷一五《女神童》，徐规点校，第778页。

经过严格的考试，合格后，封为初级朝廷命妇。嘉定五年（1212），又有
"女童子吴志端令中书覆试"。后有臣僚提出不同意见，以为"今志端乃
以女子应此科，纵使尽合程度，不知他日将安所用？况艳妆怪服，遍见朝
士，所至聚观，无不骇愕。……倘或放行覆试，必须引至都堂，观听非
便。乞收还指挥，庶几崇礼化，厚风俗。若以其经国子监挑试，则量赐束
帛，以示优异"。反对的理由，一是录取了无法任官使用，二是她艳妆怪
服四处拜访朝士，引起围观，实在不雅，故而不宜在中书覆试。宋宁宗接
受了这一建议，改为由国子监考试，给予赏赐。① 由以前的中书覆试、政
治册封变为国子监考试、物质奖励，待遇虽然降低，只是认为女童不宜张
扬，仍"示优异"，以资鼓励。

宋代的主流舆论，普遍主张女子应该学习文化，掌握一定的知识。

自号"迂叟"、思想以保守著称的司马光，就一反常态，抨击只教男
不教女的错误观念，一再强调女子应学习："但教男而不教女，不亦蔽于
彼此之教乎？……然则为人，皆不可以不学，岂男女之有异哉？是故女子
在家，不可以不读《孝经》、《论语》及《诗》、《礼》，略通大义。其女
功，则不过桑麻织绩、制衣裳、为酒食而已。至于刺绣华巧，管弦歌诗，
皆非女子所宜习也。"并明确将好学有文化定位为贤女的主要标准："古
之贤女，无不好学。"② 家庭妇女必须识字读书明义理，但不宜学习文艺
之类的管弦歌诗。他还为不同年龄段的女子制定了具体的教学大纲。

> 六岁，教之数与方名。男子始习书字，女子始习女工之小者。七
> 岁……始诵《孝经》、《论语》，虽女子亦宜诵之。……八岁……男子
> 诵《尚书》，女子不出中门。九岁，男子诵《春秋》及诸史，始为之
> 讲解，使晓义理。女子亦为之讲解《论语》、《孝经》，及《列女
> 传》、《女戒》之类，略晓大意。十岁，男子出就外傅，居宿于外。
> 读诗、礼、传，为之讲解，使知仁、义、礼、智、信。……观书皆

① （清）徐松辑《宋会要辑稿·选举》一二至三八，刘琳、刁忠民、舒大刚、尹波等校
点，第 5512 页。
② （宋）司马光：《温公家范》卷六《女》，王宗志注释，天津古籍出版社，1995，第
107～108 页。

通，始可学文辞。女子则教以婉娩听从，及女工之大者。①

教育内容男女有别，女子多了女红作业，文化课多了《列女传》《女戒》，少了《尚书》《春秋》及诸史、儒家其他经典，以及文辞。这是面向未来需要的学习，指明是为士大夫和富室主妇做准备，符合家庭妇女的社会生活实际，也可以说是古代"家政学"的课程。故而，经朱熹等人的进一步宣扬，成为后代众多家族奉行的行为准则，对中国古代社会产生了重大的影响。

北宋中期的颍川谢氏，"世为儒家"，在教育儿子经术的同时也教育女子，认为"夫人所大患，莫大于不知古，世之妇女，尤为蓍暗，无所闻睹，为妇为母，而皆莫知所有自为者之道。行不师古，而欲其无为父母忧辱，不可得。是以谢氏诸为父母者，率用此为诫。生子女必教，其言其行，使必有所师法，故谢氏女之贤，于世有闻"。有文化的谢氏女儿，以贤惠著名于当时。郑侠对此深有感触："若女子者，深闺内阁，无所闻见，可不使知书哉？是则教子之所宜急，莫若女子之为甚。乃置而不教，此悍妇戾妻，娇奢淫泆，狼狈不可制者，所以比比而家道不正。如有用媒之良者，必先此。"② 在他看来，女子教育比男子教育甚至更加重要：没有文化的妻子会是骄奢淫逸的悍妇、戾妻，毁坏家庭和睦。士人如没有"齐家"这个前提，谈何"治国、平天下"？因而娶妻必先寻求有文化的女子。

两宋之际的孙觌指出："予尝谓妇人女子虽以幽闲静专为德，而尸居傀然，懵不知事，如土木偶人，则为愚妇；至有聪明过人，则出而乘夫，长舌鸣晨，为艳妻；惟哲妇，其能匪棘匪徐，动得理所，虽士君子亦难也。"③ 所谓理想的"哲妇"，就是有文化的女子，正是司马光"贤女"标准的延续。袁燮将这种女子誉为"女士"：

① （宋）司马光：《司马氏居家杂仪》，上海社会科学院出版社，2016，第213~214页。
② （宋）郑侠：《西塘集》卷四《谢夫人墓表》，《景印文渊阁四库全书》第1117册，第411、414页。
③ （宋）孙觌：《鸿庆居士集》卷四〇《恭人杨氏墓志铭》，《景印文渊阁四库全书》第1135册，第445页。

　　盖所谓女士者，女子而有贤士之行也，其识高，其虑远，其于义理甚精，而不移于流俗，闺阃楷模于是乎在，岂独惟中馈是供乎？①

什么是女士呢？"谓女而有士行者"②，也即女士人、有文化的女子。观念最前卫的是事功学派代表叶适："妇人之可贤，有以文慧，有以艺能。"③他比司马光开放得多，无论拥有文学还是技艺，都是贤妇。袁采则从大多数人居家过日子的角度，指出妇女应当拥有基本的文化水平。

　　妇人有以其夫蠢懦而能自理家务，计算钱谷出入，人不能欺者，有夫不肖而能与其子同理家务，不致破家荡产者，有夫死子幼而能教养其子，敦睦内外姻亲，料理家务，至于兴隆者，皆贤妇人也。而夫死子幼，居家营生最为难事。托之宗族，宗族未必贤，托之亲戚，亲戚未必贤。贤者又不肯预人家事，惟妇人自识书算而所托之人衣食自给，稍识公义，则庶几焉。不然，鲜不破家。④

女子只有"自识书算"，才能在丈夫不理家或寡居的情况下自立门户，当家维持生计。换言之，必须有文化才能代替丈夫挽救家庭，维持家族生计。

　　朱熹继承了司马光等人的女子教育观。有学生问："女子亦当有教。自《孝经》之外，如《论语》，只取其面前明白者教之，何如？曰：亦可。如曹大家《女戒》、温公《家范》，亦好。"⑤　与司马光相比，朱熹更强调德育，更保守些。

　　以上可见，对于提高女子的文化水平，宋代士大夫、皇帝已有共识，而且因家庭层次不同有所区别：士大夫家庭以提高素质、品质为主，中下

---

① （宋）袁燮：《絜斋集》卷二一《何夫人宣氏墓志铭》，《景印文渊阁四库全书》集部第1157册，第287页。

② 《诗经·大雅·既醉》："其仆维何，厘尔女士。"孔颖达疏云："女士，谓女而有士行者。"（清）王先谦：《诗三家义集疏》卷二二《既醉》，吴格点校，中华书局，1987，第891页。

③ （宋）叶适：《叶适集·水心文集》卷一四《张令人墓志铭》，刘公纯、王孝鱼、李哲夫点校，第264页。

④ （宋）袁采：《袁氏世范》卷上《寡妇治生难托人》，第47页。

⑤ （宋）黎靖德编《朱子语类》卷七《小学》，王星贤点校，第127页。

层家庭以提高能力为主。教学内容的选择，有不同的看法。司马光之外，还有人不赞成女子学习诗词文学创作之类的娱乐活动。南宋理学家真德秀，别有用心地将司马光、程颐、胡瑗的观点，曲解概括为："今人或教女子以作歌诗，执俗乐，殊非所宜也"；"见世之妇女以文章笔札传于人者，则深以为非"；"郑卫之音导淫，以教女子非所宜也"。① 出发点是维护女子的端庄形象，即维护礼教。

不过，尽管他们都是大儒，但这些老夫子之言的社会影响在当时有限，即便在士大夫家庭，仍多有女子精通诗词音乐。最典型的事例，莫如二程的母亲侯氏：

> 幼而聪悟过人，女功之事，无所不能。好读书史，博知古今……夫人好文，而不为辞章，见世之妇女以文章笔札传于人者，深以为非。平生所为诗不过三十篇，皆不存。②

尽管知道女子创作诗文的行为不大正当，但仍不免好文作诗，是否明知故犯呢？实际上，她反对的并不是女子创作，只是认为作品不宜公开于世。后人如前引真德秀有意无意地曲解其意，甚至移植到程颐身上，反映的是南宋的一股偏执陈腐趋势。北宋末的王夫人多才艺，并"能为小诗"，但其丈夫"未尝以示人"，唯好友王庭珪"时得观之。其意亦谓，此非妇人女子之所当急，诗一传于人，则争相腾播，卒掩其内行。然以妇人之知书识翰墨，又以教其子孙，非贤能若是乎？"③ 女诗人自己也认为，流传社会的诗文把女子内心情感暴露于众，遭受众口褒贬，不免令人难堪。天圣年间，有随父在汉州作县令的女郎卢氏任满回京的途中，在泥溪驿舍壁上题写《凤栖梧》一词，其序中云："登山临水，不废于讴吟，易羽移商，聊缘于羁思，因成《凤栖梧》曲子一阕，聊书于壁，后之君子览之者，

---

① （宋）真德秀：《西山先生真文忠公读书记》卷二〇《小学大学》，载《中华再造善本》第 14 册，北京图书馆出版社，2006，第 14 页。
② （宋）程颢、程颐：《二程集·河南程氏文集》卷一二《上谷郡君家传》，王孝鱼点校，第 653、655 页。
③ （宋）王庭珪：《卢溪文集》卷四四《故王氏夫人墓志铭》，《景印文渊阁四库全书》第 1134 册，第 308 页。

无以妇人窃弄翰墨为罪。"① 担心被斥"窃弄翰墨"。由此也可知，宋代女作家群的崛起，实际上是在比较压抑的气氛中勃发的，否则会更加灿烂。

总之，"宋代士大夫将文化水平作为贤妇应具有的素养，注重对妇女进行文化教学，这是宋代妇女观与妇教观的一大进步，比之明清之后'女子无才便是德'的观点，应当值得肯定"。② 此言甚当。

二　宋代女子教育的盛况

秉持上述基本理念，宋人广泛开展对女子的文化教育，具体形式主要有以下几类。

1. 学堂教育

学堂教育是正规教育，需要相当的教学条件。

在最高层，有宫中女子学堂。宋仁宗时，女官尚仪之下设司籍二人，掌管"经籍教学纸笔几案之类。其佐有典籍、掌籍各二人，女史十人"。③ 既云"经籍教学"和"纸笔几案"等学习用品、课堂家具，当是教育后宫女官的机构。具体事例予以证实。宋仁宗时的宫女董氏，"四岁入宫，稍长为御侍，性和厚，喜读国史，能道本朝典故，侍帝左右未尝有过失，皇祐中封闻喜县君"。④ 四岁即入宫，后来之所以能喜读国史，定是在宫内学会了识字。文化课以外，宫女还要学"体音美"等课程。如大清早就要在殿中学书法："清晓自倾花上露，冷侵宫殿玉蟾蜍。擘开五色销金纸，碧琐窗前学草书。"一般而言，书法应先学篆、楷或隶书，对于在皇宫工作的宫女来说，更不会先学或只学草书，说明此前已经学过其他，也说明她们的学习很全面系统；学器乐："博士当年教玉筝"，"新学琵琶曲破成"；学舞蹈："十三垂髻碧螺松，学舞经年后苑中"，从十三岁开始，

① （宋）张师正：《倦游杂录》卷三《凤栖梧词》，李裕民整理，载《全宋笔记》第8编第9册，第224页。

② 方建新主编《中国妇女通史·宋代卷》，杭州出版社，2011，第443页。

③ （清）徐松辑《宋会要辑稿·后妃》四之二至三，刘琳、刁忠民、舒大刚、尹波等校点，第323~324页。

④ （宋）李焘：《续资治通鉴长编》卷一八九，嘉祐四年四月己丑，第4563页。

舞蹈学了一两年；学打球："内苑宫人学打球"① 等。她们服侍皇室的才艺，都是在皇宫中学习的，即皇宫内有一套完整的女子文化才艺教育体系。

民间的学堂中，常见女子的身影。如彭城县君钱氏，"夫人资素敏慧，不类常女。其就傅也，自垂髫迨笄总，习组纴，隶文史，至于笔札书记之事，过目则善焉，故二亲奇而爱之"。② 所谓就傅，就是正式从师上学，在其三四岁至十三四岁间，所学的课程有女红、文史、书法等。宣和年间，有一名为幼卿的妇女题写于陕府驿壁云："幼卿少与表兄同研席，雅有文字之好。"并留有《浪淘沙》词一首。③ "同研席"即同学，就是不分男女都在一个家族塾院读书上学。南宋临安府开杂货铺的商人乐美善之子乐和上学的学堂，就有女同学。

> 幼年寄在永清巷母舅安三老家抚养，附在间壁喜将仕馆中上学。喜将仕家有个女儿小名顺娘，小乐和一岁。两个同学读书，学中取笑道："你两个姓名'喜乐和顺'，合是天缘一对。"两个小儿女，知觉渐开，听这话也自欢喜，遂私下约为夫妇。④

喜将仕的女儿在塾馆与男孩子一起上学。端平年间，浙东一个富户罗仁卿之女也是如此。

> 邻居有个罗仁卿，是崛起白屋人家，家事尽富厚。两家同日生产，张家得了个男子，名唤幼谦；罗家得了个女儿，名唤惜惜。多长成了。因张家有了书馆，罗家把女儿寄在学堂中读书。……冬间，先生散了馆，惜惜回家去过了年。明年，惜惜已是十五岁，父母道他年

---

① （宋）王珪：《华阳集》卷六《宫词》，《景印文渊阁四库全书》第 1093 册，第 32、30、29、33、29 页。

② （宋）苏颂：《苏魏公文集》卷六二《彭城县君钱氏墓志铭》，王同策、管成学、颜中其点校，第 953 页。

③ （宋）吴曾：《能改斋漫录》卷一六《幼卿浪淘沙词》，第 478 页。

④ （明）冯梦龙：《警世通言》卷二三《乐小舍拚生觅偶》，华夏出版社，2013，第 220 页。

纪长成，不好到别人家去读书，不教他来了。①

这是送女儿在邻居家书馆里读书，男女同学。娟女郝温琬，在作商人的父亲去世后，流落到亲戚家，后来上学。

> 琬情柔意闲雅，少不好嬉戏。六岁则明敏，训以诗书，则达旦不寐。从母授以丝竹，训笃甚严，琬欣然承。暇日诵千言，又能约通其大义。喜字学，落笔无妇人体，道浑且有格。尝衣以男袍，同学与之居，积年，不知其女子也。②

她多年来女扮男装所上的学堂，应是正规的村学或市学。

宋代女子教育最大的亮点，就是出现了女子学堂。成都女子杨氏，丈夫为教书先生，她"该涉文史，徽德婉行，闻之闾里"，并在家中开办起女子学堂，自任教师。

> 夫人亦以章句、字画训诲诸女，及里中内外亲表之甥侄。每佳时令节，车交马集，衣冠拥会，立候墙宇，邻钗巷帔，招约呼引，裙裾次次，罗列梱内，修弟子之礼，为经师教姆之贺。如是者凡三十年，远近称仰之。

有"以书史化邑屋"之赞誉。③ 她所教不是发蒙，而是解说经义和书画美术，既教自己女儿，也惠及大众，周边女子纷纷前来求学，尊之为"经师教姆"。一座开办 30 年的学堂，育人多多，足以使之成为职业教师，从"邻钗巷帔""裙裾次次"可知，学生以女童为主，他们逢年过节纷纷前来拜贺。

另有名师教授。如楚州官妓王英英，"善笔札，学颜鲁公体。蔡襄顷

---

① （明）凌濛初编著《拍案惊奇》卷二九《通闺闼坚心灯火　闹图圄捷报旗铃》，张兵、许建中校，第 289 页。
② （宋）刘斧撰辑《青琐高议·后集》卷七《温琬》，第 167 页。
③ （宋）文同：《丹渊集》卷四〇《华阳县君杨氏墓志铭》，第 299、300 页。

教以笔法，晚年作大字甚佳。梅尧臣赠之诗曰：'山阳女子大字书，不学常流事梳洗。亲传笔法中郎孙，妙画蚕头鲁公体。'"① 得大书法家亲炙，也成名笔。

2. 家庭教育

宋代女子教育形式，最普遍的是家庭教育。以书香人家为主，教师则为其父或母、祖等长辈。

如前引颍川汝阴人谢氏，"世为儒家，其教子弟必以经术，教诸女亦如之。凡诗书礼义、古今义妇烈女，有见于传记者，必使之习读，通其理义。……是以谢氏诸为父母者，率用此为诚。生子女必教，其言其行，使必有所师法"。② 自家教育女子像儿子一样，作为家规全族实行，成就了谢家贤女的名声。宋氏夫人"生十年，母教之剪制之事，音律之法，诗书之言"。③ 母亲所教既有女红，也有诗书，还有音乐。士大夫之女刘氏，从小跟随父亲学习儒家经典："自幼柔惠警敏，父授以《孝经》、《论语》、《孟子》，一过能诵，略通大义，终身不忘。"④ 夫人张氏，父祖皆为文人，受教于爷爷，"髫而警敏，笄而婉嫕。授《孝经》、《女训》于其祖，略通大义"。⑤ 王夫人之父是吉州安福县知名老儒王遵道，"初以《诗》《礼》《论语》等书自教，夫人读数过辄成诵，耳闻目染，不待勤苦而成，字画亦工。故人萧公敞素善书，见夫人垂髫时学书，惊曰此女可教，因授以笔法，由是书益好"。⑥ 王遵道不但自己教女儿读书，还请专业教师来教书法。奉议郎知嵊县孙潮之女孙氏，"四岁知书，父授以《孝经》《论语》"。⑦ 明州人戴氏，出身儒学世家，受到系统的教育："外祖父始修儒业，教子有法度，以夫人聪明静专，柔嘉孝谨，可教也，授以诸经，

① （宋）胡仔纂集《苕溪渔隐丛话·前集》卷三一《梅圣俞》，廖德明校点，第216页。
② （宋）郑侠：《西塘集》卷四《谢夫人墓表》，《景印文渊阁四库全书》第1117册，第411页。
③ （宋）王珪：《华阳集》卷五四《宗室延州观察使夫人京兆郡宋氏墓志铭》，《景印文渊阁四库全书》第1093册，第399页。
④ （宋）杨万里：《杨万里集笺校》卷一三一《太孺人刘氏墓志铭》，辛更儒笺校，第5052页。
⑤ （宋）杨万里：《杨万里集笺校》卷一三一《夫人张氏墓志铭》，辛更儒笺校，第5068页。
⑥ （宋）王庭珪：《卢溪文集》卷四四《故王氏夫人墓志铭》，《景印文渊阁四库全书》第1134册，第308页。
⑦ （宋）周必大：《周必大集校证》卷七八《冲虚居士钱君朝彦墓碣》，王瑞来校证，第1130页。

肄业如二兄。母蔡氏诲之尤力，婉娩听从，织纴、组绌、酒浆、笾豆、菹醢，凡古公宫所教，彤管所纪，德言容功，日从事焉惟谨。字画仿颜体，甚婉而劲。"① 父母的共同施教，使其文化素质和生活能力全面提高。

还有一些官员喜欢在家中为女眷讲学。如李公择："每令子妇诸女侍侧，为说《孟子》大义。"② 名宦叶梦得，"每夜必延诸子女儿妇列坐说《春秋》，听者不悦，曰：'翁又请说《春秋》邪？'"③ 此类经书的讲解不是文化的普及，而是文化的提升。也说明这些官员认为女子能听懂，且有讲解、提升的必要。

那些并非文儒的家庭，则会招聘教师来家教育女子。如处州富室林五郎，只有独生一女名素姐，"小年患痘疮，一眼失明。夫妻商议：'有女如此，当教之读书，将来招一女婿入赘。'乃令入学，招黄季仲而教导之。季仲乃福州人，寓居其里中。素姐年至十二，聪敏，无书不读，善书算，遂令辍学而习女工。议亲者纷然"。④ 单有财富还怕招不到优秀的上门女婿，必须用文化装扮残疾女儿。如前文郑侠所言，文化水平显然是女子婚姻中如同嫁妆一样的重要砝码。

寻常百姓家庭，对女子教育也很重视，尤以都城等大城市为突出："京都中下之户，不重生男，每生女则爱护如捧璧擎珠，甫长成，则随其资质，教以艺业，用备士大夫采拾娱侍。名目不一，有所谓身边人、本事人、供过人、针线人、堂前人、剧杂人、拆洗人、琴童、棋童、厨娘等级，截乎不紊。就中厨娘最为下色，然非极富贵家不可用。"他们轻男子重女子，重在职业培训的"艺业"，以一技之长赚钱谋生为目的，符合平民百姓讲求实际的理念。虽是技艺，但其中离不开一定基础性文化知识。如号为最下等的厨娘，文化水平就不可小觑。南宋后期有州官曾雇佣一厨

---

① （宋）袁燮：《絜斋集》卷二一《太夫人戴氏圹志》，《景印文渊阁四库全书》第 1157 册，第 290 页。
② （宋）吕本中：《童蒙训》卷中，《景印文渊阁四库全书》第 698 册，第 528 页。
③ （宋）王楙：《野客丛书》附录《野老纪闻》，储玲玲整理，载《全宋笔记》第 6 编第 6 册，大象出版社，2013，第 408 页。
④ （宋）罗烨编《新编醉翁谈录》丙集卷一《黄季仲不挟贵以易娶》，周晓薇校点，第 18 页。

娘，"其人年可二十余……有容艺，能算能书"，上门时派头很大，"初憩五里头，时遣脚夫先申状来，乃其亲笔也，字画端楷，历叙庆幸即日伏事左右，末乞以四轿接取，庶成体面，辞甚委曲，殆非庸碌女子所可及"。其工整的楷书写状，明确要求给予足够的礼节，显示了技术的矜持，"及入门，容止循雅，红裙翠裳，参视左右乃退"，俨然大家闺秀。接着，"厨娘请食品菜品资次，出书以示之"，"厨娘谨奉指教，举笔砚具物料"。与主家的交流基本都是靠文字，其文笔、书法都典雅有致。为什么离不开文字交流呢？一是青年女子不宜与男主人多见面交谈；二是文字可以当作确切的主家交代，以防出现问题时空口无凭；三是有些故作神秘。当然要求的报酬也很高，令州官感叹："吾辈事力单薄，此等筵宴不宜常举，此等厨娘不宜常用。"① 厨娘尚且如此文雅，遑论琴童、棋童、身边人、本事人呢？

3. 自学成才

许多聪颖上进的好学女子，在家庭无力教育或家长不愿教育的情况下，通过自学提高文化水平。如名士王令之妻吴氏，出身官员家庭，"天才超然，辞翰之工，不假师授。喜读孟轲氏书，论议宿儒所不及"。② 对《孟子》的理解，超过了老儒。又如房州人解三师之女，则是偷学文化："所居与宁秀才书馆为邻。一女七五姐，自小好书，每日窃听诸生所读，皆能暗诵。其父素嗜道教行持法书，女遇父不在家时，辄亦私习。"通过学习父亲的法书，掌握了其父的法术。③ 钱氏夫人"幼则秀晤，父母早世，能自力女功事，闲则学书诵诗"。④ 女红劳作之余，才有空学习文化。洪州分宁县人章氏，其父是有文化的处士，"夫人幼喜诵书弄笔墨，父母禁之，与诸女相从夜绩，待其寝息，乃自程课，由是知书"。⑤ 不惜违背

---

① （宋）廖莹中辑《江行杂录》，李伟国整理，载《全宋笔记》第 7 编第 8 册，大象出版社，2016，第 183~184 页。

② （宋）王云：《节妇夫人吴氏墓碣铭》，载（宋）王令著，沈文倬校点《王令集》附录，上海古籍出版社，1980，第 407 页。

③ （宋）洪迈：《夷坚志·三志壬》卷十《解七五姐》，何卓点校，第 1544 页。

④ （宋）程俱：《北山小集》卷三二《宋故尚书吏部员外郎郑公安人钱氏墓志铭》，徐裕敏点校，第 565 页。

⑤ （宋）黄庭坚：《黄庭坚全集·外集》卷二二《叔母章夫人墓志铭》，第 1393 页。

父母意愿，利用夜晚纺织以后家人睡眠之际，悄悄学习，从而有了一定的文化知识。她们不畏艰难困苦，勤奋自学，实属难能可贵，是宋代妇女在文化方面自立自强的表现。

三　宋代女子的文化水平及识字率

宋代女子依据自身所处的社会地位不同，她们的文化水平和类型也存在差异。

1. 宫中女性

宋代后妃多有文化。如宋太祖的王皇后，虽出身武将之家，但"善弹筝鼓琴。晨起，诵佛书"。① 善于器乐，能念佛经，当识字。宋真宗的刘皇后，"善播鼗"，"性警悟，晓书史，闻朝廷事，能记其本末。真宗退朝，阅天下封奏，多至中夜，后皆预闻。宫闱事有问，辄傅引故实以对"。曾"出手书谕百官，毋请加尊号"。宋仁宗朝初垂帘听政多年②，文化水平颇高。宋仁宗的后妃多有文化且水平较高。如俞昭仪：

> 年八岁，以选合法相，入充掖庭。笄总韶秀，慧心警敏，凤被傅姆之训，旁渐公宫之学。肇悦组纴，音弈书绘，耳目经涉，妙通多艺。尝请国子监书籍，特蒙给送，以资翻阅。玩味图史，摛辞掞丽，时献歌颂，雅承赏激，云章宸制，辄赐属和，授毫赓进，不移晷漏。数捧神笔，侍为飞白，退而洒翰，亦习工焉。③

她自幼在宫中上学，经史文艺、书法音乐、女红等皆精。郭皇后被废之后，"帝颇念之，遣使存问，赐以乐府，后和答之，辞甚怆惋"。④ 文化水平至少达到可以创作动人诗歌的层次。再如曹皇后，"好读史书及佛道

---

① （元）脱脱等：《宋史》卷二四二《王皇后传》，第 8608 页。
② （元）脱脱等：《宋史》卷二四二《刘皇后传》，第 8612~8614 页。
③ （宋）张方平：《乐全集》卷三八《赠贤妃俞氏墓志铭》，《景印文渊阁四库全书》第 1104 册，第 440 页。
④ （元）脱脱等：《宋史》卷二四二《郭皇后传》，第 8619 页。

教，善飞白，亚于仁宗"。① 曾垂帘听政，"颇涉经史，多援以决事。中外章奏日数十，一一能纪纲要"。② 博学强记，善于应用以及提纲挈领。又如杨德妃，"端丽机敏，妙音律，组纴、书艺一过目如素习"③，聪颖多才。宋神宗的向皇后，"工行草"。④ 宋哲宗时被废的孟皇后，在伪楚时期曾"寻降手书，播告天下"，"苗刘之变"时，"再以手札趣帝还宫"⑤，屡发亲笔书札，无疑有文化。宋徽宗的郑皇后，"后自入宫，好观书，章奏能自制，帝爱其才"。⑥ 好学能文，其才学赢得富有才华的皇帝的喜爱。宋徽宗的韦贤妃被掳至北方时，"洪皓在燕，求得后书，遣李微持归。帝大喜曰：'遣使百辈，不如一书。'"⑦ 她至少会写信。宋高宗的吴皇后，"颇知书，从幸四明，卫士谋为变，入问帝所在，后绐之以免"。其机智保全了皇帝的性命。宋高宗逃入东海时，"有鱼跃入御舟，后曰：'此周人白鱼之祥也。'帝大悦，封和义郡夫人"。所谓"白鱼之祥"，是指武王伐纣时出现的祥瑞，于是建立了周朝，可知吴皇后饱读经史。"后益博习书史，又善翰墨，由是宠遇日至，与张氏并为婉仪，寻进贵妃。"⑧ 因博览群书、多才多艺而得宠，地位步步高升。宋宁宗的杨皇后，"知书史，通古今"。⑨ 有《杨太后宫词》传世。宋度宗的全皇后，"略涉书史"。⑩ 等等。

公主自然享有最好的教育资源，所以多有较高的文化水平。如宋太宗之女荆国大长公主，"善笔札，喜图史，能为歌诗，尤善女工之事"。⑪ 宋英宗之女魏国大长公主，"好读古文章，喜笔札"⑫，读书写字是其日常

---

① （宋）李焘：《续资治通鉴长编》卷三〇三，元丰三年三月癸酉注引《要录》，第7365 页。
② （元）脱脱等：《宋史》卷二四二《曹皇后传》，第8620~8621 页。
③ （元）脱脱等：《宋史》卷二四二《杨德妃传》，第8624 页。
④ （元）陶宗仪：《书史会要》卷六《宋》，徐美洁点校，第143 页。
⑤ （元）脱脱等：《宋史》卷二四三《孟皇后传》，第8635 页。
⑥ （元）脱脱等：《宋史》卷二四三《郑皇后传》，第8639 页。
⑦ （元）脱脱等：《宋史》卷二四三《韦贤妃传》，第8641 页。
⑧ （元）脱脱等：《宋史》卷二四三《吴皇后传》，第8646~8648 页。
⑨ （宋）佚名编《续编两朝纲目备要》卷七，嘉泰二年十二月甲申，汝企和点校，第128 页。
⑩ （元）脱脱等：《宋史》卷二四三《全皇后传》，第8660 页。
⑪ （元）脱脱等：《宋史》卷二四八《荆国大长公主传》，第8775 页。
⑫ （元）脱脱等：《宋史》卷二四八《魏国大长公主传》，第8779 页。

爱好。

宗室的妻子也多有文化。如宗室赵宗旦妻贾氏，"治家尤有法，喜读书，通《论语》、《孝经》大义"。[①] 宗室赵仲锐妻子和国夫人王氏，"能诗章，善字画"。[②] 会写诗，善于书法、绘画。宗妇曹氏，是丹青高手。

雅善丹青，所画皆非优柔软媚取悦儿女子者，真若得于游览，见江湖山川间胜概，以集于毫端耳。尝画《桃溪蓼岸图》，极妙。有品题者曰："咏雪才华称独秀，回纹机杼更谁如？如何鸾凤鸳鸯手，画得《桃溪蓼岸图》。"由此益显其名于世，但所传者不多耳。然妇人女子能从事于此，岂易得哉？今御府所藏五：《桃溪图》一，《柳塘图》一，《蓼岸图》一，《雪雁图》一，《牧羊图》一。[③]

名列《宣和画谱》，无疑为绘画大家。魏王赵頵妇魏越国夫人王氏，更是诗书画俱佳。

日以图史自娱。至取古之贤妇烈女可以为法者资以自绳。作篆隶得汉晋以来用笔意，为小诗有林下泉间风气。以淡墨写竹，整整斜斜，曲尽其态。见者疑其影落缣素之间也。非胸次不凡，何以臻此？今御府所藏二：《写生墨竹图》二。[④]

她们的多幅作品被宋徽宗所收藏，足见其绘画水平之高。

宫中女官之类，各有执掌。其职员有：

尚宫二人，掌导引皇后，管司记、司言、司簿、司闱，仍总知五尚须物出纳等事。司记二人，掌在内诸司文书入出目录，为记审讫付

---

① （宋）王珪：《华阳集》卷五三《赵宗旦妻贾氏墓志铭》，《景印文渊阁四库全书》第1093 册，第 392 页。

② （元）陶宗仪：《书史会要》卷六《宋》，徐美洁点校，第 178 页。

③ （宋）佚名：《宣和画谱》卷一六《曹氏》，岳仁译注，第 347~348 页。

④ （宋）佚名：《宣和画谱》卷二〇《王氏》，岳仁译注，第 403~404 页。

行监印等事。其佐有典记、掌记各二人，女史六人。司言二人，掌宣
传启奏事。其佐有典言、掌言各二人，女史六人。司簿二人，掌宫人
名簿廪赐之事。其佐有典簿、掌簿各二人，女史六人。司闱六人，掌
宫闱管龠之事。其佐有典闱、掌闱各六人，女史四人。尚仪二人，掌
礼仪起居，管司籍、司乐、司宾、司赞事。司籍二人，掌经籍教学纸
笔几案之类，其佐有典籍、掌籍各二人，女史十人。①

从中可知，她们的具体工作多与文字打交道，有文化才能胜任。甚至还有
校书这样的纯学术工作："崇文殿里胜蓬莱，绣柱扶天秘阁开。典籍校雠
三阁外，图书多出禁中来。"② 仅有一般的文化水平则无法承担。嘉祐年
间，后宫彭城县君刘氏被逐出宫，"刘氏自民间入宫为司饰，又尝掌供御
膳，偶得进幸，恃上恩，多凌慢。一夕，遂在延福宫揭屏风纸自作奏，凡
数百字，几感动上意，然卒逐之"。③ 所作奏章文笔甚好。其中，善于书
法者甚至代为书写皇帝的指令。

> 崇宁有亲笔，乃称御笔。大观四年夏，始诏违御笔以违制论。六
> 年春，凡御笔颇不类上字。宣和改元后内降，则又时时作吏体，非宫
> 人笔札。鲁公因奏曰："陛下号令，何可由师成使外人书？"上曰：
> "宫人作字，旧样不佳，朕教之，今其书颇类男子，良可嘉。卿盖误
> 矣。"其后始通知。④

为了使众人看不出是模仿，宋徽宗亲自教她们书法，使其书风大变，水平
接近宋徽宗，可以假乱真。元祐元年（1086）有诏："内人张氏，尝侍皇
帝藩邸日，读书勤谨，特以为典赞夫人。"⑤ 因爱学习而升职。海州怀仁

---

① （清）徐松辑《宋会要辑稿·后妃》四之二至三，刘琳、刁忠民、舒大刚、尹波等校
　点，第 323~324 页。此处原语序相同的文字但标点前后不一致者多处，引者径改。
② （宋）王珪：《华阳集》卷六《宫词》，《景印文渊阁四库全书》第 1093 册，第 34 页。
③ （宋）李焘：《续资治通鉴长编》卷一九〇，嘉祐四年七月丙午，第 4579 页。
④ （宋）岳珂：《宝真斋法书赞》卷二《徽宗皇帝诸阁支降御笔》，《丛书集成初编》，中
　华书局，1985，第 17 页。
⑤ （宋）李焘：《续资治通鉴长编》卷三八五，元祐元年八月壬寅，第 9388 页。

监酒使臣张某有一六七岁的小女,"甚为惠黠",得到县令曾布夫人的喜爱,"教以诵诗书,颇通解"。绍圣年间该女"入禁中,虽无名位,以善笔札,掌命令之出入",还会作诗。① 俨然皇帝的文字秘书。宋高宗时的宫人刘夫人,"建炎间掌内翰文字及写宸翰字,高宗甚眷之。亦善画,画上用奉华堂印记"。② 元祐初,崇政殿说书程颐曾提到"能文宫人"③,信非虚言。南宋宫人章丽真,灭国后随谢太后北上入燕,曾作《送汪元量南归》词④,可知其文化水平。

2. 士大夫女眷

士大夫是宋代最大的统治集团,也是文化水平最高的群体。他们普遍重视姻亲的文化素质及子女教育,故而其女眷多有文化,在女子各阶层中属于最大也是文化水平最高的阶层。

士大夫女眷能识字读书者很多。如苏绅的祖母张氏是泉州甲族,陪嫁物品中就有"书十厨"。⑤ 官宦之女、沈括之母许氏,"读书知大意,其兄所为文,辄能成诵"。⑥ 宋仁宗时,其父为崇仪使的李夫人,"性聪明,晓音乐,略知书翰"。⑦ 出身官员家庭的程氏,"生长家法中,早为父母所贤……间喜读书,一览辄成诵,尤笃信内典,涣若有得者"。⑧ 不仅喜欢读书,还有一定的领悟力。北宋中期,都官郎中吴有邻之女吴嗣真,"幼不戏嬉,独近文字。性敏以勤,有诵辄记。至凡女工,不学而能"。⑨ 谏议大夫曾致尧之女,"博学善持论",所教孙女吴氏"少习之,故于文字

---

① (宋)王明清:《挥麈三录》卷二,燕永成整理,载《全宋笔记》第6编第1册,第256页。

② (元)陶宗仪:《书史会要》卷六《宋》,徐美洁点校,第194页。

③ (宋)李焘:《续资治通鉴长编》卷三八一,元祐元年六月乙卯,第9292页。

④ (清)沈辰恒:《历代诗余》卷一〇七《闺媛》,上海书店出版社,1985,第1307页。

⑤ (宋)苏象先:《魏公谭训》卷二《家世》,载(宋)苏颂《苏魏公文集》,王同策、管成学、颜中其等点校,第1130页。

⑥ (宋)曾巩:《曾巩集》卷四五《寿昌县太君许氏墓志铭》,陈杏珍、晁继周点校,第611页。

⑦ (宋)刘挚:《忠肃集》卷一四《李夫人墓志铭》,裴汝诚、陈晓平点校,中华书局,2002,第306页。

⑧ (宋)邹浩:《道乡集》卷三七《夫人程氏墓志铭》,《景印文渊阁四库全书》第1121册,第493页。

⑨ (宋)刘挚:《忠肃集》卷一四《吴郡君墓志铭》,裴汝诚、陈晓平点校,第304页。

多所通解。尤喜读佛书及唐人歌诗"。① 曾巩的两个妹妹都有文化，长妹"喜读书"②，二妹"孝爱聪明，能读书，言古今"。③ 阆中蒲氏夫人，"勤女功，循妇道，亦喜读书"。④ 阆州蒲卣，"母任知书，里中号'任五经'"。⑤ 经学名气很大。另有成都官员邓洵仁之女，宋徽宗言其"甚美且贤，知经术，尝随其母入禁中，宫女呼为邓五经"。⑥ 官宦人家出身的项氏，"禀姿淑慧，女工不待教而能。六岁从句读师，授《内则》《女诫》《列女传》及韩、柳、欧、苏诸诗文，历耳辄成诵。稍成，深居无事，取司马公《资治通鉴》阅之，世治忽、人贤不肖，必要其归，故其阅理明，持身谨"。⑦ 自幼受过专任教师良好的教育，长大能读《资治通鉴》，且会总结概括。陆游的同宗陆孺人，"读书略知大意"。⑧ 龙图阁学士胡某之女"喜读书，略通大指，晚学佛"。⑨ 两宋之际的朝奉郎施氏之女，"少喜读书，老而不衰，六经孔孟之书，略通其大旨。闻士大夫之贤者，必使子孙见而亲之"。⑩ 洪迈母亲娘家的一女，"自幼明慧，知书"。⑪ 官宦之后张法善，出家以前"性静专，且知书，能诵佛经，习于世故，举族人人敬之"。⑫ 湖北一流浪妇女在向官府供状时，"妇自能把笔作字，

① （宋）孔文仲、孔武仲、孔平仲：《清江三孔集》，孔武仲：《吴氏夫人墓志铭》，孙永选校点，齐鲁书社2002，第308页。
② （宋）曾巩：《曾巩集》卷四六《郓州平阴县主簿关君妻曾氏墓表》，陈杏珍、晁继周点校，第637页。
③ （宋）曾巩：《曾巩集》卷四六《江都县主簿王君夫人曾氏墓志铭》，陈杏珍、晁继周点校，第626页。
④ （宋）吕陶：《净德集》卷二七《静安县君蒲氏墓志铭》，《景印文渊阁四库全书》第1098册，第216页。
⑤ （元）脱脱等：《宋史》卷三五三《蒲卣传》，第11153页。
⑥ （宋）王明清：《投辖录·张夫人》，燕永成整理，载《全宋笔记》第6编第2册，第96页。
⑦ （宋）刘宰：《漫堂集》卷三〇《故孺人项氏墓志铭》，《景印文渊阁四库全书》第1170册，第704页。
⑧ （宋）陆游：《陆游全集校注·渭南文集》卷三三《陆孺人墓志铭》，马亚中校注，第327页。
⑨ （宋）孙觌：《鸿庆居士集》卷四〇《宋故吕恭人胡氏墓志铭》，《景印文渊阁四库全书》第1135册，第437页。
⑩ （宋）汪藻：《浮溪集》卷二八《令人施氏墓志铭》，《景印文渊阁四库全书》第1128册，第292页。
⑪ （宋）洪迈：《夷坚志·丙志》卷一四《张五姑》，何卓点校，第482页。
⑫ （宋）韩元吉：《南涧甲乙稿》卷二二《安人张氏墓志铭》，《丛书集成初编》，中华书局，1985，第457页。

云：'姓屠氏，是士大夫家女，父尝任远安县知县，嫁夫不称意，亦已死，无嗣续，孤子一身，客游苟活。'"① 夫人高氏出身文官家庭，"以儒名家，诸女皆知书，甚难于择对。……夫人庄静淑懿，自少小不为戏剧。女工之余，独玩意笔砚间，泛观六经诸子，识其大指"。② 知书达理，能读会写。温州人胡克己，绍兴时应乡举前，对妻子说："吾梦棘闱晨启，它人未暇进，独先入坐堂上，今兹必首选。"妻子却解释道："不然。君不忆《论语》乎？《先进》者，第十一也。""暨揭榜，果如妻言。"③《先进》为《论语》第十一章，其妻至少熟读《论语》。宋代妇女多信佛教，好读佛经，许多妇人仅仅在墓志铭中有"夫人好读佛书"一句④，但已显示其有文化。南宋绍定年间状元张渊微的母亲，临终诵曰："万般诸字文，即与藏经同。安在不净处，堕作厕中虫。"⑤ 敬惜字纸且会作诗的母亲，很可能识字。类似妇女识字的事例比比皆是，不胜枚举。

众多女子多才多艺，或善于诗词文章，或精通书法、音乐。天圣年间，礼部郎中孙冕记载了三位女子的诗篇，号《三英诗》：

> 刘元载妻、詹茂光妻、赵晟之母《早梅》、《寄远》、《惜别》三诗。刘妻哀子无立，詹妻留夫侍母病，赵母惧子远游，孙公爱其才以取之。《早梅》刘元载妻："南枝向暖北枝寒，一种春风有两般。凭仗高楼莫吹笛，大家留取倚栏杆。"《寄远》詹茂光妻："锦江江上探春回，消尽寒冰落尽梅。争得儿夫似春色，一年一度一归来。"《惜别》赵晟之母："暖有花枝冷有冰，佳人后会却无凭。预愁离别苦相对，挑尽渔阳一夜灯。"⑥

---

① （宋）洪迈：《夷坚志·支景》卷一《阳台虎精》，何卓点校，第 881 页。

② （宋）刘一止：《刘一止集》卷五〇《宋故永嘉郡夫人高氏墓志铭》，龚景兴、蔡一平点校，浙江古籍出版社，2012，第 522 页。

③ （宋）洪迈：《夷坚志·甲志》卷四《胡克己梦》，何卓点校，第 34 页。

④ （宋）魏介：《杨祖仁母恭氏墓志》，载郭茂育、刘继保《宋代墓志辑释》，第 467 页。

⑤ （宋）俞文豹：《吹剑录四录》，许沛藻、刘宇整理，载《全宋笔记》第 7 编第 5 册，第 162 页。

⑥ （宋）张师正：《倦游杂录》卷六《三英诗》，李裕民整理，载《全宋笔记》第 8 编第 9 册，第 263 页。

皆有感而发，真情实意。北宋中期的李氏，"夫人世儒族，昆弟侄从绪，继登科甲，以故喜书札，精通白氏诗，晚好佛书"。① 同时的寿安县君太原王氏，"好读书，善为诗，静专而能谋，勤约以有礼"。② 陈述古的一个女儿，"于诗最工。以所藏小雁屏从之求题品。妇自作黄鲁直小楷细书两绝句。其一曰：'蓼淡芦歊曲水通，几双容与对西风。扁舟阻向江乡去，却喜相逢一枕中。'其二曰：'曲屏谁画小潇湘，雁落秋风蓼半黄。云澹雨疏孤屿远，会令清梦到高唐。'两篇清绝洒落如是，不必真见画也"。③ 其诗绘景如画，为士大夫称许。北宋中期的乐氏夫人出身官宦人家，"性明悟，有深识……善笔札，喜书数，鸣弦度曲，咸造其妙"。④ 父为供备库副使之女的李氏，"于女工尤巧慧，又喜书史，工音律之乐"。⑤ 高夫人为武将高琼之后，但"巧于女工，善笔札"。⑥ 开封的另一高氏也是"喜读儒书，尤能翰墨"。⑦ 出身开封官员家庭的范氏，"喜习笔札，尤嗜书史"。⑧ 另一出身开封官宦世家的李氏，"善书札，通音律，笃志于女功。既嫁，以书札音律非妇事，绝不复为"。⑨ 她的观念保守，但身为姑娘时还是热衷学习书札音律的。开封人曹氏家庭世代为官，其女是诗人："好读儒者书，作五七言诗百有余篇，人多诵之，其笔札亦精妙。"⑩ 著名书

---

① （宋）徐璀：《宋故长青县太君李氏（潘稷妻）墓铭》，载郭茂育、刘继保《宋代墓志辑释》，第 361 页。

② （宋）王安石：《临川先生文集》卷一〇〇《寿安县君王氏墓志铭》，载王水照主编《王安石全集》，第 1713 页。

③ （宋）洪迈：《夷坚志·乙志》卷三《陈述古女诗》，何卓点校，第 204 页。

④ （宋）陆经：《宋故乐夫人（刘忠举妻）墓志铭并序》，载郭茂育、刘继保《宋代墓志辑释》，第 265 页。

⑤ （宋）王珪：《华阳集》卷四〇《泗州盱眙县尉向君夫人李氏墓记》，《景印文渊阁四库全书》第 1093 册，第 446 页。

⑥ （宋）范祖禹：《范太史集》卷四九《左武卫大将军贵州刺史妻渤海县君高氏墓志铭》，《景印文渊阁四库全书》第 1100 册，第 517 页。

⑦ （宋）范祖禹：《范太史集》卷五二《右千牛卫将军妻崇仁县君高氏墓志铭》，《景印文渊阁四库全书》第 1100 册，第 545 页。

⑧ （宋）范祖禹：《范太史集》卷五〇《左侍禁妻范氏墓志铭》，《景印文渊阁四库全书》第 1100 册，第 533 页。

⑨ （宋）范祖禹：《范太史集》卷五一《右班殿直妻李氏墓志铭》，《景印文渊阁四库全书》第 1100 册，第 542 页。

⑩ （宋）范祖禹：《范太史集》卷五一《右监门卫大将军妻仁和县君曹氏墓志铭》，《景印文渊阁四库全书》第 1100 册，第 541 页。

法家章友直之女章煎，"工篆书，传其家学。友直执笔，自高壁直落至地如引绳，而煎亦能如其父，以篆笔画棋局，笔笔匀正，纵横如一"；苏轼的侍姜王朝云，"敏而好义，学轼楷书颇得其法"；辛弃疾的二姜田田、钱钱，简直就是他的秘书："皆善笔札，常代弃疾答尺牍。"① 这四位女子，都成为青史留名的书法家。王氏父家世代在京师做官，她"端丽聪颖，喜读书，善为歌诗，精于笔札，父尝奇之"。② 王安石家女眷多有女诗人，如其妹"佳句为最……荆公妻吴国夫人亦能文，尝有小词约诸亲游西池，有'待得明年重把酒，携手那知无雨又无风。'皆脱洒可喜之句也"。③ 北宋中后期的才女李仲琬，父为尚书都官郎中，她"幼慧异甚，所见书立诵。十岁能为诗，代大夫公削牍敏妙，时裁其室中事有理。大夫公抚之曰：使吾女男也，必大吾门"，"夫人于书无不读，读能言其义，至百家方技小说皆知之，其为诗，晚益工，至它文皆能之，而书尤妙丽"。④ 书无所不读，艺无所不会。吏部侍郎华椿年之女春娘，"貌美而艳，性喜读书，诗才敏捷"。曾题诗云："燕子楼中燕子飞，芹泥一点误沾衣。主人频起嗔嫌意，垂下珠帘不放归。"⑤ 该诗成为历史上描写燕子的经典诗句。北宋后期的官员王齐叟，"娶舒氏女，亦工篇翰……女在父家，一日行池上，怀其夫而作《点绛唇》曲云：'独自临流，兴来时把阑干凭。旧愁新恨，耗却来时兴。鹭散鱼潜，烟敛风初定。波心静，照人如镜，少个年时影。"⑥ 构思巧妙，意味深长，颇为有才。司天监丞楚衍，"有女亦善算术"⑦，女儿继承父业，成为优秀的数学技术人才。南宋胡与可尚书之女，"俊敏强记，经史诸书略能成诵。善笔札，时作诗文亦可观。于琴弈写竹等艺尤精，自号惠斋居士，时人比之李易安云"。⑧ 实为

---

① （元）陶宗仪：《书史会要》卷六《宋》，徐美洁点校，第178、195页。
② （宋）范祖禹：《范太史集》卷四六《右监门卫大将军妻王氏墓志铭》第1100册，第497页。
③ （宋）胡仔纂集《苕溪渔隐丛话·前集》卷六〇《丽人杂记》，廖德明校点，第416页。
④ （宋）晁补之：《鸡肋集》卷六六《李氏墓志铭》，《景印文渊阁四库全书》第1118册，第968页。
⑤ （宋）罗烨编《新编醉翁谈录》壬集卷二《华春娘题诗边君亮成亲》，周晓薇校点，第79~80页。
⑥ （宋）洪迈：《夷坚志·三志壬》卷七《王彦龄舒氏词》，何卓点校，第1519页。
⑦ （元）脱脱等：《宋史》卷四六二《楚衍传》，第13518页。
⑧ （宋）周密：《齐东野语》卷一〇《黄子由夫人》，张茂鹏点校，第183页。

可以媲美李清照的才女。书法史上载她"能草书，虽未有体法，然大书宏放，亦妇人所难"。① 在书法方面胜过李清照。

许多女作者创作了大量文学作品，有的编成集流传于世，更多是藏于家中。如夫人周琬的"父兄皆举明经。夫人独喜图史，好为文章，日夜不倦，如学士大夫，从其舅邢起学为诗"，"有诗七百篇"②，是位高产诗人。北宋中，眉州望族女史琰，有女博士之美誉。

> 髻丱资颖嗜学，苹蘩线纩，一不经意，志业专确，乃博古，善绩文。……日游心于编简翰墨。平生临览之胜，燕笑之适，与子履诗词酬唱，格调闲雅。久而盈箧，手自叙次，目曰《和鸣集》。善用秃笔，字体庄劲。少卿爱重之，殊不责以中馈之职。

黄庭坚赞之为女博士。③ 其博古好文，诗词娴雅，且如同专业作家，自编诗文集。定海女子邵道冲：

> 生而敏慧，未龀知书，少长，观《汉书》《资治通鉴》至成诵……咏琴弈以相娱。……随事赋长短句，脱略脂粉气习，殊无滞思。又喜翻内典，手书《法华》《圆觉》《金刚》等经，阅《传灯录》，有所省辄赞以偈颂。子谦会萃所作成编，藏于家。④

既熟读史书，又研究佛经，创作的作品包括词、文。莫州防御推官之女齐氏：

> 好读书，能文章，有高节美行……虽时为诗，然未尝以视人，及终，乃得五十四篇。其言高洁旷远，非近世妇人女子之所能为。又得

---

① （元）陶宗仪：《书史会要》卷六《宋》，徐美洁点校，第 194 页。
② （宋）曾巩：《曾巩集》卷四五《夫人周氏墓志铭》，陈杏珍、晁继周点校，第 613 页。
③ （明）杨慎编《全蜀艺文志》卷四四《绿菜赞》，刘琳、王晓波点校，线装书局，2003，第 1364~1365 页。
④ （宋）罗濬：《宝庆四明志》卷九《列女》，《宋元方志丛刊》，中华书局，1990，第 5107 页。

遗令一篇，令薄葬，其言死生之故，甚有理。①

创作有高质量的诗文，且无脂粉气。

更有一些女子才智识见卓越，不亚于士大夫。如北宋中，河东县太君曾氏喜欢研究历史："自司马氏以下，史所记世治乱、人贤不肖，无所不读。盖其明辨智识，当世游谈学问知名之士有不能如也。"② 她的学问已步入研究的高层次，超过知名学者。彭氏夫人喜欢历史以及诸子百家："有贤操，喜读书，尤熟西汉史，能言二百年间君臣理乱成坏之故。……以至浮图老子之书、阴阳卜筮之说，章通句解，虽专门名家有不逮，其聪明过人如此。"③ 学术见解甚至高于专家。北宋后期李之仪回顾妻子胡文柔时说：

> 上自六经、司马氏史及诸纂集，多所综识，于佛书则终一大藏，作小诗歌词禅颂，皆有师法，而尤精于算数。沈括存中，余少相师友，间有疑忘，必邀余质于文柔，屡叹曰："得为男子，吾益友也"。④

她博览群书，博学多才，其数学才华，连大科学家沈括都赞叹不已，经常向她请教，说明她至少在数学方面是顶尖的。同时期詹家的一位女子：

> 读书能文，议论如烈丈夫，归为青社李侯大夫之妻。当时，枢密蔡公之夫人王，闻其知书，数与之语，二夫人论说古今，亹亹不倦。枢密公从旁窃听，出谓客曰："方酒酣谈兵，论两汉取天下。"客皆异之。⑤

---

① （宋）王安石：《临川先生文集》卷一〇〇《高阳郡君齐氏墓志铭》，载王水照主编《王安石全集》，第 1717~1718 页。
② （宋）王安石：《临川先生文集》卷一〇〇《河东县太君曾氏墓志铭》，载王水照主编《王安石全集》，第 1714 页。
③ （宋）孙觌：《鸿庆居士集》卷三四《宋故右承议郎吴公墓志铭》，《景印文渊阁四库全书》第 1135 册，第 357 页。
④ （宋）李之仪撰，吴芾编《姑溪居士集·前集》卷五〇《姑溪居士妻胡氏文柔墓志铭》，《景印文渊阁四库全书》第 1120 册，第 625 页。
⑤ （宋）周紫芝：《太仓稊米集》卷五一《送詹伯伊之大梁序》，《景印文渊阁四库全书》第 1141 册，第 362 页。

煮酒论史，挥洒出巾帼英雄的豪迈之气。她的朋友蔡卞之妻，是王安石次女：

> 颇知书，能诗词。蔡每有国事，先谋之于床第，然后宣之于庙堂。时执政相语曰：吾辈每日奉行者，皆其咳唾之余也。①

文化水平达到士大夫上层的高度，并热衷于参政议政。

在宋代史籍中，士大夫女眷有文化的记载非常普遍。② 有学者对宋代1000篇官绅家族妇女墓志资料统计，得出"墓主识字，有文化者约占千余妇女中的三分之二左右"的结论。③ 这可视为一个具体比例。实际上墓志中所提及的妇女有文化的事迹，多是比较突出者，一般识字者不在记述范围，也即绝大多数士大夫的女眷都识字，当高出上述比例。

3. 平民女子

对本书最关键的，是占总人口将近一半的平民女子。她们的有关记载自然不如士大夫女眷繁多，但透过星星点点的史料，也能看出大概。

宋仁宗时的青州穷秀才张生，"其母贤而知书"。④ 同时的洛阳农民王德伦之妻，知书识字："常说孟母择邻之事，以晦诸子，又好看《多心经》。"⑤ 建安暨氏女子"十岁能诗。人令赋《野花诗》，云：'多情樵牧频簪髻，无主蜂莺任宿房。'观者虽加惊赏，而知其后不保贞素。竟更数夫，流落而终"。⑥ 黄庭坚的外甥洪炎，"有侍儿曰小九，知书，能为洪检阅，洪甚爱之"⑦，这位婢妾出身自是低下，但能协助学者查阅书籍资料，

---

① （宋）周煇：《清波杂志校注》卷三《七夫人》，刘永翔校注，第130页。
② 参阅杨果、廖寅《宋代"才女"现象初探》，载漆侠主编《宋史研讨会论文集》，河北大学出版社，2002。
③ 郑必俊：《两宋官绅家族妇女——千篇宋代妇女墓志铭研究》，《国学研究》第6卷，北京大学出版社，1999。
④ （宋）欧阳修：《欧阳修全集·居士集》卷四四《送张唐民归青州序》，李逸安点校，第627页。
⑤ （宋）王景：《大宋赠大理评事太原王公（德伦）墓志铭并序》，载郭茂育、刘继保《宋代墓志辑释》，第133页。
⑥ （宋）何薳：《春渚纪闻》卷七《暨氏女野花诗》，张明华点校，第104页。
⑦ （宋）洪炎：《西渡集》补遗《月夜登滕王阁》，《景印文渊阁四库全书》第1127册，第368页。

文化水平较高。崇宁间，京师一老姥"留心祖道，所见甚高，尝为《形神颂》云：两人同坐一人言，共说阴阳天地玄。汝未有时先有我，我今却谢汝周旋"。① 用诗表达了参悟的高妙。北宋末余姚人莫氏，平民家庭出身，"曾祖某、祖某、父某皆隐晦不仕"，但她"自少小知书，浸长，作诗论文，如慧男子，女工之事，不勤而能"。② 才华如同一个睿智的男子。陆游曾在路途一驿中，见题壁诗云："玉阶蟋蟀闹清夜，金井梧桐辞故枝。一夜凄凉眠不得，呼灯起坐感秋诗。"十分喜欢，打听到这是驿卒的女儿所写，"遂纳为妾。方半余载，夫人逐之，妾赋《生查子》云：'只知眉上愁，不识愁来路。窗外有芭蕉，阵阵黄昏雨。晓起理残妆，整顿教愁去。不合画春山，依旧留愁住。'"③ 一位驿卒的女儿，能作出如此凄美的诗词。另有一位士卒的妻子，思念戍边的丈夫，绣锦为书信："织锦为书寄雁飞，功名从古恨无机。"④ 汀州宁化县攀龙乡豪家刘安上之女，"生不茹荤，性慧，喜文墨"。⑤ 芜湖詹氏女，"姿貌甚美，母早亡，父老而贫，以六经教授邻里，称为詹先生。女与兄事之慎谨，间售女工以取给。手钞《列女传》，每暮夜，必熟读数四而后寝，虽大寒暑不废"。⑥ 穷家小女，需要做女红来补贴家用，但仍挤出时间手抄《列女传》反复熟读。福州长乐县巨商陈公任的小妾识字，宋孝宗时，"其妾梦三人入门，其二衣绿，抱文牍大书于壁间曰：'陈公任今年四月初七日主恶死。'妾识字能读，明旦告其侣曰：'夜来梦极不祥。'相与视壁上字，一无所有，皆匿讳不敢说"。⑦ 既为小妾，出身贫贱可知，但却识字。同时的湖州吴秀才女，显然受家教熏陶，"慧而能诗词，貌美家贫，为富民子所据。或投郡诉其奸淫"。她奉官员命令作词自辩：

---

① （宋）张知甫：《可书·京师老姥形神颂》，孔凡礼点校，第 421 页。
② （宋）刘一止：《刘一止集》卷五二《宋故太宜人莫氏墓志铭》，龚景兴、蔡一平点校，第 548 页。
③ （宋）陈世崇：《随隐漫录》卷五，郭明道校点，上海古籍出版社，2012，第 167 页。
④ （宋）刘克庄：《后村先生大全集》卷五《戍妇词》，王蓉贵、向以鲜校点，第 143 页。
⑤ （宋）洪迈：《夷坚志·补志》卷一三《刘女白鹅》，何卓点校，第 1665 页。
⑥ （宋）洪迈：《夷坚志·补志》卷一《芜湖孝女》，何卓点校，第 1553 页。
⑦ （宋）洪迈：《夷坚志·支戊》卷一《陈公任》，何卓点校，第 1059 页。

女即请题。时冬末雪消，春日且至，命道此景作《长相思》令。捉笔立成，曰："烟霏霏，雨霏霏。雪向梅花枝上堆，春从何处回？醉眼开，睡眼开。疏影横斜安在哉？从教塞管催。"诸客赏叹，为之尽欢。①

出口即成妙章，实为才貌双全。南宋杭州西湖樵家女张淑芳，曾为贾似道妾，后出家为尼，有词数阕传世，如《浣溪沙》云：

> 散步山前春草香。朱阑绿水绕吟廊。花枝惊堕绣衣裳。
> 或定或摇江上柳，为鸳为凤月中筐。为谁掩抑锁芸窗。②

甚具才情。

岳州徐君宝妻某氏被掳掠到杭州，路上屡被逼奸，均以巧计脱身。一日被逼无奈，"乃焚香再拜默祝，南向饮泣，题《满庭芳》词一阕于壁上。书已，投大池中以死"。③ 她会填词，会书写，有节操，德才兼备。

四川地区文风昌盛，有文化的女子同样很多，早在宋初，就有"蜀多文妇，亦风土所致"的说法。④ 如成都有著名的喻家姐妹二人，在清贫中坚持读书："二喻出儒家，清贫一无有。零丁依老姑，破屋僧堂后。相对诵诗书，未尝窥户牖。"⑤ 宋仁宗时的四川隐士张愈卒后，其妻蒲芝"贤而有文，为之诔曰"：

> 高视往古，哲士实殷，施及秦、汉，余烈氤氲。挺生英杰，卓尔逸群，孰谓今世，亦有其人。其人伊何？白云隐君。尝曰丈夫，趋世

---

① （宋）洪迈：《夷坚志·支庚》卷一〇《吴淑姬严蕊》，何卓点校，第1216~1217页。
② （清）冯金伯辑《词苑萃编》卷一四《纪事五》，《续修四库全书》第1733册，上海古籍出版社，2002，第558页。
③ （明）田汝成辑撰《西湖游览志余》卷六《板荡凄凉》，刘雄、尹晓宁点校，第71页。
④ （宋）陶穀：《清异录》卷下《藏锋都尉》，郑村声、俞钢整理，载《全宋笔记》第1编第2册，第88页。
⑤ （宋）袁说友等编《成都文类》卷一三，（宋）顿起：《赠广都寓舍贤妇二喻诗》，赵晓兰整理，第293页。

不偶，仕非其志，禄不可苟，营营末途，非吾所守。吾生有涯，少实多艰，穷亦自固，困亦不颠。不贵人爵，知命乐天，脱簪散发，眠云听泉。有峰千仞，有溪数曲，广成遗趾，吴兴高躅。疏石通径，依林架屋，麋鹿同群，昼游夜息。岭月破云，秋霖洒竹，清意何穷，真心自得，放言遗虑，何荣何辱？孟春感疾，闭户不出，岂期遽往，英标永隔。抒词哽噎，挥涕汍澜，人谁无死，惜乎材贤。已矣吾人，呜呼哀哉！①

见识不凡，文笔精彩，水平甚高，以至于载入正史，是《宋史》列传中唯一的诔文全文。

福建民间"男不耕稼穑，女不专桑柘。内外悉如男，遇合多自嫁。云山恣歌谣，汤池任腾藉。插花作牙侩，城市称雄霸。梳头半列肆，笑语皆机诈。新奇弄浓妆，会合持物价。愚夫与庸奴，低头受凌跨"。② 她们担任牙侩，操纵商业，称雄城市，欺凌愚夫庸奴，没有一定的文化是不行的。正如宋人指出的那样："既为牙侩，乃世间狡猾人也"③，即智力超群。

商人的妻子多有文化，如《商人》一节所述，至少多会算账。刻字工匠识字，其中就有女匠人，如宋末平江出版的《碛砂藏》刊工中，有唐三娘、严氏、鱼李氏等女工。④ 至于尼姑、女冠、女巫祝等，均至少有初步的文化。因前文一一论述，兹不赘言。

4. 妓艺女子

位于社会下层的女艺人、妓乐等，基本技能是演唱。她们主要是为上层人士服务，接触的多是士大夫等文人名士，即便从服务迎合角度而言，也必须具备一定的文化水平。

官府女艺人十分出色。乾道年间，皇宫内的刘婉容言："本位近教得二女童，名琼华、绿华，并能琴阮、下棋、写字、画竹、背诵古文，欲得

---

① （元）脱脱等：《宋史》卷四五八《张愈传》，第 13440～13441 页。
② （宋）陈普：《石堂先生遗集》卷一六《古田女》，《北京图书馆古籍珍本丛刊》第 86 册，书目文献出版社，1998，第 771 页。
③ 中国社会科学院历史研究所宋辽金元史研究室点校《名公书判清明集》卷一一《治牙侩父子欺瞒之罪》，第 409 页。
④ 朱迎平：《宋代刻书产业与文学》，第 74 页。

就纳与官家则剧。遂令各呈伎艺，并进自制阮谱三十曲。"① 两位女艺人不但精于演奏乐器，还会下棋、写字、画竹、背诵古文、自己创作阮谱三十曲，有很高的艺术水平和文化水平。在抚州官衙的一次宴会上，有"散乐一妓言学作诗"，官员出题说："太守呼为五马，今日两州使君对席，遂成十马。汝体此意做八句。""妓凝立良久，即高吟曰：'同是天边侍从臣，江头相遇转情亲。莹如临汝无瑕玉，暖作庐陵有脚春。五马今朝成十马，两人前日压千人。便看飞诏催归去，共坐中书秉化钧。'"其敏捷才情，令官员赞叹不已："为之嗟赏竟日，赏以万钱。"越州官衙"有歌诸宫调女子洪惠英正唱词次，忽停鼓白曰：'惠英有述怀小曲，愿容举似。'乃歌曰：'梅花似雪，刚被雪来相挫折。雪里梅花，无限精神总属他。梅花无语。只有东风来作主。传与东君，宜与梅花做主人。'歌毕，再拜云：'梅者惠英自喻，非敢僭拟名花，姑以借意。雪者指无赖恶少也。'"控诉在府一个月期间，自己遭到恶少骚扰四五次，"故情见乎词。在流辈中诚不易得"。② 构思迅速，即兴出口成章的文化水平，令士大夫赞赏。黄州营妓李琪，"小慧而颇知书札"，得到苏轼的喜爱。③ 徐州营妓马盼，"甚慧丽。东坡守徐日甚喜之。盼能学公书，得其仿佛。公尝书《黄楼赋》未毕，盼窃效公书'山川开合'四字，公见之大笑，略为润色，不复易之。今碑中四字，盼之书也"。④ 台州官奴严蕊，"尤有才思，而通书究达今古"。因陷入政治斗争，被朱熹逮捕拷打，后遇到机会陈状自辩，应声口占一词云：

> 不是爱风尘，似被前身误。花落花开自有时，总是东君主。
> 去也终须去，往也如何往。若得山花插满头，莫问奴归处。⑤

对命运的勘破以及绝妙构思，竟成千古绝唱。再如四川汉州营妓僧儿，"秀

---

① （宋）周密：《武林旧事》卷七《乾淳奉亲》，浙江人民出版社，1984，第116页。
② （宋）洪迈：《夷坚志·支乙》卷六《合生诗词》，何卓点校，第841页。
③ （宋）何薳：《春渚纪闻》卷六《营妓比海棠绝句》，张明华点校，第90页。
④ （宋）张邦基：《墨庄漫录》卷三《营妓马盼学东坡书》，孔凡礼点校，第92页。
⑤ （宋）洪迈：《夷坚志·支庚》卷一〇《吴淑姬严蕊》，何卓点校，第1217页。

外慧中，善填词"，宠爱她的长官罢任后，僧儿作《满庭芳》寓意寄情。

> 园菊苞金，丛兰减翠，画成秋暮风烟。使君归去，千里倍潸然。两度朱幡雁水，全胜得陶侃当年。如何见，一时盛事，都在送行篇。
>
> 愁烦梳洗懒，寻思陪宴，把月湖边。有多少风流往事萦牵。闻到霓旌羽驾，看看是玉局神仙。应相许，冲烟破雾，一到洞中天。①

该词也属精美之作。

民间妓艺女子的文化水平也毫不逊色。如北宋周韶、胡楚、龙靓三人，"皆杭妓，有诗名。东坡尝书《三妓诗》作一卷"。②苏轼显然欣赏她们的诗作。宋代妓女多能诗词，尤以高级妓女最普遍。如东京开封的平康里：

> 平康里者，乃东京诸妓所居之地也。自城北门而入，东回三曲。妓中最胜者，多在南曲。其曲中居处，皆堂宇宽静，各有三四厅事，前后多植花卉，或有怪石盆池，左经右史，小室垂帘，茵榻帷幌之类。凡举子及新进士、三司、幕府，但未通朝籍，未直馆殿者，咸可就游；不吝所费，则下车水陆备矣。其中诸妓，多能文词，善吐谈，亦评品人物，应对有度。③

青楼妓女的住处如闺秀绣楼，室内如雅士书房，客人皆举人进士，妓女则多能文辞。北宋后期的京师名娼温琬，才艺最为典型。

> 有诗仅五百篇，自编为一集。……《孟子解义》八卷，辞理优当……尝为一秩，自题其上曰《南轩杂录》。其间九经、十二史、诸子百家，自两汉以来文章议论、天文、兵法、阴阳、释道之要，莫不赅备。以至于往古当亡成败，皆次列之，常日披阅，赅博远过宿学之

---

① （宋）胡仔纂集《苕溪渔隐丛话·后集》卷四〇《丽人杂记》，廖德明校点，第337页。

② （明）蒋一葵：《尧山堂外纪》卷五三《宋》，《续修四库全书》第1194册，上海古籍出版社，2002，第494页。

③ （宋）罗烨编《新编醉翁谈录》丁集卷一《序平康巷陌诸曲》，周晓薇校点，第26页。

士。其字学颇为人推许，有得之者，宝藏珍重，不啻金玉。……至于微言片善，着在人耳目，铭在人心腹者，固非笔舌能尽述，知者其默而识之。

其博学、多才、德行，甚为士大夫称道，为之作传又作序。① 崇宁初福州古田邑倡周氏能作诗，曾赠人绝句曰：

> 梦和残月到楼西，月过楼西梦已迷。
> 唤起一声肠断处，落花枝上鹧鸪啼。

又有《春晴》诗曰：

> 瞥然飞过谁家燕，蓦地香来甚处花。
> 深院日长无个事，一瓶春水自煎茶。②

均为佳作。北宋末的彭泽娟女楚珍，既是书法名家，又善诗歌："草、篆、八分皆工。董史云：'家藏长沙古帖，标签皆其题署。宣和间，有跋其后者曰："楚珍盖江南奇女子，初虽豪放不群，终以节显。"吾尝见其《过湖诗》，清劲简远，有丈夫气，故知此人胸中不凡。'"其才多艺高，胸襟不凡；书法家又如建宁人苏氏，"淳祐间流落乐籍，以苏翠名，能八分书"③，靠书法闻名。在杭州西湖，曾有一通判闲唱秦观的《满庭芳》，不慎出现失误，被陪伴的歌妓纠正。

> 偶然误举一韵云："画角声断斜阳。"妓琴操在侧云："画角声断谯门，非斜阳也。"倅因戏之曰："尔可改韵否？"琴操即改作"阳"字韵云："山抹微云，天连衰草，画角声断斜阳。暂停征辔，聊共饮

---

① （宋）刘斧撰辑《青琐高议·后集》卷七《温琬》，第 172~173 页；卷八《甘棠遗事后序》，第 175~180 页。

② （宋）洪迈：《夷坚志·甲志》卷六《古田倡》，何卓点校，第 51~52 页。

③ （元）陶宗仪：《书史会要》卷六《宋》，徐美洁点校，第 178~179、195 页。

离觞。多少蓬莱旧侣，频回首烟霭茫茫。孤村里，寒鸦万点，流水绕低墙。魂伤当此际，轻分罗带，暗解香囊。漫赢得青楼薄幸名狂。此去何时见也，襟袖上空有余香。伤心处，长城望断，灯火已昏黄。"东坡闻而善之。①

不仅指出士大夫的错误，还能立即熟练地将名作改韵，苏轼听到后颇为赞赏，其敏捷才华，绝非一般水平。另有长沙一义倡，"家世倡籍，善讴，尤喜秦少游乐府，得一篇，辄手笔口咏不置"，手抄《秦学士词》一编。② 张俊的爱妾章氏，"即杭妓张秾也，颇知书。柘皋之役，俊贻书嘱以家事，章答书引霍去病、赵云不问家事为言，令勉报国。俊以其书进，上大喜，亲书奖谕赐之"。③ 其文史水平、家国情怀和民族大义，得到皇帝的赞赏和褒奖。

四川的娼妓，有文化者更普遍。

> 蜀娼类能文，盖薛涛之遗风也。放翁客自蜀挟一妓归，蓄之别室，率数日一往。偶以病少疏，妓颇疑之。客作词自解，妓即韵答之云："说盟说誓，说情说意，动便春愁满纸。多应念得脱空经，是那个先生教底？不茶不饭，不言不语，一味供他憔悴。相思已是不曾闲，又那得功夫咒你？"④

此作柔肠百转，情浓意切，言辞通俗，新奇俏丽，遂为名篇流传于世。

有研究者指出：宋代歌妓是个庞大的创作群体，在《全宋词》的女性词人中约占四分之一，有名的词家词作很多。⑤ 揆之于史，正是实情。

更多有文化女子，是社会上演艺界的女演员。孟元老列举了宋徽宗时在京瓦肆伎艺中的女艺人，根据名字的女性化，约有小唱李师师、徐婆

---

① （宋）吴曾：《能改斋漫录》卷一六《杭妓琴操》，第 483 页。
② （宋）洪迈：《夷坚志·补志》卷二《义倡传》，何卓点校，第 1559 页。
③ （宋）李心传编撰《建炎以来系年要录》卷一三九，绍兴十一年二月丁亥，胡坤点校，第 2617~2618 页。
④ （宋）周密：《齐东野语》卷一一《蜀娼词》，张茂鹏点校，第 195 页。
⑤ 谢稿：《宋代女性词人群体研究》，第 37 页。

惜、封宜奴，嘌唱弟子王京奴、安娘，杂剧姐六姐，叫果子文八娘，等等。① 南宋时有文化的女艺人更多。宋孝宗时，宫廷女艺人盛极一时："一时御前应制多女流也。若棋待诏为沈姑姑，演史为张氏、宋氏、陈氏，说经为陆妙慧、妙静，小说为史惠英，队戏为李瑞娘，影戏为王润卿，皆中一时慧黠之选也。"② 都是本行的佼佼者。教坊有"女童采莲队"，民间"街市有乐人三五为队，擎一二女童舞旋，唱小词，专沿街赶趁"。为了促销，官方卖酒之处都有女艺人表演。

> 自景定以来，诸酒库设法卖酒，官妓及私名妓女数内，拣择上中甲者，委有娉娉秀媚，桃脸樱唇，玉指纤纤，秋波滴溜，歌喉宛转，道得字真韵正，令人侧耳听之不厌。官妓如金赛兰、范都宜、唐安安、倪都惜、潘称心、梅丑儿、钱保奴、吕作娘、康三娘、桃师姑、沈三如等，及私各妓女如苏州钱三姐、七姐、文字季惜惜、鼓板朱一姐、媳妇朱三姐、吕双双、十般大胡怜怜、婺州张七姐、蛮王二姐、搭罗邱三姐、一丈白杨三妈、旧司马二娘、裱背陈三妈、屐片张三娘、半把伞朱七姐、轿番王四姐、大臂吴三妈、浴堂徐六妈、沈盼盼、普安安、徐双双、彭新等。后辈虽有歌唱者，比之前辈，终不如也。说唱诸宫调……今杭城有女流熊保保及后辈女童皆效此，说唱亦精……今杭城老成能唱赚者，如……沈妈妈等。③

实为百花齐放，群星荟萃。讲史书者需要更高的文化水平，张小娘子等女艺人就与"进士"并列："谓讲说《通鉴》、汉、唐历代书史文传，兴废争战之事，有戴书生、周进士、张小娘子、宋小娘子"等。④ 所有这些职业技艺，均需要足够的文化支撑。

---

① （宋）孟元老：《东京梦华录笺注》卷五《京瓦伎艺》，伊永文笺注，第461~462页。
② （元）杨维桢：《东维子集》卷六《送朱女士桂英演史序》，《景印文渊阁四库全书》第1221册，第435页。
③ （宋）吴自牧：《梦粱录》卷二〇《妓乐》，第192~193页。
④ （宋）吴自牧：《梦粱录》卷二〇《小说讲经史》，第196页。

流浪于城乡的路岐人，尽管属于最下等的卖艺人，但其文化水平却不可小觑："江浙间路岐伶女，有慧黠知文墨能于席上指物题咏应命辄成者，谓之合生；其滑稽含玩讽者，谓之乔合生。"① 可以当场由观众命题作艺。绍兴初，路岐人之女千一姐，"容色美丽，善鼓琴弈棋，书大字，画梅竹。命之歌词，妙合音律"。② 堪称色艺双绝。被卖到全州娼家的京师人春娘，"十岁时，已能读《语》、《孟》、《诗》、《书》，作小词，至是倡妪教之，乐色事艺无不精绝。每公庭侍宴，能将旧词更改，皆对景有着模处"。③ 可谓思维灵活快速、技艺精湛的才女。北宋流浪艺人吴女盈盈，"年才十六，善歌舞，尤工弹筝。容貌甚冶，词翰情思，翘翘出群。少年子争登其门，不惜金玉帛"。作词甚佳，如其《伤春曲》云："芳菲时节，花压枝折。蜂蝶撩乱，阑槛光发。一旦碎花魂，葬花骨，蜂兮蝶兮何不来？空使雕阑对寒月。"④ 实为才貌双全。

更有职业女子卜相。如宋真宗时，江州有"白衣女士"在瓦子中开卦肆⑤，南宋临安的中瓦子里，有"西山神女"卖卦。⑥ 其文化水平自是不可小觑。女巫的数量更多，都有一定的文化水平。

要之，宋代有文化的女子数量大约多少呢？北宋末约有一亿人口，按传统性别比例也是男多于女，样本统计的男女比例大约为 133：100，由于观念等原因女性实际数量多于统计。⑦ 按 125：100 计，女性有 4440 余万。有文化的女子比例自高层至底层递减，估计高层如宫中、士大夫家庭约占 70%，中层如商人、工匠家庭及艺人约占 30%，底层市民、农民家庭约占 0.5%。如按全部女性的 1% 估计，约 444000 人。

---

① （宋）洪迈：《夷坚志·支乙》卷六《合生诗词》，何卓点校，第 841 页。
② （宋）洪迈：《夷坚志·补志》卷二二《王千一姐》，何卓点校，第 1754 页。
③ （宋）佚名：《摭青杂说·夫妻复旧约》，燕永成整理，载《全宋笔记》第 6 编第 2 册，第 224~225 页。
④ （宋）洪迈：《夷坚志·三志己》卷一《吴女盈盈》，何卓点校，第 1306 页。
⑤ （明）冯梦龙编《警世通言》卷三九《福禄寿三星度世》，第 395 页。
⑥ （宋）吴自牧：《梦粱录》卷一三《夜市》，第 120 页。
⑦ 程民生：《宋人婚龄及平均死亡年龄、死亡率、家庭子女数、男女比例考》，朱瑞熙、王曾瑜、蔡东洲编《宋史研究论文集》第 11 辑，巴蜀书社，2006，第 307 页。

四　宋代女子的文化贡献

1. 文学及绘画贡献

在上述基础上，作为宋文化大发展的一部分，宋代社会涌现出一个庞大的女作家群，尤以诗词创作最为兴盛。

首先表现在家族形态的女作家群。魏泰曾称赞道："近世妇女多能诗，往往有臻古人者。王荆公家最众。"① 王安石家之外，又如北宋中期的朝奉郎丘舜中，"诸女皆能文词，每兄弟内集，必联珠为乐。其仲尝作《寄夫》诗云云，此亦不减班、谢"。② 班、谢在这里是指汉代女辞赋家班婕妤、晋代女诗人谢道韫，可见丘家诸女水平之高。稍后的陈襄，也是"诸女多能诗文"。③ 这些才女的集中出现，颇有规模效应。

个体者犹如满天星斗。欧阳修曾盛赞早逝的女诗人谢希孟："希孟之言尤隐约深厚，守礼而不自放，有古幽闲淑女之风，非特妇人之能言者也。""希孟不幸为女子，莫自彰显于世。昔卫庄姜、许穆夫人，录于仲尼而列之《国风》。今有杰然巨人能轻重时人而取信后世者，一为希孟重之，其不泯没矣。予固力不足者，复何为哉，复何为哉！"对其早逝深为叹息④，认为其文化水平可以前接古人。《宋史·艺文志》著录《谢希孟诗》二卷。⑤ 淮南一士人之妻高氏，"颇工诗什，人多传之"。其《春怨》诗一首，最为佳作："杨花日日常无定，海燕年年却有归。一瞬青春速于电，等闲宽尽缕金衣。"⑥ 叹青春易逝，韶华易老，艺术地表现了只有女性才有的伤感。

著名才女曹希蕴，敏捷过人，出口成章："女郎曹希蕴作诗立成。一日，游乾明寺，见诸尼作绣工。尼乞诗，乃应声为集句：睡起杨花满绣

---

① （宋）魏泰：《临汉隐居诗话校注》卷四，陈应鸾校注，巴蜀书社，2001，第186页。
② （宋）何汶：《竹庄诗话》卷二二《闺秀》，（宋）丘舜中女：《寄夫》，常振国、绛云点校，中华书局，1984，第420~421页。
③ （宋）洪迈：《夷坚志·乙志》卷三《陈述古女诗》，何卓点校，第204页。
④ （宋）欧阳修：《欧阳修全集·居士集》卷四三《谢氏诗序》，李逸安点校，第608~609页。
⑤ （元）脱脱等：《宋史》卷二〇八《艺文志七》，第5388页。
⑥ （宋）李献民：《云斋广录》卷三《高氏》，程毅中、程有庆点校，第20页。

床，为他人作嫁衣裳。因过竹院逢僧话，始觉空门气味长。"① 曾以此为生计来源，在开封"货诗，都下人有以敲梢交为韵，索赋《新月诗》者，曹诗云：'禁鼓初闻第一敲，乍看新月出林梢，谁家宝鉴新磨出，匣小参差盖不交。'"② 宋徽宗时出家为道士，世称曹仙姑。《宋史·艺文志》著录《曹希蕴诗歌后集》二卷③，其文学价值和历史地位可知。

最具代表性的人物是李清照，号易安居士，齐州章丘人，出身士大夫世家，至今仍有"千古第一才女"之美誉。她以女性特有的敏感缠绵、温柔婉转，为宋词大花园增添了一朵娇艳美丽的鲜花。宋词以婉转含蓄为特点的婉约派，长期支配词坛，学者多以婉约为正宗，题材上侧重儿女风情与市井生活，艺术上结构缜密，音律婉转，语言圆润清丽，呈现出柔婉之美。文学史上认定婉约派的代表人物中，以李清照为四大旗帜之一。佼佼如其《如梦令》：

> 昨夜雨疏风骤。浓睡不消残酒。试问卷帘人，却道海棠依旧。知否，知否？应是绿肥红瘦。④

"绿肥红瘦"一语，当时便惊艳了文坛。其作品历史上汇编有《易安居士文集》《易安词》，已散佚。后人辑有《漱玉词》，今有校注、笺注本《李清照集》多种，流传甚广。

杭州人朱淑真，与李清照同为两宋之际人，年长于李清照。其词婉丽柔媚，情真意切，亦为一代名家。宋人搜集整理其诗为《断肠集》十卷，《文渊阁四库全书》收有《断肠词》（不分卷），至今有《朱淑真集》二十卷⑤等作品传世。

类似的知名女作家继李清照之后又出现不少。如吴淑姬，有《阳春

---

① （宋）杨延龄：《杨公笔录》，黄纯艳整理，载《全宋笔记》第 1 编第 10 册，大象出版社，2003，第 151 页。

② （宋）胡仔纂集《苕溪渔隐丛话·前集》卷二五《卢多逊》，廖德明校点，第 168 页。

③ （元）脱脱等：《宋史》卷二〇八《艺文志七》，第 5388 页。

④ （宋）李清照：《李清照集笺注》卷一，徐培均笺注，上海古籍出版社，2002，第 14 页。

⑤ （宋）朱淑真撰，（宋）郑元佐注《朱淑真集注》，冀勤辑校，浙江古籍出版社，1985。

白雪词》五卷，"其词佳处，不减李易安"。① 宋孝宗淳熙年间，"有二妇人能继李易安之后：清庵鲍氏，秀斋方氏。方即夷吾之女弟，皆能文，笔端极有可观。清庵即鲍守之妻，秀斋即陈日华之室"。② 南宋前期的户部侍郎徐林，"有妹能诗，大不类妇人女子所为。其笔墨畦径，多出于杜子美，而清平冲澹，萧然出俗，自成一家。平生所为赋尤工。有一文士尝评之云：'近世陈去非、吕居仁皆以诗自名，未能远过也。'有诗集传于世"。③ 她虽深受杜甫的影响，却另辟蹊径，自成一家，其艺术成就接近当时最著名的诗人陈与义、吕本中，正所谓巾帼不让须眉。这些事例说明李清照婉约词的出现不是偶然现象的独秀峰，而是源于有雄厚基础的群体现象，可谓群芳争艳。

值得特别提出的是一位不知名却地位独特的诗人——河北路巨鹿县的王氏女。她"美容仪而家贫，同郡凌生纳为妾。凌妻极妒，尝俟凌出，使婢缚王掷深谷中。王偶脱而逸去，入他郡为女道士。作《妾薄命叹》千余言"。其中提到自己早年的学习经历："少年学弹筝，善鼓《阳春》词。长年学吹笙，一吹双凤仪。"④ 一个穷家小女，不但学会了器乐，还能创作五言长诗，其诗自然生动，典故迭出，严整有致，内容丰富，其个人婚姻经历又为宋代婚姻中妾的地位提供生动的实例。钱锺书先生首揭此诗，认为此诗 2658 字，而厉鹗《宋诗纪事》以及陆心源《宋诗纪事补遗》均未采录。⑤ 近年文学史学界重视此诗，予以高度评价。有学者指出此诗 2534 字，实为目前所发现的中国古代第一抒情长诗，"是中国古代文学宝库中一篇少有的杰作"。⑥ 如此大制作，竟出自宋代一个出身贫穷的

---

① （清）冯金伯辑《词苑萃编》卷四《品藻二》，《续修四库全书》第 1733 册，第 451 页。
② （宋）张端义：《贵耳集》卷下，李保民校点，第 137 页。
③ （宋）龚明之：《中吴纪闻》卷六《徐氏安人诗》，孙菊园校点，第 94 页。
④ （宋）沈某：《鬼董》卷一，唐玲整理，载《全宋笔记》第 9 编第 2 册，第 124~129 页。
⑤ 钱锺书：《谈艺录》，中华书局，1984，第 620 页。
⑥ 刘毓庆：《关于中国古代第一抒情长诗〈妾薄命叹〉》，载李正民、董国炎主编《辽金元文学研究》，文化艺术出版社，1999，第 252、268 页。另有刘泽华《〈妾薄命叹〉作者及其成诗时代考辨》，《长春教育学院学报》2016 年第 12 期。二文以为此书成书于南宋中期，而本故事发生在已经被金朝占领的河北巨鹿，所以是金朝的史实。其实就是北宋的事，南宋笔记小说涉及北方州县者，一般都是北宋时事，如是金朝时期的北方州县，通常会指明。吴宗海《〈全宋诗〉失收之宋代妇女第一长诗》[《井冈山大学学报》（社会科学版）2003 年第 4 期] 全文录载此诗，似重新发表之意。笔者统计，除标题外为 2533 字。

小妾，而且无论《全宋诗》还是《全金诗》均未收录，其象征意义在于宋代女子的文化水平之高，像她一样不为人知。

历史事实表明，宋代女作家的数量超过了前代。一个朝代出一两个才女作家并不稀奇，但如雨后春笋般的作家群崛起，就非同寻常了。先秦至隋唐，有作品流传的女作家总共不过 33 位，较为著名的仅有汉代班婕妤、卓文君，三国蔡琰，晋代谢道韫，唐代薛涛、鱼玄机等。而宋代有女词人近 90 人，女诗人 200 余人。① 宋代女作家群体性崛起，既是我国女性文学史上量的剧增，更有质的飞跃。最具历史意义的是，以往女作家多为上层人物，以词为例，唐五代之际只有个别后妃、艺妓能词，而宋代大为普及，凡官私娼妓能作词，出口成章者所在多有，而且多有诗词大家。② 她们不但是宋词的主要演唱传播者，也是不可忽视的创作者，为宋代文学的繁荣做出了重要贡献。以李清照为代表的宋代女作家及其作品，为中国文学史上一座郁郁葱葱、山花烂漫的奇峰，也是中国古代女子文学的高峰。

宋代绘画为我国美术史上的高峰，其中也有女子的贡献，出现一些著名画家。宋徽宗《宣和画谱》中，就有女画家的一席之地。除了前文提及的宗妇曹氏、魏王赵頵妇魏越国夫人王氏外，还有宋初的童氏女子：

> 妇人童氏，江南人也，莫详其世系。所学出王齐翰，画工道释人物。童以妇人而能丹青，故当时缙绅家妇女，往往求写照焉。有文士题童氏画诗曰："林下材华虽可尚，笔端人物更清妍。如何不出深闺里，能以丹青写外边。"后不知所终。今御府所藏一：《六隐图》一。③

这位神秘的女子，是南唐翰林图画院待诏王齐翰的学生，善画人物画和肖像，得到士大夫的赞扬和皇家的欣赏。宋人邓椿记载了宋代六位女画家，均为当时的丹青高手：崇德郡君李氏、和国夫人王氏、著名士大夫文同之女文氏、著名画家章友直之女章煎、官员画家任谊之妾艳艳、官员陈经略

---

① 苏者聪：《宋代女性文学》，第 5 页。
② 孙顺霖：《宋代社会顽疾——蓄婢养妓》，中州古籍出版社，2014，第 192 页。
③ （宋）佚名：《宣和画谱》卷六《童氏》，岳仁译注，第 142 页。

子妇方氏①，实为星光灿烂。梅尧臣在许州任职时，见识了当地女画家卢娘，有诗表达了他对卢娘画竹的赞美："许有卢娘能画竹，重抹细拖神且速，如将石上萧萧枝，生向笔间天意足。战叶斜尖点映间，透势虚黏断还续，粉节中心岂可知，淡墨分明在君目。"② 卢娘擅长画墨竹，快速而神形兼备。现存艳艳工笔画《草虫花蝶图卷》，是中国女画家存世图卷中年代最早者。2005 年，上海博物馆以 275 万元拍得，创下了古代女画家作品拍卖纪录，2013 年在上海的展出轰动国内美术界。宋代女性画家的绝代风华，光耀古今。书法著名的女子同样不少，仅列入《书史会要》的就有 23 人。③

2. 母教的贡献

家庭是人生的第一课堂，乃教育之根，父母是孩子的第一任教师。这是现代理念，古代没有幼儿园，蒙学不如现代普及，更是如此。尤其是全方位、全天候的母亲养育，作用更大。大量有文化的母亲，成为宋代教育不可或缺、不可替代的有生力量。

对于母教的作用，宋人十分重视。司马光即指出："为人母者，不患不慈，患于知爱而不知教也。"④ 强调母亲对子女的教育。皇帝也不失时机地对一些母亲予以大力表彰。如六岁举童子科的贾黄中，后来步步成长为参知政事，宋太宗特意召见其母王氏，"命坐，谓曰：'教子如是，真孟母矣。'作诗以赐之，颁赐甚厚"。后又对大臣说："朕尝念其母有贤德，七十余年未觉老，每与之语，甚明敏。黄中终日忧畏，必先其母老矣。"贾黄中去世后，宋太宗当面赐给其母白金三百两。⑤ 同时，状元出身的苏易简任参知政事时，宋太宗也召见其母薛氏入禁中，"上命之坐，问：'何以教子，遂成令器？'对曰：'幼则束以礼让，长则训以《诗》、《书》。'上顾左右曰：'今之孟母也，非此母，不生此子矣。'"⑥ 比之为孟子的母亲，表彰她们在培养儿子成才方面的功绩。

---

① （宋）邓椿：《画继》卷五，第 67~69 页。
② （宋）梅尧臣：《梅尧臣集编年校注》卷一五《墨竹》，朱东润编年校注，第 315 页。
③ （元）陶宗仪：《书史会要》卷六《宋》，徐美洁点校，第 143、177、178、179、182、194、195 页。
④ （宋）司马光：《温公家范》卷三《母》，第 43 页。
⑤ （元）脱脱等：《宋史》卷二六五《贾黄中传》，第 9161~9162 页。
⑥ （宋）李焘：《续资治通鉴长编》卷三四，淳化四年十月辛未，第 755 页。

宋代涌现出许多教子有方、教子成才的"孟母"，有关事例，俯拾皆是。

母教往往始自胚胎之中。北宋末余姚人莫氏，"自少小知书，浸长，作诗论文，如慧男子"，嫁给士人后，"与其夫以文字相磨切，甚自乐也"。怀孕时，"夫妇危坐相对，多诵经史，用古人胎教之说，沂生而资性敏悟绝人，督教之甚严……客过其门，闻诵读讲演之声，叹曰：'有是夫也，有是妇也，有是子也。'沂未弱冠，试补太学，为选首。绍兴五年中进士甲科"。[1] 从胎教开始，终于使儿子金榜题名。无锡一夫人吴文刚，则重视早教，"聪悟知书……既而生子，稍能言，吴日置膝上，授以方名六甲，长则教以《孝经》《论语》，间为说古今易晓故事"。[2] 儿子两三岁就抱着坐在腿上，面对面教他东西南北四方位和《六甲诗》。宋初汝南周氏，"性晓音律，而尚雅声，善丝竹而精琴瑟，习《孝经》而宗玄言"，她精通音乐，习读《孝经》及道家老庄之书，早年守寡，"四子皆幼，夫人提携教训，亲授经书，及其出就外傅，已通《孝经》、《论语》矣"。[3] 其子学龄前就熟读两部经典了。这些都是早教的事例。

北宋前期的福建人谢伯初之母，"好学通经，自教其子"。谢伯初"少以进士中甲科，以善歌诗知名"。欧阳修赞道："乃知景山（谢伯初字——引按）出于瓯闽数千里之外，负其艺于大众之中，一贾而售，遂以名知于人者，系其母之贤也。"非但教子成名，其女谢希孟也成为深得欧阳修赞誉的诗人："不独成其子之名，而又以其余遗其女也。"[4] 著作佐郎知司农寺丞事俞充之母，继承丈夫遗志，"日夜教诸子读书，使毋堕先人之志"。[5] 督责读书，夜以继日。太原王氏"为人明识强记，博览图籍，子孙受学，皆自为先生"。[6] 她亲自教育子孙两代，投入了极大精力。王

---

① （宋）刘一止：《刘一止集》卷五二《宋故太宜人莫氏墓志铭》，龚景兴、蔡一平点校，第548页。

② （宋）韩元吉：《南涧甲乙稿》卷二〇《沈氏考妣墓志铭》，第389页。

③ （宋）徐铉：《徐铉集校注》卷三〇《故汝南县太君周氏夫人墓志铭并序》，李振中校注，中华书局，2016，第817页。

④ （宋）欧阳修：《欧阳修全集·居士集》卷四三《谢氏诗序》，李逸安点校，第608页。

⑤ （宋）王珪：《华阳集》卷五七《辜氏墓志铭》，《景印文渊阁四库全书》第1093册，第426页。

⑥ （宋）曾巩：《曾巩集》卷四五《试秘书省校书郎李君妻太原王氏墓志铭》，陈杏珍、晁继周点校，第617页。

旦的长女守寡后，"时诸子皆幼，夫人课以诗书，日使诵习"。① 张氏夫人"日夜课诸子学，不俾邀宕，故其子有数预乡物（引按：疑为'荐'）者。虽女子辈亦勤诵、习翰墨，奕奕可观，夫人实使然"。② 长安人水丘氏，"幼闲女工，知声音，读书能言其义……诵佛书，训诸子学，里闾不敢望其斗。三子皆有学有行，后进以为衿式"③，成为教子有方的榜样。彭城县君钱氏，"其教子也，手缮经籍而授大义，渐劘诱导，至于成人"④，自己抄写经书为课本，亲自讲解大义，诸子皆成才。另一官员夫人王氏，家虽贫困，教子不辍："端靖而敏悟，略涉传记……太安人子众而贫窭无赀，未尝以婴虑，尽使努力为诸生，以旧所忆众书，手抄教督，夜分犹课，厉众子严惮若师……无几何，子皆明习经学，轩然著名。"大观初，三子同榜均为上舍生，地方政府"表其闾曰'椿桂'"。⑤ 家境贫穷，居然凭自己早年读书的记忆，默写诸书当作孩子的课本，亲自讲授，终于功成名就，为一方楷模，同时也证明了她的文化水平之高。金夫人"喜读书，善笔札，诸子皆授经于夫人，未尝从师。其子千之有学行，士大夫称焉"⑥，自己教授诸子，培养出学行受到士大夫称赞的儿子。陈尧叟的孙女"幼聪警，知书史"，"教其子以经史文章法书及近代名人善言懿行，以资其学，久益不倦"。⑦ 夫人范氏，从小"自喜读书如成人"，出嫁后又"教诸子《论语》、《毛诗》，皆其口所指授，而诸子易以立"。⑧ 彭氏夫人"有贤操，喜读书，尤熟西汉史，能言二百年间君臣理乱成坏

---

① （宋）苏舜钦：《苏舜钦集》卷一五《太原郡太君王氏墓志》，沈文倬校点，第223页。
② （宋）巴宜：《宋故建安郡君张氏（王蘧妻）墓志铭》，载郭茂育、刘继保《宋代墓志辑释》，第459页。
③ （宋）车好贤：《宋故坊州司理参军刘府君（厄）夫人水丘氏墓志》，载郭茂育、刘继保《宋代墓志辑释》，第331页。
④ （宋）苏颂：《苏魏公文集》卷六二《彭城县君钱氏墓志铭》，王同策、管成学、颜中其点校，第953页。
⑤ （宋）葛胜仲：《丹阳集》卷一四《张太安人王氏墓志铭》，《景印文渊阁四库全书》第1127册，第541页。
⑥ （宋）黄庭坚：《黄庭坚全集·外集》卷二二《永安县君金氏墓志铭》，刘琳、李勇先、王蓉贵校点，第1395页。
⑦ （宋）苏颂：《苏魏公文集》卷六二《寿昌太君陈氏墓志铭》，王同策、管成学、颜中其点校，第955页。
⑧ （宋）晁说之：《嵩山文集》卷一九《文安县子硕人范氏墓志铭》，第42页。

之故。燕居如斋，据一室，列群经于前，诸子以次受业。日夜镌切，凛如严师之坐其旁，已中程然后解颜一笑。……于是缙绅叹慕，以为教子者当以宜人为法"。① 虽为慈母，亦是严师。周必大夫人王氏，"聪敏高洁，女工儒业，下至书算，无不洞晓"。丈夫为学官馆职时，"相与商论古今，手抄经史。夜则教儿读书"②，以全面高超的文化素质相夫教子。戴氏夫人自幼聪颖好学，协助丈夫严教后代。

> 先君教子甚切，太夫人助之。始学，则教之书，手写口授，句读音训必审；长则期以远业，朝夕诲励，每自抄录自古人言行、前辈典型与夫当今事宜，班位崇卑，人物高下，及民间利病休戚，大抵皆能道之。诸子从容侍旁，议论往复，亹亹不厌。教孙如教子，童幼既多，群嬉成市，夫人颓然堂上，且喜且戒，课以读书作字，无敢不谨。③

全方位的教学课程，正规性不亚于学堂。直接的母教，有的是开蒙教育，有的是举业教育，也有的是学问教育。她们的文化水平，与专职教师不相上下。

宋代许多彪炳史册的文豪能臣，就是由母亲耳提面授的。典型人物如：

史称"首以词章擅天下，为时所宗"的西昆体领袖杨亿：刚"能言，母以小经口授，随即成诵"。④

参知政事、著名学者宋绶："母亦知书，每躬自训教，以故博通经史百家，文章为一时所尚。"⑤

三司使、"一时名臣"杨察："幼孤，七岁始能言，母颇知书，尝自教之。"⑥

---

① （宋）孙觌：《鸿庆居士集》卷三四《宋故右承议郎吴公墓志铭》，《景印文渊阁四库全书》第 1135 册，第 357 页。
② （宋）周必大：《周必大集校证》卷七六《益国夫人墓志铭》，王瑞来校证，第 1108 页。
③ （宋）袁燮：《絜斋集》卷二一《太夫人戴氏圹志》，《景印文渊阁四库全书》第 1157 册，第 290 页。
④ （元）脱脱等：《宋史》卷三〇五《杨亿传》，第 10079、10091 页。
⑤ （元）脱脱等：《宋史》卷二九一《宋绶传》，第 9732 页。
⑥ （元）脱脱等：《宋史》卷二九五《杨察传》，第 9856、9857 页。

　　参知政事赵概也是母亲亲自教育的，"幼敏悟，闻人诵诗书，一过耳尽记不忘……七子皆举进士，有闻于时。公最幼，自初能言，夫人日自课以书，使调四声作诗赋。十七岁举进士。既孤，二十四年，公登甲科"。①

　　文坛领袖、著名史学家、参知政事欧阳修："四岁而孤，母郑，守节自誓，亲诲之学。"②

　　千古流芳的苏轼："生十年，父洵游学四方，母程氏亲授以书，闻古今成败，辄能语其要。"③ "夫人喜读书，皆识其大义。轼、辙之幼也，夫人亲教之。常戒曰：'汝读书勿效曹耦，止欲以书自名而已。'每引古人名节以励之。"④ 既有智育，又有德育。

　　宰相贾昌朝："少孤，母日教诲之，自经、史、图纬、训诂之书，无所不学。"⑤

　　"中兴贤相"之首赵鼎："生四岁而孤，母樊教之，通经史百家之书。"⑥

　　宰相、南宋文坛盟主周必大："少英特，父死，鞠于母家，母亲督课之。"⑦

　　参知政事、理学大家真德秀："十五而孤，母吴氏力贫教之。"⑧

　　一个才女的作用毕竟有限，但作为一个母亲作用就扩大很多。她们给孩子的不仅是母爱，更是智慧，使之赢在了人生起跑线，要么成为千古流芳的文豪，要么成为青史留名的大儒，要么是权倾一时的执政大臣，这些事迹张扬着母爱的伟大与母教的卓越。

　　授课亲炙之外，母亲的间接教育更多。突出例子即二程之母，程颐回

---

① （宋）苏舜钦：《苏舜钦集》卷一五《广陵郡太君墓志铭》，沈文倬校点，第231~232页。
② （元）脱脱等：《宋史》卷三一九《欧阳修传》，第10375页。
③ （元）脱脱等：《宋史》卷三三八《苏轼传》，第10801页。
④ （宋）司马光：《司马光集》卷七六《苏主簿夫人墓志铭》，李文泽、霞绍晖校点，第1555页。
⑤ （宋）王珪：《华阳集》卷五六《贾昌朝墓志铭》，《景印文渊阁四库全书》第1093册，第409页。
⑥ （元）脱脱等：《宋史》卷三六〇《赵鼎传》，第11285、11295页。
⑦ （元）脱脱等：《宋史》卷三九一《周必大传》，第11965页。
⑧ （元）脱脱等：《宋史》卷四三七《真德秀传》，第12957页。

忆其母道：

> 好读书史，博知古今……颐兄弟幼时，夫人勉之读书，因书线贴
> 上曰："我惜勤读书儿"，又并书二行曰："殿前及第程延寿"，先兄
> 幼时名也；次曰"处士"。及先兄登第，颐以不才罢应科举，方知夫
> 人知之于童稚中矣。[①]

饱学的母亲时时言传身教，勉励儿子读书，同样取得巨大成功，为中国哲学培育了两颗耀眼的巨星。更多的母亲并不直接授课，而是聘请专业教师。如夫人张氏本有文化，"尤喜教子，为其子聘明师，徕益友，延名胜，宾客辏集，川至林立，讲习洋洋"[②]，不惜全部心血，为教子投入大量财力人力，创造了优良学习环境。

母教在宋代是一种普遍的社会风气，尤以东南地区为浓烈。正如洪迈所言："七闽二浙与江之西东，冠带《诗》《书》，翕然大肆……为母妻者，以其子与夫不学为辱。"[③] 贤惠的妻子督促着儿子和丈夫读书求学，并以此为荣。可以说，宋文化的大发展离不开母教。[④] 有文化的母亲成为优生优育的历史典型，她们幕后的日常默默之功，难以衡量，却不可磨灭。[⑤]

结　语

宋人认为女子与男子一样应受教育，有文化的女子可以协助丈夫"齐家"，乃至维持家庭不败落，将文化水平作为贤妇应具有的素养。因而女子教育勃兴，学堂教育、家庭教育、自学成才等方式并行，无论士大

---

① （宋）程颢、程颐：《二程集·河南程氏文集》卷一二《上谷郡君家传》，王孝鱼点校，第 653、655 页。

② （宋）杨万里：《杨万里集笺校》卷一三一《夫人张氏墓志铭》，辛更儒笺校，第 5068 页。

③ （宋）洪迈：《容斋随笔·四笔》卷五《饶州风俗》，第 682~683 页。

④ 参阅陶晋生《北宋士族妇女的教育》，《中央研究院历史语言研究所集刊》第 67 本第 1 分，1996；栗品孝《宋代士人家庭教育中的母教》，载漆侠主编《宋史研究论文集》，河北大学出版社，2002。

⑤ 张邦炜《两宋妇女的历史贡献》（《社会科学研究》1997 年第 6 期）亦有论述，可以参阅。

夫还是平民家庭，有文化的女子都比较普遍，且受社会尊重。即使下层妇女如娼妓，也普遍有文化，有名的词家词作也很多。其杰出者，或多才多艺，或善于诗词文章，或精通书法、音乐，其卓越才识、渊博学问，接近乃至超越士大夫，无愧于古人，达到了当时一流层次。但其才艺大多只是孤芳自赏，不愿或无法展示，更谈不上充分发展。即便如此，宋代女作家群仍呈现出历史上前所未有的繁荣景象，诗词、绘画佳作异彩纷呈，成就了许多文坛佳话，更为传统文化增添了兰心蕙质的别样芬芳。宋代出现大量的紫姑女仙作诗的记载，这其实是广大宋代妇女文化水平提高、崭露头角的反映。"女性大家也首次在文学史上闪亮登场"①，以李清照为代表的女子文学水平位居宋词顶峰。宋代女子文学如清澈芬芳的溪流，为中华文明注入了女性的柔美。

她们不畏艰难困苦，勤奋学习与创作，是宋代妇女自立自强的表现，也是宋代女性自我意识觉醒的反映。如朱淑真"女子弄文诚可罪，那堪咏月更吟风"②，是对礼教轻视女性的控诉；"娇痴不怕人猜，和衣睡倒人怀"③，则是对爱情的大胆追求。她们内心深处渴望在社会上有一席之地。其智慧从思维空间倾泻到纸面，播撒到社会空间。更具普遍意义的是，诸多具有文人气质的女子，用智慧重新诠释了母爱，满腔才情千回百转无处发泄，结聚成优良的遗传基因，孕育并教育出一代又一代的英才，为宋代社会文化大发展奠定了人才基础。

智慧的宋代知识妇女"以多种方式作用于社会，对于提高整个国民素质、传承文明均有积极意义"。④ 妇女史家还有论断道："中国历史上没有哪一个朝代的妇女能够像宋代妇女那样，为自己时代的文化做出如此重要的贡献，也没有哪一个朝代孕育出像李清照那样的女文学家。"⑤ 之所

---

① 谢稿：《宋代女性词人群体研究》，第 245 页。
② （宋）朱淑真著，（宋）郑元佐注《朱淑真集注·前集》卷一〇《自责》，冀勤辑校，第 118 页。
③ （宋）朱淑真著，（宋）郑元佐注《朱淑真集注·外编》卷一《夏日游湖》，冀勤辑校，第 201 页。
④ 铁爱花：《宋代女性阅读活动初探》，《史学月刊》2005 年第 10 期。
⑤ 郑必俊：《论两宋妇女在经济文化方面的贡献》，载《周一良先生八十生日纪念论文集》，中国社会科学出版社，1993。

以在历史上如此独特，就在于宋代女子整体文化水平的提高。总之，其作用之大，功勋之著，殊堪赞颂。

第二节 少数民族

宋代版图不如汉唐广大，但在 250 万平方千米的疆域内，依然有大量的少数民族聚集。他们主要分布在西北、西南两大地区，其中西南的各族相对稳定，西北的各族流动性较强。由于历史、地理等原因，他们生活的地方多是山区、高原或荒凉的土地，自然环境恶劣，生产力、生产关系落后，经济发展水平远远不能与内地相比，文化水平相应地有明显的差异。在不同的少数民族之间，也是如此。

对少数民族文化水平的考察了解，有利于深刻认识其发展程度以及所聚居的边疆、山区的开发状况，有利于认识历史文化的多元性。对于宋代少数民族文化的研究，学界已有诸多成果，史学界侧重于蕃学[①]，鲜涉其他，更未论及其文化水平诸问题。史学研究我国古人文化水平，通常是以识汉字为基点的，但历史上汉字并非各少数民族的通行文字。故而，我们对有关文化水平的考察，一方面看是否认识汉字，一方面看是否认识本民族的文字，由于史料薄弱，还要间涉其综合素质如手工业技术等方面体现的文化水平，聊为佐证。

一 宋政府对少数民族文化水平的重视与促进

对于周边及内地的少数民族，务实的宋政府采取了不同于以往的策略。这就是在很长一段时间内，一般不使用武力强行统治，而是"欲使边氓同被文化"[②]，大力推行文治，以文化边，用期久远。所谓"古者帝

---

① 程民生：《宋代少数民族学校述略》，《中央民族学院学报》1989 年第 3 期；任树民：《北宋官办蕃学初探》，《民族研究》1993 年第 4 期；何波：《宋代蕃学考述》，《青海社会科学》1995 年第 1 期；肖全良：《北宋河湟地区蕃学教育考述》，《青海民族大学学报》（社会科学版）2010 年第 1 期；张蓉、吴疆：《宋神宗时期在河湟地区兴立"蕃学"的必要性》，《中国藏学》2014 年第 3 期；等等。
② （宋）陈傅良：《陈傅良先生文集》卷一九《桂阳军乞画一状》，周梦江点校，第 275 页。

王之勤远略，耀兵四裔……宋恃文教而略武卫，亦岂先王制荒服之道哉!"① 这是崇文抑武的一种表现。其中一个主要的措施，就是随着社会政治、文化的发展以及边疆巩固、山区开发的需要，开始加强对少数民族的文化教育，在数次兴学浪潮的推动下，专门为少数民族设置的官办学校——蕃学，随之蓬勃兴起。

对于少数民族的官学教育，古已有之。汉唐时期，朝廷在京师设置的学校中，曾招收少数民族和外国人。而在少数民族地区或边防地区设置专门学校，则初始于唐代后期。唐宣宗前后，西川节度使韦皋治理西川，"选群蛮子弟聚之成都，教以书数，欲以慰悦羁縻之，业成则去，复以他弟子继之。如是五十年，群蛮子弟学于成都者殆以千数，军府颇厌于禀给"②。虽花费巨大，但成效甚好。不过，历史上的这些举措或非专门，或无名称，更没有制度化。重大转折始于北宋，换言之，与前代相比，宋代最重视提高少数民族的文化水平，并以朝廷的力量积极推进。

蕃学的创建，最早开始于西北边防地方官。庆历年间，有深谋远虑的环州长官种世衡，率先"在环州建学，令蕃官子弟入学"。这一新举措，引起了当时上级官员的疑虑，怀疑其有结交蕃官的企图，遂派人前往调查："监司疑其事，遣官体量。世衡以为非欲得蕃官子弟为门人，但欲与之亲狎，又平居无事时，家家如有质子在州。"③ 可见他最初的意图，主要是与少数民族贵族子弟建立一种亲密关系，并以之为"软性"人质，以维持友好，巩固边防，教育文化尚在其次，所谓醉翁之意不在酒。庆历兴学高潮也波及海南岛，如琼州于庆历间"宋侯贯之创郡庠，嘉定庚午，赵侯汝厦新之"。④ 琼州是黎族等少数民族聚居地，这些州学，实际上就是少数民族学校。

名副其实的蕃学，普遍建立于宋神宗熙宁年间。在拓边经营熙河地区

---

① （元）脱脱等:《宋史》卷四九三《蛮夷传一》，第 14171 页。
② （宋）司马光:《资治通鉴》卷二四九，唐宣宗大中十二年十二月，中华书局，1956，第 8200 页。
③ （宋）李焘:《续资治通鉴长编》卷二三三，熙宁五年五月丙申，第 5662 页。
④ （宋）赵汝适:《诸蕃志校释》卷下《海南》，杨博文校释，中华书局，1996，第 217 页。

以及第二次兴学高潮的背景下，熙宁五年（1072），宋神宗"诏陕西置蕃学"。① 与此前地方官自作主张办学大不相同，这是朝廷的诏令，意味着蕃学建设从地方意志上升为国家意志。西北边防各州军通过提出申请、获得朝廷批准并拨款、赐书和学田、分解额等程序，纷纷建立蕃学。如熙宁五年五月，秦凤路缘边安抚司申请通远军"宜建学，亦许之"。② 熙宁六年十二月熙河路经略司报告："熙州西罗城已置蕃学，晓谕蕃官子弟入学。"③ 熙州西罗城蕃学已经建成，开始动员、招收少数民族贵族子弟入学。熙宁七年，新收复的岷州长官请求：本州"已立解额，乞赐国子监书，许建州学"，朝廷随即批准。④ 这是以州学名义创建的少数民族学校。熙宁八年三月，知河州鲜于师中上书，提出四个要求："乞置蕃学，教蕃酋子弟，赐地十顷，岁给钱千缗，增解进士为五人额。"均得到朝廷的批准⑤，一次性解决了建学的所有问题。以往其他州郡建学，最多赐地十顷，每年再拨款一千贯者唯河州，朝廷对其蕃学的重视程度可想而知。

对于重要的少数民族领袖，则采取特殊方式教育其子孙。如吐蕃首领木征，归顺后赐名赵思忠，熙宁八年，"诏以荣州团练使赵思忠为秦州钤辖，不厘职，依熙州例供给存恤，教其诸子以中国文字"。⑥ 宋政府专门为其一家子弟，提供家塾式的优质汉语教学。从"依熙州例"来看，对归附的部族首领之子进行汉语教育，是官方安置归属部族的惯例，是制度性的。

北宋中后期，开边的热潮波及内地的少数民族聚居地。与此同时，朝廷在位于湖南西部山区的瑶族聚集地，也开展了大规模的汉化行动。与王韶开熙河一样，熙宁五年章惇开梅山后，在此"化外之地"实行郡县制，新设置由朝廷直接领导的安化县，随即建立官学："安化县学，在县治

---

① （宋）章如愚：《山堂考索·后集》卷三〇《蕃学》，中华书局，1992，第641页。
② （宋）李焘：《续资治通鉴长编》卷二三三，熙宁五年五月丙申，第5662页。
③ （宋）李焘：《续资治通鉴长编》卷二四八，熙宁六年十二月壬午，第6059页。
④ （宋）李焘：《续资治通鉴长编》卷二五六，熙宁七年九月戊戌，第6248页。
⑤ （宋）李焘：《续资治通鉴长编》卷二六一，熙宁八年三月戊戌，第6357页。
⑥ （宋）李焘：《续资治通鉴长编》卷二六三，熙宁八年闰四月乙未，第6426页。

西，宋熙宁间建。""藏书阁，在安化县学内，宋建。"① 既有县学，县学
里还有图书馆。安化"邑之有学，盖自熙宁，开创之始，规模亦颇宏
壮"。宋人吴致尧曾有《安化学释奠文》云：

> 皇皇熙丰，观民设教。
> 冠带五溪，有此学校。
> 怀我好音，革心变貌。
> 主上神武，聿追来孝。
> 昭揭日星，既明且较。②

揭示了该学的主旨，是用文化来改变野蛮和落后状况。这种建在"莫徭"
聚居地的州学，自是以教育瑶族后代为主，属于没有蕃学名称的蕃学，将
少数民族教育完全纳入与内地同样的教学体制，更加正规先进。宋神宗诏
潭州长史朴成任新收复并建郡县的侗族等少数民族地区徽、诚州教授③，
也反映了当地新设置的少数民族学校教育的正规化发展。

与西北一样，这里另有私塾式的小型蕃学。如熙宁末年，诚州一带的
少数民族首领杨光僭归顺，"乃与其子日俨请于其侧建学舍，求名士教子
孙"。④ 主动要求在其家旁建学，希望名师来教育其后代，朝廷自然积极
回应。

西北地区蕃学建设浪潮持续四年以后，因经费困难而部分停办，主要
撤销的是新开边统治的最西北部的熙河路。熙宁八年（1075）十一月，
宋神宗诏："熙河路兵食、吏俸日告阙乏，而蕃学之设冗费为甚，无补边
计，可令罢之，其教授令赴阙，蕃部弟子放逐便。"⑤ 可知朝廷在这四年
中，为蕃学的建设、运营投入了巨额资金，终因不堪重负而停办。但需要

---

① （明）李贤：《明一统志》卷六三《长沙府》，台北台联国风出版社，1977，第3926、
  3927~3928页。
② （清）李瀚章、裕禄等编纂《光绪湖南通志》卷六二《学校》，《中国地方志集成》湖
  南府县志辑（6），凤凰出版社，2010，第697页。
③ （元）脱脱等：《宋史》卷四九四《蛮夷传二》，第14198页。
④ （元）脱脱等：《宋史》卷四九四《蛮夷传二》，第14198页。
⑤ （宋）李焘：《续资治通鉴长编》卷二七〇，熙宁八年十一月己未，第6619页。

指出的是，官方对少数民族的文化教育并未全部停止，其他地区的仍然持续。

值得庆幸的是，三十年后，因第三次兴学浪潮以及开边的需要，西北等地的蕃学建设又一次掀起高潮，范围与效果均超越熙宁时期。

首要的标志是原熙河路蕃学重新建立。崇宁四年（1105）八月，宋徽宗"诏陕西置蕃学"。① 说是陕西，确切的地点实际上是新开边的熙河兰湟路。② 诏令云：

> 陕西新造之郡，犹用蕃字，可置蕃学，选通蕃语、识文字人为之教授。训以经典，译以文字，或因其所尚，令诵佛书，渐变其俗。③

明确指出重建的蕃学实行蕃、汉双语教学，既学汉语也学蕃语，甚至开设佛经课程，可谓因地制宜开展特殊教育。西部最远的蕃学，达到西宁州，担任西宁州蕃学教师的黄庭赡就受到表彰：

> 西宁州蕃学措置就绪，其蕃族子弟，甚有能书汉字，通诵《孝经》、渐习《论语》，皆知向方慕义，化革犷俗。……敕具官某：朕建蕃学于西宁，既克就绪，尔以进士预讲授之选，训诱为勤。今蕃族子弟能通书文，诵习儒典，向方慕义，俗由化革。虽朝廷声教所暨，尔预有劳。宜锡官荣，昭示劝奖。钦承恩命，尚其勉哉。可。④

黄庭赡在西宁州学教学效果良好，取得了优异成绩，朝廷予以提拔鼓励。

在开边的热潮中，西南地区桂州附近的少数民族地区被朝廷直接管

---

① （宋）王称：《东都事略》卷一〇，崇宁四年八月，孙言诚、崔国光点校，第 76 页。
② （宋）陈均：《皇宋编年纲目备要》卷二七，许沛藻、金圆点校，中华书局，2006，第 687 页。
③ （清）徐松辑《宋会要辑稿·崇儒》二之一一，刘琳、刁忠民、舒大刚、尹波等校点，第 2767 页。
④ （宋）慕容彦逢：《摛文堂集》卷四《西宁州教授歙州进士黄庭赡……特与将仕郎仍疾速出给付身制》，《景印文渊阁四库全书》第 1123 册，第 340 页。

辖，并于大观元年（1107）"置二砦，为立学"。① 次年，朝廷将今广西北部山区原属化外的少数民族收归中央管辖，设置黔南路，同时建学。

> 黔南新造之邦，人始从化，虽未知学，然溯其鄙心，非学无以善之。委转运判官李仲将以渐兴学，举其孝弟忠和，使知劝向。②

学校的设置与郡县化统治几乎同步，是加强管理的必要措施，换言之就是郡县化的一个内容。

对于湖南瑶族地区的教育也进一步加强，在那里建立了与西北名称不同的少数民族专门学校——新学："新学者，群山溪酋豪子弟而教之。"③ 新归顺朝廷的少数民族谓之新民，新学即新民之学，是对蕃学的另一文雅称呼。政和四年（1114），中书省报告："勘会新民子弟初被教养，故立法稍优，以为激励。若归明已久，自当依州县学法，缘未有立定年限。"建议与内地学生一视同仁。但宋徽宗不同意，批示回复道："新民归明后，经十五年，并依县学法施行。"④ 确定吸引少数民族子弟的优惠措施再实施十五年，才和内地县学并轨。

迫于疆域压力的南宋政府，对内地少数民族的官学教育更加重视。如绍兴十四年（1144），恢复了一度中断的湖南靖州新民学："靖州乞依旧置新民学，教养溪峒归明子弟，以三十人为额"，随即得到朝廷批准。⑤ 在分散居住的少数民族中，官方也千方百计招其子孙到官学接受教育。如淳熙元年（1174），知桂阳军徐渭报告："本军管下三县，各有溪峒蛮猺，缘素不知书，纵略识字，亦莫晓义理，由是好暴喜乱。臣亲访猺人，见其言峒中亦有子弟读书，但无训导之人。乞令择可教子弟，发遣前来州军学

① （元）脱脱等：《宋史》卷三四八《王祖道传》，第11041页。
② （宋）佚名编《宋大诏令集》卷一五七《黔南兴学御笔（大观二年二月日）》，司义祖整理，中华书局，1962，第591页。
③ （宋）刘辰翁：《刘辰翁集》卷三《印洲记》，段大林校点，第77页。
④ （清）徐松辑《宋会要辑稿·兵》一七之八至九，刘琳、刁忠民、舒大刚、尹波等校点，第8957~8958页。
⑤ （宋）李心传编撰《建炎以来系年要录》卷一五一，绍兴十四年二月丁亥，胡坤点校，第2847页。

听读，选有学行士人专一教导，使稍知理义即遣归，转相教训，化顽为良。"宋孝宗随即诏令："桂阳军三县应有蛮峒去处，令差人入峒，说谕首领，择其可教子弟前来军学听读，依在学生员例，每月支破钱米养赡。"像州学生一样由官方提供食宿；次年又诏："武冈军溪峒子弟能向学人，许入军学听读，将来愿应举人，令与本军士人通用本军解额取放。"① 有关政策又推广到了武冈军。由徐泂所言"峒中亦有子弟读书"可知，瑶族民众中原有识字读书之人。郴州、桂阳军一带多有少数民族，淳熙八年，朝廷"立郴州宜章、桂阳军临武县学，以教养峒民子弟"②，设立了专门教育峒民的县学。后来，知桂阳军陈傅良向皇帝上书，请求完善当地少数民族学校教育。

> 臣伏见前后臣僚屡言郴、桂之间宜兴学校，以柔人心。寻准淳熙八年八月二十一日敕节文，三省同奉圣旨，依礼、户部勘会事理施行，行下本路，于郴之宜章、本军临武两县，创建县学，所以劝奖风厉，条目甚备。仰见睿明旁烛幽照，欲使边氓同被文化，幸甚！幸甚！今来两县，虽各有学，然而无训导之官，无供亿之具，名存实亡，不足以仰称明诏。以臣愚见，所在县学，多是文具，莫若只就州军学展套斋舍，增养生员，责之教授，诱进义社豪民或边峒子弟孙侄入学听读，仍以县令佐兼管干赡学钱粮事。措置应副，专委本路提举学事司常切点检，别为一籍。如教养到生员一百人或一百五十人以来，许将见任教授并赡学钱粮官，理为劳绩，量立赏典。如此，则事体归一，庶可就绪。③

要求将有关制度落实，少数民族学生不再在名存实亡的县学就读，集中到扩建的州学，由县令等负责物资供应，将教养少数民族学生的数量与官员

---

① （清）徐松辑《宋会要辑稿·选举》一七之三，刘琳、刁忠民、舒大刚、尹波等校点，第5585页。
② （元）脱脱等：《宋史》卷三五《孝宗纪三》，第675页。
③ （宋）陈傅良：《陈傅良先生文集》卷一九《桂阳军乞画一状》，周梦江点校，第275~276页。

政绩考核挂钩，优良者予以奖励。

贬谪官员的个人教学行为，也颇可观。如宋仁宗时，被贬到琼州的丁谓就是："丁晋公尝贬为州司户，教民读书著文。"① 宋高宗时，胡铨被贬谪到海南吉阳军，"在崖日以训传经书为事，黎酋闻之，遣子入学"。②"士执经从学，多可观，预贡者相继赴南宫。其后公还朝，复请五至省者许勿限年推恩。自是海岛颇有仕宦者。"③ 少数民族教育得到发展，取得了良好的效果。

南宋对少数民族教育的形式多样，并不限于州县学校，更进一步的是，地方政府在湖南西部瑶族聚居地还设立了若干以教学为主的书院。如靖州的作新书院："在州学旁，宋黄棠知靖州时建，取《书》'作新民'之义。"④ 与新民学是同样的意思和作用，针对性很强。辰州泸溪县的东洲书院："在泸溪县东，宋绍兴中，王廷珪被谪，寓居泸溪，士多从之，邑令为建书院。"⑤ 沅州黔阳县的宝山书院："宋令饶敏学《宝山书院碑》。"⑥ 显然都是对官学教育少数民族子弟的补充。

要之，宋代先后在西部少数民族集中地区创办各类学校、书院约二十所，在州县学中也大量招收少数民族贵族子弟为学生，以儒家经典为主要教材，对少数民族地区起到了启蒙后进、传播文明的作用，提高了他们的文化水平。这场政治思想兼文化教育运动，具有深远的影响，是历史上前所未有的壮举和德政。尤其是西北地区的蕃学，"使得唐代吐蕃王朝由寺院垄断文化教育日趋衰落"⑦，推动了河湟地区少数民族教育的转型，促进了世俗学校教育与经院教育的分离，宏观的历史意义重大。

---

① （宋）赵汝适：《诸蕃志校释》卷下《海南》，杨博文校释，第 217 页。
② （清）李文烜修，郑文彩纂《（咸丰）琼山县志》卷一八《官师志三·胡铨》，海南出版社，2004，第 723 页。
③ （宋）周必大：《周必大集校证》卷三〇《资政殿学士赠通奉大夫胡忠简公神道碑》，王瑞来校证，第 464 页。
④ （明）李贤：《明一统志》卷六六《靖州·书院》，第 4119 页。
⑤ （清）陈宏谋、范咸：《（乾隆）湖南通志》卷四四《书院·辰州府》，乾隆二二年刻本，第 20 页。
⑥ （明）顾璘：《息园存稿文》卷六《长沙通判陈公传》，《景印文渊阁四库全书》第 1263 册，第 546 页。
⑦ 任树民：《北宋官办蕃学初探》，《民族研究》1993 年第 4 期。

二　宋代少数民族的汉语文化水平

宋代文化发达、教育普及的时代环境，加之宋政府的资金、人力投入和办学努力，使境内各少数民族的文化水平有了不同程度的提高。突出的表现就是汉文化程度提高，即认识汉字、读懂儒家诗书、会写文章者大量出现。以下几个方面的史实，就是具体表现。

其一，诸多少数民族贵族达到了参加宋朝科举考试的文化水平。宋代在设置蕃学招收少数民族贵族子弟的同时，也分拨了解额即推荐参加礼部科举的名额，鼓励蕃学生通过学习参加科举考试。宋政府将少数民族归顺者称为"归明人"，宋仁宗时，有归明举人李渭上书请求："本化外溪洞人，父在日补鹤、绣州军事推官。逮臣长成，取辰州进士文解，试于南省。乞特依归明人例文资录用。"宋仁宗诏令补录其为斋郎。① 李渭是湖南山区的瑶族人，随父归顺后居住在内地，通过了辰州的解试，进京参加礼部进士考试，单纯按成绩虽未能上榜，但按"归明人例"的政策被照顾录用任官。政和五年（1115）礼部报告："荆湖北路靖州新学上舍生田汶为试中合格，系文理优长，依条补充上舍，乞依杨晟等体例推恩。取会辟雍称，虽与杨晟等事体一同，缘杨晟系特赐同上舍出身。"宋徽宗诏令："田汶许依例特赐同上舍出身。如今后更有似此新民子弟升补上舍人，止依贡士法，津贡前来辟雍，依条选试施行。"② 靖州新学即当地少数民族的学校，当时与全国一样统一按三舍法取士。宣和五年（1123），河东路的绛州奏："先奉圣旨，归明人内有习文武学艺者，并依条法，许赴科举，如所难得保识，有碍引试，委自所居州县，申验保明，依条收试。"归附的少数民族既可以参加文举，也可以参加武举。同年，宋徽宗又诏令："归明有官人应举，许于所在州投状，送转运司收试。"③ 宋代一般不准官员参加贡举与布衣争名，但归明人例外。宋神宗时诚州一带的少

---

① （清）徐松辑《宋会要辑稿·兵》一七之一，刘琳、刁忠民、舒大刚、尹波等校点，第8953页。
② （清）徐松辑《宋会要辑稿·选举》九之一五至一六，刘琳、刁忠民、舒大刚、尹波等校点，第5440~5441页。
③ （清）徐松辑《宋会要辑稿·兵》一七之一二，刘琳、刁忠民、舒大刚、尹波等校点，第8959页。

数民族首领杨光僭归顺后，主动要求建学，后来"其孙晟政和间以岁贡入太学，登会选，曾孙立中继擢绍兴甲第。则尊儒重道自其天性，袭休趾美，亦既彰灼"。① 第三代、第四代均为进士，已拥有高水平的汉文化。通过这些事例，可以看出宋政府对少数民族贵族子孙的儒学教育是成功的。

另有自学儒家文化参加科举者。如广西宜州所属的羁縻州环州思恩蛮，"有区希范者，思恩人也。狡黠颇知书，尝举进士，试礼部"。景祐年间发动武装叛乱被镇压。② 宋仁宗时广西广源州蛮商之子侬智高，"发三解不得志，遂起兵两广"。③ 他拥有较高的汉文化水平，三次被解送进京，一心想科举入仕，绝望后于皇祐四年（1052）反叛，"僭称南天国"，攻陷广西首府邕州后称帝："僭号仁惠皇帝，改年启历，赦境内。师宓以下皆称中国官名。"④ 在儒学熏染下，他具有浓重的帝王礼乐情怀。广西宾州上林壮族先民韦旻，也是参加过科举的文学家："于书无所不读。元祐乡举不第，遂隐居罗洪洞。后遇异人，有所得，章子厚招至象台，勉章不以荣辱为念，则身安而道成。后年八十五，无疾而逝。"⑤ 流传至今的诗歌有《和陶弼思柳亭韵》：

> 白云叆叆织相缘，半夜镆铘舞醉仙。
>
> 五百年来得书记，罗洪溪畔浴沂年。⑥

这是首超尘拔俗的七言绝句。融州仫佬族人覃庆元，一家三代都是进士出身的官员。覃庆元"景德进士，大中祥符间拜御史中丞。庄重不阿，遇事敢言，举朝服其公正。覃光佃，庆元子。博学能文，开宝进士。为监察

---

① （宋）钟兴：《作新书院记》，（清）祝钟贤修、李大篝纂《康熙靖州志》卷六《艺文》，《中国地方志集成》湖南府县志辑（64），巴蜀书社、江苏古籍出版社、上海书店，2002，第391页。

② （元）脱脱等：《宋史》卷四九五《蛮夷传三》，第14220页。

③ （宋）张端义：《贵耳集》卷下，李保民校点，第130页。

④ （元）脱脱等：《宋史》卷四九五《蛮夷传三》，第14215~14216页。

⑤ （宋）王象之：《舆地纪胜》卷一一五《宾州·仙释》，李勇先校点，第3744页。

⑥ （元）陈世隆辑《宋诗拾遗》卷一〇《韦旻》，辽宁教育出版，2000，第154页。

御史，弹劾不避权势，进武骑尉，知雁州军事。……覃昌，光佃子，庆历进士，官至国子祭酒。闭户讲学，其教人一本六经，有文集行世。"① 覃庆元留下《登立鱼峰》诗一首：

> 载酒听莺语，春风到处吹。
> 鱼峰如有约，蜡屐正相宜。②

颇显风流，从中看到的是一位风度翩翩的儒生，哪里还有少数民族的一丝迹象呢？

其二，边防地区蕃将世家的汉化程度更高。如名载《宋史》列传的高永年，"河东蕃官也。为麟州都巡检。……永年略知文义，范纯仁尝令赞所著书诣阙，作《元符陇右录》，不以弃湟、鄯为是"③，能著述，颇有军事素养，得到范纯仁的器重。元符年间，宰相曾布对章惇言："公多以书与兵官，如折可适、王赡辈，皆蕃夷之人，何可与书？一有败事，恐未免为累。"④ 蕃将折可适、王赡的文化水平可以和宰相通信。且看世居河东府州的蕃将折御卿家族：

> 子孙继为府州总管，治其郡。夏倚中立常言："嘉祐中为麟倅，沿牒至府，其州将乃御卿四世孙，不类胡种。虽为云中北州大族，风貌厖厚，揖让和雅，其子弟亦粗知书。留中立凡数日，出图史器玩、

---

① （清）穆彰阿、潘锡恩等纂修《大清一统志》卷四六三《人物》，上海古籍出版社，2008，第 118 页。覃庆元是宋真宗景德进士，其子覃光佃不应是 40 余年前的宋太祖开宝年间的进士，年号误，俟考。

② （清）陆心源：《宋诗纪事补遗》卷五《覃庆元》，山西古籍出版社，1997，第 88 页。参见龙殿玉主编《中国少数民族大辞典·仫佬族卷》，中国大百科全书出版社，2014，第 380 页。按：祝注先《宋代少数民族诗歌》[《中南民族学院学报》（哲学社会科学版）1993 年第 3 期]研究了宋代的少数民族诗人，所言"我们现在所看到的宋代少数民族诗歌作者，大多是十六国至北朝时代入主中原的鲜卑族后裔，当然亦有少数其他民族，如壮族、蕃客（回族先民）等"。包括元绛、宇文虚中、万俟咏以及蒲寿晟等。考虑到这些姓氏在三四百年前就进入中原并与汉族混为一体，血统与民族意识、习俗、文化荡然无存，至少从本书角度而言并无价值，故不取。

③ （元）脱脱等：《宋史》卷四五三《高永年传》，第 13315～13316 页。

④ （宋）李焘：《续资治通鉴长编》卷五一三，元符二年七月己巳，第 12206 页。

琴尊弧矢之具，虽皇州搢绅家止于是尔，信乎文德之遐被也。"①

本人文质彬彬，喜爱展示文房图书雅玩，子弟粗通文墨。如第七代的折彦质，崇宁时进士，宋高宗时为签书枢密院，时相赵鼎对他甚为赏识。《全宋诗》录其诗十八首，如《超然亭》：

> 超然亭上鬓毛斑，浩荡秋风小立闲。
> 岂为诗情堪过海，只缘脚力要寻山。
> 峭峰断续天容缺，高垒萦纡地势悭。
> 回首不堪东北望，桂林万里是秦关。②

折彦质从少数民族武将世家子弟，蜕变成为汉族士大夫。

其三，少数民族首领多通汉字。如至道二年（996）南郊大礼，富州的少数民族首领向通汉进言："圣人郊祀，恩浃天壤，况五溪诸州连接十洞，控西南夷戎之地。惟臣州自昔至今，为辰州墙壁，障护辰州五邑，王民安居。臣虽僻处遐荒，洗心事上，伏望陛下察臣勤王之诚，因兹郊礼，特加真命。"天禧年间，向通汉来开封朝贡，并"上《五溪地理图》，愿留京师，上嘉美之"。③ 既能上书求官，又会绘制地图，足见颇有文化。位于今贵州黔西南布依族苗族自治州的彝族先民乌蛮人所建的自杞政权，宋孝宗时，"今王名阿谢，年十八，知书，能华言，以淳熙三年立"。贵州安顺一带的西南番，酋长自称"检校太师、守牂柯国"，"其人皆椎髻、跣裓、跣足，有被发髡首者。其首领多能华言，纵行书如中国童蒙所书，有铜章篆文甚古，视汉印差大"。④ 两地首领都会汉话，会写汉字。陕西、河东交界地区的稽胡，属于匈奴的别种，"与华人错居。其渠帅颇识文字，然语类夷狄，因译乃通"。⑤ 首领认识汉字，但不会说汉语。南宋湖

---

① （宋）文莹：《玉壶清话》卷三，郑世刚、杨立扬点校，第27页。
② 韩荫晟：《补〈宋史·折彦质传〉》，《宁夏社会科学》1993年第5期。
③ （元）脱脱等：《宋史》卷四九三《蛮夷传一》，第14174、14177页。
④ （宋）吴儆：《竹洲集》卷一〇《邕州化外诸国土俗记》，《景印文渊阁四库全书》第1142册，第256、255页。
⑤ （宋）乐史：《太平寰宇记》卷一九四《稽胡》，王文楚等点校，第3717页。

南新化峒豪奉宗政，"恃强犯法，累年拒追"，地方官林行知"移文许以自新。既至，供述颇类知书，公送石鼓书院，且授一经，以消其暴戾之气。继而校官以为颇悔前非，悉还虏掠，公乃善遗（引按：当为"遣"）归峒。及公移节长沙，奉氏父子儒服拜送道傍，感泣而去"。① 原本知书识字，所以读懂了地方政府允许自新的公文，归顺后又在石鼓书院读经书强化，表现俨然儒生。广西宜州所属"僥外西原、黄峒、武阳群小蛮，即唐黄家贼之地，崇建南丹使控制之。然莫氏家人，亦有时相攻夺，其刺史莫延葚逐其弟延廪而自立，延廪奔朝廷，谓之出宋（凡州峒归明者，皆称出宋），延葚淫酷，不能服其类，邻永乐州王氏与为仇，岁相攻，官反为和解。延葚恃此益骄，不奉法，至私刻经略安抚司及宜州溪峒司印，效帅守花书，行移以吓诸蕃落"。② 他们使用伪造的汉字印信，模仿宋朝地方官的汉字花押，用公文形式行文至各部落以威慑之。广西的南丹州蛮，曾于元丰三年（1080）入贡，其印以"西南诸道武盛军德政官家明天国主"为文，宋神宗诏"以南丹州印赐之，令毁其旧印"。③ 贵州安顺西南一带的罗殿等地，"乃成聚落，亦有文书，公文称守罗殿国王"。④ 其文字对其有关官员来说，应当看懂才有作用和权威。湖南安化州归明人定居内地后，多"有书信、财物寄本家者"，宋政府规定要"申纳所在州县，发书勘验"，然后通过递铺传送至广南西路经略安抚司。⑤ 这些都是识字的例证。广西的瑶族，在与官方打交道时也使用汉字文书："史有款塞之语，亦曰纳款，读者略之，盖未睹其事尔。款者誓词也。今人谓中心之事为款，狱事以情实为款，蛮夷效顺，以其中心情实发为誓词，故曰款也。"乾道年间的周去非记载：

---

① （宋）陈宓：《复斋先生龙图陈公文集》卷二三《朝散大夫直秘阁主管亳州明道官林公行》，《续修四库全书》第1319册，上海古籍出版社，1993，第559页。
② （宋）周去非：《岭外代答校注》卷一〇《蛮俗》，杨武泉校注，中华书局，1999，第414页。
③ （元）脱脱等：《宋史》卷四九四《蛮夷传二》，第14200~14201页。
④ （宋）范成大：《桂海虞衡志·志蛮》，载（宋）范成大《范成大笔记六种》，孔凡礼点校，中华书局，2002，第146页。
⑤ （宋）谢深甫编《庆元条法事类》卷七八《归明附籍约束·杂令》，戴建国点校，第861页。

静江瑶人犯边，范石湖檄余白事帅府，与闻团结边民之事。瑶人计穷，出而归命，乃诣帅府纳款。其词曰："某等既充山职，今当钤束男女，男行把棒，女行把麻，任从出入，不得生事。若生事者，上有太阳，下有地宿，其翻背者，生男成驴，生女成猪，举家绝灭。不得翻面说好，背面说恶，不得偷寒送暖。上山同路，下水同船，男儿带刀同一边，一点一齐，同杀盗贼。不用此款，并依山例。"山例者，杀之也。他语甚鄙，不可记忆，聊记其所谓款者如此。①

对少数民族部落而言，其文字自然不能以简陋评判。

其四，个别学者精通《易经》，为大师。最著名者，无过于四川夷族易学世家郭曩氏。"郭曩氏者，世家南平，始祖在汉为严君平之师，世传《易》学，盖象数之学也。"② 南平夷族郭曩氏，祖先早在汉代就是易学大师，西汉晚期道家学者、成都人严遵（字君平）就拜其为师。至宋朝，郭曩氏依然保持易学权威的优势地位。著名易学家、涪陵人谯定，即从其处得到精髓："少喜学佛，析其理归于儒。后学《易》于郭曩氏，自'见乃谓之象'一语以入。"③ 谯定汲取儒、释、道三家之长自成一家，成为易学奇人，是宋代巴蜀理学四大学派之一的涪陵学派的开创者，颇受士大夫推崇。靖康年间，殿中侍御史胡舜陟即向皇帝推荐道："涪陵人谯定，尝受《易》于曩氏郭先生，究极象数，逆知人事，而洞晓诸葛亮八阵法，用兵有必胜之理。今居河南府，乐道潜幽，不求闻达，自非厚礼招之，恐莫能至。"宋钦宗立即令"河南府差官，诏赴阙"。④ 他推荐的是谯定，打出的金字招牌却是郭曩氏，其实谯定也师事于程颐，但当时程颐在这方面的名气显然不如郭曩氏大。名儒王应麟也说："谯天授定之学，得于蜀曩氏夷族……故曰：'学无常师。'"⑤ 即便是少数民族人士，只要学问高超，照样能赢得朝野的尊敬。

---

① （宋）周去非：《岭外代答校注》卷一〇《款塞》，杨武泉校注，第424~425页。
② （元）脱脱等：《宋史》卷四五九《谯定传》，第13460页。
③ （元）脱脱等：《宋史》卷四五九《谯定传》，第13460页。
④ （宋）汪藻：《靖康要录笺注》卷一一，靖康元年十月十一日，王智勇笺注，第1157页。
⑤ （宋）王应麟：《困学纪闻》卷一五《考史》，孙通海校点，辽宁教育出版社，1998，第302页。

其五，部分少数民族民众懂汉语。如南宋湖南桂阳军瑶族中有识字读书者，"纵略识字，亦莫晓义理……峒中亦有子弟读书，但无训导之人"。① 他们认识汉字，可以读书，只是因为没有教师而水平不高。东南地区的畲族，形成于宋代，其中不乏识汉字者。南宋福建漳州地方官，曾张贴文告于其出入的山前，宣称："畲民亦吾民也，前事勿问，许其自新。其中有知书及土人陷畲者，如能挺身来归，当为区处，俾安土著。"② 官方断定其中有识字者甚至"知书"者，否则没人看懂文告。宋宁宗时，湖南、江西交界地区的少数民族，由于地方官"科敛苛刻，致失人心。奸民喜乱，遂借断治划船不平事为名，哄集徒党，越境劫掠。亦有无行止士人，从而教揉，作为诗赋，遍贴鼓惑，凶暴随之，其徒日众。吉州兵少，应援不及，永新、安福被其祸，当来湖南。若因其出峒，早作措置，以歼其后，亦不至猖獗如此"。③ 少数民族中混有士人蛊惑起哄，作诗赋且"遍贴鼓惑"——既然能到处张贴文字，说明这些峒民中有许多识字者。而今甘肃武威一带的"西凉蕃部，多是华人子孙，例会汉言，颇识文字。渭州往来与通事辈密熟"④，即其中大多是汉人的后代，故而保留着汉语言文字。宋代有许多少数民族商人深入内地从事贩运活动，如利用夔州旱灾的时机，运米来换得男女人口："蛮商奸利乘人急，缘江转米贸儿女。"⑤ 实际是贩卖人口。位于水陆交通要道的京口，就聚集着大量蛮商。

> 京口当南北之要冲，控长江之下流，自六飞驻跸吴会，国赋所贡，军须所供，聘介所往来，与夫蛮商、蜀贾、荆湖闽广江淮之舟，凑江津入漕渠，而径至行在所，甚便利也。⑥

---

① （清）徐松辑《宋会要辑稿·选举》一七之三，刘琳、刁忠民、舒大刚、尹波等校点，第 5585 页。

② （宋）刘克庄：《后村先生大全集》卷九三《漳州谕畲》，王蓉贵、向以鲜校点，刁忠民审定，第 2402 页。

③ （宋）陈元晋：《渔墅类稿》卷四《申省措置峒寇状》，《景印文渊阁四库全书》第 1176 册，第 805 页。

④ （宋）李焘：《续资治通鉴长编》卷五一，咸平五年三月癸亥，第 1122 页。

⑤ （宋）李复：《李复集》卷一一《夔州旱》，魏涛点校整理，西北大学出版社，2015，第 131 页。

⑥ （宋）卢宪：《（嘉定）镇江志》卷六《丹徒水》，中华书局，1990，第 2366 页。

他们与汉人往来贸易，推断当会读写汉字，比如曾参加进士考试的依智高，即是蛮商之子。广西少数民族地区生产文具并销往邻国，如交趾"不能造纸笔，求之省地"。① 所说的省地，就是朝廷统辖的广西边界的少数民族区域。南宋时，"吾之小商近贩纸笔、米布之属，日与交人少少博易，亦无足言"②，其文具主要应是满足当地的文化需求。海南岛黎族民众多有一定的汉语文化水平，据宋孝宗时广南西路经略、转运司所言："欲行下琼管及三军守倅，多方措置，婉顺说谕黎人，示以朝廷德意威命，使之自新，退复省地，如能说谕收复省地，黎人安帖，不引惹生事，量功效大小立为赏典。如任内有侵犯省地，或失省民，亦重责罚。其先省民逃亡在黎峒之人，仰守臣措置，多出文榜，委曲招诱，令复乡业。"③文榜成为官方招诱作乱少数民族的通用工具，表明这些省民中有不少识字者。更多的黎民会说汉话。

> 五部落居黎之西，去州百余里，限以飞越岭，有姓郝、赵、王、刘、杨五族，因以得名，即唐史所谓两面羌也。其居叠石为硐，积糗粮器甲于上。族无豪长，惟老宿之听。往来汉地，熟悉能华言，故比诸蕃尤奸黠。④

他们能熟练地用汉语与汉人交往。而据曾任广西地方官的周去非记载：

> 黎人半能汉语，十百为群，变服入州县墟市，人莫辨焉。日将晚，或吹牛角为声，则纷纷聚会，结队而归，始知其为黎也。⑤

大约半数的黎人只要换上汉人服装，在汉人聚居的州县城中交易竟能不被

---

① （宋）赵汝适：《诸蕃志校释》卷上《交趾国》，杨博校释，第1页。
② （宋）周去非：《岭外代答校注》卷五《钦州博易场》，杨武泉校注，第196页。
③ （清）徐松辑《宋会要辑稿·蕃夷》五之四七至四八，刘琳、刁忠民、舒大刚、尹波等校点，第9867页。
④ （宋）李心传：《建炎以来朝野杂记·乙集》卷一九《庚子五部落之变》，徐规点校，第854页。
⑤ （宋）周去非：《岭外代答校注》卷二《海外黎蛮》，杨武泉校注，71~72页。

汉人认出，足见其汉话熟练程度，并无特殊口音。

综上所述，宋代众多少数民族上层具有不同程度的汉文化水平，优异者乃至中进士成为士大夫，蕃官以及归顺宋朝的首领后代，逐渐完全汉化。典型如河湟地区的青塘羌首领唃厮啰曾孙益麻党征，南宋初举家迁居成都，被宋高宗赐姓名赵怀恩，册封为"陇右郡王"，他"虽起边羌，世陶中国冠带礼义，而性资忠孝，故惓惓臣节"。① 夷族中的学术世家，甚至长期领先于内地学者。普通少数民族群众大多会汉语，也不乏认汉字者。

三　宋代少数民族本民族的文化水平

我国的各个少数民族，大多历史悠久，其中不少民族早有自己的文字。例如，相传四五千年前就产生了彝文，又称"爨文""韪书"等，是我国已知最早的少数民族文字。发现于敦煌的藏文卷子《敦煌本吐蕃历史文书》等，证明藏族先民在唐代就有了成熟的文献。纳西族大约于 11 世纪以前（唐末五代至宋初）产生了兼备表意和表音成分的图画象形文字，并用这种东巴文书撰写宗教经书《东巴经》，记载纳西族古老传说和历史变迁。宋代以来，这些民族文字主要由其贵族、僧侣、巫师以及大小头目等所掌握。

西北地区的蕃部广泛使用蕃书，不但内部公私文件通行蕃文，在与宋朝等国交往的外交文书也使用蕃文，一般称"蕃书"、"蕃字"或"旁行书"。如治平年间，"唃厮啰首领蕃僧曹遵等赍到蕃字，寻译数内陈乞李波机瞎乞量加官职、俸钱"②，这位陈乞李波机瞎显然是个服务于宋政府的专职蕃汉翻译，有官职和俸钱。吐蕃首领董毡部实力强大，西夏一直想用优厚条件拉拢他，但"董毡拒绝之，训整兵甲，以俟入讨，且以蕃字来告。神宗召见其使，使归语董毡尽心守圉；每称其上书情辞忠智，虽中

---

① （宋）李石：《方舟集》卷一六《赵郡王墓志铭》，《景印文渊阁四库全书》第 1149 册，第 721 页。

② （清）徐松辑《宋会要辑稿·蕃夷》六之五，刘琳、刁忠民、舒大刚、尹波等校点，第 9910 页。

国士大夫存心公家者不过如此"。① 也是用蕃书向宋朝行文。元丰三年（1080），熙河路经略司奏："西界首领禹臧结逋药、蕃部巴鞠等以译书来告夏国集兵，将筑撒逋达宗城于河州界，黄河之南，洮河之西。"② 西北蕃部送来报警的情报，则是直接译成汉字的。崇宁时，重建西北蕃学的诏令中也指出：

> 陕西新造之郡，犹用蕃字，可置蕃学，选通蕃语、识文字人为之教授。训以经典，译以文字，或因其所尚，令诵佛书，渐变其俗。③

朝廷也不得不接受这些地区的民族文字和文化，政府委派的教师必须会读写蕃文。还应该指出的是，蕃部等信仰佛教的民族，拥有大量僧侣，出于学佛、诵经、写经的职业需要必须识字，流传至今的藏文贝叶经文尚有许多。

那些没有本民族文字的少数民族部落，也有自己的记事方式。如瑶族先民没有文字，但有表达符号。

> 瑶人无文字，其要约以木契。合二板而刻之，人执其一，守之甚信。若其投牒于州县，亦用木契。余尝摄静江府灵川县，有瑶人私争，赴县投木契，乃一片之板，长尺余，左边刻一大痕及数十小痕于其下，又刻一大痕于其上，而于右边刻一大痕，牵一线道合于右大痕。又于正面刻为箭形及以火烧为痕，而钻板为十余小窍，各穿以短稻穰，而对结约焉。殊不晓所谓。译者曰："左下一大痕及数十小痕，指所论仇人将带徒党数十人以攻我也。左上一大痕，词主也。右一大痕，县官也。牵一线道者，词主遂投县官也。刻为箭形，言仇人以箭射我也。火烧为痕，乞官司火急施行也。板十余窍而穿草结约，

---

① （元）马端临：《文献通考》卷三三五《四裔考一二》，上海师范大学古籍研究所、华东师范大学古籍研究所点校，第 9261 页。
② （宋）李焘：《续资治通鉴长编》卷三〇六，元丰三年七月庚寅，第 7449 页。
③ （清）徐松辑《宋会要辑稿·崇儒》二之一一，刘琳、刁忠民、舒大刚、尹波等校点，第 2767 页。

欲仇人以牛十余头，备偿我也。结绉以喻牛角"云。①

记录方式虽然原始，但在内部尚能完整记录表达事实，可以交流，适应该地区居民社会生活的需要。

宋代少数民族有诸多精美绝伦的手工业产品，反映了工匠的聪明才智，是其文化水平的工艺表现方式。在此仅举纺织技术和冶炼技术为例，以窥一斑。

广西壮族善于纺织精美的服装面料："邕州左、右江峒蛮，有织白绫，白质方纹，广幅大缕，似中都之线罗，而佳丽厚重，诚南方之上服也。"② 这就是四大名锦之一的早期壮锦。当地所产苎麻纺织品精细轻便，价格昂贵。

> 邕州左、右江溪峒，地产苎麻，洁白细薄而长，土人择其尤细长者为绫子。暑衣之，轻凉离汗者也。汉高祖有天下，令贾人无得衣绫，则其可贵，自汉而然。有花纹者，为花绫，一端长四丈余，而重止数十钱，卷而入之小竹筒，尚有余地。以染真红，尤易着色。厥价不廉，稍细者，一端十余缗也。③

四丈长的苎麻绫子竟可卷入小竹筒内，可见其轻薄，堪称一绝，故而价格昂贵。瑶族则精于染色，出产瑶斑布。

> 瑶人以蓝染布为斑，其纹极细。其法以木板二片，镂成细花，用以夹布，而镕蜡灌于镂中，而后乃释板取布，投诸蓝中。布既受蓝，则煮布以去其蜡，故能受成极细斑花，炳然可观。故夫染斑之法，莫瑶人若也。④

---

① （宋）周去非：《岭外代答校注》卷一〇《木契》，杨武泉校注，第 426 页。
② （宋）周去非：《岭外代答校注》卷六《绫》，杨武泉校注，第 223 页。
③ （宋）周去非：《岭外代答校注》卷六《绫子》，杨武泉校注，第 225 页。
④ （宋）周去非：《岭外代答校注》卷六《瑶斑布》，杨武泉校注，第 224 页。

此类先进的型版印染，是夹缬雕版和蜡防染技法的综合应用，周去非赞誉之为第一。广西各民族的棉纺织技术很先进。

> 雷、化、廉州有织匹，幅长阔而洁白细密者，名曰慢吉贝；狭幅粗疏而色暗者，名曰粗吉贝。有绝细而轻软洁白，服之且耐久者。海南所织，则多品矣：幅极阔，不成端匹，联二幅可为卧单，名曰黎单；间以五采，异纹炳然，联四幅可以为幕者，名曰黎饰；五色鲜明，可以盖文书几案者，名曰鞍搭；其长者，黎人用以缭腰。①

海南岛黎族为我国棉纺织业的发展做出了巨大贡献，南宋末期的黄道婆青年时代流落崖州数十年，元初返回故乡松江，将其学到的棉纺织技术传播到当地。

> 有一姬名黄道婆者，自崖州来，乃教以做造捍弹纺织之具，至于错纱配色，综线挈花，各有其法，以故织成被褥带帨，其上折枝团凤棋局字样，粲然若写。人既受教，竞相作为，转货他郡，家既就殷。未几，姬卒，莫不感恩洒泣而共葬之，又为立祠，岁时享之。②

后代将她尊为棉纺织业的始祖，而其技术实来源于宋代海南的少数民族。

某些少数民族还拥有高超的冶炼技术。如湖南瑶族：

> 西融守陆济子楫遗黄钢剑，且云："惟融人能作之。"盖子楫未详黄钢之说矣。予居湘时，见徭人岁来谒象庙，各佩一刀，乃所谓黄钢者，惟诸蛮能作之。其俗举子，姻族来劳视者，各持铁投其家水中，逮子长授室，大具牛酒，会其所尝往来者。出铁百炼，尽其铁，以取精钢，具一刀，不使有铢两之美。故其初偶得铁多者，刀成铦利绝世，一挥能断牛腰。其次，亦非汉人所能作。终身宝佩之。汉人愿

---

① （宋）周去非：《岭外代答校注》卷六《吉贝》，杨武泉校注，第228页。
② （元）陶宗仪：《南村辍耕录》卷二四《黄道婆》，李梦生校点，第270页。

得者，非杀之不能取也。往往旁郡多作赝者。予尝访之老冶，谓之"到钢"，言精炼之所到也。今人才以生熟二铁杂和为钢，何炼之有？融剑殆是耶？①

这种黄钢是湖南瑶族所创，被宋人推崇为百炼精钢，为汉族匠人所不及，而广西融州的黄钢也是优质产品。西北的青堂羌则善用冷锻法制造铁甲，其坚固受到沈括的赞扬。

> 青堂羌善锻甲，铁色青黑，莹彻可鉴毛发。以麝皮为絤旅之，柔薄而韧。镇戎军有一铁甲，椟藏之，相传以为宝器。韩魏公帅泾原，曾取试之。去之五十步，强弩射之，不能入。尝有一矢贯札，乃是中其钻空，为钻空所刮，铁皆反卷，其坚如此。凡锻甲之法，其始甚厚，不用火，冷锻之，比元厚三分减二乃成。其末留筋头许不锻，隐然如瘊子，欲以验未锻时厚薄，如浚河留土笋也，谓之"瘊子甲"。今人多于甲札之背隐起，伪为瘊子。虽置瘊子，但无非精钢，或以火锻为之，皆无补于用，徒为外饰而已。②

工艺相当先进，产品甚为精良。陕西边防官员田况也道："工作器用，中国之所长，非外蕃可及。今贼甲皆冷锻而成，坚滑光莹，非劲弩可入。自京赉去衣甲皆软，不足当矢石。以朝廷之事力，中国之伎巧，乃不如一小羌乎？由彼专而精，我漫而略故也。"建议向西羌学习也造冷锻甲。③ 宋人承认其甲更薄更密实，轻便坚硬，自叹不如。

以上情况说明，宋代颇多少数民族拥有本民族文字并广泛使用，在某些生产方面具有先进性，是文化水平的技术表现，由此反映的某些方面的文化水平之高，不亚于甚至超过汉族。王安石也指出："羌夷之性虽不可

---

① （宋）曾敏行：《独醒杂志》卷四，朱杰人标校，第36~37页。

② （宋）沈括：《梦溪笔谈》卷一九《器用》，（宋）沈括原著《沈括全集》，杨渭生新编，第455页。

③ （宋）李焘：《续资治通鉴长编》卷一三二，庆历元年五月甲戌，第3137页。

猝化，若抚劝得术，其用之也，犹可胜中国之人。"① 则是肯定其作战能力与吃苦耐劳的品质。

结　语

唐末五代以来，随着中央政权的衰弱，周边一些经济、文化、军事实力强大起来的少数民族纷纷独立建国，辽、夏、金、大理、吐蕃、回鹘等即是。宋朝境内的少数民族与其相比，无疑属于弱小者。整体来看，宋代的少数民族经济文化比较落后，个别深山、荒漠地区尚相当原始，这是由历史原因和地理环境造成的，是地区发展不平衡的表现，后代千百年来也未能解决，是为基本历史事实。但是，在政府的帮助下，宋代少数民族在艰难困苦的环境中积极发展生产和文化，为边疆开发和历史发展做出诸多不可缺少的贡献，更令人赞叹。

宋代少数民族文化水平提高有两大表现。一是宋政府的学校教育使他们的汉语言和儒学知识水平大为提升，得以更多地接触、学习先进文化，并传播本民族文化；二是各民族自己的文化、技术获得新的进步，优化了生存环境，提高了物质和精神生活质量。所有这些，都有利于民族的团结、国家的统一、社会的发展。宋朝境内有少数民族人口 400 余万人②，即便按识字率（无论汉字还是其他文字）1% 计（主要是贵族、僧侣巫师等上层人物和部分商人、工匠以及民众），也有 4 万。人数虽少，但星星之火，不可忽视。

蓬勃发展的宋文化达到历史高峰，造极于史，这一成就是以汉族为主的各民族共同创造的。与此同步的宋代少数民族文化水平也达到历史高峰，有自己的特点和优势，值得刮目相看。因此，宋代是民族交融的一个优良时期。汉字的识字率既反映了各少数民族经济文化发展水平，也反映了国家统一程度。各民族姹紫嫣红的奇花共同装饰了宋文化，是宋文化也是中华文明这座大花园不可忽视的组成部分，其最珍贵的价值就是反映了文化的多元存在与发展。

---

① （宋）李焘：《续资治通鉴长编》卷二四七，熙宁六年十月辛卯，第 6029 页。
② 程民生：《宋代少数民族人口数量探研》，《民族研究》2002 年第 3 期。

第三节　江湖士人

本节所言宋代江湖士人，泛指民间没有固定职业的士人，也可以称为布衣士人。包括隐士、居士、处士、游士等，不包括正在汲汲于科举的士子和前已论述的民间教师等其他行业者。隐士即在民间隐修研究学问的士人，居士指居家不仕的士人①，游士则是四处游荡谋生的士人。至少在宋代，这些江湖士人都是知识分子的一种常规存在形态。有关研究，多集中在隐士、江湖诗人、谒客等方面②，对其大部分的文化水平及状况，史学界关注尚少。从宋人文化水平角度而言，他们是民间知识分子的重要组成部分，有一定的规模体量，代表某些方面的高度，故专作论述。

一　宋代江湖士人的社会生态

1. 隐士

隐士指隐居之士，既称为士，就是知识分子，专指隐居不仕的士人。《易经》云"天地闭，贤人隐"，《孟子·尽心》言"穷则独善其身，达则兼济天下"，是传统的古代知识分子立身处世的道理。普通人和文盲，即非士，便无所谓隐居不隐居。他们或专注学问，不愿受世俗约束，或厌倦官场、社会，故而又有处士、高士、山人、逸士等雅称。毕竟是知识分子，一般而言他们并非隐而不与时事，其生存方式离不开文字，多积极从事学术研究和文学创作，有些人还会参与社会事务，为谋生不得不从事短期的职业。

宋代隐士的主流是不仕的士人，多以隐而著名，以学问而著名。宋真宗时的陈州人万适，自号遗玄子，曾在嵩山隐居。"六七岁即为诗。及

---

① 非佛教居士。早在佛教传入以前，就有居士之称。如《韩非子·外储说左下第三十三说四》："钜者，齐之居士。屛者，魏之居士。"（战国）韩非著，（清）王先慎：《韩非子集解》，《新编诸子集成》，钟哲点校，中华书局，2018，第 325 页。

② 张宏生：《江湖诗派研究》，中华书局，1995；张海鸥：《宋代隐士居士文化与文学》，社会科学文献出版社，2017；等等。相关的硕士学位论文有朱战威《宋代隐士群体研究》，西北大学，2011；陈瑶《宋代隐士研究——以〈宋史·隐逸传〉为中心的考察》，安徽大学，2014。对于居士的研究则主要是佛教居士，与本书所言不同。

长，喜学问，精于《道德经》。与高锡族子冕及韩偓交游，酬唱多有警句。不求仕进，专以著述为务。"① 有出众的才华。河中府李渎处士，"少好学，有高志，长庐中条山下，以泉石吟咏自乐，未尝造州县。真宗祀汾阴，诏赴行在，渎不起，有表称谢云：'十行温诏，初闻丹凤衔来；一片闲心，已被白云留住。'真宗制诗以赐之"。② 他的操行和文采，受到皇帝的称赞。有"致知先生"之号的姜潜，兖州奉符人，专心读书，"居县中。其读书处相去百里……姜好学，有隐操，崇宁间，郡以其名闻于朝。降召命再三，竟不肯起，乃赐先生之称"。③ 世居京城的官宦之后宋世则，厌倦繁华，迁移到外地居住："公虽世禄之后，而志慕高尚，因晦迹弗仕，乃徙居汝阳，今为梁县人。其初乐林泉之趣，由是卜隐于郡之东郊，距于城才一舍之远。俯汝水治田园，卒能拥高赀厚产，致家丰羡。"④ 他至少是位经营高手。洪迈列举慈溪县中"士子修己笃学，独善其身，不求知于人，人亦莫能知者"，凡四人，认为"真可书史策"，如蒋季庄："当宣和间，鄙王氏之学，不事科举，闭门穷经，不妄与人接。"王茂刚，居住"在岩窦深处……而茂刚刻意读书，足迹未尝妄出，尤邃于《周易》。沈焕通判州事，尝访之，其见趣绝出于传注之外云。气象严重，窥其所得，盖进而未已也"。顾主簿，"不知何许人，南渡后寓于慈溪。廉介有常，安于贫贱，不蕲人之知。……苟一日之用足，则玩心坟典，不事交游"。⑤ 他们都隐身静心，专心学问，不求名利。临川人王瑾，先祖曾为丞相，但自己"平生不以仕宦屑意，于文笔甚高"。⑥ 无意于官位，倾心于文学。两宋之际的张颠，是又一狂放风格。

张颠佳处是清高，不但诗狂酒亦豪。

自说平生耽翰墨，未尝名讳落官曹。

---

① （元）脱脱等：《宋史》卷四五七《万适传》，第13427页。
② （宋）王辟之：《渑水燕谈录》卷四《高逸》，吕友仁点校，第51~52页。
③ （宋）洪迈：《夷坚志·支庚》卷四《碧石骰盆》，何卓点校，第1164页。
④ （宋）张起：《宋故居士宋公（世则）墓志铭有序》，载郭茂育、刘继保《宋代墓志辑释》，第293页。
⑤ （宋）洪迈：《容斋随笔·三笔》卷六《贤士隐居者》，孔凡礼点校，第492页。
⑥ （宋）洪迈：《夷坚志·支景》卷三《观音二赞》，何卓点校，第904页。

> 书工耻作云间牓，画好能添频上毛。
>
> 早信人间苦荆棘，不嫌门外长蓬蒿。①

他以癫著名，诗书画俱佳，但非常清高，喜欢饮酒，不屑入仕。

在闹市中治学的市隐，隐的是心不是身，需要更多的定力。如开封的蔡致君，"隐居以求志，好古而博雅。闭门读书，不交当世之公卿，类有道者也"。他自我介绍说："吾世大梁人，业为儒。吾祖吾父皆不事科举，不乐仕宦，独喜收古今之书。"② 家在京师，世代专心读书藏书，躲避红尘。也有居住于城镇乡村，但将自己彻底封闭起来者，如安定刘卞功："筑环堵于家之后圃，不语不出者三十余年。"③ 这种极端的做法，以身体的封闭表现着精神的张扬。

典型的当然还是真正的隐士，即远离聚落与世隔绝者。有彻底者，埋名隐姓，如松江渔翁。

> 不知其姓名。每棹小舟游长桥，往来波上，扣舷饮酒，酣歌自得。绍圣中，闽人潘裕自京师调官回，过吴江，遇而异焉，起揖之曰："予视先生气貌，固非渔钓之流，愿丐绪言，以发蒙陋。"……翁曰："吾厌喧烦，处闲旷，遁迹于此三十年矣。幼喜诵经史百家之言，后观释氏书，今皆弃去。唯饱食以嬉，尚何所事？"裕曰："先生澡身浴德如此。今圣明在上，盍出而仕乎？"笑曰："君子之道，或出或处，吾虽不能栖隐岩穴，追园、绮之踪，窃慕老氏曲全之义。且养志者忘形，养形者忘利，致道者忘心，心形俱忘，其视轩冕如粪土耳。"④

早年读过百家经典，却远离红尘，追求自得自乐。华阴隐士李琪，也是远

---

① （宋）周紫芝：《太仓稊米集》卷二〇《送张颠东归》，《景印文渊阁四库全书》第 1141 册，第 137 页。
② （宋）苏过：《斜川集校注》卷九《夷门蔡氏藏书目叙》，舒大刚等校注，巴蜀书社，1996，第 682 页。
③ （宋）赵与时：《宾退录》卷一，齐治平校点，第 8 页。
④ （元）脱脱等：《宋史》卷四五八《松江渔翁传》，第 13451～13452 页。

离人群，"人罕见者"。① 靖康末，有逃亡避乱官员于顺昌山中的茅舍里，"主人风裁甚整，即之语，士君子也"，自言："我父为仁宗朝人也，自嘉祐末卜居于此，因不复出。以我所闻，但知有熙宁纪年，亦不知于今几何年矣。"② 突出的其实仍是躲避官府，两代隐居了六十多年。福州闽清县有深山，几乎是原始森林，"自古以来，人迹所不到，到则遇奇怪"。有三位僧人好寻幽选胜，前往探险："行未久，满道蛇虺纵横，践之以过。异鸟形容可憎，鸣噪纷纷，触目生怖。不半日，两人愿还。一僧独奋曰：'出家儿视死为等闲，况怖惧乎？我将独往。'乃并两人所赍，草行露宿，愈益南去。二之日，蛇鸟渐少，稍有径路可寻。三之日，亦觉倦苦，遥望山下木杪炊烟起，知有人居，复行前抵其处，得茅屋一间，寂不见人。僧就憩，取乱叶蓺之。俄一人自外荷锄至，架锄于门上，趋近附火，视之，人也。不交一谈，袖中出芋十枚，炮熟，指其半与僧，自食其半。既暮，径卧土榻上，僧亦同宿。终不相谁何。天将晓，人已去，僧亦从此归，沿道处处记之。"会同后悔早退的其他二僧再次去时，"则茅屋已焚，但斫木皮尺余，题诗其间曰：'偶与云水合，不与云水通。云散水流去，杳然天地空。'怅然而归"。③ 这首诗表明，他不是懵然无知的野人，而是才情不凡的士人。与很多儒隐不同，这些隐士脱离了儒家的淑世情怀，真正超越了世俗，类似道隐。他们应当不在官方的户籍之中，隔绝尘世和王化，创建了个人的桃花源。

2. 居士

与隐士远离社会生活不同，居士只是拒绝做官而已。所谓"士有不喜声利，恬然自得于草野，表乡党于廉慎，调子弟于义方，是亦君子之为政者"。④ 将所学用于家庭和乡村，也是士子参与治理和处世的一种正当方式。两宋之际的陈旉著《农书》后，正在招抚难民垦辟荒地的知真州洪兴祖，"取其书读之三复，曰：'如居士者，可谓士矣。'因以仪真劝农

---

① （元）脱脱等：《宋史》卷四五七《李琪传》，第 13421 页。

② （元）脱脱等：《宋史》卷四五八《顺昌山人传》，第 13453 页。

③ （宋）洪迈：《夷坚志·乙志》卷一〇《闽清异境》，何卓点校，第 268~269 页。

④ （宋）张天隐：《宋故药府君（昭纬）墓志铭》，载郭茂育、刘继保《宋代墓志辑释》，第 258 页。

文附其后，俾属邑刻而传之"。① 称赞作为居士的陈旉，才是真正有助于世的士人。

宋初雍丘人邢惇，以学术享誉乡曲，而家居不仕。宋真宗曾"以布衣召对，问以治道，惇不对。上问其故，惇曰：'陛下东封西祀，皆已毕矣，臣复何言？'上悦，除试四门助教，遣归。惇衣服居处，一如平日，乡人不觉其有官也。既卒，人乃见其《敕》与废纸同束置屋梁间"。② 邢惇专心钻研学术，不介入朝政官事，视官位蔑如也，更可贵的是也不张扬清高。宋仁宗时，成都布衣李甲，"平生嗜读书，务通经适用，不治章句，尤刻意于《易》，钩索精微，后学所不及。晚游息于老佛之书，得其深趣。慕白乐天，饮酒赋诗，集成二十卷。当时乡里巨公如范内相景仁、李紫微才元，皆其交友周旋者"③，是位有名气、有文采的民间学者。北宋中，孟州进士尹渭，"幼而愿谨，七岁从师，十五，成诵五经，弱冠为进士，志取科第"。但他是家中独子，其父"无兼侍起居动作，须进士乃安，进士亦欲任，烦劳于己，而不欲家事之有勤于其亲也。由是置其业，不复为决科进取，计定省之余，惟颜色旨甘之奉……独以是为中心之乐，曾不以穷达为身之念也"。④ 原本要科举入仕，因老父亲需要伺候而放弃科考，毅然以理家养亲为乐。同时的太学生何大正，南安军人，其家是"三世不仕"的平民。

> 而君好学，略通大义，不类他隐者借高士名以文撼有司，一不契，投笔砚，绝口不言进取。少时侃侃自将，孝行高里中。族姻有弗概于理，必引以归正。雅不治产，然喜施，虽隐约斥财，振人益力，笑未尝坏颜。人有干非其意，不为动。间读庄周书，曰："快人！何恨吾送老资也。"……君长于大小篆，传神、山水，得意处自成一

---

① 《洪兴祖后序》，（宋）陈旉：《陈旉农书校注》，万国鼎校注，农业出版社，1965，第63页。

② （宋）司马光：《涑水记闻》卷五，邓广铭、张希清点校，第103页。

③ （宋）马涓：《孝廉阁记》，傅增湘原辑，吴洪泽补辑，《宋代蜀文辑存校补》卷三二，重庆大学出版社，2014，第1013页。

④ （宋）张益：《有宋进士尹君（渭）墓志铭》，载郭茂育、刘继保《宋代墓志辑释》，第299页。

家。尝评李斯、阳冰篆如严诸侯助祭，凛凛不见跛倚。①

其道德品行为一方模范，善于经营致富，而且擅长书画。又如官员家庭出身的方惟深：

> 生挺特，幼为文，见称乡长者。长则端敏，涵养滋大。乡贡为第一，试礼部不第，即弃去。吴下有田一廛，公与其弟躬出入耕获。凡衣食之具，一毫必自己力。间则读书，非苟诵其言而已也。至于黄帝老庄之书，养生为寿者之说，其户庭堂奥、根源派别无不知，其所操之要则，曰无为而已。于西方别传，得其大指。不数为人剧谈，平居视之，犹欺魄木鸡也。及其论议古今道理，穷核至到，确然莫能移。……方元丰、元祐间，公贤益闻，以韦布之士闭关陋巷，躬行不言，而孝友清介之风，隐然称东南。②

耕种之暇博览群书，诗作很受欢迎，德行声名远播。孔子四十六代孙孔旼，隐居在汝州龙山的蛰阳城，"性孤洁，喜读书。有田数百亩，赋税常为乡里先"。"闻人之善若出于己，动止必依礼法。环所居百余里，人皆爱慕之，见旼于路，辄敛袵以避。"朝廷两次召其为职官，均辞不就。③北宋后期长安人安觌，出身武官世家，"少孤，能自立，读书通达意，不事科举。骊山之阴，有别业，悠游自适，委远权幸"。所谓"长于自治，不事王侯。克己慎独，知足不辱"。④ 这些隐士过着平民的生活，并以德行文章受到民间和官方的敬重。南剑州将乐居士余适：

> 世为田家，以赀自雄。至君，始业儒，为乡进士……晚益豪放，以诗酒自娱，尤喜读《列子》之书。家无留藏，悉以资宴游之费，

---

① （宋）刘弇：《龙云集》卷三一《高士何君墓志铭》，《景印文渊阁四库全书》第1119册，第319页。
② （宋）程俱：《北山小集》卷三三《莆阳方子通墓志铭》，徐裕敏点校，第580~581页。
③ （元）脱脱等：《宋史》卷四五七《孔旼传》，第13435页。
④ （宋）安及之：《宋故安君（觌）墓志铭》，载郭茂育、刘继保《宋代墓志辑释》，第499页。

歌呼谈笑，至淋漓颠倒而不厌。其自视了然，尝曰："人生适意耳，何苦以废虐之生自刑也？"其为诗，初若不用意，而语辄奇丽，至今侪类犹能道之。①

他是该农民家庭中的第一位书生，但并未走向科举之路，性格非常潇洒，追求自由自在。其诗随意而奇丽，仅此，就是一般士子所不能达到的。

3. 游士

游士是最不安分的士子，四处流浪，积极入世，乃至徘徊于官场门外，类似市隐。

北宋前期的潘阆，字逍遥，虽在历史上有隐士之称，其实可谓游士。王禹偁说他："脱屣场屋，耻原夫之流；栖心云泉，有终焉之计。言念吴越，跨江而来。钱塘会稽，卖药自给。因赋浙江观涛之什，称为冠绝。"②他广泛结交朋友，"与王禹偁、孙何、柳开、魏野交好最密"。③他性格疏狂放荡，曾交接权贵，两次坐事亡命，一生颇富传奇色彩，与隐士做派颇有抵牾，相当另类。四川人张愈，"隽伟有大志，游学四方，屡举不第。宝元初，上书言边事，请使契丹，令外夷相攻，以完中国之势，其论甚壮。用使者荐，除试秘书省校书郎，愿以授父显忠而隐于家。文彦博治蜀，为置青城山白云溪杜光庭故居以处之。……六召不应。喜弈棋。乐山水，遇有兴，虽数千里辄尽室往。遂浮湘、沅，观浙江，升罗浮，入九疑，买石载鹤以归。杜门著书，未就，卒"。④虽有大志，却屡屡拒绝官位，而喜欢亲近自然。

游士中有不少江湖谒客，即四处拜访权贵等寻求资助的士人。所谓"纷纷人海中，有客面如铁。前日方游吴，今日又走越"。⑤丁谓在未及第前，就是一个谒客："工部胡侍郎则为邑日，丁晋公为游客，见之，胡待

---

① （宋）杨时：《杨时集》卷三七《居士余君墓表》，林海权校理，第 924~925 页。
② （宋）王禹偁：《小畜外集》卷一〇《潘阆咏潮图赞并序》，《四部丛刊初编》，商务印书馆，1936，第 7 页。
③ （宋）晁公武：《郡斋读书志校证》卷一九《潘逍遥诗三卷》，孙猛校证，第 1036 页。
④ （元）脱脱等：《宋史》卷四五八《张愈传》，第 13440 页。
⑤ （宋）胡仲弓：《苇航漫游稿》卷一《送怀玉之越谒秋房使君》，《景印文渊阁四库全书》第 1186 册，第 670 页。

之甚厚，丁因投诗索米。"① 向时任知县的胡则献上自己的诗作，乞求赠送些粮食。如何以高雅诗篇索求饭食，而又不显得低三下四呢？典型如谒客张球向宰相吕夷简献诗云：

> 近日厨中乏所供，孩儿啼哭饭箩空。
> 母因低语告儿道：爷有新诗上相公。

吕夷简见到后很喜欢，"以俸钱百缗遗之"。② 出手阔绰，足以使其成为小康人家。谒客又有"游谒穷措大"之称③，这些行径与沿街乞讨的性质并无不同，只是形式文雅，获利丰厚。至南宋，这种类似卖诗的行为更为普遍，宋末元初人回忆道："旧时江湖间诸公，以诗行不少，谓之诗客。公卿折节交之。"④ 官员们尊重士子，不以为非，屈尊结交资助。有此肥沃的社会土壤，他们遂成为江湖诗派的主力。

如果仅以不仕为标准的话，那么居士和游士都可以与隐士一起，归为广义上的隐士。

4. 江湖士人的阵容

科举制和教育的发展，使宋代广大民众有了读书的动力和机会，受过教育有文化的人迅速增多。其中大多数人的目的是科举入仕，但如千军万马过独木桥，成功者毕竟只能是极少数，绝大多数注定名落孙山，落榜者年年积累，形成了宋代江湖士人的基础阵容。

就隐士而言，既有城乡散居，更有集中山居。除了隐士圣地终南山、华山、嵩山外，其他地方也不少。如马永卿载："襄、邓之间多隐君子。仆为淅川令，日与一老士人郑正字楚老往还。楚老之言可取者极多。"⑤ 其西边的京西金州石泉县，"县在乱山深处。有异人，古貌美髯，皂袍韦

---

① （宋）沈括：《梦溪笔谈》卷九《人事一》，（宋）沈括原著，杨渭生新编《沈括全集》，第359页。
② （宋）刘斧撰辑《青琐高议·前集》卷五《各公诗话》，第48页。
③ （宋）吴处厚：《青箱杂记》卷一，李裕民点校，第5页。
④ （元）戴表元：《戴表元集》卷一八《题汤仲友诗》，陆晓冬、黄天美点校，第379页。
⑤ （宋）马永卿：《懒真子》卷一，《全宋笔记》第3编第6册，李清华、顾晓雯整理，第160页。

带，游城市间，暮即归，行之不可及，皆莫知其甲子。道人云：'山间如此者有十余辈。'"①则现今豫西南及鄂西北、陕东南一带多有江湖士人。曾敏行也说："玉笥山旧多隐君子，皆梁、宋以来避乱者也。"位于今江西峡江县的玉笥山，古代为隐士聚集之地，被道教列为洞天福地之一，宋代依然吸引着隐士。如新淦人王德升，"困踬场屋，遂入玉笥山，依道士潘与龄独居白云斋十余年"②，几乎等于出家了。

江湖人士的文化地位，在正史中有所体现，官方为之列传。两卷半篇幅的《宋史·隐逸列传》，凡录49人。有学者多方搜寻，查到570人。③就数量而言，不过是其中留下姓名事迹的佼佼者而已，远非宋代隐士的全部，大多埋名隐迹的隐士成功地不留痕迹。有学者判断：两宋隐士"多于以往任何时期"④，虽未论证，从大的历史环境看应是实情。至于居士和游士，由于遍布民间或流动性强，更难以计数。文学界有学者统计宋代江湖派诗人138人⑤，扣除进士出身、做过官、宗室出身者，纯江湖诗人62人。这也仅是代表而已，江湖士人更多默默无名者。如陆游说："士之埋没无闻者，何可胜计。"⑥南宋末的士大夫胡仲弓，表达了同样的感受："世间多少真豪杰，飘落江湖人不知。"⑦正所谓野有遗贤人未知。总之，这是一个较大的数字，难以估量。即便以平均每县有江湖士人20人计，北宋末年全国1234县，也有24680余人。这支颇具规模的文化队伍，尽管个体大多隐蔽，但整体实力不容小觑。

二　宋代江湖士人的文化成就

江湖士人普遍拥有较高的文化水平，皆非常人："夫隐居以求志，遁世而无闷，含华匿耀，高翔远引，非夫德充而义富、学优而诚笃，又孰能

---

①　（宋）马纯：《陶朱新录》，程郁整理，载《全宋笔记》第5编第10册，第154页。

②　（宋）曾敏行：《独醒杂志》卷六，朱杰人标校，第55、56页。

③　张海鸥：《宋代隐士居士文化与文学》，第5页。

④　李传海：《试论宋代隐士众多的原因》，《成都师专学报》（文科版）1994年第3期。

⑤　张宏生：《江湖诗派研究》，第209页。

⑥　（宋）陆游：《陆游全集校注·渭南文集校注》卷二六《跋周茂叔通书》，马亚中校注，第145页。

⑦　（宋）胡仲弓：《苇航漫游稿》卷四《赠岳仁叔》，《景印文渊阁四库全书》第1186册，第703页。

怀道自晦，绝俗而孤举哉？"① 因之又有高士之称，殆非虚言。

专于经书研究者甚多。如慈溪蒋季庄，"当宣和间，鄙王氏之学，不事科举，闭门穷经，不妄与人接"。明州城中的士人高抑崇，每年来访四五次，二人"相对小室，极意讲论，自昼竟夜，殆忘寝食"。高抑崇对人解释自己经常请教经学问题的收获是："阅终岁读书，凡有疑而未判，与所缺而未知者，每积至数十，辄一扣之，无不迎刃而解。"② 可见蒋季庄是位经学高人。

有经学研究和诗文创作并茂者。如潘阆，"通《易》、《春秋》，尤以诗知名"。有个人诗集传世，且多名家捧场："集有祖无择序，钱易、张逵皆碣其墓附于集。"③ 周启明的文章得到杨亿等大家的称赞："初以书谒翰林学士杨亿，亿携以示同列，大见叹赏，自是知名。……有古律诗、赋、笺、启、杂文千六百余篇。"④ 著作丰盛，佳作良多。陈州人万适，"六七岁即为诗。及长，喜学问，精于《道德经》。与高锡族子冕及韩侜交游，酬唱多有警句。不求仕进，专以著述为务，有《狂简集》百卷、《雅书》三卷、《志苑》三卷、《雍熙诗》二百首，《经籍摘科讨论》计四十卷"⑤，也是位高产作家，可见其勤奋智慧。北宋中期的方惟深，"其论议古今道理，穷核至到，确然莫能移，然常以雅道自娱，一篇出，人传诵以熟。舒王以知制诰卧钟山，得其诗，以谓精诣警绝，元、白、皮、陆有不到处"⑥。他既研究道教、佛教，又是诗歌大家，精彩之处超出了唐代著名诗人元稹、白居易、皮日休、陆龟蒙等大家，深得王安石的赞赏。

更有博览群书，博学多闻者。徐复"博学，于书无所不读，尤通星历五行术数之说，世罕有能及者"⑦，也是位少见的学问高人。高怿"通经史百家之书"。⑧ 邢敦"耽玩经史，精于术数，工绘画"⑨，才艺颇多。

① （宋）王钦若等编《册府元龟》卷八〇九《隐逸序》，中华书局，1960，第9614页。
② （宋）洪迈：《容斋随笔·三笔》卷六《贤士隐居者》，孔凡礼点校，第491页。
③ （宋）晁公武：《郡斋读书志校证》卷一九《潘道遥诗三卷》，孙猛校证，第1036页。
④ （元）脱脱等：《宋史》卷四五八《周启明传》，第13441~13442页。
⑤ （元）脱脱等：《宋史》卷四五七《万适传》，第13427页。
⑥ （宋）程俱：《北山小集》卷三三《莆阳方子通墓志铭》，徐裕敏点校，第581页。
⑦ （宋）曾巩：《曾巩集》卷四八《徐复传》，陈杏珍、晁继周点校，第650页。
⑧ （元）脱脱等：《宋史》卷四五七《高怿传》，第13433页。
⑨ （元）脱脱等：《宋史》卷四五七《邢敦传》，第13431页。

崔遵用"买田筑室于箕颍间，穷堪舆图纬风角推步佛氏道家书，以至笔墨图画方药种艺之事，毕精焉。间引农樵共饮，醉辄酣歌起舞以自快，绝不迹城市，亦不道平昔所为。乡人以'处士'名之"①，实属全能人才，但自我定位很低，毫不张扬。抚州人吴沇学问渊博：

> 于书无不通，下至百家九流，莫不贯穿。其所著述殆数十万言，《易》有《璇玑》，《语》有《发微》，《礼》有《本志图论》，《老子》有《解易》。又有《通解》，有《文集》，有《通言》，而《通言》尤其主教之书也。②

他勤于著述，成果累累。世居京城的官宦之后宋世则，迁至汝阳隐居，有良好的文化素养，"平居喜宾客，日以燕饮为事，时赋歌诗以适其意。虽音律、术数，无不通晓，而尤精于书学"。③ 遂适喜好，自得其乐，博学多才，尤以书法最精通。更有开封人刘克，学问渊博令众多饱学的士大夫赞不绝口："《西清诗话》云：都人刘克者，穷该典籍之事，多从之质。尝注杜子美诗：'元日到人日，未有不阴时。'人知其一，不知其二，唯杜子美与克会耳，起就架上取书示之，东方朔《占书》也。……唯刘克为博学，余尝观沈存中《笔谈》，亦以谓士人刘克按《夔州图经》辨乌鬼事甚详，而《西清诗话》又美其穷该典籍，真奇士也。"④ 如此博学强记，只是个都城士人，显然没有功名，不求闻达，类似市隐。

处士之中也有关心时务者，如淄川人王樵：

> 性超逸，深于《老》、《易》，善击剑，有概世之志。庐梓桐山下，称淄右书生，不交尘务。山东贾同、李冠皆尊仰之。……著

---

① （宋）苏舜钦：《苏舜钦集》卷一四《处士崔君墓志》，沈文倬校点，第214页。
② （宋）欧阳澈：《欧阳修撰集》卷七，（宋）危和：《儒学二贤祠堂记》，《景印文渊阁四库全书》第1136册，第424页。
③ （宋）张起：《宋故居士宋公（世则）墓志铭有序》，载郭茂育、刘继保《宋代墓志辑释》，第293页。
④ （宋）黄朝英：《缃素杂记》卷四《人日》，陈金林整理，载《全宋笔记》第3编第4册，大象出版社，2008，第198~199页。

《游边集》二卷、《安边》三策、《说史》十篇，皆已散失。①

他虽然对超世的黄老之学有精深的研究，却满腔淑世热忱，关注军事国防。还有专业技术人才，如济州士人邓御夫，"隐居不仕。尝作《农历》一百二十卷，言耕织、刍牧、种莳、耘获、养生、备荒之事，较之《齐民要术》，尤为详备。济守王子韶尝上其书于朝"②，是位有成就的农学专家。隐士田告则精通水利："会大河决溢，君推明鲧、禹之所治，著《禹元经》三卷，将上之，不果。"③ 因故未能用之于时。

痴迷读书治学者像羊吃草一样地啃书，不可须臾无典籍，他们顺理成章地成为大大小小的藏书家，其藏书成就也不容忽视。如河中府李涚，"家世多聚书画，颇有奇妙"。④ 建安黄晞，"聚书数千卷"。⑤ 处州周启明，家中"藏书数千卷"。⑥ 江阳人程贲：

> 世习儒，少孤力学，立身介洁，跬步一言，必循礼则。虽家童稚子，应对进退，不逾规矩。先生尤嗜酒，复喜藏书，自经史子集之外，凡奇诀要录，未尝闻于人者，毕珍收之，亦多手写焉。其间复混以名画古琴，瑰异雅逸之玩，无所不有。虽年齿已暮，而志好益坚，目游简编，未少暂息。每谓所知者曰："余五十年简册铅椠未尝离手。"其勤至也如此。⑦

他一生的主要精力都用于收集、传录、校勘书籍。苏过在开封时，听人介绍："吾里有蔡致君，隐居以求志，好古而博雅，闭门读书，不交当世之公卿，类有道者也。"随即前往拜访，蔡家之子对他说：

---

① （宋）王辟之：《渑水燕谈录》卷四《高逸》，吕友仁点校，第51页。
② （宋）张邦基：《墨庄漫录》卷一〇，孔凡礼点校，第274页。
③ （宋）王辟之：《渑水燕谈录》卷四《高逸》，吕友仁点校，第44~45页。
④ （元）脱脱等：《宋史》卷四五七《李涚传》，第13429页。
⑤ （元）脱脱等：《宋史》卷四五八《黄晞传》，第13441页。
⑥ （元）脱脱等：《宋史》卷四五八《周启明传》，第13442页。
⑦ （宋）黄休复：《茅亭客话》卷一〇《程先生》，赵维国整理，载《全宋笔记》第2编第1册，第77页。

吾世大梁人，业为儒。吾祖吾父皆不事科举，不乐仕宦，独喜收古今之书。空四壁、捐千金以购之，常若饥渴然。尽求善工良纸，手校而积藏之，凡五十年。经史百家，《离骚》、风雅、儒、墨、道德、阴阳、卜筮、技术之书，莫不兼收而并取，今二万卷矣。①

藏书之多，世所少见。周煇"居钱塘清波门之南，嗜学工文辞，隐居不仕。当世名公卿多折节下之，而简亢自高，未尝报谢。……藏书万卷，父子自相师友"，所著《清波杂志》十二卷②，流传至今。他们在保存文化、传承文明方面做出了一定贡献。

需要特别指出的是江湖士人的文学成就。一般而言，他们多为才子，而且大多由于没有社会功利愿望，用真性情对待创作，作品水平及境界皆非等闲之辈所能达到。如魏野的诗作流传到北朝，深受契丹人喜爱："野为诗精苦，有唐人风格，多警策句。所有《草堂集》十卷，大中祥符初契丹使至，尝言本国得其上帙，愿求全部，诏与之。"③ 他为中原文化传播和民族文化融合做出了贡献。苏庠"少能诗，苏轼见其《清江曲》，大爱之，由是知名"④，足见其成就之高。

非但如此，身处边缘的在野士人的诗歌，并非小众，因顺应时代赢得了大众市场，在文学界是一重要流派。有学者指出，以李觏、王令、邵雍等为代表的处士诗人，张扬个性，标新立异，诗风突破常规，以最为创辟的姿态冲击着士大夫主流诗坛的审美趣味；北宋后期在党祸高压下，江西宗派处士群及外围处士以道德人格自律自励，以道学禅学精神重建处士节操，发展饱含士人阶层人格力量的刚健奇硬诗风，以蛰伏隐忍的姿态，将当时位于边缘民间的诗坛，转化为后人心目中这一时代的主流中心诗坛，改变了北宋后期三十余年间士大夫主持诗坛的局面。⑤ 人非主流，作品却

① （宋）苏过：《斜川集校注》卷九《夷门蔡氏藏书目叙》，舒大刚等校注，第682页。
② （明）徐象梅：《两浙名贤录》卷五四《寓贤·周昭礼煇》，《续修四库全书》第544册，上海古籍出版社，2002，第112页。
③ （元）脱脱等：《宋史》卷四五七《魏野传》，第13430页。
④ （元）脱脱等：《宋史》卷四五九《苏庠传》，第13462页。
⑤ 吕肖奂：《北宋处士诗人及其诗歌风尚三变——兼论北宋民间士人创作力量的不断增长》，《中原文化研究》2014年第6期。

成主流，文化影响和艺术作用巨大。

南宋的江湖诗人更是一道文坛景观。如游士刘过（字改之），"以诗鸣江西，厄于韦布，放浪荆、楚，客食诸侯间"①，是江湖诗人的一个代表人物，诗名很大，其时有谣谓："浙右元秀，江西刘改之。"② 有《龙洲集》《龙洲词》《龙洲道人诗集》传世。更典型的人物是姜夔，精于诗词、散文、书法、音乐，是继苏轼之后的又一艺术巨匠。清人予以高度评价："夔诗格高秀，为杨万里等所推。词亦精深华妙，尤善自度新腔。故音节文采，并冠绝一时。"③ 有《白石道人诗集》《白石道人歌曲》《续书谱》《绛帖平》等书传世。尤其是《白石道人歌曲》，代表宋代民间音乐的最高水平，也是流传至今的唯一一部带曲谱的宋代歌集，实为音乐史上的稀世珍宝。在中国文学史和音乐史上，江湖士人姜夔是做出了卓越贡献的重要人物，有很高的地位。

江湖士人的潇洒敏锐，天然地有利于艺术创作。对北宋山水画的发展有重大影响、宋人推为第一的李唐后裔李成，就是一个代表。

> 世业儒，为郡右族，能画山水林木，当时称为第一。开宝中，孙四皓者延四方之士，知成妙手，不可遽得，以书招之。成曰："吾儒者，粗识去就，性爱山水，弄笔自适耳，岂能奔走豪士之门，与工技同处哉？"遂不应。举进士……成之为画，精通造化，笔意尽在，扫千里于咫尺，写万趣于指下。峰峦重叠，间露祠墅，此为最佳。至于林木稠薄，泉流深浅，如就真景。思清格老，古无其人。④

其成功得益于隐逸，绘画毫无功利之心，仅为了自舒心意，成就了真正的艺术。

---

① （宋）岳珂：《桯史》卷二《刘改之诗词》，吴企明点校，第 22 页。
② （元）方回：《桐江集》卷一《滕元秀诗集序》，《宛委别藏》，江苏古籍出版社，1988，第 22 页。
③ （清）永瑢等：《四库全书总目》卷一九八《白石词》，第 1818 页。
④ （宋）刘道醇：《圣朝名画评》卷二《李成》，第 259~260 页。

三　宋代江湖士人的文化特点及价值

作为众多散布民间的士人，虽有不显于官府以及社会的初衷，但自有难以掩饰的珠光宝气，有诸多的与众不同之处。诸如疾世中的宣泄、无奈间的郁闷、绝望后的轻松、清闲时的沉潜，以及奋斗不成的慵懒、冷眼旁观的新见等。而其主要文化特征，从其行为习惯和价值取向中可以体现，表现在以下几点。

1. 文化特点

其一，特立独行。

他们大多具有独立人格和鲜明的个性，或性格怪僻，或率性天真，无法或不愿受社会约束，有话即说，有节不屈。如前文所言万适将自己的文集命名为《狂简集》，就是有自知之明的一例。邢敦"性介僻，不妄交友"。① 孔旼"性孤洁"。② 刘易"性介烈"，韩琦在祭文中称："刚介之性，天下能合者有几？"③ 这类士人非常独特少见，而其价值正在于此。冲晦处士李退夫，"事矫怪"。④ 潘阆"烂醉狂歌出上都"。⑤ 刘概"天姿绝俗，与世相龃龉"。⑥ 苏轼言四川处士张愈云："本有经世志，特以自重难合，故老死草野，非槁项黄馘盗名者也。"⑦ 虽满腹经纶和大志，但自知个性不容于社会，也不愿屈尊，更不欺世盗名，故而老死田野。诚如有学者所言：更多的处士以诗歌直截了当地宣泄着因为不能仕进而实现愿望的不满情绪，用奔放乃至有些怪异的诗风，颠覆传统处士固有的理想形象，冲击着士大夫的耳目，给主流诗坛带来生气。⑧ 他们的作品不仅与时不同，也与史不同，具有宋代特色，历史价值因而也就更高。而其惊世骇

---

① （元）脱脱等：《宋史》卷四五七《邢敦传》，第 13431 页。
② （元）脱脱等：《宋史》卷四五七《孔旼传》，第 13435 页。
③ （元）脱脱等：《宋史》卷四五八《刘易传》，第 13444 页。
④ （宋）文莹：《湘山野录》卷中，郑世刚、杨立扬点校，第 30 页。
⑤ 原载《永乐大典》卷一三四五〇，徐规：《王禹偁事迹著作编年》，商务印书馆，2003，第 47 页首次辑出。
⑥ （宋）王辟之：《渑水燕谈录》卷四《高逸》，吕友仁点校，第 50 页。
⑦ （宋）苏轼：《东坡志林》卷二《白云居士》，第 33 页。
⑧ 吕肖奂：《北宋处士诗人及其诗歌风尚三变——兼论北宋民间士人创作力量的不断增长》，《中原文化研究》2014 年第 6 期。

俗的言行，仿佛"行为艺术"，更具文化价值，也应引起关注。行为艺术在本质上是一种自由的生命活动，虽然是现代西方传来的艺术形态，由艺术家精心策划而推出，实际上其本质的行为早已有之，而且更自然、自由。

其二，淡泊名利。

江湖士人的典型代表，是隐士和居士。他们的最大特点就是习静避世，与世无争，不带功利目的治学修身。具体表现是不愿做官，不愿参加科举，不求名气。如杨悫"力学勤志，不求闻达"；魏野"嗜吟咏，不求闻达"；林逋"性恬淡好古，弗趋荣利……结庐西湖之孤山，二十年足不及城市"，甚至连其诗作，也只是短暂地表达出来，并不保留以为后世传名："既就稿，随辄弃之。或谓'何不录以示后世？'逋曰：'吾方晦迹林壑，且不欲以诗名一时，况后世乎！'"① 原本就是要归隐，不欲闻名于当时，更何况传播到后世呢？洛阳隐士郭延卿，"以文行称于乡间"，西京留守钱惟演拜访他后惘然若失，感叹不已："此真隐者也，彼视富贵为何物耶？"② 北宋后期阳翟人魏椿年，"平日喜学古而无心仕进"，从小到大手不释卷，但并不参加科考，表白道："吾之学古，非谓发策决科，但吾志在修身慎行尔。"③ 刘卞功自我封闭，"独守一亩宅，惟耕己心田"，自言："常人以嗜欲杀身，以货财杀子孙，以政事杀民，以学术杀天下后世。吾无是四者，岂不快哉！"④ 语出惊人，表达了自己的人生观、价值观和隐居的原因。李侗"退而屏居山田，结茅水竹之间，谢绝世故余四十年"。⑤ 徐复"为人倜傥有大志，内自饬励，不求当世之誉。乐其所自得，谓富贵不足慕也，贫贱不足忧也。故穷阎漏屋、敝衣粝食，或至于不能自给，未尝动其意也"。⑥ 不慕名利富贵，甘于贫穷，只求个人精神愉悦，进入一个常人难以企及的精神境界和人生高度。潭州衡山县布衣胡大壮，是名儒胡安国的孙子，理学家、湖湘学派创立者胡宏的儿子，颇有家

---

① （元）脱脱等：《宋史》卷四五七《隐逸列传》，第 13419、13430、13432 页。
② （宋）李献民：《云斋广录》卷一《郭延卿》，程毅中、程有庆点校，第 5~6 页。
③ （宋）乐谌：《魏椿年墓志》，载何新所编著《新出宋代墓志碑刻辑录（北宋卷）六》，第 205 页。
④ （宋）赵与时：《宾退录》卷一，齐治平校点，第 8 页。
⑤ （宋）朱熹：《朱熹集》卷九七《延平先生李公行状》，郭齐、尹波点校，第 4984 页。
⑥ （宋）曾巩：《曾巩集》卷四八《徐复传》，陈杏珍、晁继周点校，第 650 页。

学渊源，条件优越，但是，他却走了另一条道路。

> 抗志高远，制行介洁，自其少时，已著孝友之称。既长，受其祖
> 安国之学，于父宏研究经术，博通坟典。其持论以明义利为本，其立
> 己以尚诚实为要。冠岁学成，即不事科举，隐居衡岳之下，躬耕自
> 给，读书自娱，爵禄外慕不以婴其心，深藏固匿，足迹未尝至城市，
> 州县官必礼于其庐然后得见。于是行成于身，理于家，信于乡党，达
> 于远迩。邦人敬爱，咸慕其道德，尊之曰西园先生。平日著述虽多，
> 而《封建论》数篇尤为先达推重。①

早年受过最好的教育，成年后却抛弃一切优裕条件，追求道德学问。嵩山
前隐者董五经，是有名的"穷经之士"，程颐曾慕名拜访，"语甚款，亦
无大过人者。但久不与物接，心静而明也"。② 淡泊名利、屏蔽社会，心
静而智明，纯净也是别具一格的文化。正如延津隐士程嵩八十余岁时有诗
所云："虽无事业传千古，却得安闲过一生。"③ 只求安闲，回归个人生命
的本真，本质上是强化自我意识。

其三，崇尚自然。

脱离社会的原因之一，多是喜爱大自然的山水花木，钟情于游玩，也
是寄托精神的方式之一。宋初的陈抟，"不求禄仕，以山水为乐"。④ 李渎
嗜酒喜山水，对其子嘱咐道："山水足以娱情，苟遇醉而卒，吾之愿
也。"⑤ 情愿自己融化消失在自然之中。张愈"喜弈棋。乐山水，遇有兴，
虽数千里辄尽室往。遂浮湘、沅，观浙江，升罗浮，入九疑，买石载鹤以
归"⑥，这位性情中人，是学问家，也是旅行家。京东青州千乘县大王桥

---

① （宋）卫泾：《后乐集》卷一二《奏举布衣胡大壮乞赐褒录状》，《景印文渊阁四库全
书》第1169册，第633页。
② （宋）程颢、程颐：《二程集·河南程氏外书》第一二《传闻杂记》，王孝鱼点校，第
436页。
③ （宋）李献民：《云斋广录》卷三《程嵩》，程毅中、程有庆点校，第18页。
④ （元）脱脱等：《宋史》卷四五七《陈抟传》，第13420页。
⑤ （元）脱脱等：《宋史》卷四五七《李渎传》，第13429页。
⑥ （元）脱脱等：《宋史》卷四五八《张愈传》，第13440页。

之东北约一舍之地，"有野儒"，"熙宁九年称九十九岁，颀然其形，康宁异常"，百岁后还游历四川、江南，"观山水之胜"①，终生以游览山水为目的。他们的住处则尽力贴近自然。如李渎"所居木石幽胜"，魏野"居州之东郊，手植竹树，清泉环绕，旁对云山，景趣幽绝。凿土袤丈，曰乐天洞，前为草堂，弹琴其中，好事者多载酒肴从之游，啸咏终日"。② 早年从学于种放的刘概，"酷嗜山水"，居住在青州城南的冶原上，"山奇水清，旁无人烟，丛筱古木，气象幽绝"。③ 陶醉于青山绿水的葱茏奇绝之中，是与真率旷达性情的完美结合。崇尚自然的潜意识，其实就是不崇尚社会权威。

2. 文化价值

他们的这些特点，正是士人本真的存在方式，并非个性，在中国文化中具有很高的价值。

首先，充分表达了做人的尊严和自由。这些做派就是不屈膝于人，不受制于世，既不与人争斗，更不委屈自己。因循、发展个性，追求的是自在自然、自由意志、自由价值、自信自强、自娱自乐。其中不乏个性至上的自恋，难免怪诞和偏激，不妨以文化的行为艺术视之。从而使社会文化避免了千篇一律的单调平庸，有了千姿百态的异彩。如此自我本位，无所依傍，追求自由，是士大夫、民众等任何其他群体和阶层都没有的，因此最有价值。尽管如此，他们并没有偏离儒家轨道，只是淡化"外王"、侧重"内圣"，更多了道家情怀。

其次，不仕的言行在社会上占据了道德高地。虽满腹经纶，但与官府不合作，也不对抗，超越官场，冷眼相看，头脑清醒。这一做法在"本朝尚名好贪"④ 的士风中难能可贵，是股涓涓清流。他们在人格上与士大夫平起平坐，在精神上超越士大夫。对官场政治、汲汲于名利的大众而言，他们如同一剂清凉的镇定药，或者说宛若窗外梅花、案上麈尾、炉中

---

① （宋）龚鼎臣：《东原录》，黄宝华整理，《全宋笔记》第 8 编第 9 册，大象出版社，2017，第 190 页。
② （元）脱脱等：《宋史》卷四五七《李渎传》《魏野传》，第 13429、13430 页。
③ （宋）王辟之：《渑水燕谈录》卷四《高逸》，吕友仁点校，第 50 页。
④ （宋）张端义：《贵耳集》卷下，李保民校点，第 132 页。

熏香、药中薄荷。故而，他们屡受朝廷尊敬，总被官员羡慕。在朝廷政治中，也成为官员引退和皇帝罢免职务的最佳借口。如宋徽宗朝余深的罢相诏令即云："方须帷幄之诚，遽慕林泉之适。露章踵至，沥恳殊坚。"① 是说因为余深十分向往退隐享受山水自然的乐趣，皇帝遂适其愿，给双方都留足了面子和缓冲余地。

最后，独立知识分子的智慧弥足珍贵。独立知识分子最可贵的是独立思考，不与世、不求功利地钻研学问，创作诗文。"隐逸文化基本是智慧文化"，"宋代隐士、居士创造了丰富的文化艺术，其中政治、文化、历史、文学、艺术的内涵非常丰富，蕴含着独立性很强的人文精神、很纯粹的艺术精神、很丰富的哲思理趣，因而具有深厚的文化价值"。② 他们顶多有些自恋，但绝非利己主义者，坚守维护着文化的纯真，守护延续了传统文脉。柳开指出："古之以道学为心也，曰：'吾学，其在求仁义礼乐欤！'大之以通其神，小之以守其功……今之以禄学为心也，曰：'吾学，其在求王公卿士欤！'大之以蕃其族，小之以贵其身……古之志为学也，不期利于道，则不学矣；今之志为学也，不期利于身，则不学矣。"③ 与大多数读书做官的学子不同，宋代江湖士人继承了古人纯正的价值观，读书治学就是为了追求真理。这种精神追求，远远超越了利禄追求，保持了中华文脉的本真。

结　语

在个人读书的三境界中，知识改变命运主要指通过科举入仕的士大夫，知识服务生活主要指民间大多职业型的知识分子，知识提升身心主要是本节所言的江湖士人。宋代江湖士人位于体制以外，其田园化、民间化，实际上是自我边缘化，但这个边缘被他们的文化滋润成一片绿洲，同时也成为民间的一片片文化绿地。他们虽身处民间，却神居云端，有所不为而后有所为。在学术上、文学艺术上做出了重要的、不可取代的贡献；

---

① （宋）佚名编《宋大诏令集》卷七〇《余深罢相授镇西军节度少傅知福州制》（宣和二年十二月一日），司义祖整理，第340页。

② 张海鸥：《宋代隐士居士文化与文学》，第24页、第1页。

③ （宋）柳开：《柳开集》卷一《续师说》，李可风点校，第7页。

在政治上有抑制奔竞等独特作用；在精神上张扬的自由理念难能可贵，对抗着专制，占据着精神高地；在地方上增添了文脉，普及并提高了文化；在文化上，其所提供的独特的边缘视角，所维护的文化本真，颇有历史价值和文化意义。

要之，宋代江湖士人作为民间的道德权威、文化权威，代表民间文化和民间知识分子的精神高度，而这一高度和境界，有士大夫所不及者。那份骨气、超脱、沉静、潇洒，令人艳羡，于官场有无用之用，为传统文化增添了一股别样的精气神，是传统文化的一种张力。似乎可以说，在朝的士大夫如阳光，在野的士子如月光，是宋代士人一个完整日子的两面。

第四节　平民百姓

所谓平民百姓，就是以农民为主、市民为辅的底层民众（包括一些无业或不明职业者，不含已经分别论述的工商业者）。在文化发展、基础教育普及的时代，他们的整体文化水平有所提高，这是毫无争议的事实。对于这一基础阶层而言，其文化水平就是最基本的识字、写字、算数。他们占总人口的绝大多数，文化水平或识字率具有决定性地位。史料所限，我们的研究仍然难以准确地定量，只能通过众多的"点"和难得的"面"来了解概况。

一　宋代农民识字状况

普通农民识字读书，在宋代是常见现象。相关例子，如同满天繁星。

宋初济州百姓王禹偁，"世为农家，九岁能文"①，其家具体从事粮食加工业，"为磨家儿，年最少，数以事至推官廨中"。推官毕士安"阴察禹偁类有知者，问：'孺子识字乎？'曰：'识。''尝读书乎？'曰：'尝从市中学读书。''能舍而磨家事从我游乎？'曰：'幸甚。'遂留禹偁于推官廨中，使治书，学为文"。② 后来成为文学大家的王禹偁，少年时就上

---

① （元）脱脱等：《宋史》卷二九三《王禹偁传》，第 9793 页。
② （宋）毕仲游：《西台集》卷一六《丞相文简公行状》，陈斌点校，第 256 页。

学识字，有良好的文化基础。宋初潞州农民张巽，"农税为户……善明律书。尝援乡人枉礼之事，乡人因兹而严乎焉"①，熟识礼律等书。四川人巢谷的父亲巢中世，"眉山农家也，少从士大夫读书，老为里校师"。② 绛州农民孙怀宝，以为"为大丈夫者不□声名，则当治资产，厚衣食，以取巨富为事"，于是"俾夜作昼，不数十年间，一变其家，资用益倍"，曾"手书榜于市曰：'兄有债文而验得其实者，当还。'"③ 有知识，有担当，会写字。在河北定州开元寺塔上的题记里，可以看到北宋村民的墨迹："西奇村向修记于天圣□年十一月三日记"④，是十分珍贵的当地农民真迹。

另有两个典型例子。

一是洛阳农民王德伦，全家识字。他本人"常于孟春读诵《金刚经》数千遍……尝读《大戴礼》，觊取青紫于世……购藏经籍，以训子孙为务"。钻研过礼学典籍，曾欲参加科举，又购置经书供子孙求学。有子四人，一人"翼习《毛诗》，学究志业"，一人"亦常专经，止于中道"，一人进士及第入仕，一人"幼读诗礼"，后"废书而置产"。其妻"常说孟母择邻之事，以晦诸子，又好看《多心经》"⑤，既熟悉典故又教育后代，自己也喜欢读佛经。

二是宋仁宗时真定府获鹿县山中，保留至今的有一宋代牧羊人的摩崖石刻。

牧自己羊，因记。田村明玉番化之与子侄。庆历五年后五月十二日。⑥

---

① （宋）张晟：《张清及妻常氏、张集墓志》，载何新所编著《新出宋代墓志碑刻辑录（北宋卷）六》，第126页。

② （宋）苏辙：《栾城后集》卷二四《巢谷传》，曾枣庄、马德福校点，第1436页。

③ （宋）李僎：《孙怀宝墓志》，载何新所编著《新出宋代墓志碑刻辑录（北宋卷）六》，第123页。

④ 定州市开元寺塔文物保护管理所编著《定州开元寺塔石刻题记》，第173页。

⑤ （宋）王景：《大宋赠大理评事太原王公（德伦）墓志铭并序》，载郭茂育、刘继保《宋代墓志辑释》，第133页。

⑥ 孙继民：《鹿泉牧羊人题记：宋代罕见的"草根"摩崖石刻》，《光明日报》2014年3月12日，第16版。

初看起来，放个羊有什么可纪念的？重点在于"自己"，这是刻石炫耀的原因。可能他原来也是牧羊人，但所牧是他人的羊，现在自己有羊群了，因而自豪地刻字宣布。其字虽比不上书法作品，但端正规矩。一位过去为别人放羊的普通农民，也是有名有字：姓明，名玉番，字化之，喜欢舞文弄墨，可见其有一定的文化；牧羊人不但有名，也有字，可见所反映的文化背景。

熙宁年间，朝廷推行的保甲法引起民间不满，当地民众便用文字宣泄。

> 保甲民有为匿名书揭于木杪，言今不聊生，当速求自全之计，期诉于朝。安石大怒，乃出钱五百千，以捕为书者。既而村民有偶语者曰："农事方兴，而驱我阅武，非斩王相公辈不能休息。"逻者得之付狱，安石以为匿名书者必此人也，使锻炼成狱。民不胜榜掠，而终不服。法官以诟骂大臣，坐徒三年。上笑曰："村民无知。"止令臀杖十七而已。①

写匿名书的保甲，朝廷认为就是村民。他们中确有识字者。元丰元年（1078）有诏令云："义勇、保甲毋得应进士举。今日以前，已习文业，听自陈。本州试验，若堪取应，即给公据，落籍本家一丁。"② 在这些被籍为民兵的青壮年百姓中，有不少达到参加科举的文化水平者。元祐元年（1086）恢复差役法，弓手之役"今来既差及上户，而上户之民平居自养，乘坚策肥，薄材绵力，强以捕盗，岂其所长哉？又有两丁为儒，或皆孱弱不足任使，驱以就役，是禁其为学而强其不能"。③ 富裕农民家不止一人读书为士。在文风浓郁的福建，识字农民更多，所谓"闽俗户知书"，如元祐时建州浦城县因此"被差为乡兵者，大抵举子也"④，就是说当地的青壮年农民大多有较高的文化水平。宋哲宗即位初广开言路，诏

---

① （宋）李焘：《续资治通鉴长编》卷二二九，熙宁五年正月丁未注引林希《野史》，第5581 页。
② （宋）李焘：《续资治通鉴长编》卷二八九，元丰元年四月戊辰，第7071 页。
③ （宋）李焘：《续资治通鉴长编》卷三八九，元祐元年十月庚寅，第9461 页。
④ （宋）程俱：《北山小集》卷三四《故武功大夫昭州团练使骁骑尉徐公行状》，徐裕敏点校，第597 页。

令天下臣民上书言事，司马光报告："臣伏睹近降农民诉疾苦实封状王嗇等一百五十道，除所诉重复外，俱已签帖进入。"① 农民纷纷向皇帝上书投诉民间疾苦，多达150道，他们都是有文化且有担当的贫苦农民。

宋代农民诗家的典型代表，是黄州贫农潘大临。他"工诗，多佳句，然甚贫，东坡、山谷尤喜之"。一年秋日闲卧，"闻搅林风雨声，欣然起，题其壁曰：'满城风雨近重阳'，忽催租人至，遂败意"。② 既拖欠租粮，看来是租佃了他人土地，要么是半自耕农，要么是佃农，正是宋人常说的士人"无常产"③ 的一个具体事例。这句千古名句，竟出自宋代农民！潘大临有《柯山集》二卷，惜早佚，唯《两宋名贤小集》中存有《潘邠老小集》一卷，张耒为之作序。在此，决定个人身份地位的不是财富，而是文化，只要有足够的文化水平，即便是贫农，也完全可以和士大夫平起平坐。

一些村童会写字的史实，屡见记载。如崇宁间有官员请紫姑神算命，"以吉凶占于紫姑神者，代书村童即书于纸云：'待曾吕相方发。'"④ 蔡州寒食节时，有士人"与一村童偕行"，闲步郊外，和几位少年赋诗饮酒，"顾谓其童曰：'吾懒于笔，汝为我书。'童乃濡毫叠纸以俟。清叔曰：'共饮梨花下，梨花插满头。'"⑤ 能听声记录诗文，其文化水平就不仅是会写字，至少懂诗。

南宋农民有文化者更加普遍。荒凉的英州真阳县曲江村人吴琪，"略知书"，村人呼为"吴秀才"。⑥ 乐平县八间桥农民张八公，"唯赊放米谷，取其赢息以赡家。每岁置一簿，遇贷则书之，已偿则勾去"。⑦ 从事借贷粮食的业务，他至少会写字记账。越州五云乡陈老，是纯粹的农民。

---

① （宋）司马光：《司马光集》卷四八《乞省览农民封事札子》，李文泽、霞绍晖校点，第1028～1029 页。
② （宋）惠洪：《冷斋夜话》卷四《满城风雨近重阳》，李保民校点，上海古籍出版社，2012，第27 页。
③ （宋）欧阳守道：《巽斋文集》卷一二《送刘季清赴补序》，《景印文渊阁四库全书》第1183 册，第604 页。
④ （宋）吕本中：《紫微诗话》，《景印文渊阁四库全书》第1478 册，第939 页。
⑤ （宋）李献民：《云斋广录》卷二《侯穆》，程毅中、程有庆点校，第16～17 页。
⑥ （宋）洪迈：《夷坚志·甲志》卷一〇《谭氏节操》，何卓点校，第84 页。
⑦ （宋）洪迈：《夷坚志·三志辛》卷二《张八道人犬》，何卓点校，第1396 页。

有孙数人，皆业农。惟力耕致给足，凡兼并之事，抵质贾贩以取赢者，一切不为。耕桑之外，惟渔樵畜牧而已。子孙但略使识字，不许读书为士。①

农家子弟识字不是为了科举，只是满足生活需要。南宋后期抚州农民董天明为自己的母亲撰写墓志，自言："天明身自耕锄，荒疏文墨。"② 在天水麦积山石窟题记中，有庆元元年（1195）墨迹："西康权珪同四友人魏璋，带佃户毕□到此拜佛。庆元乙卯记。"③ 权珪是位有文化的富裕农民，喜欢舞文弄墨。咸淳年间，欧阳守道在一农家小歇时，发现其家颇有文化。

余粒在地，一童子扫而拾之，盖输租者之居也。壁间有诗曰："云兮云兮，变化有神灵兮。卷起地下黄，飞去天上青兮。仙人乘云天尺五，借我清阴覆赤土。云间逍遥人间苦，年年苦时望君雨。"予问童子谁题此诗，对曰："庐陵县有登云庄田，吾翁与乡邻耕之，此诗吾翁作也。"问："尔亦晓此乎？"童子不对，仰瞻云而歌之，其声婉转悠扬，予为之感动。顾二三子曰："识之，此我辈人语也。"④

此农家父子都有较高的文化水平，农夫会作符合自身需要的求雨诗。

一些有文化的农户喜欢读书、藏书，甚至专门建有书房。常德府查市富户余翁，"岁收谷十万石，而处心仁廉，常减价出粜……庆元元年六月，在书室诵经"。⑤ 邵武光泽县牛田乌陪村富民邓生，曾"召墓师两人为卜葬，馆于书室"。⑥ 福建的永福县，甚至有"十家而九书室"之说。⑦

---

① （宋）陆游：《陆游全集校注·渭南文集校注》卷二三《陈氏老传》，马亚中校注，第54页。
② （宋）董天明：《宋故彭氏墓志》，载朱明歧、戴建国主编《明止堂藏宋代碑刻辑释·墓志》，第251页。
③ 张锦秀编《麦积山石窟志》，第149页。
④ （宋）欧阳守道：《巽斋文集》卷一七《登云庄记》，《景印文渊阁四库全书》第1183册，第648页。
⑤ （宋）洪迈：《夷坚志·甲志》卷七《查市道人》，何卓点校，第60页。
⑥ （宋）洪迈：《夷坚志·支景》卷二《邓富民妻》，何卓点校，第890页。
⑦ （宋）方大琮：《铁庵集》卷一〇《永福学职》，《景印文渊阁四库全书》第1178册，第205页。

乡间更有不少藏书家，如北宋后期的四川史南寿，出身富裕农民家庭，后家道破落，但"性嗜书，多所藏"。① 两宋之际的吉州人刘冕，"世以力田自晦"，"蓄书数千卷，曰：'以此遗子孙足矣。'"② 耕读传家的意思显而易见。南宋临海人林师点，"生事薄莱，田不足支丰岁。然酷嗜书，质衣货家具，购书至几千卷，名帖亦数千卷。每一卷入手，喜津津，校雠考订忘日夜，可谓贫而富于书"③，饭可以不吃，书不能不买，是位贫农书痴，是穷书生的另一种类型。南宋平民藏书家有确切记载者，就有五十余人④，其中就有不少农家子弟。

农民人口最多，农书需求量大。宋真宗时朝廷印行农书，颁赐各地的劝农使者指导农业生产，"然其书与律令俱藏，众弗得习。市人辄抄《要术》之浅近者，摹印相师，用才一二，此有志于民者所当惜也"。⑤ 所谓《要术》，即北朝贾思勰的农学名著《齐民要术》，为扩大销售量，适应农民的阅读能力，书商刊印发行了浅显易懂的简本。既然是面向广大农民，表明识字的农民已成书商的销售对象，加之宋代有大量的"村书"⑥ 专供农民子弟学习，农村这个巨大的图书市场逐渐打开。有文化的农民用先进的农业知识指导生产，有利于提高农产品的产量和质量。

总之，宋代农民的文化水平明显提高，正如曾丰所说："居今之人，自农转而为士、为道、为释、为技艺者，在在有之。"⑦ 大量农民识字读书，纷纷转向士人、僧道、技术等文化行业，就是突出现象。

问题的另一面同样值得重视，即上述情况不能掩盖绝大多数农民仍是文盲的事实，毕竟这一群体基数太大。关于这方面的情况，宋人也多有

① （宋）唐庚：《眉山唐先生文集》卷一〇《史南寿墓铭》，第 8 页。

② （宋）刘才邵：《檆溪居士集》卷一二《刘端甫墓志铭》，《景印文渊阁四库全书》第1130 册，第 576~577 页。

③ （宋）林表民：《赤城集》卷一六，（宋）吴子良：《四朝布衣竹邨邨林君墓表》，《景印文渊阁四库全书》1356 册，第 762 页。

④ 方建新：《南宋藏书史》，人民出版社，2013，第 185~193 页。

⑤ （宋）马端临：《文献通考》卷二一八《经籍考四五》，上海师范大学古籍研究所、华东师范大学古籍研究所点校，第 6068 页。

⑥ （宋）陆游：《陆游全集校注·剑南诗稿校注》卷二五《秋日郊居（其七）》，钱仲联校注，第 9 页。

⑦ （宋）曾丰：《缘督集》卷一七《送缪帐幹解任诣铨改秩序》，《景印文渊阁四库全书》第 1156 册，第 193 页。

记述。

熙宁年间御史中丞邓绾言：

> 夫田野山谷之氓，止知蚕而衣，耕而食，生梗畏怯，有自少至
> 老，足不履市门，目不识官府者，有生平不敢自出输税，而倍价募人
> 代之输者。其于文字目不能识，手不能书，岂能晓有司簿法之巧说，
> 吏文之烦言，榜式状之委曲苛细耶？①

在与官府打交道时，老实、闭塞、胆怯的农民暴露出不识字的缺陷。我国
现存最早的一部州县行政专著《州县提纲》中也有提及。

> 官僚胥吏，明法尚寡，小民生长田野，朝夕从事于犁锄，目不识
> 字，安能知法？间有识字者，或误认法意，或道听涂说，辄自以为
> 有理。②

农民大多不识字，个别粗通文墨者，也常常读不懂法令。宋代官府向农民
发布指令的主要途径是张贴榜文，如在南宋建康，常常"事关上供，责
有攸属，备榜五县，并镂小字榜散贴，俾深山穷谷小民皆户知之"。③ 但
这并不意味着农民都识字会阅读，官员也意识到这一点。知漳州朱熹曾
"榜龙岩县管下，遍行晓谕上户豪民，各仰知悉。其有细民不识文字，未
能通晓，即请乡曲长上详此曲折，常切训诲"。④ 农民识字者，多出自富
裕、小康人家，除穷书生外，广大贫苦农民饥寒交迫，多不识字。每到春
季，地方官即颁布《劝农文》，榜示各地，敦促农民春耕，但士人对其实
际效果颇有微词。

---

① （宋）李焘：《续资治通鉴长编》卷二六九，熙宁八年十月辛亥，第 6605 页。
② （宋）佚名：《州县提纲》卷二《示无理者以法》，《宋代官箴书五种》，闫建飞等点校，
中华书局，2019，第 111 页。
③ （宋）周应合：《景定建康志》卷四〇《田赋志》，第 1010 页。
④ （宋）朱熹：《朱熹集》卷一〇〇《龙岩县劝谕榜》，郭齐、尹波点校，第 5109 页。

仲春劝农耕，郡国有常制。

越从近世来，往往具文视。

前驱拥旌旄，后队繁鼓吹。

官民情不孚，感动何由致。

劝谕虽有文，古语杂奇字。

田夫莫能读，况乃识其意。①

去年阳春二月中，守令出郊亲劝农。

红云一道拥归骑，村村镂榜粘春风。

行行蛇蚓字相续，野农不识何由读。②

大张旗鼓的劝农仪式，多属虚张声势，因为大多数农民不识字。具体例子，不妨试举一二。淳熙年间，南城县民杨寿子网到一条大鱼，"熟视之，额上隐隐有红字。众渔皆村甿，无有识者，一士人至，为释之曰……"③ 另一例也是同时的渔民：信州杨六"以网钓为业"，遇道士授书一卷，"杨不识字，以其书示人，乃金丹秘诀"。④ 都是明确记载的文盲。

二　宋代市民识字状况

宋代经济文化发展的结晶之一，是城市的大发展。主要体现在以下几点：一是大城市数量增多，二是市民即坊郭户在户籍上与乡村户分开且城市人口增多，三是由封闭的坊市制转型为开放的街市制，四是市民文艺蓬勃兴起。所有这些，都意味着中国市民阶层正式形成，以及市民文化水平的提高。司马光做过农民与市民文化水平的比较："彼坊郭之民，部送纲运，典领仓库，不费二三，而农民常费八九。何则？儇利戆愚之性不同故

---

① （宋）真德秀：《西山文集》卷四〇《泉州劝农文》，《景印文渊阁四库全书》第1174册，第631页。

② （宋）陈起编《江湖小集》卷八二，利登：《骳稿·野农谣》，《景印文渊阁四库全书》第1357册，第629~630页。

③ （宋）洪迈：《夷坚志·支乙》卷一〇《杨寿子》，何卓点校，第875~876页。

④ （宋）洪迈：《夷坚志·支癸》卷四《洞口先生》，何卓点校，第1252页。

也。"① 他以衙前役为例，说明了市民由于环境和文化水平不同，见多识广，敏捷灵巧，至少在组织、管理方面能力较强，能够较顺利地完成差役，花费仅是农民的三分之一或四分之一。

最突出的是东京开封市民。如高言，有典型的市民做派："京师人。好学……知书数，能诗，善臂鹰逐犬。"② 有文化，好玩乐。熙宁年间刘跂在开封生活时，"间则访故旧与语，而得温子。其为人大抵恭而和，喜读书，善谈说。然少而有目眚"。③ 温家少年虽然眼睛有毛病，但仍热爱读书，侃侃而谈。庆历年间，"京师有民自号'豁达李老'，每好吟诗，而词多鄙俚"。④ 喜欢作诗，词语多用俗语白话，正是市民肤浅、有点文化就好显摆的表现，或可名之"市民体"。宋代常见向公众散发不满朝政或官员的文字传单，这主要发生在政治中心开封，在此列举宋仁宗朝的几例。康定二年（1041）中书门下言："访闻浮薄小人撰长韵诗嘲讪大臣，令开封府密加察访。"⑤ 宝元二年（1039），左正言吴育言："窃闻近岁以来，有造作谶忌之语、疑似之文，或不显姓名，暗贴文字，恣行毁谤，以害仇嫌。"⑥ 皇祐四年（1052），宋仁宗诏开封府："比闻浮薄之徒，作无名诗，玩侮大臣，毁骂朝士，及注释臣僚诗句，以为戏笑。其严行捕察，有告者优与恩赏。"⑦ 此类情况愈演愈烈，引起大臣乃至皇帝的重视，但屡禁不止的原因之一，当是有文化、有觉悟的市民太多。宋神宗时朝廷招募天文技术官，不少懂天文历法的市民应聘，他们毕竟并非专业技术人员，在科学家、提举司天监沈括看来，"日官皆市井庸贩，法象图器，大抵漫不知"。⑧ 但他们毕竟是通过专业考试录取的，有相当的数学、天文

① （宋）司马光：《司马光集》卷二三《论财利疏》，李文泽、霞绍晖校点，第 617 页。
② （宋）刘斧撰辑《青琐高议·前集》卷三《高言》，第 30 页。
③ （宋）刘跂：《学易集》卷六《温道士字序》，《景印文渊阁四库全书》，第 1121 册，第 581 页。
④ （宋）吴处厚：《青箱杂记》卷二，李裕民点校，第 20 页。
⑤ （清）徐松辑《宋会要辑稿·刑法》二之二五，刘琳、刁忠民、舒大刚、尹波等校点，第 8296 页。
⑥ （清）徐松辑《宋会要辑稿·刑法》二之二三，刘琳、刁忠民、舒大刚、尹波等校点，第 8295 页。
⑦ （宋）李焘：《续资治通鉴长编》卷一七二，皇祐四年二月庚辰，第 4131 页。
⑧ （元）脱脱等：《宋史》卷三三一《沈括传》，第 10654 页。

以及文字水平。

再看地方城市。宋仁宗初，潭州乐平桥港河流中，相传有鼍（扬子鳄）食人，"市民李姓者，弟溺死，不得尸，以为鼍之食也。李氏痛切，无方以复其冤，因刺掌血，濡墨作章，夜醮奏而焚之，祈达于帝"。① 李姓市民自写血书向神祇控诉，如前文所言，此类上达于神灵的章奏青词连巫祝都写不好，可见其有一定的文化水平。同时的王实，"随州市人也。少尚气，多与无赖少年子，连臂出入娼家酒肆，散耗家财，不自检束"。后来"北入帝都，折节自克，入太学为生员。苦志不自休息，尊谨师友，同志称美。为文又有新意，庠校往往名占上游，颇为时辈心服。一举进士至省下"。② 早先虽是不良少年，但有文化根底。北宋中后期，洛阳人王士英致富后，"斥去锥刃，不复鼓利，惟阖户耽玩书史，延洛之宿学乡先生，俾诲诸子"。③ 洛阳寿安人张绎，"家甚微，年长未知学，佣力于市，出闻邑官传呼声，心慕之，问人曰：'何以得此？'人曰：'此读书所致尔。'即发愤力学，遂以文名"。④ 一个在城市中当雇工的青年，得益于城市环境，不知道通过什么途径自学成才。富弼向宋神宗道出了一个普遍现象。

> 负担之夫，微乎微者也，日求升合之粟，以活妻儿，尚日那一二钱，令厥子入学，谓之学课。亦欲奖励厥子读书识字，有所进益。⑤

底层市民，哪怕是个挑夫，每天所得仅够糊口，也要挤出一二文钱哄孩子上学读书。就是说至少其子识字，而且此类情况比较普遍。宋初四川就有这样的例子：袁道是"益州市人。家甚窘。母织席为业，少供盐米醯醢之给，皆自专之。暇日则就邻学从役，以补束脩。既久，师恤其勤，尽术

---

① （宋）张师正：《括异志》卷一〇《乐平港鼍》，张剑光整理，第 359 页。
② （宋）刘斧撰辑《青琐高议·前集》卷四《王实传》，第 42 页。
③ （宋）李彝：《宋故太原王公（士英）墓志铭》，载郭茂育、刘继保《宋代墓志辑释》，第 473 页。
④ （元）脱脱等：《宋史》卷四二八《张绎传》，第 12733 页。
⑤ （宋）李焘：《续资治通鉴长编》卷一五〇，庆历四年六月戊午，第 3646 页。

诲之。道乃益自勉强，厚自染磨。学成求试于秋官，高捷乡书"。① 母子二人以编席为业，勉强糊口，有时间就上学，以服杂役的方式来弥补学费，竟考中举人。还有潭州人程说，"家甚贫，说为工以给其家，暇则就学舍授业。士君子闻之，颇哀其志。好义者与之米帛，以助其困，说益得以为学"，庆历年间遂登第。② 靠打工养家之余坚持学习，善义者也予以资助。

有关市民的事例，南宋为多。杭州市民以有文化为荣，所以常常卖弄自己的学识，闹出不少笑话。如：

> 都下里巷有张文卿，家世不儒，强为学，文理绝不晓，自夸才俊，对其父曰："郭璞注得《尔雅》未是，兼不明白。"父亦妄人也，对人皆夸曰："吾子才识过郭璞远矣。"③

张文卿显然常读《尔雅》，琢磨过晋朝经学家郭璞的注释。另有都南康友直：

> 大非儒者，酷好吟诗，常□《雪诗》，其句意皆剽窃王淡交者也，诗云："雪飞白撞撞，白光满街巷。惟有庭前鸡，□□□缩项。"其妻见其诗大笑曰："君诗不可令人见也，见当必笑矣。"④

他附庸风雅，喜欢作诗，虽说不过是打油诗，但作为市民也属难能可贵。他的妻子显然也非文盲，能辨别丈夫诗作的好坏。

有的市民甚至不自量力，敢冒充儒者开办代笔业务的书铺："丘源本非儒者，乍开书铺"，在为一客户撰写庆贺转官启时，"乃自为云：'伏惟太保，才离五都之中，便转四厢之职，紫袍窣地，牙笏当胸，手持金骨之

① （宋）刘斧撰辑《青琐高议·前集》卷二《慈云记》，第17~18页。
② （宋）刘斧撰辑《青琐高议·后集》卷三《程说》，第136页。
③ （宋）佚名：《文酒清话》卷七《诮妄知》，李裕民整理，载《全宋笔记》第8编第10册，第128页。
④ （宋）佚名：《文酒清话》卷七《恶诗》，李裕民整理，载《全宋笔记》第8编第10册，第129页。

朵，身坐银校之椅，旧时拢马只是一个，如今喝道约勾十人。据此威风，小梢须为太尉；亦宜念旧，第一莫打长行"。客户见了"大怒而去"。① 作为士人，这样的大白话当然拙劣；但作为市民，能写出这种仿佛骈俪的文字也不简单。

杭州还有一个文不成、武不就的市民群体，属于闲人之类。

> 更有一等不着业艺，食于人家者，此是无成子弟，能文、知书、写字、善音乐。②

靠读写等技能帮闲谋生，其家境贫寒无疑。

绍兴间，"行都有三市井人好谈今古，谓戚彦、樊屠、尹昌也。戚彦乃皇城司快行，樊屠乃市肉，尹昌乃佣书。有无名人赋诗曰：'戚快樊屠尹彦时，三人共坐说兵机。欲问此书出何典，昔时曾看王与之。'（与之，乃说书史人）"③ 其中樊屠是地道的市民，他们的文化知识基本都是通过说书或话本小说获得的。虽然不言他们是否识字，但喜欢文史，也算有些见识，那位赋诗嘲弄的"无名人"，应当也是经常见他们畅谈的市民。

在其他地方城镇中，市民识字者并不少见，总数甚至更多。鄱阳州学中，南宋初有"老斋仆王明者，少日亦读书，为贫所苦，弃业为隶"。④ 州学里的杂役也是读书人出身。洪州刘道昌，"本豫章兵子，略识字，嗜酒亡赖，横□肆间"⑤，士兵的孩子也识字。靠出卖劳力的徽州婺源民张四，"以负担为业"，得知妻子有奸情，"又复穷诘妻，妻始肯言所见。即具一牒述始末如供状，诣道士混元法师董中莆自诉"。⑥ 自己会书写一件模仿的供状。盐城"里中有严老翁，吻士也。善讲解《孝经》，又能说

---

① （宋）佚名：《文酒清话》卷六《诮假文》，李裕民整理，载《全宋笔记》第 8 编第 10 册，第 123~124 页。原标点作"小梢须为太尉亦宜念旧"，误。参见同书第 143~144 页载《类说》本《贺四厢太保启》。
② （宋）吴自牧：《梦粱录》卷一九《闲人》，第 182 页。
③ （宋）张仲文：《白獭髓》，胡绍文整理，载《全宋笔记》第 8 编第 3 册，第 22 页。
④ （宋）洪迈：《夷坚志·补志》卷一九《朱安国相字》，何卓点校，第 1726 页。
⑤ （宋）洪迈：《夷坚志·丁志》卷二《刘道昌》，何卓点校，第 551 页。
⑥ （宋）洪迈：《夷坚志·支乙》卷一《张四妻》，何卓点校，第 797 页。

相"。① 所谓吻士，就是能言善辩者，他善于讲解《孝经》，还能看相，有
一定的文化水平。东南地区"艺文儒术，斯之为盛。今虽间阎贱品处力役
之际，吟咏不辍"②，就是说出卖劳力的贫贱市民，即便在劳动时仍口中念
念有词，也有文化。如北宋中期的福州，有"城里人家半读书""学校未尝
虚里巷"之说。③ 各地乡举发榜后，总有人抢先到中举者家里报喜，以讨要
赏钱："盖造榜者之际，侦人例以小纸疏举士姓名，匆匆探赜，或预选，则
蓺掏为证，以故妄谬者多"，"报榜数人怀小帖"。④ 如李弥逊考试后，"报
榜者一人先至曰：'已魁多士。'索其榜，无有。但探怀出片纸，上书'李
弥逊'三字"。⑤ 传送喜报的州城市民是识字人，且会写字。元丰年间，
曾"有二屠父，至其子而易业为儒、贾"⑥，至少说明他们重视子弟教育。

　　最能反映宋代市民整体文化水平的社会新现象，是白话小说的风起云
涌。在说唱文学的基础上发展起来的宋元话本小说，是在宋代城市发展、
市民阶层崛起基础上兴起的白话文小说，即"口语化"的民间语言作品，
是市民文艺的产物。主要有"小说""讲史""合生""讲经"四种，尤
以"小说""讲史"两类故事性强的文体最受欢迎，仅小说一门便有 113
种之多。⑦ 这些以公案、爱情故事为主的文学作品，通俗易懂，主要读者
是市民。如新淦人王生，"虽为间阎庶人，而稍知书。最喜观《灵怪集》、
《青琐高议》、《神异志》等书"。⑧ 这些通俗读物，只要认识千余基本的
字，就可以阅读欣赏。所以，以宋代短篇白话文小说为代表的宋元话本小
说的崛起，依赖市民识字率的增长，而这实际上是宋代市民文化水平提高
的表现。没有足够数量的识字喜读市民等民众，就没有话本小说的销售市
场。市民文艺及白话文小说，是市民的创造，标志着新锐的市民文化诞
生，充分说明了市民文化水平的高度。反映北宋开封风情世态的名著

① （宋）洪迈：《夷坚志·支丁》卷九《盐城周氏女》，何卓点校，第 1037 页。
② （宋）欧阳忞：《舆地广记》卷一《禹贡九州》，李勇先、王小红校注，四川大学出版
　　社，2003，第 4 页。
③ （宋）梁克家：《淳熙三山志》卷四〇《岁时·入学》，李勇先校点，第 1642 页。
④ （宋）洪迈：《夷坚志·支乙》卷三《猛十一郎》，何卓点校，第 813~814 页。
⑤ （宋）洪迈：《夷坚志·甲志》卷六《李似之》，何卓点校，第 47 页。
⑥ （宋）陈师道：《后山谈丛》卷六，李伟国点校，第 82 页。
⑦ （宋）罗烨编《新编醉翁谈录》甲集卷一《小说开辟》，周晓薇校点，第 3~4 页。
⑧ （宋）洪迈：《夷坚志·三志己》卷二《程喜真非人》，何卓点校，第 1315 页。

《东京梦华录》的作者孟元老，不少论者将其当作孟姓官员，实际上从其语言文字水平、认知水平和涉猎范围可以看出，他其实就是一个出身官宦人家的普通市民而已。

三　宋代其他平民识字状况

宋代史料中记载了诸多不明身份的有文化人，只知属于平民。

如宋神宗曾交给知开封府王安礼一个案件："武德卒获之于宫墙上，陈首有欲谋乱者姓名凡数十人。"王安礼找到一被检举人开典库的薛六郎，问他与何人有仇怨？回答说"有族妹之子，沦落在外。旬日前忽来见投，贷贷不从，怒骂而去，初亦无他"。王安礼令追捕此人，"方在瓦市观傀儡戏，才十八九矣。捕吏以手从后拽其衣带，回头失声曰：'岂非那事疏脱邪？'既至，不讯而服"①，这位青年就是匿名信的作者。类似匿名书不少，如元丰初，"白马县民有被杀者，畏贼，不敢告，投匿名书于县"。② 元丰年间，"密州民苗茂投匿名书，诬告板桥镇监官张献臣谋反"。③ 即是匿名，就是怕人知道，当然是自己悄悄书写，不会雇人。宋神宗去世后，朝廷向全国军民求言，定州新乐县民贾澄"进状诉民间疾苦事"④，文化水平更高。袁州段某，"袁州万载人，略知书"，"后忽厌人事，结庵于严田之山中，壁间多书'坦荡'二字"。⑤ 出身于士兵家庭的戚彦广：

> 本羁州寨兵家子，至彦广，粗读书，尤邃法律……其长女苏娘，小疾在家。广忽见数人，捧披一妹入户，拜于前，乃苏娘也。问其何以来，曰："得爷书，说抱病困重，母忧恼不可言，诸兄弟都不肯来，使我省视。"广曰："我原不病，何曾发书归？"女探怀取示，果手笔也。广绝以为异。⑥

① （宋）王明清：《挥麈后录》卷六，燕永成整理，载《全宋笔记》第 6 编第 1 册，第 160 页。
② （宋）苏轼：《东坡志林》卷二《记告讦事》，王松龄点校，第 28 页。
③ （宋）李焘：《续资治通鉴长编》卷三四五，元丰七年四月乙未，第 8281 页。
④ （宋）李焘：《续资治通鉴长编》卷三六〇，元丰八年十月己丑，第 8622 页。
⑤ （宋）洪迈：《夷坚志·丙志》卷一九《天帝召段》，何卓点校，第 527 页。
⑥ （宋）洪迈：《夷坚志·支丁》卷九《戚彦广女》，何卓点校，第 1035 页。

戚彦广能读书，会写信，精通法律，其女儿至少也识字。孝子顾忻，泰州泰兴人，"母老，目不能睹物，忻日夜号泣祈天，刺血写佛经数卷"。① 至少能识字写字。绍兴初，"百姓张本杖脊，送千里外州军编管，坐念诗讥讽，及谈说本朝国事为戏也"。② 张本是有点文化、比较张扬的百姓，用诗歌和言论嘲弄国事，受到官府的严厉惩罚。在特殊情况下，有文化的平民也会遭遇文字狱。同时，婺源人詹惠明之父因斗杀邻家妇女，其子愿代父抵命，"乃手为牒"，自写"乞以身代父死"理由，"词甚哀至"③，可见其颇有文化。洪迈记载鄱阳人骆省乙在粉壁上张贴文字，表达自己的意愿："擅写知府都大右司衔位姓名，及当司姓名，标揭通衢，勒令民户出钱。……按律：诸诈为官私文书以取财物者，准盗论。"④ 路省乙假借知府等官员的名义，在热闹的街道和交通要道张贴告示，强制居民出钱，被判以诈伪官文书勒索财物之罪。

宋代社会十分重视签名一般的押字，签字画押在法律文书方面起着至关重要的作用。如"差人诣镇、耆长等处取责人户文状，须是呼集邻保，对众供写。或不能书字，须令代写人对众读示，亲押花字。其代写人及邻保亦须系书，以为照证"。⑤ 有关民户必须在状纸末尾押字，官府才予承认。买卖田地或房屋等在契约上书名之后，再画上押字，"如有寡妇幼子应押契人，必令人亲见其押字。如价贯年月、四至、亩角，必即书填"。⑥ 当事人即便是妇女儿童，也必须亲自押字。甚至"如母已出嫁，欲卖产业，必须出母著押之类"⑦，出售产业时，改嫁的生母必须在契书上签押，方能生效。有王贡士在开封参加省试期间，娶戴氏，"约归为妻。及至还舍，戴见王之妻子已具，乃投词于县令。蒙（花判云）：山阴戴氏可怜

---

① （元）脱脱等：《宋史》卷四五六《顾忻传》，第13394页。
② （宋）李心传编撰《建炎以来系年要录》卷六一，绍兴二年十二月己丑，胡坤点校，第1210页。
③ （宋）罗愿：《〈新安志〉整理与研究》卷八《詹惠明》，萧建新、杨国宜校著，徐力审订，第260页。
④ 中国社会科学院历史研究所宋辽金元史研究室点校《名公书判清明集》卷一二《为恶贯盈》，第456、457页。
⑤ （宋）李元弼：《作邑自箴》卷五《规矩》，载《宋代官箴书五种》，闫建飞等点校，第36页。
⑥ （宋）袁采：《袁氏世范》卷下《田产宜早印契割产》，第160页。
⑦ （宋）黎靖德编《朱子语类》卷一二八《法制》，王星贤点校，第3081页。

贫，王生访戴喜新春，但托女郎签纸尾，且无书铺与牙人。"① 可知婚姻文书也要有男女双方画押。所有这些，有关人员至少会书画自己的押字。宋代押字与签名不同，通常是姓名的某一个字，也可以是与姓名无关的某个特殊符号，如不识字者常用"十""〇"表示花押，如此则人人皆会。所以，不能按西方的签字标准，将宋代所有会押字者认定为识字有文化，最多是接近。

四　宋代盗贼、乞丐等群体识字状况

在离文化最远的"恶贱"阶层，并非一片黑暗，文化之光也有普照。

那些造反或作奸犯科者，曾经是处于社会中最有风险的底层，其中不乏识字者。

宋真宗时的王寂，"汾州邑人也"即州城市民，"为文不喜从少年辈趋时，由是落魄，不售于有司。一日，拊骑仰面叹曰：'大丈夫当跃马食肉，取富贵易若拾芥。使吾逢高光时与韩彭并辔，长驱中原，取封侯，臂悬金印大如斗。反从小后生辈为声律句，组绣对偶，低回周旋笔砚间，使人奄然无气。设或得入仕，方折腰升斗之粟，所得几何哉！'乃毁笔砚，裂冠服，向所蕴藉，一无所顾"。杀县尉，集结数百人为强盗："出入数百，椎牛、椎豕，掠墓、劫民、烧市，取富贵屋财，民拱手垂头，莫敢出气。白昼杀人，官吏引避；视州县若无有，观诏条如等闲。"② 这是书生不甘寂寞而造反。

宋代最大规模的农民战争之一，就是两宋之际的钟相、杨幺民变，两位首领都有一定的文化水平。钟相出身于小商人家庭，自己是巫师，"善咒水治病，好作神语……遂据士大夫家伊氏女为妻"。③ 即使作为巫师，他也是识字的。继任头领杨幺，早年是个聪明的学生，读过两年书，因穷辍学："幼颖悟，里有老儒为童子师，幺从之受学，阅二载，贫不能继，乃随其父于舟，任浣涤以糊口。"投奔钟相后，因有文化深得重用："钟相甚倚重之，尝谓左右曰：'杨幺有肠略，堪任繁剧，他日继我志者，必

① （宋）罗烨编《新编醉翁谈录》庚集卷二《黄判院判戴氏论夫》，周晓薇校点，第58~59页。

② （宋）刘斧撰辑《青琐高议·前集》卷四《王寂传》，第40~41页。

③ （宋）洪迈：《夷坚志·三志辛》卷四《巴陵血光》，何卓点校，第1411页。

此子也'"①，后来的史实果然如此。

两宋之际的流寇头领李成识字，部下也有文化人："朝廷闻之，遣人赍文字往招安。成大喜，待使人甚厚。成欲遣人随使人赴行在，军中皆恐惧不敢行。有张琼者，安肃军人，语言稍辩利，略知书，能讴小词，成之将佐会饮，则置琼于坐隅，令讴词助欢，军中号为小张。""琼元是安肃军军学学生。"② 张琼是学生出身，知书会唱小词。

南宋初，和州历阳县匪帮李伸以十余万人攻城。王县丞分析道："彼围益急，吾势益孤，生路绝矣。伸虽粗悍，闻颇知书，可以诚动。"③ 李伸显然有文化。

南宋初建州聚集私盐贩子等造反的范汝为，"粗知书，其诸父以盗贩为事"④，虽出身私盐贩子家庭，也识字读书。

建炎年间的"苗刘之乱"，平叛主帅张浚夜间独自在军中谋划组建勤王部队，忽有刺客近身。但他不是来刺杀，反而对张浚表白："我亦知书，宁肯为贼用？况公忠义如此，岂忍加害！恐公防闲不严，有继至者，故来相告尔！"⑤ 该刺客是位有文化、深明大义的义士。

一些有文化的劫匪，甚至装扮成文士迷惑人心。绍兴九年（1139），邕州通判朱履秩满，携家属归来，"装赍甚富"。在洞庭湖上，被"自言棋品甚高""长身美须，谈词如云"的假冒道士，以及"别一秀才作伴，皆能痛饮高歌"的群盗劫杀。官府于岸侧搜得"小历一卷，乃群盗常日所用口食历，姓第具在，凡十有七人，以告于郡"。朝廷令诸路搜捕，结果捕获大半，唯假道士和假秀才这两位有文化的首领漏网在逃。⑥

吉州太和民、职业盗贼谢六，"以盗成家，举体雕青，故人目为花六，自称曰'青师子'，凡为盗数十发，未尝败"。因为他精通术数，自

① （宋）佚名：《钟相杨幺佚事》，转引自陈士谔、陈致远《钟相杨幺起义考》，岳麓书社，1998，第149页。
② （宋）徐梦莘：《三朝北盟会编》卷一三二，建炎三年八月十四日，第958页。
③ （宋）王之道：《相山集点校》卷三〇《赠故太师王公神道碑》，沈怀玉、凌波点校，北京图书馆出版社，2006，第354页。
④ （宋）李心传编撰《建炎以来系年要录》卷三六，建炎四年八月癸巳，胡坤点校，第821页。
⑤ （宋）罗大经：《鹤林玉露》甲编卷三《秀州刺客》，王瑞来点校，第45页。
⑥ （宋）洪迈：《夷坚志·丙志》卷一九《朱通判》，何卓点校，第524、525页。

言："精星禽遁甲，每日演所得禽名，视以藏匿。如值毕月乌，则以月夜隐于乌巢之下。值房日兔，则当昼访兔蹊。往来若与本禽遇，则必败。家居大屋，而多栖止高树上……为群盗之师，乡里苦之。"① 因有文化武装头脑而能长期为盗，成为群盗的师傅，并躲过法网。

宋代话本《宋四公大闹禁魂张》中，出现的三个盗贼都识字。主角郑州人宋四公，"是小番子闲汉"，盗窃开封"禁魂张"后，"怀中取出一管笔来，把津唾润教湿了，去壁上写着四句言语，道：宋国逍遥汉，四海尽留名。曾上太平鼎，到处有名声"。随身带着毛笔，能写"宋四曾到"的藏头诗。他还给师弟赵正写推荐信给东京另一师弟——卖人肉馒头的侯二哥。赵正偷看了该信："师父信上贤师弟二郎、二娘子：别后安乐否？今有姑苏贼人赵正，欲来京做买卖，我特地使他来投奔你。这汉与行院无情，一身线道，堪作你家行货使用。我吃他三次无礼，可千万剿除此人，免为我们行院后患。"到了东京，"侯兴接着，拆开看时，书上写着许多言语，末梢道：'可剿除此人。'"则是侯兴识字。赵正戏弄开封府的状子："那状上只写一只《西江月》曲儿，道是：是水归于大海，闲汉总入京都。三都捉事马司徒，衫褙难为作主。　　盗了亲王玉带，剪除大尹金鱼。要知闲汉姓名无？小月旁边匹土。"② 文化水平比宋四公高，还会作词。这个故事出自北宋前期，从其中的用钱方式、对开封市井熟悉程度等，可以看出不是明朝人创作，反映的宋代社会状况当非杜撰。

生活在社会最底层的群体，当属无家无食的乞丐，其中也多有有文化的雅丐。

宋代乞丐鱼龙混杂，来源非常复杂，甚至有破落的士大夫。如杭州"市有丐者杜氏夫妇，皆八十余。杜氏名暹，尝为忠懿王幕府官，老无子孙，遂乞于市"。③ 作为吴越国王钱俶的幕府官，自然是文化人。陈州乞

---

① （宋）洪迈：《夷坚志·丁志》卷三《谢花六》，何卓点校，第 563 页。
② （明）冯梦龙编《古今小说》卷三六《宋四公大闹禁魂张》，恒鹤等标校，上海古籍出版社，1992，第 341、342、347、348、351 页。
③ （宋）余靖撰，余仲荀编《武溪集》卷二〇《宋故殿中丞知梅州陈公墓碣》，《景印文渊阁四库全书》第 1089 册，第 197 页。

丐王江，"少尝举学究，能诵《周易》"。有人"试之，不遗一字"。① 这是落魄的士子。因而其中有会作诗者，也就不稀罕了。如严州城东门外，曾有如此场景：

> 有丐者坐大树下，身形垢污，便秽满前，行人过之皆掩鼻。李次仲季独疑为异人，具衣冠往拜，丐者大骂极口，次仲拱立不敢去。忽笑曰："吾有一诗赠君。"即唱曰："缘木求鱼世所希，谁知木杪有鱼飞。乘流遇坎众人事。"才三句，复云："你却不。"次仲恳求末句，又大骂，竟不成章。②

这是位会作诗的乞丐。又如士大夫方子容，"少游京师，遇丐者拱立道侧，子容异而礼之。其人留诗一联云：'君家桂树成翠阴，子子孙孙迈古今。'后子容与其孙略简、舆霖继登第，今所居有翠阴堂、桂阴堂，皆以诗名云"。③ 乞丐预言对其家影响深远。

有的乞丐身怀医术。如有一官员"尝患足上伤手疮，水入，肿痛不可行步。有丐者，令以耳塞敷之，一夕水尽出，愈"。④ 即用耳垢治好了其重疮。颇多有道异人混迹乞丐队伍之中，有关史料很多，在此仅举一例。苏辙曾专门为一双目失明的乞丐作传云：

> 高安丐者赵生，弊衣蓬发，未尝沐洗，好饮酒，醉辄骂詈其市人，虽有好事时召与语，生亦慢骂，斥其过恶。故高安之人皆谓之狂人，不敢近也。然其与人遇，虽未尝识，皆能道其宿疾，与其平生善恶。以此，或曰："此非有道者耶？"元丰三年，予谪居高安，时见之于途，亦畏其狂，不敢问。是岁岁莫生来见予，予诘之曰："生未尝求人，今谒我何也？"生曰："吾意欲见君耳。"既而曰："吾知君

---

① （宋）苏辙：《龙川略志》卷二《王江善养生》，孔凡礼整理，载《全宋笔记》第 1 编第 9 册，大象出版社，2003，第 263 页。
② （宋）洪迈：《夷坚志·乙志》卷一三《严州乞儿》，何卓点校，第 294~295 页。
③ （宋）邵博：《邵氏闻见后录》卷二九，刘德权、李剑雄点校，第 227 页。
④ （宋）邵博：《邵氏闻见后录》卷二九，刘德权、李剑雄点校，第 227 页。

好道而不得要，阳不降，阴不升，故肉多而浮，面赤而疮。吾将教君挽水以溉百骸，经旬诸疾可去。经岁不息，虽度世可也。"予用其说，信然……予曰："生游何至？"曰："吾常至太山下，所见与世说地狱同。君若见此，归当不愿仕矣。"予曰："何故？"生曰："彼多僧与官吏。僧逾分，吏暴物故耳。"……因叹曰："此亦邪术，非正道也。君能自养使气与性俱全，则出入之际将不学而能，然后为正也。"予曰："养气请从生说为之，至于养性，奈何？"……生笑曰："尝问我养性。今有梦觉之异，则性不全矣。"予矍然异其言，自此知生非特技术，亦知道者也。……家本代州，名吉。事五台僧，不能终，弃之游四方。少年无行，所为多不法。与扬州蒋君俱学，蒋恶之，以药毒其目，遂瞽。①

他涉猎有佛、道、巫术，精通养生、医术、性命之学，文化水平不凡，故而得到苏辙的敬重，不惜以士大夫、文豪的身份屈尊为之作传。苏轼也记载了黄州丐者张憨子："行止如狂人，见人辄骂云：'放火贼！'稍知书，见纸辄书郑谷雪诗。人使力作，终日不辞。时从人乞，予之钱，不受。冬夏一布褐，三十年不易，然近之不觉有垢秽气。"② 他会写字默诗。

　　即便是普通乞丐，也并非尽是粗俗之人。如在京师开封，市民各行业都有讲究，"至于乞丐者，亦有规格。稍似懈怠，众所不容"。③ 乞讨也有其行业的规范。乞丐的主要技术就是张口讨要，嘴甜会说者才能得到施舍，有文化的宋代乞丐因而创造了"莲华乐"：金陵妇人俞道婆，原来"市油糍为业。常随众参问琅邪，邪以临济无位真人话示之。一日，闻丐者唱莲华乐云：'不因柳毅传书信，何缘得到洞庭湖？'忽大悟"。④ 沿街要饭的乞丐为吸引人，增加了艺术含量，边打竹板边演唱，半卖艺半讨要。所谓"莲华乐"，就是莲花落，后世的乞丐普遍掌握这一技能，至近代演变成一种说唱兼有的传统曲艺艺术，并列入第三批国家级非物质文化

---

① （宋）苏辙：《栾城集》卷二五《丐者赵生传》，曾枣庄、马德福校点，第531~532页。
② （宋）苏轼：《东坡志林》卷三《记张憨子》，王松龄点校，第57页。
③ （宋）孟元老：《东京梦华录笺注》卷五《民俗》，伊永文笺注，第451页。
④ （宋）普济：《五灯会元》卷一九《金陵俞道婆》，苏渊雷点校，第1271页。

遗产名录。卑贱如乞丐，对宋文化也有贡献。

这些事例，虽有士子沉沦、斯文扫地之例，整体上说明宋代识字人不限身份、无所不在的普及程度。

五 宋代干人、揽户与讼师的文化水平

除了伎术官、吏人以外，宋代城乡还有若干介于官民之间的特殊群体。与秉承官府指令执行于百姓的吏人不同的是，他们是代理百姓与官府打交道，主要有干人、揽户、讼师。

1. 干人

干人是宋代富室、官员之家雇佣的帮助打理各类事务的管家，主要是管理家务、代理官司、收缴租税以及经营商务，广泛活跃在宋代社会生活及司法活动中。"干人作为一个阶层的存在，是有其普遍性的。"[1] 以经济发达的东南地区最为集中。

干人的工作性质要求其具备商人的精明、吏人的强干、仆人的细心，必须会读写算："干人有管库者，须常谨其书簿，审其见存。干人有管谷米者，须严其簿书，谨其管钥，兼择谨畏之人，使之看守。干人有贷财本兴贩者，须择其淳厚，爱惜家累，方可付托。"[2] 可见他们负责管理主家的账册仓库。遇到经济纠纷或官司时，关键人物就是干人："建阳县解到江文辉、刘大乙赴府，唤上词人、干人陈吉，各赍干照、砧基、支书、契照，当厅诘问供对。"[3] 因为他们掌管着干照、砧基、支书、契照等所有文字文件。因而出现过不法干人伪造契约文字、盗卖田宅的案例："追到干人索出干照，却有父陈元亨著押，干人以为其父亲书。陈会卿与男世隆，皆以为勒令陈世隆假作父亲押。"[4] 同时，他们多精通法律，因而能

---

① 王曾瑜：《宋朝阶级结构》，河北教育出版社，1996，第401页。参见戴静华《宋代干人浅论》，《中国史研究》1983年第4期。
② （宋）袁采：《袁氏世范》卷三《淳谨干人可付托》，第149页。
③ 中国社会科学院宋辽金元史研究所点校《名公书判清明集》卷九《妄赎同姓亡殁田业》，第320页。
④ （宋）黄榦：《勉斋集》卷三三《陈会卿诉郭六朝散赎田》，《景印文渊阁四库全书》第1168册，第373页。

够在司法活动中投机取巧、颠倒黑白，"词讼则变白为黑"。① 还有的"幹仆，不体主家清德，怙势党奸，接受银、会，干预刑名公事"②，则是底气十足地主动帮助雇主以外的人家诉讼谋利。

幹人仗着有文化以及主家的势力作威作福，能量很大，但地位低贱，处于社会底层。就法律地位而言，他们属于和仆人一样的"杂人"："如伎术、师巫、游手、末作（谓非造有用之器者）、牙侩、船稍、妓乐、岐路、幹人、僮仆等，皆是杂人。"③ 就与雇主关系而言，他们被称作奴仆："幹仆吴荣者，为之掌钱谷出纳。"④ 北宋末年，开封全城征收金银犒师，延康殿大学士高伸因为藏匿金银被告发，开封府"方追逮幹人"，高伸却"自恃官高，庇其家奴"，遂遭降级处分。⑤ 其幹人被视为家奴。这就是说，即便其中有少部分是"停罢公吏"⑥，他们其实也是底层百姓。

2. 揽户

与幹人相似的是揽户，又名揽子、揽人、揽纳人。"夫官户输纳多凭幹人，乡户则凭揽子。"⑦ 大户人家缴纳赋税由自家的幹人负责，普通农民则委托揽子包揽代纳，即揽子的性质和幹人相同。这是新出现但广泛存在的现象，主要由"大驵侩"即职业经纪人⑧以及"命官子弟及举人、伎术、道僧、公吏人"⑨ 等组成。其中也有不少百姓，一般是市民："究

① （清）徐松辑《宋会要辑稿·刑法》二之一一九，刘琳、刁忠民、舒大刚、尹波等校点，第 8347 页。

② 中国社会科学院宋辽金元史研究所点校《名公书判清明集》卷一一《受赃》，421 页。

③ （宋）黄震：《黄震全集·黄氏日钞》卷七八《词诉约束》，张伟、何忠礼主编，第 2215 页。原标点作："妓乐、岐路幹人、僮仆等，皆是杂人。"误。

④ （宋）洪迈：《夷坚志·支甲》卷五《石叔献》，何卓点校，第 752 页。

⑤ （清）徐松辑《宋会要辑稿·职官》六九之三〇，刘琳、刁忠民、舒大刚、尹波等校点，第 4914 页。

⑥ （清）徐松辑《宋会要辑稿·刑法》二之一一九，刘琳、刁忠民、舒大刚、尹波等校点，第 8347 页。载：宋孝宗时，前知常州晋陵县叶元凯言："州县形势官户及豪右之家，多蓄停罢公吏以为幹人，恃其奸恶，持吏短长……乞立条制，行下禁止。"停罢公吏本身已经是百姓。

⑦ （宋）胡太初：《昼帘绪论·催科篇第八》，《宋代官箴书五种》，闫建飞等点校，第 183 页。

⑧ （宋）黄庭坚：《黄庭坚全集·正集》卷二三《曹侯善政颂并序》，刘琳、李勇先、王蓉贵校点，第 588 页。

⑨ （清）徐松辑《宋会要辑稿·刑法》二之六八，刘琳、刁忠民、舒大刚、尹波等校点，第 8320 页。

其大指，则揽户城居也，仓斗亦城居也，或自为揽户，或身非揽户，而子胥亲戚为之。事同一家，臂指相应。"① 居住在城镇的揽人与同样在城镇的收纳赋税的吏人、仓斗关系密切，早有诸多关系，便于沟通。有地方官为了减轻农民负担，暂停了一些收费项目，"又虑揽户欺罔愚民，仍前多取，复与立定规约，令除输官之外，所赢不得过三分"。实际上揽户们几乎增加了一倍，因而政府对不法揽户予以严惩："魏六乙、周七乙各决脊杖十五，刺配本州，枷项市曹，示众十日，余人责戒励一次。"② 从揽户姓名只是简单的家族数字排行看，这两个人显然是百姓，不是士人。

既然揽人中存在有文化的官员子弟、举人、伎术、道僧、公吏人，说明这是份必须有文化才能做的工作。一个案例具体表明了这点："观操舜卿所供，亦粗有文采，但既是士人，便不应充揽户；既充揽户，则与县吏等耳……以其粗知读书，姑与押下县学，习读三月，候改过日，与搉毁揽户印记，改正罪名。"③ 揽户操舜卿身为士人而充当揽户，是非法行为，被强制到县学学习三个月。其他揽子同样有文化，非士人者至少能识字、写字、算账、记账，文化水平至少是"粗读书"。有的揽子事务繁忙，还雇佣吏人出身者协助文字事务，南宋信州有逃亡乡吏即曾在外地"为揽纳人书抄"挣钱谋生。④

3. 讼师

讼师也是宋代新出现的职业，"讼师"一词最早出现在宋代。⑤ 讼师即民间以帮人办理诉讼事务为职业的人，包括出谋划策、写状纸，可以说是律师的前身。他们为了牟利，为了代理官司，以至于无事生非，挑起诉讼。

---

① （宋）周应合：《景定建康志》四〇《赋税志》，第 1012 页。
② 中国社会科学院宋辽金元史研究所点校《名公书判清明集》卷三《戒揽户不得过取判》，第 63 页。
③ 中国社会科学院宋辽金元史研究所点校《名公书判清明集》卷一一《士人充揽户判》，第 404 页。
④ （宋）洪迈：《夷坚志·补志》卷五《张允蹈二狱》，何卓点校，第 1596 页。
⑤ 郭东旭、高楠、王晓薇、张利：《宋代民间法律生活研究》，人民出版社，2012，第 196 页。

> 皆缘坊郭、乡村破落无赖，粗晓文墨，自称士人，辄行教唆，意
> 欲搔扰乡民，因而乞取钱物，情理难恕。①

> 凶猾之人扇摇是非，兴起词讼，甚至假儒衣冠，出入官府。②

讼师精通法律条文，为了蒙蔽官民，甚至假扮士人欺骗官府。其中有不少
已经成为专业讼师。如成百四：

> 成百四，特闾巷小夫耳。始充茶食人，接受词讼，乃敢兜揽教
> 唆，出入官府，与吏为市，专一打话公事，过度赃贿。小民未有讼
> 意，则诱之使讼；未知赇嘱，则胁使行赇。置局招引，威成势立，七
> 邑之民，靡然趋之。以曲为直，以是为非，骗取财物，殆以万计。带
> 领凶徒，自称朝奉，狐踪鬼迹，白昼纵横。③

从"置局招引"来看，他还成立了"律师事务所"之类的相关机构，而
且自封为"朝奉"的官称。另有王方、王用之父子，"以识字健讼为家传
之学"④，已是一个世袭的职业，形成家学渊源。该职业的大前提是识字，
小前提是精通法律，文化水平高于幹人和揽户。

幹人、揽人、讼师，都是有文化的民间知识分子群体。

六　好讼风俗反映的宋代民众文化水平

讼师的出现以及职业化，说明了宋代社会的一个突出现象，即民众好
讼之风浓烈。许多百姓并不依赖讼师，而是自学法律，时刻准备着起诉、
应诉以争夺、保护自己的利益。其中，仍以东南地区最为突出。

---

① （宋）黄幹：《勉斋集》卷三三《徐铠教唆徐莘哥妄论刘少六》，《景印文渊阁四库全
　　书》第1168册，第374页。
② （宋）魏了翁：《鹤山集》卷一〇〇《绍定六年劳农文》，《景印文渊阁四库全书》第
　　1173册，第458页。
③ 中国社会科学院宋辽金元史研究所点校《名公书判清明集》卷一二《教唆与吏为市》，
　　第476页。
④ 中国社会科学院宋辽金元史研究所点校《名公书判清明集》卷一三《王方再经提刑司
　　钉铟押下县》，第517页。

一般而言，好讼当然要熟悉法律，学法就必须识字。地方官员曾有劝诫之言道："稍识文字，莫弄官方，暂然得理，不可为常。"① 社会上的实际情况确实如此，民间词讼"皆缘坊郭、乡村破落无赖，粗晓文墨，自称士人，辄行教唆"。② 在宋代的好讼的地区，就不仅如此，为了将来可能的官司，人们常常随时携带文具，记录他人言行以为证据，即有些变态的所谓"珥笔之民"。这些人定是识字之人，既然形成风气，表明众多居民识字。其中以江西最为突出。

> 江西之俗，士大夫多秀而文，其细民险而健，以终讼为能。由是玉石俱焚，名曰珥笔之民。③

具体如江西歙州：

> 民习律令，性喜讼，家家自为簿书，凡闻人之阴私毫发、坐起语言，日时皆记之，有讼则取以证。④

大概是因缺乏文字证据吃亏的例子太多被吓怕了，他们处于风声鹤唳、草木皆兵的高度紧张状态，每家每户都准备有记载别人隐私、言行的本子，随时记录，以为证据。这就意味着每家至少有一人识字。因而有谚语云："筠袤虔吉，头上插笔。"⑤ 四州百姓，多是头发上插笔、准备随时记录的"珥笔之民"。洪州分宁县风俗"尚气，一不相下，父子兄弟至不兼容。知刑名书，颇善讼，多能文之士"。⑥ "善讼"的基础是"知刑名书"，表

---

① （宋）罗愿：《罗鄂州小集》卷一《鄂州劝农》，《景印文渊阁四库全书》第 1142 册，第 471 页。
② 黄榦：《勉斋集》卷三三《徐铠教唆徐莘哥妄论刘少六》，《景印文渊阁四库全书》第 1168 册，第 374 页。
③ （宋）黄庭坚：《黄庭坚全集·正集》卷一二《江西道院赋并序》，刘琳、李勇先、王蓉贵校点，第 296 页。
④ （宋）欧阳修：《欧阳修全集·居士外集》卷六二《尚书职方郎中分司南京欧阳公墓志铭》，李逸安点校，第 907 页。
⑤ （宋）普济：《五灯会元》卷一六《云峰志璇禅师》，苏渊雷点校，第 1080 页。
⑥ （宋）李之仪撰，吴芾编《姑溪居士集·前集》卷三六《分宁县厅双松道院记》，《景印文渊阁四库全书》第 1120 册，第 562 页。

明居民普遍有文化。

为了增强诉讼技能，宋代江西等地人将此当作一项长远的事业，开展了诉讼的教育。

> 江西州县有号为教书夫子者，聚集儿童，授以非圣之书，有如四言杂字，名类非一，方言俚鄙，皆词诉语。①

> 江西人好讼，是以有籥笔之讥。往往有开讼学以教人者，如金科之法，出甲乙对答，及哗讦之语，盖专门于此。从之者常数百人，此亦可怪。又闻括之松阳有所谓业觜社者，亦专以辨捷给利口为能，如昔日张槐应，亦社中之琤琤者焉。②

出现各类诉讼专业培训学校。检索《中国基本古籍库》，"讼学"一词，首见于宋代，意味着民间诉讼学问的形成，可谓宋代平民文化普及、法律知识普及的一个标志。诉讼书籍因而大行其道，甚至普及到儿童："今吉、筠等府书肆，有刊行《公理杂词》，民童时市而诵之。"③ 诉讼书籍在当时显然已成畅销书籍。

相邻的江东路，如宣州南陵县，"素号多讼"。④ 东邻福建也有类似风俗："闽中诸县，多至十万户，坚忍喜讼，号难治。"⑤ 如永福县：

> 家尽弦诵，人识律令，非独士为然，农工商各教子读书，虽牧儿馌妇，亦能口诵古人语言，或时到官府者，应对皆可观，盖性与

---

① （清）徐松辑《宋会要辑稿·刑法》二之一五〇，刘琳、刁忠民、舒大刚、尹波等校点，第 8378 页。

② （宋）周密：《癸辛杂识·续集》卷上《讼学业觜社》，吴企明点校，第 159~160 页。

③ （宋）桂万荣：《棠阴比事原编·虔校邓贤》，《丛书集成初编》，中华书局，1985，第23 页。

④ （宋）杨杰：《无为集校笺》卷一二《故朝奉郎守殿中丞梅君墓志铭》，曹小云校笺，黄山书社，2014，第 460 页。

⑤ （宋）陈师道：《后山谈丛》卷五，李伟国点校，第 70 页。

习如此。①

清楚地表明了好讼与文化普及的因果关系。所言"牧儿馌妇"也有一定的文化和诉讼知识，足见文化普及程度之高。另如两浙处州"喜讼斗"②，前言两浙括州"松阳有所谓业觜社"，江西路的西邻荆湖路，同样喜讼："湖湘之民，率多好讼，邵阳虽僻且陋，而珥笔之风亦不少。"③ 连偏远小县尚且如此，繁华的大县当更严重。

东南地区的好讼，正与东南地区为宋代文化最发达之地相吻合，"讼斗"无疑建立在文化水平普及的基础之上，正如柳开所概括的那样："南文尚讼，北武尚杀。"④ 相应的是，文化落后的北方地区，许多百姓缺乏法律知识，不愿也不善诉讼。例如北宋中期毕仲游所言的京西路颍州："颍州绝褊小，所爱民心淳。……民愚少斗讼，所讯由饥贫。吏蠹不识字，况复能舞文。"⑤ 颍州位于中州腹地，既不偏远，又处平原，但经济文化比较落后，是一比较奇怪的现象。这使我们看到文化水平高低和好讼与否的一致性，建立在这一基础上的所谓的淳朴，实质上是没文化造成的愚昧之美称。

结 语

以上情况可见，在宋代底层百姓中，识字人比较普遍，至少并不罕见，各色人等都有。韩森所言：宋代"绝大多数女子目不识丁，只有极个别例外。农夫可能会略识几个字，但他们读不懂古文，而所有书籍用的都是古文"⑥，这一论断，可以商榷的有两大问题。一是此观点恐怕低估了底层百姓的文化水平和识字率，二是"所有书籍用的都是古文"

---

① （宋）方大琮：《宋宝章阁直学士忠惠铁庵方公文集》卷三三《永福辛卯劝农》，《中国基本古籍库》，明正德八年方良节刻本，第 3 页。

② （宋）杨时：《杨时集》卷三〇《吴子正墓志铭》，林海权校理，第 784 页。

③ 中国社科院历史研究所点校《名公书判清明集》卷八《侵用已检校财产论如擅支朝廷封桩物法》，第 280 页。

④ （宋）柳开：《柳开集》卷一《默书》，李可风点校，第 3 页。

⑤ （宋）毕仲游：《西台集》卷一八《感兴简欧阳仲纯兄弟》，陈斌点校，第 291 页。

⑥ 〔美〕韩森：《变迁之神：南宋时期的民间信仰》，包伟民译，第 8~9 页。

也不符合宋代史实，白话文小说的兴盛就是适应广大百姓的，适应农民阅读的农书也是浅简的，讼学书籍甚至连"民童时市而诵之"。北宋士大夫有"诗家不妨间用俗语，尤见工夫"① 之语，也是适应百姓阅读的需要。

宋代民众的文化水平，就农民而言是识字比例明显增多，就新兴的市民阶层而言，由于生活环境和种种谋生方式的需要，普遍的文化素质相对高于农民。其突出贡献，就是新兴的市民文化，这不仅是农耕文化的异质，也使过分严肃的传统文化增添了娱乐元素。宋代民间文学空前繁荣，例如俳谐文学异军突起，蔚为大观，"与两宋民间文化的崛起紧密相关"。② 民间谣谚是社会的动态的反映，是民间文化水平的表现，"两宋谣谚数量之多，表现内容之广是宋以前任何一朝无法比拟的，这离不开两宋特定的时代环境"。③ 所谓特定环境，就是"社会民众文化水平的提高，以宽松的舆论环境为依托，加上社会时局之忧患，致使有宋一代民谣空前繁荣"。④ 可以证明宋代百姓文化水平的提高。一位西夏归明官曾说："凡有井水饮处，即能歌柳词。"⑤ 一方面说明柳永的词作通俗易懂，如同流行歌曲一样在民间广为传诵，另一方面也说明了广大底层民众因文化水平的提高，能够欣赏词作。东南地区百姓有文化者众多，正是在宋代经济文化最发达的东南地区，幹人、讼师以及揽户也最为集中，好讼风气最烈，无疑都是建立在文化水平普及的基础之上，是文化普及、教育发达的产物。

常见言者谓绝大多数底层民众不识字之类的观点，与其说是定量，不如说是定性，可以用于整个中国古代各朝，关键在于相互的差别究竟如何。那么，如何面对宋代百姓的识字率这一难题呢？只能估测。从村学、市学等民间蒙学的普及程度看，每村、里的学童静态平均以 5 人计，三代

---

① （宋）魏庆之编《诗人玉屑》卷六《点石化金》，上海古籍出版社，1959，第 136 页。

② 涂平、潘超青：《宋代俳谐文学与民间文化之关系》，《西南民族大学学报》（人文社会科学版）2017 年第 6 期。

③ 赵瑶丹：《论宋代谣谚中的社会史内涵》，《东岳论坛》2013 年第 5 期。

④ 田志光、孙朋朋：《宋代民谣传播与社会政治变革》，《中州学刊》2016 年第 7 期。

⑤ （宋）叶梦得：《避暑录话》卷下，徐时仪整理，载《全宋笔记》第 2 编第 10 册，第 286 页。

合计至少有 15 人受过启蒙教育，加上私塾、义塾以及零星的家教者、自学者等，这一数字可估为 17 人。北宋末年全国 1234 县，平均每县按 150 个村（里、社）计①，一县则为 2550 人，全国约 3146700 人。考虑到其时全国民间教师大约 149300 人，平均每人学生 21 人，可知这里的估计数字并不多。除去少数学成出仕以及成为士子、医生等的以外，民间识字百姓数量按其 2/3 计，约 2100000 人。

---

① 宋代各地情况有异，据包伟民《宋代的村》（《文史》2019 年第 1 辑），北方地区如安阳县有 247 村，汤阴县 161 村，临漳县 121 村；西南地区如泸川县有 91 村，江安县有 192 村，合江县有 71 村；东南地区如常熟县有 391 村，华亭县有 130 村，丹阳县有 568 村，丹徒县有 317 村，金坛县有 186 村。

总　论

一　宋代识字率及知识体系

　　总结而言，宋代村学、市学的密布，读书高潮的兴起，使穷人成为书生的主体，识字者遍布民间各个阶层、所有角落。宋代社会精神面貌焕然一新，影响深远的有市民文化、女作家群体、农事诗、佛教临济宗、道教内丹派南宗、新闻小报、文书社会、讼学、蕃学、武学、画学、理学、儒医、交子、活字印刷、火药武器等。这是中国古代文化的全面提升，文化力量的大迸发，引领中华文明的高光时代。宋代文化造极于古代史的高峰，建立在民众文化水平普遍提高的浑厚高原之上。

　　宋人的文化水平是随着宋代社会经济、文化的发展不断提高的，识字率的基本趋势是持续增长。北宋中后期高于北宋前期，南宋高于北宋。惜乎限于史料，无法做阶段性的比率评估，只以北宋后期宋徽宗朝为数据评估的定点，南宋尽管水平提高，但半壁江山不能代表已为异国的北方，也无法得出全国性的数据。

（一）宋代识字率估测

　　最终，我们想据此对宋代的识字率做一估计。

　　北宋中期的陈舜俞就民众类别划分数量，有一个笼统说法："今天下之口无虑二千万，跻汉轶唐，可谓盛矣。然籍而为兵戎者常数百万，遁而为老佛者又数万，雕琢之工、游靡之商、府史胥徒之类，医巫、卜祝、声乐之伎，合而言之，无虑数百万。"① 这数百万不同阶层和职业中，除了"兵戎"只有少数识字外，其余大多识字。但其数字并不准确，如"兵戎"哪里有数百万之多？而"老佛"则又不止数万。按其所言各阶层总共有 500 万计，占所言人口（应仅指男丁）的 1/4；500 万中按其半数识字计，占所言人口的 1/8。

两宋之际的张守指出："中上之户稍有衣食，即读书应举，或入学校。"② 中户即三等户，三等以上的人户即二等、一等户，为自耕农和富室，据宋仁宗时的张方平判断："伏以天下州县人户，大抵贫多富少，逐县五等户版簿，中等以上户不及五分之一。"③ 以宋徽宗时的全国 2000 万户而论，中户以上将近 400 万户，按户均 1 人识字计，则识字人口约 400 万。如前所述，实际上不少四五等下户乃至"极贫户"更刻苦读书，动力更大，"穷书生"人数更多。

这些都不足为据。识字人口究竟占实际人口多少还要研究。

本书以上章节推测了各类有文化群体人数，在此有必要集中列举如下：宗室 4000 人，宦官 4000 人，伎术官等 1917 人，识字吏人 500000 人，识字将士 100000 人，识字僧道 700000 人，医生 47190 人，民间教师 149300 人，佣书 12000 人，识字巫祝卜相 570000 人，识字商人 1600000 人，识字工匠 750000 人，识字艺人 50000 人，识字少数民族 40000 人，识字女子 444000 人，江湖士人 24680 人，识字百姓 2100000 人，总共约 7097060 人。各群体之间容有数字的重叠，权且按 7090000 人计。

既然是全国总人口的识字率，那么必须加上两个主要的知识分子阶层，即官员和士人。前文之所以未加论述，是因为其文化水平不须论证。但其数量，要做考察。

全国官员的数量，元祐三年（1088）为 34000 余人④，政和三年

---

① （宋）陈舜俞：《都官集》卷七《说农》，《景印文渊阁四库全书》第 1096 册，第 484 页。
② （宋）张守：《毗陵集》卷三《论措置民兵利害札子》，刘云军点校，第 36 页。
③ （宋）李焘：《续资治通鉴长编》卷一三一，庆历元年二月辛丑，第 3107 页。
④ （宋）李焘：《续资治通鉴长编》卷四一七，元祐三年十一月乙丑，第 10129 页。

（1113）增至43000余人①，宣和元年（1119），增到51370余人②，宣和六年，下降为35000余人。③ 考虑到此处是统计北宋末期的官员总量，故以其峰值51370余人计。这是在职官员，还有更多的待缺人员，张方平曾言："大约三员守一阙"④，即总人数约154000人。扣除一些不识字的武官，按150000人计。

宋代士人众多，难以数计。其中参加科举或准备参加科举的士人，有大致数字。

先看模糊数量。宋仁宗时，"士之服儒术者不可胜数"。⑤ 欧阳修也有同样说法："国家自兴建学校以来，天下学者日盛，务通经术，多作古文，其辞义可称、履行修饬者不可胜数。"⑥ 意思都是数量很多，不具统计学意义。

再看比较具体的记载。北宋后期的毕仲游言有17万："海内儒生十七万，日诵诗书头白半。"⑦ 所谓儒生，就是士人。宋神宗时，日本僧人成寻曾向明州官员打听科举情况，官员回答道："天下州府军镇秀才廿万余人，春间御前比试，只取三百人给官，约千中取一也。"⑧ 全国参加州级科举的士人有20余万。崇宁三年（1104），"罢科举三年岁贡法，成三舍天下教养人，为士二十一万余员，为屋九万二十余楹，费钱三百四十万

---

① （宋）杨仲良：《皇宋通鉴长编纪事本末》卷一二五《官制》，第3904页。

② （宋）韩淲：《涧泉日记》卷上："今两选朝奉大夫、朝请大夫六百五十五员，奉直大夫至光禄大夫二百九十员，横行右武大夫至通侍大夫二百二十九员，修武郎至武功大夫六千九百九十一员……选人在部者，一万六千五百五十二员，小使臣二万三千七百余员。"（孙菊园点校，上海古籍出版社，1993，第4页）（宋）洪迈：《容斋随笔·续笔》卷四《宣和冗官》："今吏部两选朝奉大夫至朝请大夫六百五十五员，横行右武大夫至通侍二百二十九员，修武郎至武功大夫六千九百九十一员，小使臣二万三千七百余员，选人一万六千五百余员。"（第270页）参见张希清《论宋代科举取士之多与冗官问题》，《北京大学学报》（哲学社会科学版）1987年第5期。

③ （宋）杨仲良：《皇宋通鉴长编纪事本末》卷一三二《讲议司》："合文武官旧有九千余员，今三万五千余员。"第4151页。

④ （宋）李焘：《续资治通鉴长编》卷一六三，庆历八年二月甲寅，第3924页。

⑤ （元）脱脱等：《宋史》卷一五七《选举志三》，第3658页。

⑥ （宋）欧阳修：《欧阳修全集·奏议》卷一五《条约举人怀挟文字札子》，李逸安点校，第1677页。

⑦ （宋）毕仲游：《西台集》卷一八《海内》，陈斌点校，第300页。

⑧ 〔日〕成寻：《参天台五台山记》卷二，熙宁五年，王丽萍校点，第163～164页。

缗，米五十五万余石。"① 则是官学生达到 21 万余人。张邦炜先生据此数据言："整个宋朝辖区的总人口约 1 亿，学生总人数才 21 万多，仅占总人口的约 0.2%，入学率依旧低得可怜。"② 确实如此，但本书的理解又有不同。其一，这只是官学的入学率，数量更多的私学生员不在其中；其二，这只是在校生的数量，不包括"毕业生"；其三，该数据当然更不是北宋识字人数，连士子数目也不是。海内外学者研究中国古代识字率者，常走进该误区，以科举士子为唯一的识字群体。

其实，即便如此，据何忠礼先生推测，宋仁宗时全国仅参加发解试的读书人就有 42 万人左右，南宋时如果将全国应举和准备应举的读书人都统计在内，人数可能接近百万。③ 南宋固然文化更普及，但只坐拥半壁江山，北宋末期包括南方、北方的士子数量有 80 余万。如以此统计，士人约占一亿总人口的 0.80%，他们属于正统的、高层次的文化人。扣除已经单独计算的民间教师、江湖士人和一些佣书等以外，当有 60 多万人。加上在职、待缺官员 15 万，其他各阶层识字人口 7090000 人，全国总共约 7840000 人。

再了解全国总人口。大观四年（1110），"天下有户二千八十八万二千二百五十八，口四千六百七十三万四千七百八十四"。④ 如按户数 20882258 计，平均每百户约 3.75 人；按在册人口 46734784 口计，约占 16%。众所周知，宋代记载的口数只是男丁数，不是全部人口。如按估计的实际总人口一亿计⑤，识字人口约占 7.84%。由于前述各阶层、群体的识字数字都是按最低可能估计的，所以这也是宋代识字率的最低数字。概

---

① （清）黄以周等辑注《续资治通鉴长编拾补》卷二四，崇宁三年十一月丙申，转引自（宋）罗靖《杂记》，中华书局，2004，第 828 页。

② 张邦炜：《宋代文化的相对普及》，《国际宋代文化研讨会论文集》，四川大学出版社，1991，第 93 页。

③ 何忠礼：《科举制度与宋代文化》，《历史研究》1990 年第 5 期。

④ （元）脱脱等：《宋史》卷八五《地理志一》，第 2095 页。

⑤ 1958 年，何炳棣在《1368—1953 年中国人口研究》（何炳棣《1368—1953 年中国人口研究》，葛剑雄译，上海古籍出版社，1989）中，推测宋代的人口可能已高达 1 亿。葛剑雄也持此观点（《宋代人口新证》，《历史研究》1993 年第 6 期）。吴松弟则认为宣和六年约有 12600 万人（吴松弟：《中国人口史》第 3 卷《辽宋金元时期》，复旦大学出版社，2000，第 352 页）。

括地说，宋代识字率在 8% 左右。

如同区域经济发展不平衡一样，宋代区域文化发展的不平衡也很严重。在东南地区逐渐成为全国经济重心和文化重心的历史进程中，两浙、江西、福建以及成都府路文风最盛，读书人最多。如陈亮指出："举江、浙、闽、广之士，亡虑十四五万数，蜀不与焉。"① 福建有"闽中男子多儒衣"之誉。② 具体如福州："三山，士逾二万"③；宋末福建建宁府："建安科举士余二万户"④；江西吉州："庐陵士至二三万，挟策来游者，不于州学则于书院。"⑤ 那么这些州郡人口有多少呢？南宋淳熙年间，福州"主、客户三十二万一千二百八十四，主、客丁五十七万九千一百七十七"⑥，士人按 20000 计，占总男丁数的 3.45%。宋徽宗时，建宁府"崇宁户一十九万六千五百六十六"，没有口数。⑦ 士人按 20000 计，平均每 9.8 户一位士子；吉州"崇宁户三十三万五千七百一十，口九十五万七千二百五十六"。⑧ 南宋时权且以 100 万人计，士人以 25000 计，则占总男丁数的 2.5%。西南地区的成都府路文风昌盛，如眉州，"其民以诗书为业，以故家文献为重"⑨；隆州"故生子必使为诗书，及举进士为官"。⑩ 都可见其民众文化素质普遍较高，叶适所说的"今吴、越、闽、蜀，家能著书，人知挟册"⑪，就是夸张的赞扬。这些州郡的比率虽不及全国平均识字率，但仅是士子数量，若加上数倍的其他识字群体，识字率

---

① （宋）陈亮：《陈亮集》（增订本）卷一《上孝宗皇帝第三书》，邓广铭点校，第 12 页。
② （宋）邹浩：《道乡集》卷二《送郑祭酒得宫观还乡》，《景印文渊阁四库全书》第 1121 册，第 177 页。
③ （宋）楼钥：《楼钥集》卷一一五《朝散郎致仕宋君墓志铭》，顾大朋点校，第 2004 页。
④ （宋）谢枋得：《叠山集》卷二《送方伯载归三山序》，《景印文渊阁四库全书》第 1184 册，第 871 页。
⑤ （宋）欧阳守道：《巽斋文集》卷一四《白鹭洲书院山长厅记》，《景印文渊阁四库全书》第 1183 册，第 621 页。
⑥ （宋）梁克家：《淳熙三山志》卷一〇《户口》，李勇先校点，第 309 页。
⑦ （元）脱脱等：《宋史》卷八九《地理志五》，第 2208 页。
⑧ （元）脱脱等：《宋史》卷八八《地理志四》，第 2190 页。
⑨ （宋）祝穆撰，（宋）祝洙增订《方舆胜览》卷五三《眉州·风俗》，施和金点校，第 946~947 页。
⑩ （宋）韩驹：《题名记》，傅增湘原辑，吴洪泽补辑《宋代蜀文辑存校补》，第 1248 页。
⑪ （宋）叶适：《叶适集·水心文集》卷九《汉阳军新修学记》，刘公纯、王孝鱼、李哲夫点校，第 140 页。

相当高，为 10%～20%。其总人口应加上近半数的妇女和约 1/3 的未成年人，但未成年人多上学识字者，妇女也不乏有文化者，识字率不会有大的升降变动。

（二）宋代知识体系及文化人的分野

初步的探索与估计，使我们对宋代识字率有了一个大概的印象。其中重点在于对广大民众的文化水平状况的研究，这使我们对宋代知识体系的认识展开新的视野。

传统的士农工商四民社会结构，自春秋以来历经千百年，到宋代早已发生很大的变化，主要是增加了佛、道僧侣和职业常备军兵两大阶层。故而魏了翁指出："古之民四，今之民六，而四不足以加二；古之教一，今之教三，而二常足以胜一。"① 除了四民变六民外，原来的"独尊儒术"变成了儒、佛、道并立，就文化结构而言，实际上新增的是道教和佛教文化。更有人敏感地细分为八民："古之民四，而农居其一；今之民士、工、商、老、佛、兵、游手，合为八，而农居其一。"② 新增的除佛、道以外，其实只有颇富活力的游手。四民观念变化，界限模糊。黄裳说："先王之泽既熄，乡教废弃，四民无职，十家无联，五宗无系。天下之士流于城阙之间，散处他国。"③ 所谓"四民无职"就是不专其业，阶层流动性强，兼容性强。清代学者沈垚回过头来看得比较清楚："宋太宗乃尽收天下之利权归于官，于是士大夫始必兼农桑之业，方得赡家，一切与古异矣。……未仕者又必先有农桑之业，方得给朝夕，以专事进取。于是货殖之事益急，商贾之势益重，非父兄先营事业于前，子弟即无由读书，以致身通显。是故古者四民分，后世四民不分……此宋元明以来变迁之大较也。"④ 政治结构、经济结构的变迁，导致社会结构的分化，思想文化的变迁导致宗教信仰的扩展，这就使整个社会的文化结构、知识体系与前代

---

① （宋）魏了翁：《鹤山集》卷三八《紫云山崇仙观记》，《景印文渊阁四库全书》第 1172 册，第 441 页。

② （宋）陈舜俞：《都官集》卷七《说农》，《景印文渊阁四库全书》第 1096 册，第 484 页。

③ （宋）黄裳：《演山集》卷四六《选举》，《景印文渊阁四库全书》第 1120 册，第 299 页。

④ （清）沈垚：《落帆楼文集》卷二四《费席山先生七十双寿序》，第 311～312 页。

有较大的差异。知识分子和拥有文化的群体，在数量上剧增，在类别上更是形形色色。

蓬勃发展的科举制是级级向上的阶梯，同时也是层层沉淀的过程。如同巨大的虹吸管，使社会底层各行各业纷纷向学，热爱文化，掀起读书高潮，企图跳跃龙门。搅动的社会泥沙俱下，鱼龙混杂，使士人阶层壮大并重新组合，极少数上升进入主流，绝大多数被淘汰沉淀下来。他们为生存计，纷纷改行，分散进入支流乃至社会的毛细血管。或弃儒为医、弃儒经商、投笔从戎、弃儒就佛道，或儒身执教、儒身业卜。反向的是军民百姓为发展计，或为改善生活，或为改换门庭，商而好儒、工而好儒、农而好儒、武而好儒。如此双向交叉运动，大大增强了民间精神文化和物质文化的活力。广大民众的文化既有器质性，也有工具性，像深浅不同的绿色模糊了界限，沟通了阶层关系，改善了社会面貌，提高了民族素质。

文化不仅是多样的，也是多层表达、多维存在的。从统治角度有贵贱之分，从生活角度并无这种差别。文化知识有诸多层面，如精神层面、思想层面、制度层面、风俗层面、技术层面、生活层面等。先秦时期狭义的文化其实专指诸子百家，自汉武帝"罢黜百家，独尊儒术"以来，文化人专指儒生、文官。他们的文化属于思想文化、制度文化。正是这类文化形成垄断和文学强势，在面上几乎成为传统文化的唯一代表。统治阶层占据了文化的制高点，从而统治了文化。随着儒学的日益兴盛，其他诸子百家渐渐式微，尽管民间和官方实际上对其有不同程度的依赖，但大多被当作贱技看待，以突出政治。诸如医生、画家、技术等，称为"医工""画工"等，均被贬为工匠之类。

众所周知，制高点绝非全部，庞大雄浑的基座却是民间文化。技术文化和商业文化维护着社会生活、生产的进行和发展，它们是社会基础文化；新兴的市民文化成为民间文化的主流，引导文化向俗文化方向发展；宗教以及传统的巫祝文化主导着民间的意识形态，确切地讲主导着民间习俗和个体的意识形态。"四大发明"中的三项完善于北宋，即火药应用于武器、指南针用于航海、活字印刷的出现，充分证明宋代民众卓越的智力和创作力，是整体文化水平显著提高的突出标志。

民众是文化的创造者、继承者，也是文化的载体。以儒家为代表看待传统文化，无疑是管孔窥豹、隔着门缝看人，注定是一孔之见，片面狭隘。抛开知识所谓的高低层次的差别，我们看到的是知识的结构差别。跳出经、史、子、集等士大夫之学这个象牙塔般的小圈子，传统文化的天地极为广阔。张守指出宋代"去古益远，学者苟偷，而圣人之经，仅出于鬻书之肆刊印射利，乃与传记小说、巫医卜祝、下里淫邪之词并寿于廛闬"。① 商业化的民间出版业蓬勃兴旺，儒家文化以外的各类文化再次崛起，使之不再是一枝独秀。庆历年间的处州缙云县，"生齿见于版者九千。多工技杂学，不根儒术，士其服者才五六人"。② 士子仅仅约占人口的 0.06%，就是"工技杂学"在数量上压倒儒生占绝对优势的例子。元代初期，"大江之南，民齿多者，以约计之，郡不下三十万男子，幸而为儒者，居千之一，而幸能以名字自通于上，以取荣禄显仕者，居万之一"③，指的是东南地区的成年男子中，儒生约占 0.01%，南宋后期的情况应当优于元初，最多不过 0.02%。知书达理的布衣士人和学生，远多于士大夫，识字断文的其他阶层又远多于士人，具有各种专业知识、会书算的其他行业人士更多。如果把文化水平比作植被，那么宋代除了儒家文化士人这片森林，另有大面积的灌木丛、草原，当然也有沙漠。而医生、术士、教师、僧道、江湖士人等民间文化阶层、群体，更属片片绿洲，涵养着社会文化生态，这是宋文化发达的基础。

事实证明，士大夫的儒家文化，只是传统文化的代表，影响最主要是在政治和思想文化层面，对民众的思想、生产、生活并未产生主要影响。我们引以为豪的"四大发明"以及在宋代的完善：指南针用于航海、印刷术出现活字印刷、火药用于武器、造纸技术改良等推进人类文明发展的技术革新，均与儒家文化无关。士大夫的思想制度文化如忠孝节义等，当然影响百姓，但究其实，这些文化原本就是从民间总结出来的，是民间原

---

① （宋）张守：《毗陵集》卷一一《秦楚材易书序》，刘云军点校，第 154 页。
② （宋）毛维瞻：《处州缙云县新修文宣王庙记》，（清）李遇孙：《括苍金石志》卷三，《历代碑志丛书》第 20 册，邹柏森校补，江苏古籍出版社，1998，第 126 页。
③ （元）戴表元：《戴表元集·剡源集》卷一四《送贡仲璋序》，陆晓冬、黄天美点校，第 288 页。

发的，上层文化也是民间文化滋生的。单从理学、诗词等方面去探讨，看不到宋代的真相，不可能从根本上理解宋人的心灵。儒学的一枝独秀，与其说是官方事实，不如说是官方的一厢情愿。在民间，影响最大的并非儒学，民间文化、草根文化更具有普遍性和恒定性。宋代的知识总量中，民间文化知识无疑占大多数，所形成的民间文化力量，是推进社会历史发展的根本动力。

文化下移，是宋代社会文化的突出现象，由此引发民众文化的启蒙运动。这就意味着，在宋代的整个社会劳动中，脑力劳动的比重增大，体力劳动中脑力劳动的含量增多。民间文化的特点，主要就是基础性与实用性，与社会生产、生活息息相关，是维持社会稳定、推动发展的基本动力。真正养育人民、推动历史的是民间文化。可惜过去的研究多强调人民群众的体力劳动，忽略了其脑力劳动，表面上是重视人民群众，实际上贬低了其作用，强调了脑力劳动和体力劳动的对立。更应当关注的，是民间文化异端存在的价值：用民间的视角，展现平民情趣和民间价值观，与官方的视角、情趣、价值观颇有差异，并抵抗着朝廷的清规戒律，反映出社会文化生态与时代特征，为我们的研究提供了历史认知的多维价值，使我们对宋代的文化结构有了新的认识，并重新认识宋代社会文化的底蕴和民众的文化贡献。

在此基础上，宋人读书学习的目的多元化，如毛滂所言："夫学亦不一也：盖有乐其实者，有好其名者；有学以为道者，有学以为利者。利而后学，则亦无所不至矣。"① 其言的价值，在于"利而后学，则亦无所不至矣"，意思是以实用主义的态度学习文化，可能会干坏事。我们的理解还有，宋代以实用为目的的学习成为两大主流之一。宋代的有文化人自然分成不同类别。如袁采所言：

> 士大夫之子弟，苟无世禄可守，无常产可依，而欲为仰事俯育之计，莫如为儒。其才质之美，能习进士业者，上可以取科第致富贵，次可以开门教授，以受束脩之奉。其不能习进士业者，上可以事笔

① （宋）毛滂：《毛滂集》卷八《上苏内翰书》，周少雄点校，第201页。

札，代笺简之役，次可以习点读，为童蒙之师。如不能为儒，则巫医、僧道、农圃、商贾、伎术，凡可以养生而不至于辱先者，皆可为也。①

他的这番述说，可谓宋代知识分子和有知识人才的一个分层谱系。士大夫、士子、伎术官、教师、僧道、佣书等，为知识分子阶层；医生、巫祝、吏人、商贾、匠人、艺人等，为社会职业中的功能性识字群体。黄宽重先生因而指出："宋代未能中举的士人，不论教书，或从事巫、医、商、伎术等行业，都以知识谋生，他们借着参与地方事务，与当地名族及官府往来，成为地方上有影响力的豪绅。"② 读书识字人引导、左右、影响着草根文盲，体现了知识就是力量，形成了宋代的软实力、内在的历史力量。宋代社会分工的发展，促进了文化知识增量和分野的出现，也促进了历史文化前进。

以上情况，集中地诠释发扬了儒家的一个精髓。《论语·述而》篇里，孔子自言："饭疏食饮水，曲肱而枕之，乐亦在其中矣。不义而富且贵，于我如浮云。"生活条件再艰苦，也能自得其乐。在《论语·雍也》篇里，孔子又夸赞颜渊："贤哉回也！一箪食，一瓢饮，在陋巷，人不堪其忧，回也不改其乐。贤哉，回也！"清贫的生活，常人难以忍受，颜回却能苦中作乐，以饱满的精神状态钻研道德学问。理学家周敦颐将这种人生境界概括为"孔颜乐处"，曾令前来求学的程颐、程颢兄弟"寻颜子、仲尼乐处，所乐何事"③，认为这就是儒家最高的人格理想，摆脱了外界诱惑与自身欲望的纯粹性精神享受。"孔颜乐处"遂为理学的一个重要命题，也成为中国知识分子追求的最高精神境界。所有这些，都与宋代穷书生现象以及江湖士人的具体做派有密切关系，客观的生活条件和历史背景，放大了传统的主观意图，成为后世的精神标杆。同时，也有力地促进了宋代大众读书热。

---

① （宋）袁采：《袁氏世范》卷二《子弟当习儒业》，第 105 页。
② 黄宽重：《唐宋基层武力与基层社会的转变——以弓手为中心的观察》，《历史研究》2004 年第 1 期。
③ （宋）程颢、程颐：《二程集·河南程氏遗书》卷二上，王孝鱼点校，第 16 页。

二　"耕读文化"在宋代的确立

我国古代始终是农耕时代，所孕育的自然是农业文明。这就决定中国文化有浓重的农业、农村、农民色彩，中国农业有知识分子的广泛参与，或言农村、农民中诞生出绝大多数知识分子。这一特征的精髓概念，就是耕读文化。耕读文化是中华文明的基础和重要组成部分，影响极为深远。

那么，像所有文化都有一个生长过程一样，耕读文化具体是何时、在何种背景下形成确立的呢？对此，学界不乏说法①，然缺乏论证，更未必正确。有学者关注到宋代这一问题的某些方面，并有精彩论述②，但多是从文学、建筑等角度的认识，从历史学角度而言，尚有诸多问题需要研究与揭示。③

（一）"耕读文化"的渊源及在宋代的确立

一般而言，耕读一体的形态先秦即存在，区别是形式不同、程度不同、普及范围不同。如果从士大夫角度而言，读书人无论从哪里入仕，家中大多总是有田产的，但不一定直接耕作或经营。科举制实行后，农家子弟入仕前以及致仕后，也还会与耕作经营打交道，但也未必直接耕作。耕读概念包含两层意思，一指读书者和耕作者是同一人物，即躬耕躬读、半耕半读，是为个人的耕读；二指一个家庭经营农业并学习读书，其成员一部分主要耕以生存，一部分主要读以发展，读书者通常都是子弟，是为家庭的耕读。

耕读分合作为一个问题的提起，应当从孔夫子说起。自从春秋时期民间教育兴起，孔子就力主区分耕读。《论语·子路》云：

---

① 张金凤：《由"耕读"铭文瓦当谈耕读文化——兼论对中国传统文化之影响及现实意义》，《文物鉴定与鉴赏》2018 年第 8 期："中国的耕读文化，产生于春秋战国，成熟于汉魏，鼎盛于唐宋，延续到明清，影响至今。"

② 刘培：《耕读传家观念的重塑与强化——以南宋中后期辞赋为中心》，《中山大学学报》（社会科学版）2018 年第 5 期；刘培：《耕读传家观念与士绅文化形态——以南宋文学中岩桂意象的生成为中心》，《吉林大学社会科学学报》2018 年第 6 期；朱晓明：《耕读与传统村落》，《同济大学学报》（人文·社会科学版）1998 年第 3 期；胡念望：《江南古村落：芙蓉苍坡以及楠溪江畔的其他村落》，浙江摄影出版社，2001，第 30 页。

③ 林文勋、黎志刚：《南宋富民与乡村文化教育的发展》，《国际社会科学杂志》（中文版）2011 年第 4 期，提出"耕读传家：宋代以来乡村文化发展的新趋向"，并有所论证。

> 樊迟请学稼。子曰:"吾不如老农。"请学为圃。曰:"吾不如老
> 圃。"樊迟出,子曰:"小人哉,樊须也。上好礼,则民莫敢不敬;
> 上好义,则民莫敢不服;上好信,则民莫敢不用情。夫如是,则四方
> 之民襁负其子而至矣。焉用稼。"

在《论语·卫灵公》中又进一步指出:

> 君子谋道不谋食。耕也,馁在其中矣;学也,禄在其中矣。

反复强调的是,读书做官是君子的事业,耕田种地则是小人的事业,不可混合在一起,亦耕亦读,正如君子、小人不会融为一体,亦正亦邪一样。作为历史上第一个民间教育家,他的意思大概还有既然读书,就应专心致志,不能一心二用;况且农耕技术是不需要教的,至少是不用他教,跟着长辈就学会了,而他教的是道理。其学说的继承发扬者孟子,同样秉承读书做官的理念,并有所发挥。《孟子·滕文公上》云:

> 然则治天下独可耕且为与?有大人之事,有小人之事。且一人之
> 身,而百工之所为备,如必自为而后用之,是率天下而路也。故曰或
> 劳心,或劳力;劳心者治人,劳力者治于人;治于人者食人,治人者
> 食于人,天下之通义也。

强调阶级差异,宣扬的是要做官以俸禄养家,而不能屈尊耕田,劳心者与劳力者有天经地义的差别。孔孟圣言,遂使士农对立,脑力劳动与体力劳动对立,并随着儒家地位定于一尊,成为统治思想,后代以至于形成了"万般皆下品,唯有读书高"的不良风气,把读书事业抬到远离农田的高空。

然而,即便有此圣贤教导,毕竟是"重农"的农耕社会,毕竟文化要发展,有此两大客观基础,耕读不可能断然分开。实际上,耕而读、读而耕的情况一直陆陆续续、星星点点地存在。班固曾回顾道:

古之学者耕且养，三年而通一艺，存其大体，玩经文而已，是故用日少而蓄德多，三十而五经立也。①

这也是"三十而立"的一个内容，学会五经之所以持续时间长，是因为半工半读，而非全心全意只读书。孔子时代也遇见过耕地的隐士，即《论语·微子》所载"长沮、桀溺耦而耕"。有关隐士耕种的例子很多，属于"士"而后"耕"，耕是隐的形式，不是完整意义上的耕读模式。

汉代以来，耕读事例渐多。如兒宽"以郡国选诣博士，受业孔安国。贫无资用，尝为弟子都养。时行赁作，带经而锄，休息辄读诵，其精如此"。② 一边为人打工耕作挣钱，一边读书，打工耕作是为了读书。常林与其相同："少单贫。虽贫，自非手力，不取之于人。性好学，汉末为诸生，带经耕锄。"③ 三国诸葛亮自我介绍道："臣本布衣，躬耕于南阳，苟全性命于乱世，不求闻达于诸侯"④，属于隐耕。另一个典型是晋代陶潜，他"种豆南山下，草盛豆苗稀。晨兴理荒秽，带月荷锄归"。"卧起弄书琴，园菜有余滋。"⑤ 是先读书做官、后耕田读书。三国西晋时期学者、医学家、史学家皇甫谧二十余岁时，"就乡人席坦受书，勤力不息。居贫，躬自稼穑，带经而农，遂博综典籍百家之言"。⑥ 带经而农，即边耕边读。北魏后期的武邑人刘兰："家贫无以自资，且耕且学。"⑦ 唐代的事例，如"儒翁九十余，旧向此山居。生寄一壶酒，死留千卷书。栏摧新竹少，池浅故莲疏。但有子孙在，带经还荷锄"⑧，也是耕读的意思。

从以上大致可以看到，宋以前的耕读者成分简单，主要是隐逸之士和学生；数量也有限，还谈不上普遍；多是以读为主，以耕为辅，或耕只是

---

① （东汉）班固：《汉书》卷三〇《艺文志》，第 1723 页。
② （东汉）班固：《汉书》卷五八《兒宽》，第 2628 页。
③ （晋）陈寿著，（刘宋）裴松之注《三国志》卷二三《魏书·常林传》，裴松之注引《魏略》，中华书局，1982，第 659 页。
④ （晋）陈寿著，（刘宋）裴松之注《三国志》卷三五《蜀书·诸葛亮传》，第 920 页。
⑤ （东晋）陶潜：《陶渊明集校笺》（修订本）卷二《归园田居》《和郭主簿》，龚斌校笺，上海古籍出版社，2011，第 83、134 页。
⑥ （唐）房玄龄：《晋书》卷五一《皇甫谧传》，中华书局，1974，第 1409 页。
⑦ （北齐）魏收：《魏书》卷八四《刘兰传》，第 1851 页。
⑧ 罗时进：《丁卯集笺证》卷三《题倪处士旧居》，江西人民出版社，1998，第 71 页。

读的一种辅助形式，二者没有水乳交融，相辅相成，更缺以耕为主的读、从耕出发的读。朱熹指出：

> 予闻古之所谓学者非他，耕且养而已矣。其所以不已乎经者，何也？曰，将以格物而致其知也。学始乎知，惟格物足以致之。知之至则意诚心正，而大学之序推而达之无难矣。若此者，世亦徒知其从事于章句诵说之间，而不知其所以然者，固将以为耕且养者资也，夫岂用力于外哉？①

他指出：古代学者的耕是为了养学，是学的经济基础。其意义主要在于不将耕视为贱事，并未将耕读并列并重，更非底层的由耕而读，仍不是完整的耕读文化，只是初级阶段的一股源流。

（二）"耕读"一词在宋代的出现

流淌千余年的耕读文化上游各支流，到宋代汇聚成洪流。随着唐代中后期士族门阀的瓦解，以及宋代社会的大发展大变革，在文化方面出现三大新形式。一是平民百姓可以通过科举入仕；二是教育发达，文化普及，以农民为主的广大底层民众有学文化的热情和条件；三是农村大量的士子、落榜考生没有或未能科举入仕，沉淀在家乡，以新的面貌继续务农。因而，边耕边读、半耕半读，就成了常态，"耕读"二字联合，作为专词在宋代应运而生。

检索爱如生等有关大型古籍数据库，最早出现"耕读"二字连为一词的，似是北宋中期的曾巩，他在孔延之墓志铭中写道："幼孤，自感厉，昼耕读书垄上，夜燃松明继之，学艺大成。乡举进士第一，遂中其科。"② 是一个耕读成功例子的亮相。但是，真正将其作为一个词和概念使用的，是北宋后期官员、眉州人唐庚，他所拟的考试策论题目就是《耕读》，让考生论述：

---

① （宋）朱熹：《朱熹集》卷七七《一经堂记》，郭齐、尹波点校，第 4017~4018 页。
② （宋）曾巩：《曾巩集》卷四二《司封郎中孔君墓志铭》，陈杏珍、晁继周点校，第 575 页。

　　问：先王之时，其所谓师儒者，乃六卿之吏；而其所谓士者，乃
六卿之民。故为士者未尝不耕，而为农者未尝不学。《周官》以九职
任万民，而士不与焉，盖以士寓其间故也。周道衰，管仲始以新意变
三代之法，定四民之居，而士农之判，盖自此始。而孔子、孟子之
教，以耕稼为小人之事，非士君子之所当为，而从学之徒一言及此，
则深诋而力排之者，何也？舜不耕于历山，禹稷不躬稼而有天下，伊
尹不耕于有莘之野乎？何害其为圣且贤。而孔子、孟子之论如此，必
自有旨也。有司愿与闻之。①

他提示的耕读演变历史是：三代时，只有六卿之官吏与六卿之百姓两类，
读与耕并无分野。春秋时，管仲划分人民为士农工商四民，人们才各司其
业。至孔孟，将读与耕强化为君子与小人之事。问题在于，古来圣贤实际
上无不耕作，那么孔孟为何这么说呢？

　　这一试题的提出，反映着深刻的社会历史问题：耕读原本就应当为一
体，孔孟断然分开的深意何在？其实际意义，未尝不是不便直接批判孔孟
的婉转措辞，更是为当时流行的耕读模式扫清理论障碍，寻找历史依据，
为"耕读"一词和耕读理念的登台鸣锣开道，制造舆论。

　　耕读文化的代表人物之一陈旉，也曾纠结于此，试图破解。他本人是
士，一生隐居躬耕，并撰写《农书》，这就无法回避孔孟的观点。为了使
自己的事业符合儒家理论，他努力向其靠拢，调和耕读对立："仆之所
述，深以孔子不知而作为可戒……此盖叙述先圣王揎节爱物之志。"② 出
版时又对官员说："樊迟请学稼，子曰，吾不如老农。先圣之言，吾志
也。樊迟之学，吾事也。是或一道也。"③ 实际上仍然未能调和儒家的耕
读矛盾，既不能洗白孔孟，也没有洗白自己。也就是说，这一问题仍困扰
着众人，但行动上早已超越。

　　至南宋，耕读一词进一步普及，将"耕读"名之于室额。李敬子因故
被免官，"敬子既归，躬锄耰，其乐不改，治庙祀，裁古今彝制为通行，家

---

① （宋）唐庚：《眉山唐先生文集》卷三〇《策题·耕读》，第 8 页。
② （宋）陈旉：《陈旉农书校注》，《陈旉自序》，万国鼎校注，第 22 页。
③ （宋）陈旉：《陈旉农书校注》，《洪兴祖后序》，万国鼎校注，第 63 页。

事绳绳有法度。筑室曰'耕读',以待学者,横经其间,士争趋之,舆议亟称其贤"。① 自己实践耕读,并号召广大士人耕读,受到士绅的高度赞扬。还有士大夫把"耕读"标之于堂号。合肥长官、赵鼎曾孙赵纶作示子赵玉汝诗云:"颜筋柳骨徒尔工,岛瘦郊寒竟何益? 劝汝耕田勤读书,丰公非是无官职。"其子赵玉汝"今于居之堂,摘末联'耕读'二字以昭扁,志不忘也"。② 为了纪念乃父,表明孝心,将父训凝聚为"耕读"二字,揭之为匾额,建堂明志。宋代遗民卫富益,还将这一概念自命为别号。他宋亡不仕,隐居教授著述,有《四书考证》《性理集义》《易经集说》《读书纂要》《耕读怡情》等著作。晚年还故里,"自号'耕读居士',绝不言世务,不理城市"。③ 把宋代的耕读理念带到元代,表明了自己的政治姿态。

这些情况表明,从"带经而锄"的现象开始,流传了千年之久的耕读事实,最终在宋代概括提炼成一个确切的词语,耕读理念形成并进入文化层面,是耕读现象普遍展开的结晶。

(三) 耕读理念的确立与实践

在文化普及、科举制发展的背景下,宋代社会中耕读已成为普遍现象。依据不同需求和形式,大致可分为两大类。

1. 士人的耕读

士人的耕读生活又分为几种形式。

一是"耕隐"。南宋士大夫牟巘在《耕隐说》中,阐述这种耕读隐居的生活时说:"自昔以来,士率以隐遁为高,事或不同,其致一也。有隐于耕者,长沮、桀溺耦而耕是也……吾友俞好问之旧邻蔡道明,字子诚,自号'耕隐',其慕耕耦隐者欤? '但存方寸地,留与子孙耕',为此言者可谓知本矣,要使其后人长留得读书种子耳。吾老农也,曾无寸土可以施其锄镬,于耕隐盖不胜健羡,因书而归之。"④ 这是耕读最早的源头之一,

---

① (宋) 岳珂:《桯史》卷一五《李敬子》,吴企明点校,第178~179页。
② (宋) 赵孟坚:《彝斋文编》卷三《耕读堂记》,《景印文渊阁四库全书》第1181册,台湾商务印书馆,1986,第337页。
③ (明) 董斯张:《吴兴备志》卷一三《卫富益传》,《景印文渊阁四库全书》第494册,第433页。
④ (宋) 牟巘:《陵阳集》卷一四《耕隐说》,《景印文渊阁四库全书》第1188册,第128页。

至宋代更加普遍。如宋真宗时陕西隐士刘巽，"治《三传》，年老博学，躬耕不仕"。① 北宋中期的孔旼隐居汝州，"性孤洁，喜读书。有田数百亩，赋税常为乡里先"。② 既是孔子后裔，更是一个有文化守法令的农民。

二是耕读作为事业和生活方式。宋代土地私有化，就士大夫而言，无论什么出身，都离不开私人的土地。清人沈垚指出："宋太宗乃尽收天下之利权归于官，于是士大夫始必兼农桑之业，方得赡家，一切与古异矣。……未仕者又必先有农桑之业，方得给朝夕，以专事进取。于是货殖之事益急，商贾之势益重，非父兄先营事业于前，子弟即无由读书，以致身通显。是故古者四民分，后世四民不分……此宋元明以来变迁之大较也。"③ 士大夫阶层早已失去了世爵世禄，自己的官俸以外，还需要兼顾农商等业养家润身。至于一般士人，更是如此。如胡宪原本太学生，后"揖诸生归故山，力田卖药，以奉其亲"。④ 绍兴进士范良遂，"笔研不灵，卜筑江上，且耕且读，书与学俱晓。自号墨庄，有诗集刊于家，吴荆溪为序"。⑤ 与他相同的是南宋学者张邦基，失意后"归耕山间，遇力罢，释耒之垄上，与老农憩谈，非敢示诸好事也。其间是非毁誉，均无容心焉。仆性喜藏书，随所寓，榜曰'墨庄'"。⑥ 这些士人将耕读作为良好的归宿。远在广东沿海的南恩州莫家，从南宋末期开始一直践行这一模式："宋至嘉定间，而天祐公又赐进士及第，称世家矣。载传世而生阿玖公，始迁恩州那西村，以耕读为业，世有隐德"⑦，将耕读作为世代相传的事业。

三是作为奋发图强的起点和形式。更多的情况是士人不得不边耕作边读书，寻求出路。正如晁补之所言，这是宋代最为普遍的现象："补之尝游于齐、楚之郊，见夫带经而耕者，莫非求仕也。"⑧ 都是农家子弟为了

---

① （宋）王辟之：《渑水燕谈录》卷四《高逸》，吕友仁点校，第52页。
② （元）脱脱等：《宋史》卷四五七《孔旼传》，第13435页。
③ （清）沈垚：《落帆楼文集》卷二四《费席山先生七十双寿序》，第311~312页。
④ （元）脱脱等：《宋史》卷四五七《胡宪传》，第13463~13464页。
⑤ （宋）边实：《咸淳玉峰续志·人物》，《宋元方志丛刊》，中华书局，1990，第1103页。
⑥ （宋）张邦基：《墨庄漫录·作者自序》，孔凡礼点校，第15页。
⑦ （明）陈臣忠：《莫象泉迁葬墓志铭》，（清）林星章主修《（道光）新会县志》卷一二《金石》，《中国方志丛书》，台北成文出版社有限公司，1966，第376页。
⑧ （宋）晁补之：《鸡肋集》卷五二《上杭州教官吕穆仲书》，《四部丛刊初编》，上海书店，1989，第2页。

改变命运，通过读书参加科举而入仕，是"鲤鱼跳龙门"式的拼搏形式。

2. 农民的耕读

最重要的是第二类，即农民的耕读，这是新的主体或基础。

耕读模式是由两种行为组成，也是由两个阶层实践，因而有两方面的意思：一是自上而下的，士大夫不以耕种为耻，读书之余经营农业；二是自下而上的，农民不以读书为无用，不以读书为不可能，耕作之余自己读书或督导子弟读书。第一层意思在宋代已经毫不值得赞赏，因为早已不是孔夫子时代读书人大都能够做官，而是大都不能做官，况且连商人也早就"以末致富以本守之"，农耕是本，是历代的基本国策，至少在理论上任何一个阶层也不敢轻视。耕读模式最有价值的内涵，就是占人口绝大多数的农民纷纷读书，即自下而上的读书热潮。

宋代还出现一个与耕读一词相关的新词："识字农。"如陈著："世多多才翁，谁识识字农"①，陆游也云："颓然静对北窗灯，识字农夫有发僧。"② 北宋苏轼早有"吏民莫作长官看，我是识字耕田夫"的提法。③虽然都是士大夫耕读的自况，但反映了文化下移进程中，文化模糊了士农的阶层界限，读书识字的农夫也确实众多。

宋末元初的黄应螽云："尧夫被儒衣，耕叟辟家塾"④，道出了宋代许多农民学文化、有文化的真实气象。例如"田父龙钟雪色髯，送儿来学尚腰镰"。⑤ 梅尧臣言潍州北海县"农锄多带经"。⑥ 具体例子如北宋洛阳富裕农民王德伦，全家六口都识字：他"常于孟春读诵《金刚经》数千遍……尝读《大戴礼》，觊取青紫于世……购藏经籍，以训子孙为务。"

---

① （宋）陈著：《本堂集》卷八《戴帅初九日无憀以满城风雨近重阳为韵七首袖而示余因次其韵》，《景印文渊阁四库全书》第 1185 册，第 44 页。

② （宋）陆游：《陆游全集校注·剑南诗稿校注》卷二〇《南省宿直·又》，钱仲联校注，第 323 页。

③ （宋）苏轼著，（清）王文诰辑注《苏轼诗集》卷三〇《庆源宣义王丈……为老人光华》，孔凡礼点校，中华书局，1982，第 1581 页。

④ （元）黄应螽等：《秀山霜晴晚眺与赵宾旸黄惟月连句》，（明）程敏政辑撰《新安文献志》卷五八，何庆善、于石点校，黄山书社，2004，第 1392 页。

⑤ （宋）陈思编，（元）陈世隆补《两宋名贤小集》卷三三一，陈鉴之：《东斋小集·题村学图》，《景印文渊阁四库全书》第 1364 册，第 605 页。

⑥ （宋）梅尧臣：《梅尧臣集编年校注》卷二七《送董著作知北海县》，朱东润编年校注，第 971 页。

有子四人，一人"翼习《毛诗》，学究志业"，一人"亦常专经，止于中道"，一人进士及第入仕，一人"幼读诗礼"后"废书而置产"。他的妻子也读书识字："常说孟母择邻之事，以晦诸子，又好看《多心经》。"①可谓典型的耕读之家。北宋后期的毛滂自言其家三代耕读不辍："某本田舍家，自父祖皆昼耕锄，夜诵书。"② 常德府富农余翁，家中专有书房："家岁收谷十万石……庆元元年六月，在书室诵经。"③ 两宋之际的张守指出："中上之户稍有衣食，即读书应举，或入学校。"④ 在文风浓郁、教育发达地区，相当一部分人家都是如此。如叶适所说："今吴、越、闽、蜀，家能著书，人知挟册，以辅人主取贵仕。"⑤ 具体如福建，"闽俗户知书"，连被差点为乡兵的人，也"大抵举子也"。⑥ 其中建州有半数农民家庭已是半耕半读："山川奇秀，土狭人贫，读且耕者十家而五六。"⑦ 读书识字只是生活的需要，未必非要参加科举，也就是说，读书成为一种文化需求的自觉。

3. 以耕读为人生乐事

把耕读当作人生快乐之事，是耕读文化普及流传的前提之一和内在因素。吕午在《李氏长春园记》中指出：

> 人生天壤间，有屋可居，有田可耕，有园池台榭可以日涉，有贤子孙诵诗读书，可以不坠失家声，此至乐也，而纡朱怀金不与焉。顾能备是乐，极鲜。……间有高堂大厦，绚丽靓深，西陌东阡，日增月广，园囿景物之可纵所，如兰玉绳艺之相为辉映，岂不可乐？而缓役于富贵利达，如蜗牛升高而不疲，蜩蝒好上而不已，卒于钟鸣漏尽，

① （宋）王景：《大宋赠大理评事太原王公（德伦）墓志铭并序》，载郭茂育、刘继保《宋代墓志辑释》，第133页。
② （宋）毛滂：《毛滂集》卷八《重上时相书·又》，周少雄点校，第249页。
③ （宋）洪迈：《夷坚志·甲志》卷七《查市道人》，何卓点校，第60页。
④ （宋）张守：《毗陵集》卷三《论措置民兵利害札子》，刘云军点校，第36页。
⑤ （宋）叶适：《叶适集·水心文集》卷九《汉阳军新修学记》，刘公纯、王孝鱼、李哲夫点校，第140页。
⑥ （宋）程俱：《北山小集》卷三四《故武功大夫昭州团练使骁骑尉徐公行状》，徐裕敏点校，第597页。
⑦ （宋）胡寅：《斐然集》卷二一《建州重修学记》，容肇祖点校，第442页。

> 未尝得一日少安厥居，载美酒、逐清景以自乐其乐者，亦可怜已。①

有田可耕，有子孙读书，就是人生难得的乐事，胜过荣华富贵。李日升"平居不易言，不以事不造公寺，喜读书，乐于耕事"。②既喜欢读书，又喜欢耕作，就是不喜欢与官府打交道。南宋中期的莆田人方审权：

> 少抱奇志，从伯父特魁镐仕江湖，所至交其豪隽。及归，慨然罢举。家有善和之书、东冈之陂，汾曲之田。君曰："吾读此耕此足了一生矣。"始者人疑其功名顿挫愤悱而然，既而久幽不改，以至大耋，安之如一日……君博古通今，父子皆能诗，有《真窖》、《听蛙》二集。其志业不少概见于世者，皆于诗发之。③

科举失利后，遂安心耕读终生，那些远大志向则通过诗歌发泄。如湖州人张维：

> 少年学书，贫不能卒业，去而躬耕以为养。善教其子，至于有成。平居好诗，以吟咏自娱。浮游闾里，上下于溪湖山谷之间，遇物发兴，率然成章，不事雕琢之巧，采绘之华，而雅意自得。徜徉闲肆，往往与异时处士能诗者为辈。盖非无忧于中，无求于世，其言不能若是也。④

这些都是以耕读为快乐人生的事例，意味着耕读生活对士人很有吸引力，已是时髦，可谓"孔颜乐处"现实主义的升级版，既乐于读书寻道，又乐于耕作养身。

---

① （宋）吕午：《竹坡类稿》卷二《李氏长春园记》，《续修四库全书》第1320册，上海古籍出版社，2002，第218~219页。
② （宋）员兴宗：《九华集》卷二一《李日昇墓志铭》，《景印文渊阁四库全书》第1158册，第180页。
③ （宋）刘克庄：《后村先生大全集》卷一六一《方隐君》，王蓉贵、向以鲜校点，刁忠民审定，第4133、4134页。
④ （宋）周密：《齐东野语》卷一五《张氏十咏图》，张茂鹏点校，第279页。

4. 耕读习俗形成

耕读不仅是个人爱好，还成为社会风俗。如抚州"其民乐于耕桑，其俗风流儒雅，乐读书而好文词，人物多盛"①，是良性循环的典型地区。南宋后期抚州邹家，"傅至余凡九世，世以儒为业"。第十世邹应孙"年方十岁，已能作小赋"。② 则是自宋初开始，十代子孙都读书。

陆游有诗云："农畴兴未耜，家塾盛诗书。"③ 反映了家乡越州的耕读盛况。具体情况是，冬季农闲，农家开始了另一种繁忙即延师教子。陆游诗云：

> 十月东吴草未枯，村村耕牧可成图。
> 岁收俭薄虽中熟，民得蠲除已小苏。
> 家塾竞延师教子，里门罕见吏征租。
> 老昏不记唐年事，试问元和有此无？④

都是描述和倡导耕读之风，并认为前代无此习俗，是宋代新兴。刘克庄说："闽人务本亦知书，若不耕樵必业儒。"⑤ 务本知书即耕读的统一，已经十分普遍。新一轮的兼并在这种背景下兴起："古者士则不稼，大夫不为园夫红女之利，今者公卿大夫兼并连阡陌。"⑥ 特点就是士大夫热衷于买地耕种。宋政府"不抑兼并"，实行土地私有制，就是适应了这一潮流。

宋代虽然还未出现"耕读传家"一词，但这个理念已然形成。具体事例，如苏辙在给诸子的诗中写道：

① （宋）祝穆撰，祝洙增订《方舆胜览》卷二一《抚州·风俗》，施和金点校，第373~374页。
② （宋）邹大宇：《宋故邹子墓记》，朱明歧、戴建国主编《明止堂藏宋代碑刻辑释·墓志》，第211页。
③ （宋）陆游：《陆游全集校注·剑南诗稿校注》卷八〇《春近》，钱仲联校注，第114页。
④ （宋）陆游：《陆游全集校注·剑南诗稿校注》卷六〇《书喜·又》，钱仲联校注，第381页。
⑤ （宋）刘克庄：《后村先生大全集》卷一二《泉州南郭二首》，王蓉贵、向以鲜校点，刁忠民审定，第341页。
⑥ （宋）陈舜俞：《都官集》卷七《说农》，《景印文渊阁四库全书》第1096册，第484页。

般柴运水皆行道，挟策读书那废田？

兄弟躬耕真尽力，乡邻不惯枉称贤。

裕人约己吾家世，到此相承累百年。①

表明其家已有百年的耕读传统。南宋前期舒邦佐的传家训词中，就有"后世子孙，优必闻于诗礼，勤必苦于耕读。教子择姻，慎终追远"。② 显然就是耕读传家的意思。陆游说得更直接："力稼输公上，藏书教子孙。"③ 类似例子很多，如黄岩赵十朋有诗云："四枚豚犬教知书，二顷良田尽有余。鲁酒三杯棋一局，客来浑不问亲疏。"本人是"贤士"，家有两顷农田，四个儿子都读书。王十朋"亦有东皋二顷，两子皆学读书"，作诗云："薄有田园种斗升，两儿传授读书灯。"④ 陆游晚年在家乡当"识字农"时，有诗云：

大布缝袍稳，干薪起火红。

薄才施畎亩，朴学教儿童。

羊要高为栈，鸡当细织笼。

农家自堪乐，不是傲王公。

诸孙晚下学，髻脱绕园行。

互笑藏钩拙，争言斗草赢。

爷严责程课，翁爱哺饴饧。

富贵宁期汝？他年且力耕。⑤

---

① （宋）苏辙：《栾城集·三集》卷一《示诸子》，曾枣庄、马德福校点，第 1466 页。

② （宋）舒邦佐：《双峰先生存稿》卷一《训后》，《续修四库全书》第 1318 册，上海古籍出版社，2002，第 272 页。

③ （宋）陆游：《陆游全集校注·剑南诗稿校注》卷五五《题斋壁·又》，钱仲联校注，第 220 页。

④ （宋）王十朋著，梅溪集重刊委员会编《王十朋全集·诗集》卷一六《黄岩赵十朋贤士也有诗云四枚豚犬教知书二顷良田尽有余鲁酒三杯棋一局客来浑不问亲疏予亦有东皋二顷两子皆学读书客至则弈棋饮酒遂用赵君诗意成一绝》，第 274 页。

⑤ （宋）陆游：《陆游全集校注·剑南诗稿校注》卷七八《农家》《农家·又》，钱仲联校注，第 51、53 页。

从诗中可以看出，其所教后代子孙的人生目标并不是科举入仕，而是做有文化的农民。刘攽诗云："小来读书非为名，约身不肯游公卿"①，同样不是为了科举而读书。

一般而言，读书求知目的有三：知识改变命运，知识服务生活，知识提升身心。事实上，读书大多不能改变命运，但可以改变生活方式，提高生活质量。如张邦炜先生所言："宋代读书人的学习目的是多元的，其中较为常见的大致有以下三种。一是为谋生而读书。二是为做官而读书，三是为救世而读书。"② 这是宋代与前代不大相同的亮点，也是耕读文化成熟的标志之一。

中国古代耕读传家的理念从宋代开始确立并普及，是宋代民众文化水平高起点的基础。在宋人看来，耕与读都是人生的必需品，其中耕是生存的需要，读是发展的需要；耕是本分，是物质需要；读是更新，是精神需要。目的是既学做人，又学谋生。基本生活环境改善之后，宋人对精神生活的需要更加强烈，也就是农民对文化的需求上升，主要还是为了子孙的发展和家庭生活质量的提高、社会地位的提升。如黄震说：

> 人若不曾读书，虽田连阡陌，家赀巨万，亦只与耕种负贩者同是一等齐民。③

意思是农民应当读书，否则土地再多也只是普通百姓，读书的农民才有品位。文彦博甚至明确指出："则知富于文者，其富为美；富于财者，其富可鄙。"④ 推崇精神财富，蔑视物质财富。流传至今的俗话"三代不读书，不如一窝猪"，就是民间对耕读或农民读书的强调。更深入普通农民人心的是卜算文化，北宋邵雍辑录的古代占梦书中对此有明确的态度：梦见

---

① （宋）刘攽：《彭城集》卷七《初调江阴主簿》，逯铭昕点校，第147页。
② 张邦炜：《君子软？粪土软？——关于宋代士大夫问题的一些再思考》，《人文杂志》2013年第7期。
③ （宋）黄震：《黄震全集·黄氏日钞》卷七八《又晓谕假手代笔榜》，张伟、何忠礼主编，第2197页。
④ （宋）文彦博：《文彦博集校注》卷二《多文为富赋》，申利校注，第48页。

"耕田读书，大吉。占曰：且耕且读，务本之象。必名利双全，大富大贵也。"[①] 此书虽据传为晋代葛洪编撰，实际上前此并无文字等痕迹，即并未在社会中起作用。只有在宋代适宜的环境中，才能广为流传。

在理论上，历史进程证明，孔孟耕读分离的主张不符合社会实际和历史发展，宋代"朝为田舍郎，暮登天子堂"的社会现实，在一定程度上消融了士农界限。更关键的是，耕读合一理念与习俗的形成，是对孔子耕读分离的公然反叛与不屑，确属宋人大胆解放思想的表现。

耕读文化的关键是读，全国范围内，不读而耕者毕竟是大多数，读而耕者，通常多见于文风昌盛的地方。

（四）宋代耕读文化的效应

耕读模式是体力劳动与脑力劳动结合，意味着二者的相辅相成。宋代历史证明了这些辉煌成就，在此主要提示三个方面。

1. 促进文化发展

对知识分子和文化而言，耕作的实践有利于思维的创新和学问、创作题材与水平的提高。例如济州士人邓御夫，"隐居不仕，尝作《农历》一百二十卷，言耕织、刍牧、种莳、括获、养生、备荒之事，较之《齐民要术》尤为详备。济守王子韶尝上其书于朝"。[②] 成为由实践经验上升到理论的农学专家。其他如陈翥、邓御夫、陈旉、胡融、陈景沂等在乡间躬耕自食，同时撰写农书以总结生产经验，从而"把私人农学传统推到了一个新的阶段"。[③] 如陈翥写出世界第一部研究泡桐的专著《桐谱》，刘蒙著成世界第一部菊花专著《菊谱》等。宋哲宗时，太和县致仕官员曾安止著《禾谱》，苏轼称赞"温雅详实"，并希望有部农具专著；百余年后，曾安止的侄孙耒阳令曾之谨遂著《农器谱》三卷，记述了耒耜、耨镈、车戽、蓑笠、铚刈、条篑、杵臼、斗斛、釜甑、仓庾等十项，"皆考之经传，参合今制，无不备者"。[④] 有学者认为，《禾谱》是中国历史上

---

① （宋）邵雍纂辑，（明）陈士元增删，（明）何栋如重辑《梦林玄解》卷三《梦占·田园》，《续修四库全书》第 1063 册，上海古籍出版社，1996，第 682 页。
② （宋）张邦基：《墨庄漫录》卷一〇《邓从义作农历》，孔凡礼点校，第 274 页。
③ 曾雄生：《中国农学史》，福建人民出版社，2008，第 352 页。
④ （宋）周必大：《周必大集校证》卷五四《曾氏农器谱题辞》，王瑞来校证，第 800 页。

第一部关于水稻栽培的专著；与唐代陆龟蒙六百余字、记述农具四种的《耒耜经》相比，《农器谱》是中国历史上第一部真正意义上的有关农具的专著，并直接影响到元代王祯的《农书》。① 有学者统计宋代农书 141 部，而唐代及以前历代农书总计也不超过 80 部，足见宋代是传统农学迅猛发展的时代。② 这正是耕读文化结出的精神文明硕果。

最典型的人物是两宋之际的陈旉。他一生隐居躬耕在淮南的西山，是位饱学之士。

> 西山陈居士，于六经诸子百家之书，释老氏黄帝神农氏之学，贯穿出入，往往成诵，如见其人，如指诸掌。下至术数小道，亦精其能，其尤精者易也。平生读书，不求仕进，所至即种药治圃以自给。③

针对"士大夫每以耕桑之事为细民之业，孔门所不学，多忽焉而不复知，或知焉而不复论，或论焉而不复实"的耕读分离状况，他立志隐居耕读，著《农书》三卷："此盖叙述先圣王撙节爱物之志，固非腾口空言，夸张盗名，如《齐民要术》《四时纂要》迂疏不适用之比也。实有补于来世云尔。"④ 多年的亲身实践，使其发现前代名著《齐民要术》等的"迂疏不适"。书中有不少突出特点，至今被称为"我国第一流古农书之一"。⑤ 绍兴年间完成《农书》后，正招抚难民垦辟荒地的知真州洪兴祖如获至宝，"取其书读之三复，曰：'如居士者，可谓士矣。'因以仪真劝农文附其后，俾属邑刻而传之"。⑥ 作为首批耕读的农学家，他是耕读文化的杰出代表，在耕读文化确立过程中起到标志性作用。

另一突出事例和成果，是农事诗的兴盛。有关研究表明，农事诗自

① 曾雄生：《宋代耒阳县令曾之谨对于中国农耕文化的贡献》，许焕杰主编《神农创耒与农耕文明》，岳麓书社，2004，第 148、149、154 页。
② 邱志诚：《宋代农书考论》，《中国农史》2010 年第 3 期。
③ （宋）陈旉：《陈旉农书校注》，《洪兴祖后序》，万国鼎校注，第 63 页。
④ （宋）陈旉：《陈旉农书校注》，《陈旉自序》，万国鼎校注，第 22 页。
⑤ 万国鼎：《〈陈旉农书〉评价》，（宋）陈旉：《陈旉农书校注》，万国鼎校注，第 20 页。
⑥ （宋）陈旉：《陈旉农书校注》，《洪兴祖后序》，万国鼎校注，第 63 页。

《诗经》以后，一直呈滑坡趋势，到了宋代则一跃升上顶峰，当时农事诗竟成为一种时髦风尚，涌现了各具特色的流派。① 宋代农事诗的创作异军突起，成为宋代最引人注目的一类诗作。② 这些成就都是耕读文化的产物，丰富了诗歌的题材和内容，使之更接地气，更有内涵，也使农业情况更多、更具体地传播于士大夫阶层，使之更受关注。

2. 促进农业发展

知识、知识分子大量进入农业生产领域，直接服务耕作，增添了农业生产的文化含量，促进了农业发展。如前所述，传统农学专著纷纷刊印发行，普及了农业知识、推广了先进经验，对农业生产的改善和效率提高，有长远而普遍的影响。另外要指出的是，知识分子直接从事生产活动，也取得了优异效果。典型如南宋初期四川文人苏云卿，隐居在南昌耕作。

> 披荆畚砾为圃，艺植耘荴，灌溉培壅，皆有法度。虽隆暑极寒，土焦草冻，圃不绝蔬，滋郁畅茂，四时之品无阙者。味视他圃尤胜，又不二价，市鬻者利倍而售速，先期输直。夜织屦，坚韧过革舄，人争贸之以馈远。③

他开辟荒地种植蔬菜，以渊博的知识功底和聪颖能干，很快成为种植高手，无论冬夏均有蔬菜上市，而且品质优良，深受市场欢迎，以至于商贩们提前付款订货。意味着其无论技术手段还是经营理念，都是非常先进的。例如冬季蔬菜的商业化种植，是如何营造像现代塑料薄膜大棚那样既温暖又光线充足的环境的呢？耕读结合，提高了生产、经营水平和产品质量，又丰富了文化的实践经验。

北宋中期，抚州人周育少年时，"与仲兄奕俱自进于学问，尝试于有司矣"。后来他认为："学者所以为忠与孝也。……吾义不可以去其亲。

① 何玉兴：《论宋代农事诗的史料价值》，《渤海学刊》1990 年第 4 期。
② 朱刚：《从类编诗集看宋诗题材》，《文学遗产》1995 年第 5 期。
③ （元）脱脱等：《宋史》卷四五九《苏云卿传》，第 13459 页。

遂相与归田而专以耕养为事。周氏之产既甚薄，由此两人者，然后家益给。"① 以读促耕，以知识的力量发展农业而致富。稍后的洛阳人宁龚，善文通经，曾四次发解礼部考试而未中，他"练达农事，治生产，有条理。宁氏甚贫，有田久废，荒榛茂林，委墟豺虎者，积数十年，虽土人亦不以为可耕"。但经他"一日发之，尽斩其木，辟为新田，由是族食一仰于此"。② 农业生产知识胜过老农，把不可种植的荒废土地改造成全族仰食的良田，一举脱贫。北宋末期江阴人曹础，"数试进士不合，则刻意治生产业"，不久"衣食滋殖，治居第园，馆延宾客无虚日"③，由读转耕，获得成功。两宋之际的宜黄县人邹陶，其父虽为官，但"傫贫，不治生产，既没，无田庐以归"，邹陶"昼躬耕，夜读书，虽邻里莫见其面……韬涊自晦，不愿人知之，人亦无知之者。以耕以养，遂丰其家。清净寡欲，恭俭好礼，布衣蔬食，不改于旧。鬻书数千卷，迎师教子，挥金发粟无所计惜"。其弟邹陔幼年读书，率试不中，叹道："吾屈首受书，为五斗米耳，况忍穷耐老，望望而未可得耶？就如视田，不用积功次，可一奋而取二千石。'于是筑室反耕，不数年，赀聚沛然，遂至千金。顾谓二子曰：'吾读书属文词不落人后，而贫窭无簠簋之蓄……今有产庐以舍汝，有田园以饮汝，汝曹勉读文书，无落吾事。'已乃辟屋数楹，聚书其中，招聘名儒为师，而二子者彬彬焉一乡秀出之士。"④ 兄弟二人都是通过耕读发家致富，并使其家成为书香门第。南宋初临江军新淦人陈瑗，世代为农，"公自幼敏悟，读书了大义。及冠，干蛊有裕。年甫强壮，适丁靖康扰攘之际，乃嘉逐林泉，无干禄意，思所以绍前人者莫若广田畴、多蓄积，于是勉力治生，未几，产业倍之"。⑤ 因有文化，致力于农业生产，使家产成倍增长，体现了文化的力量，彰显了知识就是财富的道理。

---

① （宋）李夔：《周育墓志》，载何新所编著《新出宋代墓志碑刻辑录（北宋卷）六》，第121页。
② （宋）佚名：《宁龚墓志》，载何新所编著《新出宋代墓志碑刻辑录（北宋卷）六》，第160页。
③ （宋）张守：《毗陵集》卷一二《右通直郎曹君墓志铭》，刘云军点校，第174页。
④ （宋）孙觌：《鸿庆居士集》卷三七《宋故邹府君志新墓志铭》，《宋故邹府君志南墓志铭》，《景印文渊阁四库全书》第1135册，第408~409页。
⑤ （宋）吴浩然：《宋故陈公墓志铭》，载朱明歧、戴建国主编《明止堂藏宋代碑刻辑释·墓志》，第67页。

3. 促进文化普及

对社会影响最深刻的，是促使了文化普及到农家。正如北宋朱长文所谓：

> 虽濒海裔夷之邦，执末垂髫之子，孰不抱籍缀辞以干荣禄，褒然而赴诏者，不知其几万数，盖自昔未有盛于今也。①

所言"执末垂髫之子"，就是农家儿童。除了一心想通过科举入仕的大众以外，非功利目的的识字读书者颇多。如会稽陈姓老人，生三子，有孙数人，"皆业农……子孙但略使识字，不许读书为士"。② 宣和末，河北"有村民颇知书，以耕桑为业……其家甚贫"。③ 有的农家送子弟入学校读书，仅是为了应付官府的差役："学书意识偏傍，与门户充县官役足矣。"④ 这正是小农家庭务实性的体现。同时，有文化才能服差役，说明差役的文化含量提高了。而宋代一般是三等以上人户才服差役，正是这些人户有读书的必要："中上之户稍有衣食，即读书应举，或入学校。"⑤ 在文风浓郁的东南地区更是普遍，如邵武军"力农重谷。然颇好儒，所至村落皆聚徒教授"。⑥ 读书成为农家风俗，体现了耕读文化的普及。

当然，耕读文化的效应绝不止于此，对官员的政治理念、治国行为等也有不小的影响。北宋士大夫周伯坚云家人因其孤身且年老在外做官，劝其置一女子"侍饮食汤药，图其安逸"。他拒绝道："自幼年力耕凿，孤贫读书，历尽艰苦，而执志期于粗有所树立。而今幸亦为人所见爱，苟或如此，是弃忘其初心也。"⑦ 他耕读起家，贫苦出身，立志成才，至老不

---

① （宋）朱长文撰，朱思辑《乐圃余稿》卷六《苏州学记》，《景印文渊阁四库全书》第1119册，第29页。
② （宋）陆游：《陆游全集校注·渭南文集校注》卷二三《陈氏老传》，马亚中校注，第54页。
③ （宋）洪迈：《夷坚志·甲志》卷一《三河村人》，何卓点校，第3页。
④ （宋）李新：《跨鳌集》卷二〇《上王提刑书》，《景印文渊阁四库全书》第1124册，第563页。
⑤ （宋）张守：《毗陵集》卷三《论措置民兵利害札子》，刘云军点校，第36页。
⑥ （宋）王象之：《舆地纪胜》卷一三四《邵武军·风俗形胜》，李勇先校点，第4228页。
⑦ （宋）王钦臣：《王氏谈录·不置侍婢》，储玲玲整理，载《全宋笔记》第3编第3册，第29页。

忘初心，反对奢侈。

　　总之，耕读文化自从宋代确立以来，在历史上产生了重大影响，当代学者对耕读文化予以高度评价。认为耕读文化"在中国传统文化中具有普遍的道德价值趋向，是古代知识分子追求独立意识的精神寄托"。① "对于读书之人来说，耕读生活是他们最基础的生存形态。"同时敏锐地注意到这一文化形态确立于宋代："班固描绘的耕养之道的蓝图被南宋士绅践行了"②；"耕读传家是乡土中国生活观念的底色……耕读传家观念内涵的丰富和发展，与理学的塑造有着相当深刻的内在关联。……在理学重新塑造后的人生信条中，耕读传家成为致太平事业的起点，读书受到了空前的重视……它继续演进、发展，最终凝定为乡土中国的基本生活观念，对后世影响深远"。③ 所言不乏真知灼见，但限于所论主旨，完全是从士大夫角度看问题，没有注意到广大农民起到的决定性作用，也没有看到北宋的盛况。

　　耕读文化由此成为中华文明的一个重要组成部分，在宋以来的古代后期意识形态和生产领域中发挥了很大作用。遍及农家的对联"耕读传家久，诗书继世长"流传至今，就表明耕读文化普及和深入人心的程度。所有这些，都是宋文化的历史贡献。

余　论

　　耕读文化源远流长，由零星的隐士行为发展为广大的士人行为，扩展为普通的农家行为，从特殊现象到普遍的人生信念、生活模式、价值趋向，如同从幕侧伴奏的笛声到舞台中央的交响乐。具体来说，对农家而言，读书不再是奢侈品，而成为必需品；对士人而言，耕读不仅是科举必需，也是生活乐事。这一强化与转变，完成于宋代。这与宋代农学大发展，成为北魏以来传统农学发展的一个新高峰正相一致。

　　耕读统一才能形成耕读文化。耕读文化是文化普及和可持续发展的深

① 张金凤：《由"耕读"铭文瓦当谈耕读文化——兼论对中国传统文化之影响及现实意义》，《文物鉴定与鉴赏》2018 年第 8 期。

② 刘培：《耕读传家观念与士绅文化形态——以南宋文学中岩桂意象的生成为中心》，《吉林大学社会科学学报》2018 年第 6 期。

③ 刘培：《耕读传家观念的重塑与强化——以南宋中后期辞赋为中心》，《中山大学学报》（社会科学版）2018 年第 5 期。

化形态，把文化融进社会不可或缺的生产活动并与之并列，号召士人像重视读书一样重视农业，号召农民像重视生产一样重视文化。正如两宋之际的李石，在眉州劝谕百姓耕读结合时所云："俾田与孝同力，稼与学并兴。"① 这种体力劳动与脑力劳动结合、精神文明与物质文明并举的模式，既是生产模式，也是生活模式，广大士子因而有了实实在在的起点和落脚点，广大农家子弟因而有了文化武装和希冀，使农业文化有了新发展，使文化与农业较好结合，对于民族文化素质的提高更是具有直接且深远的作用。特别要指出的还有，耕读模式增强了阶层之间的对流性和代际的流动性，一定程度上消弭了社会的代际焦虑，使底层农家子弟有了长期发展愿景。是为宋代社会经济文化大发展的产物，经宋人的确立宣扬，遂成为优良传统的经典，是中国古代后期一种标准的生活模式，可谓农耕文化的升级版，是中华文明的一次更新与完善。其阶层结果，就是造就了明清的乡绅。

但是，耕读文化也有不可避免的局限性，从后代的历史情况来看不能评价过高。

首先，政治上并未产生积极影响。耕读文化是一条固定的上下通道，其理想状态是既通天又接地。实际上，从明清时代的流行情况看，上下垂直的动态并没有质量的变化，并未能打通传统文化发展的"任督二脉"。美化成田园诗的耕读文化顺从并固化了农耕思维，耕读的百姓有了自我修复能力，相应地也顺从并强化了君主专制主义，使之稳稳地落实在农耕大地，如系舟之锚，牢牢固定在大地，专制主义之舟从此只有前后左右的飘荡，中国政治不再航行前进。正如陈旉所言：

> 知夫圣王务农重谷，勤勤在此，于是见善明而用心刚，即志好之，行安之，父教子习，知世守而愈励，不为异端纷更其心，亦管子分四民，群萃而州处之意也。②

---

① （宋）李石：《方舟集》卷一八《眉州劝农文》，《景印文渊阁四库全书》第 1149 册，第 749 页。

② （宋）陈旉：《陈旉农书校注》，《陈旉后序》，万国鼎校注，第 62 页。

世守而愈励的耕读文化，目的就是"不为异端纷更其心"，可谓一语道破。故而，耕读文化只能改变个别农民的命运，不能改变农民群体的命运。中国古代的传统文化，直到西学东渐之前再也没有大变化。因为普及的耕读人家主体，已经不是以往少数自由自在的隐耕士人，而是农村士绅和农民，从"野生"到"圈养"，失去了独立人格，落入世俗的牢笼；况且，经过理学强化的耕读文化贯彻着孔孟之道，不可能滋生新思想、新文化。

其次，农民的社会地位并未因此提高。耕读文化尽管强调"耕读"并重，但重的实际是农业和士大夫，士农地位依然有天壤之别，这些自是不须论证的史实。在官方和士大夫眼中，农民与文盲没有多大区别，唯乡绅在明清崛起。况且，几乎与耕读文化确立的同时，民间出现了另一对立的观念："天子重英豪，文章教尔曹；万般皆下品，惟有读书高。"① 意思是士第一，下边没有第二第三第四，农工商等通通都是低贱的阶层，比孔孟耕读分离的理念有过之而无不及。这一恶劣观念的冲击，使耕读文化很难发挥积极作用。当然，这些反思都是题外话了。

近来李治安先生总结历史，提出了"耕战模式"概念。指出："自'商鞅变法'滥觞，基于授田和二十等爵的编民耕战，构成了秦汉以降近半帝制国家临民理政的主导性模式。它历经秦西汉的鼎盛、北朝隋唐赖'均田''府兵'及'租庸调'的再造复兴和明代'配户当差'为特色的最后'辉煌'，在两千年的历史舞台上表演不同凡响。作为马克思所云'行政权力支配社会'典型体现的编民耕战模式，重在对百姓及地主经济实施全面管控，尤以徭役、兵役沉重，故特名'耕战'。其目标是举国动员和富国强兵。"② 这一论断甚有识见，但宋代社会与之不同，不在"耕战模式"推行之列。那么，填补这一时代空间的，或许正

---

① （元）郑廷玉：《郑廷玉集·宋上皇御断金凤钗》，颜慧云、陈襄民校注，中州古籍出版社，1997，第 208 页。此句虽都说来自北宋汪洙的《神童诗》，宋代也确有此人，此人也确有《神童诗》，但在宋代文献并无此句的片言只语，最早见于元代戏曲。后人将《神童诗》与前后其他朝代的相关诗编为一卷，托名汪洙，流传甚广。

② 李治安：《秦汉以降的编民耕战政策模式初探》，《文史哲》2018 年第 6 期。

是"耕读模式"。并且由"耕战模式"的政府行为变为"耕读模式"的个人行为，由政治现象变为文化现象，因而更有生命力。实质与目标，却都是一样的。

2019 年 2 月 10 日第一稿
2019 年 9 月 22 日第二稿
2020 年 2 月 2 日第三稿
2020 年 2 月 27 日第四稿
2020 年 9 月 9 日第五稿
2021 年 2 月 18 日第六稿

参考文献

一 古籍：（以书名首字拼音为序）

A

《艾轩集》，（宋）林光朝，《景印文渊阁四库全书》第 1142 册，台湾商务印书馆，1986。

《安阳集》，（宋）韩琦，《景印文渊阁四库全书》第 1089 册，台湾商务印书馆，1986。

B

《白獭髓》，（宋）张仲文撰，胡绍文整理，《全宋笔记》第 8 编第 3 册，大象出版社，2017。

《白雨斋词话》，（清）陈廷焯，上海古籍出版社，2009。

《百宝总珍集（外四种）》，（宋）佚名等著，李音翰、朱学博整理校点，《宋元谱录丛编》，上海书店出版社，2015。

《宝庆四明志》，（宋）罗濬，《宋元方志丛刊》，中华书局，1990。

《宝真斋法书赞》，（宋）岳珂，《丛书集成初编》，中华书局，1985。

《北窗炙輠录》，（宋）施德操撰，虞云国、孙旭整理，《全宋笔记》第 3 编第 8 册，大象出版社，2008。

《北磵文集》，（宋）释居简撰，纪雪娟点校，《日藏稀见释家别集丛刊》，西南师范大学出版社，2016。

《北齐书》，（唐）李百药，中华书局，1972。

《北山集》，（宋）郑刚中，《景印文渊阁四库全书》第 1138 册，台湾商务印书馆，1986。

《北山小集》，（宋）程俱著，徐裕敏点校，人民文学出版社，2018。

《北溪字义》，（宋）陈淳著，熊国祯、高流水点校，中华书局，1983。

《北溪大全集》，（宋）陈淳，《景印文渊阁四库全书》第 1168 册，台湾商务印书馆，1986。

《本草衍义》，（宋）寇宗奭撰，颜正华、常章富、黄幼群点校，人民卫生出版社，1990。

《本堂集》，（宋）陈著，《景印文渊阁四库全书》第 1185 册，台湾商务印书馆，1986。

《碧鸡漫志校正》，（宋）王灼著，岳珍校正，巴蜀书社，2000。

《碧云集》，（南唐）李中，《四部丛刊初编》，上海商务印书馆，1926。

《避暑录话》，（宋）叶梦得撰，徐时仪整理，《全宋笔记》第 2 编第 10 册，大象出版社，2006。

《宾退录》，（宋）赵与时撰，齐治平校点，上海古籍出版社，1983。

C

《蔡襄集》，（宋）蔡襄著，（明）徐㷸等编，吴以宁点校，上海古籍出版社，1996。

《曹彦约集》，（宋）曹彦约著，尹波、余星初点校，四川大学出版社，2015。

《茶香室丛钞》，（清）俞樾，中华书局，1995。

《禅林僧宝传》，（宋）惠洪著，吕有祥点校，中州古籍出版社，2014。

《晁具茨诗集》，（宋）晁冲之，《丛书集成初编》，中华书局，1985。

《朝野类要》，（宋）赵升编，王瑞来点校，中华书局，2007。

《册府元龟》，（宋）王钦若等编，中华书局，1960。

《陈旉农书校注》，（宋）陈旉著，万国鼎校注，农业出版社，1965。

《陈傅良先生文集》，（宋）陈傅良著，周梦江点校，浙江大学出版社，1999。

《陈亮集》（增订本），（宋）陈亮著，邓广铭点校，中华书局，1987。

《陈耆卿集》，（宋）陈耆卿著，曹莉亚校点，浙江大学出版社，2010。

《郴行录》，（宋）张舜民撰，黄宝华整理，《全宋笔记》第8编第10册，大象出版社，2017。

《淳熙稿》，（宋）赵蕃，《景印文渊阁四库全书》第1155册，台湾商务印书馆，1986。

《春秋后传》，（宋）陈傅良，《景印文渊阁四库全书》第151册，台湾商务印书馆，1986。

《成都文类》，（宋）袁说友等编，赵晓兰整理，中华书局，2011。

《摛文堂集》，（宋）慕容彦逢，《景印文渊阁四库全书》第1123册，台湾商务印书馆，1986。

《耻堂存稿》，（宋）高斯得，《丛书集成初编》，中华书局，1985。

《赤城集》，（宋）林表民，《景印文渊阁四库全书》第1356册，台湾商务印书馆，1986。

《敕修百丈清规》，（元）德辉编，李继武校点，中州古籍出版社，2011。

《初寮集》，（宋）王安中，徐立群点校，《燕赵文库》，河北大学出版社，2017。

《春明梦馀录》，（清）孙承泽，北京古籍出版社，1992。

《春明退朝录》，（宋）宋敏求撰，诚刚点校，中华书局，1980。

《春渚纪闻》，（宋）何薳，张明华点校，中华书局，1983。

《淳熙三山志》，（宋）梁克家，李勇先校点，《宋元珍稀地方志丛刊》，四川大学出版社，2007。

《词苑萃编》，（清）冯金伯辑，《续修四库全书》第1733册，上海古籍出版社，2002。

《祠部集》，（宋）强至，《景印文渊阁四库全书》第1091册，台湾商务印书馆，1986。

D

《大金国志校证》，（宋）宇文懋昭撰，崔文印校证，中华书局，1986。

《大清一统志》，（清）穆彰阿、潘锡恩等纂修，上海古籍出版社，2008。

《戴表元集》，（元）戴表元著，陆晓冬、黄天美点校，浙江古籍出版社，2014。

《戴昺集》，（宋）戴昺撰，吴茂云校笺，《温岭丛书》，浙江大学出版社，2016。

《戴复古诗集》，（宋）戴复古著，金芝山点校，浙江古籍出版社，2012。

《丹阳集》，（宋）葛胜仲，《景印文渊阁四库全书》第 1127 册，台湾商务印书馆，1986。

《丹渊集》，（宋）文同，《四部丛刊初编》缩本，上海商务印书馆，1926。

《澹斋集》，（宋）李流谦，《景印文渊阁四库全书》第 1133 册，台湾商务印书馆，1986。

《（道光）宁都直隶州志》，（清）黄永纶、杨锡龄等纂修，《中国方志丛书》，台北成文出版社有限公司，1989。

《（道光）新会县志》，（清）林星章主修，《中国方志丛书》，台北成文出版社有限公司，1989。

《道山清话》，（宋）佚名撰，赵维国整理，《全宋笔记》第 2 编第 1 册，大象出版社，2006。

《道乡集》，（宋）邹浩，《景印文渊阁四库全书》第 1121 册，台湾商务印书馆，1986。

《叠山集》，（宋）谢枋得，《景印文渊阁四库全书》第 1184 册，台湾商务印书馆，1986。

《丁卯集笺证》，罗时进，江西人民出版社，1998。

《定斋集》，（宋）蔡戡，《景印文渊阁四库全书》第 1157 册，台湾商务印书馆，1986。

《东都事略》，（宋）王称撰，孙言诚、崔国光点校，齐鲁书社，2000。

《东谷所见》，（宋）李之彦撰，储玲玲整理，《全宋笔记》第 8 编第 4 册，大象出版社，2017。

《东京梦华录笺注》，（宋）孟元老著，伊永文笺注，中华书局，2006。

《东莱诗词集》，（宋）吕本中撰，沈晖点校，黄山书社，1991。

《东南纪闻》，（元）佚名撰，燕永成整理，《全宋笔记》第 8 编第 6 册，大象出版社，2017。

《东原录》，（宋）龚鼎臣撰，黄宝华整理，《全宋笔记》第 8 编第 9 册，大象出版社，2017。

《东坡志林》，（宋）苏轼撰，王松龄点校，中华书局，1981。

《东维子集》，（元）杨维桢，《景印文渊阁四库全书》第 1221 册，台湾商务印书馆，1986。

《东轩笔录》，（宋）魏泰撰，李裕民点校，中华书局，1983。

《洞霄图志》，（宋）邓牧编，《丛书集成初编》，中华书局，1985。

《都城纪胜》，（宋）耐得翁撰，汤勤福整理，《全宋笔记》第 8 编第 5 册，大象出版社，2017。

《都官集》，（宋）陈舜俞，《景印文渊阁四库全书》第 1096 册，台湾商务印书馆，1986。

《独醒杂志》，（宋）曾敏行著，朱杰人标校，上海古籍出版社，1986。

E

《鄂国金佗稡编续编校注》，（宋）岳珂编，王曾瑜校注，中华书局，2018。

《二程集》，（宋）程颢、程颐著，王孝鱼点校，中华书局，1981。

F

《繁胜录》，（宋）西湖老人撰，黄纯艳整理，《全宋笔记》第 8 编第 5 册，大象出版社，2017。

《范成大笔记六种》，（宋）范成大撰，孔凡礼点校，中华书局，2002。

《范太史集》，（宋）范祖禹，《景印文渊阁四库全书》第 1100 册，台湾商务印书馆，1986。

《范忠宣集》，（宋）范纯仁撰，（清）范能濬辑补，《景印文渊阁四库全书》第 1104 册，台湾商务印书馆，1986。

《范忠宣奏议》，（宋）范纯仁，《景印文渊阁四库全书》第 1104 册，台湾商务印书馆，1986。

《范仲淹全集》，（宋）范仲淹著，李勇先、王蓉贵校点，四川大学出版社，2002。

《方舆胜览》，（宋）祝穆撰，祝洙增订，施和金点校，中华书局，2003。

《方舟集》，（宋）李石，《景印文渊阁四库全书》第 1149 册，台湾商务印书馆，1986。

《斐然集》，（宋）胡寅撰，容肇祖点校，中华书局，1993。

《佛祖统纪校注》，（宋）志磐撰，释道法校注，上海古籍出版社，2012。

《浮溪集》，（宋）汪藻，《丛书集成初编》，中华书局，1985。

《复初斋文集》，（清）翁方纲，《近代中国史料丛刊》，台北文海出版社，1969。

《复斋先生龙图陈公文集》，（宋）陈宓，《续修四库全书》第 1319 册，上海古籍出版社，1993。

G

《高峰文集》，（宋）廖刚，《景印文渊阁四库全书》第 1142 册，台湾商务印书馆，1986。

《高僧传》，（南朝梁）释慧皎撰，汤用彤校注，汤一玄整理，中华书局，1992。

《古今考》，（宋）魏了翁撰，（元）方回续，《景印文渊阁四库全书》第 853 册，台湾商务印书馆，1986。

《古今小说》，（明）冯梦龙编，恒鹤等标校，上海古籍出版社，1992。

《归元直指集》，（明）释宗本，《续藏经》第 108 册，台北新文丰出版公司，1993。

《公是集》，（宋）刘敞，《景印文渊阁四库全书》第 1095 册，台湾商务印书馆，1986。

《姑溪居士前集》，（宋）李之仪撰，吴芾编，《景印文渊阁四库全书》第 1120 册，台湾商务印书馆，1986。

《（光绪）湖南通志》，（清）李瀚章、裕禄等编纂，《中国地方志集成》，省志辑·湖南6，凤凰出版社，2010。

《广川画跋》，（宋）董逌，《丛书集成初编》，中华书局，1986。

《归田录》，（宋）欧阳修撰，李伟国点校，中华书局，1981。

《鬼董》，（宋）沈某撰，唐玲整理，《全宋笔记》第 9 编第 2 册，大象出版社，2018。

《癸辛杂识》，（宋）周密撰，吴企明点校，中华书局，1988。

《贵耳集》，（宋）张端义撰，李保民校点，上海古籍出版社，2012。

《郭祥正集》，（宋）郭祥正撰，孔凡礼点校，黄山书社，1995。

《过庭录》，（宋）范公偁撰，孔凡礼点校，中华书局，2002。

H

《海陵集》，（宋）周麟之撰，周淮编，《景印文渊阁四库全书》第 1142 册，台湾商务印书馆，1986。

《海录碎事》，（宋）叶延珪，上海辞书出版社，1989。

《韩昌黎文集校注》，（唐）韩愈著，马其昶校注，上海古籍出版社，1986。

《韩非子集解》，（战国）韩非著，（清）王先慎撰，钟哲点校，《新编诸子集成》，中华书局，2018。

《汉书》，（汉）班固，中华书局，1962。

《何梦桂集》，（宋）何梦桂著，赵敏、崔霞点校，浙江古籍出版社，2011。

《鹤林玉露》，（宋）罗大经撰，王瑞来点校，中华书局，1983。

《鹤山集》，（宋）魏了翁，《景印文渊阁四库全书》第 1172 册，台湾商务印书馆，1986。

《珩璜新论》，（宋）孔平仲，《丛书集成初编》，中华书局，1985。

《横塘集》，（宋）许景衡，《景印文渊阁四库全书》第 1127 册，台湾商务印书馆，1986。

《鸿庆居士集》，（宋）孙觌，《景印文渊阁四库全书》第1135册，商务印书馆，1986。

《侯鲭录》，（宋）赵令畤撰，孔凡礼点校，中华书局，2002。

《后村先生大全集》，（宋）刘克庄撰，王蓉贵、向以鲜校点，四川大学出版社，2008。

《后汉书》，（南朝宋）范晔，中华书局，1965。

《后乐集》，（宋）卫泾，《景印文渊阁四库全书》第1169册，台湾商务印书馆，1986。

《后山居士文集》，（宋）陈师道，上海古籍出版社，1984。

《后山谈丛》，（宋）陈师道撰，李伟国点校，中华书局，2007。

《厚德录》，（宋）李元纲撰，朱旭强整理，《全宋笔记》第6编第2册，大象出版社，2013。

《虎钤经》，（宋）许洞，四库家藏，山东画报出版社，2004。

《华阳集》，（宋）王珪，《景印文渊阁四库全书》第1093册，台湾商务印书馆，1986。

《画继》，（宋）邓椿，人民美术出版社，1963。

《画墁录》，（宋）张舜民撰，汤勤福整理，《全宋笔记》第2编第1册，大象出版社，2006。

《淮海集笺注》，（宋）秦观著，徐培钧笺注，上海古籍出版社，2000。

《皇朝编年纲目备要》，（宋）陈均编，许沛藻、金圆、顾吉辰、孙菊园点校，中华书局，2006。

《皇宋通鉴长编纪事本末》，（宋）杨仲良，《宛委别藏》，江苏古籍出版社，1988。

《黄庭坚全集》，（宋）黄庭坚著，刘琳、李勇先、王蓉贵校点，四川大学出版社，2001。

《黄震全集》，（宋）黄震著，张伟、何忠礼主编，浙江大学出版社，2013。

《挥麈录》，（宋）王明清撰，燕永成整理，《全宋笔记》第6编第1册，大象出版社，2013。

J

《鸡肋》，（宋）赵崇绚撰，胡绍文整理《全宋笔记》第 8 编第 3 册，大象出版社，2017。

《鸡肋编》，（宋）庄绰撰，萧鲁阳点校，中华书局，1983。

《鸡肋集》，（宋）晁补之，《景印文渊阁四库全书》第 1118 册，台湾商务印书馆，1986。

《（嘉定）赤城志》，（宋）陈耆卿，中国文史出版社，2008。

《（嘉定）镇江志》，（宋）卢宪，中华书局，1990。

《（嘉靖）温州府志》，（明）张璁，《天一阁藏明代方志选刊》，上海古籍书店，1981。

《（嘉庆）连江县志》，（清）李菶修，章朝栻纂，《福建师范大学图书馆藏稀见方志丛刊》，北京图书馆出版社，2008。

《甲秀园集》，（明）费元禄，明万历刻本。

《甲申杂记》，（宋）王巩撰，戴建国、陈雷整理，《全宋笔记》第 2 编第 6 册，大象出版社，2006。

《建炎以来朝野杂记》，（宋）李心传，徐规点校，中华书局，2000。

《建炎以来系年要录》，（宋）李心传编撰，胡坤点校，中华书局，2013。

《涧泉日记》，（宋）韩淲撰，孙菊园点校，上海古籍出版社，1993。

《江行杂录》，（宋）廖莹中辑，李伟国整理，《全宋笔记》第 7 编第 8 册，大象出版社，2016。

《江湖小集》，（宋）陈起编，《景印文渊阁四库全书》第 1357 册，台湾商务印书馆，1986。

《江湖长翁集》，（宋）陈造，《景印文渊阁四库全书》第 1166 册，台湾商务印书馆，1986。

《蛟峰文集》，（宋）方逢辰，《景印文渊阁四库全书》第 1187 册，台湾商务印书馆，1986。

《角力记》，（宋）调露子，《丛书集成初编》，中华书局，1985。

《絜斋集》，（宋）袁燮，《景印文渊阁四库全书》第 1157 册，台湾商务印书馆，1986。

《戒子通录》，（宋）刘清之，《景印文渊阁四库全书》子部第703册，台湾商务印书馆，1986。

《金石萃编》，（清）王昶辑，北京市中国书店，1985。

《金石录校证》，（宋）赵明诚著，金文明校证，广西师范大学出版社，2005。

《金史》，（元）脱脱，中华书局，1975。

《近思录集解》，（宋）叶采集解，程水龙校注，中华书局，2017。

《晋书》，（唐）房玄龄，中华书局，1974。

《经韵楼集》，（清）段玉裁，《清代诗文集汇编》，上海古籍出版社，2011。

《景定建康志》，（宋）周应合，南京出版社，2009。

《景文集》，（宋）宋祁，《丛书集成初编》，中华书局，1985。

《景迂生集》，（宋）晁说之撰，（宋）晁子健编，《景印文渊阁四库全书》第1118册，台湾商务印书馆，1986。

《警世通言》，（明）冯梦龙，华夏出版社，2013。

《净德集》，（宋）吕陶，《景印文渊阁四库全书》第1098册，台湾商务印书馆，1986。

《靖康稗史笺证》，（宋）确庵、耐庵编，崔文印笺证，中华书局，1988。

《靖康要录笺注》，（宋）汪藻著，王智勇笺注，四川大学出版社，2008。

《九峰先生集》，（宋）区仕衡，《宋集珍本丛刊》，线装书局，2004。

《九国志》，（宋）路振，中华书局，1985。

《九华集》，（宋）员兴宗，《景印文渊阁四库全书》第1158册，台湾商务印书馆，1986。

《旧唐书》，（后晋）刘昫，中华书局，1975。

《旧闻证误》，（宋）李心传撰，崔文印点校，中华书局，1981。

《郡斋读书志校证》，（宋）晁公武著，孙猛校证，上海古籍出版社，2011。

《倦游杂录》，（宋）张师正撰，李裕民整理，《全宋笔记》第8编第

9 册，大象出版社，2017。

K

《（开庆）四明续志》，（宋）梅应发、刘锡纂修，《宋元方志丛刊》，中华书局，1990。

《康济谱》，（明）潘游龙辑，《四库禁毁书丛刊》史部第 7 册，北京出版社，1997。

《（康熙）靖州志》，（清）祝钟贤修，李大翥纂，《中国地方志集成》，湖南府县志辑（64），江苏古籍出版社、上海书店、巴蜀书社，2002。

《可书》，（宋）张知甫撰，孔凡礼点校，中华书局，1982。

《跨鳌集》，（宋）李新，《景印文渊阁四库全书》第 1124 册，台湾商务印书馆，1986。

《暌车志》，（宋）郭彖，上海古籍出版社，2012。

《困学纪闻》，（宋）王应麟，孙通海校点，辽宁教育出版社，1998。

《括异志》，（宋）张师正撰，张剑光整理，《全宋笔记》第 8 编第 9 册，大象出版社，2017。

《括苍金石志》，（清）李遇孙辑，邹柏森校补，《历代碑志丛书》第 20 册，江苏古籍出版社，1998。

L

《懒真子》，（宋）马永卿撰，李清华、顾晓雯整理，《全宋笔记》第 3 编第 6 册，大象出版社，2008。

《老学庵笔记》，（宋）陆游撰，李剑雄、刘德权点校，中华书局，1979。

《乐静集》，（宋）李昭玘，《景印文渊阁四库全书》第 1122 册，台湾商务印书馆，1986。

《乐圃余稿》，（宋）朱长文撰，朱思辑，《景印文渊阁四库全书》第 1119 册，台湾商务印书馆，1986。

《乐书》，（宋）陈旸，《中华再造善本》第 35 册，北京图书馆出版社，2004。

《乐轩集》，（宋）陈藻撰，林希逸编，《景印文渊阁四库全书》第

1152 册，台湾商务印书馆，1986。

《类编皇朝大事记讲义》，（宋）吕中撰，张其凡、白晓霞整理，上海人民出版社，2014。

《冷斋夜话》，（宋）惠洪撰，李保民校点，上海古籍出版社，2012。

《李复集》，（宋）李复著，魏涛点校整理，西北大学出版社，2015。

《李觏集》，（宋）李觏撰，王国轩点校，中华书局，1981。

《李清照集笺注》，（宋）李清照著，徐培均笺注，上海古籍出版社，2002。

《李忠愍集》，（宋）李若水著，张彬点校，河北大学出版社，2017。

《历代名臣奏议》，（明）黄淮、杨士奇编，上海古籍出版社，1989。

《历代诗余》，（清）沈辰垣等编，上海书店出版社，1985。

《莲堂诗话》，（元）祝诚，《丛书集成初编》，中华书局，1985。

《梁溪漫志》，（宋）费衮撰，金圆校点，上海古籍出版社，2012。

《两宋名贤小集》，（宋）陈思编，（元）陈世隆补，《景印文渊阁四库全书》第1361~1364册，台湾商务印书馆，1986。

《两浙名贤录》，（明）徐象梅，《续修四库全书》第542册，上海古籍出版社，2002。

《临汉隐居诗话校注》，（宋）魏泰著，陈应鸾校注，巴蜀书社，2001。

《麟台故事校证》，（宋）程俱撰，张富祥校证，中华书局，2000。

《陵阳集》，（宋）牟巘，《景印文渊阁四库全书》第1188册，商务印书馆，1986。

《岭外代答校注》，（宋）周去非撰，杨武泉校注，中华书局，1999。

《刘辰翁集》，（宋）刘辰翁撰，段大林校点，江西人民出版社，1987。

《刘一止集》，（宋）刘一止著，龚景兴、蔡一平点校，浙江古籍出版社，2012。

《柳开集》，（宋）柳开撰，李可风点校，中华书局，2015。

《柳宗元集》，（唐）柳宗元，中华书局，1979。

《龙川略志》，（宋）苏辙撰，孔凡礼整理，《全宋笔记》第1编第9册，大象出版社，2003。

《龙学文集》，（宋）祖无择撰，祖行编，《景印文渊阁四库全书》第

1098 册，台湾商务印书馆，1986。

《龙云集》，（宋）刘弇，《景印文渊阁四库全书》第1119册，台湾商务印书馆，1986。

《龙洲集》，（宋）刘过，《景印文渊阁四库全书》第1172册，台湾商务印书馆，1986。

《隆平集校证》，（宋）曾巩撰，王瑞来校证，中华书局，2012。

《楼钥集》，（宋）楼钥撰，顾大朋点校，浙江古籍出版社，2010。

《卢溪文集》，（宋）王庭珪，《景印文渊阁四库全书》第1134册，台湾商务印书馆，1986。

《鲁斋集》，（宋）王柏，《丛书集成初编》，中华书局，1985。

《陆九渊集》，（宋）陆九渊著，钟哲点校，中华书局，1980。

《陆游全集校注》，（宋）陆游著，钱仲联、马亚中校注，浙江教育出版社，2011。

《栾城集》，（宋）苏辙撰，曾枣庄、马德富校点，上海古籍出版社，1987。

《论语》，（春秋）孔子著，杨伯峻、杨逢彬注译，岳麓书社，2000。

《罗鄂州小集》，（宋）罗愿，《景印文渊阁四库全书》第1142册，台湾商务印书馆，1986。

《罗湖野录》，（宋）释晓莹撰，夏广兴整理，《全宋笔记》，第5编第1册，大象出版社，2012。

《落帆楼文集》，（清）沈垚，《清代诗文集汇编》，上海古籍出版社，2011。

《吕氏杂记》，（宋）吕希哲撰，夏广兴整理，《全宋笔记》第1编第10册，大象出版社，2003。

《吕祖谦全集》，（宋）吕祖谦著，黄灵庚、吴战垒主编，浙江古籍出版社，2008。

M

《漫塘集》，（宋）刘宰，《景印文渊阁四库全书》第1170册，台湾商务印书馆，1986。

《毛滂集》，（宋）毛滂著，周少雄点校，浙江古籍出版社，2012。

《茅亭客话》，（宋）黄休复撰，赵维国整理，《全宋笔记》第 2 编第 1 册，大象出版社，2006。

《眉山唐先生文集》，（宋）唐庚，《四部丛刊三编》，上海商务印书馆，1936。

《梅尧臣集编年校注》，（宋）梅尧臣著，朱东润编年校注，上海古籍出版社，2006。

《扪虱新话》，（宋）陈善，中华书局，1985。

《蒙斋集》，（宋）袁甫，《景印文渊阁四库全书》第 1175 册，台湾商务印书馆，1986。

《梦粱录》，（宋）吴自牧，浙江人民出版社，1984。

《梦林玄解》，（宋）邵雍纂辑，（明）陈士元增删，（明）何栋如重辑，《续修四库全书》第 1063 册，上海古籍出版社，2002。

《孟子集注》，（宋）朱熹注，上海古籍出版社，1987。

《米芾集》，（宋）米芾著，黄正雨、王心裁辑校，湖北教育出版社，2002。

《勉斋集》，（宋）黄榦，《景印文渊阁四库全书》第 1168 册，台湾商务印书馆，1986。

《名臣碑传琬琰集》，（宋）杜大珪，《宋史资料萃编》，台北文海出版社，1969。

《名公书判清明集》，中国社会科学院历史研究所宋辽金元史研究室点校，中华书局，1987。

《明一统志》，（明）李贤，台北台联国风出版社，1977。

《墨史》，（元）陆友，《丛书集成初编》，中华书局，1985。

《墨庄漫录》，（宋）张邦基撰，孔凡礼点校，中华书局，2002。

《默记》，（宋）王铚撰，朱杰人点校，中华书局，1981。

《牧莱脞语》，（宋）陈仁子，《续修四库全书》第 1320 册，上海古籍出版社，2002。

N

《南村辍耕录》，（元）陶宗仪撰，李梦生校点，上海古籍出版社，2012。

《南涧甲乙稿》，（宋）韩元吉，《丛书集成初编》，中华书局，1985。

《南宋馆阁录续录》，（宋）陈骙撰，张富祥点校，中华书局，1998。

《南宋杂事诗》，（清）厉鹗等撰，虞万里校点，浙江古籍出版社，1987。

《能改斋漫录》，（宋）吴曾，上海古籍出版社，1979。

O

《欧阳修全集》，（宋）欧阳修撰，李逸安点校，中华书局，2001。

《欧阳修撰集》，（宋）欧阳澈，《景印文渊阁四库全书》第1136册，台湾商务印书馆，1986。

P

《拍案惊奇》，（明）凌濛初编著，张兵、许建中校，中州古籍出版社，1996。

《彭城集》，刘攽撰，逯铭昕点校，齐鲁书社，2018。

《毗陵集》，（宋）张守撰，刘云军点校，上海古籍出版社，2017。

《萍洲可谈》，（宋）朱彧撰，李伟国点校，中华书局，2007。

《莆阳比事》，（宋）李俊甫，《宛委别藏》，江苏古籍出版社，1988。

Q

《齐东野语》，（宋）周密撰，张茂鹏点校，中华书局，1983。

《钱塘遗事》，（元）刘一清，上海古籍出版社，1985。

《（乾隆）湖南通志》，（清）陈宏谋、范咸，乾隆二十二年刻本。

《韩忠献公遗事》，（宋）强至撰，黄纯艳整理，《全宋笔记》第1编第8册，大象出版社，2003。

《琴川志》，（宋）孙应时，《宋元方志丛刊》，中华书局，1990。

《琴堂谕俗编》，（宋）应俊辑补，储玲玲整理，《全宋笔记》第10编第11册，大象出版社，2018。

《青琐高议》，（宋）刘斧撰辑，上海古籍出版社，1983。

《青箱杂记》，（宋）吴处厚撰，李裕民点校，中华书局，1985。

《清波杂志校注》，（宋）周辉著，刘永翔校注，中华书局，1994。

《清河书画舫》，（明）张丑撰，徐德明校点，上海古籍出版社，2011。

《清江三孔集》，（宋）孔文仲、孔武仲、孔平仲著，孙永选校点，齐鲁书社，2002。

《清秘藏》,（明）张应文,《景印文渊阁四库全书》第 872 册,台湾商务印书馆,1986。

《清平山堂话本》,（明）洪楩,华夏出版社,2013。

《清异录》,（宋）陶毂撰,郑村声、俞钢整理,《全宋笔记》第 1 编第 2 册,大象出版社,2003。

《庆元条法事类》,（宋）谢深甫编,戴建国点校,黑龙江人民出版社,2002。

《秋崖集》,（宋）方岳,《景印文渊阁四库全书》第 1182 册,台湾商务印书馆,1986。

《臞轩集》,（宋）王迈,《景印文渊阁四库全书》第 1178 册,台湾商务印书馆,1986。

《曲阜集》,（宋）曾肇,《景印文渊阁四库全书》第 1101 册,台湾商务印书馆,1986。

《曲洧旧闻》,（宋）朱弁,孔凡礼点校,中华书局,2002。

《全蜀艺文志》,（明）杨慎编,刘琳、王晓波点校,线装书局,2003。

《全宋文》,曾枣庄、刘琳主编,四川大学古籍整理研究所编,上海辞书出版社、安徽教育出版社,2006。

《却扫编》,（宋）徐度撰,朱凯、姜汉椿整理,《全宋笔记》第 3 编第 10 册,大象出版社,2008。

R

《容台集》,（明）董其昌著,邵海清点校,西泠印社出版社,2012。

《容斋随笔》,（宋）洪迈,孔凡礼点校,中华书局,2005。

S

《三朝北盟会编》,（宋）徐梦莘,上海古籍出版社,1987。

《三国志》,（晋）陈寿著,（刘宋）裴松之注,中华书局,1982。

《山居新话》,（元）杨瑀,《丛书集成初编》,中华书局,1991。

《山堂考索》,（宋）章如愚,中华书局,1992。

《珊瑚钩诗话》,（宋）张表臣,《丛书集成初编》,中华书局,1985。

《橄溪居士集》,（宋）刘才邵,《景印文渊阁四库全书》第 1130 册,台湾商务印书馆，1986。

《上蔡语录》，（宋）谢良佐，《景印文渊阁四库全书》第 698 册，台湾商务印书馆，1986。

《邵氏闻见后录》，（宋）邵博撰，刘德权、李剑雄点校，中华书局，1983。

《邵氏闻见录》，（宋）邵伯温撰，刘德权、李剑雄点校，中华书局，1983。

《神农本草经疏》，（明）缪希雍，《中医古籍名著文库》，中医古籍出版社，2002。

《沈括全集》，（宋）沈括原著，杨渭生新编，浙江大学出版社，2011。

《渑水燕谈录》，（宋）王辟之撰，吕友仁点校，中华书局，1981。

《省心杂言》，（宋）李邦献著，于东新、陈启明释评，经济日报出版社，2012。

《省斋集》，（宋）廖行之，《景印文渊阁四库全书》第 1167 册，台湾商务印书馆，1986。

《诗人玉屑》，（宋）魏庆之编，上海古籍出版社，1959。

《诗三家义集疏》，（清）王先谦撰，吴格点校，中华书局，1987。

《石林诗话校注》，（宋）叶梦得撰，逯铭昕校注，人民文学出版社，2011。

《石林燕语》，（宋）叶梦得撰，徐时仪整理，《全宋笔记》第 2 编第 10 册，大象出版社，2006。

《石堂先生遗集》，（宋）陈普，《北京图书馆古籍珍本丛刊》，书目文献出版社，1998。

《史记》，（汉）司马迁，中华书局，1982。

《事物纪原》，（宋）高承撰，（明）李果订，金圆、许沛藻点校，中华书局，1989。

《释常谈》，（宋）佚名撰，唐玲整理，《全宋笔记》第 9 编第 1 册，大象出版社，2018。

《释氏稽古略》，（元）释觉岸、（明）释幻轮，江苏广陵古籍刻印社，1992。

《释氏要览校注》，（宋）释道诚辑，富世平校注，中华书局，2014。

《书林清话》，（清）叶德辉，中华书局，1957。

《书史会要》，（元）陶宗仪撰，徐美洁点校，浙江人民美术出版社，2012。

《双峰先生存稿》，（宋）舒邦佐，《续修四库全书》第1318册，上海古籍出版社，2002。

《双溪类稿》，（宋）王炎，《景印文渊阁四库全书》第1150册，台湾商务印书馆，1986。

《说郛三种》，（元）陶宗仪等编，上海古籍出版社，2012。

《司马光集》，（宋）司马光撰，李文泽、霞绍晖校点，四川大学出版社，2010。

《司马氏居家杂仪》，（宋）司马光，上海社会科学院出版社，2016。

《四库全书总目》，（清）永瑢等，中华书局，1965。

《四如集》，（宋）黄仲元，《景印文渊阁四库全书》第1188册，台湾商务印书馆，1986。

《嵩山文集》，（宋）晁说之，《四部丛刊续编》，上海书店，1934。

《宋朝名画评》，（宋）刘道醇，安徽美术出版社，1995。

《宋朝事实》，（宋）李攸，中华书局，1955。

《宋朝诸臣奏议》，（宋）赵汝愚编，北京大学中国古代史研究中心校点整理，上海古籍出版社，1999。

《宋大诏令集》，（宋）佚名编，司义祖整理，中华书局，1962。

《宋代官箴书五种》，（宋）李元弼等撰，闫建飞等点校，中华书局，2019。

《宋代蜀文辑存校补》，傅增湘原辑，吴洪泽补辑，重庆大学出版社，2014。

《宋会要辑稿》，（清）徐松辑，刘琳、刁忠民、舒大刚、尹波等校点，上海古籍出版社，2014。

《宋诗纪事》，（清）厉鹗，上海古籍出版社，1983。

《宋诗纪事补遗》，（清）陆心源，山西古籍出版社，1997。

《宋诗拾遗》，（元）陈世隆辑，辽宁教育出版社，2000。

《宋史》，（元）脱脱等，中华书局，1977。

《宋史全文》，（元）佚名撰，汪圣铎点校，中华书局，2016。

《宋元学案》，（清）黄宗羲原著，（清）全祖望补修，中华书局，1986。

《搜神秘览》，（宋）章炳文撰，储玲玲整理，《全宋笔记》第 3 编第 3 册，大象出版社，2008。

《苏轼诗集》，（宋）苏轼著，（清）王文诰辑注，孔凡礼点校，中华书局，1982。

《苏轼文集》，（宋）苏轼著，孔凡礼点校，中华书局，1986。

《苏舜钦集》，（宋）苏舜钦著，沈文倬校点，中华书局，1961。

《苏魏公文集》，（宋）苏颂著，王同策、管成学、颜中其点校，中华书局，1988。

《涑水记闻》，（宋）司马光撰，邓广铭、张希清点校，中华书局，1989。

《算学源流》，（宋）佚名，《宋刻算经六种（附一种）》，文物出版社，1981。

《隋书》，（唐）魏征，中华书局，1973。

《随隐漫录》，（宋）陈世崇撰，郭明道校点，上海古籍出版社，2012。

《岁时广记》，（宋）陈元靓，《丛书集成初编》，中华书局，1985。

《孙公谈圃》，（宋）孙升撰，赵维国整理，《全宋笔记》第 2 编第 1 册，大象出版社，2006。

T

《太仓稊米集》，（宋）周紫芝，《景印文渊阁四库全书》第 1141 册，台湾商务印书馆，1986。

《太平寰宇记》，（宋）乐史撰，王文楚等点校，中华书局，2007。

《太上感应篇集释》，（宋）李昌龄、郑清之注，中央编译出版社，2016。

《唐会要》，（宋）王溥，中华书局，1955。

《唐宋诸贤绝妙词选》，（宋）黄昇编，上海古籍出版社，2004。

《棠阴比事原编》，（宋）桂万荣，《丛书集成初编》，中华书局，1985。

《陶渊明集校笺（修订版）》，（晋）陶潜著，龚斌校笺，上海古籍出版社，2011。

《陶朱新录》，（宋）马纯撰，程郁整理，《全宋笔记》第 5 编第 10 册，大象出版社，2012。

《天一阁藏明钞本天圣令校证》，天一阁博物馆、中国社会科学院历史研究所校证，中华书局，2006。

《苕溪渔隐丛话》，（宋）胡仔纂集，廖德明校点，人民文学出版社，1962。

《铁庵集》，（宋）方大琮，明正德八年方良节刻本。

《铁围山丛谈》，（宋）蔡绦，冯惠民、沈锡麟点校，中华书局，1983。

《通典》，（唐）杜佑撰，王文锦、王永兴等点校，中华书局，1988。

《桐江集》，（元）方回，《宛委别藏》，江苏古籍出版社，1988。

《童蒙训》，（宋）吕本中，《景印文渊阁四库全书》第 698 册，台湾商务印书馆，1986。

《投辖录》，（宋）王明清撰，燕永成整理，《全宋笔记》第 6 编第 2 册，大象出版社，2013。

《图画见闻志》，（宋）郭若虚撰，王其祎校点，辽宁教育出版社，2001。

W

《王安石全集》，（宋）王安石著，王水照主编，复旦大学出版社，2017。

《王居安集》，（宋）王居安撰，张继定、王呈祥辑校，《温岭丛书》，浙江大学出版社，2016。

《王令集》，（宋）王令著，沈文倬校点，上海古籍出版社，1980。

《王十朋全集》，（宋）王十朋著，梅溪集重刊委员会编，上海古籍出版社，1998。

《王氏谈录》，（宋）王钦臣撰，储玲玲整理，《全宋笔记》第 3 编第

3 册，大象出版社，2008。

《唯室集》，（宋）陈长方，《景印文渊阁四库全书》第 1139 册，台湾商务印书馆，1986。

《苇航漫游稿》，（宋）胡仲弓，《景印文渊阁四库全书》第 1186 册，台湾商务印书馆，1986。

《魏书》，（北齐）魏收，中华书局，1997。

《温公家范》，（宋）司马光著，王宗志注释，天津古籍出版社，1995。

《文定集》，（宋）汪应辰，学林出版社，2009。

《文酒清话》，（宋）佚名撰，李裕民整理，《全宋笔记》第 8 编第 10 册，大象出版社，2017。

《文天祥全集》，（宋）文天祥，北京市中国书店，1985。

《文献通考》，（元）马端临，上海师范大学古籍研究所、华东师范大学古籍研究所点校，中华书局，2011。

《文彦博集校注》，（宋）文彦博著，申利校注，中华书局，2016。

《文苑英华》，（宋）李昉等辑，中华书局，1966。

《周必大集校证》，（宋）周必大撰，王瑞来校证，上海古籍出版社，2020。

《文庄集》，（宋）夏竦，《景印文渊阁四库全书》第 1087 册，台湾商务印书馆，1986。

《吾汶稿》，（宋）王炎午，《景印文渊阁四库全书》第 1189 册，台湾商务印书馆，1986。

《物初剩语》，（宋）释大观，许红霞辑著，《珍本宋集五种》，北京大学出版社，2013。

《无为集校笺》，（宋）杨杰撰，曹小云校笺，黄山书社，2014。

《吴兴备志》，（明）董斯张，《景印文渊阁四库全书》第 494 册，台湾商务印书馆，1986。

《五灯会元》，（宋）普济著，苏渊雷点校，中华书局，1984。

《武经总要》，（宋）曾公亮，《中国兵书集成》，解放军出版社、辽沈书社，1988 年影印明万历本。

《武林旧事》，（宋）周密，浙江人民出版社，1984。

《武夷新集》，（宋）杨亿，福建人民出版社，2007。

《悟真篇集释》，（宋）张伯端著，（宋）翁葆光等注，中央编译出版社，2015。

X

《西塍集》，（宋）宋伯仁，《景印文渊阁四库全书》第 1183 册，台湾商务印书馆，1986。

《西渡集》，（宋）洪炎，《景印文渊阁四库全书》第 1127 册，台湾商务印书馆，1986。

《闲居编》，（宋）释智圆，《续藏经》第 101 册，台北新文丰出版公司，1993。

《西湖游览志余》，（明）田汝成辑撰，刘雄、尹晓宁点校，上海古籍出版社，2018。

《西山文集》，（宋）真德秀，《景印文渊阁四库全书》第 1174 册，台湾商务印书馆，1986。

《西山先生真文忠公读书记》，（宋）真德秀，《中华再造善本》，北京图书馆出版社，2006。

《西台集》，（宋）毕仲游撰，陈斌点校，中州古籍出版社，2005。

《西塘集》，（宋）郑侠，《景印文渊阁四库全书》第 1117 册，台湾商务印书馆，1986。

《西塘集耆旧续闻》，（宋）陈鹄撰，孔凡礼点校，中华书局，2002。

《息园存稿文》，（明）顾璘，《景印文渊阁四库全书》第 1263 册，台湾商务印书馆，1986。

《晞发集》，（宋）谢翱撰，（明）陆大业编，《景印文渊阁四库全书》第 1188 册，台湾商务印书馆，1986。

《溪堂集校勘》，（宋）谢逸著，上官涛校勘，中山大学出版社，2011。

《洗冤集录校译》，（宋）宋慈著，杨奉琨校译，群众出版社，1980。

《闲窗括异志》，（宋）鲁应龙撰，储玲玲整理，《全宋笔记》第 8 编第 4 册，大象出版社，2017。

《（咸淳）临安志》，（宋）潜说友，《宋元方志丛刊》，中华书局，1990。

《（咸淳）玉峰续志》，（宋）边实，《宋元方志丛刊》，中华书局，1990。

《（咸丰）琼山县志》，（清）李文烜修，郑文彩纂，海南出版社，2004。

《（咸丰）顺德县志》，（清）郭汝诚修，冯奉初纂，《广东历代方志集成》，岭南美术出版社，2007。

《相山集点校》，（宋）王之道著，沈怀玉、凌波点校，北京图书馆出版社，2006。

《湘山野录》，（宋）文莹，郑世刚、杨立扬点校，中华书局，1984。

《缃素杂记》，（宋）黄朝英撰，陈金林整理，《全宋笔记》第3编第4册，大象出版社，2008。

《小畜集》，（宋）王禹偁，《四部丛刊初编》，上海商务印书馆，1929。

《斜川集校注》，（宋）苏过著，舒大刚等校注，巴蜀书社，1996。

《辛弃疾全集》，（宋）辛弃疾著，徐汉明编，四川文艺出版社，1996。

《新安文献志》，（明）程敏政辑撰，何庆善、于石点校，黄山书社，2004。

《〈新安志〉整理与研究》，（宋）罗愿撰，萧建新、杨国宜校著，徐力审订，黄山书社，2008。

《新编古今事文类聚》，（宋）祝穆，〔日〕中文出版社（株式会社），1989。

《新编醉翁谈录》，（宋）罗烨编，周晓薇校点，辽宁教育出版社，1998。

《新校参天台五台山记》，〔日〕成寻著，王丽萍校点，上海古籍出版社，2009。

《徐铉集校注》，（宋）徐铉著，李振中校注，中华书局，2016。

《许翰集》，（宋）许翰著，刘云军点校，河北大学出版社，2014。

《续编两朝纲目备要》，（宋）佚名编，汝企和点校，中华书局，1995。

《续墨客挥犀》，（宋）彭□辑，孔凡礼点校，中华书局，2011。

《续清凉传》，（宋）张商英，山西人民出版社，1989。

《续资治通鉴长编》，（宋）李焘，中华书局，2004。

《宣和画谱》，（宋）佚名，岳仁译注，湖南美术出版社，1999。

《宣和书谱》，（宋）佚名，上海书画出版社，1984。

《学易集》，（宋）刘跂，《景印文渊阁四库全书》第1121册，台湾商务印书馆，1986。

《巽斋文集》，（宋）欧阳守道，《景印文渊阁四库全书》第1183册，台湾商务印书馆，1986。

Y

《延祐四明志》，（元）马泽修，袁桷纂，《宋元方志丛刊》，中华书局，1990。

《研北杂志》，（元）陆友仁，《丛书集成初编》，中华书局，1991。

《演繁露续集》，（宋）程大昌撰，许沛藻、刘宇整理，《全宋笔记》第4编第9册，大象出版社，2008。

《演山集》，（宋）黄裳，《景印文渊阁四库全书》第1120册，台湾商务印书馆，1986。

《燕翼诒谋录》，（宋）王栐撰，诚刚点校，中华书局，1981。

《杨公笔录》，（宋）杨彦龄撰，黄纯艳整理，《全宋笔记》第1编第10册，大象出版社，2003。

《杨时集》，（宋）杨时撰，林海权校理，中华书局，2018。

《杨万里集笺校》，（宋）杨万里撰，辛更儒笺校，中华书局，2007。

《杨文公谈苑》，（宋）杨亿口述，黄鉴笔录，宋庠整理，李裕民辑校，上海古籍出版社，1993。

《尧山堂外纪》，（明）蒋一葵，《续修四库全书》第1194册，上海古籍出版社，2002。

《姚勉集》，（宋）姚勉著，曹诣珍、陈伟文校点，上海古籍出版社，2012。

《野客丛书》，（宋）王楙撰，储玲玲整理，《全宋笔记》第6编第6册，大象出版社，2013。

《叶适集》，（宋）叶适著，刘公纯、王孝鱼、李哲夫点校，中华书局，1961。

《医经正本书》，（宋）程迥，《丛书集成初编》，中华书局，1985。

《猗觉寮杂记》，（宋）朱翌撰，朱凯、姜汉椿整理，《全宋笔记》第3编第10册，大象出版社，2008。

《夷坚志》，（宋）洪迈，何卓点校，中华书局，2006。

《彝斋文编》，（宋）赵孟坚，《景印文渊阁四库全书》第1181册，台湾商务印书馆，1986。

《桯史》，（宋）岳珂撰，吴企明点校，中华书局，1981。

《（雍正）湖广通志》，（清）夏力恕、迈柱，《景印文渊阁四库全书》第531册，台湾商务印书馆，1986。

《（雍正）江西通志》，（清）谢旻等监修，《景印文渊阁四库全书》第513册，台湾商务印书馆，1986。

《永乐大典》，（明）解缙等纂，中华书局，1986。

《幼幼新书》，（宋）刘昉，《中医古籍整理》丛书，人民卫生出版社，1987。

《渔墅类稿》，（宋）陈元晋，《景印文渊阁四库全书》第1176册，台湾商务印书馆，1986。

《舆地广记》，（宋）欧阳忞撰，李勇先、王小红校注，四川大学出版社，2003。

《舆地纪胜》，（宋）王象之撰，李勇先校点，四川大学出版社，2005。

《玉海》，（宋）王应麟，江苏古籍出版社、上海书店，1987。

《玉壶清话》，（宋）文莹撰，郑世刚、杨立扬点校，中华书局，1984。

《玉髓真经》，（宋）张洞玄撰，（宋）刘允中注释，（宋）蔡元定发挥，《续修四库全书》第1053册，上海古籍出版社，2002。

《豫章文集》，（宋）罗从彦，《景印文渊阁四库全书》第1135册，台湾商务印书馆，1986。

《缘督集》，（宋）曾丰，《景印文渊阁四库全书》，第1156册，台湾商务印书馆，1986。

《元丰九域志》，（宋）王存撰，王文楚、魏嵩山点校，中华书局，1984。

《袁氏世范》，（宋）袁采撰，贺恒祯、杨柳注释，天津古籍出版社，1995。

《岳飞集辑注》，（宋）岳飞著，郭光辑注，中州古籍出版社，1997。

《云麓漫钞》，（宋）赵彦卫撰，傅根清点校，中华书局，1996。

《云卧纪谈》，（宋）释晓莹撰，夏广兴整理，《全宋笔记》第5编第2册，大象出版社，2013。

《云斋广录》，（宋）李献民撰，程毅中、程有庆点校，中华书局，1997。

《云庄集》，（宋）刘爚，《景印文渊阁四库全书》第1140册，台湾商务印书馆，1986。

《郧溪集》，（宋）郑獬，《景印文渊阁四库全书》第1097册，台湾商务印书馆，1986。

Z

《则堂集》，（宋）家铉翁，《景印文渊阁四库全书》第1189册，台湾商务印书馆，1986。

《曾巩集》，（宋）曾巩撰，陈杏珍、晁继周点校，中华书局，1984。

《乐全集》，（宋）张方平，《景印文渊阁四库全书》，第1104册，台湾商务印书馆，1986。

《张耒集》，（宋）张耒撰，李逸安、孙通海、傅信点校，中华书局，1990。

《张氏拙轩集》，（宋）张侃，《景印文渊阁四库全书》第1181册，台湾商务印书馆，1986。

《章泉稿》，（宋）赵蕃，《景印文渊阁四库全书》第1155册，台湾商务印书馆，1986。

《清献集》，（宋）赵抃，《景印文渊阁四库全书》第1094册，台湾商务印书馆，1986。

《赵氏铁网珊瑚》，（明）赵琦美，《景印文渊阁四库全书》第815册，台湾商务印书馆，1986。

《直斋书录解题》，（宋）陈振孙撰，徐小蛮、顾美华点校，上海古籍出版社，1987。

《搬青杂说》，（宋）佚名撰，燕永成整理，《全宋笔记》第 6 编第 2 册，大象出版社，2013。

《郑廷玉集》，（元）郑廷玉著，颜慧云、陈襄民校注，中州古籍出版社，1997。

《珍本宋集五种》，许红霞辑著，北京大学出版社，2013。

《中吴纪闻》，（宋）龚明之撰，孙菊园校点，上海古籍出版社，1986。

《忠肃集》，（宋）刘挚撰，裴汝诚、陈晓平点校，中华书局，2002。

《忠文王纪事实录》，（宋）谢起岩，《中华再造善本》，北京图书馆出版社，2006。

《忠正德文集》，（宋）赵鼎撰，李蹊点校，上海古籍出版社，2018。

《周易卦爻经传训解》，（宋）蔡渊，《景印文渊阁四库全书》第 18 册，台湾商务印书馆，1986。

《朱淑真集注》，（宋）朱淑真撰，（宋）郑元佐注，冀勤辑校，浙江古籍出版社，1985。

《朱熹集》，（宋）朱熹著，郭齐、尹波点校，四川教育出版社，1996。

《朱子全书》，（宋）朱熹撰，朱杰人、严佐之、刘永翔主编，上海古籍出版社、安徽教育出版社，2002。

《朱子语类》，（宋）黎靖德编，王星贤点校，中华书局，1986。

《诸蕃志校释》，（宋）赵汝适著，杨博文校释，中华书局，1996。

《竹坡类稿》，（宋）吕午，《续修四库全书》第 1320 册，上海古籍出版社，2002。

《竹坡诗话》，（宋）周紫芝，《丛书集成初编》，中华书局，1985。

《竹溪鬳斋十一稿续集》，（宋）林希逸，《景印文渊阁四库全书》第 1185 册，台湾商务印书馆，1986。

《竹洲集》，（宋）吴儆，《景印文渊阁四库全书》第 1142 册，台湾商务印书馆，1986。

《竹庄诗话》，（宋）何汶撰，常振国、绛云点校，中华书局，1984。

《麈史》，（宋）王得臣撰，俞宗宪点校，上海古籍出版社，1986。

《注石门文字禅》，（宋）释惠洪著，〔日〕释廓门贯彻注，张伯伟、郭醒、童岭、卞东波点校，中华书局，2012。

《庄简集》，（宋）李光，《景印文渊阁四库全书》第 1128 册，台湾商务印书馆，1986。

《拙斋文集》，（宋）林之奇，《景印文渊阁四库全书》第 1140 册，台湾商务印书馆，1986。

《资治通鉴》，（宋）司马光，中华书局，1956。

《自警编》，（宋）赵善璙撰，程郁整理，《全宋笔记》第 7 编第 6 册，大象出版社，2016。

《紫微诗话》，（宋）吕本中，《景印文渊阁四库全书》第 1478 册，台湾商务印书馆，1986。

《自堂存稿》，（宋）陈杰，《景印文渊阁四库全书》第 1189 册，台湾商务印书馆，1986。

《尊白堂集》，（宋）虞俦，《景印文渊阁四库全书》第 1154 册，台湾商务印书馆，1986。

二　今人论著（以作者姓名首字拼音为序）

C

曹刚华：《宋代佛教史籍研究》，华东师范大学出版社，2006。

陈柏泉：《江西出土墓志选编》，江西教育出版社，1991。

陈士谔、陈致远：《钟相杨幺起义考》，岳麓书社，1998。

程民生：《宋代地域文化》，河南大学出版社，1997。

程民生：《宋代物价研究》，人民出版社，2008。

程民生：《神人同居的世界——中国人与中国祠神文化》，河南人民出版社，1993。

D

邓小南主编《唐宋女性与社会》，上海辞书出版社，2003。

定州市开元寺塔文物保护管理所编著《定州开元寺塔石刻题记》，文物出版社，2019。

E

〔德〕恩格斯：《德国农民战争》，《马克思恩格斯全集》第七卷，人民出版社，1959。

〔德〕恩斯特·卡西尔：《神话思维》，黄龙宝、周振选译，中国社会科学出版社，1992。

F

方建新：《南宋藏书史》，人民出版社，2013。

方建新主编《中国妇女通史·宋代卷》，杭州出版社，2011。

方燕：《巫文化视域下的宋代女性：立足于女性生育、疾病的考察》，中华书局，2008。

G

高文、高成刚编《四川历代碑刻》，四川大学出版社，1990。

〔日〕高雄义坚等著《宋代佛教史研究》，陈季菁等译，台北华宇出版社，1987。

葛剑雄主编，吴松弟著《中国人口史》（第三卷），复旦大学出版社，2000。

谷更有：《唐宋国家与乡村社会》，中国社会科学出版社，2006。

顾吉辰：《宋代佛教史稿》，中州古籍出版社，1993。

郭东旭、高楠、王晓薇、张利：《宋代民间法律生活研究》，人民出版社，2012。

郭茂育、刘继保编著《宋代墓志辑释》，中州古籍出版社，2016。

H

〔美〕韩森：《变迁之神：南宋时期的民间信仰》，包伟民译，浙江人民出版社，1999。

何兆泉：《两宋宗室研究——以制度考察为中心》，上海古籍出版社，2016。

何新所编著《新出宋代墓志碑刻辑录（北宋卷）》，文物出版社，2019。

胡念望：《江西古村落：芙蓉苍坡以及楠溪江畔的其他村落》，浙江摄影出版社，2001。

胡小鹏：《中国手工业经济通史·宋元卷》，福建人民出版社，2004。

黄云鹤：《唐宋下层士人研究》，河北人民出版社，2006。

J

〔英〕J. G. 弗雷泽：《金枝——巫术与宗教之研究》，汪培基、徐育新、张泽石译，商务印书馆，2012。

L

李国玲：《宋僧著述考》，四川大学出版社，2007。

李宏：《宋代私学发展略论》，中央编译出版社，2014。

李经纬、林昭庚：《中国医学通史（古代卷）》，人民卫生出版社，2000。

李俊德、高文柱主编《中医必读百部名著：诊法卷》，华夏出版社，2007。

李祥耆、张厚璜：《巨鹿宋器丛录》，天津博物院，1923。

李小红：《宋代社会中的巫觋研究》，光明日报出版社，2010。

刘黎明：《宋代民间巫术研究》，巴蜀书社，2004。

刘旭：《中国古代火药火器史》，大象出版社，2004。

龙殿宝主编《中国少数民族大辞典·仫佬族卷》，中国大百科全书出版社，2014。

吕虹：《清代司法检验制度研究》，中国政法大学出版社，2015。

M

〔英〕梅因：《古代法》，沈景一译，商务印书馆，1959。

P

皮庆生：《宋代民众祠神信仰研究》，上海古籍出版社，2008。

Q

漆侠：《宋代经济史》，上海人民出版社，1988。

钱穆：《宋明理学概述》，九州出版社，2010。

钱锺书：《谈艺录》，中华书局，1984。

R

任继愈主编《中国道教史》（增订本），中国社会科学出版社，2001。

S

宋伯胤：《枕林拾遗》，陕西人民出版社，2002。

宿白：《唐宋时期的雕版印刷》，文物出版社，1999。

苏者聪：《宋代女性文学》，武汉大学出版社，1997。

孙发成：《宋代瓷枕》，厦门大学出版社，2015。

孙继民：《俄藏黑水城所出〈宋西北边境军政文书〉整理研究》，中华书局，2009。

孙顺霖：《宋代社会顽疾——蓄婢养妓》，中州古籍出版社，2014。

T

唐圭璋编《词话丛编》，中华书局，1986。

田自秉、吴淑生编《中国工艺美术史图录》，上海人民美术出版社，1994。

铁爱花：《宋代士人阶层女性研究》，人民出版社，2011。

W

王炳照、郭齐家：《中国教育史研究（宋元分卷）》，华东师范大学出版社，2009。

王伯敏、任道斌主编《画学集成（六朝——元）》，河北美术出版社，2002。

王曾瑜：《宋朝军制初探（增订本）》，中华书局，2011。

王曾瑜：《宋朝阶级结构》，河北教育出版社，1996。

王菱菱：《宋代矿冶业研究》，河北大学出版社，2005。

王钰欣、周绍泉主编，中国社会科学院历史研究所收藏整理《徽州千年契约文书·宋元明编》，花山文艺出版社，1993。

王章伟：《在国家与社会之间：宋代巫觋信仰研究》，中华书局（香港）有限公司，2005。

王肇文：《古籍宋元刊工姓名索引》，上海古籍出版社，1990。

X

谢观：《中国医学源流论》，福建科学技术出版社，2003。

谢稚：《宋代女性词人群体研究》，湖南人民出版社，2010。

杏林：《宋代才女传》，山东友谊出版社，1989。

徐规：《王禹偁事迹著作编年》，商务印书馆，2003。

许建融：《绝世风雅——宋代的宗室绘画》，上海人民美术出版社，2019。

Y

杨荫浏：《中国古代音乐史稿》，人民音乐出版社，2004。

叶烨：《北宋文人的经济生活》，百花洲文艺出版社，2008。

〔美〕伊沛霞：《内闱：宋代的婚姻和妇女生活》，胡志宏译，江苏人民出版社，2004。

〔美〕余英时：《中国知识阶层史论（古代篇）》，台北联经出版事业公司，1980。

Z

张邦炜：《宋代政治文化史论》，人民出版社，2005。

张海鸥：《宋代隐士居士文化与文学》，社会科学文献出版社，2017。

张宏生：《江湖诗派研究》，中华书局，1995。

张建东：《民间的力量：宋代民间士人的教育活动研究》，华中科技大学出版社，2015。

张锦秀编《麦积山石窟志》，甘肃人民出版社，2002。

张军：《宋元时期的知识阶层》，兰州大学出版社，2017。

张希清：《中国科举制度通史·宋代卷》，上海人民出版社，2015。

章华英：《宋代古琴音乐研究》，中华书局，2013。

赵世瑜：《吏与中国传统社会》，浙江人民出版社，1994。

朱明歧、戴建国主编《明止堂藏宋代碑刻辑释》，中西书局，2019。

朱迎平：《宋代刻书产业与文学》，上海古籍出版社，2008。

朱友舟：《工具、材料与书风》，东南大学出版社，2011。

三　今人论文（以作者姓氏首字拼音为序）

B

〔日〕板仓圣哲：《日本对〈清明上河图〉研究之状况》，故宫博物院编《〈清明上河图〉新论》，故宫出版社，2011。

包伟民：《宋代的村》，《文史》2019 年第 1 辑。

包伟民：《中国九到十三世纪社会识字率提高的几个问题》，《杭州大学学报》1992年第4期。

包伟民：《宋代技术官制度述略》，《漆侠先生纪念文集》，河北大学出版社，2002。

C

陈柏泉：《宋代铜镜简论》，《考古与文物》1985年第4期。

陈德弟：《佣书业的兴衰和雕版印刷术的发明》，《出版科学》2004年第5期。

陈静：《佣书与抄本传播》，《出版科学》2011年第5期。

陈宇：《国外关于近代英国民众文化水平研究述评》，《重庆文理学院学报》（社会科学版）2010年第4期。

陈寅恪：《冯友兰著〈中国哲学史〉（下册）审查报告》，陈寅恪：《金明馆丛稿二编》，台北里仁书局，1981。

陈智超：《宋代的书铺与讼师》，《刘子健博士颂寿纪念宋史研究论集》，日本同朋社，1989，收入《陈智超自选集》，安徽大学出版社，2003。

程民生：《略论宋代市民文艺的特点》，《史学月刊》1998年第6期。

程民生：《论汴京是中国戏剧的发祥地》，《中原文化研究》2015年第5期。

程民生：《影戏在汴京的发祥与流传》，《河北大学学报》（哲学社会科学版）2017年第3期。

程民生：《宋代少数民族学校述略》，《中央民族学院学报》1989年第3期。

程民生：《〈清明上河图〉及其世界影响的奇迹》，《河南大学学报》（社会科学版）2016年第1期。

程民生：《宋代少数民族人口数量探研》，《民族研究》2002年第3期。

程民生：《宋代家庭人口数量初探》，《浙江学刊》2000年第2期。

程民生：《宋代僧道数量考察》，《世界宗教研究》2010年第3期。

程民生：《论宋代神祠宗教》，《世界宗教研究》1992年第2期。

程民生：《论宋代官员、士人经商——兼谈宋代商业观念的变化》，《中州学刊》1993 年第 2 期。

程民生：《略述宋代的陆路交通——纪念先师 90 诞辰》，《暨南学报》（哲学社会科学版）1992 年第 3 期。

程民生：《宋人婚龄及平均死亡年龄、死亡率、家庭子女数、男女比例考》，朱瑞熙、王曾瑜、蔡东洲主编《宋史研究论文集》第 11 辑，巴蜀书社，2006。

程佩、沈秋莲：《宋代出版产业发展探微——以宋代术数书籍出版产业链的建立为切入点》，《九江学院学报》（社会科学版）2019 年第 3 期。

D

戴建国：《宋代的公证机构——书铺》，《中国史研究》1988 年第 4 期。

戴静华：《宋代幹人浅论》，《中国史研究》1982 年第 4 期。

邓子勉：《〈净发须知〉、净发社及其他》，《中国典籍与文化》1998 年第 2 期。

邓子勉、钱建平：《宋词辑佚十四首》，《文教资料》1999 年第 2 期。

都樾：《宋代宗室的文化成就及其影响》，《中国典籍与文化》2000 年第 2 期。

F

范建文：《宋代书铺再认识》，《四川师范大学学报》（社会科学版）2015 年第 4 期。

冯亚：《宋代琴乐美学研究》，《艺术百家》2006 年第 5 期。

冯芸、桂立：《科举制下宋代商人的社会流动及"士商对流"的出现》，《北方论丛》2014 年第 2 期。

G

高聪明：《明教大师契嵩与理学》，漆侠、王天顺主编《宋史研究论文集》，宁夏人民出版社，1999。

葛金芳：《"农商社会"的过去、现在和未来——宋以降（11~20 世纪）江南区域社会经济变迁》，《安徽师范大学学报》（人文社会科学版）2009 年第 5 期。

顾宏义：《宋初武臣子弟应举入仕论略》，《河北大学学报》（哲学社会科学版）2012年第3期。

郭学信：《论宋代士商关系的变化》，《文史哲》2006年第2期。

郭娅：《宋代童蒙教育的主要特点》，《史学月刊》2001年第5期。

H

韩桂华：《略论宋代北宋瓷器铭记与民间制瓷业的发展》，台湾大学历史学系主编《转变与定型：宋代社会文化史学术研讨会论文集》，台湾大学历史学系，2000。

韩荫晟：《补〈宋史·折彦质传〉》，《宁夏社会科学》1993年第5期。

何波：《宋代蓄学考述》，《青海社会科学》1995年第1期。

何世剑：《庾信〈哀江南赋〉的接受表征及内蕴》，《河北师范大学学报》（社会科学版）2011年第2期。

何玉兴：《论宋代农事诗的史料价值》，《渤海学刊》1990年第4期。

何忠礼：《科举制度与宋代文化》，《历史研究》1990年第5期。

何忠礼：《两宋登科人数考索》，杭州大学历史系宋史研究室编《宋史研究集刊》第2集（《探索》1988年12月增刊）。

黄国康、周福森：《灵岩寺辟支塔》，中国建筑学会建筑历史学术委员会编《建筑历史与理论》第二辑，江苏人民出版社，1982。

黄宽重：《唐宋基层武力与基层社会的转变——以弓手为中心的观察》，《历史研究》2004年第1期。

K

康宇：《论宋代天文历法观念的变迁及其对自然科学发展之影响》，《自然辩证法研究》2017年第6期。

L

李传海：《试论宋代隐士众多的原因》，《成都师专学报》（文科版）1994年第3期。

李华瑞：《宋代画市场初探》，《美术史论》1993年第1期。

李铧：《广西兴安县严关宋代窑址调查》，《考古》1991年第8期。

李效杰：《唐代私学教育考论》，《集美大学学报（教育科学版）》2015年第1期。

李裕民：《南宋国民素质高于唐与北宋》，《国际社会科学杂志》（中文版）2016 年第 3 期。

李治安：《秦汉以降的编民耕战政策模式初探》，《文史哲》2018 年第 6 期。

李致忠：《宋代的刻书机构》，北京出版史志编辑部：《北京出版史志》第 11 辑，北京出版社，1998。

梁绍杰：《明代宦官教育机构的名称和初设时间新证》，《史学集刊》1996 年第 3 期。

林文勋、黎志刚：《南宋富民与乡村教育文化的发展》，《国际社会科学杂志》（中文版）2011 年第 4 期。

刘锦增、宋文博：《宋代商人价值观探析》，《东华大学学报》（社会科学版）2014 年第 1 期。

刘培：《耕读传家观念的重塑与强化——以南宋中后期辞赋为中心》，《中山大学学报》（社会科学版）2018 年第 5 期。

刘培：《耕读传家观念与士绅文化形态——以南宋文学中岩桂意象的生成为中心》，《吉林大学社会科学学报》2018 年第 6 期。

刘永华：《清代民众识字问题的再认识》，《中国社会科学评价》2017 年第 2 期。

刘毓庆：《关于中国古代第一抒情长诗〈妾薄命叹〉》，李正民，董国炎主编《辽金元文学研究》，文化艺术出版社，1999。

刘泽华：《〈妾薄命叹〉作者及其成诗时代考辨》，《长春教育学院学报》2016 年第 12 期。

柳立言：《宋代的宦官》，《历史月刊》1993 年第 65 期。

龙建国：《宋代书会与词体的发展》，《文学遗产》2011 年第 4 期。

吕肖奂：《北宋处士诗人及其诗歌风尚三变——兼论北宋民间士人创作力量的不断增长》，《中原文化研究》2014 年第 6 期。

蔡方鹿、黄海德：《道教与宋代理学》，《学术月刊》1988 年第 7 期。

M

苗书梅：《宋代县级公吏制度初论》，《史学月刊》2003 年第 1 期。

N

倪士毅：《宋代宗室士大夫在学术和文艺上的成就》，常绍温主编《陈乐素教授（九十）诞辰纪念文集》，广东人民出版社，1992。

P

〔美〕潘安仪：《"〈清明上河图〉学"的启示》，故宫博物院编《〈清明上河图〉新论》，故宫出版社，2011。

裴汝诚：《宋代"代写状人"和"写状抄书铺"——读〈名公书判清明集〉札记》，《半粟集》，河北大学出版社，2000。

Q

漆侠：《释智圆与宋学——论宋学形成前儒佛思想的渗透释智圆其人》，载《漆侠全集》第9卷，河北大学出版社，2009。

祁琛云：《宋代宗室藏书及其文化教育研究》，《贵州文史丛刊》2011年第4期。

秦克宏：《二十世纪以来海内外宋代宦官研究综述》，《中国史研究动态》2012年第2期。

邱志诚：《宋代农书考论》，《中国农史》2010年第3期。

R

任树民：《北宋官办蕃学初探》，《民族研究》1993年第4期。

S

舒焚：《两宋说话人讲史的史学意义》，《历史研究》1987年第4期。

宋军风：《唐代商人家庭教育述论》，《烟台师范学院学报》（哲学社会科学版）2004年第3期。

苏湛：《北宋科学和技术活动参与者的构成》，《科学文化评论》2016年第4期。

粟品孝：《宋代士人家庭教育中的母教》，漆侠主编《宋史研究论文集》，河北大学出版社，2002。

孙继民：《鹿泉牧羊人题记：宋代罕见的"草根"摩崖石刻》，《光明日报》2014年3月12日。

孙建民：《论宋南渡武将的文化修养》，《解放军外语学院学报》1991年第3期。

T

陶广学：《宋代宗室诗人人数考》，《兰台世界》2011 年第 16 期。

陶晋生：《北宋士族妇女的教育》，《中央研究院历史语言研究所集刊》第 67 本第 1 分，1996。

田志光、孙朋朋：《宋代民谣传播与社会政治变革》，《中州学刊》2016 年第 7 期。

铁爱花：《宋代女性阅读活动初探》，《史学月刊》2005 年第 10 期。

涂平、潘超青：《宋代俳谐文学与民间文化之关系》，《西南民族大学学报》（人文社会科学版）2017 年第 6 期。

W

王池琦：《浅论宋代僧词对词体功能的拓展》，《文教资料》2011 年第 22 期。

王德明：《宋代士人教师身份与意识的凸显与诗歌理论的转型》，《河北师范大学学报》（哲学社会科学版）2009 年第 1 期。

王棣：《从乡司地位变化看宋代乡村管理体制的转变》，《中国史研究》2000 年第 1 期。

王善军：《宋代族塾义学的兴盛及其社会作用》，《中国史研究》1999 年第 2 期。

吴宗海：《〈全宋诗〉失收之宋代妇女第一长诗》，《井冈山师范学院学报》（哲学社会科学版）2003 年第 4 期。

魏天安：《宋代东京工商户数比率考》，张其凡、陆勇强主编《宋代历史文化研究》，人民出版社，2000。

翁建道：《北宋机宜文字官初探》，《史学汇刊》2009 年第 24 期。

X

肖全良：《北宋河湟地区蕃学教育考述》，《青海民族大学学报》（社会科学版）2010 年第 1 期。

许怀林：《南宋的民办书院与乡先生的职业化》，杭州师范大学国学院、杭州市社会科学院南宋史研究中心、浙江大学历史系编《徽音永著：徐规教授纪念文集》，华东师范大学出版社，2012。

Y

杨果、廖寅：《宋代"才女"现象初探》，漆侠主编《宋史研讨会论文集》，河北大学出版社，2002。

杨晓红：《宋代占卜与宋代社会》，《四川师范大学学报》（社会科学版）2002 年第 3 期。

伊永文：《唐宋"文身"及其文化意蕴》，《中国文化研究》1995 年第 2 期。

易卫华：《"乡先生"与宋代〈诗经〉学》，《河北师范大学学报》（社会科学版）2010 年第 6 期。

游彪：《论宋代中央和地方僧官体系及其特征》，《河北大学学报》（哲学社会科学版）1994 年第 4 期。

尤东进：《北宋文武换官制度探析》，《中古文明研究》第一辑，格致出版社、上海人民出版社，2020。

游彪、刘春悦：《宋代宦官养子及荫补制度》，《中国史研究》2001 年第 2 期。

余新忠：《"良医良相"说源流考论——兼论宋至清医生的社会地位》，《天津社会科学》2011 年 4 期。

Z

詹杭伦：《国学与文物：瓷枕上的赋文研究》，《中山大学学报》（社会科学版）2013 年第 3 期。

张邦炜：《宋代文化的相对普及》，北京大学古文献研究所、四川大学古籍整理研究所编《国际宋代文化研讨会论文集》，四川大学出版社，1991。

张邦炜：《两宋妇女的历史贡献》，《社会科学研究》1997 年第 6 期。

张邦炜：《君子欤？粪土欤？——关于宋代士大夫问题的一些再思考》，《人文杂志》2013 年第 7 期。

张邦炜：《论宋代"无内乱"》，《四川师范大学学报》（社会科学版）1988 年第 1 期。

张邦炜、余贵林：《宋代伎术官研究》，《大陆杂志》第 83 卷（1991），第 1、2 期。

张福勋：《宋代的诗僧与僧诗》，《陕西师范大学学报》（哲学社会科学版）1996 年第 4 期。

张金凤：《由"耕读"铭文瓦当谈耕读文化——兼论对中国传统文化之影响及现实意义》，《文物鉴定与鉴赏》2018 年第 8 期。

张金花：《论宋代商人的广告自觉》，《浙江社会科学》2004 年第 4 期。

张丽：《宋代教坊乐队的沿革及其历史文化特征》，《音乐研究》2002 年第 1 期。

张蓉、吴疆：《宋神宗时期在河湟地区兴立"蕃学"的必要性》，《中国藏学》2014 年第 3 期。

张希清：《南宋贡举登科人数考》，《古籍整理与研究》1900 年第 5 期。

张希清：《论宋代科举取士之多与冗官问题》，《北京大学学报》（哲学社会科学版）1987 年第 5 期。

赵瑶丹：《论宋代谣谚中的社会内涵》，《东岳论坛》2013 年第 5 期。

赵生泉、郝建文、杨宏杰：《定州开元寺塔题记疏证》，《文物春秋》2003 年第 3 期。

赵忠祥：《宋代公文吏人职能初探》，《西北师大学报》（社会科学版）1992 年第 6 期。

郑必俊：《论两宋妇女在经济文化方面的贡献》，载《周一良先生八十生日纪念论文集》，中国社会科学出版社，1993。

郑必俊：《两宋官绅家族妇女——千篇宋代妇女墓志铭研究》，《国学研究》第 6 卷，北京大学出版社，1999。

郑群辉：《论宋代诗僧创作的杰出成就——以道潜、仲殊、惠洪为例》，《韩山师范学院学报》2006 年第 1 期。

周杨波：《知识社会史视野下的宋代蒙书》，《厦门大学学报》（哲学社会科学版）2018 年第 2 期。

朱刚：《从类编诗集看宋诗题材》，《文学遗产》1995 年第 5 期。

朱晓明：《耕读与传统村落》，《同济大学学报》（社会科学版）1998 年第 3 期。

祝注先：《宋代少数民族诗歌》，《中南民族学院学报》（哲学社会科学版）1993 年第 3 期。

邹重华：《"乡先生"——一个被忽略的宋代私学教育角色》，香港中文大学《中国文化研究所学报》1999 年第 8 期。

祖慧：《宋代胥吏溢员问题研究》，《中国史研究》1998 年第 3 期。

曾雄生：《宋代耒阳县令曾之谨对于中国农耕文化的贡献》，许焕杰主编《神农创耒与农耕文明》，长沙：岳麓书社，2004。

四　学位论文（以作者姓名首字拼音为序）

C

陈瑶：《宋代隐士研究——以〈宋史·隐逸传〉为中心的考察》，硕士学位论文，安徽大学，2014。

H

侯文洁：《宋代私学教师生活研究》，硕士学位论文，河南大学，2015。

李林琳：《宋代书画市场研究》，博士学位论文，首都师范大学，2009。

李扬：《宋代女性教育与女性文学》，硕士学位论文，西北大学，2018。

L

骆晓倩：《两宋宗室文学研究》，博士学位论文，四川大学，2007。

M

马莉：《宋代女子教育》，硕士学位论文，河南大学，2003。

Z

张丽晶：《宋代平民女子教育研究》，硕士学位论文，东北师范大学，2008。

周侃：《唐代书手研究》，博士学位论文，首都师范大学，2007。

朱战威：《宋代隐士群体研究》，硕士学位论文，西北大学，2011。

五 工具书（以作者姓名首字拼音为序）

C

陈西河编《中医名词辞典》，台北五洲出版社，1974。

G

龚延明：《宋代官制辞典》，中华书局，1997。

广东广西湖南河南辞源修订组、商务印书馆编辑部编《辞源》（修订本），商务印书馆，1986。

X

夏征农等：《辞海》，上海辞书出版社，2009。

Z

臧励和等：《中国人名大辞典》，商务印书馆，1921。

六 其他

杨永德：《杨永德伉俪捐赠藏枕》，广州西汉南越王墓博物馆、宝法德企业有限公司，1993。

后　记

对于这一课题，我其实最早只是想写一篇论文的。先写的是军人，哪知写了近两万字了，连军人都没写完，遂决意写本儿书吧。回想前此出版的三本书，竟都是因文长而临时起意改为书，不亦怪哉？

这本小册子，实证的是识字率提高，虚估是数据。重在考察宋代民众各阶层的文化水平，数量评估只是大概。我知道许多人翻阅这本书，其实就是想看这一数据。论证各阶层、各群体的文化水平，相对而言比较好办，论证识字率不但不好办，简直是不可能，更是吃力不讨好，但本书偏偏是想得出一个数据，所以就是自找麻烦了。至于各阶层、群体，因笔者格局狭陋，难免思虑不周，有所遗漏。本书根本不能解决识字率问题，仅是由一系列小靶子组成的大靶子，等待枪击箭射，目的在于引起大家对这一问题的关注。我想，学界再有二三十篇论文、两三本书，庶几接近。

与以往所有的拙著一样，本书所有引用史料，基本上都是自己逐一核对。个别不大好找的书籍，才麻烦学生代劳。博士生臧婧婧、孟泽众，硕士生闻轩轩、朱永清、石悦、贺雪娇、李小霞、戴文嘉等诸君，甚至远在河北大学的贾芳芳副教授等，帮助我核对了部分史料。后又麻烦已经毕业去读博士的两位同学：请宁欧阳君帮我把《宋今地名对照表》按拼音排序（后按审稿意见删去）；请闻轩轩君为参考文献按拼音排序。轩轩君并非"就事论事"地一排了事，而是非常专业地更正了原来参考文献的诸多错误，在版本方面也提出了很好的建议。最后请朱永清君帮我核算了总论的数据，果然有误，更正了两处。后来，陈博威君也订正了一条数据。

在清样校对时，因工作量大，不得不再次借助研究生的力量。全相卿副教授组织了研二的虎莹、李子壮、权亚茹、赵笛，研一的陈博威、刘四昊、许思语、马莹诸君，帮我核对了一遍。在此，郑重地向他们表达我诚挚的谢意。

感谢全国哲学社会科学工作办公室以及评审专家，使拙稿忝列后期资助项目。感谢河南大学社会科学处的曹海涛科长、历史文化学院的全相卿副教授，他们替我做完了项目鉴定的种种繁重工作，其担当与奉献精神，令人感动。

感谢社会科学文献出版社，从申请后期资助项目开始，他们就投入了很大精力，在编辑校对过程中，更是异常勤奋。指导编辑李建廷先生和文稿编辑张金木先生，在梳理、规范、改错之外，还花费大量精力核对了诸多史料，我能够感到他们是在逐字逐句地编辑。借此机会，谨致衷心的感谢！

感谢读者诸君：既感谢阅读，更期盼指教！

2021 年 7 月 29 日于河南大学

图书在版编目(CIP)数据

宋代民众文化水平研究/程民生著. -- 北京：社
会科学文献出版社，2022.8
国家社科基金后期资助项目
ISBN 978-7-5201-8952-1

Ⅰ.①宋⋯　Ⅱ.①程⋯　Ⅲ.①文化水平-研究-中国
-宋代　Ⅳ.①K244.03

中国版本图书馆 CIP 数据核字（2021）第 183452 号

·国家社科基金后期资助项目·

宋代民众文化水平研究

著　　者／程民生

出　版　人／王利民
责任编辑／李建廷
责任印制／王京美

出　　版／社会科学文献出版社
　　　　　　地址：北京市北三环中路甲 29 号院华龙大厦　邮编：100029
　　　　　　网址：www.ssap.com.cn
发　　行／社会科学文献出版社（010）59367028
印　　装／三河市龙林印务有限公司

规　　格／开　本：787mm×1092mm　1/16
　　　　　　印　张：34　字　数：539 千字
版　　次／2022 年 8 月第 1 版　2022 年 8 月第 1 次印刷
书　　号／ISBN 978-7-5201-8952-1
定　　价／168.00 元

读者服务电话：4008918866